ANDREAS TIEDTKE

DER KOMPASS ZUM LEBENDIGEN LEBEN

ANDREAS TIEDTKE

DER KOMPASS ZUM LEBENDIGEN LEBEN

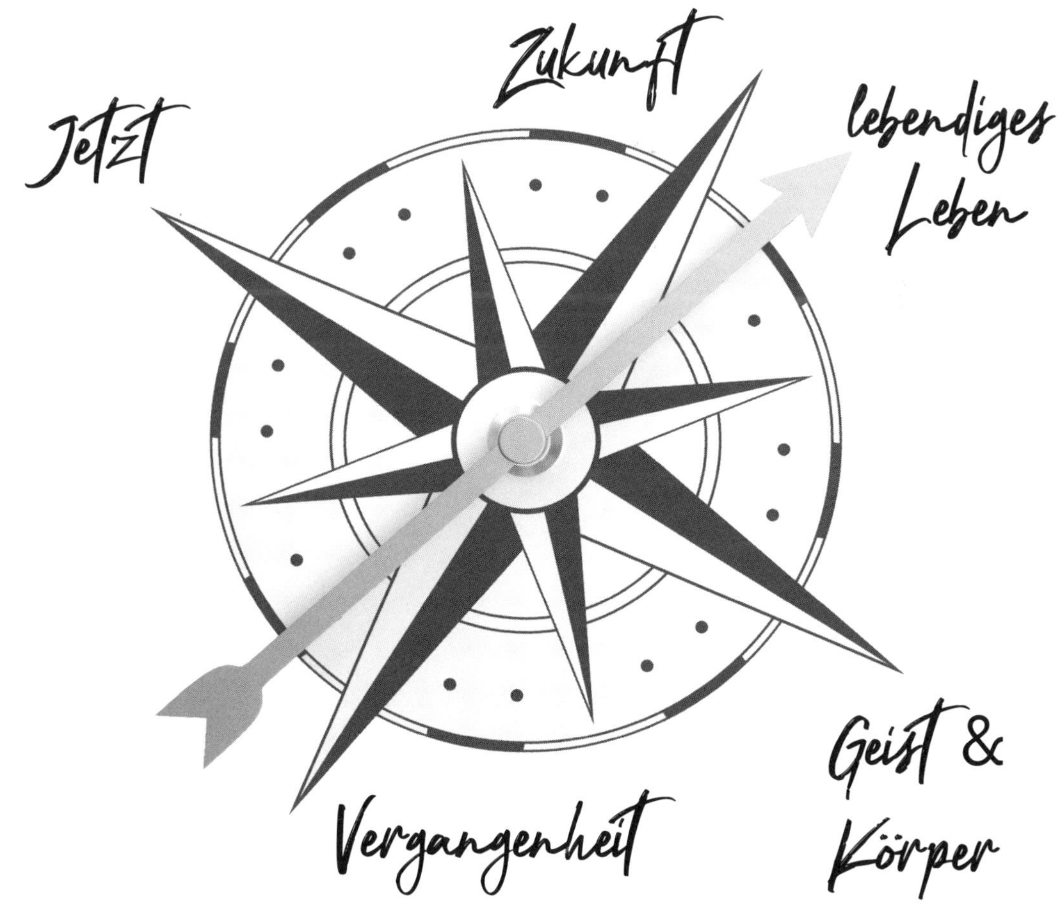

FBV

Bibliografische Information der Deutschen Nationalbibliothek
Die Deutsche Nationalbibliothek verzeichnet diese Publikation in der Deutschen Nationalbibliografie. Detaillierte bibliografische Daten sind im Internet über https://dnb.de abrufbar.

Für Fragen und Anregungen
info@m-vg.de

Wichtiger Hinweis
Ausschließlich zum Zweck der besseren Lesbarkeit wurde auf eine genderspezifische Schreibweise sowie eine Mehrfachbezeichnung verzichtet. Alle personenbezogenen Bezeichnungen sind somit geschlechtsneutral zu verstehen.

Originalausgabe, 2. Auflage 2026

Türkenstraße 89
80799 München
Tel.: 089 651285-0

Redaktion: Matthias Michel
Korrektorat: Anke Schenker
Umschlaggestaltung: Pamela Machleidt, München
Umschlagabbildung: Shutterstock/Zerbor
Satz: Röser MEDIA GmbH & Co. KG, Karlsruhe
Druck: Florjancic Tisk d.o.o., Slowenien
Printed in the EU

ISBN Print 978-3-95972-445-6
ISBN E-Book (PDF) 978-3-96092-834-8
ISBN E-Book (EPUB, Mobi) 978-3-96092-835-5

Meinem Liebchen und meinen Lieben.
Mögen sie in Frieden und Freiheit leben!

INHALT

VORWORT

An wen richtet sich dieses Buch, für wen ist es gedacht? Das ist einfach beantwortet: für jedermann, nicht nur für Experten der Praxeologie (von denen es sowieso nur eine Handvoll geben mag) oder Ökonomen, die sich mit der Österreichischen Schule der Nationalökonomie beschäftigen, ebenso wenig nur für Soziologen, sondern für alle, die sich für den Menschen in der Gesellschaft interessieren. Alles, was Sie benötigen, um dieses Buch zu verstehen, sind Aufmerksamkeit und Interesse – ansonsten ist kein spezielles Vorwissen erforderlich.

Auf mehrfache Anregung während der Entstehung des Buches habe ich einige fach- und fremdsprachliche Wörter ins Deutsche übersetzt. Ich gebe oft neben dem deutschen Wort auch das fremdsprachliche Wort an oder umgekehrt, und wenn es sinnvoll und praktisch erscheint, erläutere ich das fremdsprachliche Wort in Klammern.

Die Praxeologie als Logik vom Handeln ist für jedermann informativ, nicht nur für Wirtschaftswissenschaftler, Ethologen oder Soziologen. Das Wort Praxeologie ist eine Zusammensetzung der griechischen Wörter Praxis (Handlung) und Logos (Lehre, Wissenschaft, Logik). Die Praxeologie beantwortet grundsätzliche Fragen: Was kann von vornherein über menschliches Handeln ausgesagt werden, ohne dass es Erfahrungstatsachen bräuchte, dies zu bestätigen? Was gilt immer und überall für jedes menschliche Handeln im Hinblick auf Zeit, Wert und Nutzen? Die Praxeologie ist auch für die Erfahrungswissenschaften der Verhaltensbiologie oder der Psychologie informativ. So können Sie in diesem Buch sowohl etwas über das Monopol als auch über Ihren »Wert« als Mensch herausfinden. Sie können einordnen, welche Art von Handeln bei Ihren Mitmenschen – von vornherein – welche Reaktionen auslösen wird.

Der Schwerpunkt dieses Buches liegt im gesellschaftlichen Bereich. Mit der Praxeologie können wir generelle, allgemeingültige Aussagen über menschliches Zusammenleben machen. Das Buch betrachtet aber auch den Bereich der Familie und Freundschaft und den »Umgang mit sich selbst«.

Vieles, was Sie im Folgenden lesen werden, kann oder mag tief sitzenden, vielleicht unbewussten Einstellungen und Überzeugungen widersprechen, die Sie schon lange haben. Das kann dazu führen, dass Ihnen manche Ausführungen gefühlsmäßig so widerstreben, dass Sie innerlich dagegen »rebellieren«. Die Praxeologie ist als Wissenschaft wertfrei; wenn Ihnen also etwas »aufstößt«, können Sie versuchen, einen kühlen Kopf zu behalten und weiterzulesen. Als »Jüngste der Wissenschaften« ist die Praxeologie heute den meisten Menschen überhaupt kein Begriff. Erst ihr Begründer, der österreichische Jurist und Wirtschaftswissenschaftler Ludwig von Mises, stellte in den 1920er- und 1930er-Jahren fest, dass viele ökonomische Thesen nicht empirisch (durch Erfahrung) testbar sind, sondern von vornherein gelten, immer und überall für alle Handelnden. Ihm fiel auch auf, dass dies nicht nur für den Bereich der Ökonomie gilt, sondern für menschliches Handeln allgemein, weshalb er die Ökonomie als einen Teilbereich der Praxeologie bezeichnete.

Wenn Sie also von der Praxeologie bislang nichts gehört haben oder nur die ökonomischen Aussagen der Praxeologie, aber nicht den Begriff und die theoretischen Grundlagen kennen, wird Ihnen in diesem Buch viel Neues begegnen.

Es handelt sich um ein Sachbuch, das »didaktisch« aufgebaut ist. Zunächst stehen die Grundsätze, dann kommen grundsätzliche Schlussfolgerungen und schließlich zahlreiche Beispiele und die Widerlegung populärer Irrtümer. Das Buch ist rekursiv (rückführend) aufgebaut. Sie können sich das vorstellen wie eine Helix oder einen Wirbel: Es ist ein Fortschreiten unter wiederkehrender Rückführung auf die Grundbegriffe und grundsätzlichen Schlussfolgerungen. Es werden also nicht anfangs groß und breit alle Aspekte dargelegt und dann geht es vom Allgemeinen zum immer Konkreteren, sondern je weiter man im Begreifen und Erfahren fortschreitet, desto »tiefer« wird eingestiegen. Rekursion in diesem Sinne heißt also nicht »nur« wiederholen, in etwa in dem Sinne: Lerne und wiederhole alle Vokabeln und alle Grammatik; sondern rekursiv bedeutet in diesem Sinne vor allem vertiefen und in unterschiedlichen Aspekten begreifen.

Am Ende des Buches beschreibe ich, wie eine praxeologische Ordnung, die wir von vornherein als friedlich und freundlich beschreiben können, aussehen könnte, und erläutere Grundsätze eines freundlichen Gesellschaftsvertrages, der also nicht nur vorgestellt ist oder den Sie unterschreiben müssten oder sollten, sondern eines Gesellschaftsvertrages, den sich die Mitmenschen tatsächlich zum Unterzeichnen gegenseitig vorlegen könnten, in der Erwartung, dass andere diesen freiwillig unterschreiben.

Zudem folgen am Ende ganz praktische Tipps, wie Sie die Erkenntnisse der Praxeologie in ihrem eigenen Leben im Hinblick auf Ihren Umgang mit Freunden und Familie und allen anderen Menschen und im Hinblick auf Ihre eigenen Einstellungen und Überzeugungen anwenden könnten, wenn Sie es denn möchten.

Im Anhang schließlich befindet sich eine praxisnahe Einstellungsübung der praxeologisch informierten Psychologie, die sie tagtäglich verwenden können, es werden praxeologische Aspekte von Yoga und Yin Yang (Dao De Jing) erläutert sowie ein Beispiel eines fiktiven, freundlichen Gesellschaftsvertrages gezeigt.

Noch eine Anmerkung, die im Folgenden an einigen Stellen auch wiederholt wird. Die Praxeologie als Wissenschaft ist wertfrei und lediglich beschreibend. Sie ist nicht vorschreibend, also nicht normativ. Aus ihr folgt – wie aus allen anderen Wissenschaften – nicht, was getan werden sollte. Wenn beispielsweise ausgesagt wird, dass eine bestimmte Art zu handeln von vornherein feindlich oder asozial ist im Hinblick auf die Mittel und die Auswirkungen bei anderen Personen, enthält diese Feststellung kein moralisches Statement. Aus der Praxeologie als Wissenschaft folgt nicht, dass beispielsweise parasitäres Verhalten, also Leben auf Kosten und zu Lasten anderer, unterbleiben sollte.

Die Praxeologie als Wissenschaft beschreibt lediglich, dass es so ist, dass einige auf Kosten anderer vorankommen, aber das ist in der Ökologie der Erde nichts Ungewöhnliches. Es gibt symbiotische Kooperation und es gibt parasitäre Aggression. Leben lebt von Leben. Zumindest die Struktur von Pflanzen muss aus der Sicht eines Menschen zerstört werden, will der Mensch weiterleben, und viele Menschen essen auch Tiere. Ein Biologe, der beschreibt, wie ein Löwe ein Gnu reißt, meint wohl kaum, dass der Löwe anders handeln sollte. Und ebenso wenig enthält die Beschreibung eines Praxeologen ein Moral- oder Werturteil, wenn er beispielsweise aufzeigt, wie ein politischer Akteur sich feindlich gegenüber seinen Mitmenschen verhält und seine Struktur auf Kosten und zu Lasten dieser aufrecht erhält.

EINLEITUNG

Die Epoche der Aufklärung gilt als das Zeitalter der Vernunft und der Wissenschaft, die eine (natur-)wissenschaftliche Betrachtung der Dinge ins Rollen brachte, durch welche sich das Weltbild der Menschen änderte. Isaac Newton (1643–1727) erkannte konstante Relationen (gleichbleibende Zusammenhänge) zwischen messbaren physikalischen Größen. Charles Darwin (1809–1882) postulierte, dass Abstammung mit Veränderung einhergeht (*descent with modification*). Adam Smith (1723–1790) und David Ricardo (1772–1823) entdeckten »Gesetzmäßigkeiten« im wirtschaftlichen Handeln und Immanuel Kant (1724–1804) formulierte, dass es neben dem Erfahrungswissen auch aprioristische Erkenntnis gebe.

Fortan wurden religiöse Schriften nicht mehr dahingehend interpretiert, welchen (metaphorischen) Bedeutungsgehalt sie für das menschliche Handeln haben, sondern auch aufgefasst als wortwörtlich zu verstehende Beschreibungen von Naturereignissen und konkreten historischen Vorgängen. Biblische Texte wurden mit der Methodik der Naturwissenschaften kritisiert. Die Dogmen der Kirchen wurden nicht mehr als allgemeingültig akzeptiert, sondern konnten von jedermann mittels Vernunft kritisiert werden. Friedrich Nietzsche (1844–1900) formulierte: Gott ist tot – und wir haben ihn getötet, und Fjodor Dostojewski (1821–1881) lässt einen der Protagonisten in seinem Roman *Die Brüder Karamasow* sinngemäß sagen: Wenn es Gott nicht gibt, ist alles erlaubt.

Der »Tod Gottes« wurde dabei keineswegs von den »Aufklärern« als feierliches Ereignis angesehen. Wenn die hergebrachten Regeln der Religionen keine Allgemeingültigkeit mehr beanspruchen konnten, was sollte dann als richtig oder recht gelten? Und wer sollten der oder die Bestimmer sein, die sagen, was gilt? Der herausragende Ökonom der Österreichischen Schule der Nationalökonomie Ludwig von Mises (1881–1973) beschrieb den Umbruch, den die Aufklärung im Hinblick auf die Ideen, Einstellungen und Überzeugungen der Menschen auslöste, wie folgt:

»Es ist keine Kleinigkeit, wenn ein Götzenbild, in dessen Furcht die Menschheit Jahrtausende gelebt hat, zerstört wird und der zitternde Sklave auf einmal die Freiheit erlangt. Was bisher galt, weil Gott und das Gewissen es befahlen, soll nun gelten, weil man es selbst gelten lassen kann, wenn man will.

Was als Tabu, als heilige Satzung, gegolten hat, soll nun gelten, weil man es als dem Wohle der Menschen zuträglich erachtet. Und es konnte nicht ausbleiben, dass man auch diesen Umsturz des Geltungsgrundes zum Anlass nahm, um zu prüfen, ob die Normen, die bisher gegolten haben, auch wirklich förderlich seien, oder ob man sie nicht etwa beseitigen könnte.

Im Innenleben des Einzelnen löst die Unausgeglichenheit dieses Kampfes schwere Erschütterungen aus, die dem Arzte unter dem klinischen Bilde der Neurose bekannt sind. Sie ist die charakteristische Krankheit unserer Zeit des moralischen Überganges, der geistigen Reifeperiode der Völker. Im gesellschaftlichen Leben wirkt sich der Zwiespalt in den Kämpfen und Irrungen aus, die wir schaudernd miterleben. Wie es für das Leben des einzelnen Menschen von entscheidender Bedeutung ist, ob es ihm gelingt, aus den Wirren und Ängsten der Reifezeit heil und kraftvoll hervorzugehen, oder ob er Narben davonträgt, die ihn dauernd an der Entfaltung seiner Fähigkeiten hindern, so ist für die menschliche Gesellschaft nichts wichtiger als die Art und Weise, wie sie die Kämpfe um das Organisationsproblem überstehen wird.«[1]

Die Aufklärung hatte sowohl eine persönliche wie auch eine »gesellschaftliche« Zeitenwende zur Folge. Dieser Umbruch war – und ist! – ein gewaltiger. In der Folge der Aufklärung entstanden »Ersatzreligionen«, die sogenannten Ideologien, allen voran: Sozialismus, Nationalismus, Faschismus und Kommunismus, vorgestellte Konzepte (Gedankenbilder), wie das gesellschaftliche Zusammenleben zu organisieren sei. Oft ließen die Verfechter solcher Ideologien Kritik ebenso wenig zu wie vor ihnen die Kirchen. Millionen von Menschen fanden ihren Tod unter der Ägide von »Social Engineering Projekten« zur Verwirklichung eines besseren Menschen (Meliorismus) oder neuer paradiesischer Zustände (Utopia).

Der indische Philosoph Jiddu Krishnamurti (1895–1986) erkannte, dass die zu seiner Zeit ihm bekannten Möglichkeiten gesellschaftlicher und zwischenmenschlicher Problemlösungen nicht ausreichen, um die gesellschaftlichen Probleme, die er auf die Menschheit zukommen sah, zu bewältigen:

> *»Uns steht eine Krise ungeahnten Ausmaßes bevor. Eine Krise, die Politiker nie im Stande sein werden, zu bewältigen, weil ihre Einstellungen und Überzeugungen nur ein eingegrenztes Denken ermöglichen.«*[2]

Die heutigen Wissenschaftler würden diese Krise nicht bewältigen können, meint Krishnamurti. Und auch »die Wirtschaft«, wie er sie kennt, sieht er dazu nicht in der Lage.

> *»Der Umschlagpunkt, das scharfsinnige Urteilsvermögen, die Herausforderung liegen weder im Bereich der Politik noch in den Bereichen der Religion oder der Wissenschaft – sie liegen im Bereich des Geistes. Man muss in der Lage sein, den aktuellen Geisteszustand der Menschheit, der uns hierhergebracht hat, zu verstehen.«*[3]

Die jüngste der Wissenschaften, die logische Handlungswissenschaft (Praxeologie), ermöglichte erstmals, dass der Mensch mit einer theoretischen, nicht auf Erfahrung basierenden, sondern auf logischen Schlussfolgerungen beruhenden Wissenschaft die Ökonomie, also die Gesetze des Marktes und des Wirtschaftens, begreifen konnte. Denn die empirische Naturwissenschaft konnte zwar erklären, wie sich physikalische Größen, die man messen und wiegen kann, zueinander verhalten. Aber dem »Universum«, also physikalischen Vorgängen, sind Ziele (Finalität) fremd; wir können mit naturwissenschaftlichen Mitteln nichts herausfinden über die Motive und Ziele des »Unbewegten Bewegers«. Die Methode der Naturwissenschaften war also ungeeignet, das menschliche Handeln, das *Wählen* von Mitteln und Zielen zur Verminderung der Unzufriedenheit, zu beschreiben. Und mit den Geschichtswissenschaften können keine Beweise erbracht werden, wie dies mit den Methoden der Naturwissenschaften, der Mathematik oder der Logik möglich ist, da die Methode der Geschichtswissenschaft das sogenannte *eigentümliche Verstehen* ist, also das Interpretieren von Daten der Vergangenheit mithilfe von Bedeutsamkeitsurteilen (wie bedeutsam war Ereignis A für Ereignis B), und mit dieser Methode können zwei Menschen, die über dieselben Daten verfügen, zu unterschiedlichen Einschätzungen gelangen, ohne dass objektiv (nach einem unpersönlichen Standard) entschieden werden könnte, welche Einschätzung die »zutreffende« ist. Die Ergebnisse, die die Methode des eigentümlichen (individuellen) Verstehens hervorbringt, sind also intersubjektiv (zwischen zwei Handelnden) nicht zwingend beziehungsweise nicht intersubjektiv testbar wie die Hypothesen (Annahmen) der Naturwissenschaften.

Mit der A-priori-Handlungswissenschaft Praxeologie konnten nun jahrhundertealte Rätsel gelöst werden, zum Beispiel wie die Dinge ihren Wert erhalten, warum Diamanten »wertvoller« sind als Wasser, obwohl doch Wasser lebensnotwendig ist. Gesetzmäßigkeiten menschlichen Handelns, wie beispielsweise das Gesetz des abnehmenden Grenznutzens, das Gesetz des komparativen Vorteils (allgemeiner formuliert: das Gesetz des Vorteils oder Mehrertrags der Arbeitsteilung oder Spezialisierung) oder das Gesetz der abnehmenden Erträge wurden entdeckt und beschrieben.

Die Aufklärung ist kein abgeschlossener, zeitlich eingrenzbarer Prozess. Wir stecken mitten drin. Außerhalb des Bereichs der Ökonomik ist es bislang zu keiner theoretischen A-priori-Wissenschaft der gesellschaftlichen Organisation gekommen. Der Hauptvertreter der Handlungswissenschaft Ludwig von Mises schrieb hierzu 1949 in seinem Grundwerk *Human Action*:

> *»Es wäre unsinnig, apodiktisch zu behaupten, dass es der Wissenschaft niemals gelingen wird, eine praxeologische aprioristische Lehre der politischen Organisation zu entwickeln, die an die Seite einer rein historischen Disziplin der Politikwissenschaft eine theoretische Wissenschaft stellt. Alles, was wir sagen können, ist, dass kein lebender Mensch weiß, wie eine solche Wissenschaft gebaut werden kann.«*[4]

Bis heute bedienen die Menschen sich der oben beschriebenen Methode des eigentümlichen Verstehens für die Untersuchung zwischenmenschlichen Handelns, von der Hauptstrom- (oder Mainstream-)Ökonomie, die Mises als »Wirtschaftsgeschichte« beschrieb, über die Psychologie[5], die Soziologie und die Geschichtswissenschaften bis hin zu den Politikwissenschaften. Verstehen ist die Methode, die alle Menschen anwenden, wenn es um die Interpretation (Deutung) vergangener Ereignisse der Menschheitsgeschichte und um die Voraussage künftiger Ereignisse geht. Wenn es also darum geht einzuschätzen, wie sich Kunden, Freunde, Familienmitglieder verhalten, greifen wir auf Daten aus der Vergangenheit (Erfahrungen) zurück und versuchen, ihre Aktionen und Reaktionen abzusehen. Welche Einstellungen und Überzeugungen haben diese Menschen? Was bewegt sie? Welche Rückschlüsse auf ihre Ideen und Bedürfnisse kann ich aus ihren Handlungen der Vergangenheit für ihre Handlungen der Zukunft ziehen?

Die Entdeckung und Abgrenzung des eigentümlichen Verstehens gehören zu den wichtigsten Beiträgen der modernen Erkenntnistheorie. Der Anwendungsbereich von eigentümlichem Verstehen ist das geistige Erfassen von Phänomenen, die nicht vollkommen mit den Mitteln der Logik, der Mathematik, der Praxeologie und der Naturwissenschaften aufgeklärt werden können, insoweit sie von diesen Wissenschaften eben nicht erschöpfend erklärt werden können.[6]

Die Frage ist also, ob uns die A-priori-Handlungswissenschaft Praxeologie außerhalb des gut untersuchten Bereichs der Ökonomie auch Gesetzmäßigkeiten aufzeigen kann im Hinblick auf den zwischenmenschlichen Umgang, insbesondere im Hinblick auf die »politische Organisation«? Können wir Aussagen über die gesellschaftliche Organisation des Menschen treffen, die nicht lediglich zum Bereich des Meinens und Dafürhaltens gehören, sondern die denknotwendig und von vornherein (a priori) gültig sind?

Anmerkungen Vorwort und Einleitung

1 Mises, Die Gemeinwirtschaft, 1932, S. 478 f.
2 Krishnamurti, 1981.
3 Krishnamurti, 1981.
4 Mises, Letztbegründung der Ökonomik, 2016, S. 134.
5 Sofern sie nicht Naturwissenschaft ist, also dort, wo Introspektion und spezifisches Verstehen angewendet werden, um das Befinden und Verhalten von Menschen zu erkunden.
6 Mises, Human Action, 1949, S. 50.

KAPITEL I

PRAXEOLOGIE – DIE LOGIK DES HANDELNS

1. Schlussfolgerungen aus einer selbsterklärenden Tatsache

Die Praxeologie beschäftigt sich mit Schlussfolgerungen ausgehend von der selbsterklärenden Tatsache, dass der Mensch handelt. Man kann nicht bestreiten, dass der Mensch handelt, ohne selbst zu handeln, denn Bestreiten ist Handeln. Das »Fundament« der Praxeologie, nämlich dass der Mensch handelt, kann also nicht sinnvollerweise bestritten werden.

Beim Handeln hat es der Mensch mit zwei Denkkategorien (Klassen) zu tun: mit Kausalität (Ursache und Wirkung; wenn – dann) und mit Teleologie oder Finalität (Abzielen auf etwas; um – zu). Das heißt, der Mensch setzt Mittel ein (instrumental), um Ziele zu erreichen (final). Ein Denken außerhalb dieser Kategorien bleibt handelnden Menschen verwehrt. Wir können uns nicht vorstellen, dass etwas »ursachlos« geschieht, also »aus dem Nichts heraus«. Nichts ist ja gerade etwas, das nicht existiert, also überhaupt nicht ist. Und auch eine Ursache außerhalb des Universums ist nicht möglich, da das Universum ja als das beschrieben wird, was ist, also alles, was ist.

Gehen wir von Kausalität aus, teilen die Geschehnisse also in Ursachen und deren Wirkungen auf, so bleibt uns die letzte Ursache einer Abfolge von kausalen Ursachen und Wirkungen immer verborgen. Kausalität führt denknotwendig zu einem *regressum ad infinitum*, zu einem Zurückgehen »ins Unendliche«. Bei der Urknall-Theorie gehen die Naturphilosophen und theoretischen Physiker davon aus, dass das Universum einen Anfang hatte und das am Anfang des Universums eine sogenannte »Singularität« (Einzigartigkeit) vorhanden gewesen war, aus der sich das uns bekannte Universum dann entwickelt hat. Immer weiter zurückzugehen und zu fragen, was war vor dieser Singularität, was hat zu dieser Singularität geführt, ist unter dem Aspekt nicht sinnvoll, weil immer ein weiteres Mal gefragt werden kann, was die Ursache für jene Wirkung war. Sie kennen dies vielleicht von der berühmten »Warum-Frage«, die Kinder ihren Eltern stellen. Es gibt immer noch ein weiteres »Warum«, das »Spiel« kann nie zu Ende gespielt werden. Letztlich kommt man zu dem Schluss, dass Existenz, also das Sein, aus sich selbst hervorgegangen sein muss, da es ein Nicht-Sein, eine Nicht-Existenz per definitionem nicht gibt und nicht geben kann. Für Existenz gibt es also weder einen Anfang noch ein Ende; Existenz ist selbst eine Singularität in dem Sinne, da ihr Gegenteil, die Nicht-Existenz, denknotwendig nicht sein kann.

Im Hinblick auf die Vorgänge im Universum, die die Naturwissenschaftler beschreiben, spielen Ziele keine Rolle. Wir können nichts darüber wissen, welche Ziele »das Universum« oder »die Natur« oder »die Schöpfung« verfolgen, weil diese keine handelnden Wesen sind wie der Mensch. Der Mensch hingegen verfolgt Ziele, und deshalb ist menschliches Handeln mit den Methoden der Naturwissenschaften (messen, wiegen, gleichbleibende Beziehungen zwischen Größen bestimmen) nicht beschreibbar, sofern es um das Werten, Wählen und Wollen des Menschen geht, also um die Ziele (final), die er mit Mitteln (instrumental) verfolgt. Die Naturwissenschaften sind informativ im Hinblick auf die Instrumentalität der Mittel, also etwa ob ein Mittel im »technischen« Sinne geeignet ist, eine bestimmte Wirkung hervorzubringen. Aber die Naturwissenschaften können nichts über die Ziele aussagen, die ein Mensch mit dem Mittel verfolgt, die Ziele des Menschen sind mit den Methoden der Naturwissenschaften nicht mess- oder bewertbar.

Im Hinblick auf die Ziele des Menschen gelangen wir zu einem *regressum ad finitum*, also einem Zurückgehen zum letzten Ziel einer Handlung, und das ist immer die Verminderung der Unzufriedenheit des Handelnden – oder die Mehrung der Zufriedenheit, was dasselbe ist; es ist ein »psychischer Gewinn«, den der Handelnde anstrebt. Wenn ein Ziel lediglich instrumental ist, also ein Zwischenziel, zum Beispiel zum Bahnhof zu gelangen, um mit dem Zug zu einem Freund zu fahren, dann ist das Zwischenziel nicht final, sondern instrumental, es ist Mittel zum Zweck. Fragt man, warum der Zugfahrer den Freund treffen möchte, dann kann die Antwort lauten, um mit ihm Kaffee zu trinken. Schließlich gelangt man immer zum letzten Ziel (final), und das ist die Verminderung der Unzufriedenheit. Der Handelnde versucht einen Zustand herbeizuführen, den er gegenüber einem anderen Zustand bevorzugt, den er sich ebenfalls als wählbar vorstellt. Er entscheidet sich für etwas, er wählt. Der gewählte

Zustand unter mehreren wählbaren Zuständen, die sich der Handelnde vorstellt, ist aus seiner Sicht notwendig der wünschenswerteste, sonst hätte er einen anderen gewählt. Es handelt sich um eine Tautologie, um eine Aussage, die immer wahr ist: Durch sein Handeln (Wählen) »dokumentiert« (zeigt) der Handelnde, was seine Unzufriedenheit am meisten vermindert.

Wie die Mathematik oder die Logik ist die Praxeologie tautologisch; das heißt, alle Schlussfolgerungen sind bereits in der Grundannahme (Axiom) enthalten. Wenn Sie zum Beispiel den Satz des Pythagoras kennen: $c^2 = a^2 + b^2$, so beschreibt dieser Satz etwas, das für jedes rechtwinklige Dreieck in der Ebene gilt. Mit anderen Worten, der Satz des Pythagoras ist bereits in der Definition (Festlegung) eines rechtwinkligen Dreiecks in der Ebene enthalten. Dennoch ist der Satz informativ: Sie können damit die Länge einer dritten Seite des Dreiecks bestimmen, auch wenn ihnen nur zwei Seitenlängen bekannt sind. Und auch die Praxeologie ist informativ in diesem Sinne. Dass der Mensch eine positive Zeitpräferenz haben muss; dass die Zukunft ungewiss ist, die Vergangenheit unveränderlich; dass was geschah, unvermeidlich geschehen musste; dass die Gegenwart vorläufig ist; dass Werten subjektiv ist und ordnend und nicht objektiv und zählend etc. – dies alles sind Schlussfolgerungen, die sämtlich bereits in dem Satz »Der Mensch handelt« enthalten sind, aber die wir auf den ersten Blick nicht erkennen.

2. Abgrenzung: Die erfahrungsbasierten Handlungswissenschaften – Verstehen I (a posteriori)

Die erfahrungsbasierten Handlungswissenschaften sind die Geschichtswissenschaften, hierunter auch die Wirtschaftsgeschichte, sowie die Psychologie oder die Verhaltensbiologie, sofern sie sich mit Handeln und nicht mit naturwissenschaftlichen Annahmen, also gleichbleibenden oder scheinbaren Zusammenhängen zwischen messbaren Größen befassen. Ereignisse der Vergangenheit werden in dem Sinne »verstanden«, dass verschiedene Faktoren (Beiträge), die zu einem Ereignis geführt haben, »gewichtet« werden.

Ein Beispiel: Wirtschaftshistoriker wollen die Weltwirtschaftskrise 1929 verstehen und gewichten dabei die Umstände, die zum »Bust« (Crash) geführt haben. Wie bedeutsam waren die Reparationszahlungen der Weimarer Republik, der Boom in den USA in den 1920er-Jahren, die Verschuldung der Unternehmen und Haushalte, die Staatseingriffe in die Wirtschaft etc. für das Entstehen der Krise? Unterschiedliche Wirtschaftshistoriker können dabei zu unterschiedlichen Ergebnissen gelangen, und der Streit zwischen ihnen kann nicht »objektiv« entschieden werden, weil diese Relevanzurteile (Aussagen über Bedeutsamkeit; Bedeutsamkeitsurteile) nicht testbar sind wie etwa die Annahmen der Naturwissenschaften, und auch nicht logisch zwingend, wie etwa die Schlussfolgerungen von Praxeologie, Logik oder Mathematik.

> *»[Verstehen] ist die Methode, die alle Historiker und auch alle anderen Menschen stets anwenden, wenn es um die Interpretation vergangener Ereignisse der Menschheitsgeschichte und um die Voraussage künftiger Ereignisse geht. Die Entdeckung und Abgrenzung des Verstehens waren eine der wichtigsten Beiträge der modernen Erkenntnistheorie. […] Der Anwendungsbereich von Verstehen ist das geistige Begreifen von Phänomenen, die nicht vollkommen mit den Mitteln der Logik, der Mathematik, der Praxeologie und der Naturwissenschaften aufgeklärt werden können, insoweit sie von diesen Wissenschaften eben nicht erklärt werden können. Es [das Verstehen, A. d. V.] darf den Lehren dieser anderen Bereiche der Wissenschaften [Logik, Naturwissenschaft, Mathematik und Ökonomie] nie widersprechen.«*[1]

Eigentümliches (individuelles) Verstehen ist insofern nicht »willkürlich«, als die Aussagen anhand der »härteren« Wissenschaften überprüft werden können. Wenn der Wirtschaftswissenschaftler B behauptet, dass Mindestlöhne zu einer Verbesserung der Einkommenssituation der Arbeiter geführt haben, widerspricht das der Praxeologie insofern, weil unter sonst gleichen Umständen erzwungene Preise (Löhne) über den Marktpreisen (Marktlöhnen) dazu führen, dass die Nachfrage nach den Arbeitskräften zurückgeht und tendenziell die Arbeitslosigkeit steigt. Also ist es nur für manche Arbeiter besser, aber schlechter für diejenigen, die arbeitslos werden. Und außerdem führen die höheren Lohnkosten zu – unter sonst gleichen Umständen – höheren Preisen, sodass sich die Ausgangssituation der Arbeiter verschlechtert. Insofern die Mindestlöhne unterhalb der Marktpreise liegen, sind sie wirkungslos und weder verbessern noch verschlechtern sie die Einkommenssituation der Arbeiter. In diesem Falle steigen nur die Preise, ohne dass es zu Arbeitslosigkeit kommt.

Eigentümliches Verstehen beschäftigt sich nicht nur mit der Vergangenheit, sondern auch mit der Zukunft; wir können dieses Verstehen der Zukunft auch individuelles Mutmaßen nennen, um deutlich zu machen, dass Verstehen die Vergangenheit und Mutmaßen die Zukunft angeht. Auch der »Alltagsmensch« wendet Mutmaßen als Methode an, der Unternehmer, der Arbeiter, der Rentner, die Mutter, das Kind. Aus den Erfahrungen im Hinblick auf die Handlungen anderer Personen ziehen sie Rückschlüsse auf deren künftiges Verhalten. Preise zum Beispiel sind solche historischen Daten: Was haben die Menschen in der jüngsten Vergangenheit für die Güter bezahlt? Wenn wir Preise vergleichen, dann vergleichen wir sie mit historischen Preisen. Aber auch wer das Verhalten von Regierungen analysiert, die Auswirkungen von Zentralbankpolitiken oder die Ausweitung der Staatsverschuldung und ausgehend davon Annahmen für die Zukunft trifft, wendet die Methode des Verstehens an.

Eigentümlich ist das Verstehen eben deshalb, weil die Bedeutsamkeitsurteile persönlich oder individuell sind. Es ist letztlich die Intuition (persönliche Anschauung) des Einzelnen, die die Lücke füllt, die die Naturwissenschaften, die Mathematik, die Logik und die Praxeologie offenlassen. Wir greifen dann zu Modellen, Plänen etc., die nicht nach einem unpersönlichen Standard überprüfbare Annahmen enthalten und von denen wir nicht sicher wissen können, ob sie zutreffen werden und die wir unter Umständen künftig zu verbessern suchen. Als Methode, mit der eigentümliches Verstehen kritisiert werden kann, sofern es eben eine Lücke der anderen wissenschaftlichen Methoden gibt, kommt wiederum eigentümliches Verstehen ins Spiel – und deshalb müssen zwei Menschen in diesem Bereich der Erkenntnisgewinnung (Verstehen/Mutmaßen) nicht übereinstimmen.

3. Mathematik, Logik und die Naturwissenschaften

Mathematik und Logik befassen sich – wie die Praxeologie – mit Schlussfolgern, also mit der Methode der »Deduktion« (Ableitung, Schlussfolgerung) ausgehend von Grundannahmen (Prämissen oder Axiome). Ein bekanntes Beispiel für eine Schlussfolgerung ist:
- Alle Menschen sind sterblich.
- Sokrates ist ein Mensch.
- Daraus folgt: Sokrates ist sterblich.

Diese Schlussfolgerungen sind für alle Menschen, die über einen Verstand mit logischer Struktur verfügen, zwingend. Wir können also sagen, dass Logik intersubjektiv (zwischen zwei Personen) zwingende Ergebnisse liefert. Die Grundannahmen allerdings sind »angreifbar«, im Beispiel also, dass alle Menschen sterblich sind oder dass Sokrates ein Mensch ist.

Ein sogenannter Fehlschluss (*non sequitur*: daraus folgt nicht) liegt vor, wenn sich aus den Grundannahmen nicht notwendig die Schlussfolgerung ergibt. Ein Beispiel hierfür wäre:
- Alle Affen können schwimmen.
- B kann schwimmen.
- B ist ein Affe.

Ein weiteres Beispiel:
- Der Staat baut Straßen.
- Ohne Staat baut niemand Straßen.

Die Mathematik beschäftigt sich ebenfalls mit Schlussfolgerungen ausgehend von Grundannahmen, insbesondere in den Bereichen der Geometrie, des Zählens und Rechnens. Sofern Phänomene der physischen Welt mit mathematischen Modellen erfolgreich beschrieben werden können, ist die Mathematik hilfreich bei der Vorhersage gleichbleibender Beziehungen zwischen messbaren Größen und damit bei der Vorhersage physischer, chemischer und technischer Abläufe.

Logik und Mathematik können nicht wieder mit Logik »begründet« werden. Mathematische und logische Schlussfolgerungen können nicht weiter als bis zu ihren Grundannahmen zurückverfolgt werden, aus denen sie abgeleitet wurden. Mit »Empirie«, also Erfahrung, sind sie nicht widerlegbar. Sie können »in der äußeren Natur« kein Experiment aufsetzen, mit dem Sie widerlegen könnten, dass 1 + 1 = 2 ist. Wenn Sie einen Apfel und eine Birne »addieren« möchten und sagen, es kommt nicht 2 heraus, dann haben Sie nicht widerlegt, dass 1 + 1 = 2 ist, sondern Sie haben die Mathematik nicht sinnvoll angewandt.

Die Naturwissenschaften (Physik, Chemie, Biologie etc.) befassen sich mit gleichbleibenden Beziehungen zwischen messbaren Größen und scheinbaren Beziehungen zwischen Größen (Korrelationen). Die Eigenschaften von Eisen, wie es sich beim Kontakt mit Sauerstoff und Wasser verhält, die »Fallgesetze« (Gravitation), die Zusammenhänge zwischen Energie, Geschwindigkeit und Masse, die Energiefreisetzung bei der Spaltung von Atomkernen oder wie Pflanzen Lichtenergie in chemische Energie wandeln, werden von den Naturwissenschaften beschrieben. Die Naturwissenschaften bauen auf Erfahrungen der Vergangenheit auf und die Methode der Naturwissenschaft ist die überprüfbare Annahme (Hypothese). Nach dem Philosophen Karl Popper (1902–1994) wird die Methode heute auch als Falsifikationismus beschrieben, was bedeutet, dass die infrage stehende Hypothese sich beim Testen als falsch erweisen könnte. Eine Hypothese, die nicht widerlegbar sei, sei keine wissenschaftliche Hypothese.

Das Problem ist, dass eine testbare empirische (auf Erfahrung beruhende) Aussage nie letztlich als wahr bewiesen werden kann. Berühmtes Beispiel sind die weißen Schwäne. Die Aussage »Alle Schwäne sind weiß« konnte bis zur Entdeckung Australiens nicht widerlegt werden, weil man erst in Australien schwarze Schwäne antraf. Der Satz »Alle Schwäne sind weiß« war somit widerlegt. Allerdings lässt sich eine Aussage auch nie letztgültig widerlegen. Kommt es beispielsweise durch eine Seuche zum Aussterben der schwarzen Schwäne, ist die Aussage »Alle Schwäne sind weiß« wieder wahr. Sie ist also weder letztgültig beweisbar noch widerlegbar. Denn dass etwas so ist, wie es ist und war, bedeutet nicht notwendig, dass es für immer so bleiben muss.

Der Falsifikationismus ergibt sich auch nicht aus der Aussage »Absolute Gewissheit gibt es nicht«, in dem Sinne, dass man nur die Falschheit einer Aussage testen kann, aber nicht, ob sie letztlich wahr ist. Denn diese Aussage ist widersprüchlich (sogenannter performativer Widerspruch) in Bezug auf sich selbst. Auf sich selbst angewandt, bedeutete die Aussage, dass man keine absolute Gewissheit darüber haben kann, dass es absolute Gewissheit nicht geben kann.

Falsch und wahr sind zwei Seiten einer Medaille. Genauso wenig wie man sich im Hinblick auf die Richtigkeit einer aus Erfahrung gewonnenen Annahme für alle Zeiten verlassen kann, kann man sich auf die Falschheit derselben für alle Zeiten verlassen.

Auch erleichtert der Falsifikationismus nicht die Testbarkeit von Annahmen. Nehmen wir als Beispiel die Erdanziehungskraft. Die Annahme lautet: Wenn ich ein Glas, das ich in der Hand über dem Boden halte, loslasse, fällt es (immer) zu Boden. Wenn diese Aussage 100-mal getestet wird, ist diese Annahme noch nicht letztlich bewiesen. Andererseits: Wenn auch nur in einem Falle das Glas nicht zu Boden fällt, ist die Annahme widerlegt und als falsch erwiesen. Formuliere ich die Aussage um: Wenn ich ein Glas, das ich in der Hand über dem Boden halte, loslasse, fällt es nie zu Boden, ist diese Aussage falsch, wenn das Glas nur einmal zu Boden fällt. Entscheidend ist also das Wort »immer« beziehungsweise sein »Spiegelbild« »nie«. Wie falsch und wahr sind sie zwei Seiten einer Medaille, und es bleibt sich gleich, ob sich eine als »immer wahr« behauptete Aussage als falsch erweist oder eine als »immer falsch« behauptete Aussage als wahr.

Ausschlaggebende Kriterien für die Testbarkeit einer auf Erfahrung beruhenden naturwissenschaftlichen Aussage sind die Wiederholbarkeit der Tests und die Isolierung (Absonderung) von bestimmten gleichbleibenden Beziehungen zwischen Größen.

Der entscheidende Unterschied zwischen den A-priori-Wissenschaften (Mathematik, Logik, Praxeologie) und der A-posteriori-Naturwissenschaft ist also, dass die Ersteren ihre Aussagen aus zwingenden Schlussfolgerungen ausgehend von Grundannahmen gewinnen und die Letztere aus testbaren Erfahrungen. A priori (von vornherein) also deshalb, weil sich diese Aussagen nicht durch Erfahrung als falsch erweisen lassen, und a posteriori (im Nachhinein) deshalb, weil sich diese Aussagen nur durch Erfahrung als wahr (oder falsch) erweisen lassen. Und da Erfahrung immer die Erfahrung der Vergangenheit ist und nie der Zukunft, können A-posteriori-Annahmen von vornherein (a priori) nie endgültig wahr sein.

Dass sich Kausalität (und auch Finalität) letztlich nicht beweisen lassen, hat seinen Grund darin, dass es sich bei beiden um A-priori-Konzepte des menschlichen Verstandes handelt, die letztlich nicht durch Erfahrungstatsachen bewiesen oder widerlegt werden können. Die Annahme, dass ein Glas, das ein auf der Erde stehender Beobachter loslässt, immer zu Boden fallen muss (Kausalität, Ursache und Wirkung), ist dann widerlegt, wenn das Glas nur einmal nicht zu Boden fällt (Falsifikation), die aber auch nach Tausenden Versuchen nicht durch Erfahrung beweisbar ist, weil »immer« alle künftigen Versuche, die noch nicht gemacht wurden, einschließt. Sie können immer nur scheinbare und gleichbleibende Zusammenhänge zwischen messbaren Größen testen, aber nicht, ob diese Zusammenhänge auch in aller Zukunft derart bleiben werden. In einem strengen Sinne lässt sich Kausalität als »Naturgesetz« (es ist immer so) also nicht beweisen. Für alle praktischen Erwägungen des Lebens gehen wir bei den Naturgesetzen, die die Physiker, die Chemiker und so weiter herausgearbeitet haben, von Kausalität aus, also dass sich diese Naturgesetze auch in Zukunft nicht ändern werden. Somit können wir sagen, dass die Naturwissenschaften diejenigen Wissenschaften sind, die sich mit kausalen Beziehungen zwischen messbaren Größen beschäftigen. Es wäre geradezu sinnlos, gleichbleibende Zusammenhänge zwischen messbaren Größen zu erforschen, wenn wir daraus nicht auf Kausalität schließen würden, also dass das eine Ereignis das andere bewirkt.

Kausalität ist keine naturwissenschaftliche Kategorie (Denkform), sondern eine praxeologische; Kausalität ist eine Denkform eines handelnden Wesens. Finalität ist ohne Kausalität nicht denkbar, denn wo Chaos ist, wo wir keine gleichbleibenden Beziehungen zwischen Größen und Qualitäten feststellen können, dort ist Handeln letztlich sinnlos. Ein handelndes Wesen denkt notwendig in der Kategorie der Kausalität.

4. Wissenschaften mit »kombinierter Methodik« – Verstehen II (informiertes Mutmaßen)

Wissenschaften mit kombinierter Methodik verwenden sowohl Elemente der Mathematik und der Naturwissenschaften als auch Bedeutsamkeitsurteile und zum Teil auch Metaphern zur Mathematik. Prominente Beispiele sind die zeitgenössische Volkswirtschaftslehre, sofern sie sich mit der Analyse (Wirtschaftsgeschichte) oder Prognose von Wirtschaftsdaten befasst, oder die Klimaforschung.

Bei der Klimaforschung beispielsweise sind den Wissenschaftlern einige Gesetzmäßigkeiten und Einflussfaktoren bekannt, die das Klima, also den 30-jährigen Durchschnitt von Wetterwerten, beeinflussen; in ihrer Wechselbeziehung und in ihrer Bedeutsamkeit jedoch sind sie nicht bekannt. Die direkte Wirkung von Kohlendioxid (CO_2) in einem geschlossenen System in Bezug auf die Temperatur ist den Klimaforschern bekannt und von jedermann jederzeit überprüfbar. Diese Annahme ist also mit den Methoden der Naturwissenschaft testbar. Jedermann kann sie jederzeit überprüfen und gelangt zu demselben Ergebnis. Die Erde ist aber kein geschlossenes System. Es leben auf ihr »Verbrenner«, also Menschen und Tiere, die CO_2 emittieren, und es gibt Pflanzen, die – um im Bild zu bleiben – den Gegenprozess der Verbrennung betreiben: Vermittels Photosynthese nutzen sie CO_2 und Lichtenergie für ihren Stoffwechsel und ihr Wachstum und setzen dabei Sauerstoff frei. Andere die Temperatur und das Wetter beeinflussende Faktoren sind zum Beispiel: Sonnenaktivität, Luftfeuchtigkeit, Wolkenbedeckung oder Niederschlag.

Über das Thema des Klimawandels gibt es derzeit Streit zwischen Wissenschaftlern und Politikern, wie man es aus anderen Gebieten der Wissenschaften nicht kennt. Niemand streitet über die Gesetze der Mechanik oder Elektrizität, weil diese Annahmen jederzeit von jedermann mit demselben Ergebnis überprüfbar sind. Der Grund des Streits in der Klimaforschung ist, dass die Thesen der Wissenschaftler nicht testbar sind wie naturwissenschaftliche Annahmen. Die Klimaforscher arbeiten mit Modellen, die sie korrigieren, wenn sie sich als unzutreffend erweisen. Sie meinen, dass sie sich damit innerhalb der Naturwissenschaften insofern bewegen, dass ihre Modelle ja testbar sind, weil sich die Daten eben als falsch erweisen können. Aber die Annahmen sind eben nicht für jedermann jederzeit testbar, wie Annahmen der klassischen Naturwissenschaften testbar sind, etwa die Reaktion von Salzsäure mit bestimmten Metallen, denn das Klima ist nicht wiederholbar und damit nicht vergleichbar einem Laborexperiment. Das Erdgeschehen ist ein historischer Prozess, und die Klimadaten sind historische Daten. Die Erdgeschichte ist aber nicht wiederholbar und einzelne Beziehungen zwischen Größen können nicht wie im Experiment isoliert werden, sondern es gibt zahlreiche Einflussfaktoren und Wechselwirkungen. Selbst wenn eine »Voraussage« scheinbar »zutrifft«, heißt das nicht, dass die Annahmen richtig waren, sondern es kann schlichter Zufall sein, die Ursachen können ganz andere sein als die, die der Forscher angenommen hat, und nur das Ergebnis ist dasselbe.

Auch bei der Prognose des Wetters wird mit Modellen gearbeitet, die ständig verbessert werden. Wissenschaftler arbeiten in der Meteorologie mit verschiedenen Modellen, die zu verschiedenen Ergebnissen gelangen. Und zuweilen bezeichnen Meteorologen schon die Voraussagen für den nächsten Tag als unsicher und geben mehrere Alternativen an, die sie für wahrscheinlich halten. Dennoch streiten sich die Meteorologen und Politiker nicht vergleichbar über diese Wettermodelle wie sie sich über Klimavoraussagen streiten. Denn an einer kombinierten Methodik aus klassischer Naturwissenschaft (jederzeit von jedermann testbar, wiederholbar) und Verstehen (Bedeutsamkeitsurteile im Hinblick auf gewisse Faktoren, nicht alle Einflussfaktoren sind bekannt oder nicht in ihrer konkreten Auswirkung bekannt) ist an sich nichts auszusetzen; es steht eben keine sicherere oder bessere Methode zur Verfügung.

In der Klimaforschung kommt es hingegen zu skurrilen Streitigkeiten zwischen Wissenschaftlern derselben oder anderen Disziplinen oder auch zwischen Politikern und zwischen Bürgern. Man könnte sagen, dass die Wissenschaftler gerade deswegen teilweise darüber abstimmen, wie sicher sie sich ihrer Annahmen sind, weil die Annahmen nicht zwingend in dem Sinne sind, dass sie für jedermann jederzeit testbar sind. Bei der Abstimmung geben sie an, wie sicher sie sich zum Beispiel im Hinblick auf die Menschengemachtheit des Klimawandels sind, und verwenden dafür eine Metapher aus der Wahrscheinlichkeitsrechnung, wenn sie diese mit 95 Prozent angeben. Eine Metapher deshalb, weil diese 95 Prozent nicht das Ergebnis einer Wahrscheinlichkeitsrechnung sind, wie wir sie zum Beispiel vom Würfelwurf kennen. Vielmehr wird die numerische Wahrscheinlichkeit (95 Prozent) vorgeschlagen, sozusagen in den Raum gestellt aufgrund einer Aussage einer oder mehrerer Personen. Auch wird darüber gestritten, wie viel Prozent der Wissenschaftler sich im Hinblick auf den Einfluss des Menschen wie sicher sind, etwa ob es zulässig sei, diese Wissenschaftler hinzuzuzählen, die meinen, der Mensch habe einen Einfluss auf den Klimawandel, aber der lasse sich nicht konkret bestimmen, oder diejenigen, die meinen, der Einfluss sei nur untergeordnet, also geringer als ein gewisser Prozentsatz. Solcherlei Streits sind aus den klassischen Naturwissenschaften nicht bekannt.

Die Daten, die über komplexe historische Phänomene gewonnen werden, können von vornherein nicht als Beweis für eine Annahme dienen in dem Sinne wie die Annahmen der klassischen Naturwissenschaften »bewiesen« werden können. Denn komplexe Phänomene sind ja nur solche, die sich dadurch auszeichnen, dass man eben keine gleichbleibenden Beziehungen zwischen Größen feststellen kann.

5. Mit Popper gegen Popper – die empirischen Sozialwissenschaften (Social Engineering) sind Verstehen und nicht Naturwissenschaften

Dem Theoretiker Karl Popper (1902–1994) wird das Verdienst zugeschrieben, mit der Methode des »Falsifikationismus« definiert zu haben, was eine wissenschaftliche Hypothese (Annahme) ist und was »unwissenschaftlich« ist. Kurz zusammengefasst: Nur Aussagen, die sich als falsch herausstellen können, sind wissenschaftliche Aussagen; wissenschaftlich hier gemeint im Sinne der Erfahrungswissenschaften und nicht der oben beschriebenen A-priori-Wissenschaften (Logik, Mathematik, Praxeologie), die von Grundannahmen ausgehend Schlussfolgerungen aufstellen und die von vornherein gelten, also durch Erfahrung weder beweis- noch bestreitbar sind.

Im Hinblick auf die Sozialwissenschaften, so Popper, seien solcherlei »wissenschaftliche« Hypothesen möglich, wenn sich die Annahmen als falsch herausstellen könnten. Bezogen auf die Voraussage des »Verlaufes der Geschichte« meint Popper, dass eine »wissenschaftliche« Überprüfung nicht möglich sei. Das leuchtet ein, weil historische Abläufe nicht widerholbar und komplex sind und deshalb nicht von jedermann jederzeit nach unpersönlichen (objektiven) Standards testbar sind. Und von vornherein, also mit den Mitteln der Praxeologie, können wir nur Aussagen treffen, wie Menschen Mittel aufgrund ihrer Ziele bewerten; die Praxeologie enthält Aussagen über Präferenzen (Vorlieben), aber nicht über messbare Größen.

Die Methode, mit der wir die Geschichte verstehen wollen, ist das *eigentümliche Verstehen*, und ebenso ist dies die Methode, mit der wir die Zukunft quantitativ (im Hinblick auf bestimmte Größen und Mengen) einschätzen. Und das eigentümliche Verstehen enthält persönliche Bedeutsamkeitsurteile, die nicht testbar sind, also intersubjektiv (zwischen verschiedenen Personen) nicht derart im Hinblick auf unpersönliche (objektive) Standards überprüfbar, wie das beispielsweise die chemischen Eigenschaften von Kupfer sind.

Der Ökonom Anthony de Jasay (1925–2019) kritisiert deshalb Popper, weil dieser meine, eine Annahme sei ebenso eine wissenschaftliche Hypothese wie die naturwissenschaftlichen Hypothesen, wenn sie den Bereich der Sozialwissenschaften betreffe und sie »stückweise« (»piecemeal«) auf ihre Falschheit hin überprüft werden könne.[2] Popper lege sich nirgends dahingehend fest, was »stückweise« überprüfbar bedeute, dem Sinnzusammenhang könne man aber entnehmen, dass er meine, etwas sei »stückweise« überprüfbar, wenn es »testbar« sei. Es handelt sich dabei also um eine Tautologie, eine stets wahre Aussage, die in diesem Falle aber nicht informativ ist, sondern ein Zirkelschluss.

Der Gang der Geschichte sei nach Popper zwar nicht testbar, die Geschichte nicht »wissenschaftlich« voraussagbar, aber »Teile der Geschichte«, soziale Phänomene, also etwa Arbeitslosigkeit oder wirtschaftliche Entwicklung, könnten theoretisch vorausgesagt werden, weil sich Aussagen hierüber als falsch herausstellen könnten. Aber jede Ist-Aussage ist »falsifizierbar«; das macht sie jedoch noch nicht zu einer Aussage, die mit den Hypothesen der Naturwissenschaften auf »gleichem Niveau« »wissenschaftlich« wäre. Wenn Sie behaupten, voraussagen zu können, dass Ihr Lieblings-Fußballverein nächstes Wochenende 3 : 2 gewinnt, dann kann dies geschehen oder nicht. Ebenso, wenn Sie die Lottozahlen »annehmen«. Und auch umgekehrt: Wenn Ihre getippten Lottozahlen tatsächlich gezogen werden, bedeutet das nicht, dass ihre Hypothese gut war oder nicht falsifiziert werden konnte, sondern Sie hatten einfach Glück.

In der Folge von Poppers Erklärung der Wissenschaftlichkeit des Social Engineering (ingenieursmäßiges Steuern der Gesellschaft) meinen die Sozial- und Politikwissenschaftler, im Prinzip mit denselben wissenschaftlichen Methoden zu arbeiten wie die Naturwissenschaftler oder Mathematiker. Sie übersehen, dass die persönlichen Bedeutsamkeitsurteile, die sie verwenden, eben persönlich sind und nicht zwingend zwischen zwei Personen dieselben Ergebnisse liefern.

Wenn die Sozialwissenschaftler beispielsweise behaupten, dass die Politiken der Regierung und der Notenbank dazu geführt haben, dass eine »wirtschaftliche Krise« gelöst wurde und hierzu auf Statistiken verweisen wie beispielsweise den Anstieg des Bruttoinlandsproduktes oder der Beschäftigung nach den Maßnahmen der Regierung, dann sind diese Aussagen eben nicht überprüfbar, wie naturwissenschaftliche Annahmen oder mathematische Schlussfolgerungen, bei denen jeder dieselben Ergebnisse erhält. Auch das Gegenteil kann der Fall sein, dass sich »die Wirtschaft« trotz der Politiken der Regierung erholt hat. Die Methode des Verstehens liefert hier keine eindeutigen Ergebnisse. Mit der Methode der Praxeologie hingegen können wir nachweisen, dass »Interventionen« (Eingriffe) der Regierung in das ansonsten unbehinderte Wählen der Menschen (»der Markt«) von vornherein unter sonst gleichen Umständen für die einen zu schlechteren und für die anderen zu besseren Ergebnissen führen (die einen gewinnen auf Kosten und zu Lasten der anderen) und insgesamt die »Leistung« der Wirtschaft gegenüber einem Zustand ohne Eingriff aus Sicht der Konsumenten nachlässt.

Die Wissenschaftler der Sozialwissenschaften verwenden Statistiken und weisen auf Korrelationen (scheinbare Zusammenhänge) hin. Dabei ist schon das Verwenden von Statistiken (früherer Begriff: Sammelforschung) Ausdruck unsicheren Wissens. Wir verwenden Statistiken dann, wenn uns gleichbleibende Beziehungen zwischen Größen gerade unbekannt sind.

> *»Erfahrung ist immer Erfahrung der Vergangenheit. Erfahrung und Geschichte liegen nie in der Zukunft. Diese Binsenweisheit müsste nicht wiederholt werden, wenn es nicht das Problem der Prognosen der Statistiker gäbe […] Die Statistik ist die Beschreibung von Phänomenen, die nicht durch regelmäßige Einheitlichkeit gekennzeichnet sind, in Zahlen-Ausdrücken. Soweit es eine erkennbare Regelmäßigkeit in der Abfolge von Phänomenen gibt, ist es nicht nötig, zur Statistik zu greifen. […] Statistik ist daher eine spezifische Methode der Geschichtsschreibung. […] Sie handelt von der Vergangenheit und nicht von der Zukunft. Wie jede andere Erfahrung von der Vergangenheit kann sie gelegentlich wichtige Dienste bei der Zukunftsplanung leisten, aber sie sagt nichts aus, das direkt für die Zukunft gültig ist.«*[3]

Es gebe nicht so etwas wie statistische Gesetze. Die Leute griffen zu statistischen Methoden genau deshalb, weil sie nicht in der Lage seien, in der Verkettung und Abfolge von Geschehnissen eine Regelmäßigkeit zu erkennen.[4]

Wenn eine Statistik zum Beispiel zeigt, dass auf A in 95 Prozent der Fälle B folgt und in 5 Prozent der Fälle C, heißt das, dass kein vollkommenes Wissen über A vorliegt. A müsste in A1 und A2 zerlegt werden, und wenn sich feststellen ließe, dass auf A1 immer B und auf A2 immer C folgen würde, dann läge »vollkommenes« Wissen vor.[5] Niemand käme auf die Idee, die Gravitation zu testen, indem er eine Statistik darüber anfertigte, in wie viel Fällen ein Glas, das ich über den Boden halte, zu Boden fällt, wenn ich es loslasse, weil uns die »Gesetze« der Gravitation bekannt sind.

Korrelationen zwischen Daten, also scheinbare Wechselbeziehungen zwischen Daten, sind also nicht dasselbe wie wiederholbar überprüfbare Annahmen über gleichbleibende Beziehungen zwischen messbaren Größen. Es gibt ganz kuriose starke Korrelationen, bei denen es offensichtlich ist, dass der Zusammenhang nur scheinbar ist, wie beispielsweise

- die Veränderung des Verdienstabstands zwischen Männern und Frauen einerseits und die Veränderung der Anbaufläche von Gemüse in Sachsen-Anhalt andererseits oder
- die Veränderung der Sprunghöhe des Deutschen Meisters im Stabhochsprung bei den Deutschen Hallenmeisterschaften und die Veränderung der Anzahl der für Versuche und andere wissenschaftliche Zwecke verwendeten Kaninchen oder
- die Veränderung der Anzahl der Girokonten in Deutschland sowie die Veränderung der Zahl der Lieder und Instrumentalstücke im Zentralarchiv der Österreichischen Volksliedwerke (hier ist die Korrelation mit 0,9908 besonders hoch).[6]

Und selbst wenn ein Zusammenhang offenbar zu sein scheint, wie etwa die Einführung der Gurtpflicht und die Anzahl der Unfalltoten im Straßenverkehr, so muss dennoch keine Einigkeit darüber erzielt werden, wie *bedeutsam* die Einführung der Gurtpflicht gegenüber anderen möglichen Ursachen der Verminderung der Verkehrstoten war wie beispielsweise die Erhöhung der Sicherheit von Autos (Airbags, Bremsassistent, Knautschzone etc.), die Zunahme von Geschwindigkeitsbegrenzungen und Verkehrsüberwachungen, die Reduzierung des zulässigen Promillewerts, längere Fahrausbildung, weitergehende Beschränkungen für Fahranfänger etc.

Mit der Methode des Verstehens kann also von vornherein eine Annahme nicht als »wahr« oder »falsch« erwiesen werden, weil die Methode *persönliche* Bedeutsamkeitsurteile enthält, und diese sind nicht intersubjektiv (zwischen unterschiedlichen Personen) testbar, wie naturwissenschaftliche Annahmen testbar sind. Gleichbleibende Beziehungen zwischen Größen, die wiederholbar und von jedermann getestet werden können, gibt es nicht in der Sozialforschung. Die Entwicklung der Menschen ist ein komplexer historischer Prozess, der nicht wiederholbar ist wie das naturwissenschaftliche Experiment.

Wenn ich die Hypothese aufstelle, dass der FC Bayern morgen gewinnt, weil er diese oder jene Spieler eingekauft hat, und es gewinnt der FC Bayern, dann muss jemand anderes mit mir nicht darin übereinstimmen, dass es an den eingekauften Spielern lag. Er kann auch meinen, dass ganz andere Einflüsse (der Schiedsrichter, fehlende Fitness der anderen Mannschaft) ausschlaggebend waren. Es kann also selbst im Nachhinein nicht herausgefunden werden, ob ich recht hatte. Und wenn der Politikwissenschaftler A behauptet, dass die Partei XY die nächste Wahl gewinnt, und sie gewinnt tatsächlich, dann nicht, weil seine Voraussage eine wissenschaftlich testbare Annahme war. Ob die

Partei aus den Gründen gewonnen hat, die der Politikwissenschaftler annahm, oder ob andere Gründe bedeutsamer waren, darüber muss eben keine Einigkeit bestehen, wie Einigkeit über die Reaktion von Salzsäure mit Metallen besteht.

Das ist keine Kritik an der Methode des Verstehens, sondern eine Kritik an der Illusion, dass die Methode des Verstehens und die Naturwissenschaften »gleich sichere« Ergebnisse hervorbringen. Menschen greifen ja gerade dann zum Verstehen, wenn ihnen bessere Mittel nicht zur Verfügung stehen. Bedeutsamer ist noch, dass mit der Methode des Verstehens natürlich nichts darüber ausgesagt werden kann, wie viel Leid diejenigen erfahren, die durch die Eingriffe, also Befehle des Staates unter Androhung von Schaden im Falle des Zuwiderhandelns, Schaden erleiden, weil ihnen ihr ursprünglich beabsichtigtes Handeln verwehrt wurde.

Nehmen wir an, ein Sozialingenieur schlägt vor, die Tabaksteuer zu erhöhen, um die Anzahl der Menschen zu vermindern, die an Lungenkrebs versterben. Der Schaden, der den Rauchern entsteht, ist ein Vermögensschaden. Ohne die Steuer hätte der Raucher einen Teil seines Einkommens für anderes ausgegeben, und zwar nach seinem Wählen. Weder die Medizin noch die empirischen (erfahrungsbasierten) Sozialwissenschaften können darüber etwas aussagen, ob ein Mensch rauchen sollte. Die Aussage, dass Menschen nicht rauchen sollten oder gesünder leben sollten, ist ein subjektives Werturteil, es ist eine Sollte-Aussage, und Sollte-Aussagen sind keine beschreibenden Aussagen, sie sagen nichts über die Dinge des Universums oder logische Schlussfolgerungen aus, sondern sie geben das persönliche Werturteil des Sprechers wieder und sind subjektiv und willkürlich. Wertaussagen handeln nicht von Kausalität, sondern sagen etwas aus über die Präferenzen des Wertenden. Eine logische Grenze gibt es nicht: Beispielsweise könnte auch eine Zuckersteuer zur Reduzierung des Übergewichtes führen oder ein Verbot von Autos zu einer noch stärkeren Verminderung der Unfalltoten. Wir wissen, dass manche Menschen das Rauchen gegenüber dem Nichtrauchen vorziehen – trotz hoher Steuern; dass andere Menschen Übergewicht in Kauf nehmen, viel fernsehen, Feuerwerk genießen etc. und dass andere Menschen das »unvernünftig« finden, weil es ihrem Werten und Wollen nicht entspricht. Aber die Wissenschaftler verlassen jeden wissenschaftlichen Boden, wenn sie aufgrund von Korrelationen zwischen mess- oder zählbaren Größen zu Verboten und Geboten aufrufen. Denn was ein Mensch wollen sollte, darüber können sie nichts als Wissenschaftler aussagen, sondern nur eine persönliche Meinung haben.

Die Wissenschaftler können über Zusammenhänge informieren, die sie kennen (Kausalität) oder vermuten zwischen menschlichem Handeln und gesundheitlichen Folgen (Korrelation). Sie leisten den Menschen hier wertvolle Dienste: Diejenigen, die weiter geraucht hätten, wenn sie nichts über die Korrelationen von Lungenkrebs und Rauchen gewusst hätten, nutzen die Aussagen der Wissenschaftler. Diejenigen, die erfahren, dass der Gebrauch von Anschnallgurten vor schweren Verletzungen schützt, können nun wählen, ob sie sich anschnallen wollen oder nicht, und manche werden vielleicht anders wählen, als ohne die Aussagen der Wissenschaftler. Und für diejenigen, die sich infolge der Information nunmehr gesünder ernähren wollen und ihr Übergewicht vermindern möchten, leisten die Wissenschaftler ebenfalls wichtige Dienste. Aber viele Menschen haben eben nicht nur das Bedürfnis, lange zu leben und gesund oder möglichst alt zu werden, sondern sie haben zahlreiche andere Bedürfnisse: nach Genuss, nach Abenteuer, nach Lust, nach Risiko, sich zu beweisen – und so weiter. Und manche ziehen – in Kenntnis der Korrelationen zwischen Übergewicht und Gesundheitsbeeinträchtigungen – das Schlemmen gegenüber der einschränkenden Diät vor, wählen eine gefährlichere Sportart, als sie »müssten«, fahren ein schnelleres Auto, als sie »bräuchten«. Über das Besser und das Schlechter von letzten Zielen (was die Menschen zufriedener macht) gibt es keine naturwissenschaftliche Diskussion.

Niemand ist in der Lage, das Wählen eines anderen zu beurteilen, ohne schlicht eines zu tun: das eigene, persönliche und willkürliche Werturteil an die Stelle des Werturteils des anderen, des Handelnden zu setzen.

Anmerkungen zu Kapitel I

1 Mises, Human Action, 1949, S. 50.
2 Jasay, Against Politics, 1997, S. 105 ff.
3 Mises, Letztbegründung der Ökonomik, 2016, S. 69.
4 Mises, Letztbegründung der Ökonomik, S. 81.
5 Vgl. Mises, Letztbegründung der Ökonomik, S. 82.
6 Zellmer.

KAPITEL II

GRUNDSÄTZE DER PRAXEOLOGIE

1. Der Handelnde (das Individuum)

Der Handelnde ist der Einzelne (Individuum). Das Wort »Individuum« kommt von lateinisch *in-dividere* (nicht teilbar) und bedeutet: der Unteilbare. Sie können einen Einzelmenschen nicht teilen, ohne ihn zu zerstören. Hingegen können sie eine Gruppe teilen, ohne dass die einzelnen Mitglieder (Individuen) dadurch zerstört werden. Individuum bedeutet auch, dass ein Teilen von Geist und Körper oder von Psyche und Physis nicht möglich ist. Solange der Einzelne als Individuum lebt, sind diese strukturbestimmenden Merkmale nicht voneinander trennbar.

Der Einzelne kann natürlich auch konzertiert, also aufeinander abgestimmt und in Gruppen handeln, aber der Willensentschluss findet stets im Einzelnen statt. Eine Gruppe von Menschen kann keinen Willensentschluss tätigen. Alle Mitglieder einer Gruppe können denselben Willensentschluss fassen, aber es sind stets die Einzelnen, die handeln, auch wenn sie zusammen handeln.

Kooperation und Korporationen – konzertiertes Handeln

Nicht zum Handeln fähig sind geistige Gebilde wie Korporationen (Körperschaften) oder die Gesellschaft, sondern nur die Einzelnen. Die Menschen arbeiten mit einer

Metapher, wenn sie sagen, die A-AG hat etwas gekauft oder verkauft oder produziert. In der Juristerei bedient man sich der juristischen Fiktion der Korporation (Körperschaft), spricht von den »Organen« der Gesellschaft, so wie der Mensch Organe hat, nennt sie »Körperschaft«, so wie der Mensch einen Körper hat, aber in Wirklichkeit haben die A-AG oder die B-Republik keinen eigenen Körper und keine Organe, sondern es sind Einzelne (Individuen), die sich zum gemeinsamen Handeln unter dem Namen (A-Firma, B-Republik) verbunden haben, die einen gemeinsamen Handlungsplan verfolgen. Solche Handlungspläne werden niedergeschrieben in Gesetzen, Statuten, Verträgen oder mündlich verabredet. Die Einzelnen arbeiten auf ein gemeinsames Ziel hin, das wiederum in Unterziele strukturiert ist. Solche Körperschaften haben keine Lebenszeit, auch wenn sie viele Menschen geistig wie ein Lebewesen behandeln, so sind sie doch ein geistiges Gebilde und in der unmittelbaren Realität werden sie nur durch das Handeln von Einzelnen wirksam. Es sind immer Menschen aus Fleisch und Blut, die handeln, nie geistige Gebilde.

Anthropomorphismus (Vermenschlichung) und Hypostasierung (Gedanke und Realität)

Die einzigen Wesen, die menschliches Handeln ausführen können, sind einzelne Menschen – auch zusammen oder gegeneinander, aber es sind stets Menschen aus Fleisch und Blut. Wir verwenden in unserer Sprache oft sogenannte Anthropomorphismen (Vermenschlichungen) und schreiben unbelebten Gegenständen oder geistigen Gebilden eine unmittelbare Wirklichkeit zu, als wären sie handelnde Menschen. So schrieben unsere Vorfahren zum Teil dem Mond oder der Sonne solche Eigenschaften zu. Überall sah man einen handelnden Geist am Wirken, im Regen, in den Winden, in der Natur. Die Menschen kommunizierten mit den Göttern (Geistern) der Natur, sie beteten, opferten und fürchteten diese Geister. Es liegt also sehr lange schon in der menschlichen Natur, der unbelebten oder belebten Natur wie auch geistigen Gebilden, die keine unmittelbare Realität haben, eine menschliche Eigenschaft zuzuschreiben, nämlich das Handeln.

Anthropomorphismen können die Sprache und den Rechtsverkehr erleichtern, wenn man beispielsweise sagt, die A-Firma hat etwas gekauft, anstatt die Gruppe um Herrn B, die unter dem Namen A-Firma handelt. Man kann in Verträgen vereinbaren, dass man miteinander so umgeht, als verträten die handelnden Einzelnen eine »fiktive« Person (juristische Person, Rechtsperson), und man kann in diesem Zusammenhang auch Vereinbarungen zur Haftung etc. treffen. Aber Anthropomorphismen bergen auch die Gefahr der Hypostasierung, also einem geistigen Gebilde eine unmittelbare Wirklichkeit zuzuschreiben, die es nicht hat. So denken manche Menschen zum Beispiel vom Staat als einem »höheren Wesen«. Dies ist im Sprachgebrauch so alltäglich geworden, dass man oft vergisst, dass der Staat aus Einzelnen (Individuen) besteht, die unter dem Begriff »Staat« gemeinsame Handlungspläne verfolgen. Der Staat ist kein Wesen aus Fleisch und Blut mit einem Nervensystem, sondern ein Konzept. Es wird davon gesprochen, dass der A-Staat dies und das getan hat, dass Deutschland hier oder dort einen Militäreinsatz führte, dass Deutschland so und so alt sei, als ob es sich um einen Organismus aus Fleisch und Blut handelte.

Auch wenn Menschen von einem Gott wie von einem handelnden Wesen denken, handelt es sich hierbei um einen Anthropomorphismus, weil sie von Gott wie von einem Menschen denken, der handelt. Handeln widerspricht aber den Vorstellungen, die sich Menschen ansonsten von Gott machen, nämlich dass er ein allmächtiges und allwissendes Wesen sei. Von einem solchen Wesen kann aber nicht als einem handelnden Wesen gedacht werden. Denn für wen die Zukunft nicht ungewiss ist, der handelt nicht, weil ihm alles künftige Wählen bereits bekannt ist und es daher keinen Raum mehr gibt, aktuell zu wählen. Darüber hinaus bräuchte ein allmächtiges Wesen nicht immer wieder handeln, um seine Unzufriedenheit zu vermindern, sondern müsste mit einem Male endgültige Zufriedenheit erreichen können; könnte er dies nicht bewirken, wäre er nicht allmächtig. Die Vorstellung eines »handelnden Gottes« ist also mit dem, was die Menschen ansonsten von Gott annehmen, nämlich Allmacht und Allwissen, nicht vereinbar.

J. R. R. Tolkien, der Autor der Epen *Der Herr der Ringe* und *Der Hobbit*, erkannte die mit der Hypostasierung und dem Anthropomorphismus verbundenen Denkfehler:

»Ich würde jedermann verhaften lassen, der das Wort Staat benutzt, als handele es sich um etwas anderes als den unbelebten Bereich der Erdoberfläche, der England genannt wird«, meinte Tolkien. England verfüge als ein Teil der Erdoberfläche weder über Macht noch über Rechte oder einen Verstand. Tolkien erkennt also bereits, dass nicht Länder, sondern Menschen handeln. »Und nach der Verhaftung würde ich ihm die Möglichkeit geben, zu widerrufen. Falls er nicht widerriefe und widerspenstig weiter vom Staat [als wie von einem handelnden Wesen] redete, würde ich ihn exekutieren.«

Wenn wir zurückkämen zu persönlichen Namen, würde das viel Gutes bewirken, so Tolkien weiter. Er weist darauf hin, dass nicht »die Regierung« handelt, sondern es Menschen sind, die unter dem Namen Regierung handeln. *»Wenn die Leute gewohnheitsmäßig von König Georg und seinen Ratgebern sprächen, von Winston und seiner Bande, würde das viel dazu beitragen, das Denken von Verklärung zu befreien.«* Und es würde das schreckliche Abrutschen in den Kollektivismus (Theyocracy) bremsen.

Tolkien hält dafür, dass sich ein korrektes Studium der Menschheit ausschließlich mit den Menschen zu befassen habe. »Und die unpassendste Beschäftigung für jedweden Menschen, selbst für Heilige (die wenigstens eine solche Beschäftigung am allermeisten ablehnen müssten), ist es, andere Leute herumzukommandieren.« Kein einziger unter Millionen sei hierzu geeignet, und am wenigsten diejenigen, die danach strebten.[1]

Anthropomorphismen sind der ältere Teil menschlichen Denkens und Fühlens, sie sind lange vor der Aufklärung und dem Lobpreis der Vernunft in unserer Phylogenese (Stammesgeschichte) vorhanden gewesen, und sie begegnen uns in der Ontogenese (Entwicklungsgeschichte der Einzelnen) der Kinder, die unbelebte Gegenstände wie belebte behandeln: Spielsachen, Puppen, Teddybären. Doch manche ihrer Eltern gehen fehl in der Annahme, sie hätten diese Entwicklung gänzlich »überwunden«, nur weil ihre »Übertragungsobjekte« nicht mehr Puppen oder Stoffbären sind, sondern geistige Gebilde wie Staaten, Völker oder Nationalmannschaften, denen sie ein Person-Sein zuschreiben. Wir sind es so gewohnt und trainiert, in diesen Anthropomorphismen zu denken und zu reden, dass uns Denkfehler verborgen bleiben, die hiervon herrühren. Es gibt keine Nationalmannschaft als Person, die vier Weltmeisterschaften gewonnen hat, sondern es waren jeweils unterschiedliche handelnde Personen auf dem Spielfeld, und dass sie unter einem gemeinsamen Namen aufgetreten sind, wie etwa »Deutsche Nationalmannschaft«, macht sie eben nicht zu einer handelnden Person, auch wenn der Einzelne auch einen Namen hat.

Nur weil etwas einen Namen hat, heißt das nicht, dass es in der Realität ein Objekt oder Subjekt gibt, das Träger dieses Namens ist. Das wissen Sie von Einhörnern und dem Weihnachtsmann. Und das ist ebenso bei anderen geistigen Gebilden, denen wir einen Namen geben. Es gibt keine sympathischen Städte, großen Nationen, mächtige Staaten in dem Sinne, dass es handelnde Wesen wären. Tatsächlich handeln Einzelne, Menschen aus Fleisch und Blut. Und es sind die Churchills und Merkels, die Entscheidungen treffen, nicht die Krone von England oder die deutsche Bundesregierung.

Wenn Sie in eine große Stadt wie New York oder London kommen, wenn Sie einen Flugzeugträger sehen oder den Eiffelturm oder die Moskauer Metro, dann bekommen Sie vielleicht den Eindruck, hier sei »Übermenschliches« am Werk gewesen, vielleicht gar Göttliches oder – aktueller – ein »Staat«. Und sicher: Solche Leistungen übersteigen das Vermögen jedes Einzelnen. Nur in der Kooperation und über viele Generationen sind solche Werke herstellbar, und es gab auch keinen Masterplan, den ein einzelnes Wesen gehabt hätte, um solche Werke herzustellen, sondern die Handlungen unzähliger Menschen über lange Zeiträume ließen sie entstehen. Flughäfen, Kreuzfahrtschiffe, die Raumfahrt – es ist erstaunlich, wozu die Menschen fähig sind. Kein Einzelner kann solches schaffen, aber viele Einzelne zusammen über lange Zeiträume schaffen es, und sie haben es geschafft, auch ohne dass ein übermenschliches Wesen auf die Erde gekommen wäre, um ihnen dabei zu helfen.

»Öffentliches« und »privates« Handeln

Anthropomorphismen und Hypostasierungen (Übertragung einer Vorstellung in die aktuelle Welt) sind häufig in öffentlichen und politischen Debatten anzutreffen. Manche Menschen reden über den »Staat« und den »Markt«, als wären dies zwei unterschiedliche Wesen. In Wirklichkeit sind es stets Einzelne, die handeln, aus Fleisch und Blut. Dem Markt unterstellen manche Diskutanten eine Gewinnabsicht, als ob die Einzelnen, die unter dem Namen Staat handelten, keine Gewinnabsicht hätten, also nicht versuchten, durch ihr Handeln ihre Zufriedenheit zu vermehren. Es gibt Unterschiede zwischen einem politischen Unternehmer und einem nichtpolitischen Unternehmer beim zwischenmenschlichen Handeln, und diesen Unterschieden werden wir uns später ausführlich widmen. Ob eine Aufgabe, etwa der Bau einer Straße oder eines Kindergartens oder eines Wasserwerkes, »öffentlich« oder »privat« erledigt werden soll, ist keine Frage, welches Wesen handelt, der Staat oder der Markt, sondern wie die Einzelnen, die diesen Bau organisieren, sich die Mittel hierzu beschaffen. Ob mit Befehl, Drohung und Zwang – oder im unbehinderten Austausch mit anderen.

2. Der »freie« (unbehinderte) Wille (unterschiedlich und ungewiss)

Werten heißt Wollen und Wählen. Und die Frage nach der Freiheit des Willens ist ein Klassiker der Philosophie. Arthur Schopenhauer (1788 – 1860) sagte: »Der Mensch kann zwar tun, was er will, aber nicht wollen, was er will.« Was Schopenhauer damit meint, ist, dass das menschliche Wollen nicht *bedingungslos* erfolgt. Der Mensch ist ein Produkt seiner eigenen *physischen und psychischen Struktur*, die bestimmt ist durch Jahrmillionen Evolution, die Phylogenese und die eigene Ontogenese. Er ist ein Produkt seiner Entwicklungen, die ihn hervorgebracht haben.

Der Wille des Menschen hat seine Ursachen in seiner *biologisch strukturellen Organisation*[2] als menschliches Lebewesen und seinen bisherigen *Erfahrungen* sowie seinen *Einstellungen und Überzeugungen*, die er in seinem bisherigen Handeln und Verhalten erlernt oder erzeugt hat. Der Wille des Menschen hängt also ab von *Ursachen, die in der Vergangenheit liegen*. Der Wille des Menschen ist insofern »frei«, als der Mensch »animalische« Impulse, Instinkte oder Triebe unterdrücken kann. Der Mensch kann wählen zwischen verschiedenen Zuständen der Zukunft und dann eine Entscheidung treffen. Sein Wille ist insofern nicht »frei«, als dass er völlig *bedingungslos* zustande käme. Wir können uns eben nicht vorstellen, dass etwas *ursachlos* geschieht, also die Ursache quasi außerhalb des Universums liegt, schon alleine deshalb nicht, weil das

Universum alles ist, was ist. In einem *strengen Sinne* ist der Wille des Menschen also insofern »unfrei«, als er sich *nicht bedingungslos* bildet, sondern *von Geschehnissen abhängt, die der Willensbetätigung zeitlich vorgehen.*

Der Wille des Menschen ist jedoch unterschiedlich und ungewiss – auch für den handelnden Menschen selbst. Unterschiedlich insofern, dass alle Menschen über eine unterschiedliche Entwicklung (Ontogenese) und daher über eine unterschiedliche geistig-physische Ausrüstung verfügen. Ungewiss insofern, dass Sie nicht sicher wissen können, was ein anderer Mensch im nächsten Moment wollen wird. Sie können nicht einmal sicher sagen, was Sie wollen werden – auch das ist für Sie ungewiss. Was werden Sie morgen Mittag wollen? Sie wissen ja nicht einmal sicher, in welcher Situation Sie sich morgen Mittag befinden werden. Vielleicht werden Sie einen Autounfall haben und eine Entscheidung treffen müssen, deren Bedingungen Sie heute noch nicht kennen. Und wie wir weiter unten noch feststellen werden, ist diese Ungewissheit der Zukunft sogar eine logische Vorbedingung des Handelns, also des Wollens und Wählens, denn bei einer gewissen Zukunft, die feststünde und bekannt wäre, gäbe es keine Möglichkeiten der Willensbetätigung mehr.

Die Diskussion um den freien Willen wird von manchen in dem Sinne geführt, dass Freiheit eine Illusion wäre, wenn der Wille des Menschen nicht »frei«, sondern vorherbestimmt wäre. Wieso sollte ein Mensch Freiheit haben, seinen Willen zu betätigen, wenn dieser Wille nicht sein freier Wille ist, sondern durch Bedingungen vorherbestimmt ist, die in der Vergangenheit liegen?

Hingegen behaupten die sogenannten Indeterministen, die eine »echte« Willensfreiheit annehmen, dass es so etwas wie einen »echten Zufall« gibt. Das heißt, ein Ereignis kann nicht lediglich deshalb nicht vorausgesagt werden, weil nicht alle Ursachen bekannt sind, die bei der Produktion eines Ereignisses zusammenwirken, und wie diese Ursachen zusammenwirken, um das Ereignis hervorzubringen, sondern weil das Ereignis selbst außerhalb einer »Kausalitätskette« liegen würde. Die Kernfrage ist also: Ist das Ereignis lediglich unvorhersehbar, etwa weil die Ursachen und ihre Wirkungen unbekannt sind, oder ist es objektiv ohne eine Ursache eingetreten? Letzteres ist für den menschlichen Verstand aber unvorstellbar und es steht auch in einem logischen Widerspruch zu dem, was wir uns als Universum vorstellen, nämlich alles Existierende. Das Ereignis käme dann *ex nihil* (aus dem nichts) zustande.

Ludwig von Mises meinte, dass wir die Ideen, Einstellungen, Überzeugungen und Werturteile des Menschen nicht mit letzter Genauigkeit zu ihrem Entstehungspunkt zurückverfolgen können und dass uns auch die Naturwissenschaften nichts sagen können über das konkrete Entstehen einer Idee oder eines Werturteils im menschlichen Geiste. Wenn wir es mit den Phänomenen von Ideen und Werturteilen zu tun haben, gehen wir vom Einzelnen als dem Erzeuger dieser Phänomene aus.[3]

Mediziner und Neurobiologen können Bereiche des Gehirns und deren Aktivitäten mit bildgebenden Verfahren darstellen, und sie können Zusammenhänge nachweisen zwischen Gedanken, Bildern und Ereignissen einerseits und Gehirnaktivitäten andererseits. Bestimmte Bereiche des Gehirns können beschrieben werden, bei deren Störung gewisse Tätigkeiten nicht mehr ausgeführt werden können. Aber sie können nichts darüber aussagen, warum A die Idee des Sozialismus der Idee des Kapitalismus vorzieht oder B in einer evangelikalen Kommune im Regenwald leben möchte. Das heißt nicht, dass diese Ideen oder Werturteile spontan aus dem Nichts entstehen und in keiner Weise mit dem zusammenhängen, was bisher im Universum geschah und vorhanden war. Es bedeutet nur, dass wir mit den Mitteln der Naturwissenschaften nichts Eindeutiges über den Prozess wissen, der das Denken im Einzelnen erzeugt, mit dem er auf sein physisches und ideologisches Umfeld reagiert.

> *»Weil es im Universum eben eine Regelhaftigkeit von Ursache und Wirkung gibt und weil der Mensch fähig ist, einige dieser Regeln zu erkennen, wird menschliches Handeln überhaupt erst möglich innerhalb dieser Grenzen der Erkenntnis. Freier Wille heißt, dass der Mensch bestimmte Ziele verfolgen kann, weil er manche Gesetzmäßigkeiten begreift, die den Lauf der Dinge bestimmen. Es gibt einen Bereich, innerhalb dessen der Mensch zwischen Alternativen wählen kann. Er ist nicht wie andere Tiere unausweichlich und unabänderbar blindem Schicksal unterworfen. Er kann, innerhalb enger Grenzen, Ereignissen einen anderen Verlauf geben. Er ist ein handelndes Wesen. Hierin liegt seine Überlegenheit gegenüber Mäusen und Mikroben, Pflanzen und Steinen. In diesem Sinne verwendet er den – vielleicht unzweckmäßigen und auch missverständlichen – Begriff ›Freier Wille‹.«*[4]

Einige Experimente deuten darauf hin, dass die menschlichen Entscheidungen im Nervensystem bereits ablesbar sind, bevor dem Menschen diese Wahl bewusst wird. Zum Beispiel wenn aus den erkennbaren Aktivitäten von Muskeln und Gehirnregionen eine Entscheidung mit hoher Wahrscheinlichkeit vorausgesagt werden kann, bevor sie ins Bewusstsein des betroffenen Menschen gelangt. Ist die Entscheidung dann selbstbestimmt, wenn der Mensch erst im Nachhinein darüber erfährt?

Aus eigener Erfahrung kann ich Ihnen berichten, dass in dem Zeitpunkt, in dem ich diese Zeilen schreibe, mir nicht bewusst ist, wo sich die Buchstabentasten auf der Tastatur genau befinden. Ich muss aber nicht auf die Tastatur schauen, um zu schreiben, sondern »meine Finger wissen«, wo sich die Tasten befinden. Als ich Maschinenschreiben lernte, lernte ich auch die Tastaturbelegung auswendig. Mit der Zeit wurde diese dann unbewusst, sodass ich heute nicht mehr weiß, wo exakt welche Taste belegt ist. Würde mir jemand ein Blatt reichen, auf dem die Tastatur aufgezeichnet ist ohne die Buchstaben, so könnte ich dieses Blatt heute nicht mehr ausfüllen. Diktierte mir jemand aber einen Brief und in dem Brief kämen alle Buchstaben vor, die auf der sogenannten QWERTZ-Tastatur liegen, könnte ich diesen schreiben. Wer handelt hier? Meine Hände? »Wissen« meine Hände oder mein Nervensystem mehr als mein Bewusstsein? Habe ich diesen Absatz am Ende gar nicht willentlich geschrieben?

Die Neurobiologen Humberto Maturana und Francisco Varela haben entdeckt, wodurch die Verwirrung entsteht: Es handelt sich um zwei verschiedene Betrachtungsweisen. Mit der naturwissenschaftlichen Methode kann menschliches Handeln im Hinblick auf das Wählen der letzten Ziele nicht untersucht werden, weil die Naturwissenschaften nichts über Werten und Wollen aussagen können. Das Gehirn denkt nicht, sondern der Handelnde, der Einzelne denkt. Die Naturwissenschaften können die physiologischen Prozesse beschreiben, die beim handelnden Menschen auftreten. Sie können Aussagen treffen über gleichbleibende Zusammenhänge zwischen mess- und zählbaren Größen, aber keine Aussagen über das Wollen, weil das Wollen des Handelnden von vornherein eine Voraussetzung des Handelns ist. Es ist unsinnig zu behaupten, das Gehirn treffe eine Entscheidung oder der Körper treffe eine Entscheidung, wie es unsinnig ist zu behaupten, die Natur habe den Menschen mit diesen und jenen Fähigkeiten und Trieben und Gefühlen ausgestattet, die für das Überleben notwendig oder günstig sind, als wäre die Natur ein handelndes Wesen, das Ziele verfolgt wie ein Mensch. Der Fehler ist der oben als Anthropomorphisierung dargestellte Denkfehler, also dass man einen Teil des Organismus (das Gehirn, das Nervensystem) mit einem handelnden Wesen gleichsetzt, das Ziele verfolgt entsprechend seinen eigenen Präferenzen.

Die Methode der Naturwissenschaften ist: Annahmen über die Beziehung zwischen Größen treffen, die für jedermann jederzeit nachprüfbar sind. Mit dieser Methode lassen sich von vornherein keine Aussagen über das Wählen und Wollen des Handelnden treffen. *Größen sind messbar, Präferenzen* (*Vorlieben*), die im Handeln offenbar werden, also Werturteile, *sind dies von vornherein nicht.* Die Forscher, die mit den bildgebenden Verfahren Entscheidungen voraussagen können, können etwas über den Zusammenhang von messbarer Gehirnaktivität und messbarem Ergebnis, also zum Beispiel welchen Knopf ein Proband (Versuchsteilnehmer) drückt, aussagen. Die Aussage, dass der Proband den Knopf drücken wollte, dass es sein Ziel war, seine Präferenz, ist eine praxeologische Aussage, also etwas, was wir von vornherein schlussfolgern aus der Grundannahme, dass der Mensch handelt, also Mittel wählt, um Ziele zu erreichen. Die Präferenzen sind nicht messbar, sondern bereits in der Tautologie enthalten, dass der Mensch handelt, also A statt B wählt. Diese Präferenzen haben keine unmittelbare Existenz außerhalb der Handlung, sondern sie sind in jedem Handeln bereits enthalten, sie sind das, was der Mensch anstatt etwas anderem wählt.

Und wenn die Neurobiologen fragen, wer wählt, das Gehirn oder das Bewusstsein (und sie das Bewusstsein mit dem Einzelnen gleichsetzen), dann fragen sie nicht danach, *ob es einen Handelnden gibt, der wählt, sondern wer der Handelnde »in Wirklichkeit« ist*: das Gehirn oder der Einzelne. Oder welche Teile der physischen Ausrüstung eines Einzelnen wählen, also wer entscheidet, wobei sie den Handelnden dann aufspalten in einen Einzelnen mit Bewusstsein, der über ein Handeln berichtet, und ein Gehirn, das dieses Handeln früher vollzogen hat. Sie vermengen also die Methode der Naturwissenschaft mit der Methode der Praxeologie, oder mit anderen Worten: Sie vermengen den messbaren Zusammenhang zwischen zwei Größen (Gehirnaktivität – Knopfwahl) mit der Schlussfolgerung, die schon in der Grundannahme des Handelns enthalten ist (um – zu, also Zielgerichtetheit des Handelns), dass ein Handelnder etwas wählt.

Die Naturwissenschaften können nur über instrumentale Beziehungen (wenn – dann) etwas aussagen, dazu, welche Ursachen welche Wirkungen erzeugen, aber nicht zu finalen Zielen, denn diese folgen aus Schlussfolgerungen, einem geistigen Phänomen wie die Logik oder die Mathematik. Das Begreifen der Mathematik und der Praxeologie ist in der physischen Welt für den Handelnden von Vorteil, aber mit den Erfahrungen der physischen Welt kann der Handelnde mathematische Sätze oder praxeologische Schlussfolgerungen nicht widerlegen oder beweisen.

Die Neurobiologen Maturana und Varela erkennen dies. Sie gehen bereits nicht mehr davon aus, dass das Gehirn bzw. das Nervensystem von Menschen oder Tieren »denkt« oder »handelt«. Das Nervensystem sei *Teil des Organismus*, und die *Arbeitsweise* des Nervensystems könne nicht mit dem Denken und Handeln des *Organismus als Einheit* gleichgesetzt werden.[5] Das Nervensystems sei in der Stammesgeschichte der Lebewesen als besonderes Zellgewebe entstanden, das derart in den Organismus eingebettet ist, dass es Punkte der sensorischen Flächen mit Punkten der motorischen Flächen koppelt. Das Nervensystem habe also am Verhalten eines Tieres oder Menschen Anteil als ein instrumentaler (kausaler) *Mechanismus miteinander vernetzter Kreisläufe*, der jene inneren Zustände, die für die Erhaltung der Organisation als Ganzes wesentlich sind, konstant hält.[6]

Es wäre jedoch unsinnig zu behaupten, dass das Nervensystem Werturteile oder Handlungen *produziert*, etwa wie die Niere Urin hervorbringt. Schon Ludwig von Mises wies darauf hin, dass es eine »metaphysische Hypothese« (eine jede mögliche Erfahrung überschreitende Annahme) ist, die durch nichts belegt ist anzunehmen, dass Gedanken, Ideen oder Willensentschlüsse das Produkt der Operation körperlicher Organe seien, der Zellen des Nervensystems. Alles, was gesagt werden kann, ist, dass wir *Korrelationen (scheinbare Wechselbeziehungen) zwischen geistigen und physiologischen Prozessen kennen.*[7]

Um dies deutlich zu machen, verwenden Maturana und Varela eine Metapher: Sie vergleichen das Nervensystem mit einem U-Boot-Fahrer, der sein ganzes Leben lang nur im U-Boot verbracht hat und nie die Außenwelt gesehen hat. Er kennt keine Riffe, keinen Ozean und kein Auftauchen, sondern was er tut, ist, entsprechend den Anzeigen der Instrumente Hebel zu betätigen und Knöpfe zu drücken, um gewisse Relationen (Verhältnisse) zwischen den Anzeigen der Geräte herzustellen. Ein anderes Beispiel ist das Folgende:

> *»Wenn wir einen übermäßigen Druck an einer Stelle des Armes erfahren, können wir als Beobachter sagen: ›Aha, das Zusammenziehen dieses Muskels bewirkt, dass ich meinen Arm wegziehe!‹ Aber aus dem Blickwinkel des operierenden Nervensystems als solchem geschieht (ähnlich wie bei unserem Freund aus dem Unterseeboot) nur folgendes: Gewisse Relationen zwischen den sensorischen und motorischen Elementen, die vorübergehend durch äußeren Druck perturbiert (gestört/verändert) wurden, werden konstant gehalten.«*[8]

Das Verhalten oder Handeln eines Organismus als handelnde Einheit (Einzelner) kann nicht beschrieben werden mit den Methoden der Naturwissenschaft. Mit der Methode der Naturwissenschaft kann lediglich beschrieben werden: die Arbeitsweise des Gehirns oder des Nervensystems. Das Nervensystem erweitert den Interaktionsbereich eines Organismus, indem es sensorische und motorische Flächen mittels eines Neuronennetzes verkoppelt. Aber für die innere Dynamik des Nervensystems existiert die Umgebung nicht. Wenn wir eine Einheit betrachten, die mit ihrer Umgebung und mit anderen lebenden Einheiten interagiert, ist für diese Perspektive die »innere Dynamik« der Einheit irrelevant. *»Keine dieser beiden Beschreibungen ist an sich problematisch, und beide sind notwendig, um ein gründliches Verständnis der Einheit zu erlangen.«*[9] Man komme erst dann in Schwierigkeiten, wenn man – ohne es zu merken – von einem Bereich (z. B. Beschreibung der Arbeitsweise des Nervensystems als geschlossenes System) in den anderen Bereich (Beschreiben des Verhaltens der Einheit) wechselte und dabei verlange, dass Korrelationen, die sich bei der Betrachtung beider Bereiche ergeben, tatsächlich Bestandteile des Operierens der Einheit (also des Organismus) sind.

Maturana und Varela verwenden die Metapher der *logischen Buchhaltung*, um die beiden Bereiche (Naturwissenschaft – Handlungswissenschaft) auseinanderzuhalten.[10] Und Ludwig von Mises spricht in diesem Zusammenhang vom »methodologischen Dualismus: Der Verstand und die Erfahrung zeigen uns zwei unterschiedliche Bereiche auf: Die externe Welt der physikalischen, chemischen und physiologischen Phänomene und die interne Welt der Gedanken, Gefühle, Werturteile und des absichtsvollen

Verhaltens. Keine Brücke kann diese beiden Sphären verbinden, soweit wir das heute vorausahnen können.«[11]

Maturana und Varela drücken sich so aus: Verhalten ist nicht etwas, das das Lebewesen an sich tut, sondern etwas, auf das der Beobachter eines Lebewesens hinweist.

> *»Erfolg oder Misserfolg einer Verhaltensweise sind immer durch die Erwartungen definiert, die der Beobachter bestimmt. […] Was das Vorhandensein eines Nervensystems bewirkt, ist, den Bereich möglicher Verhaltensweisen zu erweitern, in dem es den Organismus mit einer ungeheuer vielfältigen und plastischen Struktur ausstattet.«*[12]

Methodisch verwenden Neurobiologen und Verhaltensbiologen und Psychologen also nicht die Methode der Naturwissenschaften (Beziehungen zwischen messbaren Größen), wenn sie das Handeln oder Verhalten von Lebewesen betrachten, sondern sie bedienen sich der Methoden der Praxeologie (Schlussfolgerungen aus der Grundannahme, dass die Einheit wählt, etwas zu tun) und des Verstehens (Bedeutsamkeitsurteile im Hinblick auf Erfahrungen oder die Zukunft), sobald sie es mit Werten und Wollen zu tun haben.

Eine weitere Schlussfolgerung ergibt sich aus dem unvorhersehbaren und unterschiedlichen Willen, der kausal geprägt ist von den Entwicklungen des Handelnden: Handelnde machen in einem strengen Sinne keine Fehler, und zwar insofern, als dass ihre Erfahrungen und ihre strukturelle Organisation (Beschaffenheit) ihr Handeln bestimmt haben und sie deshalb nie hätten anders handeln können. Mit den physiologischen und psychologischen Eigenschaften konnte ein Mensch, der im Nachhinein meint, einen Fehler gemacht zu haben, diesen Fehler gar nicht vermeiden. *Niemand begeht absichtlich einen Fehler*, denn ein Fehler ist aus der Sicht des Handelnden nie der Zweck der Handlung. Sagt jemand, das Ziel seiner Handlung sei gewesen, in der Situation einen »Fehler« zu begehen, und begeht er den »beabsichtigten« Fehler, dann war die Handlung erfolgreich und nicht fehlerhaft, dann hat er das getan, was er beabsichtigt hat. Wirkliche Fehler werden nicht »begangen«, sie passieren.

Menschen passieren Fehler in dem Sinne, dass sie Mittel wählen, die sich als ungeeignet herausstellen, ein Ziel zu erreichen, oder dass sie Ziele wählen, die sich im Nachhinein als nicht erstrebenswert herausstellen. Aber sie »begehen« in dem Sinne keine Fehler, dass sie sich hätten anders entscheiden können. Wenn sie sich anders entscheiden hätten können, dann hätten sie sich anders entschieden und den Fehler vermieden. Aber aufgrund ihrer jeweiligen Eigenschaften und Erfahrungen war ihnen keine andere Entscheidung möglich. Die Ursachen für die Entscheidung mögen für den Einzelnen nicht aufklärbar sein, aber das bedeutet nicht, dass die Entscheidung ursachlos zustande gekommen wäre. Diejenigen Psychologen haben also recht, die behaupten, dass es eine Erleichterung für einen sich grämenden Menschen sein kann, wenn er sich bewusst macht, dass er Fehler der Vergangenheit nicht hat vermeiden können. Es mag sein, dass andere Menschen mit ähnlichen Eigenschaften und vergleichbaren Fähigkeiten den Fehler hätten vermeiden können, aber der handelnde Mensch, dem der Fehler passiert ist, eben nicht. Und andere Menschen »machen« andere Fehler (das hängt mit der Ungewissheit der Zukunft zusammen, auf die wir unten zu sprechen kommen). Zudem wäre es sinnvoller, im Zusammenhang mit Fehlern zu formulieren, dass Menschen Fehler »passieren«, und nicht, dass Menschen Fehler »machen«, denn Teil des Handlungsplanes, des Wählens, sind sie ja gerade nicht.

Und auch der Philosoph Max Stirner (1806–1856) hat recht, wenn er meint, dass alle Menschen zu jeder Zeit »vollkommen« sind und in jedem Augenblick eben das tun, was ihnen aufgrund ihrer Entwicklungen möglich ist. Das klingt befremdlich für unsere Ohren, denn uns passieren (wir wählen sie nicht!) ja Fehler in dem Sinne, dass uns Dinge nicht gelingen oder dass uns Dinge widerfahren, die wir gerne verhindert hätten. Aber gelingen konnten sie uns eben nicht unserer Entwicklung nach und verhindern konnten wir sie auch nicht. Wir können aus unseren Erfahrungen lernen und Dinge in Zukunft anders machen. Aber was passiert ist, können wir nicht ändern und konnten es auch nicht, als es passierte. Das klingt selbstverständlich und müsste hier nicht eigens erwähnt werden, wenn es nicht unzählige Menschen gäbe, die ihr Leid, das sie infolge eines geschehenen Fehlers erfahren, noch dadurch vergrößern, dass sie sich gedanklich in zwei Personen aufspalten und sich selbst Vorwürfe machen. Aufspalten in dem Sinne, dass sie in ihrem Bewusstsein nunmehr einen Ankläger und einen Angeklagten wähnen, wo sie doch selbst nur eine Person sind. Und dieser Ankläger gibt ein Urteil – oder eher ein Unwerturteil – über den Angeklagten ab, etwa in dem Sinne: Das hätte nicht passieren dürfen! Das hättest du nicht machen dürfen! Weiter unten werden wir uns unter dem Themenpunkt Psychologie vertieft mit dieser »inneren Spaltung« befassen.

Wieso ist die Diskussion um den »freien Willen« vielen so wichtig? Wenn es keine »wirkliche Wahl« (sozusagen »aus dem Nichts heraus«) eines Menschen gibt, sondern die Vorbedingungen seiner Entscheidung in der Vergangenheit liegen und diese dem Menschen unbekannt sind, schlussfolgern manche, dann sei Freiheit für den Einzelnen gar keine Möglichkeit und die politische Freiheitsdebatte obsolet. Freiheit sei dann nur eine Illusion. Dann kann man den Menschen, ja die Gesellschaft wie eine Maschine betrachten, die es lediglich gilt, in ihrem Ablauf zu optimieren.

An diesen »Schlussfolgerungen« ist mehreres falsch. Dass der menschliche Wille von Vorbedingungen abhängt, die in seiner Geschichte liegen, heißt nicht, dass die Menschen nicht dennoch diesen ihren subjektiven und unterschiedlichen Willen haben. Unterschiedliche Menschen wollen Unterschiedliches und derselbe Mensch will Unterschiedliches zu unterschiedlichen Zeitpunkten.

Darüber hinaus existiert die Gesellschaft nur als geistiges Konzept, nicht als handelnder Einzelner. Viele Einzelne bilden eine Gesellschaft, aber die Gesellschaft ist selbst kein handelndes Wesen, das zu einer Willensäußerung selbst fähig wäre. Und diejenigen, die die Gesellschaft »optimieren« wollen, sind selbst nur Einzelne oder eine Gruppe von Einzelnen, also in ihrem Willen und Wollen genauso durch ihre Entwicklungen vorgeprägt wie diejenigen, die sie »optimieren« möchten. »Optimieren« ist ein Werturteil, und Werturteile sind die Werturteile von Einzelnen, sodass sich immer die Frage anschließt: Optimieren für wen? Aus wessen Sicht wäre eine andere Gesellschaft optimaler? Aus der Sicht derjenigen, die diese »gestalten« wollen, oder aus der Sicht derjenigen, die geformt werden sollen?

Eine »Rechtfertigung« für Herrschaft der einen über die anderen ergibt sich also nicht daraus, dass alle – also sowohl die einen als auch die anderen – einen Willen haben, der von ihren Entwicklungen herstammt. Denn die Herrscher unterscheiden sich hierin nicht von denjenigen, die sie beherrschen möchten. Beider Wille kommt nicht bedingungslos zustande. Zudem ist Recht ebenso subjektiv wie Optimieren; Recht ist ein geistiges Konzept von Handelnden, und daher schließt sich der Frage nach dem Recht immer die Frage an: Recht für wen? Was A recht ist, mag B unrecht sein. Sobald wir den Menschen als wollendes und wählendes Wesen betrachten, ist der Vergleich mit einer Maschine unpassend, weil eine Maschine keine Entscheidungen trifft, nicht selbst wählt, sondern lediglich kausale Vorgänge stattfinden, die die Erbauer beabsichtigt haben oder nicht. Sobald wir von einer Maschine sprechen, die selbst Entscheidungen trifft, die wählt, die A gegenüber B vorzieht, um ihre Unzufriedenheit zu vermindern, hätten wir es nicht mehr nur mit einer Maschine zu tun, in der lediglich mechanische Vorgänge stattfinden, sondern mit einem handelnden Wesen.

Ein weiterer Diskussionspunkt ist die Verantwortung des Handelnden. Manche Wissenschaftler sprachen schon davon, dass man das Gehirn anstatt des Menschen einsperren müsste, weil das Gehirn ja »die Entscheidung vor dem Bewusstsein des Menschen wisse«. Dass diese Sichtweise absurd ist, haben wir bereits oben dargestellt. Und Verantwortung ist – ebenso wie die Freiheit zu wählen – eine Tatsache des Universums in dem Sinne, dass andere Menschen auf unsere Handlungen reagieren. Sie sind in der Regel bestrebt, sich vor Gefahren, die von uns ausgehen, zu schützen, uns zur Wiedergutmachung zu zwingen, wenn wir ihnen etwas getan haben, oder uns den Schaden zu vergelten, wenn eine Wiedergutmachung nicht möglich ist. Das ist völlig unabhängig davon, ob der Gefährder oder Täter seinen Willen »frei« aus dem Nichts erzeugt oder, wie wir hier festgestellt haben, ob der Wille des Handelnden von Vorbedingungen und Entwicklungen abhängt, die in der Vergangenheit liegen.[13]

3. Mittel und Ziele (instrumental und final)

Für uns als Menschen werden Dinge zu Mitteln, wenn wir Ziele mit ihnen verfolgen. Wenn wir keine Ziele mit ihnen verfolgen, sind sie für uns bedeutungslos. Sie könnten von einem Schaukelpferd auch als von einem mittelgroßen, trockenen Ding sprechen, aber sie sprechen von einem Schaukelpferd, weil dies das beinhaltet, woraus sie ihre Befriedigung bei der Verwendung erhalten: nämlich das Schaukeln. Erst durch die Ziele, die wir mit Dingen verfolgen, erlangen diese also für uns einen Wert.

Rationales Handeln

Handeln bedeutet, dass Sie ein Ziel wählen, das Sie für erstrebenswert halten, und ein Mittel, das Sie für geeignet halten, dieses Ziel zu erreichen. Handeln ist aus der Sicht des Einzelnen immer rational. Betrachten wir ein mittelalterliches Beispiel: Bei ungewisser Schuld hatte ein Angeklagter die Möglichkeit, sich mittels eines Gottesurteils zu entlasten. Beispielsweise konnte gewählt werden, ein glühendes Eisen einige Meter mit bloßen Händen zu tragen. Sofern der Beschuldigte keine Verbrennungen davontrug, galt er als unschuldig. Hatte er Verbrennungen an den Händen, galt er als schuldig. Mit den heutigen Erkenntnissen der Naturwissenschaften können wir die Wahl des Angeklagten, sich durch das Tragen eines glühenden Eisens entlasten zu wollen, nur als irrational ansehen. Jeder, der ein glühendes Eisen längere Zeit in der Hand hält, wird schwere Verbrennungen davontragen. Aber aus der Sicht eines Gläubigen im Mittelalter war die Wahl, das Eisen zu tragen, um seine Unschuld zu beweisen, rational. Er ging davon aus, unbeirrt in seinem Glauben, dass ihm Gott zur Hilfe kommen musste, wenn er unschuldig war. Aus seiner Sicht handelte er also rational.[14]

Auch Denken und Sprechen sind Handeln, wenn wir diese als Mittel einsetzen, um ein Ziel zu erreichen, also Klarheit über etwas zu erlangen oder in anderen Menschen eine Handlung zu bewirken. Das tun wir heute meistens durch »Sprechhandeln«. Ein Firmenchef eines Konzerns wird fast ausschließlich die Mittel des Denkens, Sprechhandelns und Schreibens wählen, um den Konzern »zu lenken«, und ebenso tut dies ein Politiker. Sprache dient dabei nicht lediglich der Übertragung von Informationen, sondern Sprache ist eine Art des Handelns, hat also mit den Zielen des Handelnden zu tun, ist mithin ein Sprech-»Akt«. Der Neurobiologie Humberto Maturana schreibt hierzu:

> *»Die Sprache überträgt keine Informationen. Ihre funktionale Rolle besteht in der Erzeugung eines kooperativen Interaktionsbereiches zwischen Sprechern durch die Entwicklung eines gemeinsamen Bezugsrahmens […].«*[15]

Wie die Angesprochenen auf die Sprechhandlung des Sprechers reagieren, hängt wiederum von diesen ab, und nicht von einer »Information«, die der Sprecher übermittelt. Es hängt vom Angesprochenen ab, wie er mit dem Sprechakt durch »selbstständige Einwirkung auf seinen eigenen Zustand« umgeht. Seine Wahl wird zwar »durch die ›Botschaft‹ verursacht«, aber seine Wahl ist unabhängig davon, was diese »Botschaft« für den Sprecher bedeutet.[16]

Das letzte Ziel der Handlung ist immer die Verminderung von Unzufriedenheit. Dabei ist die Praxeologie wertfrei in Bezug darauf, was die Unzufriedenheit eines Menschen vermindert. Den einen macht es zufriedener, anderen zu helfen, er verfolgt Ziele, die andere als moralisch oder als altruistisch (selbstlos, uneigennützig, aufopfernd) und »gut« bewerten würden. Derjenige, dessen Unzufriedenheit am meisten dadurch vermindert wird, dass er mehr gibt, als er nimmt, arbeitet z. B. im Ehrenamt ohne Bezahlung oder arbeitet ganz ohne Entlohnung für Arme, Schwache oder Kranke. Den anderen macht es zufriedener, Wohlstand zu erlangen, sich materiell abzusichern.

Wenn jemand einen anderen als Egoisten bezeichnet und dies so meint, dass der andere nur seine eigenen Ziele verfolgt, so verliert das Wort »egoistisch« jeden Bedeutungsgehalt, denn jeder verfolgt seine eigenen Ziele. Dabei kann sein Handeln durchaus andere begünstigen oder anderen schaden, aber auch der altruistisch Handelnde verfolgt eigene Ziele in dem Sinne, dass er sie gewählt hat, weil sie seine Unzufriedenheit am meisten vermindern. Der Begriff »Egoismus« deutet jedoch auf etwas anderes hin: Das Suffix »-ismus« deutet hin auf eine Entgrenzung[17] der eigentlichen Wortbedeutung, eine Übertreibung. Mit dem Begriff Egoist kann jemand gemeint sein, der bei seinem Handeln anderen schadet, indem er sie bedroht, belügt oder beraubt. Und diese Art des Egoismus ist keineswegs notwendiger Bestandteil menschlichen Handelns.

Präferenzskala

Handelnde Menschen wählen zwischen verschiedenen Möglichkeiten, zwischen einem Zustand A und einem Zustand B. Der Handelnde zieht einen Zustand einem anderen vor, er schätzt die Befriedigung, die er beim Erreichen des Zustandes A vermutet, höher ein als diejenige, die sich bei einem Zustand B ergeben würde, wenn er nicht oder anders handelte. Hierzu kann man das Gedankenbild einer Werte- oder Präferenzskala verwenden.[18] Wenn Sie beim Bäcker ein Stück Kuchen kaufen möchten, kann es sein, dass Sie zwischen Käsekuchen und Schwarzwälder Kirsch wählen. Entscheiden Sie sich für den Käsekuchen, steht dieser in Ihrer Präferenzskala höher als die Schwarzwälder Kirschtorte. Mithilfe des Gedankenbildes einer Präferenzskala kann verdeutlicht werden, dass der Handelnde seine drängenderen Bedürfnisse vor den weniger drängenden befriedigt, dass er immer dasjenige wählt, was ihm mehr Befriedigung verschafft.

In der Realität kann aufgrund der Handlungen des Menschen auf die Präferenzskala geschlossen werden. Außerhalb des menschlichen Handelns haben diese Skalen keine unabhängige Existenz, es handelt sich um gedankliche Hilfsmittel zum Verständnis menschlichen Handelns. Jede Handlung eines Menschen stimmt stets völlig mit seiner Präferenzskala überein, Menschen tun immer das, was sie wollen.

Zu unterscheiden sind Präferenzskalen von ethischen oder moralischen Sollte-Skalen, also Aussagen der Philosophen oder Moralisten darüber, was der Mensch tun sollte, was seine obersten Ziele sein sollten, was er wollen sollte. Solche ethischen oder moralischen Werteskalen enthalten eine Aussage darüber, was nach Meinung der Urheber solcher Skalen getan werden sollte, was ihrer verlautbarten Meinung nach besser oder schlechter, gut oder böse wäre. Es handelt sich hierbei um normative Sollte-Aussagen, die nichts darüber aussagen, was *ist*, sondern was *sein sollte*. Sie können nicht wahr oder falsch sein, sondern sagen etwas über die *geäußerten Wertvorstellungen* der Verwender aus. Sie sind nicht wertneutral, sondern unterscheiden zwischen besseren und schlechteren Handlungen. Sie urteilen von einem willkürlich gewählten Standpunkt aus. Solche Werteskalen sind für die Praxeologie unbeachtlich. Für die Praxeologie ist entscheidend, was ein Mensch tut, nicht was ein Mensch tun sollte.

Die letzten Ziele, die ein Mensch mit einer Handlung verfolgt, sind für den Praxeologen eine letzte Gegebenheit, sie sind final und nicht instrumental; sie sind persönlich, sie unterscheiden sich zwischen verschiedenen Menschen, und dieselben Menschen haben zu unterschiedlichen Zeitpunkten unterschiedliche Ziele. Ziele sind das, wovon sich der Mensch die Verminderung der Unzufriedenheit verspricht, also die Situation, die er nur deswegen erzeugen möchte, damit er seine Unzufriedenheit vermindert. Wenn gezeigt werden könnte, dass ein Ziel nicht final ist, sondern lediglich instrumental, also ein Mittel, ein Zwischenziel, könnten wir an seine Stelle immer ein weiteres Zwischenziel setzen, das mit dem Mittel erreicht werden soll, bis wir am letzten Ziel angelangen, der Verminderung der Unzufriedenheit. In diesem Sinne sind letzte Ziele final, dass sie eben nicht instrumental sind, nicht Mittel zum Zweck, sondern Zweck selbst.[19] Jeder finite Regress (endliches Zurückgehen) endet bei diesem *letzten* Ziel, der Verminderung der Unzufriedenheit (oder der Mehrung der Zufriedenheit, was dasselbe ist), und bei einem letzten Ziel ist es sinnlos zu fragen, welchem weiteren Ziel oder Zweck es dient. Wenn die Frage nicht sinnlos wäre, wäre es kein letztes, finales, nichtinstrumentales Ziel.

Weder mit den Mitteln der Logik noch mit den Mitteln der Naturwissenschaften können wir etwas über finale Ziele aussagen (richtig, ein »finales Ziel« ist eigentlich ein Pleonasmus, wie ein weißer Schimmel oder ein schwarzer Rabe, weil Finalität und Ziel dasselbe sind). Diese wissenschaftlichen Methoden können lediglich instrumental sein für das Erreichen eines Ziels, in dem Sinne: Wenn du A erreichen möchtest, ist es ratsam, das und das zu tun. Von einem »objektiven« (unpersönlichen) Standpunkt aus können diese Mittel beurteilt werden, nämlich als instrumentale Ziele, also Zwischenziele.[20]

Wenn Albert die Barbara in einem Café in der Stadt treffen möchten, dann kann er als Zwischenziele verfolgen: sich im Badezimmer schick machen, etwas Parfum auftragen, rechtzeitig den Zug erreichen, ein Zugticket kaufen etc. Wenn man ihn fragt: Warum willst du mit dem Zug fahren, wird er antworten: Weil ich Barbara treffen will. Wenn man ihn fragt, warum er Barbara treffen will und nicht lieber zu Haus Fußball anschauen, wird er vielleicht antworten: Weil ich es will! Also weil er die Zukunft, in der er sich mit Barbara trifft, einer Zukunft vorzieht, in der er zu Hause Fußball schaut.

Von einer Präferenzskala kann auch insofern gesprochen werden als Mittel, ihren Wert von den Zielen her zu erhalten. Die Geeignetheit eines Mittels nach der Vorstellung des Handelnden, ein Ziel hervorzubringen, das dieser erstrebt, bestimmt den Wert des Mittels. Die Befriedigung, die Sie von dem Genuss einer Tafel Schokolade erhalten wollen, die zwei Euro kostet, muss Ihnen mehr wert sein als zwei Euro, sie muss höher sein. Auf Ihrer Präferenzskala muss der Genuss der Tafel Schokolade oberhalb der zwei Euro sein, denn ansonsten würden Sie das Geld nicht gegen die Schokolade eintauschen, weil es Ihre Unzufriedenheit nicht vermindern würde. Wert ist also nicht in Sachen. Es ist müßig, darüber zu reden, ob Gold oder Geld »intrinsischen« (inneren) Wert haben, denn Wert ergibt sich aus den Präferenzen (Vorlieben) des Handelnden, nicht aus Dingen an sich. Sie handeln immer im Einklang mit Ihrer Präferenzskala – und jeder Mitmensch tut das notwendig auch. Dass Sie mit Ihrer eigenen moralischen Werteskala bei Ihrem Handeln gegebenenfalls in Konflikt geraten, steht dem nicht entgegen, auch nicht, dass Sie im Nachhinein sich manchmal denken, dass Sie dies und jenes nicht hätten tun sollen. Sie mögen sogar im Moment der Handlung der Meinung sein, dies nicht tun zu sollen, aber wenn Sie es tun, ist es dasjenige, was in Ihrer Präferenzskala zuoberst anstand, sonst hätten Sie es nicht getan. Noch mal: Wie Mathematik oder Logik ist Praxeologie beides: tautologisch (sie enthält nur Aussagen, die von vornherein immer wahr sind) und informativ (die Schlussfolgerungen sind hilfreich für Einzelne).

Der Unterschied zwischen Ordnungs- und Mengenzahlen (Ordinal- und Kardinalzahlen)

Mit der Präferenzskala meinen die Praxeologen nicht eine Skala, die etwas misst, wie etwa eine Temperaturskala oder ein Zollstock, sondern eine ordinale (ordnende) Skala. Also nicht eins, zwei, drei, sondern: erstens, zweitens, drittens. Es ist eine Über- und Unterordnung, eine Reihung, keine Messung. Tauscht ein Mensch eine Verpflichtung oder einen materiellen Gegenstand mit einem Mitmenschen aus, so wissen wir sogleich, dass dasjenige, was er erhält, für ihn einen höheren Stellenwert auf der Präferenzskala hat als dasjenige, was er hingibt. Tauscht er einen Zustand in der Zukunft gegen einen anderen aus, so wissen wir ebenfalls, dass der angestrebte Zustand für ihn einen höheren Stellenwert hat als der Zustand, den er nicht mehr herbeiführen kann, weil sich die beiden Zustände ausschließen.

Der Unterschied einer Präferenzskala gegenüber einer Mess-Skala ist, dass Mess-Skalen Quantitäten (Mengen, Größen) messen und dazu Kardinalzahlen (von lateinisch *cardo*, Dreh- und Angelpunkt) verwenden, also Zahlen, die Größen ausdrücken: 1, 2, 3, …, 1.000 und so weiter. Quantitäten lassen sich messen, zählen und wiegen, das heißt in Vergleich zu einem überpersönlichen oder unpersönlichen Standard setzen, wie etwa Meter, Kilo, Volt, Liter, Äpfel, Schwäne und so weiter. Mit Kardinal- oder Mengenzahlen lassen sich Rechenoperationen durchführen: 1 + 1 = 2.

Präferenzen lassen sich nicht in Vergleich zu einem über- oder unpersönlichen Standard setzen, denn sie sind ja gerade Ausdruck des Wählens der einzelnen Person; sie sind also persönlich und zwischen- oder überpersönlich nicht vergleichbar, weil es keinen Standard gibt für die Befriedigung, die der Einzelne von seiner Wahl erfährt. Mit Ordinal- oder Ordnungszahlen lassen sich keine Rechenoperationen durchführen. Erstens plus drittens ergibt nicht viertens. Für Präferenzen können wir deshalb nur Ordinalzahlen verwenden, nicht Kardinalzahlen, weil sie ein Wählen ausdrücken, ein Vorziehen von erstens gegenüber zweitens. Ein Wahlergebnis, wie man es heute beispielsweise in einer politischen Wahl ermittelt, ist also keine Wahl im Sinne des Ausdrucks einer Präferenz, sondern eine Anzahl. Es werden die Summen von Ordnungszahlen in Kardinalzahlen ausgedrückt. Was man addieren kann, sind nicht die Präferenzen, sondern die Anzahl derjenigen, die eine bestimmte Präferenz geäußert haben. Am Ende hat man aber keine Wahl, denn die Einzelnen haben ja ganz Unterschiedliches gewählt, sondern man stellt Quantitäten (Mengen) gegenüber, nämlich die Anzahl der Einzelnen, die eine bestimmte Wahl getroffen haben. Das Ergebnis ist also eine Anzahl und keine Präferenz, es gibt keine Vorliebe, kein Wollen wieder, sondern eine Menge von Menschen. Eine Abstimmung ist nur dann eine Wahl, wenn ausnahmslos alle vorher Abstimmen gewählt haben als Modus (Vorgehensweise) einer bestimmten Entscheidungsfindung.

Wenn zum Beispiel vier Menschen einen fünften vergewaltigen, dann kann nicht sinnvoll behauptet werden, die Vergewaltigung stelle eine Wahl dar, weil man die vier ins Verhältnis zur Gesamtzahl setzt und sagt, die Gruppe der fünf hat zu 80 Prozent die Vergewaltigung gewählt. Nur Einzelne können wählen, und die Addition und das Ins-Verhältnis-Setzen ist kein sinnvoller Umgang mit Ordinalzahlen. Wir können sagen, dass jeder der vier Täter die Vergewaltigung gewählt hat, das Opfer aber gerade gegen seinen Willen vergewaltigt wurde. Die Addition der Anzahl von Einzelnen, die unterschiedliche Präferenzen geäußert haben, führt dazu, dass man Mengen vergleicht und nicht mehr Präferenzen, die eben überpersönlich nicht vergleichbar sind. Die Mengen, die man vergleicht, sind die Mengen von Präferenzen von Einzelnen, und der Standard, den man wählt, ist, dass eine geäußerte Präferenz mit der Anzahl 1 gewichtet wird, so wie man einen Meter oder ein Kilogramm standardisiert, aber ein solcher überpersönlicher Standard ist bei persönlichem Werten und Wählen eben von vornherein nicht vorhanden.

Kosten

Dasjenige, was der Mensch aufgibt, um etwas zu erreichen, sind die Kosten, seine zweitbeste Option, dasjenige, was er verliert oder nicht mehr ausführen kann, weil er sich für das andere entschieden hat. Nehmen wir an, Sie haben am Wochenende die Auswahl zwischen einem Ausflug in den Tiergarten und einem Besuch des Kinos und sie können nicht beides gleichzeitig ausführen. Wenn Sie nun in den Tierpark gehen, dann tun Sie dies auf Kosten des Kinobesuches.

Keine praxeologische Schlussfolgerung, sondern eine Annahme aus der historischen Erfahrung ist die Tatsache, dass die meisten Menschen eine reichlichere Versorgung mit materiellen Gütern unter sonst gleichen Umständen einer spärlicheren vorziehen. Sie wollen besseres Essen, angenehmere Wohnungen und Häuser, modernere elektrische und digitale Geräte und unzählige andere Annehmlichkeiten.[21] Sie wollen mehr Wohlstand und eine bessere Gesundheit.

Unter Annahme dieser Ziele versuchen Mediziner und Psychologen Ratschläge zu geben, wie sich Menschen verhalten sollten. Sie empfehlen, von Drogen und Alkohol Abstand zu nehmen, sich auf diese oder jene Art und Weise zu ernähren oder ihrer Ansicht nach schädliche Verhaltensmuster abzuändern. Sie weisen darauf hin, dass diese oder jene Handlung der geistigen oder körperlichen Gesundheit abträglich wäre oder dass Ihr Verhalten »neurotisch« sei im Hinblick darauf, dass sie nicht der Befriedigung »wirklicher« menschlicher Bedürfnisse dienten. Für die Praxeologie spielen solcherlei Ratschläge oder Verhaltensanweisungen keine Rolle. Die Praxeologie beschäftigt sich mit menschlichem Handeln und nicht damit, wie der Mensch handeln sollte. Aus medizinischer Sicht kann beschrieben werden, welche Effekte bestimmte Mengen Alkohol, Nikotin oder THC bewirken, aber nicht, ob ein Mensch den Rausch oder die Nüchternheit als letztes äußeres Ziel vorziehen sollte.

Die Praxeologie als Wissenschaft ist wertfrei, sie sagt nicht aus, dass der Konsument von Alkohol dies nicht tun sollte, aber sie sagt aus, dass er das, was er dafür aufgibt, geringer schätzt als den Konsum der geistigen Stoffe. In dem Moment der Handlung zieht der Konsument den Zustand des Rausches dem Zustand der Nüchternheit vor, er gibt diesen auf, er berauscht sich auf Kosten der Nüchternheit. Es gibt also in der Praxeologie keine »moralischen« Werteskalen oder Bedürfnisskalen, die von den Präferenzskalen unterschiedlich wären, weil die Praxeologie als wertfreie Wissenschaft sich mit dem Ist-Verhalten des Menschen beschäftigt und nicht damit, was einige Menschen denken, was andere Menschen besser tun sollten.

4. Werturteile – Subjektivität des Wertens und Wollens (der Wurm muss nicht dem Angler schmecken)

Bevor die sogenannte subjektive Wertlehre entdeckt wurde, gab es sehr unterschiedliche Ansichten dazu, wie eine Sache oder ein Mittel Wert erhält. Manche meinten, es habe etwas mit der aufgewendeten Arbeit zu tun, andere mit den Kosten. Noch heute meinen Menschen, dass sie die besten Verkaufspreise für ihre Güter (Waren und Dienstleistungen) herausfinden, wenn sie in einer Kostenrechnung die Kosten entsprechend dem Verursacherprinzip aufteilen und dann entsprechend die Verwaltungskosten und den Gewinnsatz aufschlagen. Auch politische Unternehmer meinen zuweilen, dass es auf Verdienste ankomme, die sich jemand innerhalb der Partei oder des Staates erworben habe, und nicht darauf, wie »beliebt« der mögliche Kandidat beim »Wähler« wohl sein wird, also das voraussichtliche, wenn auch geschätzte, Stimmergebnis.

Früher rätselte man, wieso Diamanten wertvoller seien als Wasser, und heute noch raten einige – in Unkenntnis der subjektiven (persönlichen) Wertlehre, wieso der Bitcoin, eine Kryptowährung, eine sogenannte Blockchain (Liste von Datensätzen, Blöcken, die mit Streuwerten, Zeitstempeln und Übertragungsdaten miteinander verkettet sind), wieso also dieser Bitcoin einen höheren Wert als Gold erhalten konnte, obwohl Gold doch einen »intrinsischen« (inneren) Wert habe. Bei Banknoten wundern sich manche, wieso diese als Zahlungsmittel akzeptiert werden, obwohl es doch nurmehr Papiergeld[22] ist und als sogenanntes Fiat-Geld bei der herausgebenden Zentralbank von Privatleuten gegen nichts eingetauscht werden kann.

Wie wir bereits gesehen haben, erhalten Mittel ihren Wert von den Zielen, die die Menschen mit den Mitteln verfolgen, von der Verminderung der Unzufriedenheit, die sie sich von dem Gut (Ware oder Leistung) erwarten. Menschen kaufen auch nicht Gold oder Diamanten oder Wasser an sich, sondern es sind stets konkrete Mengen von Diamanten, Gold, Wasser oder Schuhen, die sie eintauschen gegen – wenn es ein Kaufvertrag ist – konkrete Mengen des marktfähigsten Tauschmittels, und das ist Geld. Welche Kosten der Hersteller hatte oder wie viel Arbeitszeit er aufgewendet hat, ist aus der Sicht der Kunden irrelevant. Die Käufer verfolgen ihre eigenen Ziele, und von diesen aus bewerten sie die Mittel. Wenn ich mich zehn Stunden hinsetze und ein Bild male, werde ich nur schwer überhaupt einen Abnehmer für das Bild finden, wenn ich nicht »gut« malen kann (gut aus Sicht der möglichen Käufer). Unzählige Unternehmen haben das Problem, dass sie Arbeit, Kapital und Boden zu Preisen einkaufen, die in Summe die Preise, die sie mit den von ihnen produzierten Gütern erzielen, übersteigen. Sie machen Verluste, verlieren einen Teil ihres Vermögens oder ihr ganzes Vermögen. Wenn Sie heute versuchen, ein Unternehmen zu gründen, werden sie merken, wie schwer es ist, für Kunden Wert zu schaffen, also mit ihren gesamten Einnahmen alle Aufwendungen zu decken.

Werten findet auch nicht generell statt, und auch »der Markt« bewertet nicht, sondern es sind immer Einzelne in konkreten Situationen, die werten. Der Markt ist kein handelndes Wesen, genauso wenig wie der Staat oder die Nation oder das Volk, sondern ein geistiges Bild. Handeln können nur Einzelne. Wo viele Einzelne handeln, nennen wir die Plätze Märkte oder Börsen, egal ob lokal (örtlich) oder digital (im Internet). Die Angebote und Gebote der vielen Einzelnen führen dazu, dass sich Austauschverhältnisse zwischen Gütern und Preisen bilden zwischen

1. dem Angebot des Verkäufers, der zu dem höchsten Gebot eines Käufers eine bestimmte Menge nicht verkauft, einerseits und
2. dem Gebot des Käufers, der zum günstigsten Angebot eines Verkäufers eine bestimmte Menge nicht kauft, andererseits.

Der Käufer und der Verkäufer schließen bei einer Vielzahl von Käufern und Verkäufern (Marktplatz, Börse) zwischen den Angeboten und Geboten ab, die gerade keinen Käufer oder Verkäufer mehr finden. Es geht aber immer um ganz konkrete Austauschverhältnisse. Noch nie haben Einzelne alles Wasser gegen alle Diamanten verkauft, sondern immer konkrete Mengen, und die Preise sind auch nicht »stabil«, sondern sie ändern sich; sobald ein Austausch vollzogen ist (Transaktion beendet), finden sich andere Austauschverhältnisse zwischen anderen Käufern und Verkäufern und von anderen Mengen.

Ein in der Wüste Verschollener wird wahrscheinlich ein Glas Wasser einem Diamanten vorziehen. In einer anderen Situation, etwa im Antwerpener »Diamantenviertel«, hätte er niemals ein Glas Wasser einem Diamanten vorgezogen. Dass Dinge wiederum »begehrt« sind, weil sie alle Menschen brauchen, führt nicht dazu, dass diese Dinge »teuer« sein müssten. Etwa braucht jeder Mensch Wasser und Lebensmittel, so er denn überleben will, und nahezu jeder möchte Kleidung und Schuhe. Die Menschen bewerten diese Dinge hoch in dem Sinne, dass sie jeder haben will. Aus diesem Grund gibt es zahlreiche andere Menschen, die diese Dinge herstellen und verkaufen. Und aus diesem Grund sind solcherlei Massenprodukte günstiger als »Luxuswaren«, wie etwa Kaviar oder teurer Schmuck, weil weniger Menschen dafür bereit sind, Geld zu bieten, allerdings bereit sind, hohe Geldpreise dafür zu bezahlen.

Auch die Knappheit der Güter ist nicht das Kriterium, von dem sie ihren Wert erhalten, wie etwa, dass Gold selten wäre oder Diamanten, hingegen Wasser nicht, sondern die Knappheit ist die Voraussetzung dafür, dass etwas überhaupt einen Wert erhält. Nicht-knappe Dinge sind aus der Sicht der Handelnden überhaupt keine Güter, denn Nicht-Knappheit bedeutet, dass es gleichgültig ist, ob ich das Gut verwende oder nicht. Ein allgemein bekanntes Konzept wie das Rad ist heute kein knappes Gut, da das Konzept des Rades jedermann bekannt ist. Es (das Konzept des Rades) ist kein Gut. Zeit ist knapp, da ich die Zeit, die ich für die eine Unternehmung aufwende, nicht für eine andere Unternehmung aufwenden kann. Auch im Handeln des Einzelnen gibt es knappe Güter, so kann Robinson Crusoe den Teil seines Vorrates, den er heute verbraucht, nicht mehr morgen verbrauchen. Knappheit schafft also nicht in dem Sinne Wert, sondern wir werten Dinge überhaupt nur, wenn sie knapp sind. Dem steht nicht entgegen, dass unter sonst gleichen Umständen ein Rückgang der Angebotsmenge zu höheren Preisen führt.

Mit seiner berühmten Bedürfnispyramide wollte der US-amerikanische Psychologe Abraham Maslow (1908–1970) aufzeigen, dass der Mensch zuerst seine Grundbedürfnisse befriedigt, also Essen, Trinken, ein Dach über dem Kopf und dann, zur Spitze der Pyramide hin, immer »exotischere« Bedürfnisse bis hin zur »Selbstverwirklichung« (dazu kommen wir später). Maslow operierte im Erfahrungsbereich des Verstehens und in diesem Erfahrungsbereich hat sein Modell seine Berechtigung, aber natürlich ist das praxeologisch nicht notwendig. Es gibt Einzelne, denen steht das Wasser bis zum Halse und die können sich kaum eine gute Mahlzeit leisten, würden aber nie ihre Markentasche hergeben. Menschen können wählen, einem körperlichen Bedürfnis nachzugeben oder den Hunger lieber auszuhalten und erst in einer Stunde zu frühstücken. Menschen wählen auch mal den Tod – entgegen aller körperlichen und sonstigen Bedürfnisse –, zum Beispiel wenn sie ihr eigenes Kind vor einem herannahenden Zug retten und dabei umkommen oder wenn sie sich selbst in die Luft jagen, weil sie damit ihr Seelenheil befördern wollen. Ihnen ist dann das Leben des Kindes oder das ersehnte Seelenheil wichtiger als all ihre körperlichen Bedürfnisse, als ihr Leben.

Dass die Menschen Bitcoin und Gold oder auch Geld Wert beimessen, sehen wir, wenn wir auf die Austauschverhältnisse zwischen den jeweiligen Mitteln blicken. Die Menschen tauschen Geld, das tauschfähigste Gut, nicht nur gegen herkömmliche Waren, sondern auch gegen Bitcoin und Gold, und diese Austauschverhältnisse sind Werturteile. Wir wissen, dass demjenigen, der Geld gegen Gold tauscht, das Gold wertvoller ist als das Geld, das er dafür hingibt. Und umgekehrt wissen wir, dass der Verkäufer das Geld vorzieht.

Bei der Kryptowährung Bitcoin fragen sich manche, ob sie denn eher als Geld oder eher als Wertanlage zu sehen sei, und auch Gold betrachten manche als »Wertspeicher«. Bei dem Gedanken, dass man Wert lagern könne, handelt es sich um eine Analogie etwa zu Waren, die man lagern kann. Sie können natürlich das physische Gold lagern, aber den Wert können sie nicht lagern. Wert ist keine physikalische Eigenschaft, sondern das Resultat menschlichen Handelns. Anhand der chemischen Eigenschaften kann etwas als Gold identifiziert werden, und Gold selbst lässt sich als Edelmetall für alle praktischen Verhältnisse sehr gut lagern. Bitcoin lässt sich ebenfalls eindeutig und unpersönlich (objektiv) identifizieren. Aber der Wert ist nicht in diesen Dingen, sondern in den Bewertenden, also in Handelnden, die in Zukunft Geld – oder andere Vermögensgegenstände – gegen diese Mittel austauschen werden. Wert ist also nichts Permanentes, ist nichts, was dem Bewerteten anhaftet, sondern was in einer konkreten Handlung eines Bewertenden offenbar wird.

Psychologen thematisieren die Wertschätzung von Personen. Sie sprechen von Personen, die sich nicht selbst wertschätzen können, sondern Wertschätzung von anderen Personen brauchen, und sie sprechen von mangelndem Selbstwert. Auch hier gilt: Werten wird im Handeln offenbar, und eine dauerhafte Wertschätzung gibt es nicht. Wenn Menschen Ihnen gegenüber freundlich sind und sagen, dass sie Sie mögen, gern haben, also Sie als Person gut finden, dann sagt das etwas darüber aus, was diese Personen mögen, wollen oder vorziehen, also über deren Vorlieben (Präferenzen), aber nichts was unmittelbar einen »inneren« Wert Ihrer Person beträfe. Und umgekehrt, wenn Menschen ein Unwerturteil gegenüber Ihnen aussprechen, sagt das nichts über Ihren Wert »an sich« aus, sondern über deren Wählen, Werten und Wollen, denn Wert ist nicht unpersönlich, sondern persönlich, also stets: Wert »für wen«?

Manche Psychotherapeuten und Psychiater versuchen, Menschen mit geringem Selbstwert ein besseres Selbstwertgefühl zu vermitteln, indem sie eine vorhandene Spaltung des Einzelnen aufrechterhalten und mit Methoden wie dem »inneren Kind« oder »behandle dich, als wärst du dein bester Freund« oder dergleichen versuchen, eine »Heilung« herbeizuführen. Andere Psychologen versuchen den Menschen zu vermitteln, zu für sie günstigeren Einstellungen und Überzeugungen zu gelangen im Hinblick auf die eigene Person und für sich selbst sogenannte Einstellungssätze zu formulieren, wie etwa: »Ich liebe mich so, wie ich jetzt bin!«

Der Handelnde ist immer der Einzelne. Wenn einer seine Person »aufspaltet«, als wäre er zwei Personen, dann wähnt er zwei Handelnde, wo nur ein Einzelner ist. In extremen Fällen sprechen die Psychologen und Nervenärzte hier von Schizophrenie. Aber auch einer, der davon ausgeht, dass er sich selbst wertschätzen könnte, spaltet sich in zwei Personen auf, in zwei Einzelne: den Wertschätzenden und den Wertgeschätzten, wo es aber nur einen Handelnden gibt. Wertschätzen bedeutet A gegenüber B vorziehen, das eine gegenüber dem anderen. Wenn ich heute früh Tee gegenüber Espresso vorgezogen habe, heißt das, dass ich Tee gegenüber einer anderen Möglichkeit gewählt habe. Der Einzelne, der Handelnde wertet, indem er A gegenüber B vorzieht. Der Handelnde wählt und wertet ständig, aber er kann nicht zu sich selbst als Handelnder ins Verhältnis treten. Er ist der Einzelne, Max Stirner spricht vom Eigner, man könnte auch vom »Ungespaltenen« sprechen. Er ist Eigner seines Körpers, seiner Emotionen, Gedanken und Gefühle, soweit er sie in seiner Gewalt hat, also entsprechend seinem Vermögen. So kann er zum Beispiel keinen Spagat machen, wenn sein Körper nicht dazu imstande ist, und wer seine Triebe oder seinen Ärger nicht in seiner Gewalt hat, ist (noch) nicht Eigner derselben. Aber was er in seiner Gewalt hat, darüber entscheidet der Einzelne, und wer sich nicht als Einzelner wähnt, sondern als mehrere Handelnde, Wertende und Wollende, der sieht nicht, dass der Organismus, den wir als Person bezeichnen, der Handelnde ist, und zwar der einzige Handelnde.

5. Unsicherheit – die Ungewissheit der Zukunft als Voraussetzung des Handelns

Ludwig von Mises stellt in seinem Grundwerk der Praxeologie *Human Action* heraus, dass die Ungewissheit der Zukunft und Handeln keine zwei verschiedenen Dinge sind, sondern zwei Arten, den Gegenstand der Praxeologie, das menschliche Handeln, zu beschreiben.[23] Wäre die Zukunft nicht ungewiss, würde der Mensch nicht zwischen verschiedenen Zuständen der Zukunft auswählen können. Bei gewisser Zukunft des Menschen gibt es nichts, was zu wählen wäre.

Der menschliche Wille ist zwar nicht frei von Bedingungen, sondern bestimmt durch seine körperlichen und psychischen Einstellungen und Überzeugungen, also durch Ereignisse der Vergangenheit. Aber für den Handelnden ist nicht nur ungewiss, was er wählen wird, sondern auch, ob das gewählte Mittel geeignet ist und ob die Handlung letztlich zur Verminderung von Unzufriedenheit, also dem Erreichen des letzten Zieles, führt.

Wir könnten sagen, dass einem allwissenden Wesen sämtliche Entscheidungen aller Handelnden bekannt sein müssten, sonst wäre es nicht allwissend. Doch auch wenn ein solches allwissendes Wesen existieren würde, dem Menschen selbst sind die Wünsche und Handlungen seiner eigenen Person unter erst noch auftretenden Umständen und die Handlungen anderer Personen ungewiss. Der Mensch handelt, um die Zukunft zu verändern im Vergleich zu dem Zustand, der seiner Meinung nach ohne seine Handlung eintreten würde. Wenn Sie auf die Toilette gehen, tun sie das, weil Ihnen eine Zukunft, in der sie auf Toilette waren, annehmbarer erscheint gegenüber einer Zukunft, in der sie es unterlassen haben, auf die Toilette zu gehen – und die Folgen tragen müssen.

Mit den Mitteln der Naturwissenschaften lässt sich die Zukunft nicht voraussehen. Bestimmte Handlungen sind mit hoher Wahrscheinlichkeit voraussagbar, etwa der Bau einer Maschine oder die Funktion eines Kraftwerkes. Aber ob Menschen künftig die

Produkte der Maschinen und Fabriken höher bewerten werden als die Aufwendungen, die für ihre Erzeugung getätigt wurden, ist ungewiss. Andere, begehrenswertere Produkte können die Präferenzskalen der Menschen verändern. Auch äußere Umstände wie Katastrophen, Kriege oder Krisen können die Menschen zu einer Änderung ihrer Präferenzen bewegen.

Selbst wenn die Naturwissenschaftler dereinst jede menschliche Entscheidung mit bildgebenden Verfahren des Gehirns vorhersagen können, dann können sie immer nur etwas über »wenn A, dann B« sagen. Indem der Naturwissenschaftler annimmt, dass es eine Entscheidung ist, also ein Vorziehen, nimmt er ja schon Wählen an. Er verlässt also das Gebiet der Naturwissenschaften (testbare Erfahrung über Beziehungen zwischen messbaren/zählbaren Größen) und betritt das Gebiet des a priori (Finalität, von vornherein und nicht testbar durch Erfahrung). Dass es sich beim Vorziehen von A gegenüber B um eine Wahl handelt, lässt sich mit Erfahrung nicht überprüfen, sondern ist ein Axiom (Annahme).

Im menschlichen Gehirn laufen physiologische (körperliche) Prozesse (Vorgänge) ab, die mit den geistigen Vorgängen in einer scheinbaren Wechselbeziehung stehen (Korrelation), die aber nie final (abzielend) sein können, sondern immer nur funktional (instrumental), denn ansonsten würde das Gehirn ja eigene Zwecke verfolgen. Dann hätte der Einzelne quasi noch einen Handelnden »in seinem Kopf«, das Gehirn oder Nervensystem. Auch dass der Mensch unter Umständen erst dann, wenn er gehandelt hat, davon erfährt, was er gewählt hat, steht nicht im Widerspruch zum Handeln. Solange der Einzelne nicht bewusstlos ist, wenn er sich für etwas entscheidet, handelt er. Auch wenn er nicht vorher über seine Wahl nachdenkt, kann der Mensch handeln. Wer sagt denn, dass der Mensch immer über alles nachdenken müsste? Der Kopf muss nicht voller Gedanken sein. Der Einzelne wählt zum Beispiel zum Frühstück Tee anstatt Kaffee, ohne darüber nachzugrübeln, und sicher sein, wie er wählt, kann er sich immer erst im Nachhinein.

6. Kosten und Profit – psychische Phänomene

Kosten und Profit sind psychische Phänomene. Die Kosten sind das, was der Mensch aufgibt, um ein konkretes Ziel zu erreichen. Der Profit ist die psychische Befriedigung, die ein Mensch davon erfährt, dass er ein gewisses Ziel erreicht hat. Weder Kosten noch Profit lassen sich messen oder wiegen in einem naturwissenschaftlichen Sinne, sondern als psychische Phänomene nur mit vagen Begriffen beschreiben. Sie können die Verminderung der Unzufriedenheit, die Ihnen der Genuss einer Kugel Eis verschafft, in vagen Worten beschreiben, und wenn Sie hierzu Zahlen verwenden, gebrauchen Sie diese als Metaphern zu Größenzahlen.

Wenn Psychologen zum Beispiel Skalen von 1 bis 10 verwenden, um die Befriedigung, die Menschen von einem gewissen Umstand erfahren, zu »messen«, so darf dies nicht mit den Skalen der Physiker und Chemiker verwechselt werden, die sich insofern auf einen unpersönlichen (objektiven) Standard beziehen. Für die Befriedigung eines Menschen fehlt ein allgemeiner Standard. Es gibt nirgends eine unpersönliche Ur-Befriedigungseinheit, so wie es die unpersönlichen Standards Urkilogramm oder Urmeter gibt, auf die sich exakt bezogen werden könnte. Ein Werturteil ist gerade persönlich und nicht un- oder überpersönlich. Es ist, wie wir gezeigt haben, nicht nur nicht unpersönlich, sondern auch zwischenpersönlich nicht vergleichbar. Wenn mein Freund, der Orthopäde Predrag Vlajic, die Unzufriedenheit, die seine Patienten von einem Schmerz erfahren, abfragt, indem er sie den Schmerz auf einer Skala von 1 bis 10 angeben lässt, dann kommt es recht häufig vor, dass Patienten 10 angeben. Weist er sie dann darauf hin, dass sie sich unter 10 etwa den Schmerz vorstellen sollen, den sie empfänden, wenn sie sich selbst mit einer Motorsäge den Oberschenkel amputierten, kommt es vor, dass einige ihr Urteil auf 7 oder 6 revidieren – aber nicht alle! Manche, deren Leiden von außen betrachtet ertragbar erscheint, bleiben bei der 10.

Bei einer Skala mit Kardinalzahlen erfolgt das Messen oder Wiegen über den Vergleich mit der unpersönlichen Einheit (Grad Celsius, Kilogramm etc.). Ordinalzahlen, die das Werten beschreiben, beziehen sich nicht auf eine Größe, sondern bedeuten ein Vorziehen von erstens vor zweitens vor drittens und so weiter. Wenn die Psychologen Befriedigungen abfragen, dann fragen sie Präferenzen ab, nicht messbare Größen. Bei einer Befriedigungsskala von 1 bis 10 also, wie stark die Befriedigung ist, die sich ein Proband verspricht, und umgekehrt bei einer Schmerzskala von 1 bis 10, wie stark das Leid ist, das sich der Proband davon verspricht. Dabei vergleicht der Proband aber nicht sein Leid mit dem Leid, das andere Menschen durch das Ereignis erfahren würden, sondern mit dem Leid, das er sich von verschiedenen vorstellbaren Schmerzen erwartet. Die Skala, die der Orthopäde verwendet, »misst« nicht Leid, es sind also nicht 1 bis 10 überpersönliche (objektive) »Leid-Einheiten«, die er abfragen kann, sondern der Patient vergleicht ein erfahrbares Leid (das konkrete) mit anderen vorgestellten oder dem schlimmstvorstellbaren Leid (10), aber er vergleicht eben für sich und nicht für andere. Dabei reiht er das Leid, das er erfährt, ein, er misst es nicht. Es sind Ordinalzahlen, die der Arzt abfragt, nicht Kardinalzahlen. Deshalb lassen sich wiederum mit diesen Zahlen nicht sinnvoll Rechenoperationen durchführen, etwa die Addition, weil man bei Rechenoperationen, wie bereits gezeigt, etwas über die Anzahl von Größen erfahren kann, aber nichts über Präferenzen.

Addiert jemand zum Beispiel die Präferenzangaben von Probanden im Hinblick auf eine Frage wie »Welches Eis schmeckt Ihnen am besten?« und kommt aufgrund der Addition der verschiedenen Angaben zum Ergebnis, dass Vanille-Eis mit einer durchschnittlichen Bewertung von 8,3 von 10 Punkten das beliebteste Eis der Deutschen ist, begeht er einen Denkfehler, und zwar denselben, den wir oben schon bei Wahlen beschrieben haben. Er sagt etwas über eine Anzahl aus und ein Verhältnis dieser Anzahl zur Gesamtzahl der abgegebenen Punkte, aber nichts mehr über eine Präferenz. Solche Aussagen beziehen sich auf Größen und nicht auf Vorlieben. »Die Deutschen« sind ja ein geistiges Gebilde, das nicht handeln kann, nur die Einzelnen, zu deren Eigenschaften es gehört, Deutsche zu sein, können das. Für den Eisproduzenten ist es natürlich wichtig zu wissen, welche Mengen an unterschiedlichen Eissorten er produzieren soll, um möglichst hohen Absatz und wenig Verschwendung zu haben, aber er interessiert sich eben für Mengen und nur mittelbar für die Vorlieben Einzelner. Die Vorlieben der Einzelnen sind die Ursache für die Eismengen, die gekauft werden, aber sie sind nicht mit den Mengen identisch, sondern sind ein Vorziehen von A gegenüber B, und in der Folge vieler dieser Entscheidungen ergeben sich Mengen an As und Bs, die ermittelt werden können.

Die Verwendung numerischer Ausdrücke bei der Einordnung psychischer Phänomene (zum Beispiel: Wie »schlimm schätzt der Patient seinen Schmerz ein«) bedeutet also etwas anderes als die Verwendung numerischer Ausdrücke bei physikalischen oder chemischen Messungen. Es handelt sich bei der Verwendung eines numerischen Ausdrucks um eine Metapher. Eine psychische Skala könnte ebenso mit den Ausdrücken »wenig befriedigend«, »befriedigend« oder »sehr befriedigend« arbeiten; eine Schmerzskala entsprechend mit »etwas schmerzhaft« und so weiter. Die Verwendung von Zahlenausdrücken »verführt« in diesem Bereich dazu, eine Exaktheit anzunehmen, wie sie bei den Naturwissenschaften der Fall ist. Im Bereich der psychischen Phänomene ist das jedoch nicht möglich. Für verschiedene Menschen hat der Ausdruck eines Schmerzwertes von 9 unterschiedliche Bedeutungen. Es gibt schmerzempfindlichere und weniger schmerzempfindliche Menschen. Hingegen hat die Länge eines Urmeters oder das Gewicht eines Urkilogrammes oder fünf Schwäne für unterschiedliche Menschen keine unterschiedlichen »Bedeutungen«. Es handelt sich um einen objektiven (unpersönlichen) Standard, der bei verschiedenen Messenden, Zählenden oder Wiegenden immer dasselbe Ergebnis liefert.

Der Mensch handelt nur, wenn der Profit, den er sich von der Handlung erwartet, höher ist als die Kosten, die er hierfür aufzuwenden gedenkt. Wenn heute Moralisten mit Profitgier meinen, dass ein Mensch stets seinen persönlichen Profit anstrebt, dann trifft dies zu jeder Zeit auf alle Menschen zu, nicht nur auf die von vielen Medienarbeitern geschmähten »Spekulanten«. Wenn ein Mensch die Verminderung der Unzufriedenheit geringer schätzte als die Vermehrung der Unzufriedenheit durch dasjenige, was er aufgibt, um das Ziel zu erreichen, würde er nicht handeln. Auch der Mensch, der beschließt, sich fortan all seines irdischen Besitzes zu entledigen und unentgeltlich den Ärmsten in der Krankenpflege zu dienen, handelt im Profitstreben. Er verspricht sich davon, sein Vermögen aufzugeben und Krankenpfleger zu werden, eine höhere

Befriedigung als davon, sein Vermögen zu behalten und weiter wie bisher zu leben, sonst würde er es nicht tun. Die Praxeologie ist als Wissenschaft wertfrei. Auf den Werteskalen der Moralisten mag das selbstlose Verhalten dieses Menschen höher stehen als dasjenige eines Kaufmannes, der seinen Menschen Nutzen stiftet, indem er ihnen Waren anbietet, aber dabei handelt es sich – wie oben dargestellt – um subjektive Sollte-Skalen. Alle Handelnden sind Spekulanten in dem Sinne, dass sie auf Profit hoffen durch ihr Handeln, auf eine Vermehrung ihrer Zufriedenheit.

Entscheidendes Kriterium im Hinblick darauf, ob ein Mensch »asozial« handelt, ist nicht, ob er Profit anstrebt, sondern ob er anderen gegenüber feindlich handelt, also Drohung, Täuschung oder Gewalt anwendet, wie wir im Folgenden noch sehen werden.

7. Zeitpräferenz – Wenn nicht jetzt, wann dann?

a) Vergangenheit, Gegenwart und Zukunft

Die Konzepte von Veränderung und Zeit hängen untrennbar zusammen. Handeln zielt darauf ab, eine Veränderung herbeizuführen, und findet deshalb innerhalb der Zeit statt. Man kann menschliches Handeln nicht betrachten, ohne die Kriterien von zuerst und danach.[24]

Vergangenheit, Gegenwart und Zukunft sind praxeologische Kategorien. Die beiden Kategorien menschlichen Denkens: Kausalität (Ursache – Wirkung; wenn – dann) und Finalität (Mittel – Zweck; um – zu) beinhalten beide die Temporalität (zeitliche Veränderung): die Ursache liegt vor der Wirkung und das Wählen, die Entscheidung liegt vor dem Mittel, wenn auch nur eine »praxeologische Sekunde«, aber es ist denknotwendig, dass die Ursache vor der Wirkung liegt und bei der Handlung, dass das Wählen des Ziels vor dem Wählen des Mittels liegt.

Die Kausalität ist in der Finalität bereits enthalten insofern, dass zum Handeln die Annahme gehört, dass auf den Verlauf der Dinge eingewirkt werden kann. Wo es nur Chaos gibt, also keine kausalen Zusammenhänge, ist Handeln nicht möglich. Der Handelnde geht davon aus, dass ihn die Wahl des Mittels seinem Ziel näher bringt.

Der Praxeologe unterscheidet nicht zwischen Gut und Böse, fair und unfair oder gerecht und ungerecht. Er unterscheidet jedoch zwischen davor und danach, Ursache und Wirkung und Mittel und Zweck. *Der Praxeologe berücksichtigt, dass alles Werten subjektiv (persönlich) ist in objektiver (unpersönlicher) Art und Weise.*

Die praxeologischen Kategorien (Denkformen) von Vergangenheit, Gegenwart und Zukunft sind nicht mit der physikalisch messbaren Zeit identisch, die in dem Moment, in dem sie gemessen wird, schon wieder vorbei ist, ein Datum der Vergangenheit. Die physikalisch messbare Gegenwart ist infinitesimal (unendlich klein) und versinkt ständig sofort wieder in die Vergangenheit. Die Kategorien (Denkformen) Vergangenheit, Gegenwart und Zukunft, in denen der handelnde Mensch denkt, bedeuten für ihn, welche Handlungen er nicht mehr vornehmen kann, gerade vornehmen kann oder künftig vornehmen kann.

Da die Zeit irreversibel (nicht umkehrbar) ist, können Ereignisse nicht rückgängig gemacht werden. Die chinesische Weisheit »Sie können nicht zweimal durch denselben Fluss gehen« drückt dies aus. Im Zusammenhang mit Kosten ergibt sich daraus das Prinzip der »versunkenen Kosten«, was bedeutet, dass jemand bereits Mittel eingesetzt hat, um ein Ziel zu erreichen, die Mittel sich jedoch als untauglich erwiesen haben. Jemand mag zum Beispiel 10 Euro für den Eintritt in eine Diskothek ausgegeben haben. Nach kurzer Zeit merkt er, dass ihm weder Musik noch Atmosphäre gefallen. Er hat nun die Wahl, zu bleiben oder zu gehen. Manche Menschen denken nun, sie haben ja bereits die 10 Euro ausgegeben, und das Geld wäre verloren, wenn sie jetzt nach Hause gingen. Aber das Geld ist so oder so weg, egal welche der beiden Entscheidungen getroffen wird. Wenn es seine Unzufriedenheit mehr reduzieren würden, nach Hause zu gehen, anstatt in der Disko zu bleiben, dann trifft er die »falsche Wahl«, wenn er deshalb in der Disko bleibt, weil er die 10 Euro »investiert« hat, die ja sowieso verloren sind. Dies heißt jedoch nicht, dass sein Handeln deshalb »irrational« wäre. Denn seine Überzeugung ist es ja, dass er die Investition »ausgleichen« kann, wenn er länger bleibt. Dass diese Überzeugung falsch ist, weiß er nicht. Er handelt entsprechend seiner Überzeugung. Er versucht seine Unzufriedenheit zu vermindern gemäß seiner Überzeugung.

Wenn Sie einen Fehler »korrigieren« möchten, der Ihnen in der Vergangenheit unterlaufen ist, dann können Sie nicht rückgängig machen, was passiert ist. Was Ihnen als »Korrektur« vorschwebt, ist etwas, das in der Zukunft stattfindet, aber nichts, was in der Vergangenheit stattfinden kann, sie können den Fehler also nicht in der Vergangenheit »rückgängig machen«, sondern nur in der Zukunft einen Zustand bewirken, der dem möglichst gleichkommt, der vorherrschen würde, wenn Ihnen der Fehler nicht passiert wäre.

b) Handeln ist stets konsistent (widerspruchsfrei) – die Kompetenz-Kompetenz (Souveränität) des Handelnden

Ebenso zum Phänomen der Temporalität des Handelns zählt die Kompetenz-Kompetenz (wörtlich: Zuständigkeit für die Zuständigkeit; sinngemäß: Allentscheidungsgewalt). Menschen können Pläne fassen, die sich über einen längeren Zeitraum erstrecken. Zum Beispiel können sie planen, ein Haus zu bauen, eine Ausbildung abzuschließen oder das Rauchen aufzugeben. Nun kann es sein, dass Sie im Verlauf der Zeit Ihre Pläne ändern. Ihre Kritiker können Ihnen das als Willensschwäche auslegen, aber als Einzelner verfügen Sie im Hinblick auf Ihre Handlungen nicht nur über die Kompetenz, Ihre Handlungen zu planen und für die Zukunft festzulegen, sondern auch über die Kompetenz, solche Pläne jederzeit wieder zu ändern. Das ist es, was ich mit Kompetenz-Kompetenz des Handelnden meine. Ihre Kompetenz, einen »Actus« (Handlung) zu planen, und Ihre Kompetenz-Kompetenz, Ihre Planung zu korrigieren.

Ein Mensch handelt insofern stets »konsistent« (widerspruchsfrei), als dass er stets wählt, welcher Zustand der allernächsten Zukunft für ihn am annehmbarsten ist. Wenn sich das Werten und Wollen des Menschen ändert, muss sich sein Handeln ebenfalls ändern. An einem Plan festzuhalten, der einem nicht mehr die größtmögliche Verminderung von Unzufriedenheit verspricht, wäre irrational. Die Kritiker desjenigen, der sich trotz des geplanten Verzichts auf Alkohol nach wenigen Tagen wieder dem Alkohol zuwendet, können diesem also nicht vorhalten, dass er irrational oder inkonsistent handeln würde. Der Handelnde tut das, was er meint, dass es im Moment, in dem er sich zum Handeln entschließt, seine Unzufriedenheit am meisten reduziert – anderes ist unmöglich. Andere mögen das gut oder schlecht finden, mögen sagen, er »sollte« aber anders handeln, aber das sind eben Sollte-Aussagen, die nicht richtig oder falsch sein können, sondern die subjektiv (persönlich) sind. Jemand, der behauptet, ein anderer handele irrational, der fällt in Wirklichkeit ein persönliches Werturteil.[25]

Aus der Souveränität des Handelnden folgt zudem, dass es nicht möglich ist, sich selbst Befehle in die Zukunft zu schicken. Sie kennen wahrscheinlich den Spruch »Der Weg zur Hölle ist gepflastert mit guten Vorsätzen«. Was sich jemand für die Zukunft vornimmt, dessen Ausführung wird nicht von seinem heutigen Ich entschieden, sondern von seinem zukünftigen – oder anders formuliert: jederzeit von seinem gegenwärtigen Ich. Ein Handelnder kann sich natürlich jetzt etwas vornehmen, und wenn er es dann auch in der Zukunft noch ausführen will, wird er es tun; aber nicht das Vornehmen, sondern die Entscheidung, das Vorgenommene auszuführen, ist maßgeblich dafür, ob die Handlung künftig auch ausgeführt wird.

c) Zeitpräferenz – je niedriger die Wartezeit, desto besser (Nutzen)

Eine Schlussfolgerung der Handlungslogik ist die Zeitpräferenz des Handelnden. Der Mensch handelt, um seine Unzufriedenheit zu vermindern. Wäre es dem Handelnden gleichgültig, wie lange die Zeitdauer (Wartezeit) ist, bis er die Befriedigung erhält, die er sich von der Handlung erhofft, wäre es ihm gleichgültig, wann er seine Unzufriedenheit vermindert, und wenn ihm dies gleichgültig wäre, würde er nicht handeln, um seine Unzufriedenheit zu vermindern.

Die Zeitspanne zwischen dem Zeitpunkt, zu dem die Bedürfnisbefriedigung angestrebt wird (Zeitpunkt t1), und einer erst später erfolgenden Bedürfnisbefriedigung (Zeitpunkt t2) bezeichnet man in der Praxeologie als *Wartezeit*, und Wartezeit bedeutet deshalb notwendig eine Vermehrung von Unzufriedenheit gegenüber keiner Wartezeit. Nicht um die Wartezeit handelt es sich bei der Zeitspanne zwischen dem Wählen des Zieles (Zeitpunkt t0) und dem Beginn der Zeitspanne, für die eine Befriedigung des Bedürfnisses angestrebt wird (Zeitpunkt t1). Diese Zeitspanne zwischen t0 und t1 können wir als die *Zwischenzeit* bezeichnen, in welcher der Handelnde nicht wartet, sondern für die er nicht vorsorgen wollte. Die *Vorsorgezeit* ist für den Handelnden diejenige Zeitspanne, für die er vorsorgen möchte, und den Beginn der Vorsorgezeit will er zum Zeitpunkt t1. Die Wartezeit ist diejenige Zeitspanne, die zwischen dem gewollten Beginn der Vorsorgezeit (t1) liegt und dem Zeitpunkt, zu dem der Beginn erst später erfolgen kann (t2).

Ein Beispiel: Wenn Sie sich morgens beim Aufstehen entscheiden, mittags zum Italiener zu gehen, dann ist die Zeit zwischen dem Morgen und dem Mittag nicht die Wartezeit auf ihr Essen, die Ihre Unzufriedenheit vermehrt, sondern es ist die Zwischenzeit. Die Vorsorgezeit ist die Zeit, in der Sie Ihr Essen genießen möchten. Sobald Sie am Mittagstisch sitzen, möchten Sie Ihr Essen haben, am liebsten gleich. Es beginnt jetzt die geplante Vorsorgezeit, also die Zeitspanne, in der Sie essen möchten. Wenn Sie nun eine Stunde warten müssen, dann ist das die Wartezeit, die Ihre Unzufriedenheit vermehrt.

In diesem Sinne bedeutet die Wartezeit für den Handelnden ein Ungut, dass er auf etwas warten muss, das er gerne früher hätte. Und es ist wiederum ein Gesetz der Handlungslogik, dass die Dauer der Wartezeit dem Handelnden nicht egal sein kann und dass er eine kürzere Wartezeit gegenüber einer längeren Wartezeit vorzieht.

Die praxeologische Zeitpräferenz (eine kürzere Wartezeit wird denknotwendig vorgezogen) ist etwas anderes als die beobachtbare psychologische Zeitpräferenz oder die physiologische Zeitpräferenz, also die Zeitpräferenz, die sich daraus ergibt, dass wir unterschiedliche Einstellungen und Überzeugungen haben und dass unser Leben zeitig (endlich) ist und die Befriedigung biologischer Bedürfnisse voraussetzt. Psychologen beobachten, dass es Kindern zum Beispiel generell schwerer fällt, etwas abzuwarten, dass Kinder eine »höhere Zeitpräferenz« haben, ihnen also die Gegenwart wichtiger ist und sie sich um die Vorsorge für die Zukunft vergleichsweise wenig Gedanken machen. Ebensolches beobachten die Psychologen beispielsweise bei impulsiven Gewaltverbrechern: Nur das Hier und Jetzt zählt und es wird dem Drange nachgegeben, ohne dass die Folgen in der Zukunft beachtet werden. Strafen schrecken einen solchen Gewaltverbrecher deshalb nicht ab, weil die Strafe ja in der Zukunft liegt und er fixiert ist auf die Verminderung der Unzufriedenheit im Hier und Jetzt, ohne auf die Mehrung seiner Unzufriedenheit im Später zu achten, die er durch die Strafe erfährt. Als reife Menschen gelten auch solche Menschen, die sich um die Zukunft Gedanken machen und auf die Wirkungen ihres Handelns bedacht sind. Von dieser psychologischen Zeitpräferenz unterscheidet sich die praxeologische Zeitpräferenz, weil Letztere unpersönlich (objektiv) ist, also nicht von der Person des Handelnden abhängt, sondern bereits in der Logik des Handelns enthalten ist.

Physiologisch kann es einem Menschen nicht egal sein, ob er einen Apfel morgen oder übermorgen oder in zehn Tagen verzehren möchte oder in 100 Tagen, weil wer leben will, notwendig konsumieren muss. Die Zeitpräferenz der Handlungslogik hingegen gilt für jeden Handelnden, auch einen »Unsterblichen«.

Dass eine kürzere Wartezeit einer längeren Wartezeit gegenüber vorgezogen wird, folgt unmittelbar daraus, dass der Mensch handelt, und ist unpersönlich (objektiv) für jedes handelnde Wesen so. Wie sehr eine kürzere Wartezeit gegenüber einer längeren vorgezogen wird, welchen Preis der Handelnde für eine kürzere Zeit zu zahlen bereit ist, also was er aufzugeben bereit ist, ist persönlich (subjektiv), folgt also aus dem Werten und Wollen dieses Einzelnen. Die persönliche Zeitpräferenz können wir nur mit Verstehen erfassen, sie ist konkret und bezieht sich auf das Wollen und Werten des Einzelnen. Die unpersönliche Zeitpräferenz der Handlungslogik können wir im Vornherein begreifen, unabhängig vom handelnden Einzelnen.

Den Fall, dass ein Handelnder eine »negative Zeitpräferenz« hat, er also eine längere Wartezeit einer kürzeren vorzieht, kann es handlungslogisch nicht geben, da die Wartezeit erst ab dem Zeitpunkt beginnt, zu dem sich der Handelnde die Befriedigung erwartet. Wenn Sie heute Kinokarten geschenkt bekommen für zwei verschiedene Aufführungen, die zeitgleich stattfinden, dann würden sie es nicht vorziehen, wenn die eine Aufführung später stattfände, weil sie den späteren Genuss dem früheren vorziehen, sondern weil sie nicht beide Aufführungen gleichzeitig ansehen können. Sie wählen nicht zwischen einem Zukunftsgut und einem Gegenwartsgut, sondern sie wählen zwischen zwei Gegenwartsgütern, die sie nicht gleichzeitig haben können.

Wenn Sie sich eine Klimaanlage im Winter kaufen und sie möchten, dass diese erst im Mai installiert wird, dann ist ihnen nicht die Klimaanlage in ein paar Monaten mehr wert als die Klimaanlage heute, sondern der Nutzen, den Sie sich von der Klimaanlage versprechen, nämlich die Kühlung, wenn es Ihnen zu warm ist, bringt die Reduzierung von Unzufriedenheit mit sich. Dieses Ziel haben Sie nur, wenn die Außentemperaturen eine bestimmte Gradzahl überschreitet. Sie wählen also überhaupt nicht das Ziel »Kühlen im Winter«, sondern Sie wählen das Ziel »Kühlen im Sommer«, und bezüglich dieses Zieles kann es Ihnen nicht gleichgültig sein, ob Sie es früher oder später erreichen, sonst wäre es Ihnen gleichgültig, ob Sie es überhaupt erreichen. Sie müssen es – der Logik (Folgerichtigkeit) Ihres Zieles gemäß – vorziehen, wenn die Klimaanlage im Mai anstatt im November geliefert wird, weil Sie Ihr Ziel sonst gar nicht erreichen. Veränderung findet in der Zeit statt, Handeln zielt auf Veränderung ab, deshalb kann die Zeitperiode, in der die Veränderung auftritt, nicht gleichgültig sein. Im Falle der Klimaanlage beginnt ihre Handlung mit dem Zeitpunkt, in dem sie das Ziel der Anschaffung einer Klimaanlage wählen, und die Befriedigungszeit, also die Zeitspanne, für die vorgesorgt wird, ist Mai bis Oktober.[26]

Die Wertentscheidungen, für eine gewisse Zeitspanne in der Zukunft vorzusorgen, sind immer gegenwärtige Wertentscheidungen, es geht um die Wichtigkeit, die eine Versorgung mit einem Gut oder das Erreichen eines Ziels in einer Zeitspanne in der Zukunft *heute* für den Handelnden hat. Der Handelnde ist *heute* unzufrieden mit dem Zustand der Zukunft, der sich nach seiner Vorstellung ergeben würde, wenn er nicht handelte. Wenn also der kinderlose Erblasser wählt, seine Nichten schon heute per Testament als Erben seines Nachlasses einzusetzen, dann tut er dies nicht, weil er sich für den Zeitpunkt, in dem die Nichten das Erbe genießen werden, eine Verminderung seiner Unzufriedenheit verspricht, denn zu diesem Zeitpunkt ist er ja auch nach seiner Vorstellung (hoffentlich) tot (und nicht lebendig begraben). Er tut es, weil es im Zeitpunkt der Abfassung des Testamens seine Unzufriedenheit vermindert, wenn er sich vorstellt, dass seine Nichten sich in der Zeitspanne nach seinem Tode an seinem Nachlass erfreuen, und nicht jemand, der in der gesetzlichen Erbfolge ohne das Testament vor seinen Nichten geerbt hätte, also zum Beispiel sein Bruder.

d) Der Zins (Urzins)

Aus der Zeitpräferenz leitet sich der sogenannte Urzins ab. Da es dem Menschen nicht egal sein kann, wann er die Befriedigung erlangt, die er sich von einer Handlung erwartet, kann es ihm nicht egal sein, wann er die Güter (Mittel) hierzu erlangt. Güter, die er erst nach einer Wartezeit verwenden kann, wird er niedriger bewerten als Güter, die ihm sofort zur Verfügung stehen. Wünscht er sich eine Verminderung seiner Unzufriedenheit zu einem bestimmten Zeitpunkt in der Zukunft, wird er eine solche zu einem späteren Zeitpunkt geringer bewerten als diejenige zum gewünschten Zeitpunkt.

Ludwig von Mises bezeichnete als Urzins das Verhältnis des geringeren Wertes künftiger Güter gegenüber gegenwärtigen Gütern. Es handelt sich nach Mises beim Urzins nicht um einen Güter-Preis, sondern um ein Verhältnis von Güter-Preisen, und zwar das Verhältnis des Preises von künftigen zu gegenwärtigen oder von früheren zu späteren Gütern.

Das gleiche Phänomen gilt in Bezug auf Kosten, also Güter, die der Mensch aufwenden muss, um die Mittel, die er für das Erreichen seines Zieles wählt, zu erlangen. Künftige Kosten bewertet der Mensch niedriger als gegenwärtige. Man kann den Urzins daher auch als das Verhältnis von künftigen zu gegenwärtigen Kosten beschreiben. Der Preis eines Gutes besteht ja in demjenigen, was der Käufer aufgibt (Kosten), um das Gut zu erlangen.

Würden Menschen eine kürzere Wartezeit unter sonst gleichen Umständen nicht höher bewerten als eine längere, wäre es zum Beispiel nicht möglich, den Wert von Grundstücken im Verhältnis zu den erwarteten künftigen Einkommen aus den Grundstücken zu ermitteln. Zwei forstwirtschaftlich nutzbare Grundstücke, eines mit vorhandenem Baumbestand, das andere frisch gerodet, wären gleich viel wert, weil die Wartezeit von 40 oder 60 Jahren, bis die Bäume ausgewachsen sind, für die Handelnden keine Rolle spielte.

Der deutsche Forstwirt Martin Faustmann (1822–1876) beschäftigte sich mit den unterschiedlichen Nutzungsarten von Land, also kurzfristig, etwa zur Heuernte, oder langfristig, eben zur Forstwirtschaft, und setzte frühere und häufigere Erträge bei kurzfristigen Nutzungen, etwa zum Ackerbau oder zur Weidewirtschaft, ins Verhältnis zu späteren und selteneren Erträgen, etwa bei der Forstwirtschaft. Von ihm stammt – vereinfacht ausgedrückt – die Formel des »abgezinsten Zahlungsflusses« (*discounted cashflow*), auch als »Faustmann Formel« bezeichnet, also dass ferner liegende Erträge niedriger bewertet werden als näher liegende, mit der ganz praktisch – im Vergleich zum Marktzins – der Wert der künftigen Erträge berechnet werden kann. Ist etwa der Marktzins bei 4 Prozent p. a. (per annum, jährlich), so beträgt die »ewige Rente«, also der Ertragswert eines Grundstückes, das 25-fache des gegenwärtigen (und für die Zukunft gleich angenommenen) Jahresüberschusses. Bei einem Marktzins von 5 Prozent p.a. ist es nur das 20-Fache. Vereinfacht ausgedrückt können Sie so den Faktor ermitteln, indem Sie 100 durch die Prozentpunkte teilen und mit diesem Faktor den für die Zukunft angenommen Jahresertrag multiplizieren. Im Falle von 4 Prozent ergibt sich der Faktor 25 also, indem man 100 / 4 = 25 rechnet.

Der Zweck, den der Forstwirt mit dem Wald verfolgt, ist das Veräußern der Bäume. Ist das Grundstück noch ohne Baumbestand, zahlt er einen geringeren Preis, als wenn der Baumbestand bereits vorhanden ist, weil er dann auf die Bäume warten muss. Was er konkret kauft, ist ein Grundstück ohne Baumbestand und nicht einen künftigen Baumbestand, den es noch gar nicht gibt. Aber den Wert, den das Grundstück jetzt für ihn hat, bepreist er ausgehend von dem künftigen Baumbestand.

Ein weit verbreitetes Missverständnis in Bezug auf den Urzins ist, dass Menschen sparen, weil es Zinsen gibt. Vielmehr sind eine Veränderung des Urzinses und eine Veränderung der Sparrate zwei verschiedene Aspekte (Ausdrücke) eines Phänomens, nämlich dass die Marktteilnehmer ihre Zeitpräferenz geändert haben, also die Dauer der Wartezeit anders bewerten als zuvor. Das Verschwinden des Urzinses würde auch nicht dazu führen, dass die Menschen sämtliche Güter, die sie haben, sofort konsumieren, weil es keine Zinsen mehr aufs Ersparte gibt und sich Sparen daher nicht mehr lohnt, sondern im Gegenteil! Das Verschwinden des Urzinses würde bedeuten, dass die Zeitpräferenz ins Unermessliche fällt, die Einzelnen also eine unendlich lange Wartezeit nicht niedriger bewerten würden als eine kürzere Wartezeit. Der Konsum würde vollständig zum Erliegen kommen. Da dies dem Grundsatz des Handelns widerspricht (Zeitpräferenz), ist solch ein Zustand bei handelnden Wesen nicht vorstellbar.

Umgekehrt würde ein Anstieg des Urzinses ins Unermessliche nicht etwa bedeuten, dass die Menschen nur noch sparen, weil die Zinsen so hoch sind, sondern es wäre Ausdruck dessen, dass die Menschen überhaupt nicht mehr bereit sind, auf einen Genuss zu warten, sondern nur noch den aktuellen Genuss in der Gegenwart schätzen. Wenn die Zeitpräferenz derart steigt, dass den Menschen nur noch jetzige, genussfertige Güter etwas wert sind, wie etwa wenn ein Meteoriteneinschlag drohte, die Erde auszulöschen, dann würde niemand mehr für die Zeit nach dem Meteoriteneinschlag planen.

Der Ökonom der Österreichischen Schule Hans-Hermann Hoppe beschreibt verschiedene Faktoren, die dazu führen können, dass die Zeitpräferenzrate fällt, dass also die Menschen mehr Ersparnisse bilden und zukunftsorientierter leben.[27] Wir haben bereits oben darauf hingewiesen, dass es auch biologische, physiologische, physikalische und psychologische Faktoren gibt, die einen Einfluss auf die Zeitpräferenz haben können, wie eben dass die Lebensdauer des Menschen begrenzt ist, dass er mit zunehmender psychologischer »Reife« weiter vorausdenken kann, dass er bei einer reichlicheren Versorgung mit Gütern jetzt mehr für die Zukunft planen und daher sparen wird als bei spärlichster Versorgung, wenn er am Hungertuch nagt, und auch religiöse oder weltanschauliche Gründe können Sparen als moralisch erscheinen lassen im Vergleich zum Konsum. Hingegen ist es kein ökonomisches oder praxeologisches Gesetz, dass die Zeitpräferenz mit zunehmenden Ersparnissen zu- oder abnimmt, und es kann auch zu gegenläufigen Tendenzen kommen, wenn etwa Einstellungen und Überzeugungen modern werden, die das Leben im Hier und Jetzt oder extravagante, verschwenderische Lebensstile attraktiver machen oder sich die Menschen vor drohenden Naturkatastrophen, Überbevölkerung etc. fürchten und die Hoffnung auf eine bessere Zukunft aufgeben, um stattdessen einen reichlicheren Genuss in der Welt heute vorzuziehen. Eine praxeologische Notwendigkeit ist eine sinkende Zinsrate bei fortdauerndem »Wirtschaftswachstum« also nicht. »Ein größeres Angebot an Kapitalgütern beeinflusst weder die Höhe des Urzinses noch die Sparneigung. Selbst eine höchst reichliche Versorgung mit Kapital zieht nicht notwendig eine Verminderung des Urzinses oder einen Rückgang der Sparneigung nach sich. Eine Zunahme der Kapitalgüter oder des Verhältnisses von Kapital zu Einwohnern, die charakteristisch für wirtschaftlich fortschrittliche Nationen ist, heißt nicht unbedingt, dass die Urzins-Rate fallen müsste oder die Sparneigung der Individuen zunehmen müsste.«[28]

Exkurs: Zins und Eigentumsökonomik

Die Vertreter der Eigentumsökonomik behaupten, dass der Zins seinen Ursprung nicht in der Zeitpräferenz des Handelnden habe, sondern in der Bepreisung des Kapitals der Kreditbank, die das Geld in Bezug auf das eigene Vermögen herausgibt.[29] Mit dem Bepreisen des eigenen Vermögens schaffe die Kreditbank einen Geldstandard, und das Bepreisen des Vermögens erfolgt, indem der Herausgeber den Zins festlegt, also die Menge des Geldes, das für den Kredit über die herausgegebene Geldmenge hinaus gezahlt werden muss. Die Bank stellt dem Kreditnehmer Geld zur Verfügung, der Kreditnehmer bezahlt hierfür als Preis einen Zins und leistet zusätzlich eine Sicherheit, also beispielsweise verpfändet er ein Grundstück.

Der Inhaber des Geldes müsse nun Käufer finden, die ihn mit solchem Geld bezahlen, das er der Bank zurückzahlen kann. Kaufverträge seien Kreditverträge im weiteren Sinne, weil der Käufer ein Kredittilgungs- und Zinszahlungsmittel, nämlich das Geld, als Preis bezahle, und dieses Geld sei in einem Kreditvertrag geschaffen worden. Der Verkäufer einer Sache erwirbt eine Forderung in Geld, der Käufer einer Sache verpflichtet sich zu einer Zahlung in Geld.

Im Moment der Festsetzung des Zinssatzes – als des Verhältnisses der Zinsen auf die Darlehenssumme zur Darlehenssumme selbst – bewerte der Kreditgeber erstmals sein Vermögen in dem von ihm herausgegebenen Geld. Dabei bestimme sich der Wert des Vermögens nach der bekannten, oben bereits erwähnten Faustmann'schen Formel, der Wert des Vermögens sei also die Summe der abgezinsten Erträge der Zukunft je Zeitperiode, was bei angenommen gleichbleibenden Erträgen dazu führe, das geringere Zinsen den Vermögenswert erhöhten – und umgekehrt.

Der Ur*wert* liege also in der Eigentumsprämie des Herausgebers des Geldes und der Zins sei der sich daraus ergebende Ur*preis*, und beide stammten aus dem geldschaffenden Kreditvertrag. Unter Eigentumsprämie verstehen die Vertreter der Eigentumsökonomik, dass die Eigentumstitel durch Rechtsakt geschaffen werden und mit der Schaffung aus dem Nichts die Eigentumsprämie abwürfen.[30] Im Unterschied zum Besitz sei das Eigentum belastbar und verpfändbar, während der Besitz ein reines Nutzungsrecht sei. Der Herausgeber des Geldes müsse den Zins verlangen, weil er die »Freiheit über sein Eigentum« verliere, also die Eigentumsprämie, und für diesen Verlust fordere er den Zins.[31]

Richtig beschreibt die Eigentumsökonomik, dass die Kreditbank für ihr Kapital, das sie vorhält, einen Zins berechnet. Die Eigentumsökonomik erklärt aber damit den Urzins nicht, sondern sie setzt ihn voraus. Die Ursache für eine Erwartung der Verzinsung des eingesetzten Kapitals seitens der Kreditbank – und seitens eines jeden Unternehmers – ist die Zeitpräferenz.

Der Urzins ist eine Folge der Zeitpräferenz, und wäre der Urzins null, wäre es nicht denkbar, dass der Handelnde jetzige Güter einsetzt, um künftige Güter zu erhalten. Ihm wäre dann ein Gut in 100 Jahren oder 1.000 Jahren genauso wertvoll wie ein jetziges Gut. Je geringer der Abschlag ist, den der Handelnde in Bezug auf künftige Güter macht, desto niedriger ist die Zinsrate. Die Kreditbank verlangt den Zins auf ihr Vermögen nicht, weil es »belastet« ist, sondern weil sie gar kein bewertbares Vermögen hätte, wenn es keinen Urzins, also keine Zeitpräferenz des Handelnden gäbe. Ihr Vermögen bewertet sie deswegen mit der Summe der abgezinsten Erträge, weil ihr fernere Erträge weniger wert sind als nähere. Würde sie die künftigen Erträge nicht niedriger bewerten, wäre das Vermögen nicht unendlich viel wert, sondern es wäre gar nichts wert, weil kein Handeln vorläge, also kein Werten, Wählen und Wollen, kein auf etwas (Güter, Erträge) abzielendes Verhalten.

e) Nullzins und Negativzins

Auch ein Negativzins oder ein Nullzins in Bezug auf Buchgeldkonten oder Staatsanleihen bedeuten nicht, dass der Handelnde spätere Güter unter sonst gleichen Umständen höher schätzen würde als frühere.

Wenn eine Bank eine Staatsanleihe kauft, die einen negativen Zins ausweist, dann kann sie dies aus verschiedenen Gründen tun. Sie kann (1) aufgrund gesetzlicher Vorschriften gezwungen sein, einen Teil ihrer Anlagen in »risikolosen Wertpapiere« anzulegen. Sie zieht dann den Kauf einer negativ verzinsten Staatsanleihe gegenüber der Sanktion (Strafe) vor, die sie ereilen würde, wenn sie die Vorschrift nicht befolgt. Ein Käufer kann auch darauf spekulieren (2), dass die Zinsen der Staatsanleihe noch weiter in den Negativbereich fallen, was dazu führen würde, dass der Wert seiner Staatsanleihe stiege, weil sie weniger negativ verzinst ist, also noch eine höhere Rendite (weil weniger negativ) hat. Oder es kann sein (3), dass ein Käufer eine Staatsanleihe als sicherer ansieht verglichen mit einer Forderung gegen eine Geschäftsbank auf Geld, also seiner Sichteinlage bei der Bank, oder (4) dass ihn die Aufbewahrung eines großen Betrages in Banknoten abschreckt, weil diese als physische (körperliche) Gegenstände durch Brand oder Diebstahl oder Wasserschaden vernichtet werden können.

Der Käufer einer Staatsanleihe, die negativ verzinst ist, oder der Inhaber einer Sichteinlage bei einer Bank, für die diese Strafzinsen erhebt, bewertet aber nicht 100 Geldeinheiten heute geringer als 100 Geldeinheiten in der Zukunft, weil er nach einem Jahr nur noch 99 Euro für seine 100 Euro erhält, sondern er bewertet und vergleicht unterschiedliche Dinge, und zwar konkret:

1. Den Kauf einer negativ verzinsten Staatsanleihe und den Vorteil, den er davon hat, dass die Sanktion ausbleibt, die er erfahren würde, wenn er nicht gemäß den gesetzlichen Vorschriften solche Papiere hielte.
2. Den höheren künftigen Wert der Staatsanleihe, in dem Fall, dass er ein weiteres Sinken des Zinses erwartet, mit dem gegenwärtigen niedrigeren Wert der Staatsanleihe.
3. Eine Forderung auf Geld gegenüber einer Geschäftsbank (die insolvent werden kann) gegenüber einer Forderung gegen den Staat (der mit Steuern – nach Auffassung des Investors – immer für Einnahmen sorgen kann).
4. Die Aufbewahrung von Banknoten in einem Tresor und den Kauf der Staatsanleihe.

Auch bei einer reinen Depositenbank, einer Bank also, die nur der Aufbewahrung von Geld oder Gold dient, erhielte der Einleger weniger von seiner Einlage, wenn die Lagergebühr vom eingelagerten Geld oder Gold abgezogen wird. Er wählt dies nicht, weil ihm das spätere, wenigere Geld oder Gold genauso viel wert ist wie die Geld- oder Goldmenge jetzt, sondern weil er die Sicherheit in dem Tresor der Bank vorzieht oder er die Goldeinlage leichter transportieren oder übertragen kann, wenn sie ihm auf einem Konto gutgeschrieben wird, ohne dass er das Gold physisch transportieren muss. Auch eine Brand- und Diebstahlsversicherung kann die Bank anbieten, die Gebühren verursacht. Er wählt also gerade nicht zwischen ein und demselben Gut unter sonst gleichen Umständen, sondern zwischen verschiedenen Arten, ein Gut aufzubewahren, und der Anbieter der Aufbewahrung verlangt für seine Leistung ein Entgelt.

Wie bereits dargestellt, kann der Urzins nicht null werden. Aber natürlich kann der Zins, den Staaten für ihre Anleihen anbieten oder den Zentralbanken von den Geschäftsbanken verlangen, null oder auch negativ werden. Wie oben gezeigt wurde, bedeutet dies keine negative Zeitpräferenz der Kunden, sondern sie wählen, was sie mit ihrem Buchgeld oder ihren Banknoten tun möchten. Sie wählen zwischen Anlagen, die verschieden sind in Bezug auf Sicherheit, oder sie handeln aufgrund gesetzlichen Zwanges. Ein Handelnder, der eine negative Zeitpräferenz hätte, wäre kein Handelnder. Schon bei einer Zeitpräferenz von null wäre es ihm gleichgültig, wann – und damit auch ob – er ein Ziel erreicht, und dann wäre er kein Handelnder mehr, würde Vermögen überhaupt nicht mehr bewerten, weil er keine Mittel einsetzt, um Ziele zu erreichen; und da die Mittel ihren Wert von den Zielen her erhalten, wäre ihm alles wertlos.

8. Unumkehrbarkeit (Irreversibilität)

Was vergangen ist, ist passé und unumkehrbar. Die Vergangenheit kann nicht korrigiert werden in dem Sinne, dass etwas, das geschehen ist, rückgängig gemacht werden könnte. Wenn Sie etwas wiedergutmachen wollen oder einen Fehler, der Ihnen in der Vergangenheit passiert ist, korrigieren wollen, dann können Sie das nur für die Zukunft tun, nicht für den Zeitraum, der bereits verstrichen ist.

Einen Fehler oder Schaden wiedergutzumachen ist in dem Sinne nicht möglich, wie es die Juristen formulieren: den Zustand wiederherzustellen, der sich ergäbe, wenn das schädigende Ereignis nicht eingetreten wäre. Dann hätte das schädigende Ereignis ja in erster Linie überhaupt nicht eintreten dürfen.

Offensichtlich ist die Unumkehrbarkeit, wenn der Schaden darin besteht, dass Ihnen eine körperliche Versehrtheit passiert ist oder zugefügt wurde, deren Korrektur medizinisch nicht möglich ist, beispielsweise wenn Sie ein Bein verloren haben. Eine Wiedergutmachung kann immer nur bedeuten, dass ein Zustand herbeigeführt wird, der demjenigen Zustand nahekommt, der sich – unter sonst gleichen Umständen – hypothetisch (nur vorgestellt) ergeben hätte, wenn das schädigende Ereignis ausgeblieben wäre. Beispielsweise eine Prothese. Noch offensichtlicher ist der Fall, wenn Sie oder ein Angehöriger getötet werden. Eine Wiedergutmachung ist – wie in den anderen Fällen – unmöglich, da Vergangenes nicht revidiert (umgekehrt, geändert) werden kann. Es kann nur versucht werden, einen Ausgleich für die Opfer oder – im Falle der Tötung – die Hinterbliebenen zu finden, der sie in Zukunft mit dem Geschehenen versöhnt, nicht aber eine Umkehrung des Geschehenen.

Es kann also versucht werden, die Unzufriedenheit, die sich aufgrund des Fehlers oder Schadens vermehrt hat, wieder zu vermindern. Was die Unzufriedenheit eines einzelnen Geschädigten vermindert, ist dabei subjektiv und nicht unpersönlich (objektiv) bestimmbar.

Auch in den Fällen, in denen ein sogenanntes »vertretbares« Gut (Produkt, das es öfter als einmal gibt) zerstört wurde oder ein »unvertretbares« Gut (Einzelstück) beschädigt wurde, ist die Neulieferung oder Reparatur keine Umkehrung der Vergangenheit, sondern die Herstellung eines Zustandes in der Zukunft (Austausch, Reparatur), der nicht die Vergangenheit »korrigiert«, sondern die Zukunft ändert im Vergleich zu einem Zustand, der sich ergeben hätte, wenn kein Austausch oder keine Reparatur stattgefunden hätte.

Viele Menschen grämen sich über Fehler oder Schäden in der Vergangenheit und wünschten, diese wären ihnen nicht passiert. Solcherlei Vorstellungen von hypothetischen (nur vorgestellten) Kausalverläufen (Geschehnissen) sind aus praxeologischer Sicht sinnlos, denn die Vergangenheit ist »fix«. Anstelle dessen besteht die Möglichkeit, seine Energie auf die Zukunft zu richten und die Folgen der Fehler und Schäden, so weit als eben möglich, für die Zukunft abzumildern.

Lassen Sie uns das anhand von zwei filmischen Darstellungen von Zeitreisen versuchen, besser zu begreifen, was Unumkehrbarkeit im praxeologischen Sinne heißt, es nicht nur zu verstehen, sondern es a priori zu begreifen.

In dem Film »Zurück in die Zukunft« (1985) wird dargestellt, wie ein Junge (Marty McFly) eine Zeitreise zurück in die Jugendjahre seines Vaters macht. Alles, was er in der Vergangenheit tut oder verändert, hat Auswirkungen auf die Zukunft und damit auf die Gegenwart, von der aus er ursprünglich gestartet ist. Er »repariert« so die verpfuschte Jugend seines Vaters und kommt in eine Gegenwart zurück, in der er Sohn wohlhabender Eltern mit einer »gut funktionierenden« Ehe ist, was vorher nicht der Fall war.

In dem Film »Avengers – Endgame« (2019) wird den Zuschauern das Konzept von Vergangenheit, Gegenwart und Zukunft in anderer Sichtweise erläutert. Dort sagt ein Charakter (Dr. Bruce Banner) sinngemäß: Wenn du in die Vergangenheit reist, ist diese Vergangenheit, zu der du reist, die Zukunft, und die Gegenwart wird zur Vergangenheit, die nicht mehr durch die Zukunft verändert werden kann. Durch einen Zeitsprung in die Vergangenheit ist es also nie möglich, die Vergangenheit zu ändern, sondern nur die Zukunft. Du kannst also nicht zurück in die Vergangenheit reisen und den Superschurken Thanos, der besiegt werden soll, als Baby töten, um die Zukunft zu ändern.

Wie bereits gesagt sind Vergangenheit, Gegenwart und Zukunft keine physikalischen, sondern praxeologische Kategorien (Einordnungen, Gedankengebilde): Dinge, die unabänderbar sind, Dinge, die gegenwärtig änderbar sind, und Dinge, die noch nicht, sondern erst künftig änderbar sind. Wenn also eine Möglichkeit besteht, eine Veränderung herbeizuführen, dann ist dies eine *künftige Möglichkeit* und somit Zukunft. Es ist also logisch und von vornherein nicht möglich, in der Vergangenheit einen grausamen Politiker oder dessen Vater oder Großvater zu töten, um dann in der Gegenwart, von der aus man gestartet ist, eine Welt vorzufinden, in der die Gräueltaten dieses Politikers nie geschehen sind. Denn wenn eine Veränderung möglich ist im Hinblick auf die Gräueltaten dieses Politikers, dann liegen sie nicht in der Vergangenheit, weil vergangen nur das ist, was unabänderbar ist. Das bisher Geschehene bleibt Geschichte, soweit es unabänderbar ist, und ist eben nicht Geschichte, soweit es abänderbar ist. Das ist aus logischen Gründen von vornherein so und nicht eine Frage von physikalischen Möglichkeiten von »Zeitreisen«, von denen wir nichts wissen.

9. Vorläufigkeit

Die Zukunft ist ungewiss, die Vergangenheit ist unumkehrbar und die Gegenwart ist vorläufig. Dass die Gegenwart vorläufig ist, ist ebenfalls keine Erfahrungstatsache, die sich der Praxeologe aus den Erfahrungswissenschaften »borgt«, sondern von vornherein in der Grundannahme enthalten, dass der Mensch handelt.

Die amerikanischen Philosophen Roger T. Ames und David L. Hall beschreiben anhand ihrer Interpretation des Dao De Jing (chinesisch etwa für Weg-Erschaffen) die vorläufige Natur der Erfahrung, wie wir sie bereits als Ursache des »Induktionsproblems« beschrieben haben (Kapitel II, Abschnitt 3), also dass keine Annahme über Erfahrungstatsachen letztlich als für immer wahr angenommen werden kann. Ein Handelnder, der eine Veränderung bewirken will gegenüber einem Zustand, der sich ohne sein Handeln ergeben würde, kann nicht die Einstellung haben, dass die Wirklichkeit statisch (feststehend) ist oder dass das Bewusstsein die Wirklichkeit nur passiv (untätig) spiegelt.[32] Die Begriffe »perfekt« oder »vollendet« im Sinne von feststehend oder unabänderbar sind ungeeignet, einen stets vorläufigen Vorgang der Veränderung zu beschreiben, den wir vorfinden in einer Kosmologie (Weltentwicklung) der Veränderung und des Fortschreitens. Die Welt-in-Entwicklung ist stets offen, vorläufig und in Veränderung. Irgendetwas passiert ständig. Die vorläufige Natur der Erfahrung gibt einen passenden Eindruck davon, dass nichts »perfekt« oder letztlich vollendet ist. Das heißt, irgendetwas »fehlt« immer und wird erst noch passieren.[33]

Diese Aussagen stehen nicht im Gegensatz zu der Aussage der Praxeologie, dass der Mensch in dem Sinne stets vollkommen ist, dass er das Ergebnis seiner Entwicklungen ist und aufgrund der Kausalität der Entwicklungen nie jemand anders hätte sein können oder anders hätte handeln können und dass er insofern ohne »Mangel« ist. Sondern die »Unvollendetheit« im Sinne der Vorläufigkeit bedeutet, dass sich die Dinge stets verändern und in diesem Sinne auch ein handelnder Mensch, solange er lebt, nur vorläufig ist und dass er und sein Handeln und Tun sowie seine Umwelt keine vollendeten Zustände, sondern eine fortschreitende Veränderung sind.

Die Vorläufigkeit im Sinne der Praxeologie ist unterschiedlich von der Vorläufigkeit, die wir aus der Erfahrung kennen, also dass die Dinge »im Fluss« sind und sich stets verändern. Die Vorläufigkeit ist bereits in der Aussage, dass der Mensch handelt, enthalten, genauso wie die Ungewissheit. Wären die Dinge feststehend und vollendet, gäbe es also keine Möglichkeit der Veränderung, wäre Handeln, also das Wählen von Mitteln zum Erreichen von Zielen, unmöglich.

Aus der Vorläufigkeit folgt auch, dass der Handelnde jede Aufgabe, die er angegangen hat, stets loslassen kann, dass er jede Entscheidung, die er getroffen hat, stets abändern kann, und er wird dies nur dann tun, wenn es seine Unzufriedenheit mehr vermindert, etwas abzubrechen, als einen Vorsatz oder Entschluss weiter durchzuführen. Die

Vorläufigkeit der Gegenwart und die Kompetenz-Kompetenz (Souveränität, Letztentscheidungsgewalt) des Handelnden sind also zwei Aspekte der Tatsache, dass Handeln stets in der Gegenwart stattfindet.

Die Absichten des Menschen können sich ändern, was gut sei, wie auch Ames und Hall meinen. Weil Sprache und ebenso vorausgedachte Handlungspläne notwendig abstrakt sind und jede konkrete Situation einzigartig, ist es vorteilhaft, wenn der Handelnde sich nicht auf eine Absicht versteift, sondern in der konkreten Wirklichkeit offen bleibt für die Konkretheit (Bestimmtheit) des Moments.[34] Kein Mensch ist wie der andere und keine konkrete Situation ist wie die andere. Situationen sind einmalig, unumkehrbar, vorläufig und die Entwicklung ungewiss. Feste Konzepte davon, was das letzte Ziel jeder Handlung, nämlich die Verminderung der Unzufriedenheit, bewirken wird, sind also hinderlich, weil sie die Möglichkeiten und Besonderheiten des konkreten (bestimmten und einmaligen) Vorfalles nicht berücksichtigen können.

Die Quintessenz (der Leitgedanke) des Dao De Jing wäre ein Offenbleiben für das Konkrete und Absichten stets als provisorisch (vorläufig) anzusehen – was sie ja auch wirklich sind. Man könnte anstatt des Wortes Absicht auch Präferenz oder Vorliebe wählen, um zu beschreiben, dass einem dieses oder jenes lieber wäre (sonst würde man nicht handeln), man aber nicht verbissen mit Scheuklappen auf ein Ziel zusteuert, das man in der Vergangenheit gewählt hat. Man bleibt offen für die Situation und ist bereit, im Moment zu entscheiden, welche Vorliebe wie verwirklicht werden kann – oder ob die Vorliebe überhaupt noch als erstrebenswert erscheint unter den konkreten Umständen.

10. Unvermeidlichkeit (alles, was geschehen ist, musste geschehen)

Die Unvermeidlichkeit ist ebenfalls eine Schlussfolgerung, die sich aus der Kausalität, also aus dem Prinzip von Ursache und Wirkung ergibt. »Alles, was geschieht, musste unter den vorliegenden Bedingungen geschehen. Es geschah, weil die Kräfte zugunsten des Geschehenen stärker waren als die widerstrebenden Faktoren.«[35] Alles Geschehene ist also in diesem Sinne zwangsläufig. Da jede Ursache zu einer bestimmten Wirkung führt, ist alles, was geschieht, determiniert (vorherbestimmt). Die Bedingungen für alle Geschehnisse der Gegenwart liegen in der Vergangenheit. Nichts geschieht *ex nihil* (aus dem Nichts heraus), weil es ein Nichts nicht gibt. Das ist gerade die Definition des Nichts: die Nicht-Existenz.

Dass die Zukunft für die Handelnden ungewiss ist, steht dem nicht entgegen. Nur weil die Handelnden die Ursachen für bestimmte Wirkungen nicht erkennen können oder nicht vorher wissen, welche Ursachen zu welchen Wirkungen führen, heißt dies nicht, dass die Dinge ursachlos geschehen. Wenn die Handelnden die Zusammenhänge nicht erkennen können, heißt dies nicht, dass es keine Zusammenhänge gibt.

Hypothetische Kausalverläufe, also was geschehen wäre, wenn die Dinge anders gelaufen wären, sind indes nicht existent außer in den Einbildungen der Menschen, die sich solche hypothetischen Kausalverläufe vorstellen. Und die Aussage »Hätte er nur das und jenes nicht getan, dann wäre dies und das nicht geschehen« ist sinnlos, denn unter den gegebenen Umständen musste jeder so handeln, wie er gehandelt hat, denn jeder ist das Ergebnis seiner Ontogenese (Seins-Geschichte), seiner Entwicklungen.

11. Grenznutzen und Grenzleid – mehr ist weniger mehr

Der Grenznutzen oder »marginale Nutzen« eines Gutes (also einer Sache oder einer Leistung) ist der Nutzen, den ein Gut für uns hat, das wir erwerben oder hergeben, das also Gegenstand einer Handlung ist. Nutzen meint in diesem Zusammenhang die kausale (ursächliche) Geeignetheit des Gutes, einen gewissen Zustand zu bewirken. Der Handelnde erwirbt das Gut, um sein Ziel, die Verminderung der Unzufriedenheit, zu erreichen. Das Wort »Grenze« bedeutet hier »am Rande einer Spanne befindlich« oder »am Rande eines Bereichs«, also dass es nicht um Güter an sich geht oder alle Güter, sondern gerade um dasjenige Gut, das Gegenstand der aktuellen Handlung ist. Wenn Sie 50 Sack Mehl besitzen, und es geht darum, den 51. Sack zu erwerben oder den 50. Sack zu veräußern, dann bewerten Sie nicht den gesamten Vorrat oder »Mehl an sich«, sondern Sie bewerten den konkreten Sack Mehl, den es zu erwerben oder zu veräußern gilt.

Quantitäten (Mengen) und Qualitäten (Beschaffenheiten, Eigenschaften) sind Kategorien (Einordnungen) der externen (äußeren) Welt, die nur indirekt für den Handelnden Bedeutung haben. Da dieselben Mengen und Beschaffenheiten stets dieselben Effekte (Wirkungen) erzeugen im Hinblick auf Quantität und Qualität, unterscheidet der Handelnde nicht zwischen denselben Quantitäten derselben Beschaffenheit.[36] Ein Gramm Natriumchlorid ist für ihn dasselbe wie jedes andere Gramm Natriumchlorid, ein Liter Benzin ist ihm genauso viel wert wie jeder andere Liter Benzin gleicher Qualität.

Das *Gesetz vom abnehmenden Grenznutzen* besagt, dass dem Handelnden jede zusätzliche Einheit eines einheitlichen Vorrats einer bestimmten Sache notwendig weniger wert sein muss als die Einheiten, die er bereits besessen hat. Es handelt sich sozusagen um die Umkehrung des Satzes, dass der Mensch immer seine drängendsten

Bedürfnisse zuerst befriedigt.[37] Mit einer Einheit, die zu einem einheitlichen Vorrat hinzukommt und die ansonsten gleich ist, kann der Mensch – unter sonst gleichen Umständen – stets nur weniger drängende Bedürfnisse befriedigen. Wenn Sie 50 Sack Mehl haben, dann können Sie mit dem 51. Sack Mehl weniger drängende Bedürfnisse befriedigen als mit den 50 Sack zuvor. Das Wort »marginaler« Nutzen drückt hier noch ein Zweites aus: Mit marginaler Nutzen ist auch gemeint, dass das hinzukommende bzw. weggegebene Gut eines Vorrats für den Handelnden immer dasjenige mit dem geringsten (marginalen) Nutzen des Gesamtvorrates der homogenen Güter ist.

Diejenige Verwendung der einzelnen Einheiten eines einheitlichen Vorrats, die nach der Veräußerung der Einheit nicht mehr möglich ist, war in den Augen des Handelnden die am wenigsten drängende Verwendung unter all denjenigen, für die er vorher die unterschiedlichen Einheiten des größeren Vorrats bestimmt hat. Die Befriedigung, die der Handelnde vom Gebrauch der Einheit [der Grenzeinheit] für die beabsichtigte Verwendung erhielt, war die geringste unter den Befriedigungen, die die Einheiten des größeren Vorrats für ihn brachten. Es ist nur der Wert dieser geringsten Befriedigung, über den er entscheiden muss, wenn er sich die Frage stellt, eine Einheit seines gesamten Vorrats aufzugeben. Wenn er mit dem Problem des Bewertens einer Einheit eines einheitlichen Vorrats befasst ist, entscheidet der Mensch aufgrund des geringsten Nutzens, den die Einheiten des Vorrats für ihn haben; er entscheidet aufgrund des Grenznutzens.[38]

Wenn der Mensch also ein Brötchen gegen 40 Cent tauscht, dann vergleicht er den geringsten Nutzen (= Grenznutzen), den er von dem Brötchen erwartet, mit dem geringsten Nutzen, den er von den 40 Cent erwartet, und entscheidet sich für das Brötchen. Er bewertet das Brötchen also höher als den Grenznutzen der 40 Cent, die er aufgibt.

Das Gesetz vom abnehmenden Grenznutzen besagt jedoch nicht, dass der Einzelne unterschiedliche Teilmengen eines einheitlichen Vorrates entsprechend der Anzahl der einzelnen Einheiten der Teilmenge bewertet. Jede Teilmenge eines Vorrats bewertet er selbstständig, jede Teilmenge erhält ihren eigenen Rang in der Präferenzskala.[39]

Nehmen wir an, ein Bauer hat fünf Kühe und drei Pferde. Die einzelnen Güter ordnet er auf seiner Präferenzskala (Nutzenskala) wie folgt an:

1. Kuh
2. Kuh
3. Pferd
4. Kuh
5. Pferd
6. Pferd
7. Kuh
8. Kuh

Wählt er nun, zwei Kühe oder zwei Pferde abzugeben, wird er es vorziehen, zwei Kühe abzugeben. Wählt er aber zwischen drei Kühen und zwei Pferden, wird er es vorziehen, zwei Pferde statt drei Kühe abzugeben. Was für den Handelnden zählt, und zwar ausschließlich, wenn er den Nutzen einer bestimmten Menge von Einheiten bewertet, ist der Nutzen dieser bestimmten Menge. Man muss sich davor hüten zu sagen, dass sich der Wert von drei Kühen aus der Addition des Wertes der einzelnen Kühe ergibt, denn Wert ist ordinal und mit Ordnungszahlen lassen sich keine Rechenoperationen durchführen.

Wir bezeichnen also diejenige Verwendung einer Einheit eines gleichartigen Vorrats, die ein Mann macht, wenn sein Vorrat n Einheiten ist, aber die er nicht mehr machen würde, wenn sein Vorrat nur noch n–1 Einheiten wäre, die am wenigsten wichtige Verwendung oder die »marginale Verwendung«, und den Nutzen, den er davon erhält, als den Grenznutzen.[40]

Beim Gesetz des abnehmenden Grenznutzens geht es stets um den persönlichen Nutzen, den sich der Handelnde von dem Gut verspricht, nicht um einen objektiven (unpersönlichen) »Nutzen«, also die chemische oder physikalische Geeignetheit von Dingen, eine gewisse Wirkung hervorzubringen, sondern um ihre Bedeutsamkeit für das Wohlbefinden des Handelnden aus der Sicht des Handelnden.

Nehmen wir an, ein Mann, der über einen Regenmantel verfügt, könnte mit fünf Baumstämmen einen Unterstand bauen, der ihn besser vor Regen schützen würde als sein Regenmantel.[41] Als Eigentümer von vier Baumstämmen (Fall A) wäre er bereit, seinen Regenmantel gegen einen Baumstamm zu tauschen. Als Eigentümer von drei Baumstämmen (Fall B) wäre er nicht bereit, einen Baumstamm gegen seinen Regenmantel zu tauschen. Die Präferenzskalen sehen wie folgt aus:

Fall A, 4 Baumstämme Vorrat:	Fall B, 3 Baumstämme Vorrat:
1. Baumstamm	1. Regenmantel
2. Regenmantel	2. Baumstamm
3. Baumstamm	3. Baumstamm
4. Baumstamm	4. Baumstamm
5. Baumstamm	5. Baumstamm
6. Baumstamm	

Bei einem Vorrat von vier Baumstämmen bewertet er eine Menge von fünf Baumstämmen höher als den Regenmantel; bei einem Vorrat von drei Baumstämmen bewertet er den Regenmantel höher als vier Baumstämme. Daran ändert nichts, dass am Ende seiner Skala jeweils ein einzelner Baumstamm rangiert und dieser Baumstamm derjenige ist, der ihm den geringsten Nutzen innerhalb des einheitlichen Vorrats liefert, und zwar von vornherein. Aber steht er vor der Wahl, (Teil-)Mengen eines Vorrats aufzugeben, bewertet er immer die konkrete Menge.

Ein weiteres Beispiel ist ein Mann, der über 1 Euro (Fall A) verfügt. Er mag nicht willens sein, einen Job für 2 Euro auszuführen. Aber verfügte er über 4 Euro (Fall B), wäre er bereit, denselben Job für 1 Euro auszuführen, wenn er sich von 5 Euro eine begehrte Kinokarte kaufen könnte. Seine Präferenzskalen sind:

Fall A, 1 Euro Vorrat:	Fall B, 4 Euro Vorrat:
1. Freizeit (die er für den Job aufgeben müsste)	1. Euro
	2. Freizeit
2. Euro	3. Euro
3. Euro	4. Euro
4. Euro	5. Euro
	6. Euro

Im Fall A bewertet er eine Teilmenge von 2 Euro niedriger als die Freizeit, die er für den Job aufgeben müsste, im Fall B bewertet er die Menge von 5 Euro höher als die Freizeit, die er für den Job opfern müsste, weil er den Nutzen (Kinobesuch), den er sich von den 5 Euro verspricht, höher bewertet.

Ein häufiger Fehler im Zusammenhang mit dem abnehmenden Grenznutzen ist, dass die Menschen meinen, den Grenznutzen zweier verschiedener Einzelner miteinander vergleichen zu können. Sie meinen zum Beispiel, dass eine »progressive (ansteigende) Steuer« »gerechtfertigt« sei, weil der Grenznutzen ja abnehme, sodass der, der mehr verdient, weniger von jeder zusätzlichen Einheit habe als der, der weniger verdiene. Nutzen ist die Geeignetheit eines Gutes, eine gewünschte Wirkung hervorzubringen, von der sich der Handelnde eine Verminderung seiner Unzufriedenheit erwartet. Der Nutzen wird vom Einzelnen also immer von dem Ziel her bestimmt, das er mit dem Gut verfolgt, daher erhält das Gut seinen Wert. Wert ist aber eine intensive (innere) Größe, keine extensive (äußere). Wert ist zwischen zwei Personen nicht vergleichbar, weil es keinen unpersönlichen Standard gibt, wie es ihn bei extensiven Größen wie Meter oder Kilogramm oder Volt gibt. Daher kann das Werten zweier Personen nicht verglichen werden anhand unpersönlicher (objektiver) Standards. Sie können nicht sagen, dass 1 zusätzlicher Euro für A, der schon über 5 Euro verfügt, weniger bedeuten als für B, der nur über 2 Euro verfügt, und zwar von vornherein nicht. Es gibt keinen unpersönlichen »Ur-Wert«, zu dem der eine Euro, den A zusätzlich erhält, ins Verhältnis gesetzt werden könnte, etwa dass es As Geldvermögen nur um 20 Prozent erhöhte, Bs aber um 50 Prozent. Deshalb müsse der Zuwachs dem A weniger wichtig sein als dem B. Diese Schlussfolgerung ist falsch.

Aber nicht nur, weil wir den Nutzen zweier Personen nicht vergleichen können, weil wir ihn nicht objektiv extensivieren (im Äußeren vergleichen) können, ist der Gedanke falsch, sondern auch, weil innerhalb einer Präferenzskala, also eines Vorziehens und Zurückstellens, eines Wählens, keine Addition vorgenommen werden kann, und die unterschiedlichen Nutzen von Mengen von Gütern sich nicht aus der Addition oder Subtraktion der Teile dieser Mengen ergeben, sondern aus der Präferenzordnung der Handelnden.

Ein Mensch, der über ein Klavier verfügt – und auch nur ein Klavier haben möchte –, wird ein zweites Klavier nicht derart bewerten, dass er es mit 50 Prozent des Wertes von zwei Klavieren ansetzt. Jede Teilmenge wird anders gewertet als jede einzelne der übrigen Teilmengen aus dem Vorrat. Wir wissen von vornherein, dass er mit einem zusätzlich hinzukommenden Klavier nur weniger drängende Bedürfnisse befriedigen kann als mit seinem bisherigen »Vorrat« von einem Klavier.

Ein weiteres Beispiel für ein Missverständnis des abnehmenden Grenznutzens ist der Grundsatz der Optimalität, also dass eine gewisse Menge eines Stoffes einen gewünschten Effekt bewirkt, ein Zuviel bewirkt aber keine Verbesserung mehr, sondern aus der Sicht des Handelnden sogar eine Verschlechterung. Wir kennen das von Medikamenten, wo eine Überdosierung oft keine positivere, sondern sogar eine schädliche Wirkung haben kann, oder von der Raumtemperatur, wo nicht jedes hinzukommende Grad Celsius eine Steigerung des Wohlbefindens nach sich zieht, sondern ab einem persönlichen Optimum zu einer Verminderung des Wohlbefindens führt. Das ist kein besonderes Prinzip, sondern es gilt für alle Güter, egal ob Klaviere, Häuser, Regenmäntel oder Medikamente. Der abnehmende Grenznutzen bedeutet nicht, dass ein hinzukommendes Gut überhaupt einen Nutzen für den Handelnden hat im Vergleich zu demjenigen, was er aufgeben müsste, um das hinzukommende Gut zu erhalten. Beim abnehmenden Grenznutzen geht es stets nur um Güter, also um Dinge, die knapp sind. Muss der Handelnde nichts aufgeben, sie zu erhalten, sind es keine Güter. Der Handelnde, der sich das größte Wohlbefinden bei einer Temperatur von 22 Grad Celsius verspricht, wird nichts aufgeben, um eine Raumtemperatur von 30 Grad Celsius zu erlangen, sondern im Gegenteil, es kann sein, dass er bei 30 Grad Celsius etwas aufgibt, um eine Klimaanlage zu kaufen, um eine niedrigere Temperatur von 22 Grad Celsius zu erhalten. Der Mensch bewertet nie »Temperatur« an sich, sondern er bewertet den Nutzen, den er sich von einer bestimmten Temperatur verspricht.

Das Gegenteil eines Gutes ist ein Ungut. Von einem Ungut erfährt der Handelnde nicht die Verminderung der Unzufriedenheit, sondern eine Vermehrung der Unzufriedenheit. Ein Ungut ist für den Handelnden ein Leid. Die unfreiwillige Aufgabe eines Gutes bedeutet eine Zunahme von Leid, ist also ein Ungut, und auch die (ungewollte) »Lieferung« eines Ungutes bedeutet für ihn ein Leid. Ob etwas ein Gut ist oder ein Ungut, bestimmt sich also aus der Sicht des Handelnden (persönlich) danach, ob es kausal geeignet ist, Unzufriedenheit zu vermindern oder zu vermehren.

Dem Gesetz des abnehmenden Grenznutzens entspricht das *Gesetz des zunehmenden Grenzleids*. Jedes Gut eines einheitlichen Vorrats, das der Einzelne abgeben muss, vermehrt sein Grenzleid. Dasjenige Gut, das er zuerst aufgibt, ist das mit dem geringsten Nutzen. Das nächste dasjenige mit dem zweitgeringsten Nutzen und so weiter. Mit jedem Gut weniger kann er nur noch drängendere Bedürfnisse befriedigen. Der Satz des zunehmenden Grenzleids ist lediglich eine andere Formulierung für den Satz vom abnehmenden Grenznutzen und ist daher genauso in der Aussage, dass der Mensch handelt (Mittel nach ihrem Nutzen wertet und wählt), bereits enthalten.

Wenn beispielsweise A den B bedroht, dass B dem A eine geforderte Geldmenge abzugeben habe, ansonsten würde A dem B ein Ungut liefern, beispielsweise Freiheitsentzug, dann wägt B zwischen zwei Gütern ab, nämlich der Geldmenge und der Freiheit, die er aufgeben müsste, wenn er die Drohung des A ausschlägt. Eine andere Betrachtung ist die vom Leid her: Der B wägt ab zwischen dem Leid, das er erfährt, wenn er die Geldmenge abgibt, und dem Leid, das er erfährt, wenn A ihn einsperrt, und er zieht das geringere Leid dem größeren vor.

Seine Präferenzen sind wie folgt, wenn er sich entscheidet, das Geld abzugeben:

1. Freiheit für eine gewisse Dauer
2. Geldmenge an A abliefern

Am liebsten wäre es dem B, wenn er gar nicht bedroht würde. Beides, die Abgabe des Geldes und der Freiheitsentzug sind für ihn Ungüter, die er nicht wählen würde ohne die Drohung des A.

Bei Gütern, die dem Handelnden angeboten werden, wählt er also zwischen verschiedenen Nutzen (Verminderung der Unzufriedenheit); bei Ungütern, die dem Handelnden angedroht werden, wählt er zwischen verschiedenen Leidenszuständen, die er sich vorstellt.

12. Unternehmer – freundliche und feindliche (politische) Unternehmer

Der Unternehmerbegriff, den die Praxeologie verwendet, unterscheidet sich von dem Unternehmerbegriff, den die Wirtschaftsgeschichte (empirische Ökonomik) verwendet. Handeln bedeutet notwendig Operieren in der Ungewissheit, sodass Handeln immer Spekulation (Mutmaßen) ist. Jeder Handelnde ist immer auch ein Mutmaßender (Spekulant).[42] Wenn die Praxeologie vom Unternehmer spricht, hat sie keine konkrete Person im Blick, sondern eine bestimmte Art und Weise, wie ein Mensch handelt: Jedermann, der handelt, spekuliert, dass die Kosten seiner Handlung am Ende geringer sind als der Gewinn, den er sich von der Handlung verspricht, also die Vermehrung seiner Zufriedenheit (Verminderung der Unzufriedenheit). Profit und Kosten sind eben psychische Phänomene.

Der Begriff des Unternehmers, wie ihn die Ökonomik innerhalb der Praxeologie verwendet, bedeutet: Der Handelnde von dem Blickwinkel der Ungewissheit aus betrachtet, die jeder Handlung innewohnt. Da jede Handlung in der Veränderung (Zeit) stattfindet, beinhaltet sie Mutmaßen (Spekulation). Die Kapitalisten, die Landbesitzer, die Arbeiter sind notwendigerweise Spekulanten – und ebenso sind es die Verbraucher (Konsumenten).[43] Auch diejenigen, die politisch handeln, also keine ablehnbaren Angebote machen, sondern mittels Befehl und Zwang andere Menschen und Sachen bewirtschaften, sind Unternehmer.[44] Auch der Arbeiter ist Unternehmer, wenn er seine Leistung anbietet und versucht, dafür einen Preis zu erzielen. Auch Robinson auf der Insel ist Unternehmer, wenn er sich hinsichtlich seines Vorrates einen Plan macht, wie er ihn anlegt und verbraucht.

Der entscheidende Unterschied zwischen einem politischen und einem nichtpolitischen Unternehmer ist nicht, dass der eine auf Gewinn spekuliert und der andere nicht; beide wollen durch ihr Handeln ihre Zufriedenheit vermehren. Der entscheidende Unterschied ist, dass das politische Mittel letztlich Zwang ist, und das nichtpolitische Mittel ist das ablehnbare Angebot.

Anmerkungen zu Kapitel II

1 Kiely, 2012.

2 »Der Leser versteht beim Lesen des hier Geschriebenen das, was er versteht, weil ihn seine gegenwärtige Struktur und daher indirekt seine Geschichte so determinieren. In einem strengen Sinne ist nichts Zufall! Dennoch machen wir die Erfahrung kreativer Freiheit, und das Tun der höheren Tiere erscheint uns aus unserer Sicht unvoraussagbar.« (Maturana und Varela, 2015, S. 137)

3 Mises, Theory and History, 2007, Teil 2, Kapitel 8, 5. Aktivistischer Determinismus und Fatalistischer Determinismus (E-Book).

4 Mises, Theory and History, 2007, Teil 2, Kapitel 5, 3. Die Kontroverse um den Freien Willen (E-Book).

5 Maturana und Varela, 2015, S. 145.

6 Maturana und Varela, 2015, S. 179 f.

7 Mises, Human Action, 1949, S. 17.

8 Maturana und Varela, 2015, S. 180.

9 Maturana und Varela, 2015, S. 148.

10 Maturana und Varela, 2015, S. 148 f.

11 Mises, Human Action, S. 18.

12 Maturana und Varela, 2015, S. 151.

13 Die Diskussion um den freien Willen im Zusammenhang mit der Verantwortlichkeit des Handelnden ist eher historisch zu verstehen aus den Problemen, die sich ergaben, als man vom Vorhandensein eines allmächtigen handelnden Gottes (personaler Gott) ausging. Dann stellt sich die Frage, ob der Mensch überhaupt »frei« handeln kann, also ob sein Wille ein von Gottes Wille unabhängiger ist. Aber das ist eine religiöse Diskussion und keine praxeologische.

14 Und tatsächlich ist dokumentiert, dass in vielen Fällen der Beschuldigte sich durch das Gottesurteil entlasten konnte, weil ihm – in manchen Fällen – eben kein glühendes Eisen gereicht wurde; siehe Peter T. Leeson, An Economic Tour of the Weird – WTF?!, 2017, E-Book, »Burn, Baby, Burn".

15 Maturana, 1985, S. 80.

16 Maturana, 1985, S. 57.

17 Taghizadegan, Helden, Schurken, Visionäre, 2016, S. 127

18 Mises, Human Action, 1949, S. 94 f.

19 Jasay, Against Politics, 2004, E-Book, »Self-contradictory contractarianism«.

20 Mises, Human Action, 1949, S. 96.

21 Vgl. Mises, Human Action, 1949, S. 96.

22 Der ehemalige Vizepräsident der Deutschen Bundesbank, Jürgen Stark, wies allerdings einmal darauf hin, dass das Euroschein-Geld nicht aus Papier sei, sondern aus Baumwolle.

23 Mises, Human Action, 1949, S. 105 f.

24 Mises, Human Action, 1949, S. 99 ff.

25 Mises, Human Action, 1949, S. 104.

26 Für alle Bewohner der Nordländer, der Tropen oder der Südhalbkugel bitte ich zu berücksichtigen, dass der Autor in Franken lebt.

27 Hoppe, 2003, S. 53 ff.

28 Mises, Human Action, 1949, S. 530.

29 Heinsohn und Steiger, 2008.

30 Heinsohn und Steiger, 2008, S. 91.

31 Heinsohn und Steiger, 2008, S. 125.

32 Ames und Hall, 2003, S. 78.
33 Ames und Hall, 2003, S. 148.
34 Ames und Hall, 2003, S. 113.
35 Mises, Letztbegründung der Ökonomik, 2016, S. 87.
36 Mises, Human Action, 1949, S. 119.
37 Das ist eine Tautologie, der nicht widersprochen werden kann: Weil der Mensch das Bedürfnis zuerst befriedigt, ist es sein dringendstes Bedürfnis – in diesem Moment.
38 Mises, Human Action, 1949, S. 122.
39 Mises, Human Action, 1949, S. 122 ff.
40 Mises, Human Action, 1949, S. 124.
41 Beispiel nach Mises, Human Action, 1949, S. 125.
42 Mises, Human Action, 1949, S. 253.
43 Mises, Human Action, 1949, S. 254.
44 Mises, Human Action, 1949, S. 253.

KAPITEL III

DIE ANWENDUNG DER PRAXEOLOGIE AUF DEN HISTORISCHEN EINZELFALL

1. Praxeologische Kategorien versus Idealtypen und Realtypen

Die praxeologischen Einordnungen (Kategorien) ergeben sich sämtlich bereits aus der selbstevidenten Tatsache, dass der Mensch handelt. Es sind inhaltlich stets Umformulierungen, die dennoch informativ sind. Wie eben auch die Logik oder die Mathematik Aussagen enthalten, die im Hinblick auf die gewählten Axiome von vornherein zutreffen und nicht über die Axiome hinausgehen, aber trotzdem informativ sind, als dass wir mit den Methoden der Mathematik und Logik Fragen klären können, die wir ohne die Umformulierungen oder Schlussfolgerungen eben nicht im Stand wären zu klären. So wie in der Physik zur Beschreibung der Naturphänomene auf die Mathematik zurückgegriffen wird, so greifen wir beim eigentümlichen Verstehen des Handelns auf die Praxeologie zurück.

Praxeologische Kategorien (Klassen) wie Besitz, Unternehmer, Vergeltung, Austausch, Grenznutzen, Zeitpräferenz, Zwang, Wert, feindliches und friedliches Handeln etc. beschreiben Zusammenhänge zwischen Mitteln und Zielen, über die wir von vornherein (a priori) eine Aussage treffen können, unabhängig vom historischen Einzelfall.

Praxeologische Kategorien sind eindeutig bestimmt und die Aussagen der Praxeologie gelten im Hinblick auf jedes Handeln, also immer, wenn ein Beobachter von einer Handlung ausgeht. Sie betreffen also unmittelbar die Realität jeden Handelns.

In der Praxeologie geht es um das Handeln, um das Wählen eines Zustandes (Ziel) gegenüber einem anderen und das Einsetzen von Mitteln (instrumental), um diesen Zustand zu erreichen. Größen der äußeren Welt, wie Stück, Meter, Kilo, Eigenschaften von Elementen etc., spielen für die Praxeologie mittelbar eine Rolle, als sie die Zweckdienlichkeit eines Mittels zur Bewirkung eines Ziels betreffen. Wenn wir sagen, A hat 100 Geldstücke gegen 100 kg Eisen eingetauscht, dann haben wir es mit einer Stückzahl und einem Gewicht eines Elements zu tun. Das sind historische Daten bezüglich äußerer Größen. Diese Größen können wir messen, wiegen, zählen und wissen so etwas über ihre Eigenschaften. Was der Praxeologe betrachtet, ist, dass A 100 kg Eisen 100 Geldstücken vorzieht, er die 100 Geldeinheiten als Mittel wählt, das Eisen zu erlangen.

Im Gegensatz zu einer praxeologischen Kategorie ist ein historischer Idealtyp (geschichtliches Ideenbild) nicht genau bestimmt und abgegrenzt, sondern – dem abstrakten, also unbestimmten Wesen der Sprache entsprechend – eine Verallgemeinerung. Das Ideenbild wird durch eine Aufzählung von Merkmalen bestimmt. Ein König, ein Politiker, ein Buch, ein Heft, eine Kurzgeschichte, sie alle werden durch Merkmale beschrieben, die nicht unbedingt alle vorliegen müssen, und die Menschen müssen im Hinblick auf diese Merkmale auch nicht einer Meinung sein, weil es keinen unpersönlichen Standard gibt, wie bei den Naturwissenschaften etwa ein Urmeter oder ein Urkilogramm, mit dem etwas verglichen wird, ohne dass die persönliche Intuition eine Rolle spielen würde, wo also alle Menschen bei der Anwendung des Vergleichsmaßstabes zum selben Ergebnis gelangen.

Eine Kurzgeschichte zum Beispiel kann anhand der folgenden Merkmale beschrieben werden:

- Die Geschichte ist mehr oder weniger kurz.
- Oft berichtet ein personaler Erzähler aus der Distanz, manchmal aber auch ein Ich-Erzähler oder ein auktorialer Erzähler.
- Typischerweise wird chronologisch erzählt, meist im Präteritum, manchmal werden innere Monologe und Einblendungen verwendet.
- Die erzählte Zeit beträgt meist nur wenige Minuten oder Stunden, häufig wird das Geschehen auf wenige Augenblicke, eine exemplarische Situation, ein Bild oder eine Momentaufnahme reduziert.
- Typisch ist ein lakonischer Sprachstil, die Verwendung von Alltagssprache, teilweise auch Dialekt oder Jargon.

- Es gibt keine oder nur eine sehr kurze Einleitung. Stattdessen erfordert die kurze Form den sofortigen Einstieg in die Handlung. Der kurzen Form entsprechen Techniken der Verdichtung durch Aussparungen, Andeutungen, Metaphern und Symbole.[1]
- Und so weiter.

Nicht alle diese Merkmale müssen vorliegen, und es ist eine Fallfrage, die nicht unpersönlich entschieden werden kann, ob das eine oder das andere Kriterium überwiegt. Da es kein »Bundesaufsichtsamt für Definition und historisches Verständnis« gibt, nach welchem sich andere richten müssten, wenn sie das nicht möchten, kann auch niemand diese Definitionen willkürlich festlegen.

Sie können einen einzelnen Menschen als geschichtlichen Realtyp begreifen, aber um seine realen Eigenschaften zu beschreiben, greifen Sie auf Größen und Idealtypen zurück. Thorsten ist ein Mann, 21 Jahre alt, lebt in Braunschweig, ist 1,75 Meter groß und hat blaue Augen. Und schon beim Begriff Mann gehen Sie von einem Idealtyp aus. Wann ist ein Mann ein Mann? Welche biologischen Eigenschaften sind unersetzlich? Ein Mensch mit männlichem Geschlecht? Was, wenn er zudem über weibliche Ausprägungen verfügt? Was, wenn diese nur gering sind? Was, wenn er im 17. Jahrhundert lebte und für sängerische Zwecke kastriert wurde? Ist er als Eunuch noch ein Mann? 21 Jahre alt und 1,75 Meter groß sind nach einem unpersönlichen Maßstab feststellbar, aber bei dem Begriff Mann wird es schon schwieriger.

Da Sprache notwendig abstrakt ist, kann sie eine Person, einen Vorgang oder ein Ereignis, das unmittelbar und konkret war, nie vollständig beschreiben, denn mit Wörtern beziehen sich die Aussagenden auf Abstraktionen (Verallgemeinerungen). Es gibt unterschiedliche Arten zu laufen, zu trinken, zu essen, zu gehen. Es gibt unterschiedliche Männer, Frauen, Hunde, Brunnenfilter-Anlagen etc. Streng genommen ist Sprache stets Metapher, weil sie sich stets auf bereits vorhandene Bilder (Ideen von Vorgängen oder Dingen) bezieht.

2. Das Verstehen des Einzelfalls (eigentümliches Verstehen/Intuition)

Die Praxeologie ist unverzichtbar für den historischen Einzelfall, insofern ihre Schlussfolgerungen zwingend sind und eigentümliches Verstehen, das den Schlussfolgerungen der Praxeologie widerspricht, falsch ist. Aber ansonsten ist ein Einzelfall immer ein historisches Datum (Gegebenheit) und bedarf daher, um ganz verstanden zu werden, des Verstehens, also der Intuition (persönliche Bedeutsamkeitsurteile), die nicht a priori und unpersönlich ist, sondern a posteriori und persönlich. Praxeologische Begriffe sind insofern Homonyme (gleichlautend, aber unterschiedlich in der Bedeutung) zu ihren erfahrungstatsächlichen (historischen) Zwillingsbegriffen, die nicht praxeologische Kategorien, sondern Abstraktionen (Verallgemeinerungen) aufgrund geschichtlicher Erfahrung beschreiben.

> *»In der Realität komplexer Phänomene verbleibt stets ein Rest, der der weiteren Analyse mit praxeologischen Methoden widersteht. Es ist die einzigartige, einmalige Eigenschaft jedes Ereignisses, die mit eigentümlichem [persönlichem] Verstehen [Intuition, Anschauung] verstanden wird.«*[2]

Die Praxeologie kann also Aussagen treffen, die für die Zukunft unmittelbar zwingend sind und jedes reale Handeln betreffen; hingegen können die erfahrungstatsächlichen Disziplinen, die sich mit dem persönlichen Verstehen komplexer Phänomene befassen, keine Aussagen treffen, die für die Zukunft unmittelbar gültig sind, weil sie sich mit einmaligen und einzigartigen und nicht wiederholbaren Einzelfällen beschäftigen. Psychologie, Biologie, Klimawissenschaft etc., all diese Disziplinen, die sich mit komplexen historischen Phänomenen befassen, die nicht vollständig begriffen werden können mit den Mitteln der Naturwissenschaften (messbare gleichbleibende Beziehungen zwischen Größen), Mathematik, Logik und Praxeologie, bedienen sich des Verstehens, des informierten Mutmaßens, der persönlichen Bedeutsamkeitsurteile eben insoweit, als das jeweilige Phänomen nicht begreifbar ist mit den vorher angesprochenen Methoden. Man könnte auch sagen: Die Logik, die Mathematik, die Praxeologie und die Naturwissenschaften sind Leitplanken, innerhalb derer sich die Menschen des eigentümlichen Verstehens (Vergangenheit) und (informierten) Mutmaßens (Zukunft) bedienen.

Da jedoch jeder Einzelfall in der Zukunft ebenfalls ein geschichtlicher Einzelfall sein wird, wird eine praxeologische Aussage zwar stets zutreffend sein, aber einen künftigen Einzelfall als komplexes Phänomen im geschichtlichen Verlauf nicht in allen Details erfassen können, weil es in der Welt der Einzelfälle um Größen und Bedeutsamkeit geht, die nicht a priori bestimmt werden können. Wenn wir als Praxeologen aussagen, dass der Grenznutzen bei Zuwachs eines einheitlichen Vorrats abnimmt, enthält das keine Aussage darüber, *wie sehr* er abnimmt. Wenn der Praxeologe aussagt, dass ein gesetzlicher Mindestlohn unterhalb des Marktlohnes unter sonst gleichen Umständen zu Arbeitslosigkeit führen muss, dann beinhaltet dies noch nicht, wie sehr die Arbeitslosigkeit zunimmt, ob es nur wenige Einzelne betreffen wird – oder Millionen. Die Praxeologie und ihr bisher am besten ausgearbeitetes Fachgebiet, die Ökonomik, sind keine prognostizierenden Wissenschaften. Praxeologie ist ein geistiges Hilfsmittel, das beim Verstehen vergangener Ereignisse und (informiertem) Mutmaßen über künftige Ereignisse wertvolle Dienste leistet, insofern, dass Aussagen, die zu ihr im Widerspruch stehen, nach einem unpersönlichen Maßstab als widersprüchlich zu den Erkenntnissen über die Logik des Handelns qualifiziert werden können.

3. Informiertes Mutmaßen

Was für die Vergangenheit das Verstehen ist, ist für die Zukunft das Mutmaßen. Den Begriff des *informierten* Mutmaßens verwendete der Hamburger Praxeologe Rolf W. Puster auf einer Konferenz des Ludwig von Mises Institut Deutschlands in München, und ich halte ihn für hilfreich, um die Geschichtswissenschaften, die sich des Mittels des eigentümlichen Verstehens bedienen, von den Wissenschaften abzugrenzen, die mittels persönlichen Verstehens Erkenntnisse über die Vergangenheit erworben haben und diese Erkenntnisse für *Voraussagen über die Zukunft verwenden.*

Wir haben naturwissenschaftliche Informationen über gleichbleibende Zusammenhänge von Größen, wir kennen die Regeln der Logik, Mathematik und Praxeologie, und trotzdem können wir im Hinblick auf ein bestimmtes Ereignis nicht sicher voraussagen, was eintreffen wird. Zwar träfe dies streng genommen auch auf das Experiment zu, denn sicher wissen wir nur, dass es in der Vergangenheit die gleichbleibenden Zusammenhänge zwischen Größen gegeben hat, und es ist im strengen Sinne ebenfalls eine Mutmaßung, dass dies in alle Zukunft so sein wird. Aber wir konnten diesbezüglich für alle praktischen Belange »sichere« Aussagen treffen und voraussagen, wie Experimente ausgehen werden.

Wo sie es mit historischen Einzelfällen und komplexen Phänomenen zu tun haben, bedienen sich die Menschen des eigentümlichen Verstehens, um die Vergangenheit besser zu verstehen. Um die Zukunft abzuschätzen, bedienen sie sich bei künftigen historischen Einzelfällen und komplexen Phänomenen des persönlichen Mutmaßens, und zwar nicht nur im Hinblick auf menschliches Handeln oder tierisches Verhalten, sondern auch im Hinblick auf Phänomene wie das Wetter oder die Bevölkerungsentwicklung oder die Voraussage von Fußball-Ergebnissen. Sie wissen einiges, aber nicht alles darüber, welche Faktoren und Vorgänge bedeutsam sind. Sie bedienen sich verschiedener Modelle, die jedoch alle persönliche Bedeutsamkeitsurteile enthalten, die sie immer wieder verändern. Verschiedene Wettermodelle kommen bei derselben Wetterlage mit denselben Daten zu unterschiedlichen – und manchmal sehr unterschiedlichen – Wetterprognosen, ohne dass die Wissenschaftler nach einem unpersönlichen Maßstab sagen könnten, das eine Wettermodell oder das andere sei falsch.

Dass wir die Zukunft so, wie sie sich einst rückblickend als Vergangenheit darstellen wird, nur mutmaßen können als Alltagsmensch oder *informiert* mutmaßen als »Experte«, wie z. B. Psychologen, Soziologen, Klima- oder Wetterforscher, liegt schon daran, dass es hier um ein konkretes, geschichtliches, einmaliges und einzigartiges Ereignis geht, das nicht wiederholbar ist. Genauso wie wir die Vergangenheit interpretieren, versuchen wir die Zukunft vorauszuahnen: mit Intuition, also letztlich mit einer persönlichen Anschauung. Die Intuition ist das, was zwischen dem a priori, den Schlussfolgerungen, und dem a posteriori, den Erfahrungstatsachen, steht, und hier geht es letztlich um Bedeutung, die nicht unpersönlich aufklärbar ist, sondern eine persönliche Einschätzung. Schlussfolgerungen können auf ihre korrekte Ableitung vom Axiom hin überprüft werden, Erfahrungstatsachen können nach unpersönlichen Standards verglichen werden, sofern sie messbare Größen im weitesten Sinne, also auch zählbare Stücke, Aggregatzustände etc., betreffen. Aber wie bedeutsam die Verkettung der Ereignisse eines komplexen Phänomens wie eines historischen Ereignisses ist, kann letztlich nicht nach unpersönlichen Maßstäben geprüft werden, sondern nur auf Widersprüche hin zu den wissenschaftlichen Methoden der Naturwissenschaften, Praxeologie, Logik und Mathematik.

Voraussagen ist Handeln, im Nachhinein interpretieren ist Handeln, und eine Schlussfolgerung der Praxeologie ist eben, dass die Zukunft ungewiss ist. Wir mögen im Hinblick auf gewisse naturwissenschaftliche gleichbleibende und scheinbare Zusammenhänge zwischen messbaren Größen sicheres Wissen annehmen, aber die Erfahrungstatsachen alleine für sich sind nur Größenzusammenhänge der Vergangenheit und sagen nichts aus, das für die Zukunft unmittelbar gültig ist. Erst unsere Annahme, dass Kausalität vorliegt, wovon wir mit unserem menschlichen Verstand ausgehen, der in den Kategorien von Ursache und Wirkung funktioniert, lässt uns an Naturgesetze denken. Aber die Tatsachen selbst sagen nichts aus über Naturgesetze für sich alleine betrachtet, sondern erst unsere Vorstellung von Kausalität und dass wir davon ausgehen, dass dieselben Ursachen auch in Zukunft dieselben Wirkungen hervorbringen werden. Diese Annahme ist in einem strengen Sinne nicht beweisbar, da wir letztlich über die Zukunft nichts Sicheres aus Erfahrung wissen können. Wir müssen uns daher mit dem Spruch der Juristen begnügen, wenn wir von Beweisen reden, *also dass keine vernünftigen Zweifel verbleiben dürfen* und die Annahme des Beweises nicht gegen Denkgesetze oder »Naturgesetze« verstößt. Deshalb sitzen an Gerichten Menschen und keine Computer: Denn dies lässt sich nicht unpersönlich beurteilen. Hier wird es stets Grenzfälle geben, bei denen mehrere Menschen aufgrund derselben Tatsachenkenntnis und bei Anwendung derselben Denkgesetze zu unterschiedlichen Bedeutsamkeitsurteilen gelangen, die weder als richtig noch als falsch erwiesen werden können. Deshalb ist Mutmaßen ebenso letztlich willkürlich wie Verstehen, da es, wenn mehrere Anschauungen möglich sind, immer eine Wahl ist, welches Bedeutsamkeitsurteil einer auswählt und welches nicht.

4. Übersicht

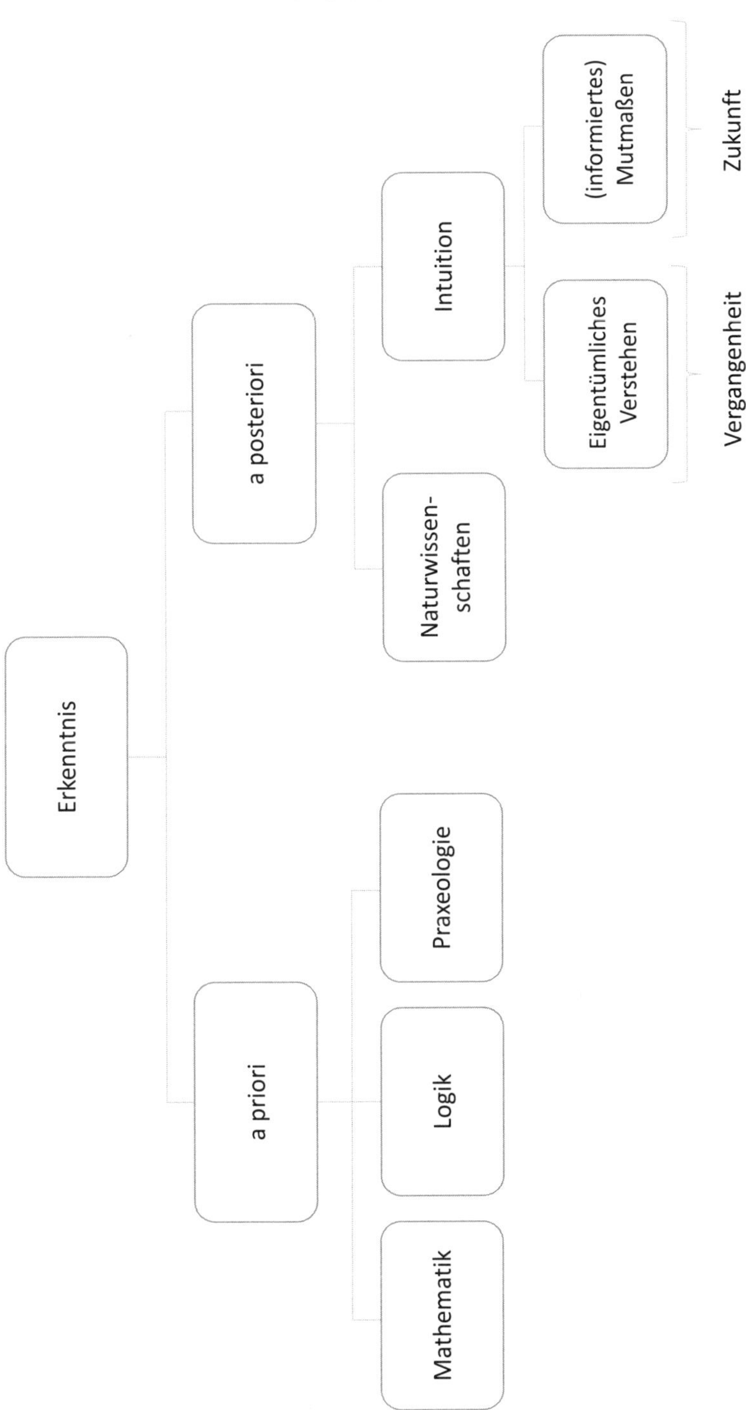
Erkenntnis
a priori
a posteriori
Mathematik
Logik
Praxeologie
Naturwissen-
schaften
Intuition
Eigentümliches
Verstehen
(informiertes)
Mutmaßen
Vergangenheit
Zukunft

Anmerkungen zu Kapitel III

1 Kurzgeschichte, 2020.
2 Mises, Human Action, 1949, S. 49.

KAPITEL IV

PROTO-HANDELN UND META-HANDELN

1. Handeln und Verhalten – Wollen und Wählen

Wenn wir vom Handelnden sprechen, beinhaltet dies die Konzepte des Wählens (Abzielen auf, Finalität) und der Kausalität (Bewirken), weil wir nur wählen, etwas zu tun, um Einfluss auf das Geschehen zu nehmen. Handeln ist also final, abzielend auf.

Handeln ist nur bewusstes Verhalten, es ist gewolltes Verhalten. Was dem Handelnden unbewusst ist, ist nicht Handeln, sondern »automatisiertes« Verhalten. Die Praxeologie beschäftigt sich mit bewusstem Verhalten und gewählten Zielen. Mit dem unbewussten Verhalten und der Auswahl der Ziele beschäftigt sich die Psychologie als Erfahrungswissenschaft vom menschlichen Handeln. Wenn einer nachts die Kellertreppe hinunterläuft, dann steuert er nicht jeden Muskel absichtsvoll an, sondern er verfügt über ein gelerntes und gespeichertes motorisches Programm.[1] Das Programm ist unter Umständen so komplex, dass er gar keine Möglichkeit hat, es bewusst anzusteuern. Würde er versuchen, jeden Muskel konkret anzusteuern, würde er schwer stürzen. Ebenso wie ein Tennisspieler gar nicht Tennisspielen könnte, wenn er jede Bewegung bewusst ausführte. Er entscheidet sich, welchen Schlag (Top-Spin, Slice) er wohin ausführen wird, und verlässt sich ansonsten auf das unbewusst erlernte Programm.

Der Anfänger, ob beim Laufen, Sprechen, Skifahren oder Tennisspielen, führt die Bewegungen noch bewusst aus, achtet also auf die Beine, die einzelnen Laute, das

Gleichgewicht oder die Schlägerhaltung. Derjenige, der bereits über ein erlerntes Programm verfügt, entscheidet, wohin er geht, was er sagt und wie, welchen Hang er hinunterfährt und wo der den Ball hinschlägt, ohne bewusst auf die Muskeln, die Laute oder das Gleichgewicht zu achten.

Sofern Psychologen von einem *unterbewussten* Handeln sprechen, meinen sie damit nicht ein *unbewusstes*, automatisiertes Verhalten, sondern ein absichtsvolles Verhalten. Wenn ein Psychologe formuliert, das Wollen des A stamme aus dem »Unterbewusstsein«, meint er, dass dem A die Ursachen, die ihm zum Handeln (Wählen) bewegen, unbewusst sind, also wieso er gerade diese oder jene Handlung wählt. Der Psychologe meint nicht, dass A unbewusst »handelt«, also etwa als Schlafwandler oder unter Einfluss einer Droge, die sein Bewusstsein ausschaltet, sondern dass A sich über die Gründe seiner Wahl nicht im Klaren sei, dass diese Gründe im »Unterbewusstsein« des A dem A verborgen seien.

Dass das Handeln, also das Wählen und Wollen, bestimmt ist durch die körperliche und psychische Entwicklung des Handelnden und nicht ursachlos erfolgt, sondern aufgrund seiner erworbenen körperlichen und psychischen Einstellungen und Überzeugungen, steht nicht im Widerspruch zur Praxeologie, zum wählenden Handelnden, sondern davon geht die Handlungslogik gerade aus. Natürlich liegen die Bedingungen für das Wählen des Handelnden in der Vergangenheit, und das Wählen geschieht nicht ursachlos.

Wenn der Psychologe meint, A wolle »unterbewusst absichtlich« einen Fehler machen, also den berühmten »Freud'schen Fehler«, widerspricht dies allerdings der Logik des Handelns. Entweder der Handelnde wählt den »Fehler«, zielt also darauf ab, einen Fehler zu machen, dann ist es aus der Sicht des Handelnden gerade kein Fehler, sondern absichtsvolles Verhalten, das er wählt, um seine Unzufriedenheit zu vermindern. Oder der Handelnde wollte nicht, dass ihm der Fehler passiert, dann war der Fehler auch nicht beabsichtigt.

Wenn sich einer für einen Versagertypen hält oder Angst vor dem Sieg hat und beim Spiel die entscheidenden Punkte stets verliert, dann liegt die Ursache darin in einer erworbenen Einstellung und Überzeugung, die ihm entweder unbekannt (unbewusst) ist oder die ihm bekannt ist, er hat aber nicht die Möglichkeit, diese zu ändern, also zum Gegenstand seines Handelns zu machen, weil ihm die Methoden nicht bekannt sind, Einstellungen und Überzeugungen zu ändern. Wie wir bereits oben gesehen haben, wird automatisiertes Verhalten durch Lernen erworben und schon während des Lernfortschrittes mit zunehmender Komplexität (Schwierigkeit, Vielschichtigkeit) unbewusst. Worauf der Handelnde keine Einflussmöglichkeit hat, kann nicht Gegenstand des Handelns sein, das notwendig bewusst ist, weil Handeln Wählen und Wollen bedeutet.

Nun kann es sein, dass der Spieler mit Selbstvertrauensdefizit vor dem entscheidenden Strafstoß oder Matchball sich auf solche unbewussten Vorgänge konzentriert, wie etwa den Aufschlag beim Tennis, also auf erlernte, ansonsten unbewusste Abläufe. Diese Fixierung auf das Ergebnis verschlechtert den automatisierten Ablauf, weil er eben als automatisiertes Verhalten nicht mehr völlig bewusst ausgeführt werden kann. Verschießt er dann den Ball oder macht einen Fehler, deuten das Beobachter als Nervosität oder Unsicherheit. Der Spieler wählt aber den Fokus auf das automatisierte Verhalten nicht, weil er danebenschießen, also einen Fehler begehen will, sondern er wählt ihn gerade, um nicht zu versagen, keinen Fehler zu machen. Ihm ist entweder nicht bekannt, dass die Fokussierung auf (aus Sicht des Handelnden) automatisierte Abläufe diese Abläufe verschlechtert, oder sie ist ihm bekannt, aber er hat sie im Moment des Stresses nicht im Griff und konzentriert sich deshalb trotzdem darauf. In beiden Fällen ist es nicht sein Ziel, den Fehler zu machen, sondern er hat es nicht in seiner Gewalt, den Fehler zu verhindern, weil er entweder untaugliche Mittel wählt, um die Unsicherheit zu »bekämpfen«, oder er kein Mittel sieht, die Ursache der Unsicherheit, die Einstellungen und Überzeugungen, zu ändern.

Bei manchem automatisierten Verhalten haben wir die Wahl, es automatisiert, also unbewusst ablaufen zu lassen oder es wieder zum Gegenstand unseres Handelns zu machen, also bewusst ablaufen zu lassen. Beispiele hierfür sind das Autofahren oder das Atmen. Bei anderem automatisierten Verhalten ist das nicht möglich, wie beispielsweise beim Sprechen. Sprechen ist derart vielschichtig, dass die meisten Menschen nicht gleichzeitig auf den Inhalt des Gesagten, die einzelne Lautbildung und den Sprachfluss achten können. Der österreichische Neurologe und Psychiater Viktor Frankl (1905–1997) beschreibt mit dem Stottern eine »Fehlleistung«, die auftreten kann, wenn nichtabsichtsvolles Verhalten Gegenstand absichtsvollen Verhaltens wird.[2] Wenn Menschen miteinander reden, dann wählen sie zwar, was sie sagen, in der Regel wählen sie jedoch nicht – zumindest nicht im Einzelnen –, wie sie es sagen. Was sie im nächsten Moment zu ihrem Gegenüber sagen, das haben sie nicht im Gedanken komplett vorformuliert, sondern es geschieht spontan (unbewusst) im Hinblick auf die Details der Lautbildung und des Sprachflusses, es läuft automatisiert ab, es wurde über viele Jahre eingeübt. »Der zum Stottern Neigende beobachtet sein Reden – stattdessen, was er sagen will; er beachtet das Wie, statt auf das Was zu achten. So hemmt er sich selber [...]. Es genügt oft, dem Stotterer beizubringen, dass er sich gleichsam auf lautes Denken einzustellen hat, dass er bloß laut denken muss, der Mund jedoch sozusagen von selbst redet – und am fließendsten, wenn unbeobachtet.«[3] Aber auch der Stotterer wählt das Stottern nicht, er würde sich gerne wünschen, nicht zu stottern. Das ist ja der Unterschied zwischen Wünschen und Handeln. Der Wunsch alleine ist keine Handlung, wenn aus der Sicht des Handelnden die Möglichkeit der Realisierung des Wunsches fehlt, wie beispielsweise wenn einer sich wünscht, auf der Sonne spazieren zu gehen. Dem Stotterer fehlen die Mittel, das Stottern abzustellen, es ist für ihn eine Tatsache, wie ein gebrochenes Bein, und nicht das Ziel einer Handlung. Er hat mit seinen körperlichen und psychischen Einstellungen und Überzeugungen schlicht keine Möglichkeit, das Gewünschte zu erreichen, es sei denn, ein Therapeut verhilft ihm dazu oder er lernt es selbst später.

Auch im Hinblick auf andere automatisierte körperliche Vorgänge beschreibt Frankl, dass ein bewusstes Wollen dieser Vorgänge hinderlich sein kann, etwa bei der Erektion oder beim Einschlafen. Die meisten Menschen können sich das Einschlafen nicht »befehlen«, sondern es ist eine Folge von Erschöpfung, und sie können das Einschlafen nur mittelbar fördern, etwa indem sie zu Bett gehen, das Licht ausmachen, vorher ermüdenden Tätigkeiten nachgegangen sind und so weiter.[4] Wenn Menschen einen Vorgang wie das Einschlafen bewusst »erzwingen« wollen, kann das Ergebnis eine Verschlechterung sein. Praxeologisch wählt der Handelnde ein untaugliches Mittel, wenn er das Einschlafen erzwingen möchten, wenn ihm die Möglichkeit dazu fehlt, also er das nicht bewirken kann mit einem »Befehl«. Aber auch er will den Fehler nicht begehen, sondern er will einschlafen, und wenn er den gleichen Fehler einhundertmal macht, also jeden Abend versucht, das Einschlafen zu erzwingen, zielt er nicht auf den Fehler ab, das Nicht-einschlafen-Können, sondern ihm fehlt schlicht die Möglichkeit, die Gedanken abstellen zu können. Wem »zwanghaft« immer wieder die gleichen Gedanken kommen, ohne dass er etwas dagegen tun kann, wer immer wieder das Gleiche »tun muss«, bei dem sind die Gedanken oder Zwänge schlicht nicht Gegenstand des Handelns, weil nur Gegenstand des Handelns sein kann, auf was er als Einzelner einzuwirken vermag. Sie sind für ihn eine Gegebenheit wie ein Beinbruch oder Zahnschmerzen, die ihm ebenso unrecht sind wie der nächtliche Gedanke des »Einschlafen-Müssens«, den er nicht abstellen kann. Eine andere Möglichkeit ist, dass der an Einschlafstörung Leidende ein »schlechter Lerner« ist. Manchen Menschen passiert derselbe Fehler öfter, weil sie den Zusammenhang nicht erkennen, und sie meinen dann etwa: »Vielleicht klappt es diesmal aber doch?!«

Körperliche und geistige Vorgänge und Zustände, auf die der Handelnde nicht die Möglichkeit hat, wollend und bewusst einzuwirken, sind für ihn genauso eine Gegebenheit wie andere Dinge, die er nicht direkt beeinflussen kann. Zum Handeln gehört beides: dass der Einzelne auf etwas abzielt und dass er meint, das Angestrebte erreichen zu können. Er muss es seiner Meinung nach in seiner Gewalt haben, das Angestrebte herbeiführen zu können. Was außerhalb seiner Gewalt liegt, was er nicht vermag, kann schlicht nicht Gegenstand des Handelns sein.

2. Vererbtes und erlerntes Verhalten – Mit Gangschaltung oder mit Automatik?

Den Unterschied zwischen ererbtem und erlerntem Verhalten beschreiben die Neurobiologen Maturana und Varela wie folgt:

> *»Wenn wir deshalb bei Organismen einer gleichen Spezies beobachten, dass sich [Verhaltens-] Strukturen unabhängig von den Besonderheiten der Interaktionsgeschichte dieser Organismen entwickeln, sagen wir, solche Strukturen seien genetisch determiniert und die Verhaltensweisen, die dadurch ermöglicht werden, instinktiv.«*[5]

Ein Säugling zum Beispiel strebt instinktiv nach der Brust der Mutter.

> *»Wenn sich andererseits Strukturen, die ein gewisses Verhalten bei den Mitgliedern einer Spezies möglich machen, nur beim Vorliegen einer besonderen Geschichte von Interaktionen entwickeln, dann sagt man, diese Strukturen seien ontogenetisch und die Verhaltensweisen erlernt.«*[6]

Mit etwas einfacheren Worten: Wenn wir bei einem einzelnen Lebewesen derselben Art Verhalten beobachten, das sich unabhängig von dessen eigener Lebensgeschichte bei allen Lebewesen der Art zeigt, sagen wir, solches Verhalten ist durch Vererbung bestimmt, und dieses Verhalten nennen wir dann instinktiv (angeboren). Wenn sich ein Verhalten zeigt, das auf die besondere Lebensgeschichte des einzelnen Lebewesens zurückgeführt wird, dann bezeichnen wir dieses von der Entwicklung des Einzelnen herstammende Verhalten als erlernt.

Ob Verhalten ererbt oder erlernt ist, hat nichts damit zu tun, ob es absichtsvolles Verhalten ist, sondern es hängt vom Beobachter ab, ob er einen Willen am Werk sieht oder nicht. Sobald ein Beobachter die Bedeutungskonzepte der Praxeologie, also das »Um – zu« anwendet, geht er von einem handelnden Einzelnen aus. Auch das menschliche Verhalten rührt von körperlichen und psychischen Einstellungen und Überzeugungen her, die ihm vererbt wurden und/oder die er erlernt hat, die also ihre Ursache in der Entwicklung seiner Vorfahren und in seiner eigenen Entwicklung haben. Da unterscheidet sich der Mensch nicht grundsätzlich von seinen tierischen »Verwandten«. Aber dass sein Wille abhängig ist von einer Vorgeschichte, hat nichts damit zu tun, dass er nicht Wählen oder Wollen könnte. Das Handeln setzt keinen unabhängigen Willen voraus. Im Gegenteil: Die aktuelle Beschaffenheit des handelnden Wesens bestimmt die aktuellen Einstellungen und Überzeugungen und damit sein Wollen.

Soweit angeborenes oder erlerntes Verhalten verändert werden kann, kann es Gegenstand des Handelns sein, und derjenige, der seine Einstellungen und Überzeugungen ändern will und der dies vermag, ist nicht länger bestimmt von seinen Instinkten und Gedanken, sondern kann diese zum Mittel seines Handelns machen. Er kann sozusagen zwischen Automatik (unwillkürlich) und Gangschaltung (willkürlich) wählen. Die angeborenen Triebe können zurückgestellt werden und der Mensch entscheidet dann, ob, wann und wie er sie befriedigt, und quälende Gedanken können losgelassen werden, und der Mensch entscheidet dann, wozu er seine Befähigung zum Denken einsetzt. Wenn etwas Erlerntes wieder verlernt werden kann oder anstelle dessen etwas anderes gelernt werden kann, dann ist das Erlernte für den Handelnden nichts Vorgegebenes, sondern Gegenstand seiner Gewalt. Je nachdem, wie sehr ein Mensch befähigt ist, auf seine Einstellungen und Überzeugungen einzuwirken, so sehr hat er die Möglichkeit, diese zu ändern und mit ihnen als eigene, ihm gehörige Einstellungen und Überzeugungen zu verfahren, also über sie zu verfügen. Für denjenigen, dem die eigenen Einstellungen und Überzeugungen unbewusst sind oder der es nicht in seiner Gewalt hat, auf sie einzuwirken, sind sie eine letzte Gegebenheit, die er nicht zum Gegenstand seines Handelns machen kann. Um mit Schopenhauer zu sprechen: Der Mensch, der erkennt, dass auch seine Einstellungen und Überzeugungen letztlich durch seinen Willen abänderbar sind, kann nicht nur tun, was er will, sondern auch wollen, was er will. In dem Sinne verstanden, dass auch diese erweiterte Willkür nicht *ex nihil*, also nicht aus dem Nichts heraus geschieht; auch dieser erweiterte Willensspielraum ist nicht ursachlos, sondern durch die Entwicklungen und somit durch die Vergangenheit und die Lebensgeschichte des Einzelnen bestimmt. Aber der so weit befähigte Mensch ist nicht mehr abhängig in seinen Willensentscheidungen von dem, was ihm beigebracht oder anerzogen wurde und den Einstellungen und Überzeugungen, die er als Kind oder junger Mensch erworben hat, sondern er hat die Möglichkeit, über diese zu entscheiden.

Schon Ludwig von Mises erkannte, dass es nur den wenigsten vergönnt ist, ihren Handlungsspielraum derart zu erweitern, dass sie nicht nur hinter die Dinge kommen können, also dass sie die Welt der körperlichen Gegenstände und Abläufe und deren Zusammenhänge teilweise erkennen können, sondern auch hinter ihre Psyche kommen, also ihre eigenen Einstellungen und Überzeugungen verstehen und beeinflussen können.[7]

3. Das Handeln von Kleinkindern oder Tieren – Proto-Handeln

Ludwig von Mises schrieb:

> *»Die Tatsache, dass Tiere und sogar Pflanzen in quasi absichtsvoller Art und Weise auf ihre Umwelt reagieren, ist auch nicht weiter verwunderlich als die Tatsache, dass Menschen denken und handeln.«*[8]

Sobald wir im Bereich der Biologie, Zoologie, Kleinkindpsychologie von Finalität, von einem Abzielen auf etwas ausgehen, gehen wir vom Bedeutungskonzept des Handelns aus und verlassen das Gebiet der klassischen Naturwissenschaften, in welchem nur etwas über gleichbleibende (Kausalität) und scheinbare (Korrelation) Zusammenhänge von Größen ausgesagt werden kann. Was wir dann in »logischer Buchhaltung«, wie die Neurobiologen Maturana und Varela es genannt haben, betrachten, ist das einzelne Lebewesen als »handelnde Einheit«, also als wählendes und wollendes Lebewesen.

Wenn ein Beobachter sagt, das Gnu schwimmt durch den Fluss, um das andere Ufer zu erreichen, ist das eine andere Aussage, als wenn er sagt, das Gnu steigt in den Fluss auf der Westseite, das Gnu beginnt mit Schwimmbewegungen, das Gnu verlässt den Fluss auf der Ostseite. Sobald der Beobachter sagt, dass Gnu »hat es nicht geschafft«, das andere Ufer zu erreichen, sobald er von Erfolg und Misserfolg, von Nützlichkeit oder Absicht spricht, geht er von einem Handeln aus. Entweder beurteilt er den Misserfolg aus seiner Perspektive, wobei es dann aus seiner Sicht für das Gnu selbst nie Erfolg oder Misserfolg gäbe, sondern lediglich funktionales Reagieren auf innere und äußere Umstände, oder er beobachtet das Gnu als abzielendes, handelndes Wesen. Wie bereits gesagt, mit Erfahrungstatsachen lässt sich Handeln nicht be- oder widerlegen. Erfahrungstatsachen können von vornherein nichts über ein Wählen oder einen Willen aussagen, sondern nur etwas über gleichbleibende und scheinbare Zusammenhänge zwischen messbaren Größen.

Der Beobachter, der sagt, der Säugling saugt an der Brust der Mutter, um zu trinken, geht von einem handelnden Baby aus. Wenn Sie beobachten, wie Ihr Hund oder Ihre Katze zum Trinknapf gehen, werden Sie sagen, Ihr Tier geht zum Napf, um zu trinken. Sie denken, dass Ihr Tier zum Napf will, und Sie würden es als Misserfolg deuten, wenn es misslänge.

Solches Proto-Handeln kann im Sinne des Verstehens als eine Vorstufe zum menschlichen Handeln betrachtet werden, ähnlich wie man die Äußerungen von Kleinkindern oder Tieren, mit denen Sie kommunizieren, wie beispielsweise Schreien oder Weinen oder Beschnuppern oder freudig Hüpfen, als Vorstufen von sprachlicher, komplexerer

Kommunikation betrachten kann. Proto-Handeln ist aber keine praxeologische Einordnung, sondern eine erfahrungswissenschaftliche. Es ist unmaßgeblich für die Praxeologie, ob sich der Wille des Handelnden aufgrund von Instinkten, erlerntem Verhalten oder logischem Nachdenken bildet. Nochmals: Auch beim menschlichen Handeln ist der Wille nicht frei, sondern hängt von Bedingungen ab, die in der Vergangenheit liegen. Es gibt kein »mehr oder weniger« Handeln. Entweder wir sehen bei einem Einzelnen einen Willen am Werk, ein Bestreben, ein Begehren, dann handelt er. Oder wir sehen einen rein funktionalen Zusammenhang zwischen Ereignis A und Ereignis B, ohne dass wir ein Abzielen auf etwas annehmen – dann betrachten wir alleine eine Kausalität, also eine Abfolge von Ursache und Wirkung.

Wenn Menschen, die Gesetze »erlassen«, fixe Grenzen ziehen, ab welchem Alter ein Kind oder Jugendlicher inwieweit für sein Handeln verantwortlich wäre und entsprechend zur Verantwortung gezogen werden könnte, sind das keine logischen, unpersönlichen (objektiven) Grenzen, die von vornherein gelten, sondern Grenzen, die von persönlichen Bedeutsamkeitsurteilen der »Gesetzgebenden« herrühren. Nach dem »Recht«, das die deutschen Politiker, Richter und Polizisten durchsetzen, gilt ein Kind bis 7 Jahre als geschäftsunfähig und bis 18 Jahre als beschränkt oder teilgeschäftsfähig. Die Erfinder solcher »Gesetze« meinen damit zum Ausdruck zu bringen, dass ältere Kinder oder Jugendliche die Folgen ihres Handelns besser abschätzen können und nicht mehr so sehr von ihren angeborenen Antrieben geleitet würden. Das sind persönliche Bedeutsamkeitsurteile aus Beobachtungen, und viele Menschen werden diese teilen. Und ob man das Handeln der unter Siebenjährigen als Proto-Handeln oder »erwachsenes Handeln« einordnet, ist nicht unpersönlich testbar. Was »testbar« ist, ist, ob der Beobachter davon ausgeht, dass es sich um einen handelnden Einzelnen handelt, und die Eltern von dreijährigen Kindern reden für gewöhnlich von ihrem Kind nicht als von einem Wesen, dem es völlig gleichgültig ist, welche Abfolge von Geschehnissen sich künftig ereignet, sondern von einem Wesen, das will: essen, trinken, beschäftigt werden, rennen und so weiter.

4. Die handelnde »Einheit« – das Lebewesen und seine Evolution

Die formale Praxeologie geht vom Einzelnen als dem Handelnden aus. Der Handelnde der Praxeologie ist identisch mit dem Lebewesen der Biologie, und der Biologe verwendet die Bedeutungskonzepte der Praxeologie, wenn er tierisches oder pflanzliches Verhalten als »erfolgreich« oder »besser oder schlechter« oder »angepasster oder unangepasster« beschreibt.

Die Neurobiologen Maturana und Varela sehen im Lebewesen die sich selbst abgrenzende Einheit, die sich selbst hervorbringt und erhält, solange sie lebt.[9] Das Lebewesen besteht aus einem Rand, also räumlich der Membran oder Haut, und einer inneren Dynamik (Entwicklung, Vorgänge), die einander bedingen und nicht nacheinander entstanden sein können, sondern zwei Aspekte desselben Phänomens bilden. Denn ohne einen Rand[10] würden sich die inneren Prozesse eines Einzellers oder Mehrzellers als Brühe in ihrer Umwelt auflösen, andererseits ist der Rand nicht getrennt von den inneren Vorgängen, sondern Teil hiervon.

Wir können das mit Goethes berühmter Aussage erläutern:

> *»War die Henne zuerst? Oder war das Ei vor der Henne? Wer dies Rätsel löst, schlichtet den Streit um den Gott.«*[11]

Dieses Rätsel ist natürlich nicht so »einfach« gemeint, wie manche Biologen es zu lösen gedenken, nämlich dass Eier erdgeschichtlich älter sind als Hühner und deshalb das Ei vorher da war, sondern dass ein Ei ja nur dann ein Hühnerei ist, wenn es von einem Huhn gelegt wurde, und ein Huhn nur ein Huhn, wenn es aus einem Hühnerei geschlüpft ist. Wie so oft liegt das Problem in der Fragestellung, nämlich dass das »zuerst« nahelegt, dass die Antwort eine sequenzielle (zeitliche Abfolge) zu sein hat. Dabei handelt es sich um zwei Aspekte eines einheitlichen Phänomens und keine aufeinander folgenden Vorgänge.

Maturana und Varela sagen, das Lebewesen zieht sich sozusagen am eigenen Schopf heraus als ein von seiner Umgebung unterschiedliches Phänomen (Erscheinung). Es gibt keine Trennung zwischen Schöpfer und Geschöpf, zwischen Erzeugnis und Erzeuger. Das Existieren und das Sich-selbst-Erzeugen sind untrennbar.[12]

Damit meinen sie natürlich nicht, dass Lebewesen keine Vorfahren hätten, sondern dass die jeweils ersten Lebewesen einer Abstammungslinie mit diesen zwei Aspekten, Rand (Membran) und innere Dynamik (Stoffwechsel), sich selbst erzeugt haben und nicht wieder von einem anderen Lebewesen erzeugt wurden. Und alle Lebewesen erzeugen sich hiernach selber von dem Moment an, in dem sie als Stammzelle, die durch Teilung oder Befruchtung entstanden ist, sich selbst hervorbringen, indem sie sich mit ihrer Umwelt (Ei, Mutterleib, Umgebung) austauschen.

Max Stirner stellte bereits 1844 fest, dass der Mensch sich selbst erschafft, also Schöpfer seiner selbst ist, es keine Trennung zwischen Schöpfer und Geschöpf gibt und eben gerade nicht alle Lebewesen als »Geschöpfe eines Ur-Schöpfers« nach dessen Willen anzusehen wären, wie dies die Annahme »vor der Aufklärung« war:

»Ich setze mich nicht voraus, weil ich mich jeden Augenblick überhaupt erst setze oder schaffe, und nur dadurch bin ich, d.h. Schöpfer und Geschöpf in einem.«[13]

Wie wir bereits beim freien Willen besprochen haben, ist das Lebewesen in seinem absichtsvollen Verhalten nicht durch die Eigenschaften seiner einzelnen Bestandteile bestimmt insofern, dass der Stoffwechsel, das Nervensystem etc. nur funktional beschrieben werden können und nicht final, sondern durch seine gesamte physische und psychische Organisation als Einzelner. Eine finale Beschreibung, »das Gehirn handelt«, würde erstens den Handelnden nur an einen anderen Ort verlegen und zweitens ist Finalität nicht durch Erfahrungstatsachen der äußeren Welt beweisbar, sondern lediglich nicht sinnvoll bestreitbar.

Aber nicht nur durch die Eigenschaften seiner einzelnen Bestandteile ist der Mensch nicht bestimmt, auch eine Veränderung, die ein Umweltreiz beim Menschen *auslöst*, wird nicht durch den Umweltreiz *bestimmt*, sondern durch Aufbau und Beschaffenheit des Lebewesens.[14]

Ob etwas für ein Lebewesen gefährlich oder giftig ist, wird nicht von dem Stoff bestimmt, sondern hängt von der Beschaffenheit des Lebewesens ab. Ihr Hund kann Dinge essen, die Sie schwer krank machen würden, und umgekehrt: die Schokolade, die Sie gut vertragen, kann Ihrem Hund auf den Magen schlagen. Eiskaltes Meerwasser hat sich bei den Verunglückten der *Titanic* anders ausgewirkt als bei einem an diese Umwelt angepassten Wal. Wir werden später auch sehen, dass Gefühle von anderen zwar ausgelöst werden können, dass aber dieses Auslösen nicht bestimmend ist für das Gefühl, sondern die Einstellungen und Überzeugungen des Einzelnen, und dass dieselben Auslöser bei verschiedenen Menschen zu unterschiedlichen Gefühlen führen können. Und selbst durch Drohungen, Zwang oder Gewalt kann nicht bestimmend auf ein Lebewesen eingewirkt werden, sondern diese sind nur Auslöser der Reaktion, die durch die Beschaffenheit, Einstellungen und Überzeugungen des Lebewesens bestimmt wird.

Nichts, was die Neurobiologen oder Max Stirner hier aussagen, steht im Widerspruch zur Praxeologie. In der formalen Praxeologie ist immer der Einzelne der Handelnde, und das ist eben im biologischen Sinne oder in der physischen Welt der durch seinen Rand (Membran/Haut) von der übrigen Umwelt Abgegrenzte. Dass das erste Lebewesen über beide Aspekte verfügt haben muss, Rand und innerer Stoffwechsel, kann nicht anders widerspruchsfrei gedacht werden, und dass das Lebewesen, sobald es einmal als Stammzelle vorliegt, sich selbst ständig hervorbringt, also erzeugt, ist ebenso widerspruchsfrei.

Im Hinblick auf die heute gängigen Ansichten über die Abstammungstheorie ist die Praxeologie allerdings informativ, und Maturana und Varela decken den Fehler auf.[15]

Wenn heute von »Survival of the fittest« (Überleben des Angepasstesten – Steigerungsform!) gesprochen wird oder von »natürlicher Selektion«, ist dies falsch in zweierlei Hinsicht. Wer funktional angepasster ist, also besser schwimmen, schneller rennen und so weiter kann, ist nicht angepasster im Hinblick auf seine Umwelt, sondern alle, die leben, die überleben, sind angepasst. Angepasster im Sinne von »besser« angepasst, ist keine naturwissenschaftliche Kategorie (Einordnung), sondern ein Werturteil, ein besser und schlechter, und kann nur von einem Beobachter abgegeben werden. Der Beobachter kann ohne Weiteres wissenschaftlich beschreiben, dass A schneller schwimmen kann, aber wenn er sagt, A ist der bessere Schwimmer und deshalb besser angepasst, ist das ein Werturteil und keine naturwissenschaftliche Aussage. Der Falke fliegt schnell, aber beide, das Huhn und der Falke, die leben, sind angepasst.

Zum zweiten gibt es keine »natürliche Selektion« etwa in dem Sinne, dass die Natur wie ein Zuchtbauer auswählen würde. Die Natur selbst ist ein Konzept und keine handelnde Einheit. Hier liegt der Denkfehler der Hypostasierung (einem gedanklichen Konzept eine unmittelbare Wirklichkeit zuschreiben) oder der Anthropomorphisierung (Vermenschlichung) vor, als wäre die Natur ein handelnder Einzelner. Und darüber hinaus kann nicht mit naturwissenschaftlichen Mitteln beschrieben werden, dass die Lebewesen sich selbst im Hinblick auf ihre Umwelt »optimieren« würden. Es gibt Lebewesen, die haben ihre Beschaffenheiten im Vergleich zu ihren Vorfahren im Wesentlichen seit sehr langer Zeit beibehalten; solange sie leben, sind sie angepasst. Darwins Evolutionstheorie »Descent with modification« besagt, dass es bei der Vererbung Veränderungen gegeben hat. Das hat nichts mit einer »Optimalität« dieser Veränderungen zu tun. Solange das im Vergleich zu seinen Vorfahren im Verlauf der Stammesgeschichte veränderte Lebewesen überlebt, ist es angepasst.

Die Evolution ist ein Entwicklungsvorgang, aber weder »steuert« ihn die Natur, noch sind die Lebewesen bestrebt, »sich zu optimieren«. Diese Optimierungsidee kann ideengeschichtlich wohl vom menschlichen Denken her erklärt werden. Solange die Menschen glaubten, sie wären Sünder, weil sie einen externen Schöpfer annahmen und dachten, ihm hätten sie es recht zu machen, waren sie sozusagen von einem Drang zur Selbstoptimierung ergriffen. Und auch »ungläubige« Menschen spalten sich in ein Ist-Ich und ein Soll-Ich auf, zwischen denen sie eine Spannung spüren, die in ihnen Unzufriedenheit erzeugt. Auch hierzu hat Max Stirner ein schönes Bonmot:

> *»Kein Schaf, kein Hund bemüht sich, ein ›rechtes Schaf, ein rechter Hund‹ zu werden; keinem Tier erscheint sein Wesen als Aufgabe, d.h. als ein Begriff, den es zu realisieren habe. Es realisiert sich, indem es sich auslebt, d.h. auflöst, vergeht. Es verlangt nicht, etwas anderes [optimaleres] zu sein oder werden, als es ist.«*[16]

Die bekannte Abwandlung des Satzes »das Überleben der Stärkeren« ist genauso falsch wie die Aussage des Überlebens der Angepasstesten. Es überleben diejenigen, die in dem Sinne stark genug sind, dass ihre Beschaffenheit es ihnen im Austausch mit ihrer Umwelt ermöglicht, sich weiterhin selbst hervorzubringen, also zu leben. Kein Lebewesen ist in dem Sinne »stärker« im Hinblick auf das Überleben als andere Lebewesen, die ebenfalls am Leben sind.

5. Handeln über Handeln – Meta-Handeln

Ganz in dem Sinne wie Proto-Handeln eine erfahrungswissenschaftliche Vorstufe zum späteren, »reiferen« Handeln ist und keine eigene praxeologische Einordnung eines weniger oder nichtabsichtsvollen Handelns, ist Meta-Handeln keine unterschiedliche Kategorie des Handelns, sondern es ist ein Handeln, das sich mit dem Handeln beschäftigt, so wie sich Meta-Sprache mit Sprache beschäftigt, also mit Wortarten, Konjugationen, Deklinationen oder dem Satzbau. Meta-Handeln ist das, was Sie gerade tun: Sie wählen, ein Buch darüber zu lesen, was von vornherein über das Handeln und den Handelnden ausgesagt werden kann.

Alle Ziele, die für den Handelnden funktional (Mittel zum Zweck) sind, die er also wählt, um die Verminderung der Unzufriedenheit zu erreichen, sind keine letzten Ziele, sondern Zwischenziele; sie sind Mittel. Die Ursachen für das Wählen und Wollen des Einzelnen liegen in seinen Einstellungen und Überzeugungen, also in seiner körperlichen und psychischen »Ausrüstung«, die er erworben hat, in seinen Instinkten und dem, was er erlernt hat.

Für gewöhnlich handeln Menschen nach den Haltungen und Überzeugungen, die ihnen in ihrer Kindheit antrainiert wurden, die ihr Umfeld angenommen hat oder die in ihrer Umgebung verbreitet sind und die sie übernommen haben. Sie schaffen sich die Einstellungen und Überzeugungen zum Leben nicht durch kritisches Nachdenken, sondern sie übernehmen diejenigen ihrer Umgebung.

Derjenige, der nun erkennt, dass es ihm möglich und zuträglich ist, Haltungen und Überzeugungen zu ändern, in seinem Sinne zu korrigieren, erweitert seine Handlungsmöglichkeiten. Für das Tier sind die Instinkte und das erlernte Verhalten, auch das, was die Tierbesitzer ihnen beigebracht haben, meist nicht veränderbar. Und auch der Mensch, dem das Wissen fehlt oder der nicht willens ist, seine Einstellungen und Überzeugungen zum Leben zu ändern, bleibt begrenzt durch die bisherige Ausrüstung.

Auch Meta-Handeln unterscheidet sich wie Proto-Handeln nicht vom »normalen« Handeln. Proto und meta im hier verstandenen Sinne sind verschiedene Ebenen, die wir den Erfahrungswissenschaften der Psychologie, Verhaltensbiologie oder Humanethologie zuordnen können. Es geht um ein Mehr oder Weniger an Handlungsmöglichkeiten. Aber sowohl beim proto-handelnden Tier als auch beim meta-handelnden Gelehrten geht es um Handeln, und es gibt keine speziellen Kategorien (Einordnungen) für Proto- oder Meta-Handeln im logischen Sinne. Die Praxeologie ist formal. Sowohl der Proto- als auch der Meta-Handelnde wählen und wollen und setzen Mittel ein, ihre Ziele zu erreichen. In den Erfahrungswissenschaften stellen wir fest, dass die Handlungsspielräume unterschiedlicher Handelnder unterschiedlich groß sind. Sie können Folgen ihrer Handlungen unterschiedlich abschätzen, haben unterschiedliche Fähigkeiten, in die Zukunft zu blicken, sind unterschiedlich stark von ihrer Herkunft geprägt und haben unterschiedliche Möglichkeiten, etwas dazuzulernen, was nicht bereits in ihrer Herkunft und Entwicklungsgeschichte bis zum Erwachsenwerden angelegt ist. Aber bei allem gilt: Sobald wir davon ausgehen, dass wir es mit absichtsvollem Verhalten zu tun haben, mit einem Abzielen auf, mit einem wollenden und handelnden Lebewesen, denken wir in den Bedeutungskonzepten der Praxeologie – und kommen mit den Konzepten der klassischen Naturwissenschaften (gleichbleibende und scheinbare Beziehungen zwischen messbaren Größen) nicht weiter.

6. Einstellungen und Überzeugungen – Wer ist der »Vater des Gedankens« (Entschlusses)

Die Begriffe Einstellungen und Überzeugungen bezeichnen zusammen das komplette »Set-up« (Ausrüstung und Aufbau) in körperlicher wie in psychischer Hinsicht des Handelnden. Praxeologisch haben die Begriffe insoweit Bedeutung, dass der Handelnde nicht »frei« von Ursachen handelt, sondern seine Entscheidungen durch seine körperlichen und psychischen Entwicklungen bedingt sein müssen, auch wenn uns die Zusammenhänge, die zu einer Entscheidung führen, im Einzelnen nicht bekannt sind.

Diese Einstellungen und Überzeugungen sind es, die die Wahrnehmungen, Gedanken und Gefühle und letztlich die Handlungen des Einzelnen bedingen. Die Welt, die wir wahrnehmen, ist nicht objektiv so, wie wir sie wahrnehmen, meint der Neurologe, Psychiater und Psychotherapeut Godehard Stadtmüller, sondern das Wahrnehmen, Denken und Handeln hängt von den Einstellungen und Überzeugungen ab.[17] Nach Stadtmüller haben Menschen notwendigerweise tiefe, lebensbestimmende Überzeugungen. Die Wahrnehmung wird durch diese Einstellungen »gefiltert«, wir nehmen selektiv wahr. Die Einstellungen und Überzeugungen sind eine *innere Haltung zu den Dingen und zu sich selbst*. Bei Einstellungen kann es sich zum Beispiel um eine *»interne Repräsentation«* eines Elternteils handeln, die ein Werturteil über unsere Person oder unser Verhalten enthält. Wenn beispielsweise Eltern ihrem Kinde kommuniziert haben: »Du machst uns nur Sorgen; mit dir bekommt man graue Haare; das hat auch nur dir passieren können; das hätte nicht passieren dürfen; immer machst du alles falsch« und dergleichen, dann wird dieses Kind andere Einstellungen und Überzeugungen haben und unter Umständen eine andere Haltung zur Welt und zu sich selbst als ein Kind, dem kommuniziert wurde: »Du bist unser Sonnenschein; du machst unser Leben voller und reicher; das kann jedem passieren; jedem passieren Fehler; du bist in Ordnung, so wie du jetzt bist.«

So, wie der Tennisspieler im Hinblick auf die Ausführung des Schlages selbst auf ein automatisches, gelerntes und gespeichertes motorisches Programm zurückgreift, wenn er sich für einen Schlag entschieden hat, so sind Einstellungen ein automatisches, gelerntes, eingeübtes und gespeichertes psychisches Programm. Diese »Grundeinstellungen« werden oft so früh erworben, dass sich der Mensch später nicht daran erinnern kann, wie er seine Einstellung erworben hat – oder dass er sie überhaupt erworben hat.[18] Da die Einstellung die Wahrnehmung, das Denken und das Handeln beeinflusst und unser Lebensweg (Schicksal) von der Vielzahl unserer Handlungen (und oft noch mehr: unserer Unterlassungen) abhängt, bestimmen Einstellungen und Überzeugungen im so verstandenen Sinne unser Schicksal. Doch die Menschen, die diese Grundeinstellungen nicht kennen oder nicht am Wirken sehen, wissen nicht, dass dieses »Set-up« am Wirken ist.

Erkennt also jemand: »So wie ich mit mir umgehe oder so, wie ich über mich denke, oder so, wie ich über die Umwelt oder die anderen Menschen denke, ist es *ungünstig* für mich. – Es ist nicht unbedingt falsch oder böse oder abgründig krankhaft. Es ist *ungünstig*«[19], kann er auf die Idee kommen, etwas an seinen Einstellungen verändern zu wollen. »Seine Wahrnehmung wird verändern, wer seine Grundüberzeugungen = Einstellungen verändert. Auf diese Weise haben diejenigen, die wissen, wie sie Einstellungen verändern, einen ganz langen Hebel in der Hand, weil sie ihr Schicksal verändern können.«[20]

Wie die Einstellungen und Überzeugungen erworben werden und wie sie geändert werden können, davon handeln die Verhaltensbiologie und die Psychologie. Der Praxeologe kann sagen, dass derjenige, der nicht erkennt, dass er zwischen verschiedenen Ideen und Überzeugungen wählen kann, nicht im Hinblick auf diese handeln kann, weil für ein Handeln erforderlich ist, dass der Handelnde die Möglichkeit sieht, eine Veränderung zu bewirken. Auch derjenige, der den Wunsch hegt, ein anderer oder besserer Mensch zu sein, handelt nicht in dem Sinne, dass er es unternimmt, Einstellungen und Überzeugungen zu ändern, wenn er nichts davon weiß, dass diese der Ursprung seiner Handlungen sind.

Die Praxeologie ist informativ im Hinblick darauf, ob die Einstellungen und Überzeugungen eines Menschen mit den Schlussfolgerungen der Handlungslogik übereinstimmen. Hat ein Wesen Einstellungen und Überzeugungen, die nicht mit der Realität eines handelnden Wesens übereinstimmen, kann dies nachteilig sein. Hierauf werden wir im späteren Verlauf des Buches unter dem Themenpunkt praxeologisch informierte Psychologie noch genauer eingehen.

7. Gedanken, Gefühle und Emotionen

Gedanken, Gefühle und Emotionen sind Begriffe der erfahrungsbasierten Handlungswissenschaften, also der Geschichte, der Psychologie, der Literaturwissenschaften, der Verhaltensbiologie, der Soziologie und so weiter. Hinsichtlich der Abgrenzungen gibt es innerhalb der Erfahrungswissenschaften keinen einheitlichen Standard. Gefühle haben eine körperliche Seite, wie etwa Zittern, Tränen, Herzrasen, Appetitlosigkeit, Aufgeregtheit, Lachen und so weiter. Als Gedanken werden eher die geistigen Vorgänge aufgefasst, die mit den Körpersinnen nicht wahrgenommen werden, sondern es sind innere Vorstellungen von Sinneswahrnehmungen, Einbildungen des Einzelnen, die weder von ihm noch von irgendeinem Dritten wirklich gesehen, gehört, gerochen oder gespürt werden können. Sie können sich Bilder, Sprache, Gerüche und so weiter vorstellen in Ihrer Psyche und damit auch körperliche Reaktionen auslösen, ohne dass diese Vorstellungen von Ihnen sinnlich wahrgenommen werden könnten. Sofern jemand sagt: »Und dann habe ich mir gedacht: Werner, das machst du!«, hat er diese Gedanken nicht sinnlich wahrgenommen, er konnte sein Denken – wie alle Einbildungen – nicht hören im wirklichen Sinne, also akustisch über die Ohren wahrnehmen, sondern er hat den Gedanken »Werner, das machst du!« in seiner Vorstellung, in seinem Bewusstsein wahrgenommen, er hatte eine Vorstellung von diesem Gedanken.

Abgesehen von den rein äußerlich beobachtbaren und messbaren Gefühlswirkungen wie etwa Zittern, Tränen oder Schwitzen, können Gefühle als körperlich-psychische Phänomene noch unterteilt werden in Grundgefühle (etwa Angst, Wut, Trauer, Schmerz, Freude) und sekundäre (nachfolgende) Gefühle (Stolz, Eifersucht und so weiter).

Mit Gefühl meinen die Erfahrungswissenschaftler auch zuweilen »Einschätzungen« (Bauchgefühle), beispielsweise wenn jemand sagt, er habe das Gefühl, dass nächste Woche dieser oder jener Fußballverein gewinnt. Ein anderer trifft eine geschäftliche Entscheidung und meint, sie »fühlt« sich nicht richtig oder gut an, ohne dies konkreter beschreiben oder begründen zu können.

Gefühle und Gedanken haben ihren Ursprung in den Einstellungen und Überzeugungen des Einzelnen. Sie sind nicht unmittelbare Folge eines äußeren Geschehens, da sie davon abhängen, wie ein Einzelner ein Geschehen bewertet, sondern hängen ab von den bis dahin erworbenen subjektiven (persönlichen) Präferenzen (Vorlieben) des Einzelnen. Spricht einer von guten und schlechten Gefühlen, so beinhaltet dies ein persönliches Werturteil. Gefühle sind nicht unpersönlich gut oder schlecht oder besser oder schlechter, sondern es ist erst das Bewerten des Einzelnen, das Gefühle oder Gedanken oder Vorstellungen zu guten oder schlechten macht. Sobald sich die Erfahrungswissenschaftler der Konzepte der Praxeologie bedienen, also von besser und schlechter reden, von angenehm und unangenehm, von einer Verminderung oder Vermehrung der Unzufriedenheit oder einer Zunahme oder Abnahme des Wohlbefindens, nutzen sie zur Erklärung dieser Phänomene praxeologische Kategorien. Dann können die Bedeutsamkeitsurteile der erfahrungsbasierten Handlungswissenschaften dahingehend überprüft werden, ob sie im Widerspruch zu den Schlussfolgerungen der Praxeologie stehen.

Was Maturana und Varela allgemein im Hinblick auf die Reaktionen von Lebewesen auf Umweltreize beschreiben – dass der Umweltreiz zwar etwas im Lebewesen auslöst, aber nicht bestimmend ist im Hinblick auf das, was das Lebewesen damit anfängt, sondern dass dies von der Beschaffenheit des Lebewesens abhängt –, gilt auch für Gefühle und Gedanken und Werturteile des Lebewesens.[21] Bestimmend sind die physischen und psychischen Einstellungen und Überzeugungen des Einzelnen und nicht das auslösende äußere Geschehnis. Verschiedene Einzelne reagieren auf dieselben Ereignisse oder Aussagen eines anderen verschieden, je nach ihrer Beschaffenheit und insofern unabhängig von dem Geschehen oder Gesagten an sich. Anders formuliert: Entscheidend für den Effekt ist die innere Dynamik zwischen Rezeptor und Effektor, und diese Dynamik ist die Struktur des Lebewesens.

Ob eine Berührung bei einem anderen Menschen Freude, Angst, Wut, Trauer, Schmerz oder Lust hervorruft, hängt nicht von der Berührung ab, sondern von den Präferenzen des Einzelnen. Dem einen können zum Beispiel Schläge unrecht sein, der andere kann sie sich wünschen. Die Praxeologie ist wertfreie Wissenschaft, sodass sie nicht bewertet, ob die Bedürfnisse des Einzelnen »normal« oder »pervers« sind. Menschen haben verschiedene persönliche Vorlieben, und ob jemand ein SM-Studio oder ein Streichelstudio aufsucht, hängt von dessen Vorlieben ab. Wir können sagen, dass dem einen das eine und dem anderen das andere ein größeres Vergnügen bereitet.

Es hängt nicht nur vom Einzelnen ab, welche Gefühle er durch ein gewisses Ereignis erfährt, sondern auch, wie er diese Gefühle bewertet. Der eine mag das Gefühl der Freude allen anderen vorziehen, dem anderen sind auch Wut, Angst, Trauer und Schmerz keine »schlechten« Gefühle, sondern er bewertet diese Gefühle überhaupt nicht als schlechte Gefühle; sie sind ihm – wie alle anderen Gefühle – willkommen und er will sie wahrnehmen. Er spürt ihnen nach und lässt sie durch sich hindurchströmen, ohne dass dies ihm unangenehm wäre. Es gibt Menschen, die bezahlen für eine Geisterbahnfahrt, für »Ballerspiele«, für das Ansehen von Boxkämpfen, um die Gefühle von Angst, Aggression und Schmerz zu erleben oder mitzufühlen. Es gibt Menschen, denen Erschöpfung zuwider ist beim Treppensteigen und die mit dem Aufzug ins Fitnessstudio fahren, um dann eine halbe Stunde auf dem Stepper zu verbringen.

Beleidigung, also einen anderen »in der Ehre herabzusetzen«, ist praxeologisch nicht möglich, da Wert persönlich (subjektiv) und nicht unpersönlich (objektiv) ist. Wenn Anna dem Bernd sagt, er sei ein Idiot, dann ist es von Bernds Einstellungen und Überzeugungen abhängig, wie er damit umgeht. Eine Kernaussage der Praxeologie ist, dass Wert nicht intrinsisch (innerlich) im Bewerteten liegt, sondern im Wertenden. Im Werten trifft der Einzelne eine Aussage über seine *persönlichen* Vorlieben. Wenn Bernd dies nun weiß und in dem Moment auch so erlebt, dann kann es ihm schlicht egal sein, was Anna über ihn denkt. Wenn Bernd hingegen die Überzeugung hat, dass Anna ihn mit ihrer Äußerung »verletzt« hätte oder dass sie so etwas »nicht hätte sagen dürfen«, dass sie ihn durch die Äußerung »in seiner Ehre herabgesetzt« hat, so kann Bernd auch mit Wut und Ärger reagieren. Anna kann mit ihren Worten versuchen, das Verhalten von Bernd auszulösen, dass er sich gekränkt oder beleidigt fühlt, aber für die Entstehung des Gefühls reicht das, was Anna gesagt hat, nicht aus, sondern es ist die Folge von Bernds Einstellungen und Überzeugungen.

Maturana und Varela erkennen, dass es immer dem Empfänger einer Sprechbotschaft überlassen ist, was er mit dem Gesagten anfängt: »Seine Wahl wird zwar durch die ›Botschaft‹ ausgelöst, die so erzeugte Orientierung [Handeln] ist jedoch unabhängig von dem, was die ›Botschaft‹ für den Orientierenden [Sprecher] repräsentiert [bedeutet].«[22] Und auch die Psychotherapeuten Doris Wolf und Rolf Merkle erkennen das, wenn sie feststellen: »Sie fühlen immer, was Sie denken. Es ist immer Ihre ganz persönliche Bewertung, die Sie einer Sache beimessen, die darüber entscheidet, wie Sie sich fühlen.«[23] Die Gefühle eines Menschen sagen nichts unmittelbar über die äußere Wirklichkeit aus, sondern über die Einstellungen und Überzeugungen des Fühlenden und das hieraus hervorgehende Bewerten der Vorgänge in der äußeren Wirklichkeit.[24] Ohne einen Bewertenden gibt es kein schlechtes oder schönes Wetter, sondern nur Wetter.

Nur weil Überzeugungen im Widerspruch zu den Schlussfolgerungen der Praxeologie stehen, heißt das nicht, dass Menschen sie nicht dennoch haben könnten. Die Geschichte ist reich an Menschen, die Einstellungen und Überzeugungen haben, die im Widerspruch zu den Schlussfolgerungen der Praxeologie stehen. Viele Menschen gehen von einem intrinsischen (inneren) Wert von anderen oder von Dingen aus, viele Menschen denken, dass man Wert messen kann, dass Werten dauerhaft und nicht nur situativ (die jeweilige Handlung betreffend) ist, dass man Wert »aufbewahren« oder lagern könnte, und so weiter. Menschen machen sich Schuldvorwürfe oder schämen sich, weil sie meinen, sie hätten anders handeln können oder hätten Fehler »gemacht«, die sie hätten vermeiden können. Diese Überzeugungen sind allesamt falsch, weil sie im Widerspruch zu den Schlussfolgerungen der Praxeologie stehen, also dazu, was von vornherein und erfahrungsunabhängig über Werte, Wollen und Handeln ausgesagt werden kann.

Die Gedanken und Gefühle sind dem Handeln nicht vorausgesetzt, sondern der Einzelne (Handelnde) ist den Gedanken und Gefühlen vorausgesetzt, und zwar in dem folgenden Sinne: Da das Denken ein Vorgang einer lebenden Einheit ist, ist das Sein des sich selbst erzeugenden Lebewesens Voraussetzung des Denkens – und nicht umgekehrt. Der Satz »Cogito, ergo sum!«, als Rückschluss vom Denken auf das Sein des Einzelnen, ist kein logischer Schluss, verstanden als »Ich denke, also bin ich!«. Der Satz kann in der Variante »Ego cogito, ergo sum!« (ich bin der Denkende, also ist es das Ich, das ist) auch dahingehend interpretiert werden, dass das Ich dem Denken vorausgesetzt ist, und das ist ein korrekter Schluss. Denn ein Denken ist ohne einen Denkenden nicht möglich, aber das Ich ist ohne Denken möglich, wenn man Denken im hier verstandenen Sinne als Gedanken versteht, also Vorstellungen von sinnlichen Wahrnehmungen, insbesondere von Sprache, also Sprech-Gedanken, Wörter, Sätze und dergleichen.

Es sind also nicht das Denken oder die Gefühle, die handeln, sondern der Einzelne handelt. Bereits Max Stirner erkannte, dass Gedanken und Gefühle bei vielen Menschen »frei« sind und nicht der Einzelne von seinen Gedanken und Gefühlen frei ist. Der Einzelne, so Stirner, ist dann nicht der Eigner seiner Gedanken und Gefühle, er hat seine Gedanken und Gefühle nicht in seiner Gewalt, im Gegenteil haben seine Gedanken und Gefühle ihn in ihrer Gewalt. Die vorangehende Formulierung ist als Metapher gemeint, denn natürlich können Gedanken und Gefühle nicht handeln, nur der Einzelne kann handeln. Gedanken und Gefühle können keine Entscheidungen treffen; den Denkenden als Handelnden oder den Fühlenden als Handelnden zu identifizieren bedeutet ja, dass man das Handeln auf eine leiblose Vorstellung zurückverlagerte. Stirner geht davon aus, dass nur der leibhaftige Einzelne der Handelnde sein kann, das Ich. Er meint damit, dass diese Menschen nicht die Möglichkeit haben, sich ihrer Gedanken und Gefühle zu bemächtigen, etwa wie jemand, der keinen Spagat kann, weil er sich seines Körpers insoweit nicht bemächtigen kann.

Ein Beispiel kann hier das Yoga liefern. Lernt ein Mensch Yoga, so kann er körperliche Haltungen korrigieren, die er vorher nicht in seiner Gewalt hatte, die er nicht vermochte. Er kann Haltungen, die ihm Schmerzen verursachen, beispielsweise aufgeben, und er erweitert die Möglichkeiten, mit seinem Körper umzugehen. Er macht sich Haltungen bewusst, die ihm vorher unbewusst waren. Derjenige, der Einstellungen und Überzeugungen nicht in seiner Gewalt hat, hat sozusagen nicht die Möglichkeit, geistige Haltungen zu korrigieren, die er im Laufe seiner Entwicklungen erworben hat. Die Gefühle und Gedanken, die er aufgrund seiner Einstellungen erfährt, sind für ihn ein Datum (Gegebenes), wie für den Ungeübten die körperlichen Haltungen, die seine Handlungsmöglichkeiten einschränken, ein Datum sind.

Ludwig von Mises meinte, es gehöre nicht zum Thema der Praxeologie, den Unterschied zwischen Denken und Handeln zu untersuchen.[25] Menschliches Denken sei untrennbar verbunden mit dem menschlichen Verstand. Denken werde selbst Teil menschlichen Handelns, wenn der Einzelne das Denken wählt, etwa um die Mathematik oder die Logik zu erlernen.[26] Wenn Mises schreibt, dass das Denken dem Handeln vorausgeht,[27] meint er hier nicht die Gedanken, die im Bewusstsein des Einzelnen als Vorstellungen sinnlicher Wahrnehmung erscheinen, sondern er meint, dass der Handelnde vom Bestehen kausaler Beziehungen ausgehen muss. Und wer von kausalen Beziehungen ausgeht, geht von einem Theorem (Annahme) aus.

Ein solches »Konzept« von Kausalität muss dem Handelnden aber nicht bewusst sein, genauso wenig, wie dem Handelnden das geistige Hilfsmittel der Präferenzskala bewusst sein müsste. Ein Hund, der zum Napf geht, und von dem wir sagen, dass er zum Napf geht, um zu fressen, geht davon aus, dass sein Hinlaufen zum Napf ein geeignetes Mittel ist, um zum Napf zu gelangen. Nach seinen Instinkten und seinem erlernten Verhalten geht er von einer Beziehung zwischen Ursache und Wirkung aus, also dass er etwas bewirken kann. Auch das Kleinkind geht davon aus, dass es mit seinem Handeln Wirkungen erzielen kann. Es isst, es greift. Auch wenn es auf die Frage, was Kausalität ist und ob es Kausalität für ein universelles Prinzip halte, keine ausdrückliche Antwort geben kann, so können wir als Beobachter aus seinem Verhalten rückschließen, dass es von der Annahme, etwas in der Außenwelt bewirken zu können, ausgeht.

Der Gedanke im Sinne einer bewussten inneren Vorstellung von etwas sinnlich Wahrnehmbarem (Sprache, Bild, Geruch) ist dem Handeln aber nicht vorausgesetzt, sondern auch wie jemand, der gerade nicht gedanklich in der Vorstellung verweilt, sondern seine Achtsamkeit auf den Moment gerichtet hat, handelt. Man muss sich keine »gedanklichen Befehle« in die Zukunft schicken, um zu handeln, sodass man nur noch der »Befehlsempfänger« seiner Gedanken aus der Vergangenheit wäre. Der Handelnde besitzt zu jeder Zeit die Kompetenz-Kompetenz (Souveränität, Oberhoheit) über sein Handeln, eben so weit sein Handlungsvermögen reicht, und er kann seine Achtsamkeit sehr wohl auf den Moment lenken und sich nicht in der Welt seiner inneren Vorstellungen aufhalten, wenn er handelt. Und auch die Sinnlichkeit, die Gefühle, müssen nicht »Herren« des Handelns sein (dann würden wir den Handelnden vom Einzelnen zu seinen Gefühlen verlagern), sondern Menschen sind durchaus fähig, auch gegen ihr Gefühl zu handeln, eben insoweit sie ihre Gefühle in ihrer Gewalt haben, also in Bezug auf sie handeln können, weil zum Handeln die Möglichkeit gehört, die gewünschte Wirkung herbeizuführen.

Max Stirner beschreibt es wie folgt:

> *»Der Denkende ist blind gegen die Unmittelbarkeit der Dinge und sie zu bemeistern unfähig; er isst nicht, trinkt nicht, genießt nicht, denn der Essende und Trinkende ist niemals der Denkende, ja dieser vergisst das Essen und Trinken, sein Fortkommen im Leben […] usw. […]. Das freie Denken ist Raserei, weil reine Bewegung der Innerlichkeit, der bloß innerliche Mensch, welcher den übrigen Menschen leitet und regelt. […]. Von diesem ›freien‹ Denken total verschieden ist das ›eigene‹ Denken, ›mein‹ Denken, ein Denken, das von mir geleitet, fortgeführt oder abgebrochen wird, je nach meinem Gefallen. Das eigene Denken unterscheidet sich vom freien Denken ähnlich, wie die eigene Sinnlichkeit, welche ich nach Gefallen befriedige, von der freien, unbändigen, der ich erliege.«*[28]

Sprache ist abstrakt (verallgemeinernd) und in einem strengen Sinne notwendig metaphorisch, denn wenn wir Begriffe wie Laufen, Essen, Haus verwenden, dann stehen diese Begriffe für ganz unterschiedliches Laufen, verschiedenes Essen und unterschiedliche Häuser. Auch wenn wir Wörter wie Sonne oder Erde oder Universum verwenden, haben sie – je nach Kontext – unterschiedliche Bedeutungen. Sich vorher zu überlegen, was man sagen möchte, oder nach einem vorher vorgestellten Gedankengang zu handeln hat den Nachteil, dass man nicht in der Situation flexibel bleibt, dass man von etwas Allgemeinerem als der konkreten Situation, in der man sich befindet, ausgeht. Etwas zu durchdenken ist nicht an sich nachteilig, aber an dem Gedachten festzuhalten schränkt ein gegenüber einem Offen-Sein für die Situation.

Auch hierzu hat sich Max Stirner Gedanken gemacht:

> *»Die Sprache, das ›Wort‹ tyrannisiert uns am ärgsten, weil sie ein ganzes Heer von ›fixen Ideen‹ gegen uns aufführt. Beobachte dich einmal beim Nachdenken, und du wirst finden, wie du nur dadurch weiterkommst, dass du jeden Augenblick gedanken- und sprachlos wirst. Du bist nicht etwa bloß im Schlafe, sondern selbst im tiefsten Nachdenken gedanken- und sprachlos, ja dann gerade am meisten. Und nur durch diese Gedankenlosigkeit, diese verkannte ›Gedankenfreiheit‹ oder Freiheit vom Gedanken bist du dein eigen. Erst von ihr aus gelangst du dazu, die Sprache als dein ›Eigentum‹ zu gebrauchen.«*[29]

Gedanken, Gefühle und Emotionen sind also genauso wenig der »Urgrund« des Handelns als es unsere natürlichen angeborenen Triebe wären. Wir können körperliche oder psychische Bedürfnisse und Gefühle oder sprachliche Vorstellungen (Gedanken) bewusst wahrnehmen, ohne diesen ausgeliefert zu sein. In der formal angelegten Praxeologie ist der Einzelne der »Urgrund« des Handelns, das leibhaftige Ich. Dass sich der Willen dieses Ichs nicht ursprungslos bildet, ist für den Praxeologen kein Widerspruch, sondern er geht gerade davon aus. Sobald ein Beobachter meint, dass ein Verhalten eines Lebenswesens auf etwas abzielt, verwendet er das Bedeutungskonzept des Wollens und Wertens, und seine Aussagen sind dann mit den Mitteln der Praxeologie überprüfbar.

8. Sigmund Freud, Psychotherapie und Psychiatrie versus ungünstige Einstellungen und Überzeugungen

Der amerikanische Psychiater Thomas Szasz kritisiert an der Psychoanalyse Sigmund Freuds und an der modernen Psychotherapie und Psychiatrie, dass sie eine unzweckmäßige Metapher verwenden, wenn sie von »geistiger Krankheit« sprechen.[30] Geistige Krankheit gebe es nicht in dem Sinne, wie es Krankheiten im Bereich der »klassischen« Medizin gebe, also durch Viren oder Bakterien ausgelöste Erkrankungen, Tumore, Knochenbrüche, Herz-Kreislauf-Erkrankungen und so weiter, die die körperlichen Funktionen beeinträchtigen. Natürlich können auch körperliche Krankheiten Auswirkungen auf die geistigen Fähigkeiten und Möglichkeiten eines Menschen haben, beispielsweise Gehirntumore, eine Alzheimer-Erkrankung, ein Schädel-Hirn-Trauma oder Meningitis (Hirnhautentzündung), und auch mit körperlich wirkenden Mitteln kann auf die menschliche Psyche eingewirkt werden, beispielsweise mit Betäubungsmitteln. Soweit aber eine körperliche, pharmazeutische oder sonst medizinische Ursache für die Einschränkung der psychischen Möglichkeiten des Einzelnen ausgemacht werden könnte, handelte es sich gerade nicht um eine »geistige« Krankheit, sondern eben um eine körperliche Erkrankung oder Einwirkung mit Auswirkungen auf die geistigen Fähigkeiten.[31]

Szasz bringt gegenüber Freud und dessen Kollegen vor, dass sie geistige Haltungen von Menschen, also Einstellungen und Überzeugungen, als krankhaft einordnen und damit an sich eine ethische Klassifizierung (Einstufung) vornehmen.[32] Freud bewerte die Einstellungen und Überzeugungen mit dem Prädikat »krankhaft«, und diese Einordnung sei willkürlich, also persönlich. Bei den medizinischen Krankheiten sei unpersönlich (objektiv) feststellbar, dass ein Vorgang die Funktionalität des menschlichen Körpers beeinträchtige. Und sofern es eine medizinisch physiologische oder pharmazeutische Ursache hierfür gäbe, handele es sich nicht um eine geistige Krankheit. Aber ob eine Einstellung oder Überzeugung eines Menschen »krankhaft« sei, also »schlecht« im Hinblick auf die geistige »Funktionalität«, setze voraus, dass jemand in der Lage wäre festzulegen, wann ein Mensch »gesunde«, also gute Einstellungen und Überzeugungen habe.

Dabei sei es letztlich gleichgültig, ob sich das Leiden, das der Klient beschreibt, als körperliches Gefühl zeige, wie dies etwa bei Kopf- oder Rückenschmerzen der Fall sein könne, ohne dass eine körperlich-medizinische Ursache feststellbar sei, oder ob sich das Leiden psychisch zeige, wie etwa bei einer Depression, die sich letztlich auch auf das körperliche Wohlbefinden auswirken kann, wie etwa Müdigkeit und Antriebslosigkeit.[33] Im ersteren Falle (körperliches Gefühl, Schmerz) könne es sich auch um Proto-Sprache handeln, also um einen Ausdruck von Unwohlsein, der körperlich zum Ausdruck komme, etwa weil der Klient sich einen sprachlichen Ausdruck seines Unwohlseins nicht gestatte, wie zum Beispiel wenn ein Mensch Kopfschmerzen gegenüber seinem Partner äußert, weil er sich nicht gestattet zu sagen, dass ihm dies oder jenes unrecht sei. Proto-Sprache in dem Sinne, dass sich der Klient dann der früheren Kommunikationsformen bedient, wie etwa das Kind, das wie schmerzerfüllt brüllt, wenn es Hunger hat oder etwas nicht bekommt, womit es spielen möchte. Letztlich können beide Symptome geistigen Unwohlseins, körperlich ausgedrückte und nichtkörperliche, nicht auf medizinisch-körperliche Ursachen zurückgeführt werden, ansonsten käme man überhaupt nicht dazu, eine »geistige« Krankheit anzunehmen.

Ob ein Verhalten eines Menschen »krankhaft« sei, bei dem keinerlei körperliche Störungen als Ursachen für psychische Auswirkungen festgestellt werden können, sei letztlich eine normative Frage, keine medizinisch-naturwissenschaftliche. Was ist »normales Verhalten«? Durchschnittliches oder ideales Verhalten? Und da ideales Verhalten eine Bewertung und daher persönlich ist, wer sollte dann festlegen, was das Ideal zu sein hat? Und es ist ebenso willkürlich, durchschnittliches Verhalten als »gesundes« oder »nicht-krankhaftes« Verhalten einzuordnen.

Naturwissenschaftliche Annahmen sind unpersönlich (objektiv) durch Erfahrung testbar, Schlussfolgerungen ausgehend von Grundannahmen sind unpersönlich (logisch) nachvollziehbar, Bedeutsamkeitsurteile sind nicht unpersönlich testbar, aber anhand der anderen wissenschaftlichen Methoden widerlegbar und mit anderen (persönlichen) Bedeutsamkeitsurteilen kritisierbar. Werturteile hingegen sind von vornherein persönliche Urteile, die nur etwas über das Werten und Wollen einer Person aussagen und nichts über das Bewertete selbst, was für eine andere Person auch gültig sein müsste. Szasz kritisiert nicht, dass Psychologen und Psychiater mit Bedeutsamkeitsurteilen arbeiten, also dass sie Einstellungen und Überzeugungen des Patienten, die diesem nicht bewusst sind, als Ursache für seine Probleme ausmachen. Szasz kritisiert auch nicht, dass Hilfeleistung angeboten wird, um solche Einstellungen und Überzeugungen in – aus der Sicht des Klienten – günstigere zu ändern. Szasz kritisiert, dass die »geistigen Heilberufe« mit den metaphorischen Bewertungen »krankhaft« und »gesund« Werturteile abgeben, die in einer wissenschaftlichen Disziplin an sich nichts zu suchen haben.

Die Praxeologie ist im Hinblick auf Werturteile informativ. Die Aufteilung in krankhaft und gesund im Hinblick auf menschliches Handeln, wo keinerlei körperliche Beeinträchtigung mit Auswirkungen auf funktionale psychische Prozesse feststellbar sind, ist eine Frage des Bewertens in gutes und schlechtes Verhalten, und dies ist eine Frage persönlicher Wertung. Die Einordnung betrifft nicht die Feststellung, dass unpersönlich überprüfbare funktionelle Zusammenhänge durch ein Ereignis gestört werden, wie etwa einen Knochenbruch, sondern dass absichtsvolles Verhalten des Menschen, also dessen Handeln, als krankhaft beschrieben wird. Soweit dem Klienten seine Einstellungen und Überzeugungen nicht bewusst sind, liegt kein absichtsvolles Verhalten im Hinblick auf die Wahl der Einstellungen und Überzeugungen vor, aber es liegt absichtsvolles Verhalten vor, wenn er ein Mittel wählt, um seine Unzufriedenheit zu vermindern, gleichgültig aus welchen »unterbewussten Tiefen« es herrührt, dass gerade durch diese Handlung seine Unzufriedenheit vermindert wird.

Der Psychiater und Psychotherapeut Godehard Stadtmüller spricht schon nicht mehr von krankhaftem Verhalten, sondern von ungünstigem Verhalten, und zwar ungünstig aus der Sicht desjenigen, der »persönliche Probleme« hat.[34] Wenn jemand erkennt, dass es für ihn ungünstig ist, wie er mit sich oder anderen umgeht oder über sich oder die Welt denkt, dann kann er um Hilfe bitten bei der Veränderung seiner Einstellungen und Überzeugungen. Nach Stadtmüller bewertet also der Handelnde selbst, was ungünstig für ihn ist, und Szasz sieht hierin die Fälle, die klassischerweise meist als »Neurosen« (Nervenkrankheiten) bezeichnet werden. Natürlich kann nicht nur der Einzelne mit sich und anderen Probleme haben, sondern die anderen können auch Probleme mit dem Verhalten eines Einzelnen haben, ohne dass der Einzelne ein Problem mit sich selber hat, und dies bezeichnen Psychiater und Psychotherapeuten für gewöhnlich als Psychosen. Der Neurotiker hat Probleme mit sich selbst und/oder anderen und weiß um diese Probleme, wohingegen der Psychotiker oder Psychopath nicht mit sich Probleme haben muss, sondern andere haben mit ihm Probleme. Die Einordnung des Handelns des Psychopathen wird also wiederum persönlich (subjektiv) vorgenommen, und zwar aus der Sicht derer, die Probleme mit dem Verhalten des Betreffenden haben.

Als Psychopathen werden häufig Leute beschrieben, die rücksichtslos, ohne Mitgefühl und scheinbar gewissenlos anderen gegenüber auftreten. Da wir später noch eine Definition für feindliches Handeln anderen gegenüber geben werden, die von vornherein erfahrungsunabhängig gilt, mag es sein, dass Sie nach dem Lesen dieses Buches mehr Menschen als Psychopathen in diesem Sinne einordnen, als Sie jetzt annehmen. Beispielsweise gibt es Menschen, die Einstellungen und Überzeugungen haben, die für sie Andersgläubige, Ungläubige, Klassenfeinde, Staatsfeinde, Nationen, Völker, Kriegsgegner und so weiter zu Gegnern machen, mit denen sie auf unbarmherzigste Art und Weise umgehen. Genauer gesagt, sie gehen so nicht mit den geistigen Gebilden um, sondern mit den leibhaftigen Einzigen, denen sie diese Eigenschaften (Religions-, Klassen-, Staats-, Volkszugehörigkeit etc.) zuschreiben. Erbarmungslos zwingen sie ihre »Feinde« in Lager, bombardieren sie, bedrohen sie, um an deren Geld oder Leistungen zu gelangen, lassen Menschen von der Polizei überwachen und so weiter. Und als »Rechtfertigung« dient ihnen eine Überzeugung, eine Geisteshaltung, ein Wähnen, ein Wahn. Zu Amtszeiten sind solche Personen, die oft im Nachhinein dann tatsächlich als Psychopathen bezeichnet werden, in einigen Fällen sogar Persönlichkeiten des öffentlichen Lebens, die zu dieser Zeit von einer großen Anzahl von Menschen sogar gerühmt werden.

Ludwig von Mises beschrieb Einstellungen und Überzeugungen wie folgt:

> *»Aus dem, was wir über das vergangene Verhalten von Menschen wissen, konstruieren [bilden] wir ein Schema über das, was wir ihren Charakter [Einstellungen und Überzeugungen] nennen. Wir nehmen an, dass dieser Charakter sich nicht ändern wird, wenn nicht bestimmte Gründe eintreten […]. […] Sogar die Handlung eines isolierten Einzelnen wird durch bestimmte Annahmen über die zukünftigen Werturteile des Handelnden geleitet und ist insoweit bestimmt durch das Bild, das der Handelnde von seinem eigenen Charakter hat.«*[35]

Wenn auf die Unterschiede zwischen den unpersönlichen (objektiven) Wissenschaften wie Naturwissenschaft oder Praxeologie und den Wissenschaften des Verstehens, die persönliche Bedeutsamkeitsurteile enthalten, hingewiesen wird, bedeutet das keine Abwertung der Wissenschaften der Psychologie, der Psychiatrie oder der Verhaltensforschung, sofern sich diese eben nicht alleine der Methoden der Naturwissenschaften bedienen, sondern auch der Methode des Verstehens. Ludwig von Mises erklärt dies ausdrücklich:

> *»Zwar erscheinen die Annahmen und Schlüsse der Thymologie [Psychologie/Psychoanalyse] ziemlich wackelig verglichen mit der scheinbar absoluten Gewissheit, die die Naturwissenschaften erzielen. Sie sind jedoch der einzige verfügbare Zugriff auf die betreffenden Probleme und unverzichtbar, wenn man etwas über die eigene Psyche und die der Mitmenschen erfahren will und Handeln planen will, das ja abhängt von den Reaktionen unserer Mitmenschen und unseren eigenen Reaktionen auf Umstände in der Zukunft, die wir heute durch unser Handeln schaffen.«*[36]

Hier erwähnt Mises also, dass die Methodik der Psychologie, sofern sie sich mit Einstellungen und Überzeugungen Handelnder beschäftigt, die Methode des eigentümlichen Verstehens und Mutmaßens ist.

> *»Die Methoden der [...] Psychologie sind zwar nicht kategorial verschieden von dem, was Alltagsmenschen anwenden, um Verhalten und Handeln besser verstehen zu können, nämlich: Relevanzurteile [Bedeutsamkeitsurteile] im Hinblick auf Daten [Erfahrungen] der Vergangenheit und Introspektion. Die Methoden der Psychologen sind aber mehr verfeinert und so weit wie möglich von Inkonsistenzen und Widersprüchen befreit.«*[37]

Diese »Verfeinerung« der Methoden und das Befreien von Inkonsistenzen und Widersprüchen ist im Übrigen, was als »informiertes Mutmaßen« oder auch »informiertes Verstehen« bezeichnet werden kann, also das eigentümliche Mutmaßen und Verstehen der »Experten«.

Auch aus der Sicht der Klienten, die einen Psychotherapeuten oder Psychiater aufsuchen, weil sie mit sich und/oder anderen Probleme haben, ist die Tätigkeit dieser Ärzte und Psychologen keineswegs weniger wertvoll als die von Chirurgen oder Ingenieuren, nur weil Letztere die naturwissenschaftliche Methode anwenden und Erstere eben nicht ausschließlich. Für die Klienten sind ihre Probleme oft von höchster Wichtigkeit und sie bewerten die Beratung sehr hoch. Praxeologisch können wir hier auch sehen, dass dem Menschen, je mehr er zum Gegenstand seines bewussten Entscheidens machen kann, desto mehr Handlungsmöglichkeiten zur Verfügung stehen und desto besser kann er seinem Willen Geltung verschaffen. Gelingt es dem Psychologen oder Psychiater, dem Klienten dessen Einstellungen und Überzeugungen bewusst zu machen und ihm darüber hinaus bewusst zu machen, dass und wie diese abänderbar sind, so kann der Klient seinen Handlungsbereich erweitern.

Im Zusammenhang mit »geistigen Krankheiten« wird auch die »strafrechtliche Verantwortlichkeit« von Menschen diskutiert. Wie wir bereits festgestellt haben, ist der Wille eines Menschen nicht »frei« in dem Sinne, dass er frei von Bedingungen wäre, die in der Vergangenheit liegen. Auch als »gesund« eingeordnete Menschen haben Einstellungen und Überzeugungen, die sie aufgrund ihrer Entwicklung erworben haben und die die Ursache für ihr Handeln sind. Jede Person, die anderen Schaden zufügt, tut dies aufgrund ihrer Einstellungen und Überzeugungen. Deswegen ist diese Person jedoch nicht »krank« in dem medizinischen Sinne – und kann natürlich von den Geschädigten zur Verantwortung gezogen werden für ihr Handeln. Dass eine solche Person nicht anders konnte, als sie tat, hat sie mit allen anderen Personen gemeinsam.

9. Wahnfried – wo mein Wähnen Frieden fand

a) Vollkommen und jederzeit das Beste gegeben

Laut dem dort auf der Fassade gut lesbaren Spruch hat Richard Wagner sein Haus in Bayreuth »Wahnfried« genannt. Der Grund, dass er diesen Namen wählte, soll gewesen sein, dass dort »sein Wähnen Frieden fand« – oder Frieden finden sollte. Praxeologie ist nicht Psychotherapie oder Psychiatrie, aber sie kann wichtige Erkenntnisse für diese Bereiche liefern. Viele Menschen bilden sich zum Beispiel ein Soll-Ich ein, das sie ihrem jetzigen Ist-Ich gegenüberstellen und das sie anstreben. Menschen werfen sich Fehler vor, wähnen sich als »nicht genug« – oder wähnen, dass andere sich anders verhalten sollten.

Aufgrund der Kausalität, also dass nichts ursachlos geschieht, wissen wir aber, dass jeder Mensch das Ergebnis seiner Entwicklungen ist. Jeder ist einzigartig und genau der, der er sein kann. Max Stirner beschreibt das anschaulich:

> *»Wir sind allzumal vollkommen! Denn wir sind jeden Augenblick alles, was wir sein können, und brauchen niemals mehr zu sein. Da kein Mangel an uns haftet, so hat auch die Sünde keinen Sinn.[…]*
>
> *Es gibt Wahnsinnige, die sich einbilden, Gott Vater, Gott Sohn oder der Mann im Mond zu sein, und so wimmelt es auch von Narren, die sich für Sünder halten; aber wie jene nicht der Mann im Mond sind, so sind diese – keine Sünder. Ihre Sünde ist eingebildet.*
>
> *Ihre Besessenheit ist nichts als das, was sie – zustande bringen konnten, das Resultat ihrer Entwicklung, wie Luthers Bibelgläubigkeit eben alles war, was er herauszubringen – vermochte.«*[38]

Der Autor Oliver Heuler verglich die Menschen, die sich mit Schuldgefühlen, Selbstbewertungen und -entwertungen, Vorstellungen von Sünde, Scham und so weiter grämen, mit Kindern, die an den funktionslosen Lenkrädern in einem Feuerwehrauto eines Kinderkarussells drehen – und sich damit auch noch eine schwierige Zeit machen. Handeln beinhaltet nicht nur Ungewissheit, sondern auch Irreversibilität (Unumkehrbarkeit): Man kann die Vergangenheit nicht mehr ändern. Und man hat es damals nicht besser machen können, sonst hätte man es ja getan. Der Fehler war nicht beabsichtigt, aber er ist passiert, und der Handelnde hat immer sein Bestes gegeben, das, was ihm mit seinen einzigartigen Entwicklungen eben möglich war.

Dies kann die Praxeologie von vornherein über jedes Handeln und jeden Handelnden aussagen, und in dem Sinne kann sie für Hilfesuchende und Therapeuten hilfreich sein. Der Wähnende kann sich dann leichter damit tun, die quälenden Gedanken und Gewissensbisse loszulassen. Er kann praktisch versuchen, den Fehler wiedergutzumachen, soweit das eben noch möglich ist, und einen Ausgleich mit einem Geschädigten zu suchen, aber sich Vorwürfe zu machen, dass er hätte anders handeln müssen, ist ein Fehler, weil er nicht anders hätte handeln können. Ein anderer hätte sich in der Situation vielleicht anders verhalten, aber ein anderer hat auch andere Entwicklungen gehabt.

Vollkommen bedeutet im Übrigen nicht, dass dem Handelnden keine Fehler unterlaufen würden. Ungewissheit der Zukunft ist eine Bedingung des Handelns, und mir ist nicht ein Mensch bekannt, dem nie ein Fehler unterlaufen wäre. Manchmal stellt sich das Mittel, das wir gewählt haben, als ungeeignet heraus, manchmal erreichen wir ein Ziel, das wir angestrebt haben, aber erhalten davon nicht die erwartete Befriedigung, und manchmal führt unser Handeln zu Folgen in der Zukunft, die uns unerwünscht sind, und dann bewerten wir die damalige Handlung anders, obwohl sie uns damals Befriedigung verschafft hat.

Vollkommen bedeutet auch nicht, dass mit dieser Einsicht »Erleuchtung« im Sinne von ewiger Glückseligkeit erreicht wäre. Auch hier ist die Praxeologie informativ: Der Mensch handelt, um seine Unzufriedenheit zu vermindern. Solange wir von einem Handelnden sprechen, sprechen wir von jemandem, der sich eine Zunahme an Zufriedenheit vorstellt. Ein »dauerhaft restlos glücklicher« Mensch ist kein handelnder Mensch.[39] Die Praxeologie ist also auch hilfreich für denjenigen, der sich auf die vergebliche Suche nach dauerhafter, beständiger Glückseligkeit begibt, indem sie informiert, dass es einen solchen Zustand für einen Handelnden von vornherein nicht geben kann. Und damit fällt ein weiteres funktionsloses Lenkrad weg, an dem der Einzelne vielleicht bislang gedreht hat, und somit ist es hilfreich für ihn, weil er sich dann auf die Lenkräder konzentrieren kann, die tatsächlich eine Funktion haben.

b) Der Einzelne (Ungespaltene) als Eigner seiner selbst

Sehr vereinfacht gesprochen geht Freud in seinem klassischen Strukturmodell der menschlichen Psyche aus von einem Über-Ich (Gewissen), einem Es (Triebe) und einem Ich (Ego). Er spaltet den Handelnden in drei Sub-Persönlichkeiten auf, und das Ich vermittelt quasi zwischen den verschiedenen Antrieben und Gewissensurteilen.

Andere Psychotherapeuten arbeiten mit dem Modell von Komplexen, wieder andere mit internen (inneren) Repräsentationen, beispielsweise der Eltern, und stellen fest, dass manche »sich selbst gegenüber« so verhalten, wie ihre Eltern mit ihnen umgegangen sind. Dass sie sich nicht gut um sich kümmern, sich selbst beschimpfen und so weiter. Wieder andere arbeiten mit dem Modell eines »inneren Kindes«, eines »inneren Erwachsenen« und eines »Höheren Selbst« und spalten den Einzelnen wiederum auf, sofern sie dieses Modell nicht nur im Sinne einer angewandten Praxis verwenden.

Die verschiedenen Persönlichkeitsanteile des Klienten zu »integrieren«, also ins Bewusstsein (Ich) zu rücken und Widersprüche aufzulösen, könnte man als das Ziel vieler Therapeuten ansehen. Die vorhandene Spaltung wird dabei aber zunächst beibehalten. Wenn einer die Einstellung und Überzeugung erwerben soll: »Ich bin liebenswert, so wie ich jetzt bin!«, dann spaltet er sich weiterhin auf in einen Wertschätzenden und einen Wertgeschätzten, also zwei Personen. Werten ist Handeln, und derjenige, der sich selbst wertschätzt, tritt sich selbst gegenüber als der Wertgebende und der Bewertete. Die Praxeologie sagt zudem, dass wir nicht Menschen an sich – genauso wenig wie wir Gold an sich oder Eisen an sich – bewerten, sondern das Werten liegt im Handeln. Wenn Sie es heute vorziehen, mit Marie zusammenzuleben, und sie lernen morgen Andrea kennen, kann es sein, dass sie morgen ihre Entscheidung ändern. Werten ist nichts Dauerhaftes.

Für die formal schlussfolgernde Praxeologie ist der Einzelne der Handelnde, und sein Werten und Wollen werden im Handeln sichtbar, in dem, was er vorzieht und was er zurückstellt. Woher seine Willensentschlüsse stammen, welche »inneren Kämpfe« zwischen Persönlichkeitsanteilen für die Handlung maßgeblich sind, welche Einstellungen und Überzeugungen, die ihm gerade nicht bewusst sind, spielt für die Praxeologie unmittelbar keine Rolle. Was die Praxeologie aber aussagt, ist, dass zum Handeln die gedachte Möglichkeit gehört, den ersehnten Erfolg auch bewirken zu können. Ein Tier, das keine Möglichkeit hat, auf seine Instinkte und sein erlerntes Verhalten einzuwirken, hat weniger Handlungsmöglichkeit als ein Mensch, der seine Triebe zurückstellen kann. Ein Mensch, der die Möglichkeit hat, seine Gefühle und Gedanken wahrzunehmen, ohne sich von ihnen hinreißen zu lassen oder sich mit ihnen zu identifizieren, hat mehr Möglichkeiten zu handeln als derjenige, für den die Gefühle und Gedanken, die ihm kommen, ein Datum (Gegebenes) sind, auf das er glaubt, keinen Einfluss zu haben.

Da der Handelnde der Einzelne (Individuum = der Unteilbare) ist, kann er aufhören, an einem weiteren funktionslosen Lenkrad im Kinderkarussell-Feuerwehrauto zu drehen, wenn er merkt, dass in seinem Handeln Wählen offenbar wird, dass er Alternativen der Zukunft bewerten kann, Dinge, Geschehnisse und so weiter; aber *sich selbst* kann er gar nicht bewerten, weil er ja er ist. Er braucht sich nicht vorzuziehen oder zurückzustellen, denn er ist ja der Entscheider. Wer sich so als Eigner nicht nur seiner Gedanken und Gefühle, sondern seiner Einstellungen und Überzeugungen begreift, kann aufhören, sich zu bewerten oder zu kritisieren, weil er ja wieder nur er selbst ist und Bewertung und Kritik in seinen Akten (Handlungen) erst zum Vorschein kommen, die wiederum von seinem Werten und Wollen abhängen.

Die Spannung zwischen einem Ist-Ich und einem Soll-Ich stammt nur von den eigenen Einstellungen und Überzeugungen, die der Einzelne ändern kann. Max Stirner nennt einen solchen Menschen, der erkannt hat, dass er sich selbst nicht nur nicht gegenüberzutreten braucht, sondern dass er das auch gar nicht kann, den Eigner seiner selbst. Eigen ist, was jemand in seiner Gewalt hat, also über das er willentlich verfügen kann. Der Eigner, der nicht nur Herr der äußeren Dinge und Geschehnisse ist, sondern auch »Herr« seiner inneren Einstellungen und Überzeugungen, spaltet sich nicht auf in konkurrierende Sub-Persönlichkeiten oder widersprüchliche Einstellungen und Überzeugungen. Er bewertet sich nicht nach fremden oder eigenen Maßstäben, sondern das Bewerten ist die Folge seiner Eigenheit, er bewertet anderes, aber nicht sich. Der Eigner auch seiner Einstellungen und Überzeugungen ist nicht nur dem Verhalten oder dem Sein nach ein Einzelner, sondern auch seinem Bewusstsein nach ein Einziger.

Auch soweit der Einzelne davon ausgeht, dass er eine Pflicht gegen sich selber hätte und dass er eine Pflicht gegen sich selbst verletzen könnte (und sich deswegen Vorwürfe machen könnte), erkennt Stirner, dass eine solche Pflicht gegen sich selbst nur denkbar ist, wenn der Einzelne sich in mehrere aufspaltet: »Ich habe gegen andere keine ›Pflicht‹, wie ich nur so lange eine Pflicht habe (z. B. Selbsterhaltung, also nicht Selbstmord), als ich mich von mir unterscheide.«[40]

10. Übersicht: Von der Einstellung zur Lebensgeschichte

Die Pfeile bedeuten: bestimmen. Die Einstellungen bestimmen die Gefühle, bestimmen die letzten Ziele und so weiter, das Handeln bestimmt schließlich das menschliche Schicksal, seine Lebensgeschichte.

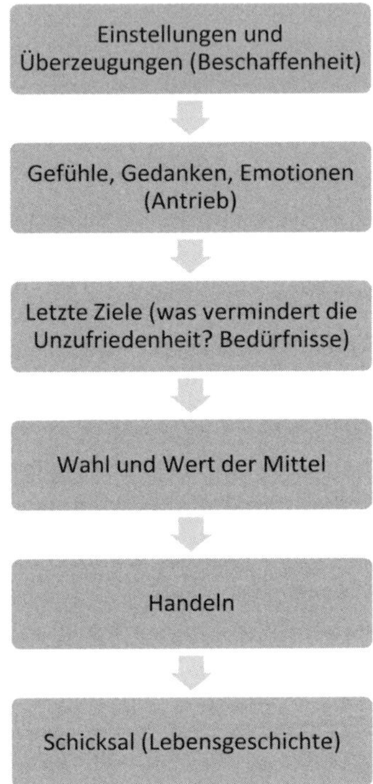

Anmerkungen zu Kapitel IV

1 Stadtmüller, 2010, S. 17.
2 Frankl, 5. Auflage 2014, S. 205 ff.
3 Frankl, 5. Auflage 2014, S. 205 f.
4 Die Yogis unter den Lesern, die Einschlafen durch verschiedene Techniken bewusst herbeiführen können, haben diese Begrenzung überwunden (Moksha). Aber für die Menschen, die diese Techniken nicht beherrschen, ist Einschlafen in der Regel nicht unmittelbar »erzwingbar«.
5 Maturana und Varela, 2015, S. 187 f.
6 Maturana und Varela, 2015, S. 187 f.
7 Mises, Human Action, 1949, S. 46.
8 Mises, Human Action, 1949, S. 28.
9 Maturana und Varela, 2015, S. 53.
10 Der Rand grenzt das Lebewesen ab, aber es ist eine durchlässige Grenze. Das Lebewesen steht in einer ständigen Austausch- und Wechselbeziehung mit seiner Umwelt.
11 Goethe, o. J., S. 878.
12 Maturana und Varela, 2015, S. 56.
13 Stirner, 2016, S. 132.
14 Maturana und Varela, 2015, S. 85, 91.
15 Maturana & Varela, 2015, S. 111.
16 Stirner, 2016, S. 292.
17 Stadtmüller, 2010.
18 Stadtmüller, S. 18.
19 Stadtmüller, S. 9.
20 Stadtmüller, S. 30.
21 Maturana und Varela, 2015, S. 91.
22 Maturana, 1985, S. 57.
23 Wolf und Merkle, 2016, S. 16.
24 Vergleiche: Wolf und Merkle, 2016, S. 29.
25 Mises, Human Action, 1949, S. 24.
26 Mises, Human Action, S. 99.
27 Mises, Human Action, S. 177.
28 Stirner, 2016, S. 299.
29 Stirner, S. 305.
30 Szasz, 1961.
31 Szasz, 1961, Abschnitt 4, E-Book.
32 Szasz, 1961, Abschnitt 1, E-Book.
33 Szasz, 1961, Abschnitt 7, E-Book.
34 Stadtmüller, 2010, S. 9.
35 Mises, Letztbegründung der Ökonomik, 2016, S. 75 ff.
36 Mises, Letztbegründung der Ökonomik, S. 75.
37 Mises, Letztbegründung der Ökonomik, 2016, S. 73.
38 Stirner, S. 317 f.
39 Hierzu mehr im Anhang unter 2., Praxeologisch informierte Psychologie, Yoga und Wu wei
40 Stirner, S. 280, 322.

KAPITEL V

BESITZ – HANDELN MIT SACHEN

1. Haben – tatsächliche Gewalt (Kontrolle) über eine Sache

Der Besitz (Haben) als praxeologische Einordnung (Kategorie) ist das Haben einer Sache in dem Sinne, dass der Besitzer die tatsächliche Kontrolle über ein Mittel (Sache) ausübt. Er hat die Gewalt über eine Sache (Mittel), also die Möglichkeit, mit der Sache nach seinem Belieben zu verfahren, und zwar in dem Umfang und in der zeitlichen Dauer, soweit und solange er sie in seiner Gewalt hat, er also vermag, sie als Mittel zu verwenden.

> *»Dieses Haben kann man als das natürliche oder Ureigentum in dem Sinne bezeichnen, als es ein rein physisches Verhältnis des Menschen zu den Gütern darstellt, das von dem Bestand gesellschaftlicher Beziehungen zwischen den Menschen und von der Geltung einer Rechtsordnung unabhängig ist. Die Bedeutung des rechtlichen Eigentumsbegriffes liegt gerade darin, dass er zwischen dem physischen Haben und dem rechtlichen Habensollen unterscheidet. […] Doch wirtschaftlich ist nur das natürliche Haben von Belang.«*[1]

Es ist also nicht der juristische Besitz im Sinne eines bloßen Nutzungsrechtes gemeint, sondern die Kontrolle über eine Sache, und damit auch die Möglichkeit, mit einem anderen jederlei Verabredung über das Mittel zu treffen, es also zu verkaufen oder zu verpfänden oder zu verleihen und dergleichen.

Wie der Wert ist der Besitz nicht intrinsisch, also in der Sache selbst liegend, sondern es ist eine Kategorie (Art) des Handelns, nämlich des Verwendens einer Sache als Mittel, und damit hängt der Besitz vom Handelnden ab. Zum Besitz gehört immer ein Handelnder, ein Besitzer, der die Sache verwendet, der »eigentümlich« (in persönlicher Art und Weise) zu der Sache in Beziehung tritt. Ohne einen Handelnden gibt es nur Dinge. Erst ein Handelnder, der ein Ding als Mittel verwendet, macht aus einem Ding ein Mittel, eine Sache, die er verwendet.

Eine Sachherrschaft in dem Sinne, wie sie die Juristen beschreiben, also die tatsächliche »Herrschaft« einer Person über eine Sache, ist eine Metapher. Zwar hat der Besitzer die Sache, soweit es eben in seinem Vermögen steht, in seiner Gewalt, aber er »beherrscht« die Sache nicht, wie Menschen einander zu beherrschen versuchen, also durch Drohungen oder Befehle. Sie können eine Sache zwar bedrohen, aber das ist sinnlos.

Besitz im praxeologischen Sinne ist also das Haben und Habenwollen einer Sache, um es als Mittel zu verwenden.

2. Revier und Territorium (Proto-Besitz)

Die Kategorie des Besitzes kennen auch die Verhaltensbiologen. Auch Tiere wollen Güter, wie zum Beispiel ihr Territorium oder Revier, haben und verwenden. Sie jagen in ihrem Revier und verteidigen es erbittert gegen Eindringlinge.

Der Humanethologe (Biologie des menschlichen Verhaltens) Irenäus Eibl-Eibesfeldt benennt dieses Territorium als die Urform des Besitzes;[2] man kann daher auch vom Proto-Besitz sprechen, im Sinne einer Ur- oder Vor-Form des Besitzes. Wie bereits oben zum Proto-Handeln ausgesagt, ist dieses »Proto« keine eigenständige praxeologische, sondern eine erfahrungswissenschaftliche Kategorie (Einordnung) im Sinne einer Frühform. Betrachtet ein Verhaltensbiologe ein Lebewesen und kommt er zu der Einordnung, dass das Lebewesen absichtsvoll sein Revier, also einen Raum, nicht nur verwendet, sondern auch gegen Eindringlinge verteidigt, und dass dieses Lebewesen diesen Raum also besitzen will, geht er vom praxeologischen Konzept der Finalität aus. Er befindet sich dann nicht mehr auf dem Gebiet der Naturwissenschaften, die nur funktionale Zusammenhänge beschreiben kann, sondern der Handlungswissenschaften, also auf der Seite der »logischen Buchhaltung«, wie sie Maturana und Varela nennen, die nicht mehr die innere (neurobiologische) Dynamik des Lebewesens betrifft, sondern die äußeren Handlungen bezogen auf sein Umfeld.

Tiere verteidigen ihr Revier, weil sie sich in der Regel nicht mit familien- oder clanfremden Artgenossen austauschen. Was der andere ihnen wegfrisst, haben sie nicht mehr zum Fressen; Weibchen, die ein anderer deckt, kann der Revierinhaber nicht mehr decken.

Menschen lernten wohl erst vor einigen Jahrtausenden, dass sie nicht Schaden davon nehmen, wenn jemand in ihr Revier oder Territorium zieht, sondern sogar davon profitieren, wenn es zu einem freiwilligen Austausch mit den Fremden kommt. Das griechische Wort *katallage*, mit dem Ludwig von Mises die Marktwirtschaft auch als Katallaxie bezeichnete, bedeutet nicht nur »sich freiwillig austauschen«, sondern auch »einen Feind zum Freund machen«. Denn zu Anfang der Phylogenese (Stammesgeschichte) waren »Fremde« und »Feinde« wohl dasselbe aus der Sicht der Jäger und Sammler.

Bei Menschen in freiwilliger Kooperation kommt es durch Spezialisierung und Kapitalbildung zu einer Zunahme von »materiellem Wohlstand« auch bei einer Zunahme der Bevölkerung. Dies gilt, solange noch genug unverwendete Ressourcen in Natur vorliegen (und diese Grenze wurde bislang zwar lokal und temporär überschritten, aber nie global, außer in den gewähnten Konzepten einiger Medienarbeiter und politischer Unternehmer). Trotzdem gibt es immer noch Gruppen von Menschen, die ein Territorium für sich beanspruchen: die politischen Unternehmer. Franz Oppenheimer (1864–1943) beschrieb die Geschichte der Menschheit in seinem Buch *Der Staat* im Wesentlichen als eine Geschichte des Wirtschaftens mit zwei unterschiedlichen Mitteln: das politische Mittel *Zwang* und das ökonomische Mittel *unbehinderter Austausch*.[3] Diejenigen, die ein Territorium zur Bewirtschaftung von Menschen errungen haben, verteidigten und erweiterten dies im Laufe der Geschichte der Menschen. Immer wieder bildeten sie pyramidenartige Handlungsstrukturen wie Imperien, Lehen, Föderationen, Staatenbündnisse und so weiter, um ihr Territorium zu sichern und zu vergrößern.

Auch die heutigen politischen Unternehmer erzielen ihre Einkünfte mit dem politischen Mittel Zwang. Wichtiger scheint noch das politische Mittel der Indoktrination zu sein, damit die Menschen bestenfalls aus freien Stücken oder aus einer geglaubten Notwendigkeit heraus die Befehle der Obrigkeit befolgen.

Eine Notwendigkeit zu einem solchen »Herrschaftsterritorium« besteht für Menschen – im Gegensatz zu Tieren – aus logischen Gründen nicht. Sondern im Gegenteil. Die Gruppen, die Territorium beanspruchen, behindern nicht nur ihre eigenen »Untergebenen«, sondern auch andere Menschen. Sie hindern sie an der Zunahme ihres Wohlstandes durch zunehmende Arbeitsteilung und Nutzung der besten lokalen Ressourcen.

3. Früherer Besitz

Menschen müssen, um existieren zu können, besitzen, sie müssen zumindest den Raum einnehmen, wo sie sich körperlich befinden; sie brauchen Wasser, Nahrung und – wenn es kalt ist – Kleidung. Derjenige, der etwas zuerst besitzt, hat den Besitz nicht auf Kosten des Besitzes eines anderen erlangt; wir können ihn auch den »früheren Besitzer« nennen, also jemand, der eine Sache zuerst oder vorher hatte in Bezug auf einen möglichen oder tatsächlichen späteren Besitzer. Jeder, der nun dasselbe besitzen will, kann dies nicht tun, ohne dass der frühere Besitzer seinen Besitz an der Sache verliert. Er kann den Besitz auf verschiedene Arten in seine Gewalt bringen: Bitten, ein Tauschangebot, eine Drohung, Zwang und Gewalt kommen in Betracht.

Irenäus Eibl-Eibesfeldt hat beobachtet, dass bereits Primaten und Kleinkinder Respekt vor dem früheren Besitz kennen. Sogar Tiere wie Gorillas, die selbst keine Werkzeuge benutzen (im Gegensatz zu Schimpansen und Bonobos), kennen Besitz an Sachen, was allerdings darauf hindeutet, dass die Gorillas sich in der Evolution sozusagen »zurückentwickelt« haben, sie also dereinst den Umgang mit Werkzeugen kannten.[4] Evolution ist eben keine Einbahnstraße.

Auch Kinder zeigen nach Eibl-Eibesfeldt schon früh, dass sie sich als Besitzer dessen sehen, was sie vor einem anderen hatten. Bereits mit 10 bis 12 Monaten beginnen Kinder das, was sie als das Ihrige ansehen, zu teilen, um Kontakt mit anderen herzustellen.[5] Andererseits geben sie nur auf Bitten hin ab. Wenn ein anderes Kind sich den Besitz durch Wegnahme oder Drohung verschaffen will, dann verteidigt das Kind seinen Besitz. »Wegnehmen lässt sich ein Kleinkind nichts.«[6]

Der Respekt des früheren Besitzes anderer ist nach Eibl-Eibesfeldt das jüngere evolutorische Verhalten verglichen mit der Bereitschaft, Revier oder sonstigen Besitz zu verteidigen. Nur höher entwickelte Arten kennen es, wie zum Beispiel einige Primaten oder sozial lebende Raubtiere (z. B. Wölfe, Löwen).[7] In der menschlichen Ontogenese (Entwicklungsgeschichte des Einzelnen) entwickelt sich die Besitznorm (Verteidigung einerseits, Respekt des früheren Besitzes andererseits) erst bei 2- bis 3-jährigen Kindern.[8] Kinder unter 2 Jahren kennen die Wegnahme-Hemmung noch nicht. Sie setzen beim Besitzerwerb auf Drohgebärden oder Zwang und Gewalt. In der Ontogenese weicht also das frühere dominanzbasierte Verhalten im Hinblick auf den Besitz des anderen dem späteren regelbasierten Verhalten (Respekt des früheren Besitzers). »Die Regeln entwickeln sich spontan im Spiel mit anderen Kindern, und nicht als Ergebnis eines Eingreifens ›von Oben‹, sondern schlicht aus der menschlichen Neigung heraus, zwischenmenschliches Handeln auf regelbasierte Art und Weise zu regulieren.«[9]

4. Unterschiedlicher Besitz

a) Unterschiedlicher und zentraler Besitz

Unterschiedlicher und zentraler Besitz beziehen sich auf eine Hierarchie, also eine Über- und Unterordnung. Beim unterschiedlichen Besitz haben unterschiedliche Einzelne oder Gruppen von Einzelnen Güter und verwenden diese, beim zentralen Besitz bestimmt ein Einzelner oder eine Gruppe über alle Güter.

Wenn beispielsweise eine Gruppe bezogen auf ihr Territorium (Revier) festlegt, wem welche Güter zustehen, und sie Güter wegnimmt und zuteilt, dann sieht sie sich als (Ober-)Besitzer all dieser Güter – und wenn und soweit diese Gruppe dies vermag, also die Gewalt dazu hat, ist sie im praxeologischen Sinne auch Besitzer dieser Güter.

Beispiele solcher Gruppen sind heute politische Unternehmer, die dies allerdings nur in abgeschwächten Stufen vermögen, da es von der Organisation des politischen Unternehmertums abhängt, der Überwachung und dem Widerstand der Bewirtschafteten, die beispielsweise mit sogenannten »Schwarzmärkten« oder Verstecken und Schattenwirtschaft auf die Beanspruchung des zentralen Besitzes durch die »Regierenden« reagieren können.

Unterschiedlicher Besitz im Sinne von geteiltem Besitz bedeutet die Abwesenheit von zentralem Besitz. Es gibt mehrere Besitzer und keine Hierarchie (Über- oder Unterordnung) des Besitzes, es sei denn, so eine Über- oder Unterordnung wird freiwillig gewählt, wie beispielsweise bei der Miete, wo der Mieter nicht nach Belieben mit der Sache verfahren kann, sie also nicht belasten oder veräußern kann. Unterschiedlicher Besitz bedeutet also geteilter Besitz. Nicht einer oder eine Gruppe haben alles und alle anderen haben nur in den Grenzen, die diese Gruppe bestimmt und durchsetzen kann, sondern mehrere haben etwas.

Unterschiedlicher Besitz bedeutet auch, dass Menschen Sachen und Grund und Boden unterschiedlich haben können, also auf unterschiedliche Art und Weise. Beispielsweise können Menschen einen Wald, eine Alm oder Weideflächen zum Spazierengehen nutzen, der Waldbauer und der Viehbesitzer hingegen nutzen sie zur Forst- und Weidewirtschaft. Beide sind dann Mitbesitzer. Besitz ist eben ein geistiges Konzept und bedeutet: Jemand hat es in seiner Gewalt, über etwas zu verfügen, soweit und solange er es vermag, darüber zu verfügen. Sowohl die Fußgänger als auch die Wirte haben Gewalt über den Wald, die Alm oder die Weiden. Dass es nur einen Besitzer einer physikalischen Sache geben müsste, ist nicht von vornherein so. Die Grundstücke der Menschen werden überflogen, die Fußgänger nutzen die schönen Hausfassaden, um sich am Anblick zu erfreuen, der Baum im Garten des einen spendet seinem Nachbarn Schatten (oder nimmt ihm die Sonne).

b) Echte und unechte Monopole

Ein Monopol setzt voraus, dass ein Einzelner oder eine Gruppe an einem bestimmten Ort (Raum) die komplette Quantität (Menge) einer Sache identischer Qualität (Art) hat, also besitzt. Im Hinblick auf den Raum, den jemand zu einem bestimmten Zeitpunkt einnimmt, ist jedermann Monopolist, weil jeder Raum jederzeit nur einmal besetzt werden kann. Wenn A eine Ware W am Ort anbietet und kein anderer an dem Ort ebenfalls die Ware W anbietet, ist er ein sogenannter lokaler (örtlicher) Monopolist. Wenn A Weizenmehl anbietet und B Roggenmehl und die örtliche Entfernung der beiden spielt aus Sicht der Kunden keine Rolle (kein lokales Monopol) und die Mehlsorten sind aus Sicht der Kunden substituierbar (ersetzbar), so hat keiner von beiden ein Monopol im ökonomischen (wirtschaftlichen) Sinne, denn zwar unterscheiden sich Weizen- und Roggenmehl aufgrund ihrer chemischen Zusammensetzung, in der Praxeologie (und die Ökonomik ist ein Teilbereich hiervon) geht es jedoch nicht um physikalische oder chemische Eigenschaften und Größen, sondern darum, wie die Handelnden auf diese reagieren. Sind für die Handelnden die Produkte gleichwertig, die Verschiedene anbieten, liegt kein Monopol vor.

Hingegen können physikalisch exakt gleiche Güter für den Handelnden unterschiedliche Güter sein. Wenn identisches Kochsalz in einer Discounter-Verpackung im Regal steht und daneben in aufwendigerer Verpackung »Markensalz« – zum doppelten Preis –, dann sind das aus der Sicht des Markensalz-Käufers unterschiedliche Güter, auch wenn sie chemisch identisch sind.

Ein weiteres Beispiel für Substitute (Ersatzgüter): Wenn Sie von einem Ende der Stadt ins Zentrum gelangen wollen, können Sie die S-Bahn nehmen, das Auto, ein Fahrrad, zu Fuß gehen, eine Rikscha nehmen, die U-Bahn, ein Uber, ein Taxi und so weiter. Für den Handelnden sind die Güter Mittel zum Zweck, in die Innenstadt zu gelangen, und wenn es zum Beispiel ein Taxi-Monopol gibt, kann der Einzelne ausweichen auf die Substitute.

Die Ökonomen sprechen vom »natürlichen« Monopol, wenn das Monopol dadurch zustande kommt, dass ein zweiter Anbieter nicht genügend Güter absetzen könnte, um seine Kosten zu decken. Gibt es zum Beispiel in einer Straße schon einen Kanalanbieter, werden sich die Kosten für einen zweiten Kanal oft nicht rechnen. Gibt es in einem kleinen Dorf schon einen Bäcker, werden sich die Kosten für eine zweite Bäckerei nicht rechnen, ein zweiter Bäcker könnte keine Überschüsse erzielen. Da diese Güter für die Einzelnen aber immer substituierbar (ersetzbar) sind, und zwar lokal (der Bäcker im nächsten Ort) oder der Art nach (Sickergrube und Rückhaltebecken statt Kanalanschluss), sind dies keine echten Monopole, sondern nur besondere Arten des Wettbewerbs. Denn für den Handelnden kommt es ja nicht auf die physikalischen oder chemischen Eigenschaften der Güter an, sondern darauf, welche Zwecke er damit verfolgt, und sein letzter Zweck ist immer die Verminderung der Unzufriedenheit.

Güter, die nicht substituierbar sind, sind solche, die das handelnde Lebewesen notwendig zum Leben braucht, also Raum (Gebiet), Wasser, Salz, Nahrung und Luft. Diese sind notwendige Komplementärgüter (notwendige Ergänzungsgüter), da ohne sie ein handelndes Lebewesen aufgrund körperlicher Vorgänge keine anderen Güter verbrauchen kann (weil es ohne sie stirbt). Sie sind als Ergänzung zu anderen Gütern immer notwendig, ohne sie sind alle weiteren Güter wertlos, da der Handelnde sie als Voraussetzung für jedes weitere Handeln braucht. Die Gruppe, die ein Monopol über solche notwendigen Komplemente (notwendige Ergänzungen) innehat, bezeichnet man auch als Gewaltmonopolisten, wenn sie im Hinblick auf ein Gebiet die Herrschaft (Gehorsam gegenüber Befehlen) verlangt.

Man kann die Monopole so auch in echte und unechte Monopole aufteilen. Im Hinblick auf unechte Monopole gibt es immer Substitute, wenngleich der Handelnde diese durchaus als unterschiedlich bewerten kann. Im Hinblick auf echte Monopole gibt es für den Handelnden keine Substitute. Gewaltmonopolisten, die ein Gebiet in ihrer Gewalt haben, sind lokale Monopolisten, solange nicht ein Monopolist alles Gebiet kontrolliert oder die Menschen nicht eingeschlossen werden in dem Gebiet, wie dies zum Beispiel in der DDR der Fall war.

Kein eigenes Kriterium (Merkmal) eines Monopols ist das Kartell. Es ist einfach nur eine Art und Weise der Betrachtung der Gruppe, die das Monopol hält. Verbinden sich zum Beispiel mehrere Gewaltmonopolisten zu einer Föderation (Bundesstaat) oder zu einem Staatenbund, dann kann man von einem Kartell aus politischen Unternehmern sprechen; man könnte aber ebenso sagen, die Gruppe derjenigen, die ein Monopol hält, hat sich geändert.

Historisch noch nicht vorgekommen sind die Fälle, dass eine Gruppe sämtliches Wasser, Salz oder sämtliche Luft in ihre Gewalt gebracht hätte. Da aber die »Herrschaft« über eines der Komplementärgüter ausreichend ist, um ein echtes Monopol aufzurichten, ist es aus der Sicht der Monopolisten auch nicht notwendig. Sie eigneten sich historisch den Besitz an dem Grund und Boden, also dem Raum an, den Proto-Besitz schlechthin, und wehrten andere ab oder verbündeten sich mit anderen, um die Monopole auszudehnen (Föderation, Staatenbund) oder unterwarfen konkurrierende Monopolisten (Imperium, Reich).

Für die meisten Ökonomen waren nicht so sehr die Monopole das Problem, und mit dem Gewaltmonopol haben sie sich meist nicht auseinandergesetzt, sondern es als »gegeben« akzeptiert, sondern Monopolpreise in Bezug auf substituierbare Güter. Monopolpreise sind solche Preise, bei denen der Veräußerer einen höheren Ertrag erzielt, wenn er eine geringere Menge eines gegebenen Vorrats absetzt, oder den Preis so hoch stellt, dass er bei geringerem Absatz einen höheren Gewinn erzielt. Dies sei ihm bei Konkurrenz (Wettbewerb) nicht möglich, meinen manche Ökonomen, weil der Konkurrent dann zu einem niedrigeren Preis zum Zuge kommen könnte und dann zwar einen kleineren Gewinn machte, aber der teurere Anbieter zu dem höheren Preis eben nur noch eine Menge absetzen könnte, bei dem der Gewinn niedriger ausfiele, als wenn er ohne Konkurrenz wäre.

Jedoch: Auch bei Konkurrenz versucht jeder Konkurrent den Preis so hoch zu stellen, dass er den optimalen Ertrag erzielt, also das Rechenprodukt aus der Anzahl der abgesetzten Güter und Preise. Auch bei Konkurrenz versucht ein Hersteller, nicht einen gesamten Vorrat zu veräußern, sondern mit einem gegebenen Vorrat den höchsten Preis zu erzielen. Dazu werden auch Preisdiskriminierung (Schlussverkauf, Sonderpreise) eingesetzt, die Waren werden zu – aus Sicht der Kunden – unterschiedlichen Waren (Bio-Kartoffeln statt konventionell angebauter Kartoffeln, Markensalz, Markenwaschmittel usw.). Bei Markenwaren ist jeder Monopolist im Hinblick auf seine Ware. Ein Monopolist hat keine besonderen Vorteile, es sei denn, sein Monopol beruht nicht auf dem Haben eines substituierbaren Gutes, sondern auf der Drohung des Gewaltmonopolisten, alle anderen, die dasselbe anbieten wollen, letztlich mit Gewalt davon abzuhalten. Auch dann ist das Gut noch substituierbar (ersetzbar), solange es kein notwendiges Ergänzungsgut ist, aber innerhalb des Bereiches, in dem der Gewaltmonopolist Konkurrenz ausschließt, haben bestimmte Gruppen ein echtes Monopol auf diese Güter.

Begrenzt werden die Monopolpreis-Margen bei unechten Monopolen durch:

1. Substitute und
2. Entfernung (Transportkosten) bei lokalen unechten Monopolen.

Eben wie auch bei anderen Produkten die Angebote anderer die Margen begrenzen.

5. Unmittelbarer und mittelbarer Besitz

Mittelbarer und unmittelbarer Besitz bedeutet im praxeologischen Sinne etwas anderes als im juristischen Sinne. Juristisch ist zum Beispiel bei der Miete der Vermieter der mittelbare Besitzer und der Mieter der unmittelbare Besitzer. Damit ist gemeint, dass der Mieter das Recht zu seinem tatsächlichen Besitz der Sache vom Vermieter ableitet. Der Mieter kann juristisch nur die Nutzungen ziehen, aber nicht zum Beispiel die gemietete Wohnung verkaufen oder verpfänden. Er hat also nicht die volle Verfügungsgewalt über den Gegenstand. Der Vermieter hingegen hat die Wohnung finanziert und trägt die Lasten für die Instandhaltung und Instandsetzung. Praxeologisch kann hierzu gesagt werden, dass Handelnde dies friedlich und freiwillig vereinbaren können.

Auch das Lehen aus dem Feudalwesen kann als Besitzmittlungsverhältnis verstanden werden. Der Lehnsherr ist mittelbarer Besitzer (Ober-Besitzer), der Lehnsmann unmittelbarer, zieht also die Nutzungen, hat aber keine Gewalt über die Veräußerung oder Verpfändung der Sache, die er nutzt – oder nutzen darf. Wir werden später noch eingehend behandeln, wie sich solche vertraglich vereinbarten oder auf Herrschaft und Befehl beruhenden Besitzverhältnisse von vornherein unterscheiden.

Praxeologisch meint mittelbarer oder unmittelbarer Besitz etwas anderes als juristisch, und zwar, dass der unmittelbare Besitzer *für einen anderen*, den mittelbaren Besitzer, besitzt. Wenn Menschen oder Gruppen von Menschen Produktionsmittel wie Acker, Weide, Vieh, Pflug, Mühlen und so weiter autark (für sich selbst ohne Austausch mit anderen) besitzen, dann besitzen sie nur für sich. Ebenso im Hinblick auf Verbrauchsgüter, die die Menschen für ihren eigenen Verbrauch verwenden wollen. Anders wenn jemand Produktionsmittel besitzt, die er nicht für sich besitzt, sondern mit denen er Güter herstellt, die er anderen anbietet. Dann ist der unmittelbare Besitzer im juristischen Sinne zwar beides, der juristische Eigentümer und der juristische Besitzer, aber im praxeologischen Sinne besitzt er für die Kunden, denen er seine Angebote unterbreitet. Denn er ist darauf angewiesen, dass die Kunden, die seine Angebote ja jederzeit ablehnen können, mit den Preisen, die sie für die Güter bezahlen, sämtliche Aufwendungen decken, die ihm bei der Herstellung der Güter entstehen; sonst erleidet er Verlust, und bei dauerhaftem Verlust verliert der Produzent sein Kapital und es steht dann für andere Branchen oder – aus Sicht der Kunden – leistungsfähigere Produzenten zur Verfügung. Der juristische Eigentümer-Produzent ist aus praxeologischer Sicht also lediglich der Sachwalter der Kundeninteressen. Wenn kein Kunde von dem Produzenten gezwungen wird zu kaufen, sind die Kunden und nicht der Produzent die »Herren« des Produktionsprozesses.

Bei fortschreitender Spezialisierung gibt es eine Tendenz, dass der Besitz der Produktionsmittel im Hinblick auf eine Branche sich in einer Hand oder wenigen Händen konzentriert (ansammelt). Nehmen wir zum Beispiel eine Weidewirtschaft, die eine Dorfgemeinschaft im geteilten Besitz betreibt. Die Weiden wären also das Gemeingut (Allmende). Wenn nun die Regelung zwischen den Besitzern derart ist, dass der Besitz nicht nur die Nutzung bedeutet, sondern dass jeder seinen ideellen Anteil (zum Beispiel ein Achtel bei acht Wirten) übertragen kann, dann besteht eine Tendenz, dass der produktivste (am besten im Hinblick auf Kosten und Preise) Wirt oder die produktivsten Wirte am Ende die Weide innehaben werden. Wenn es den Beteiligten auf einen höheren Ertrag ankommt und nicht etwa auf Selbständigkeit oder die Erhaltung der Gemeinschaft. Wie bereits beschrieben (oben unter Wert), kann der Wert eines Gutes oder Produktionsmittels ermittelt werden aus dem Wert der abgezinsten Erträge, die in Zukunft erwartet werden (Discounted Cash Flow). Da ein effizienterer (produktiverer) Produzent höhere Erträge erwirtschaften kann, kann er dem weniger effizienten Wirt einen Preis bieten, der die Summe der abgezinsten Erträge, die der weniger produktive erwirtschaften kann, übersteigt. Ein Schaden entsteht dadurch niemandem, denn der mögliche Verkäufer kann das Angebot freiwillig ablehnen. Infolge des notwendigen Mehrertrags der Arbeitsteilung kommt es in der Tendenz vielmehr dazu, wie in Kapitel XIV, Abschnitt 2 detailliert gezeigt wird, dass die Gütermenge insgesamt zunimmt, und zwar selbst dann, wenn einer in allem besser (spezialisierter) ist als der andere, aber trotzdem jeder das tut, was er am besten kann.

In einer autarken (selbstversorgenden) Wirtschaft müssen Sie oder die Gruppe, der Sie angehören, sämtliche Produktionsmittel selbst innehaben, Sie müssen unmittelbarer Besitzer sein. Wenn Sie Kaffee genießen möchten, müssen Sie also über Kaffeepflanzen verfügen, wenn Sie Zucker haben möchten, über Zuckerrohr oder Zuckerrüben und so weiter. In der arbeitsteiligen Verkehrswirtschaft sind Sie hingegen mittelbarer Besitzer einer Kaffeeplantage insofern, dass der Inhaber der Kaffeeplantage für Sie als Kunden produziert, er Ihnen also Kaffee anbietet. Tatsächlich sind dazwischengeschaltet heute Rohstoffmärkte, Logistik, Großhändler und Verbrauchermärkte etc., aber am Ende der »Kette« stehen die Verbraucher, die mit den Preisen sämtliche Aufwendungen bezahlen müssen. Damit bestimmt letztlich der Verbraucher, was hergestellt wird, und in diesem Sinne ist er mittelbarer Besitzer und in diesem Sinne besitzen alle vorhergehenden Produzenten für ihn.

6. Besitz und Eigentum – Abgrenzung

Besitz und Eigentum sind für Juristen und Praxeologen unterschiedliche Gegenstände. Für den Juristen ist das Eigentum die »absolute« Verfügungsgewalt über eine Sache, also nicht nur die Nutzung, sondern auch die Veräußerung oder Verpfändung. Eigentum ist ein Rechtstitel; ein Dieb kann zwar Besitzer einer Sache werden, aber nicht juristischer Eigentümer.

Ich habe Besitz im praxeologischen Sinne als die Kontrolle über eine Sache beschrieben, also die Möglichkeit, damit nach Belieben zu verfahren. Und in der Tat, zwei Parteien, die Besitzer einer Sache sind, können alles Mögliche in Bezug auf die Sache ausmachen, ohne dass es Eigentums bedarf. Ludwig von Mises beschrieb den praxeologischen Unterschied wie folgt:

> *»Die Bedeutung des rechtlichen Eigentumsbegriffes liegt gerade darin, dass er zwischen dem physischen Haben und dem rechtlichen Habensollen unterscheidet. […] Doch wirtschaftlich ist nur das natürliche Haben von Belang. Die wirtschaftliche Bedeutung des rechtlichen Habensollens liegt allein in der Unterstützung, der es der Erlangung, Erhaltung und Wiedergewinnung des natürlichen Habens leiht.«*[10]

Und auch Max Stirner war der Unterschied zwischen Besitz und Eigentum in diesem praxeologischen Sinne bereits bekannt:

> *»Mein Eigentum ist kein Ding, da dieses eine von mir unabhängige Existenz hat; mein eigen ist nur meine Gewalt [mein Vermögen]. Nicht dieser Baum, sondern meine Gewalt oder Verfügung über ihn ist die meinige. Und diese Gewalt oder Verfügungsmacht des Einzelnen über eine Sache wird allein dadurch permanent und ein Recht, dass andere ihre Gewalt mit der seinigen [des Eigentümers] verbinden.«*[11]

Diese Unterstützung, die die Einzelnen sich gegenseitig gewähren bei der Erhaltung ihrer Verfügungsgewalt über Sachen, das ist das rechtliche Eigentum im praxeologischen Sinne.

Das einseitig auf Widerruf »versprochene« Eigentum einer Gruppe politischer Unternehmer ist das, was die Juristen heute unter Eigentum verstehen. Die beiden Arten des Eigentums unterscheiden sich von vornherein und diametral. Einmal ist es vereinbartes Eigentum und ein andermal »belehntes Eigentum«, weil ein anderer nicht durch Vereinbarung, sondern kraft seines Gewaltmonopols die Regeln festlegt – er sieht sich als Ober-Eigentümer über alles. Manche sehen daher Tribut oder Steuern als Raub an, wohingegen ein politischer Unternehmer eher meinen wird, das Eigentum sei ja überhaupt erst dadurch zustande gekommen, dass es »der Staat gewährt«. Und dieses Gewähren, diese Gnade sozusagen, könne der politische Akteur natürlich auch jederzeit wieder entziehen.

7. Geld – Gut oder Schein-Gut?

Heutiges Geld wird – mittlerweile auch von der Bundesbank selbst – als Fiat-Geld bezeichnet, weil es nicht durch Vereinbarung oder Sitte und Gebrauch entstandenes Geld ist, sondern weil die Gruppe von Einzelnen, die das Gewaltmonopol behaupten können, durch eine Anordnung das Geld sozusagen durch das »Wort« geschaffen haben. »Fiat« ist dabei keine Anspielung auf eine Automarke, sondern auf die biblische Schöpfungsgeschichte, in der der Schöpfergott (Demiurg) auch durch das Wort die Welt »ins Leben ruft«: *»Fiat lux, et facta est lux!«* (Es werde Licht, und es ward Licht!)

Heutiges Zentralbankgeld wird durch Kreditvergabe an die Geschäftsbanken oder Ankäufe von Assets (Vermögensgegenständen) seitens der Zentralbanken geschaffen. Das Buchgeld der Geschäftsbanken entsteht ebenso durch Ankäufe von Assets durch die Banken und durch Darlehensvergabe. Ein Einlösungsversprechen gegen einen Vermögensgegenstand der ausgebenden Zentralbank im Hinblick auf das Zentralbankgeld, also für den Endverbraucher die Banknote, besteht ebenso wenig wie ein Einlösungsversprechen des Buchgeldes gegen einen Vermögensgegenstand der Geschäftsbank. Die Geschäftsbanken müssen im Zahlungsverkehr mit anderen Banken um etwaige Salden auszugleichen (Zahlungsspitzen), Zentralbankgeld vorhalten, welches sie auch als Buch-Zentralbankgeld auf Konten bei der Zentralbank vorhalten können. Der Kunde, der eine Nicht-Bank ist, kann lediglich die Herausgabe von Banknoten verlangen.

Kritik einiger ist nun, dass die heutigen, meist staatlichen Zentralbanken im Verbund mit den Geschäftsbanken ihre Noten bzw. ihr Buchgeld nicht mehr gegen Warengeld, also beispielsweise Edelmetalle, eintauschen. Das Papiergeld sei so nicht durch Warengeld, das intrinsischen Wert hat, gedeckt. Diese Kritik ist von daher falsch, da es keinen intrinsischen Wert einer Sache gibt, wie wir bereits oben ausführlich erläutert haben. Gold oder auch Kryptowährungen können anhand ihrer chemischen Eigenschaften oder mit informatischen Verfahren eindeutig als solche Gegenstände identifiziert werden, wohingegen Banknoten aus Papier bestehen und Buchgeldkonten eine Aufzeichnung von Schulden der Bank gegenüber den Einlegern darstellen, also das zugrunde liegende »Material« nicht die Ursache für die Wertschätzung ist, sondern die wirtschaftliche Bedeutung des Aufgezeichneten. Aber auch Gold hat keinen intrinsischen Wert, da Wert vom Bewertenden herstammt und nicht vom Ding her. Eine Goldmünze ohne einen handelnden Einzelnen, der ihr Wert beimisst, weil er sie als Mittel verwenden möchte, ist wertlos. Die Bezeichnung Warengeld macht aber insofern Sinn, weil der Wert, den die Menschen dem Gold oder Silber beimessen, nichts mit dem Herausgeber des Edelmetalls zu tun hat, wie dies bei Fiat-Geld der Fall ist, sondern dass sie dem Ding an sich anhand seiner chemischen Eigenschaften selbst Wert beimessen.

Die Eigentumsökonomik erkennt: Wenn Kreditbanken ihre Kredite nur gegen gute Sicherheiten vergeben und die Kreditbanken selbst über in diesem Geld bewertete Vermögensgegenstände verfügen, ist das Geld, das sie ausgeben, keinesfalls wertlos, auch wenn es keine Referenz mehr zu Gold oder Silber hat. Verkauft jemand einer Bank etwas gegen das von ihr herausgegebene Geld oder verpfändet jemand eine Sache oder ein Wertpapier, um von einer Bank das hierfür herausgegebene Geld zu erlangen, dann hat er das, was er hingibt, niedriger bewertet als das, was er erhält. Er verspricht also Zins zu zahlen und Sicherheit zu stellen, dafür dass er das Geld, also das tauschfähigste Gut, erhält. Der Verkäufer oder Kreditnehmer wird das freilich nur tun, wenn er das Geld auch verwenden kann, um seinerseits seine Schulden bei Nicht-Banken, die aus Kauf- oder Arbeits- oder Dienstverträgen stammen können, tilgen zu können. Für den Kreditnehmer besteht der Wert des Zentralbank- und Buchgeldes darüber hinaus darin, dass er sein Pfand auslösen kann, also die zur Verfügung gestellte Sicherheit. Ein nicht unwesentlicher Punkt ist zudem, dass die Bürger ihre Steuerschulden in dem »staatlich angeordneten Geld« bezahlen können, und bei Staaten, die einen Großteil und oftmals mehr als die Hälfte der Einkommen der Bürger als Gebühren, Beiträge, Steuern und Umlagen fordern, ist dies ein bedeutender Grund für die Nachfrage nach dem Fiat-Geld, da im Falle der Nichtzahlung schwerer Schaden droht.

Im Hinblick auf das Fiat-Geld wird kritisiert, dass es schwer vorstellbar ist, dass ein solches »System« von Fiat-Geld ohne Referenz (hier: Eintauschmöglichkeit) zu einem materiellen (stofflichen) Warengeld freiwillig entstanden wäre. Das Fiat-Geld könne nur durch staatlichen Befehl (*Fiat!* Es werde!) in die Welt gekommen sein. Dies ist eine historische Kritik und keine handlungslogische. Die Praxeologie braucht sich an dieser Stelle nicht damit zu beschäftigen, wie die historischen Vorgänge im Einzelnen waren, die zu der Entstehung des heutigen Fiat-Geldes geführt haben, also ob es denkbar wäre, dass eine Kreditbank in einem ersten Akt Geld durch die »Monetarisierung« (das Vermögen in Geld umwandeln) ihres eigenen Vermögens und des Pfandes des Kreditnehmers ohne Referenz (Eintauschmöglichkeit) zu einem vorher gebräuchlichen Warengeld erzeugen kann, wie dies die Vertreter der Eigentumsökonomik behaupten. Für die Praxeologie ist Geld das gebräuchlichste Tauschmittel, und auch das Fiat-Geld wird von den Menschen höher bewertet als die verkauften Güter, für das sie mit dem Fiat-Geld bezahlen.

Eine Folge der Nicht-Eintauschbarkeit ist allerdings, dass die begrenzende Wirkung der materiellen Knappheit des Goldes bei Fiat-Geld nicht vorhanden ist, sodass die staatlichen Notenbanken alleine durch die Ankäufe von Wertpapieren – und auch Schuldverschreibungen des ihr übergeordneten Staates – die Geldmenge beliebig erhöhen können. Bei Gold gibt es eben keinen Herausgeber, sondern nur Produzenten, und die Solvenz des Produzenten ist im Goldstandard unmaßgeblich. Alleine der Feingehalt und das Gewicht, also die chemischen und physikalischen Eigenschaften des Metalles, sind für die mit Gold Handelnden von Wichtigkeit. Kauft nun eine Notenbank Wertpapiere von den Geschäftsbanken oder Nicht-Banken oder vom Staat, erhöht sie die Menge des Geldes, wie es eine Notenbank nicht könnte, die der Gefahr ausgesetzt wäre, dass ihre Kunden ihre Liquidität im Grundgeld Gold testen könnten. Die Zentralbank kann die Grundgeldmenge theoretisch beliebig erhöhen, was zu einer Entwertung des Geldes führen kann, denn bei gleichem Güterangebot und erhöhter Geldmenge sinkt der Grenznutzen der Geldbesitzer für ihre Geldeinheiten, und sie sind in der Tendenz bereit, höhere Preise zu bieten. Die Ersparnisse derjenigen, die in Grundgeld, Buchgeld oder auf Grundgeld lautenden Schuldtiteln gespart haben, werden so entwertet. Und die Erstbesitzer des neuen Geldes haben den Vorteil, noch zu den alten Preisen kaufen können. Und alle, die sich mit Bezug auf das Grundgeld bei den Geschäftsbanken verschuldet haben, haben einen Vorteil, da sich diese Schulden aufgrund der Inflation (Zunahme der Geldmenge in Grund- und Buchgeld) unter sonst gleichen Umständen verringern.

Aber auch ein Goldstandard kann vor einer solchen Entwicklung nicht grundsätzlich schützen; denn gibt es einen Gewaltmonopolisten, der auf seinem Gebiet auch die Gewalt über die Zentralbank und die Geschäftsbanken hat, kann er den Goldstandard jederzeit aussetzen oder aufheben, wie dies – insbesondere zu Kriegszeiten – bereits häufiger geschehen ist. Auch ein Einzug des Goldes der Bürger hat historisch immer wieder stattgefunden, sodass die Bürger gezwungen wurden, ihr körperlich gehaltenes Gold gegen Androhung empfindlicher Haftstrafen an die Gruppe der Gewaltmonopolisten abzuliefern. Solange es einen Gewaltmonopolisten gibt, der im Hinblick auf ein Gebiet seine Gewalt stets durchzusetzen vermag, ist alles Vermögen der anderen dem Zugriff dieser Gruppe von politischen Akteuren ausgeliefert, egal ob es Geld ist, Ersparnisse oder Vermögen (Zwangsabgaben), Arbeitskraft (Zwangsarbeit) oder Wehrfähigkeit (Militärzwang).

Anmerkungen zu Kapitel V

1 Mises, Die Gemeinwirtschaft, 1932, S. 11.
2 Eibl-Eibesfeldt, 5. Auflage 2004, S. 482.
3 Oppenheimer, 1929.
4 Eibl-Eibesfeldt, 5. Auflage 2004, S. 488.
5 Eibl-Eibesfeldt, 5. Auflage 2004, S. 485.
6 Eibl-Eibesfeldt, 5. Auflage 2004, S. 490.
7 Eibl-Eibesfeldt, 5. Auflage 2004, S. 495.
8 Eibl-Eibesfeldt, 5. Auflage 2004, S. 490.
9 Eibl-Eibesfeldt, 5. Auflage 2004, S. 490, wobei Eibl-Eibesfeldt hier seinerseits R. Bakeman und J. R. Browne (1982) zitiert; das englische Zitat habe ich ins Deutsche übersetzt.
10 Mises, Die Gemeinwirtschaft, 1932, S. 11.
11 Stirner, 2016, S. 241.

KAPITEL VI

ZWISCHENMENSCHLICHES UND AUTISTISCHES HANDELN

1. Abgrenzung – ich alleine oder du mit mir?

Nachdem die Grundsätze der Praxeologie dargestellt wurden, beginnt nun der inhaltliche Kern dieses Buches. Was können wir mithilfe der Praxeologie über zwischenmenschliches Handeln a priori aussagen? Die Ökonomik ist bereits gut praxeologisch untersucht. Aber auch politisches, gesellschaftliches, familiäres oder alleiniges Handeln sind absichtsvolles Verhalten. Und auch im Hinblick auf diese »nicht-ökonomischen« Arten zu handeln, gelten alle Schlussfolgerungen der »ökonomischen Praxeologie«, also zum Beispiel die Subjektivität der Präferenzen, die Ungewissheit der Zukunft oder das Verhältnis von Mitteln zu Zwecken. Diese Schlussfolgerungen gelten sogar für tierisches Handeln oder das Handeln von Kleinkindern. Sobald wir das Bedeutungskonzept der Finalität, des absichtsvollen Tuns verwenden, um etwas zu beschreiben, sind alle Schlussfolgerungen der Praxeologie gültig.

Auf einer ersten Ebene kann zwischen zwischenmenschlichem und autistischem (alleiniges) Handeln unterschieden werden. *Autistisch* hat in der Praxeologie eine andere Bedeutung als in der Medizin oder Psychologie. Autistisch im praxeologischen Sinne heißt, dass jemand eine Handlung ausführt, ohne dass er damit die Handlung eines anderen Menschen bewirken möchte, sondern dass er für seine Handlung nach seinem Handlungsplan keine Mitwirkung eines anderen benötigt.

Autistisches Handeln liegt nicht nur vor, wenn einer alleine handelt, also beispielsweise sich zu Hause alleine einen Pullover strickt oder Robinson Crusoe auf seiner Insel einen Vorrat an Trockenfisch anlegt, sondern auch dann, wenn ein anderer zwar betroffen ist von den Folgen einer Handlung, aber keine Mitwirkung des anderen erwartet oder benötigt wird. Ein Beispiel ist der Diebstahl, indem der Dieb ein Gut der Gewalt des früheren Besitzers entzieht. Es ist kein zwischenmenschliches Handeln, keine Kooperation (Zusammenarbeit) und auch keine Herrschaft (Drohen, Zwingen) und ebenso kein Betrug (Lügen/Täuschen), sondern der Dieb nimmt etwas weg, und dabei ist es gleichgültig, ob der Bestohlene dies bemerkt oder nicht. Er versucht nicht, ein Handeln des Bestohlenen zu bewirken, ihm geht es um die Sache, die er in seiner Gewalt wissen will.

Ein anderes Beispiel ist der Raub in folgender Variante: Entreißt ein Räuber einem anderen etwas aus dessen Gewalt oder schlägt er den früheren Besitzer nieder, liegt kein zwischenmenschliches, sondern ein autistisches Handeln vor. Anders im Falle der räuberischen Erpressung, also wenn der Räuber den früheren Besitzer mit vorgehaltener Waffe bedroht und fordert: »Geld oder Leben!« Hier liegt ein Fall zwischenmenschlichen Handelns vor, weil der Räuber in dem Beraubten die Handlung bewirken will, dass er das Geld herausgibt.

Autistisches Handeln ist im Übrigen genauso absichtsvolles Handeln wie zwischenmenschliches Handeln. Es gelten die Schlussfolgerungen der Zeitpräferenz, der Ungewissheit der Zukunft, der Unabänderbarkeit der Vergangenheit, des abnehmenden Grenznutzens etc. genauso für den autistisch handelnden Robinson auf seiner Insel. Auch er zieht eine kürzere Wartezeit unter sonst gleichen Umständen vor, auch er weiß nicht, ob seine Pläne aufgehen, auch er kann einen Fisch, den er heute verzehrt, morgen nicht noch einmal essen und auch er kann mit einem zusätzlichen Baumstamm in einem einheitlichen Vorrat nur weniger drängende Bedürfnisse befriedigen als mit den Einheiten davor.

Bei zwischenmenschlichem Handeln hingegen kommt es dem Handelnden gerade darauf an, die Handlung eines anderen Menschen zu bewirken. Vieles kann der Mensch nicht alleine schaffen, verschiedene Menschen verfügen über unterschiedliche Fähigkeiten, haben unterschiedliche Präferenzen, und den Willen eines anderen so zu beeinflussen, dass er bereit ist, eine Handlung auszuführen, die uns gefällt, ist die alltäglichste Beschäftigung der Menschen. Auf welche unterschiedliche Arten und Weisen der Wille eines anderen beeinflusst werden kann, wie wir auf feindliche, friedliche oder gar freundliche Art den Willen eines anderen für unsere Zwecke zu gewinnen suchen und was von vornherein über diese verschiedenen Arten und Weisen des Umgangs mit unseren Mitmenschen ausgesagt werden kann, davon handelt dieses Buch im Folgenden.

2. Zwischenmenschliches Handeln – miteinander oder gegeneinander

a) Freiwillige Kooperation (freundliches Handeln)

Ludwig von Mises nennt das freundliche Handeln auch katallaktisches Handeln, von griechisch *katallage*, »freiwilliger Austausch«. Es liegt immer dann vor, wenn einer die Handlung eines anderen zu bewirken sucht durch eine Bitte, ein Angebot, einen Wunsch etc. und der andere ohne Schaden ablehnen kann. Durch ein freundliches Angebot erhält der andere eine Option, ohne dass ihm dafür ein Nachteil entsteht nach der Vorstellung aller Beteiligten der Handlung. Die Beispiele sind zahlreich: ein Kaufangebot, eine Bitte, mit ins Kino zu kommen, ein gemeinsamer Ausflug etc.

Freiwillig bedeutet hier, dass der die zwischenmenschliche Handlung Beginnende dem anderen kein Übel androht für den Fall, dass der andere das Angebot oder die Bitte ablehnt, sondern dem anderen die Annahme freistellt und ihn auch nicht durch eine Lüge täuscht. Geht der andere darauf ein, können wir deshalb von vornherein sagen, dass das Ergebnis einer freundlichen Handlung immer »win-win« ist, also für beide ihre Unzufriedenheit vermindert. Denn würde es die Unzufriedenheit nicht vermindern, würden sie es nicht tun. Beide oder alle Beteiligten gewinnen aus ihrer jeweiligen Sicht.

b) Erzwungene Kooperation (feindliches Handeln)

Die erzwungene oder feindliche Kooperation ist in mehrerlei Hinsicht das Gegenteil einer freundlichen Kooperation. Der österreichische Wirtschaftsphilosoph Rahim Taghizadegan nutzt hierfür auch den Begriff »kratisches Handeln«, von griechisch *kratein*, das so viel wie herrschen oder beherrschen bedeutet.[1]

Drohung

Drohung ist die Ankündigung eines Übels, also eines Ungutes, dessen Zufügung bei dem Bedrohten ein Grenzleid auslösen soll, das also dazu dient, seine Unzufriedenheit zu vermehren und nicht zu vermindern. Nach dem Willen des Drohenden soll der Bedrohte den angedrohten Schaden fürchten, und zwar so sehr, dass er das Grenzleid (konkretes Leid), der Drohung Folge zu leisten, niedriger bewertet als das Grenzleid, das das angedrohte Übel bei ihm erwarten lässt.

Eine Drohung kann sich beziehen auf das Leben oder den Besitz des anderen, also auf den Körper und auf Sachen, die er in seiner Gewalt hat. Der Drohende verlangt vom Bedrohten ein Tun (oder Unterlassen), und er »verspricht« dem Bedrohten, ihm Schaden zuzufügen, wenn er der Drohung nicht Folge leistet.

Bei einem freundlichen Austausch schätzen beide das, was sie erhalten, höher ein als das, was sie hingeben. Beim feindlichen Handeln vermittels Drohung will der Bedrohte in erster Linie gar nicht bedroht werden. Gibt er der Drohung nach, tut er also, was von ihm verlangt wird, schätzt er den Zustand, in dem das Übel ihm nicht angetan wird und er das aufgibt, was der Drohende von ihm will, höher ein. Aber ohne die Drohung hätte er nichts aufgegeben. Die Drohung führt also von vornherein zu einer Win-lose-Situation: Der eine gewinnt auf Kosten des anderen.

Im Übrigen setze ich hier voraus, wie auch im Folgenden beim Behandeln von Zwang, Lüge, Schädigung, Wegnahme oder Gewalt, dass der Betroffene nicht mit der Handlung einverstanden ist. Jemandem gegenüber, der bedroht oder gezwungen werden will, ist das natürlich nach seinen subjektiven (persönlichen) Präferenzen (Vorlieben) keine feindliche Handlung. Die Fälle, bei dem dies bei Drohung oder Zwang infrage kommt, sind,

- wenn der Bedrohte oder Gezwungene meint, selbst nicht die Willensstärke zu besitzen, etwas zu tun oder zu unterlassen,
- oder er fälschlicherweise meint, dem Drohenden etwas schuldig zu sein, er also irrt.

Und natürlich kann der Gezwungene sein Einverständnis jederzeit wieder zurücknehmen, egal was er vorher gesagt hat. Dies folgt aus der Souveränität des Einzelnen (Kompetenz-Kompetenz) und der Vorläufigkeit der Gegenwart. Handeln findet immer in der Gegenwart statt, weshalb eine vorher gegebene Zusage durch eine später geäußerte Verweigerung praxeologisch immer widerrufen werden kann.

Zwang

Zwang ist die Androhung und Zufügung von Übeln (aus der Sicht des Handelnden) zum Durchsetzen eines Gebotes (du sollst tun) oder Verbotes (du sollst nicht tun), also eines Befehls. Es gibt den willensbeugenden Zwang (*vis compulsiva*), der dazu dient, den Einzelnen zu der geforderten Handlung zu bringen, und es gibt den willensbrechenden Zwang (*vis absoluta*), dessen Anwendung allerdings zum autistischen Handeln gehört, weil eine abweichende Willensbetätigung nicht mehr möglich ist. Ein Beispiel für einen willensbeugenden Zwang sind Zwangsgelder oder Beugehaft (Erzwingungshaft), das Anlegen einer Daumenschraube, also Folter, oder das Androhen all dieser Übel, einschließlich das Androhen von willensbrechendem Zwang. Denn bereits ein Übel anzudrohen bedeutet, einen anderen zu etwas zwingen zu wollen. Jede

Drohung ist also ein Zwang, aber nicht jeder Zwang ist eine Drohung, da das Zudrehen von Daumenschrauben oder Erzwingungshaft über eine Drohung mit einem Übel hinausgehen, weil sie bereits das Zufügen eines Übels sind.

Willensbrechender Zwang ist Gewalt in der Form, dass der andere der Gewalt nicht zu widerstehen vermag, also ein Niederschlagen, Fesseln oder Erschießen, sodass der andere gar keine Möglichkeit mehr hat, gegen die Übermacht des Zwingenden anzugehen oder aufzubegehren.

Zum Beispiel ist jedes Gebot oder Verbot der politischen Akteure zwangsbewehrt. Das heißt, es wird – nötigenfalls – mit Zwang durchgesetzt. Angesichts der Übermacht der unter der Bezeichnung Staat handelnden Einzelnen über Einzelne innerhalb und außerhalb dieser Gruppe spielt der Zwang in unserer alltäglichen Wahrnehmung keine so große Rolle. Meistens reicht ein angedrohtes Zwangsgeld, damit die Einzelnen gehorchen, also die Ge- und Verbote befolgen. Die staatlichen Zwangsmittel sind denn auch so ausgestaltet, wie wir oben beschrieben haben: Zunächst wird mit Zwangsgeld und Zwangshaft gedroht, also mit willensbeugendem Zwang, zuletzt aber steht der sogenannte unmittelbare Zwang, und damit ist der willensbrechende Zwang gemeint, also die Anwendung von »überwältigender« Gewalt.

Heute unterscheiden die Juristen und Politikwissenschaftler zwischen Staaten, die die Todesstrafe anwenden, und Staaten, die keine Todesstrafe anwenden. Das Töten eines Menschen ist immer ein letzter willensbrechender Zwang. Das Wort Strafe ist ein juristisch und historisch interpretiertes (verstandenes) Wort, aber praxeologisch gibt es keine »Strafe« in dem Sinne, dass es dem Bestraften »recht geschieht« oder dass er gegen das Gebot eines »Höheren« verstoßen habe. Praxeologisch gibt es auf dem Planeten momentan etwa sieben Milliarden handelnde einzelne Menschen, die eben einzeln oder in Gruppen handeln und die allesamt ihre eigenen Ziele verfolgen. Ob der eine das Leid, was er einem anderen zufügt, als Strafe bezeichnet oder nicht, ist unmaßgeblich. Wenn sich ein Einzelner entschlossen gegen einen staatlich angedrohten oder durchgeführten Zwang wehrt, wird schließlich Gewalt gegen ihn eingesetzt. Und wehrt er sich mit denselben Mitteln, wie sie diejenigen einsetzen, die den Zwang anwenden, also zum Beispiel mit einer Schusswaffe, wird er erschossen. Wenn Sie sich gegen eine Verhaftung wehren, deren Grund beispielsweise in einem Drogengebrauch oder in einer Nichtzahlung von Zwangsabgaben gelegen haben mag, und sie wehren sich mit denselben Mitteln, mit denen die Sie Zwingenden überwältigen wollen, also etwa mit einer Schusswaffe, werden Sie voraussichtlich bei dem Widerstand gegen die Verhaftung getötet werden. Ob die Tötung eines anderen, der sich gegen die Anwendung eines Zwanges wehrt, letztlich als Todesstrafe oder als »Anwendung unmittelbaren Zwanges« beschrieben wird, ist praxeologisch nicht entscheidend. Entscheidend ist es, wer derjenige ist, der eine zwischenmenschliche Handlung mittels Zwangs begonnen hat, denn er ist der Angreifer, und derjenige, der sich wehrt, ist der Verteidiger.

Ludwig von Mises erkannte, dass wir nicht gewohnt sind, so zu denken, dass Zwang, der von Seiten des Staates ausgeführt wird, von Einzelnen ausgeführt wird, und nicht von einem höheren Wesen, das diese Einzelnen vielleicht meinen zu vertreten. Er erkannte, dass es immer der Henker ist, der hängt, und nicht »der Staat«.[2] Wenn jemand in Uniform vor uns steht, dann ist er nach seiner Vorstellung oft nicht als Einzelner zugegen, sondern er sieht sich als Teil des Staates. Und er denkt von dem Staate wie von einem handelnden Wesen, was wir oben als Hypostasierung beschrieben haben. Nach der Vorstellung eines derart überzeugten Vollstreckungsbeamten führt er Befehle aus, er gehorcht. Für den Praxeologen sind solche nur vorgestellten Ideen von einem höheren Wesen, als dessen Teil sich der Einzelne versteht, unmaßgeblich. Auch das Tragen von speziellen einheitlichen Kleidungen und Kopfbedeckungen, also Uniformen, ändert nichts daran, was grundsätzlich und von vornherein über feindliches Handeln ausgesagt werden kann. Auch Tiersymbole auf den Uniformen, selbst wenn es sich dabei um Adler, Bären oder Löwen handelt, führen nicht dazu, dass feindliches in freundliches Handeln umgedeutet werden könnte. Wer Zwang gegen einen friedlichen Mitmenschen anwendet, handelt diesem gegenüber feindlich, unabhängig von der Kleidung oder den Ideen von höheren Wesenheiten, die dem Zwingenden dazu die »Befugnis« verleihen würden.

> *»Der Staat unterwirft, kerkert ein und tötet. Die Menschen sind geneigt, das zu vergessen, weil der gesetzestreue Bürger sich der Ordnung der Obrigkeit klaglos unterordnet, um Bestrafung zu vermeiden. Aber die Juristen sind realistischer und nennen ein Gesetz, das nicht mit Zwang durchsetzbar ist, ein unvollkommenes Gesetz. Die Autorität der menschengemachten Gesetze beruht vollständig auf den Waffen der Polizisten, die für deren Vorschriften Gehorsam erzwingen. Keine Reform kann die Arbeit einer Einrichtung zufriedenstellend verändern, deren wesentliche Aktivität darin besteht, Leid zuzufügen. Jeder Mensch strebt danach, die Gründe zu vermeiden, die ihm Leid zufügen; die Aktivitäten des Staates beruhen letztlich in der Zufügung von Leid.«*[3]

Der Grund, warum viele Menschen den Zwang nicht spüren, ist der, dass man die Ketten natürlich nur spürt, wenn man sich bewegt, also etwa einen Lebensweg wählt, der zwar friedlich oder freundlich ist, aber entgegen den Befehlen der politischen Akteure. In diesem Falle würde »die Staatsgewalt« mit ihrer ganzen Brutalität zuschlagen. Aber für gewöhnlich, so der österreichische Ökonom und Philosoph Rahim Taghizadegan, lässt sich der Deutsche durch einen eingeschriebenen Brief regieren. Dass das so ist, liegt wiederum an der planmäßigen Täuschung (Propaganda und Indoktrination), die wir im nächsten Abschnitt behandeln und die das »Hauptinstrument« von Herrschaft ist.

Beim nicht staatlichen Handeln von Einzelnen kommen vergleichbare Anwendungen von Zwang seltener vor. Wenn ein Kind nicht gehorcht, gehen die wenigsten Eltern so weit, dass sie letztlich den Willen des Kindes mit willensbeugender Freiheitsberaubung oder Schlägen beugen oder mit willensbrechender Gewalt ihren eigenen Willen durchsetzen. Streitigkeiten zwischen nicht staatlichen Einzelnen enden selten mit der Verletzung oder Tötung des Gegners, auch wenn dies vorkommt. Oftmals ergibt sich schlicht ein »Patt« in der Familie oder unter Einzelnen, und keiner setzt seine Position mit den letzten Mitteln des körperlichen Zwanges durch. Häufiger kommt es vor, dass die Einzelnen bei ihren Streitigkeiten die staatlichen Akteure (Handelnden) zu ihrer Unterstützung hinzurufen, also Gerichte oder Polizei anrufen; durch diesen Schritt sind sie dann wirklich bereit, bis zum Letzten zu gehen, um ihren Willen dem anderen aufzuzwingen, denn die staatlichen Vollstreckungsbeamten setzen den Zwang so lange ein, bis sie ihr Ziel erreicht haben. Auch das Hinzurufen von Menschen, die feindlich handeln, um gegen einen anderen vorzugehen, ist letztlich eine feindliche Handlung diesem gegenüber.

Auch wenn ein Einzelner sich der »Korrektur« zu entziehen gedenkt, wird willensbrechende Gewalt angewandt. Wenn ein Gefängnisinsasse, der beispielsweise wegen einer vergleichsweisen Lappalie eingesperrt wurde, flüchtet, so ist es nach dem Gesetz zulässig, Schusswaffen zu gebrauchen, also auch den Gefangenen zu töten. Die »Todesstrafe« bleibt also letztlich nur dann aus, wenn der Einzelne kooperiert (zusammenarbeitet), also tut, was man ihm sagt.

c) Pseudo-Kooperation: Erlogene Kooperation (betrügerisches, feindliches Handeln) und Kooperation im performativen Widerspruch (Wortbruch)

Nicht nur durch Drohung, Zwang und Gewalt, sondern auch durch Täuschung und Lüge kann ein anderer Mensch zu einer Handlung gebracht werden, die er ohne die Täuschung oder Lüge nicht vorgenommen hätte. Im Volksmund nennen wir das Betrug, wenn es in »kleinem Maßstab« ausgeführt wird. Wenn Ihnen jemand ein Stück Blei mit Gold überzogen als eine Goldmünze anbietet und Sie ihm dafür den Goldpreis zahlen, dann hat er auf Ihre Kosten etwas gewonnen. Der Handel stimmt mit seinen Präferenzen überein, aber nicht mit ihren. Ein solcher Betrug führt ebenfalls a priori zu einer Win-lose-Situation: der eine gewinnt auf Kosten des anderen. Hätte der Betrogene gewusst, dass es kein Gold ist, sondern Blei mit Blattgold überzogen, wäre er nicht bereit gewesen, den geforderten Kaufpreis zu bezahlen.

Ein anderes Beispiel ist der eheliche Betrug. Wer sich dem anderen gegenüber zur Treue verpflichtet hat und diese Treue nur vortäuscht, der veranlasst den anderen zu einem Handeln, das er bei Kenntnis des Treuebruchs nicht vorgenommen hätte. Der so Betrogene hätte bei Kenntnis der Untreue seine wirtschaftlichen, freundschaftlichen und intimen Beiträge dem anderen gegenüber nicht geleistet.

Wenn jemand Sie nach dem Weg fragt und Sie geben ihm bewusst eine falsche Auskunft und leiten ihn in die Irre, dann haben Sie dieses Vergnügen auf Kosten des Belogenen. Dabei ist es unerheblich, wieso es einem Freude bereitet, also die Unzufriedenheit vermindert, jemand anderen in die Irre zu leiten. Jede Handlung zielt auf eine Verminderung der Unzufriedenheit ab, sodass der Handelnde aus seiner Sicht gewinnt, wenn ihm die Handlung gelingt. Dass Schadenfreude zur menschlichen Natur gehört, mag man bedauern, aber es ist Teil unserer Erfahrung. Der Lügende hat also etwas davon, dass er lügt, er gewinnt aus seiner Sicht; wie jeder Handelnde einen Gewinn beabsichtigt, so tut er es auch; Gewinn im praxeologischen Sinne ist eine psychische Größe. Natürlich kann man argumentieren, dass der so nach dem Weg Gefragte keinerlei Verpflichtung hat, die Wahrheit zu sagen, und das ist richtig, wenn er sich nicht selbst hierzu verpflichtet hat. Dennoch fügt er einem anderen einen Schaden zu, und das will er auch. Genauso wie derjenige, der im überfüllten Theater »Feuer« schreit und mit dieser Lüge eine Panik auslöst, infolge derer Menschen zu Schaden gelangen.

Beim zwischenmenschlichen Handeln durch den Austausch von Verpflichtungen kann es dazu kommen, dass einer eine Verpflichtung, die er versprochen hat, nicht mehr erfüllen kann oder will, sei es, weil ihm die Mittel fehlen oder er seine Meinung geändert hat. Ob es ein »strafwürdiger« Betrug ist, der andere also von Anfang an nicht vorhatte, seine versprochene Gegenleistung zu erbringen, oder der Betreffende im performativen Widerspruch handelt, sich also erst später entschieden hat, sein »Wort zu brechen«, ist aus der Sicht des anderen gleichgültig im Hinblick darauf, dass er nicht erhält, was ihm als Gegenleistung versprochen wurde. Die zwischenmenschliche Handlung verändert sich von einer ursprünglich freundlichen in eine nunmehr feindliche Handlung.

Wenn der eine Leistung Versprechende zwar leisten möchte, aber nicht leisten kann, zum Beispiel weil er besitzlos geworden ist, führt dies ebenso zu einem performativen Widerspruch. Seine Handlung steht im Widerspruch zu seinem Versprechen zu leisten. Im Falle einer besitzlos gewordenen Person oder einer Person, die eine falsche Vorstellung davon hatte, ob sie später leisten können wird, setzt allerdings der Schädiger nicht die Mittel Zwang, Täuschung oder Gewalt ein, um die Handlung des anderen zu bewirken. Er handelt also nicht von vornherein feindlich. Aber er handelt im performativen Widerspruch, weil er seine Verpflichtung nicht wie zugesagt erfüllt. Und dem anderen Teil entsteht hierdurch ein Schaden, weil er die versprochene Gegenleistung nicht erhält.

Es ist eine Fallfrage, ob und wie die Beteiligten diesen Widerspruch später auflösen. In Betracht kommen prinzipiell Wiedergutmachung oder Vergeltung bis hin zur Vergebung. Diese Themen werden im Folgenden unter Kapitel X ausführlich behandelt.

3. Autistisches Handeln – nicht Rainman, sondern ohne dich

a) Friedliches autistisches Handeln

Autistisches Handeln kann friedlich sein, wenn einer gewinnt, ohne dass jemand anderes etwas verliert. Aus der Sicht des Handelnden – auch des einzeln Handelnden – bringt jede Handlung einen Gewinn, denn der Handelnde zielt immer ab auf eine Verminderung seiner Unzufriedenheit. Derjenige, der für sich etwas gewinnt, ohne einem anderen zu schaden, also nicht auf Kosten eines anderen, der handelt dem anderen gegenüber wenn auch nicht freundlich, so doch friedlich. Er tut ihm zumindest nichts an – und das ist keineswegs die üblichste unter den menschlichen Handlungen. Über Jahrtausende haben Menschen andere Menschen mit dem »politischen Mittel Zwang« bewirtschaftet, wie Franz Oppenheimer es nannte.

Wenn Sie also für sich in ihrem Kämmerlein einen Pullover stricken, dann verhalten Sie sich zumindest friedlich, auch wenn Sie nicht an der Verkehrswirtschaft teilnehmen.

b) Egoistisches Handeln (auf Kosten und zu Lasten von Körper, Leben, Gesundheit oder des früheren Besitzes eines anderen)

Egoistisch verwende ich ganz in der Form, in der das Suffix (Angehängtes) -ismus das andeutet, also eine Übersteigerung und Entgrenzung des autistischen (alleinigen) Handelns ins Absolute und Übersteigerte. Jeder Handelnde verfolgt seine eigenen Ziele, sodass es sinnfrei ist, jemanden als Egoisten zu bezeichnen, der seine eigenen Ziele verfolgt. Selbst der aufopferungsvollste Altruist wählt dieses Handeln für sich, denn es vermindert seine Unzufriedenheit, anderen zu helfen, aber es sind eben seine Ziele, die er gewählt hat. Mit egoistisch im praxeologischen Sinne ist gemeint, dass jemand zwar alleine (autistisch) handelt, also ohne einen anderen zu einer Handlung zu bewirken, dies aber auf Kosten und zu Lasten des anderen geht.

Störung, Beschädigung

Wenn einer einen anderen stört, auch nach dessen eigener Vorstellung, zum Beispiel durch Lärm oder Geschrei, dann handelt er dem anderen gegenüber feindlich, ohne dass er im Sinn haben müsste, eine Handlung eines anderen zu bewirken.

Es können nur Kleinigkeiten sein, aber wenn zum Beispiel ihr Sohn die Müsli-Schüssel nach Benutzung ungespült in der Küche stehen lässt und er damit rechnet, dass Sie sie später wegräumen werden, dann stört er Sie in Ihrer Ordnung; er verhält sich in diesem Sinne egoistisch.

Ebenso derjenige, der die Sachen, die ein anderer in seiner Gewalt hat, beschädigt. Wenn einer einem anderen einen Kratzer ins Auto macht, beschädigt er dessen Besitz.

Da der Handelnde immer gewinnt, sonst würde er nicht handeln, ist auch egoistisches Handeln von vornherein ein Handeln, das zu einer Win-lose-Situation führt: Der eine gewinnt auf Kosten des anderen. Und so lässt sich das Wort egoistisch auch sinnvoll verwenden. Der Bäcker, der Ihnen Brötchen anbietet, verfolgt nicht egoistische Zwecke, sondern freundliche. Ohne ihn hätten Sie nicht die Option, ein Brötchen zu kaufen, und wenn Sie seine Brötchen nicht kaufen, wird er Ihnen gegenüber auch keinen Zwang anwenden, sondern wenn er nicht genügend Kunden findet, die freiwillig seine Backwaren erwerben möchten, macht er Verlust und wird zahlungsunfähig oder überschuldet.

Das Kind, das mit seinem eigenen Spielzeug spielt, handelt nicht egoistisch, sondern schlicht autistisch und damit friedlich. Wenn ein Erwachsener oder ein anderes Kind das alleine spielende Kind zwingen, das Spielzeug abzugeben, dann handeln diese Zwingenden feindlich gegenüber dem Kind, denn das alleine spielende Kind hat weder dem Erwachsenen noch dem anderen Kind etwas getan. Das sind keine moralischen oder wertenden Beurteilungen, sondern praxeologische Aussagen in Bezug auf Handlungen, die wir von vornherein schlussfolgern können, wenn wir die subjektiven (persönlichen) Präferenzen (Vorlieben) der Beteiligten und das Kriterium des früheren Besitzes betrachten. Die Praxeologie trifft also objektive (unpersönliche) Aussagen, die von vornherein gültig sind, aufgrund der Schlussfolgerung, dass Werten und Wollen (Präferenzen) immer persönlich (subjektiv) sind. Darin liegt ihre Objektivität.

Wegnahme

Auch die Wegnahme, also das Nehmen einer Sache, die vorher ein anderer in seiner Gewalt hatte, ist eine egoistische Handlung. Der Wegnehmende erhält die Gewalt über eine Sache, mit der er jetzt nach seinem Belieben verfahren kann, auf Kosten desjenigen, der die Gewalt über die Sache verliert.

Besitz ist, wie bereits oben beschrieben, kein Ding, das unabhängig von einem Handelnden wäre, keine Eigenschaft einer Sache. Besitz schafft sich der Handelnde, der es vermag, über eine Sache nach seinem Willen zu verfügen, der sie also in seiner Gewalt hat. Das Mehr an Möglichkeit des Diebes geschieht auf Kosten des Weniger an Möglichkeiten des vorherigen Besitzers. Es handelt sich auch bei der Wegnahme um eine feindliche Handlung gegenüber dem früheren Besitzer. Der spätere Besitzer, der Wegnehmende, erhält seinen Besitz zu Lasten und auf Kosten des früheren Besitzers, der diesen verliert, sodass die Wegnahme von vornherein objektiv (unpersönlich) eine feindliche Handlung ist, und zwar aus der subjektiven (persönlichen) Sicht aller Beteiligten.

Gewalt

Gewalt beim egoistischen Handeln ist die willensbrechende Gewalt, nicht die willensbeugende. Wird ein anderer niedergeschlagen, gefesselt, sodass er sich nicht mehr wehren kann, betäubt oder getötet, ist er nicht mehr zu einer entgegengesetzten Willensbetätigung imstande. Ist der Betroffene mit der Anwendung der Gewalt nicht einverstanden, was wir für die hier besprochenen Fälle feindlichen Handelns oben vorausgesetzt haben, ist also die Anwendung von Gewalt auch von vornherein und objektiv eine feindliche Handlung, die zu einer Win-lose-Situation führt: Der Gewalt Anwendende gewinnt auf Kosten desjenigen, der die Gewalt erleidet.

Anmerkungen zu Kapitel VI

1 Taghizadegan, Gewalt, 2016, S. 105.
2 Mises, Human Action, 1949, S. 42.
3 Mises, Letztbegründung der Ökonomik, 2016, S. 139 f.

KAPITEL VII

SOZIALES (FRIEDLICHES UND FREUNDLICHES) UND ASOZIALES (FEINDLICHES) HANDELN

1. Friedlich, freundlich, feindlich und gefährlich – der Pareto-Test

Lassen Sie uns nun noch tiefer einsteigen in die Frage, wann wir von vornherein sagen können, dass ein Handeln einem anderen gegenüber friedlich, freundlich oder feindlich ist. Der italienische Ingenieur, Ökonom und Soziologe Vilfredo Pareto (1848–1923) entwarf den nach ihm benannten »Pareto-Test«. Mit diesem Pareto-Test kann man feststellen, ob eine Handlung im Hinblick auf bestimmte Mittel oder Zustände, die Menschen wertschätzen,

- für mindestens einen Beteiligten aus dessen subjektiver Sicht eine Verbesserung bringt und
- ob sich durch diese Handlung die Situation eines anderen Beteiligten aus dessen Sicht ebenfalls verbessert, verschlechtert oder sie anderen gegenüber neutral ist.

Wenn durch eine Handlung die Situation zumindest eines Beteiligten im Hinblick auf ein Pareto-Kriterium verbessert wird, ohne dass sich die Situation eines anderen im Hinblick auf dieses Kriterium verschlechtert, kann man ökonomisch (wie auch praxeologisch) von einem Pareto-Optimum sprechen oder die Handlung als pareto-optimal bezeichnen. Einer gewinnt, keiner verliert, also eine Win-neutral- oder eine Win-win-Situation. Pareto-unvergleichbar bedeutet, dass sich die Situation zwar für einen verbessert, aber auf Kosten eines anderen, die Situation ist also Win-lose.[1] Anstatt pareto-unvergleichbar wird auch der Begriff Pareto-Verschlechterung benutzt; wobei pareto-unvergleichbar sehr schön deutlich macht, dass es nicht um einen objektiven *Maßstab* geht bei dem Nutzen verschiedener Einzelner, sondern um einen persönlichen Nutzen, der zwischen zwei Menschen eben nicht anhand unpersönlicher (objektiver) Kriterien (Vergleichsmaßstäbe) verglichen werden kann. Präferenzen (Nutzen, Vorlieben) werden durch Ordinalzahlen (Ordnungszahlen) und nicht durch Kardinalzahlen (Mengenzahlen) beschrieben, weil es bei Nutzen im Sinne einer Befriedigung oder eines Leides, das jemand von einer Situation erfährt, immer um ein persönliches Vorziehen und Zurückstellen geht, also um das Vorziehen einer Situation A gegenüber einer Situation B. Man kann also von vornherein nicht sagen, wie sehr ein Schaden des einen durch einen Nutzen des anderen »aufgewogen« wird, weil eben keine Größenzahlen zur Messung verwendet werden können. Man kann tatsächlich den Wert von Menschenleben nicht gegeneinander aufrechnen im Sinne von Größenzahlen, weil Wert subjektiv ist und immer bedeutet: »Wert für wen?« Man kann auch nicht sagen, dass das Interesse des einen, von Schaden frei zu bleiben, durch das Interesse des anderen, der von dem Schaden profitiert, »aufgewogen« wird, weil die Metapher des Wiegens, also eines Größenvergleiches, nicht passt bei Werten, die keine unpersönlichen Größen sind, sondern subjektive Vorlieben. Dasselbe gilt auch im Hinblick auf ein gewähntes »öffentliches Interesse«: Es kann kein anderes Interesse »überwiegen«.

Entscheidend bei der Anwendung des Pareto-Tests sind die Kriterien, also die Präferenzen des Handelnden im Hinblick auf das, was Menschen für gewöhnlich wertschätzen, also auf den jeweiligen Gegenstand der zwischenmenschlichen Handlung, wie etwa Leben, Körper, Gesundheit, Besitz, gute Gefühle, Sicherheit etc.

2. Pareto-Kriterien

a) Leben, Körper und Gesundheit und der Besitz an Sachen

In Bezug auf Leben, Körper und Gesundheit und den Besitz an Sachen liegt bei feindlichem Handeln mit Drohung, Zwang und Gewalt und Lüge (Täuschung) stets eine Pareto-Verschlechterung für einen vor. Diese Aussage ist tautologisch (stets wahr), denn wir haben feindliches Handeln ja gerade dahingehend definiert, dass durch die besagten Mittel jemand zu einer Handlung bewegt werden soll oder mit Gewalt ein anderer angegriffen wird oder in seinen Besitz eingegriffen wird (Wegnahme). Bei allen Formen zwischenmenschlichen feindlichen Handelns zielt der feindliche Akteur definitionsgemäß darauf ab, einen anderen zu einer Handlung zu bewegen, die dieser ohne die feindlichen Mittel nicht wollen würde. Und um zu handeln, muss er zumindest seinen Körper einsetzen.

Ein Beispiel: Wer gezwungen wird, sich als Person an einen Ort zu begeben, beispielsweise bei Schul- oder Militärzwang, der verwendet seinen Körper zwar auch gemäß seiner eigenen Beschaffenheit und nach seinem eigenen Willen, aber nur weil er in der unbehinderten Verwendung seines Körpers eingeschränkt wird durch die Drohung der politischen Unternehmer. Die politischen Unternehmer gewinnen also, wenn sich der Gezwungene in die Schule oder zum Militär begibt, und der andere verliert an der unbehinderten Verfügung über seinen Körper. Er entscheidet sich nur dafür, den Drohungen nachzugeben, weil ihm die feindlichen Akteure ansonsten Zwang verschiedener Art androhen, bis hin zu dem, was die Juristen unmittelbaren Zwang nennen, also Gewalt. Die Drohung dient also dazu, dass der Bedrohte seinen eigenen Körper so verwendet, wie es der feindliche Akteur möchte, und nicht nach seinem eigenen Willen.

Ebenso kann eine Vergewaltigung nur auf Kosten und zu Lasten des Schadens an dem Körper des oder der Vergewaltigten durchgeführt werden und ist also stets eine Pareto-Verschlechterung. Im Gegensatz zu einer freundlichen sexuellen Handlung, die beiden bzw. allen Beteiligten willkommen ist. Im ersten Falle handelt es sich um ein Verbrechen, das bei dem oder der Geschädigten großen seelischen und körperlichen Schaden verursacht, im Falle des freiwilligen Handelns empfinden es die Beteiligten als Lustgewinn. Hier wird die Polarität sehr deutlich, die feindliches von freundlichem Handeln unterscheidet. Bei Einverständnis wird stets ein neues Pareto-Optimum erreicht. Fehlt das Einverständnis, sind die Präferenzen pareto-unvergleichbar und es führt daher stets zu einer Pareto-Verschlechterung. Denn das Übel, das das Vergewaltigungsopfer erfährt, kann nicht nach einem objektiven Standard verglichen werden mit dem Lustgewinn, den der Vergewaltigende erfährt. Auch wenn vier über die Vergewaltigung eines fünften abstimmen, ist es unsinnig, die Nutzen der vier dem Leid des Fünften gegenüberzustellen, weil subjektive Präferenzen mit Größenzahlen nicht sinnvoll beschrieben werden können.

Eine »Wehrpflicht« oder »Schulpflicht« kann es ohne die Zustimmung des Einzelnen im Übrigen nicht geben, da eine Pflicht voraussetzt, dass sich der Einzelne hierzu verpflichtet. Eine Verpflichtung für einen anderen zu begründen, ist schlicht nicht möglich. Es handelt sich bei der Verwendung des Wortes Pflicht anstatt dessen, was es tatsächlich ist, nämlich ein Befehl, der mit Zwang durchgesetzt wird, um einen Euphemismus, also um einen beschönigenden Ausdruck. Menschen gehen dann Verpflichtungen ein, wenn sie etwas dabei gewinnen, wie wir später noch sehen werden, sodass jede Verpflichtung ein Pareto-Optimum darstellt. Der Einsatz von Zwang führt immer dazu, dass Nutzen und Leid pareto-unvergleichbar sind. Der Nutzen, den sich der Zwingende von seinem Handeln erwartet, lässt sich nicht objektiv vergleichen mit dem Leid, das der Gezwungene erfährt. Alles, was wir sagen können, ist, dass einer auf Kosten des anderen gewinnt, und das können wir von vornherein sagen. Und dies gilt immer bei der Anwendung von Zwang, und zwar objektiv (unpersönlich), also unabhängig von der Person des Zwingenden und des Gezwungenen.

In all den Fällen des feindlichen Handelns vermittels Lüge oder Täuschung, also der Einwirkung auf die Willensentschließung durch Erzeugen einer Fehlvorstellung über die Wirklichkeit, die andere zu Handlungen oder Unterlassungen veranlasst, bei der diese zumindest den Besitz an ihrem Körper einsetzen, ergibt sich eine pareto-unvergleichbare Situation, also eine Verschlechterung für die Belogenen. Das ist keine moralische Aussage dahingehend, dass man nicht lügen sollte. Was der Mensch sollte, ist subjektiv und nicht unpersönlich aussagbar und auch nicht Bestandteil der Praxeologie als A-priori-Wissenschaft vom Handeln. Es bedeutet nur, dass der Lügner seine psychische Befriedigung erhält auf Kosten und zu Lasten des Belogenen.

Wenn ein Täuschender einen Getäuschten anlügt, um an den Besitz beispielsweise von dessen Geld zu gelangen, wie im Beispiel mit der gefälschten Goldmünze, so führt diese feindliche Handlung stets zu einer Pareto-Verschlechterung: Der Täuschende erhält den Besitz des anderen auf dessen Kosten. Ohne die Einwirkung auf den anderen durch Täuschung oder Lüge hätte der Betrogene seine Gewalt über die Sache nicht aufgegeben.

Bei einer friedlichen oder freundlichen Handlung in Bezug auf die Kriterien Leben, Körper und Gesundheit sowie Besitz an Sachen wird – ebenfalls definitionsgemäß – stets ein neues Pareto-Optimum erreicht. Diese Handlungen sind bezüglich dieser Kriterien entweder win-neutral oder win-win, führen also notwendig dazu, dass es zumindest einem besser geht, ohne dass es einem anderen im Hinblick auf diese Kriterien schlechter geht. Beim freiwilligen Austausch von Gütern zum Beispiel kommt dieser nur zustande, wenn allen Beteiligten das, was sie erhalten, jeweils mehr wert ist als dasjenige, was sie hergeben. Der Wohlstand aller hat sich nach dem Austausch also erhöht. Wohlstand ist eben nichts objektiv Messbares, sondern dem einen ist ein Motorrad etwas wert, für den anderen hat es Schrottwert. Durch den Austausch erhält der das Motorrad Weggebende unter Umständen viel mehr dafür, als es ihm selbst wert ist; er erhält das dafür, was es dem anderen wert ist, das Motorrad zu kaufen; und das ist in jedem Fall weniger, als diesem anderen das Motorrad wert ist, sonst würde er es nicht für das Motorrad aufgeben.

Das Phänomen, dass freiwilliger Austausch per se zu einer Mehrung des Wohlstandes aller Beteiligten führt, auch wenn im Einzelfall nichts hergestellt wurde, wird von vielen Menschen heute übersehen. Ebenso wie das Gegenstück hierzu, also dass etwas, das hergestellt wird, nicht den Wohlstand der Menschen erhöht, wenn diese die Mittel hierzu nicht freiwillig hergeben, sondern sie ihnen durch feindliche Akte entzogen werden. Obwohl hier Mittel zu etwas Neuem kombiniert werden, etwas hergestellt wird, vermindert sich der Wohlstand der Beteiligten; aus ihrer Sicht ist es Verschwendung, wird Wohlstand vernichtet.

Auch beim sogenannten Homesteading (Erstbesiedlung), also der Erstinbesitznahme eines Grundstückes, das noch keiner besitzt oder dessen Besitz aufgegeben wurde, wird ein Pareto-Optimum im Hinblick auf den Besitz erreicht. Der frühere oder Erstbesitzer erlangt die Gewalt über das Grundstück, ohne dass ein anderer in seinem Besitz geschmälert würde. Soweit und solange er vermag, über das Grundstück zu verfügen, soweit und solange besitzt er es.

Was ein anderer bei einer Erstinbesitznahme verlieren kann, ist nicht der Besitz, den er ja gar nicht hatte, und auch nicht die Möglichkeit zum Besitz (Besitzoption), sondern lediglich die Möglichkeit zur unbehinderten Erstinbesitznahme. Ein anderer hat nach wie vor die Freiheit, dem Erstbesitzer seinen Besitz streitig zu machen oder sich mit dem anderen auszutauschen, also freundlich an dessen Besitz oder eines Teils davon zu gelangen. Handelt er mit Drohung, Zwang oder Gewalt, dann handelt er gegen den aktuellen Besitzer feindlich. Der aktuelle Besitzer kann sich gegen eine feindliche Besitzergreifung verteidigen. Aber nicht der erste Besitzer handelt feindlich, sondern derjenige, der ihm seinen Besitz streitig macht. Der spätere Besitzer hat durch die Besitzergreifung des Erstbesitzers weder Besitz verloren noch die Möglichkeit zum Besitz. Durch die Erstinbesitznahme wurde also ein Pareto-Optimum erreicht im Hinblick auf den Besitz der Beteiligten.

b) Sicherheit (Gefährdung)

Eine »erfolgreich« vollendete feindliche zwischenmenschliche Handlung ist nicht nur eine Gefährdung, sondern bereits eine Schädigung, denn der Bedrohte verliert Besitz (zumindest an seinem Körper) ebenso wie der Getäuschte. Aber schon vor Vollendung des Angriffs liegt eine Gefährdung vor. Bereits mit Ausspruch der Drohung muss ein Bedrohter mit der Zufügung des Übels rechnen, also Ausweichen, Abwehr oder Gehorsam erwägen. Das Übel steht im Raum, und das soll es ja auch aus der Sicht des Drohenden. Der Getäuschte soll aus der Sicht des Täuschenden in die Gefahr geraten, der Täuschung aufzusitzen. Ob die Drohung auch subjektiv aus der Sicht des Angegriffenen eine Gefährdung ist, hängt von der Beschaffenheit des Angegriffenen ab. Droht zum Beispiel ein kleines Kind einem erwachsenen Mann mit Schlägen, wird dieser sich wohl nicht ernsthaft gefährdet sehen.

Ansonsten ist fraglich, wann es durch eine autistische Handlung zu einer Gefährdung der Sicherheit eines anderen kommen kann. Eine egoistische Handlung wurde hier definiert als eine autistische Handlung, die von vornherein dazu führt, dass der andere an Leben, Körper, Gesundheit oder früherem Besitz verliert, sodass sich die Frage nach der Gefährdung nicht stellt, da die egoistische Handlung bereits schädigt und nicht nur die Sicherheit beeinträchtigt.

Die Juristen beschreiben die Gefährdung der Sicherheit für Besitz an Leib, Leben, Gesundheit und Sachen derart, dass die Gefährdungshandlung einen Schadenseintritt *wahrscheinlicher* macht, also dass die Möglichkeit des Schadens *naheliegt*, die Vermeidung des Schadens *nur noch Zufall* sei, es zu einem *Beinahe-Schaden* gekommen sei oder eine Situation »gerade noch mal gut gegangen« sei. Auch die Formeln *Wahrscheinlichkeit höheren Grades* oder *hohe Wahrscheinlichkeit* werden verwendet. Ebenso führe das Androhen eines Schadens bereits zu einer Gefährdung. Des Weiteren unterscheiden sie zwischen einer abstrakten (allgemeinen) und konkreten (bestimmten) Gefahr, ob also nur allgemein die Gefahr eines Schadens durch das Verhalten des Handelnden bestand oder im Einzelfall eine konkrete Gefahr für Leib, Leben, Gesundheit oder Sachen. Eine allgemeine Gefahr ist, wenn einer zum Beispiel mit dem Auto rast, aber es ist niemand da, der konkret dadurch gefährdet wird. Eine konkrete Gefahr ist, wenn einer rast und ein anderer kann sich zum Beispiel nur noch dadurch retten, dass er zur Seite springt.

Diese Beurteilung oder Prognose, wann eine Gefährdung der Sicherheit vorliegt, gehört zum Bereich des Verstehens. Es werden Aussagen darüber getroffen, welche Handlungen für eine Gefahr wie bedeutsam (relevant) waren. Die Juristen nennen das *nachträglich-objektive Prognose* (nachträglich unpersönliche Vorhersage), aber das ist falsch. Denn Relevanzurteile (Bedeutsamkeitsurteile) im Hinblick auf historische Ereignisse sind nicht nach einem unpersönlichen (objektiven) Maßstab testbar, etwa wie Experimente jederzeit von jedermann getestet werden können und die Ergebnisse verglichen anhand unpersönlicher Standards. Auch gibt es in der Einzelfall-Wahrscheinlichkeit keinen numerischen Ausdruck der Wahrscheinlichkeit, wie es ihn in der Klassenwahrscheinlichkeit der Mathematik gibt. »Sehr hohe Wahrscheinlichkeit« ist ein persönliches Bedeutsamkeitsurteil. Die Bedeutsamkeitsurteile sind aber testbar insofern, ob sie den Schlussfolgerungen der Praxeologie und Logik und den testbaren Erkenntnissen der Naturwissenschaftler widersprechen.

Wer derart handelt, dass sein Handeln mit hoher Wahrscheinlichkeit zu einem Schaden eines anderen führt, der gefährdet andere. Er handelt zwar nicht unmittelbar auf Kosten und zu Lasten ihres Körpers oder Besitzes, weil (noch) kein Schaden eingetreten ist, aber auf Kosten ihrer Sicherheit. Wenn ein Autofahrer mit 150 km/h bei Schulschluss an einer Schule vorbeifährt, dann gewinnt er seinen Zeitvorteil oder seine sonstige Befriedigung, die er davon erhält, auf Kosten und zu Lasten der Sicherheit der Kinder, weil es ihm dann nicht mehr möglich ist zu bremsen, wenn ein Kind auf die Straße läuft. Wer im Wald umherschießt, ohne sich vorher zu vergewissern und dafür zu sorgen, dass er keine Passanten treffen kann, der handelt auf Kosten und zu Lasten der Sicherheit anderer. Er hat zwar keine wie auch immer geartete vorgestellte »Pflicht«, andere nicht zu schädigen oder zu gefährden. Aber andere Menschen können reagieren auf Schäden und auch auf Gefahren, die von ihm drohen, und sie können Wiedergutmachung fordern im Falle eines Schadens und auch bereits reagieren, wenn einer andere gefährdet.

Man könnte die gefährdende Handlung also auch als egoistische Handlung einordnen und daher als von vornherein feindlich. Denn aus Sicht des Gefährdeten mag es bedeutungslos sein, ob der Gefährder ihn schädigen wollte oder lediglich rücksichtslos handelte. Ich ordne die Gefährdung jedoch als autistische Handlung ein, weil sie zwar rücksichtslos ist, aber aus Sicht des Gefährders nicht notwendig auf den Schaden eines anderen abzielt. Bei der egoistischen Handlung will der Schädiger den Schaden des anderen, auch wenn der Schädiger den Schaden nur in Kauf nimmt, um an ein anderes instrumentales Ziel zu gelangen.

Man kann die autistische Handlung also nochmals unterteilen in eine gefährliche und eine ungefährliche autistische Handlung. Da es ein persönliches Bedeutsamkeitsurteil ist, wann eine Handlung gefährlich ist, ist es nur begrenzt testbar, ob das Bedeutsamkeitsurteil zutreffend ist. Es ist testbar, ob das Bedeutsamkeitsurteil den Schlussfolgerungen der Praxeologie widerspricht oder der Logik oder der Mathematik oder ob es im Gegensatz zu den Erfahrungen der Naturwissenschaften steht. Aber es verbleibt immer eine persönliche Einschätzung im Hinblick auf den konkreten Einzelfall. Wer einen anderen schädigt, bedroht oder zwingt, weil er zu dem Urteil gelangt ist, dass dieser andere gefährlich gehandelt hat, fügt diesem anderen Leid zu. Hingegen ist das gefährliche Handeln des Betroffenen »lediglich« aufgrund eines persönlichen Bedeutsamkeitsurteils ermittelbar. Menschen, die es vermeiden möchten, anderen Leid zuzufügen, wären also angehalten, nach dem Grundsatz *in dubio pro reo* bei Zweifeln über das Vorliegen einer Gefährdung davon abzusehen, dem mutmaßlichen Gefährder Leid zuzufügen.

c) Der »gute Ruf« (Wohlwollen der anderen)

Die Verleumdung eines anderen ist die zwischenmenschlich feindliche Handlung der Lüge oder Täuschung. Wenn einer einen anderen verleumdet, also diesen Konkurrenten, egal ob geschäftlich oder im Wettbewerb um einen Partner oder Freundschaften, durch Verleumdung, also Lüge und Täuschung, beschädigt, gewinnt er als Handelnder auf Kosten der Verleumdeten. Die Verleumdeten verlieren an Wohlwollen ihrer

Mitmenschen, also ihren »guten Ruf«. Und die Verleumdung geht auch zu Lasten der Belogenen, die ohne die Verleumdung anders gehandelt hätten. Ohne die Verleumdung hätten sie dem Geschädigten nicht die Freundschaft entzogen oder wären nicht zu einem Konkurrenten gewechselt.

Einen Schaden am Besitz von Sachen erleidet der Verleumdete nur mittelbar, nicht unmittelbar, weil durch die Verleumdung nicht direkt in seine Sachen und Güter eingegriffen wird. Jedoch ergibt sich der Wert eines Besitzes aufgrund der abgezinsten künftigen Erträge, und die werden sich schmälern aufgrund der Verleumdung. Auch den Wert der Freundschaften oder Partnerschaften könnte man metaphorisch als »abgezinsten Wert der künftigen freundlichen Interaktionen« (Handlungen zwischen mehreren Beteiligten) beschreiben. Aber diese mittelbaren Folgen können sich auch bei friedlichem Handeln und freundlicher Konkurrenz ergeben, nicht nur bei feindlicher Verleumdung. Der Schaden, der dem Verleumdeten unmittelbar entsteht, ist der, dass ihm das Wohlwollen entzogen wird, und zwar aufgrund einer Lüge oder Täuschung. Und der Schaden, der den Belogenen entsteht, ist, dass sie bei Kenntnis der wirklichen Sachlage unter sonst gleichen Umständen anders gehandelt hätten. Sie erleiden also auch einen unmittelbaren Schaden, weil der feindliche Akteur – wie bei jeder feindlichen zwischenmenschlichen Handlung – eine Handlung auslösen möchte, die die Betroffenen ohne die feindliche Handlung, also hier die Lüge, nicht ausführen wollten. (Für diejenigen, die auch ohne die Verleumdung dem Verleumdeten das Wohlwollen entzogen hätten, entsteht freilich kein Schaden, aber um diejenigen geht es hier nicht, wie es auch vorher nicht um diejenigen ging, die mit dem feindlichen Handeln einverstanden wären, wodurch es schon keine feindliche, sondern eine einvernehmliche, eine freundliche Handlung gewesen wäre.)

Durch eine Verleumdung kommt es also zu einer Pareto-Verschlechterung beim Verleumdeten im Hinblick auf das Kriterium »Wohlwollen der anderen«. Das Wohlwollen der anderen Menschen ist ein wichtiges Kapital für jede Firma, aber auch für alle nichtgeschäftlichen Unternehmungen von Menschen. Es ist für die meisten Menschen keineswegs eine Lappalie, wenn ihnen das Wohlwollen ihrer Mitmenschen durch eine Verleumdung entzogen wird. Die Geschichte der Menschen ist voll von Intrigen, übler Nachrede, Hetze und Lügen, um anderen Menschen Schaden an ihrem Ruf zuzufügen und das Wohlwollen zu vermindern, dass sie bei anderen genießen oder genossen.

d) Zeit

Nicht nur den Besitz, der nötig ist, ein Ziel zu erreichen, sondern auch die Zeit, die es dauert, bis dieser Erfolg erreicht wird, bewertet der Handelnde (Zeitpräferenz). Wer einen andern belügt, indem er zum Beispiel einen nach dem Weg Fragenden in eine falsche Richtung weist, gewinnt die Vermehrung seiner Befriedigung aufgrund der Lüge auf Kosten und zu Lasten des anderen, der einen Verlust an Zeit erleidet.

Doch nicht nur dieser offensichtliche Fall des Zeitverlustes, sondern auch jede andere zwischenmenschliche feindliche Handlung geht auf Kosten und zu Lasten der Zeit des Bedrohten, Gezwungenen oder Belogenen, denn wenn der feindlich Handelnde die Handlung eines anderen auslösen will, dann kostet dies dem anderen im »Erfolgsfall« stets Zeit, weil Handeln in der Zeit stattfindet. Ebenso verliert der von einer egoistischen Handlung Betroffene Zeit, weil er Besitz an Sachen oder körperliche Integrität einbüßt und es regelmäßig Zeit in Anspruch nehmen wird, diese Schäden wieder auszugleichen, sofern es nach Lage der Dinge überhaupt möglich ist.

e) Optionen

Die Annahme, dass jede Handlung, auch friedliche oder freundliche Handlungen, von vornherein auch die Freiheiten und Möglichkeiten der anderen begrenzen oder verschlechtern, ist falsch. Ebenso falsch ist, dass das Handeln des einen mit knappen Mitteln einem anderen von vornherein unrecht sein müsste. Durch manche Handlungen werden – ganz im Gegenteil – die Freiheiten und Handlungsmöglichkeiten der Mitmenschen erweitert. In der unbehinderten Verkehrswirtschaft produzieren die Menschen mit den Mitteln, die sie besitzen, für andere. Durch freiwillige Kooperation vermittels Arbeitsteilung, Kapitalbildung und Austausch schaffen die Kooperierenden einander Freiheiten und Möglichkeiten, die es ohne die unbehinderte Kooperation nicht geben würde.

Wenn jemand etwas in friedlicher Weise in Besitz nimmt, was vorher noch niemand besessen hat, dann hat er den Besitz nicht auf Kosten und zu Lasten des Besitzes des anderen erhalten, da dieser die Sache ja gar nicht besessen hatte. Ein anderer verliert unter Umständen die Möglichkeit, die Sache in friedlicher Art und Weise ohne das Einverständnis des Erstbesitzers zu erwerben. Er hat aber weiterhin die Möglichkeit, freundlich den Besitz zu erwerben – oder feindlich.

Und selbst bei autistischem Handeln von Einzelnen und autarkem Handeln von Gruppen bedeutet die Besitzergreifung nicht notwendig, dass dies für den anderen nachteilig ist. Sofern die autistischen oder autarken Besitzer etwas herstellen, das andere haben möchten, können diese es feindlich erobern, da autistisches Handeln und autarkes Handeln ja bedeuten, dass ein freiwilliger Austausch mit anderen oder Fremden nicht gewollt ist. Das Geschäftsmodell der Wikinger beruhte darauf, dasjenige zu erobern, was andere autark oder freundlich Wirtschaftende hergestellt haben. Die Wikinger hätten nichts erobern können, was ihnen wertvoll war, wenn die friedlichen und freundlichen Produzenten dies nicht vorher aus naturbelassenen Dingen hergestellt hätten. Alles, was produziert wurde, wurde von jemandem produziert.

Das »Ausschließen« der Nicht-Besitzer durch den früheren Besitzer ist im Übrigen keine feindliche Handlung, sondern ergibt sich als logische Folge daraus, dass ein späterer Besitzer den Besitz eines früheren Besitzers, wenn nicht friedlich oder freundlich, dann nur auf Kosten des früheren Besitzers erlangen kann (außer der frühere Besitzer gibt den Besitz auf), also feindlich. Deshalb ist es unsinnig, von »Ausschließen« zu sprechen, wenn es um die Verteidigung früheren Besitzes geht. Zudem geht es lediglich um Verwendungen, die mit der Verwendung des früheren Besitzers nicht vereinbar sind. Wie wir bereits gesehen haben, sind die Verwendungen eines Waldes zur Erholung und zur Forstwirtschaft oder einer Alm zum Wandern und zur Almwirtschaft miteinander vereinbar.

Die gängige Vorstellung (Mem), dass Besitz ein »Nullsummenspiel« sei, also der eine etwas stets auf Kosten der anderen hat, ist eine Fehlvorstellung. Wenn Parteien nichts miteinander zu tun haben, ergibt sich das von selbst. Die Menschen an entlegenen Orten, mit denen kein Handel stattfand und die auch nicht »kolonialisiert« wurden, waren nicht deswegen arm oder besitzlos verglichen mit wohlhabenderen Menschen, weil die Wohlhabenderen etwas besessen haben, sondern weil Besitzlosigkeit der Urzustand ist, den Handelnde vorfinden, wenn es noch keine Arbeitsteilung und keine Ausrüstungen gibt. Es ist der Startpunkt der Menschen, den sie überwinden durch Spezialisierung und Kapitalbildung oder durch Befehl zur Zwangsarbeit und Befehl zum Herstellen von Ausrüstung.

Selbst autark und autistisch Besitzende handeln nicht notwendig zum Nachteil anderer, sie enthalten diesen also nichts vor. Und freundlich Handelnde besitzen *für* die anderen, weil sie sich erwarten, im freiwilligen Austausch mit den anderen etwas für ihren Besitz zu erhalten, ihren Besitz also mit anderen auszutauschen. So bereichern sie ihr Leben und das der anderen. Würde Besitz stets ein Nullsummenspiel bedeuten, würden die Menschen heute noch um Höhlen und Jagdreviere streiten. Dass sie das nicht tun, obwohl es heute viel mehr Menschen gibt, sondern im Gegenteil ihr Lebensstandard unvergleichlich höher ist als der ihrer Vorfahren, ist nicht in erster Linie Folge technischer Entwicklungen, sondern feindlicher und freundlicher Handlungen mit Mitteln. Der Lebensstandard aller Beteiligten steigt durch freundliche Kooperation – unbehinderte Spezialisierung und Kapitalbildung und unbehinderter Austausch –, oder der Wohlstand einiger Beteiligter wird gehoben durch feindliche Kooperation – zwangsweise Arbeitseinteilung und Herstellung von Ausrüstung und anschließende Zuteilung der Produktion. Denn um Technik anwenden zu können, ist die technische Erkenntnis nicht ausreichend. Man braucht auch die Mittel hierzu in Form von Arbeit und Sachmitteln. Zu wissen, wie Wechselstrom funktioniert, sorgt noch nicht für Kraftwerke, Generatoren, Umspannwerke, Strommasten, Erdkabel und so weiter. Sofern es um Kapital oder Ausrüstung geht, muss jemand diese herstellen, und sofern es um Spezialisierung geht, müssen die Handlungen zur Spezialisierung erlernt werden. Und wie alle Handlungen können solche Handlungen anderer entweder feindlich befohlen, erzwungen oder erlogen werden oder freundlich vereinbart.

Es ist also ebenso möglich, dass es jemand anderem gerade recht ist, dass ein anderer Sachen dazu verwendet, Kautschuk, Schrauben, iPhones oder Gewürztraminer herzustellen, weil er so zum mittelbaren Besitzer dieser Dinge werden kann, in dem Sinne, dass der freundliche Anbieter sie für seine Kunden besitzt.

Es ist also keineswegs notwendig, dass friedliches und freundliches Handeln im Hinblick auf Besitz, den noch niemand erworben hat, den Präferenzen anderer widerspricht. Bei feindlichem Handeln ist es hingegen eine Voraussetzung, dass es den Präferenzen anderer widerspricht, damit es überhaupt feindliches Handeln ist. Denn eine vorherige, nicht erzwungene oder erschlichene Einwilligung schließt eine feindliche Handlung aus. Wenn zwei Boxer in den Ring steigen, ist das juristisch (wie auch praxeologisch) eben nicht Körperverletzung, sondern Sport.

Das Handeln eines Akteurs mit Mitteln kann die Möglichkeiten eines anderen Handelnden also erweitern und/oder begrenzen, und wir können nicht von vornherein sagen, ob dem anderen das recht ist oder nicht, ohne seine Präferenzen zu kennen. Derjenige, der die ganze Welt im naturbelassenen Zustand sehen will, verliert diese Möglichkeit durch jede Art von Handlungen anderer, die Naturkomponenten verarbeiten. Will er diesen Wunsch umsetzen, kann er das nur auf Kosten und zu Lasten des Besitzes anderer. Er wird zum Feind aller anderen.

f) Vorlieben und Wünsche

Vorlieben und Wünsche eines anderen können durch jede Art von Handeln beeinträchtigt werden, auch durch freundliches oder friedliches autistisches Handeln. Durch feindliches Handeln werden Vorlieben und Wünsche von Anfang an im Hinblick auf Körper, Leben, Gesundheit oder den Besitz an sachlichen Mitteln beeinträchtigt; denn so wurde feindliches Handeln hier definiert; es handelt sich also um eine Tautologie (immer wahre Aussage).

Aber auch freundliches oder autistisches Handeln kann den Präferenzen der Mitmenschen zuwider sein. Wenn Sie einen Kiosk in der A-Straße haben und ich mache daneben einen zweiten Kiosk auf, dann wird das mit Ihren Präferenzen nicht übereinstimmen; Sie werden sich das anders wünschen. Aber im Hinblick auf Ihren Besitz an sachlichen Mitteln fügt meine Konkurrenz Ihnen keinen Schaden zu. Sie bleiben Besitzer Ihres Kiosks und Ihres Körpers. Auch unter dem Gesichtspunkt der Gefährdung oder des »guten Rufes« wäre mein Handeln pareto-optimal. Ich gewinne etwas (als

Handelnder), ohne dass Sie hierdurch gefährdet werden oder Ihr Ruf geschädigt wird. Es kann sein, dass Sie nun nicht mehr so viele Kunden haben, dass Sie Ihre Kosten nicht mehr decken können und den Kiosk schließen, aber das ist das Ergebnis des Verhaltens der Kunden. Auch von den Kunden würden Sie sich als erster Kiosk-Besitzer in der Straße also unter Umständen ein anderes Verhalten wünschen.

Jede beliebige Handlung kann gegen die Vorlieben eines anderen gehen, aber eine Vorliebe kann nicht sinnvoll in einen Pareto-Test einbezogen werden, weil dieser dann sinnlos wird. Präferenzen sind – anders als Besitz oder Sicherheit – keine Mittel und treten in der Außenwelt nicht unmittelbar in Erscheinung; es sind innere Tatsachen, psychische Phänomene und keine körperlichen Gegenstände. Jede beliebige Handlung, wie ich mich anziehe, wie ich esse, wie ich spreche, kann den Vorlieben eines anderen widersprechen und ihn insofern »stören«. Der Pareto-Test führt bei der Anwendung im Hinblick auf Gesichtspunkt »Präferenzen« dazu (ohne weitere Kriterien im Hinblick auf sachlich-gegenständliche Mittel (Besitz, Körper, Sicherheit, guter Ruf), dass jede mögliche Handlung sowohl ein Pareto-Optimum erzeugen kann als auch eine Pareto-Verschlechterung, egal ob die Handlung praxeologisch betrachtet freundlich ist oder friedlich oder feindlich.

Freilich beobachten wir in der Praxis, dass solche Wünsche und Vorlieben, also beispielsweise das Bedürfnis nach einem »Schutz vor Konkurrenz«, von Menschen mit feindlichem Handeln befriedigt werden. Politische Akteure verbieten zum Teil, Läden über eine gewisse Dauer zu öffnen; Dienste anzubieten, wenn man nicht die vorgeschriebenen Prüfungen abgelegt hat; Uber-Fahrdienste, also Konkurrenz zu Taxis, wurden verboten, und Taxis wurden zahlenmäßig beschränkt; um nur einige Beispiele anzuführen. Auch Kleidungsvorschriften gibt es; man denke nur an Verschleierung oder Schuluniformen etc. Diese Handlungen sind jedoch allesamt feindlich, weil hier Menschen mit Schaden – und letztlich immer mit Gewalt, also unmittelbarem Zwang – gedroht wird, damit sie sich nach den Vorlieben anderer Menschen richten.

g) Gefühle

In Bezug auf Gefühle ist es von vornherein nicht möglich, auf die Gefühle eines anderen einzuwirken, ohne körperlich auf ihn einzuwirken, und auch dann ist es noch eine Sache des Betroffenen, wie er die Gefühle bewertet. Jemand mag eine Beleidigung zum Anlass nehmen, sich dadurch verletzt zu fühlen. Jemand anderem wiederum mag es völlig gleichgültig sein, welche Wertvorstellungen ein anderer von seiner Person hat, da er weiß, dass Wert subjektiv ist und nicht in dem liegt, was bewertet wird. Werturteile sagen etwas darüber aus, was der Bewertende gut oder schlecht findet – aber nichts über den Bewerteten oder das Bewertete, was für andere gültig sein müsste.

Eine Beleidigung ist sozusagen ein *von vornherein untauglicher Versuch* einer feindlichen Handlung. *Von vornherein untauglich*, weil er objektiv nicht geeignet ist, beim anderen einen Schaden zu bewirken. Auch bei einer Drohung oder bei einer Lüge ist letztlich die Beschaffenheit des anderen maßgeblich für den Erfolg, den der feindliche Akteur erzielen möchte, also ob der andere der Drohung nachgibt oder der Lüge glaubt. Dass also die Beschaffenheit des anderen ausschlaggebend ist, ist nicht der Unterschied. Der Unterschied ist, dass es sich bei einer Bedrohung um das In-Aussicht-Stellen eines Übels handelt und bei der Lüge um die Manipulation des anderen durch Täuschung, um ihm letztlich an Körper, Gesundheit, Zeit, Besitz, Sicherheit oder gutem Ruf zu schaden. Ein solcher Schaden liegt bei einer Beleidigung nicht vor (anders bei einer verleumderischen Beleidigung; die geht auf Kosten des Rufes). Die »einfache« Beleidigung ist die Äußerung eines Werturteils desjenigen, der einen anderen beleidigen möchte; oder besser gesagt eines Unwerturteils. Das tut nicht weh, aber damit kann sich jemand (emotional) selbst wehtun, wenn er derart strukturiert ist.

Die Debatte in manchen Leitmedien, dass Menschen anderen Menschen Gefühle »machen« könnten, die Diskussionen um Kränkungen etc. führten dazu, dass mittlerweile in der öffentlichen Debatte von »Snowflakes« (Schneeflocken) gesprochen wird und damit ein Typus Mensch gemeint ist, der auch gegenüber Werturteilen anderer empfindlich ist. Mit den Gefühlen ist es so wie mit den Wünschen und Vorlieben: Jede beliebige Handlung, auch eine friedliche oder freundliche im Hinblick auf die Pareto-Kriterien Besitz, Körper, Gesundheit, Sicherheit usw., kann Anlass dafür sein, dass eine Person sich Gefühle damit »macht«, die sie selbst als negativ bewertet und dass diese Person dann auch im Hinblick auf andere Pareto-Kriterien der physischen Außenwelt friedliche oder freundliche Handlungen als negativ bewertet. Jemand kann sich darüber aufregen, welche Kleidung ein anderer trägt oder ob er eine Tätowierung hat oder eine Hautfarbe, die ihm nicht passt. Gefühle sind die Folgen von physischen und psychischen Einstellungen und Überzeugungen des Fühlenden und nur mittelbar die Folge von Geschehnissen der Außenwelt. Entscheidend ist die mentale Beschaffenheit des Fühlenden, nicht was »außen« vor sich geht.

h) Übersicht (Schaubild)

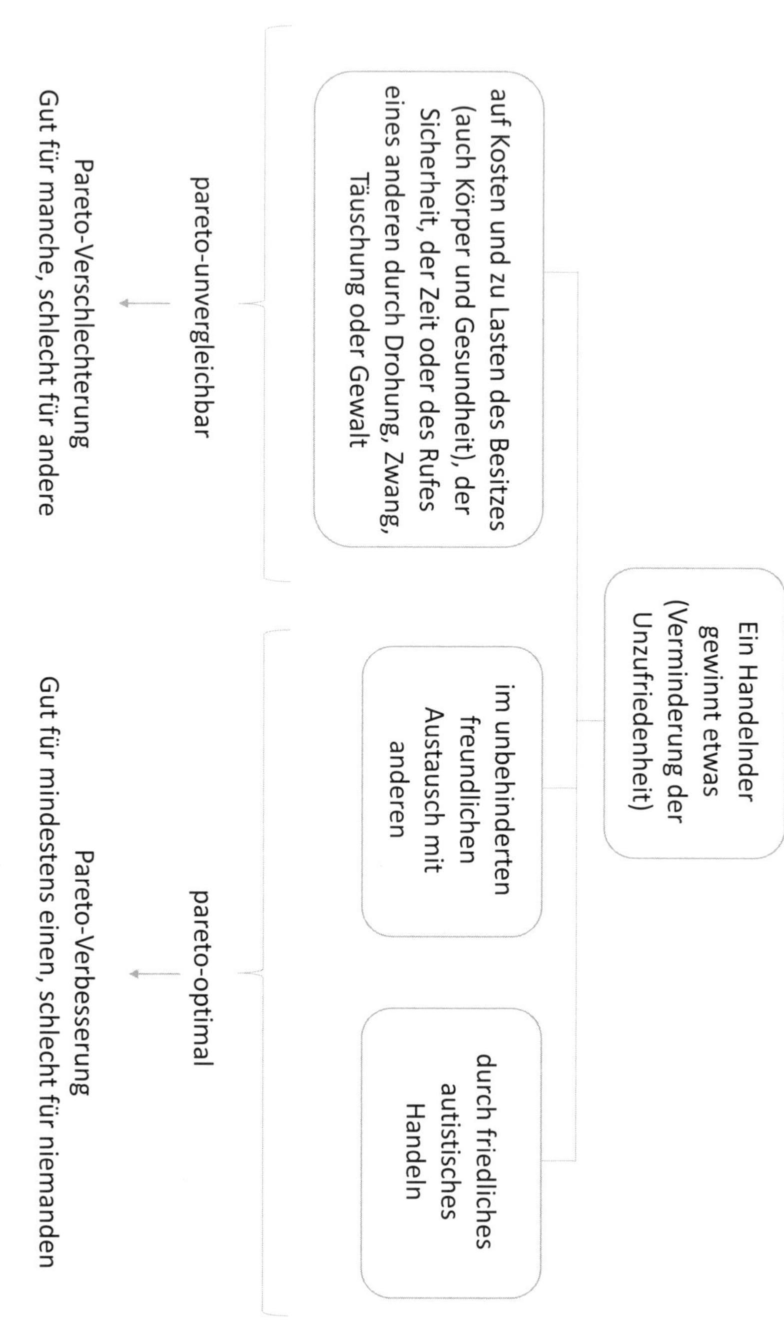

3. Soziales Handeln (friedliches und freundliches Handeln)

Sozial und asozial werden von den Leitmedien heute oft als Wieselwörter benutzt, das heißt in ihrem Sinn verdreht. So nennen sich manche politischen Unternehmer sozial, obwohl sie objektiv asozial handeln, also die Güter, die sie den einen versprechen, anderen durch feindliche Akte wegnehmen. In der Praxeologie erlangen die Wörter sozial und asozial eine objektive Bedeutung dadurch, dass die Subjektivität des Wertens und Wollens berücksichtigt wird. Friedliches und freundliches Handeln sind entweder win-neutral oder win-win im Hinblick auf die Pareto-Kategorien Körper, Leben und Gesundheit, Besitz, Ruf und Sicherheit; durch sie wird stets ein neues Pareto-Optimum in Bezug auf diese Kriterien erreicht.

Hingegen ist feindliches zwischenmenschliches Handeln (erzwungene Kooperation und Pseudo-Kooperation (Täuschung/Lüge)) stets win-lose, und zwar von vornherein, also in Bezug auf alle Beteiligten pareto-unvergleichbar im Hinblick auf Besitz, Gesundheit, Leben und Körper, Ruf oder Sicherheit, was eben betroffen ist. Feindliches zwischenmenschliches Handeln führt von vornherein zu einer Pareto-Verschlechterung: die einen (feindlich Handelnden) gewinnen auf Kosten und zu Lasten der anderen unter Einsatz der Mittel Täuschung, Wortbruch, Drohung, Zwang oder Gewalt.

a) Einer gewinnt, niemand verliert (friedliches Handeln)

Wir können also solches Handeln, bei dem zumindest einer gewinnt, aber niemand verliert, als friedliches Handeln bezeichnen, das in Bezug auf die Kriterien Besitz (am eigenen Körper und an Sachen), Zeit, Sicherheit und den Ruf eines anderen keine negativen Auswirkungen hat und sich damit diesbezüglich stets ein neues Pareto-Optimum (gut für mindestens einen, schlecht für keinen) ergibt. Es ist soziales Handeln in dem Sinne, weil in einer »Gesellschaft« einer gewinnt, ohne dass ein anderer verliert. Hier wäre die Aussage zutreffend, dass es »der Gesellschaft« insgesamt besser geht, in dem Sinne, weil es einem ihrer Mitglieder besser geht, ohne dass es einem anderen dadurch schlechter geht.

Das friedliche Handeln im so verstandenen Sinne ist stets autistisches Handeln und nicht zwischenmenschliches Handeln, also einer handelt alleine. Bei einer Schenkung oder ehrenamtlichen Tätigkeit für andere liegt freundliches Handeln vor und nicht autistisches, denn der andere muss die Schenkung oder die Dienste ja annehmen wollen, also wertschätzen.

Auch bei friedlichem Handeln kann es dazu kommen, dass die *Möglichkeiten* eines anderen im Hinblick auf die Kriterien Besitz und Zeit geschmälert werden, aber das liegt in der Natur dessen, dass die Güter, mit denen gehandelt wird, und die Zeit, knapp sind, sonst wären es keine Güter. Was nicht knapp ist, ist nicht Gegenstand des Handelns. Es ist aber keinesfalls notwendig, dass der andere den früheren Besitz eines anderen als schlecht bewertet oder dieser ihm unrecht ist, sondern lediglich nicht ausgeschlossen.

b) Alle Beteiligten gewinnen (freundliches Handeln)

Beim freundlichen zwischenmenschlichen Handeln (freiwillige Kooperation) gewinnen alle Beteiligten im Hinblick auf Besitz (auch an Körper und Gesundheit), Sicherheit, Zeit und Ruf, was immer eben betroffen ist. Wenn ein Austausch zustande kommt, gewinnen alle Beteiligten, und bei einem Angebot, dass der andere nicht annimmt, aber zu einem späteren Zeitpunkt vielleicht anzunehmen gedenkt, gewinnt er zumindest noch eine Möglichkeit. Freundliches Handeln führt also immer zu einer Win-win-Situation, es ist pareto-optimal, gut für alle. Der Wohlstand »der Gesellschaft« nimmt zu, das Leben wird für alle an dem zwischenmenschlichen Austausch Beteiligten annehmbarer.

4. Asoziales (feindliches und gefährliches) Handeln

a) Einer gewinnt auf Kosten und zu Lasten des anderen

Bei allen Formen feindlichen Handelns gewinnt einer auf Kosten des Körpers, des Besitzes, der Zeit, des Rufes oder der Sicherheit des anderen. Das Ergebnis ist stets pareto-unvergleichbar (gut für manche, schlecht für andere). Wir können es daher auch als asoziales Handeln bezeichnen, da in Bezug auf alle Beteiligten die einen auf Kosten und zu Lasten der anderen gewinnen. Der Wohlstand der Gesellschaft kann sich dadurch nicht vermehren, da die Zunahme von Wohlstand für die einen auf Kosten und zu Lasten des Schadens für andere geschieht und sich Nutzen und Leid verschiedener Personen nicht nach einem unpersönlichen Maßstab vergleichen lassen. Asoziales Handeln führt so zu einer Pareto-Verschlechterung.

b) Feindlich und gefährlich

Dass Drohung, Lüge, Zwang und Gewalt von vornherein auf eine Befriedigung auf Kosten eines anderen abzielen, ist also nicht nur intuitiv richtig, sondern das feindliche Handeln ist nur eine andere Beschreibung einer Handlung, die zu einer Situation führt, die eine Pareto-Verschlechterung ist. Es ist immer und von vornherein so.

Im Hinblick auf die Gefährdung ist noch zu sagen, dass es ein Bedeutsamkeitsurteil des Verstehens ist, inwiefern eine Handlung die Sicherheit eines anderen gefährdet hat. Dieses Bedeutsamkeitsurteil ist nur begrenzt testbar, wie bereits beschrieben. Auch im Hinblick auf die Beschädigung des Besitzes oder eines Zeitverlustes kann die Frage gestellt werden, wie bedeutsam eine Beschädigung oder ein Zeitverlust sind. Es kann aber nicht mittels Verstehens herausgefunden werden, wie der von dem Schaden oder dem Zeitverlust Betroffene das Leid bewertet, da Werturteile nicht vergleichbar sind. Und ebenso ist das mit der Bewertung des Verlusts an Sicherheit durch die Gefährdung. Eine Gefährdung, auch eine abstrakte, ist für viele Menschen keine Lappalie. Wenn einer Ihrer Nachbarn mit Vollgas durch Ihr Wohnquartier fährt, werden Sie sich wahrscheinlich in Ihrer Sicherheit beeinträchtigt sehen. Die Praxeologie kann nichts darüber aussagen, wie sehr die Verminderung Ihrer Sicherheit Ihr Wohlbefinden vermindert, aber sie kann wohl etwas darüber aussagen, dass eine Gefährdung stets auf Kosten der Sicherheit eines anderen geht, sonst wäre es keine Gefährdung.

5. Übersicht: Menschliches Handeln: freundlich – feindlich – friedlich

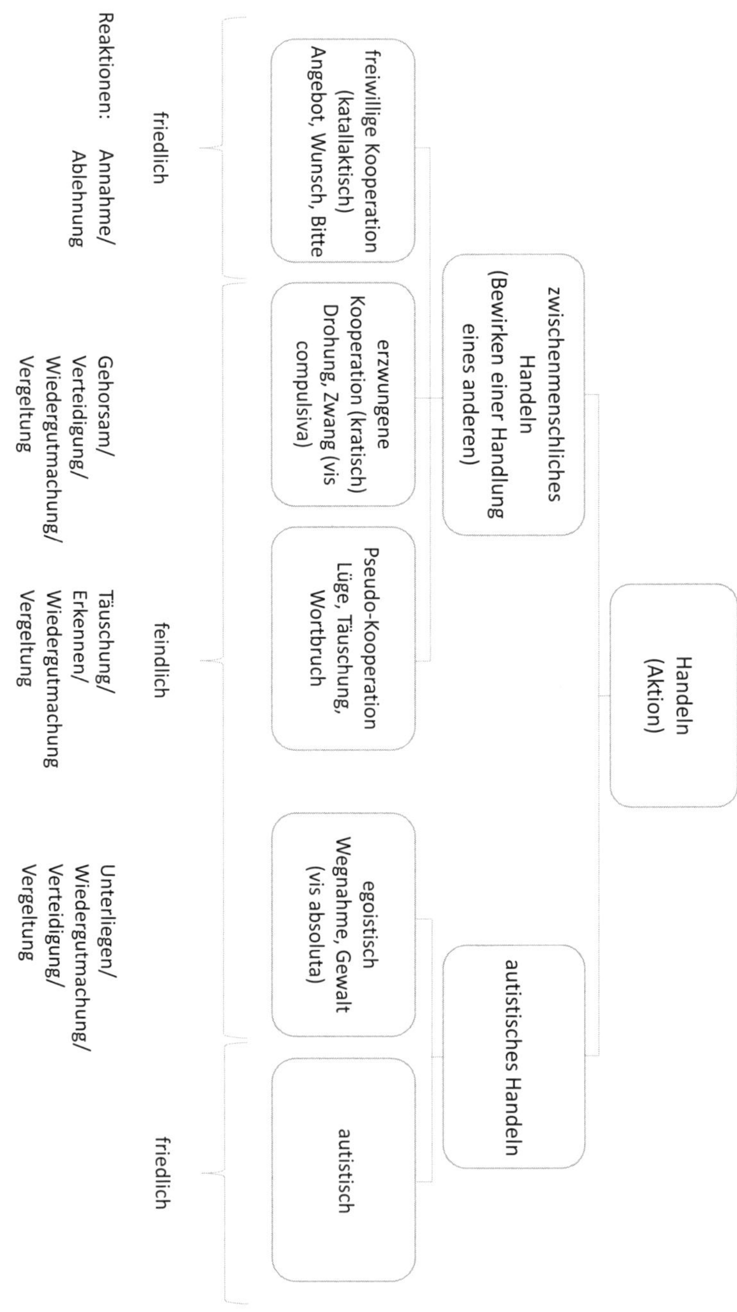

Anmerkungen zu Kapitel VII

1 Jasay, Against Politics, 1997, S. 13.

KAPITEL VIII

FREIHEITEN, RECHTE UND GEWALT

1. Subjektivität des Rechts – jeder trägt sein Gesetz in sich

Im praxeologischen Sinne ist Recht nicht das *philosophische Naturrecht* oder das *»biologische« Recht des Stärkeren*, sondern persönlich (subjektiv), nämlich dasjenige, was einem recht ist. Denn der Unterschied, ob Rechte zwischen Parteien vereinbart werden oder ob es sich nicht um Rechte und Pflichten, sondern um Kommandos, Drohungen, Befehle oder Forderungen handelt, die mit Zwang durchgesetzt werden sollen, ist aus der Sicht der Beteiligten wesentlich. Im letzteren Falle ist das Handeln desjenigen, der seinen Willen feindlich durchzusetzen versucht, dem anderen gerade unrecht, also Unrecht. Der Bedrohte möchte in erster Linie gar nicht bedroht oder gezwungen werden. Wir können, was Recht und Unrecht ist, nicht losgelöst von den handelnden Personen beurteilen. Das von den Juristen interpretierte und vollzogene Recht ist ein einseitiges »Recht«, das eben nur den Mitgliedern der Gruppe mit dem Namen Staat Recht ist; es ist nur auf einer Seite Recht, der anderen Seite ist es Unrecht. Hingegen sind im Einvernehmen begründete Pflichten stets von vornherein für beide ein Gewinn und beiden Recht.

Die Natur gewährt keine Rechte. Die Natur ist kein handelndes Wesen, sondern eine Vorstellung, ein Konzept von allem Lebendigen und Nicht-Lebendigen, von Bäumen, Bakterien, Pflanzen, Gebirgen, Ozeanen und Steinen, und diese vorgestellte Gesamtheit kann kein Recht gewähren oder vereinbaren, nur die handelnden Einzelnen können das, alleine oder in Gruppen. Ebenso wenig kann dies die Gesellschaft als Gedankenbild von den handelnden Menschen und ihren Interaktionen (zwischenmenschlichen Handlungen).

Auch gibt es kein *Recht des Stärkeren*. Ein Einzelner kann gegen einen anderen willensbrechende Gewalt einsetzen oder willensbeugende. Bei erfolgreichem Einsatz willensbrechender Gewalt verbleibt dem anderen keine Handlungswahl mehr. In diesem Falle schreibt der Gewalttätige dem anderen aber gerade nichts vor, kein Gebot oder Verbot, weil der andere ja nicht mehr handeln kann, wenn er beispielsweise so fixiert ist, dass ihm die Bewegungsfreiheit fehlt oder der Gewalttäter ihn gar getötet hat. Es gibt dann kein Gebot oder Verbot, es liegt kein normatives zwischenmenschliches Handeln vor, sondern egoistisches Handeln. Aus der Sicht des Einzelnen ist der andere nur Objekt und nicht Person, er will keine Entscheidung in ihm auslösen, sondern den anderen schlicht ausschalten, und er verfolgt ausschließlich eigene Zwecke. In diesem Falle werden also nicht Rechte und Pflichten begründet, sondern einer übt gegen einen anderen willensbrechende Gewalt aus. Die Frage des Rechts, also von Geboten und Verboten, von Pflichten und Rechten, ist hier gar nicht berührt.

Darüber hinaus ist Stärke auch im Falle willensbrechender Gewalt nicht das ausschlaggebende Kriterium dafür, wer sich letztlich durchsetzt bei einer Auseinandersetzung. Mit Stärke ist denn auch beim *Recht des Stärkeren* nicht die physikalische Kraft gemeint, denn diese entscheidet nicht von vornherein über Erfolg und Misserfolg der Handlung. Hier können ganz andere Faktoren ausschlaggebend sein, wie Geschicklichkeit, Gewitztheit, Schnelligkeit und so weiter. Die Behauptung, der Stärkere setzt sich durch, ist eine Tautologie, wenn Stärke im Sinne von Erfolg gemeint ist, und eine nicht von vornherein richtige Aussage, wenn sie im Sinne von physikalischer Kraft gemeint ist. Wir können zwar Größen vergleichen, wie Kraft, Schnelligkeit, Gewicht und so weiter, aber welche dieser Größen bei einem Aufeinandertreffen ausschlaggebend ist, kann nicht von vornherein ausgesagt werden. Die Antilope kann schneller sein und dem Löwen entfliehen, sodass der Löwe – obwohl stärker – erfolglos bleibt. Die Kobra ist giftig, sodass sie der Löwe in Ruhe lässt, und der Honigdachs ist angriffslustig und entschlossen und wird von größeren Räubern ebenfalls in Ruhe gelassen. Dass der Erfolgreichere sich durchsetzt, ist also eine triviale Aussage, und dass der Stärkere sich durchsetzt, ist falsch.

Wie wir bereits oben festgestellt haben, überleben nicht die »Angepasstesten« (»fittest«, Steigerungsform!), sondern alle, die überleben, sind angepasst. Dasselbe kann im Hinblick auf die Stärke ausgesagt werden. Alle, die überleben, sind stark (genug). Es gibt Schafe und es gibt Wölfe, es gibt Löwen und es gibt Antilopen. Es gilt für die

Schafe nicht, was die Wölfe wollen, auch wenn die Stärke eines Wolfes im Einzelfall für ein Schaf tödlich sein kann.

Das Bild vom stärksten Tier als dem König der Tiere, etwa dem Löwen, ist ein falsches Bild. Damit meine ich nicht, dass der Löwe dem Elefanten, der ihn im Hinblick auf Stärke überragt, nichts anhaben kann, sondern dass neben dem Löwen zahlreiche andere Tiere stark genug sind, zu bestehen, auch seine typischen Beutetiere. Der Löwe »beherrscht« sie nicht, als wäre seine Stärke vorschreibend im Hinblick auf ihr Verhalten, sondern für das Verhalten der anderen Tiere ist deren Beschaffenheit maßgeblich, so wie sie sich als Ergebnis ihrer Entwicklungen ergeben haben. Es mag sein, dass der Löwe das langsamste Tier einer Gnu-Herde erbeutet, aber bestimmend hierfür ist nicht alleine die Stärke des Löwen, sondern die Beschaffenheit des langsamsten Gnus, das unter den gegebenen Umständen seine Anpassung nicht erhalten kann – alle anderen Gnus aber schon.

Darüber hinaus kann bei handelnden Wesen nicht der Tod als das entscheidende Kriterium für den Erfolg gewertet werden, denn Tiere wie Menschen können auch andere Ziele verfolgen als die Erhaltung des Lebens. Für das, was der andere wählt, ist nicht die Stärke des Angreifers maßgeblich, sondern seine Beschaffenheit, seine psychischen und physischen Einstellungen und Instinkte, die er aufgrund seiner Entwicklungen erworben hat. So kommt es in der Tierwelt vor, dass ein Muttertier ihre Jungtiere gegen einen stärkeren Angreifer verteidigt, auch wenn es dadurch sein Leben riskiert oder opfert. Und wir wissen von Menschen, die den Tod dem Leben vorziehen, die für sich oder ihre Angehörigen kämpfen, bluten und, wenn es sein muss, auch sterben. Aus der Sicht der an der Handlung Beteiligten haben beide Erfolg, auch wenn einer überlebt und der andere nicht, denn das Überleben an sich muss nicht das sein, was die Unzufriedenheit eines Verteidigers am meisten vermindert. Es ist dann das willkürliche Werturteil eines Beobachters, wenn er den Überlebenden zum Sieger erklärt und ihm den Erfolg zuschreibt, weil für ihn, den Beobachter, das Überleben das entscheidende Kriterium ist, aber nicht aus der persönlichen Sicht desjenigen, der es vorzog zu kämpfen, statt zu flüchten. Aus seiner Sicht hat auch der Erfolg, der den Tod wählt, um ein anderes Leben zu retten – oder aus welchem Grund auch immer.

Augenscheinlicher als bei willensbrechender Gewalt ist bei willensbeugender Gewalt, dass nicht die Einwirkung, sondern die Beschaffenheit des Einzelnen die Auswirkungen bestimmt. Ein Drohender kann in einem anderen nicht unmittelbar einen Entschluss bewirken. Er kann nur auf diesen einwirken, aber was der Bedrohte damit anfängt, ist von seinen Einstellungen und Überzeugungen abhängig, nicht vom Drohenden. Handeln drückt sich darin aus, wie ein Einzelner wählt, auf Reize zu reagieren, und das ist nicht von den Reizen bestimmt, sondern von seiner Beschaffenheit aufgrund seiner Entwicklungen. Wie wir bereits festgestellt haben, hat immer der Einzelne die Kompetenz-Kompetenz (Souveränität) über sein Handeln, und es gibt nichts, was das ändern könnte, solange er noch eine Wahl treffen kann.

Der Drohende ist nicht »stärker« und setzt nicht durch und schafft nicht Recht, sondern der Bedrohte trifft seine eigene Entscheidung gemäß seinen Einstellungen und Überzeugungen. Er wählt zwischen dem Grenzleid, das er erfährt, wenn der Drohende das Übel zufügt, und dem Grenzleid, das er erfährt, wenn er tut, was der Drohende fordert. Dem Bedrohten ist es zwar unrecht, dass er überhaupt bedroht wird, dies macht die Drohung ja gerade zu einer feindlichen Handlung. Aber zwischen den Alternativen, die ihm zur Wahl stehen, wählt der Bedrohte selbst, und diese Wahl ist nicht durch die Drohung bestimmt, sondern durch die Einstellungen und Überzeugungen des Bedrohten. Der Drohende kann also nicht unmittelbar vorschreiben, was der Bedrohte wählt, er kann es nicht bestimmen, sondern nur versuchen, es auszulösen.

Ebenso wenig ist willensbeugender Zwang bestimmend. Die Erfahrung lehrt uns, dass Menschen unter der Zufügung von Schmerz oder wenn man sie einsperrt, dem Zwang in vielen Fällen nachgeben, aber das ist nicht von vornherein so. Es gibt Menschen, die einer Folter widerstehen oder die lügen, um dem Zwang zu entgehen, sodass der Drohende nicht erhält, was er will. Und es gibt Menschen, die stellen sich einem rollenden Panzer in den Weg, wie es das berühmte Foto des chinesischen Bürgers auf dem Tian'anmen-Platz in Peking zeigt.

Dass nicht das Einwirken (Input) für die Auswirkung (Output) ausreichend ist, sondern nur auslösend sein kann, wissen wir auch aus unserem Alltagswissen. Wenn wir beim Auto das Gaspedal drücken und es tut sich nichts, dann rufen wir nicht den Orthopäden an, sondern die Werkstatt, denn es ist uns klar, dass das Problem nicht unser Fuß ist, sondern das Auto. Und solange der Computer tut, was wir wollen, gehen wir davon aus, dass unsere Eingaben seine Ausgaben bewirken, aber das hängt eben nicht alleine von unserer Eingabe ab, sondern was der Computer daraus macht, hängt von seiner Beschaffenheit und Arbeitsweise ab, und erst (für gewöhnlich) wenn das Auto oder der Laptop nicht mehr funktionieren, werden wir auf diesen Zusammenhang aufmerksam. Ebenso wie bei jeder – auch nicht lebenden – Einheit also die Beschaffenheit und die Arbeitsweise der Bestandteile ausschlaggebend für den Output (Auswirkungen) sind, sind beim Menschen für sein Operieren (Verhalten und Handeln) seine Einstellungen und Überzeugungen maßgeblich.

Aus den a posteriori (auf Erfahrung beruhenden) Handlungswissenschaften wissen wir, dass Drohende auch genau dies tun, um das umzusetzen, was wir dann als »Herrschaft« bezeichnen: die Bedrohten möglichst dazu zu bringen, das zu wählen, was die Drohenden wünschen. Sie wirken ein auf die Einstellungen und Überzeugungen der Bedrohten in zweierlei Hinsicht. Einmal dadurch, dass sie versuchen, mit Legitimismus (Rechtfertigung), Propaganda und Indoktrination (Desinformation,

Lüge, Täuschung, Erziehung nach ihren Vorstellungen) auf die Beschaffenheit der Einzelnen einzuwirken, indem sie versuchen, deren Einstellungen und Überzeugungen zu formen. Wir werden darauf noch ausführlicher zurückkommen. Und darüber hinaus, dass sie an das Ende jeder sogenannten *Zwangskette* (Zwangsgeld, Zwangshaft, unmittelbarer Zwang = Gewalt) *immer* den willensbrechenden Zwang setzen, also das Wehrunfähig-Machen oder Töten des sich Widersetzenden, sodass er letztlich immer mit seinem Leben spielt, wenn er sich ernsthaft gegen die Zufügung des willensbeugenden Zwanges, also heute in der Regel die Haft, wehrt. Aus dem Sprachgebrauch wissen wir zudem, dass den Menschen anerzogen wurde, dass sie nicht mal Herr ihres eigenen Lebens seien, wenn selbst heute noch von »Selbstmord« gesprochen wird, wenn ein Einzelner den Tod gegenüber dem Leben vorzieht, als hätte ein Mensch nicht einmal das »Recht«, über sein eigenes Leben zu entscheiden, als wäre er sich selbst gegenüber verpflichtet; womit er sich ja von sich unterscheiden müsste in einen Verpflichteten und einen Gläubiger dieser Pflicht, und sich daher aufspalten würde in zwei Sub-Personen.

Herrschaft kann es also nicht in dem Sinne geben, dass einer unmittelbar einem anderen vorschreiben kann, was dieser dann tut, denn der andere hat immer eine Wahl. Auch der Meister lässt den Sklaven nicht nach seiner Pfeife tanzen, sondern die Einstellungen und Überzeugungen des Sklaven sind maßgeblich. Es klingt zynisch, aber auch wenn der Sklave nur die Wahl hat zwischen Tod und Sklaverei: Es ist eine Wahl. Unter den Alternativen, die ihm zur Wahl stehen, wählt also immer der Bedrohte und nicht der Drohende, und zwar das, was die Unzufriedenheit des Bedrohten nach Lage der Dinge am meisten vermindert. Dem Bedrohten ist es Unrecht, dass er überhaupt bedroht wird, aber er geht mit der Bedrohungslage so um, wie es ihm beliebt – und nicht dem Drohenden.

Das Recht, das für beide von vornherein Recht ist, ist das Recht, das sie einander einräumen. Es ist nicht das Recht der Natur, es ist nicht das Recht des Stärkeren und es ist auch nicht das Recht der politischen Unternehmer oder eines höheren Wesens, das über dem Menschen stünde. Und selbst wenn es ein solches Wesen geben würde, so könnte es wieder nur zwingen und nicht Rechtsetzen im hier verstandenen Sinne. Recht ist, was dem Einzelnen recht ist. Es ist persönlich: Jeder trägt sein eigenes Gesetz in sich.

2. Freiheiten – die Möglichkeit, zu wählen

Freiheiten und Rechte werden gewöhnlich verwechselt. Wenn Menschen von Grundrechten reden, meinen sie in der Regel keine Rechte, sondern Freiheiten. Zu leben ist beispielsweise eine Freiheit, eine Möglichkeit, die jeder hat, solange er lebt. Niemand braucht eine Erlaubnis oder ein Recht, zu leben oder seine Meinung zu äußern oder homosexuell zu sein oder zu heiraten, wenn es niemanden gibt, der diese Erlaubnis einfordert, wenn also niemand ihn bedroht. Niemand braucht ein Recht, seine Nase zu gebrauchen, wenn es ihm niemand verbietet.

Wenn es heute in den Medien um »Rechte« geht, wie Menschenrechte, Frauenrechte, Rechte für Benachteiligte, Rechte für Homosexuelle, dann sind damit Freiheiten gemeint, welche die Kampagnenführer entweder für sich in Anspruch nehmen möchten oder die sie bei anderen eingeschränkt sehen wollen. Wenn zum Beispiel ein homosexuelles Paar die Freiheit nicht unbehindert ausüben kann, ein Kind zu adoptieren, dann braucht das Paar kein »Recht auf Adoption«. Die Abwesenheit der Bedrohung durch den »Staat«, der dies dem Paar verbietet, genügte dafür, dass das Paar diese Freiheit unbehindert betätigen könnte. Wenn jemand eine Frauenquote fordert, dann möchte er hingegen, dass die Freiheit derjenigen, die zum Beispiel den Aufsichtsrat eines Unternehmens wählen, eingeschränkt wird. Er möchte dann kein Recht, sondern ein Vorrecht (Privileg), das nicht auf Recht im Sinne von Vereinbarung beruht, sondern auf Drohung mit Schaden gegen andere, die ansonsten ihre Freiheit anders ausüben würden.

3. Gewalt – eine Handlung »vermögen«

Die Freiheit ist das, was einer wählen kann, Gewalt ist, was einer durchsetzen kann; es ist sein Vermögen, das, was er vermag. Wir haben bereits oben gesehen, dass Besitz die Gewalt ist, mit einem Gegenstand nach Belieben zu verfahren, solange und soweit es in der Gewalt des Besitzers ist. Was ein Einzelner vermag, das liegt in seiner Gewalt, und was er nicht vermag, das liegt außerhalb seiner Gewalt.

Gewalttätigkeit, also die Anwendung von körperlicher Gewalt gegen andere Menschen, ist auch Gewalt, nämlich die, dass einer vermag, einem anderen körperlich zu schaden oder ihn zu töten. Gewalt im Sinne von etwas in seiner Gewalt haben oder vermögen geht aber weiter und darüber hinaus. Alles, was einem gelingt, hat man in seiner Gewalt. Freiheit bedeutet, dass der Mensch zwischen Dingen wählen kann. Gewalt bedeutet in diesem Zusammenhang, dass der Mensch das Gewählte auch erreicht, dass er vermag, ans Ziel zu gelangen. Sie haben die Freiheit, König von Deutschland werden zu wollen, das können Sie wählen, aber Sie werden nur König von Deutschland, wenn Sie es auch vermögen, also in Ihrer Gewalt haben, Ihr Ziel zu verwirklichen.

4. Verantwortung – die Reaktion der anderen auf mein Handeln

Verantwortung als Konzept (geistiges Gebilde) wird heute vielfach mit der Freiheit des Willens begründet. Freiheit und Verantwortung würden einander bedingen. Weil ein Mensch einen »freien Willen« besitzt und wenn er »reif genug« ist, seine Entscheidungen zu überblicken, kann er für seine Taten verantwortlich gemacht werden. Verantwortung hat auch mit dem Konzept von Schuld zu tun. Nur wer verantwortlich handle, könne schuldig sein, nicht, wer aufgrund seiner Reife, seiner geistigen Störungen, aufgrund der Einnahme von Betäubungsmitteln etc. nicht für seine Taten verantwortlich gemacht werden kann.

Es wurde bereits nachgewiesen, dass der menschliche Wille nicht frei ist in dem Sinne, dass er unabhängig wäre von den Entwicklungen des Einzelnen in seiner Ontogenese (Lebensgeschichte). Reife und Voraussicht sind willkürliche Kriterien. Handelnde handeln aus persönlicher Sicht immer rational. Schuld ist ein Konzept, das ohne einen vorgestellten Herren, der bestimmt, was sein soll, keine Entsprechung in der Wirklichkeit hat. Der Mensch kann sich freiwillig zu etwas verpflichten und in diesem Sinne Schuldner sein. Er ist jemand anderem ansonsten aber nichts schuldig. Die »Regeln«, die ein Drohender aufstellt, begründen beim Einzelnen keine Schuld, wenn er sie verletzt, sondern der Drohende versucht, erzwingend auf den Einzelnen einzuwirken, und der Einzelne kann wählen (hat die Freiheit), darauf zu reagieren.

Was sicher ist: Handelnde reagieren auf Vorgänge außerhalb ihrer selbst. Handeln ist die Reaktion der Menschen auf die Veränderungen des Universums, und dazu gehört auch das Handeln der anderen Personen. Verantwortung ist in dem Sinne eine »Tatsache des Universums«, dass andere Handelnde auf eine Handlung reagieren.

Leitet ein freundlich Handelnder eine Handlung ein, indem er etwas anbietet, haben andere die Freiheit zu wählen, wie sie darauf reagieren. Er fügt den anderen keinen Schaden zu, sodass es keinen Grund für Vergeltung oder Wiedergutmachung gibt; aber natürlich steht es anderen trotzdem frei, einen »harmlos« (ohne Schädigungsabsicht, ungefährlich) Handelnden ihrerseits zu schädigen. Unserer Erfahrung nach ist das sogar oft der Fall, dass derjenige, der ungefährlich ist, von anderen bedroht und gezwungen wird. Wer es nicht in der Gewalt hat, sich gegen feindliches Handeln zu verteidigen, ist aus der Sicht eines feindlich Handelnden gerade der »richtige Bedrohte«. Hier verspricht die Drohung Erfolg zu haben. Im Gegensatz hierzu ist einer, der zur Verteidigung willens und imstande ist, eher ungeeignet als Bedrohter, aus der Sicht eines Angreifers, der Erfolg mit seiner Drohung haben möchte.

Und es ist keineswegs so, dass feindlich Handelnde stets zur Verantwortung gezogen werden, sondern auch hier ist die Frage, die sich für den Handelnden stellt, der Wiedergutmachung oder Vergeltung sucht, ob er es in seiner Gewalt hat, dies zu erreichen. So wird ein und dieselbe Handlung, das Bedrohen eines anderen mit schwerem Schaden, um eine Handlung zu erzwingen, einmal als räuberische Erpressung oder Nötigung bezeichnet, ein andermal als Tribut, Abgaben oder Zölle oder Schulzwang. Sowohl von der äußeren Handlung (objektiver Tatbestand) als auch hinsichtlich der Absichten (der Zwang ist gewählt und gewollt) unterscheiden sich diese Handlungen nicht. Lediglich die Handelnden treten unter einem anderen Namen auf, nämlich nicht unter dem ihrigen persönlichen, sondern sie sagen, sie handeln zusammen unter dem Namen Staat. Da diese Gruppe von Menschen vielen als zu gewaltig erscheint, um verantwortlich gemacht werden zu können, wird an dieser Stelle keine Wiedergutmachung oder Vergeltung gewählt, weil es eben an der Gewalt fehlt, diese zu erlangen.

Verantwortung ist also, was Menschen wählen, wie sie auf das Handeln eines anderen reagieren. Es hängt davon ab, was sie in ihrer Gewalt haben gegenüber dem anderen, ob sie ihm gegenüber feindlich handeln oder ob sie ihn für feindliches Handeln zur Rechenschaft ziehen können. Und damit hängt es von der Gewalt des Handelnden ab, wie die anderen Menschen mit ihm umgehen können.

5. Rechte und Pflichten – freiwillige Beschränkungen der Freiheit

a) Rechte und Pflichten als zwei Seiten einer Medaille

Beim freundlichen Handeln begründen die Menschen Rechte und Pflichten. Dabei ist das Recht die Wirkung und die Pflicht die Ursache. Eine Pflicht ist eine freiwillige Einschränkung der eigenen Freiheit und Gewalt gegenüber einem anderen. Durch eine Verpflichtung, die einer freiwillig abgegeben hat, also ohne von einem anderen durch feindliches Handeln dazu veranlasst worden zu sein, gewinnt der Einzelne von vornherein. Er stellt sich aus seiner Sicht besser als ohne die Verpflichtung.

Wenn Sie zum Autohändler gehen und bei ihm ein Auto bestellen, dann schränken Sie Ihre und der Autohändler seine Freiheiten ein und Sie sagen einander zu, in Bezug auf das Auto und den Kaufpreis nicht beliebig zu handeln, sondern nach einer bestimmten Art und Weise. Sie verpflichten sich, den Preis zu entrichten, der Autohändler, Ihnen das Auto zu verschaffen. Da es sich um einen freundlichen Austausch handelt, gewinnen notwendig beide entsprechend ihren Präferenzen. Ihnen ist das Auto mehr wert als der Preis, sonst würden Sie nicht tauschen. Damit ist Ihnen auch die Pflicht des Autohändlers, das Auto zu liefern, mehr wert als Ihre Pflicht, den Kaufpreis zu bezahlen. Die Situation ist win-win oder pareto-optimal. Beide erhalten aus ihrer Sicht mehr, als sie hingeben.

Wirkung der Pflicht ist das Recht. Sie haben das Recht, und zwar nach Vorstellung und entsprechend der Vereinbarung aller Beteiligten, das Auto zu fordern, der Händler hat das Recht (die Forderung) auf den Kaufpreis. Die Parteien können auch Sanktionen (Gegenmaßnahmen, Maßregelungen) für den Fall vereinbaren, dass einer sich im Nachhinein nicht an seine Pflicht halten möchte oder kann. Sie können Bezahlung und Übergabe Zug-um-Zug, also gleichzeitig, vereinbaren, oder sie können vereinbaren, dass Dritte mit der Durchsetzung des Rechts unwiderruflich beauftragt werden.

Die Einwände mancher Spieltheoretiker, dass es immer günstiger wäre, sich nicht an die Verpflichtungen zu halten, weil der andere hiervon einen größeren Pay-off (Gewinn) erhält, werden unter beliebigen Annahmen getroffen, die nicht von vornherein zutreffen. Zunächst wäre es feindliches (täuschendes) Handeln, also Betrug, wenn einer von vornherein vorhätte, seine Verpflichtung nicht zu erfüllen. Aber nehmen wir an, sämtliche Parteien hätten zum Zeitpunkt des Abschlusses des Vertrages vor zu erfüllen, handelten also zu Anfang freundlich. Und sie haben auch nicht Sicherheiten vereinbart im Falle einer Vorleistung einer Partei und auch nicht Abwicklung »Zug-um-Zug«. Einer leistet also im Voraus und vertraut seinem Geschäftspartner »ins Blaue hinein«. Dann wäre es vorteilhafter für den Verpflichteten, so die Spieltheoretiker, seine Verpflichtung nicht zu erfüllen. Deshalb bräuchte es einen Dritten, und hier nennen sie meistens den »Staat« als eine »neutrale (parteilose) Einheit«. Diesen Staat behandeln die Spieltheoretiker nicht wie die Vertragsparteien als einen Handelnden, der notwendig nur seine eigenen Interessen verfolgt, sondern als »Deus ex Machina«, wie einen »neutralen Gott«, der über die Einhaltung von Vereinbarungen wacht und den »gesellschaftlichen« Rahmen durch Rechtsinstitute wie Verträge, Eigentum etc. erst schafft.

Das ist schon von daher falsch, weil alle Handelnden notwendig ihre eigenen Ziele verfolgen, und auch wenn sie unter dem Namen Staat handeln, sind es Menschen und damit Handelnde wie die Vertragspartner auch – und keine divinen Externalitäten (Götter, die außerhalb des Geschehens stehen). Wenn es aber für Menschen generell unvorteilhaft wäre, sich an getroffene Vereinbarungen zu halten, so träfe dies natürlich auch auf die unter dem Namen Staat handelnden Menschen zu. So wäre es für die Gruppe Staat ebenfalls vorteilhaft, sich nicht an irgendwelche Zusagen zu halten, Verträge zu überwachen und rechtliche Rahmenbedingungen zu schaffen, weil dies mit Aufwand und Kosten verbunden ist. Solche Spieltheoretiker fügen den Vertragsparteien einfach eine dritte Person hinzu, die jedoch insofern keine handelnde Person ist wie die anderen, sondern eine über diesen stehende Einrichtung (Institution). Da es von vornherein zum Handeln gehört, dass jeder Handelnde seine eigene Unzufriedenheit vermindert – also nur eigene Interessen und Ziele verfolgt, auch wenn er sich die

Interessen anderer zu eigen machen kann, wenn er dies wählt –, widerspricht diese Annahme den Schlussfolgerungen der Praxeologie. Was solche Spieltheoretiker tun, ist, die Situation weiter zu verkomplizieren, wenn sie einen Dritten mit ins Boot nehmen, und nicht, sie zu vereinfachen.

Darüber hinaus haben wir bereits mehrfach beschrieben, dass Größenzahlen der äußeren Welt ihren Wert für den Handelnden durch dessen Einstellungen und Überzeugungen erhalten, die bestimmend dafür sind, was seine Unzufriedenheit vermindert. Es ist irrational und nicht rational zu bestimmen, dass eine Größenzahl, gleich ob Geld oder Jahre im Gefängnis etc., ein Handeln »rationaler« machen würde.

Mit dem »Gefangenendilemma« beschreiben die Spieltheoretiker, dass sich Kooperation (Zusammenarbeit) unter den getroffenen Annahmen des Spiels nie auszahlen würde. Ausgangspunkt ist, dass zwei Gefangene verdächtigt werden, gemeinsam eine Straftat begangen zu haben. Sie werden in unterschiedlichen Räumen vernommen, und sie haben keine Möglichkeit, sich zu beraten oder ihr Verhalten sonstwie abzustimmen. Wenn die Gefangenen sich entscheiden zu schweigen (Zusammenarbeit), werden beide zu je zwei Jahren Gefängnis verurteilt. Gestehen beide (keine Zusammenarbeit), erwartet jeden eine Gefängnisstrafe von vier Jahren. Gesteht nur einer (keine Zusammenarbeit) und der andere schweigt (Zusammenarbeit), bekommt der Geständige als Kronzeuge eine symbolische Bewährungsstrafe von einem Jahr und der andere bekommt die Höchststrafe von sechs Jahren Gefängnis.

Hieraus schlussfolgern nun manche, dass es für »rational Handelnde«, die nur am eigenen Wohl interessiert seien, stets am günstigsten sei, nicht zusammenzuarbeiten, da sie dann aus subjektiver Perspektive entweder mit einer Bewährungsstrafe oder mit einer nur geringeren Gefängnisstrafe von vier Jahren rechnen müssten. Der Proband (Spielteilnehmer) stehe also immer am besten, wenn er nicht zusammenarbeite, egal was vorher besprochen war und unabhängig davon, was der andere tue. Weitere Schlussfolgerungen werden daran geknüpft, wie zum Beispiel, dass es bei Kartellen oder Abrüstungsverträgen oder bei zeitversetztem Leistungsaustausch, also Lieferung auf Rechnung oder Vorkasse, günstiger wäre, nicht zu liefern. Zusammenarbeit stelle die ungünstigere Lösung dar.

Diese Überlegungen halten praxeologischen Schlussfolgerungen nicht stand. Es geht hierbei nicht darum, dass das Modell davon ausgeht, dass sich die beiden nicht wieder treffen, also Vergeltung ausgeschlossen ist, wenn als Pay-off nur die Zeit der Haftstrafe zählt. Der erste Fehler ist bereits die Annahme, dass ein rational Handelnder nur am eigenen Wohl interessiert sei und daher die geringeren Haftstrafen für sich niedriger bewertet. Natürlich handelt jeder nur gemäß seinen Interessen, aber zum eigenen Interesse kann auch das Wohlergehen eines anderen zählen. Gewinn ist eine psychische

Größe, der Nutzen lässt sich nicht in ersparten Haftjahren messen. Darüber hinaus gibt es kein irrationales Handeln. Letztes Ziel einer Handlung ist immer die Verminderung der Unzufriedenheit des Handelnden, und darüber kann keine unpersönliche (objektive) Aussage getroffen werden, weil es hier um persönliche (subjektive) Vorlieben geht.

Zudem ist Nutzen ordinal (eine Rangfolge) und nicht kardinal (eine Größe), also eine Präferenz und keine messbare Größe. Deshalb ist es unsinnig zu schlussfolgern – wenn A eine Bewährung einer zweijährigen Haftstrafe vorzieht und eine vierjährige Haftstrafe einer sechsjährigen Haftstrafe –, er würde bei einer Strategie, die entweder eine Bewährung oder eine vierjährige Haftstrafe ergibt, besserstehen als bei einer Strategie, die entweder zu keiner Haftstrafe oder zu einer sechsjährigen Haftstrafe führt. Wie wir bereits oben dargestellt haben, sagt die Rangordnung überhaupt nichts darüber aus, *wie sehr* ein Handelnder Erstens gegenüber Zweitens vorzieht oder Zweitens gegenüber Viertens. Innerhalb einer ordinalen Rangfolge können mit den Ordinalzahlen keine Rechenoperationen durchgeführt werden. Wir können daraus nur absehen, was er bei einer Wahl zwischen zwei Alternativen vorzieht. Wir können aber nicht sagen, dass er bei der Wahl zwischen 0 Jahren (1.) und vier Jahren (3.) und zwei Jahren (2.) oder sechs Jahren (4.) in jedem Falle 1. und 3. vor 2. und 4. vorziehen wird. Wenn es darum geht, konkrete Mengen zu vergleichen, dann vergleicht der Handelnde immer die infrage stehenden Mengen und beide Varianten sind »rational«. Die Präferenzskala des Handelnden mag also wie folgt aussehen:

1. Null Jahre Haft (Geständnis)
2. Zwei Jahre Haft (Schweigen)
3. Vier Jahre Haft (Geständnis)
4. Sechs Jahre Haft (Schweigen)

Vor die Frage gestellt, ob er eine Haft von 0 *und* 4 Jahren einer Haft von 2 *und* 6 Jahren vorzieht, wird er eine Haft von 0 und 4 Jahren vorziehen und dafür die Aussicht auf eine nur zweijährige Haft aufgeben. Das macht aber im vorliegenden Fall keinen Sinn, da die Frage nicht lautet, ob er Erstens *und* Viertens vor Zweitens und Viertens vorzieht, sondern ob er Erstens *oder* Drittens vor Zweitens *oder* Viertens vorzieht. Darüber können wir anhand der beschriebenen Präferenzskala nichts aussagen, weil uns nichts über die Gewichtung der Alternativen bekannt ist. Wir wissen nichts darüber, wie sehr oder wie stark der Handelnde Erstens gegenüber Drittens vorzieht.

Vor die Frage nach dem »oder« gestellt, sind beide der folgenden Präferenzskalen denkbar, je nachdem, wie der Einzelne die Alternativen gewichtet:

A (Geständnis)	B (Schweigen)
1. Null *oder* vier Jahre Haft (Geständnis) 2. Zwei *oder* sechs Jahre Haft (Schweigen)	1. Zwei *oder* sechs Jahre Haft (Schweigen) 2. Null *oder* vier Jahre Haft (Geständnis)

Beide Präferenzskalen sind rational und stimmen mit der oben beschriebenen Präferenzskala überein. Es kann bei Ordinalzahlen eben kein Durchschnitt gebildet werden wie bei Größenzahlen.

Ein Mensch, der sehr »haftempfindlich« ist, dem also Haft »an sich« zuwider ist, dem es aber im Falle einer Haft nicht darauf ankommt, ob sie zwei oder vier Jahre beträgt, könnte Skala A als Präferenzskala haben. Ein Mensch, der einen ausgeprägten Ehrenkodex hat, der das Wohl des anderen zu seinem macht (und das kann jeder Handelnde tun!) oder der dem anderen vertraut, kann Präferenzen entsprechend der Skala B haben, also Schweigen wählen. Nichts daran ist von vornherein unlogisch oder irrational, wie wir gesehen haben. Die Spieltheoretiker können grundsätzliche Schlussfolgerungen der Praxeologie in ihren Erwägungen zwar außen vor lassen, aber ihre Erwägungen sind dann eben das, was sie schon dem Begriff nach sind: Spielereien, die nicht informativ sind für menschliches Handeln.

Die Vereinbarung von konkreten Sanktionen (Vergeltungsmaßnahmen) im Falle des Nicht- oder Schlechtleistens einer Vertragspartei ist im Übrigen keinesfalls notwendig für die Durchführung eines Vertrages, und ich las einst in einem Buch über islamische mittelalterliche Wirtschaft, dass es in manchen Gebieten keine zivile Gerichtsbarkeit gab. Die Folgen waren für den Nicht-Vertragstreuen nicht etwa besser, weil er nicht verklagt werden konnte vor einem Zivilgericht – im Gegenteil: Wer seinen Ruf einmal verloren hatte oder über keine Reputation verfügte, war praktisch aus dem Wirtschaftsleben ausgeschlossen, sofern es um Vorleistungen ging und er nicht sofort seine Zahlungen und Leistungen erfüllte.

Wenn Personen etwas ausmachen, und der andere hat von Anfang an vor, sich nicht daran zu halten, dann ist dies feindliches Handeln, und zwar von vornherein. Wenn Parteien zum Beispiel einvernehmlich einen Lohn unter dem Mindestlohn oder eine Miete über dem Mietpreisdeckel vereinbaren und eine Partei von Anfang an vorhat, sich nicht daran zu halten, sondern Mitglieder der Gruppe Staat aufzufordern, ihn zu unterstützen, ist das von vornherein feindliches Handeln. Und auch wenn er dies im Nachhinein tut, handelt er feindlich. Das mag vielen Menschen contra-intuitiv (gegen das Bauchgefühl) erscheinen, aber handlungswissenschaftlich betrachtet sind die Einzelnen, die unter dem Namen Staat handeln, eben auch nur Einzelne, die werten und wollen, egal, wie sie sich nennen oder ob sie prunkvolle Bauwerke errichten oder von einer Kanzel herab zu anderen sprechen.

b) Pflicht zur Wahrheit?

Ergibt sich aus dem Gesagten eine Pflicht des Einzelnen zur Wahrheit, etwa wenn ihn ein Fremder nach dem Weg fragt – oder in einem anderen Falle? Nein. Pflichten hängen davon ab, dass sich einer verpflichtet. Nichtsdestotrotz kann ein Lügner einen Fragenden schädigen, wenn er ihm den falschen Weg weist oder gar den Weg, der zum Abgrund führt. Er gewinnt den Genuss, den er davon hat, die Verminderung seiner Unzufriedenheit auf Kosten des anderen; das Ergebnis seines Handelns ist also pareto-unvergleichbar. Der andere verliert Zeit und verwendet seinen Körper so, wie es der Lügende versucht hat zu bewirken, geht also in die falsche Richtung. Verantwortung ist, wie andere auf unser Handeln reagieren, und der so Geschädigte hat grundsätzlich die Möglichkeit, Wiedergutmachung zu fordern oder Vergeltung zuzufügen.

Andererseits ist die Lüge als Reaktion auf eine feindliche Handlung eines anderen eine Verteidigung. Auch verteidigendes Handeln beinhaltet die Mittel Lüge, Zwang und Gewalt und die Abwehr der Handlung geschieht auf Kosten und zu Lasten des Angreifers. Der Angreifer und der Verteidiger stehen einander als Gegner, als Feinde gegenüber. Der Unterschied ist, dass der Angreifer etwas auf Kosten und zu Lasten des Verteidigers will, wohingegen der Verteidiger nicht selbst eine pareto-unvergleichbare Situation (einer auf Kosten des anderen) herbeiführen will, sondern er will das Pareto-Optimum (einer gewinnt, keiner verliert) aufrechterhalten, das vorherrschen würde, wenn der Angriff nicht stattgefunden hätte. Wenn also ein feindlicher Drohender oder Zwingender einen Menschen befragt, dann ist die Lüge die Abwehr eines Nachteils für einen selbst oder einen anderen. Der Verteidiger handelt nicht selbst feindlich, sondern der Angreifer hat eine feindliche Interaktion (zwischenmenschliche Handlung) begonnen, wollte also auf Kosten und zu Lasten des anderen etwas erfahren.

Beispielsweise wenn die Steuereintreiber des Sheriffs von Nottingham einen Gefolgsmann des Robin Hood befragen, wo dieser seinen Unterschlupf hat. Der Gefolgsmann Robins lügt, um sich und Robin zu verteidigen, und weist den Häschern des Sheriffs vielleicht sogar den Weg in eine Falle. Zwischen den Handlungen der Schergen des Sheriffs und den Hood-Leuten ist der entscheidende Unterschied, dass die feindliche Handlung von der Gruppe um den Sheriff und Prinz John begangen wurde, nicht von der um Robin Hood.

c) Handeln und Unterlassen (Pflicht zum Handeln?)

Unterlassen ist dann Handeln, wenn aus der Sicht des Einzelnen eine Möglichkeit zum Eingreifen besteht, aber der Handelnde in Kenntnis und trotz des Bestehens der

Möglichkeit nicht in den Verlauf der Dinge durch aktives Tun eingreift. Unterlassen ist somit Handeln, es ist das Wählen des Untätigbleibens.

Eine Pflicht zum Handeln kann sich nur ergeben, wenn sich einer dem anderen gegenüber verpflichtet hat. So kann Handeln wie Unterlassen keine Pflichtverletzung darstellen, wenn sich die Beteiligten nicht wechselseitig zu etwas verpflichtet haben. Wenn wir heute im juristischen Bereich von unterlassener Hilfeleistung oder Täterschaft durch Unterlassen sprechen, sind damit Fälle gemeint, in denen keine Pflicht zum Tun besteht, sondern eine Androhung von Zwangsmaßnahmen im Falle, dass einem staatlichen Befehl nicht nachgekommen wird.

Allerdings wissen wir aus der erfahrungsbasierten Humanethologie (Biologie des menschlichen Verhaltens) und der Geschichte, dass solcherlei Unterstützungen vorkommen. Wenn ein Kind am Ertrinken ist, kommt es uns nahezu selbstverständlich vor, dass ein guter Schwimmer den Umständen nach ins Wasser springt und das Kind rettet. Oder wenn Sie ein kleines Feuer im Hause Ihres Nachbarn bemerken oder sehen, dass er den Gasherd angelassen hat, werden Sie wahrscheinlich die Feuerwehr anrufen oder sonst wie über eine Abhilfe nachsinnen.

Wenn wir einen guten Schwimmer beobachten, der ein ertrinkendes Kind nicht rettet, obwohl er es in seiner Gewalt hätte und nach Lage des Falles für ihn keine Gefahren damit verbunden wären, haben wir eine Situation, in der das ertrinkende Kind nur auf Kosten des Schwimmers gerettet werden könnte. Er müsste hierfür Zeit und Besitz aufwenden, seine Kleidung würde nass und er müsste dafür aufgeben, was er ansonsten getan hätte, wenn er nicht das ertrinkende Kind gerettet hätte. Das ertrinkende Kind kann also nur auf Kosten und zu Lasten des Schwimmers gerettet werden. Die Situation ist pareto-unvergleichbar, weil wir den Nutzen zweier Menschen nicht an einem einheitlichen Vergleichsmaßstab »messen« können. Es liegt kein feindliches Handeln des Schwimmers vor, er gewinnt nichts auf Kosten und zu Lasten des ertrinkenden Kindes. Das mag uns contra-intuitiv erscheinen, aber feindliches Handeln ist das nicht.

Sie mögen denken, so einen Menschen, der nicht hilft, würde ich nicht in meiner Nachbarschaft haben wollen. Aber dieser Gedankenansatz ist nicht konsistent (widerspruchsfrei), weil viele Menschen Nachbarn haben, die ihren Mitmenschen gegenüber sogar offen feindlich handeln, ohne dass dies bei ihnen moralische Entrüstung auslöst. Wenn wir die unvoreingenommene und von vornherein gültige Beschreibung feindlichen Handelns anwenden, nämlich dass jemand gegen seinen Willen bedroht, belogen oder gezwungen wird, gelangen wir zu dem Ergebnis, dass viele unserer Mitmenschen dies unmittelbar oder mittelbar tun. Zum Beispiel Menschen, die politische Unternehmer sind, führen aus praxeologischer Sicht ständig aktiv Notlagen anderer herbei. Menschen, die für politische Unternehmer abstimmen, ihnen Geld zuwenden etc., unterstützen sie mittelbar dabei. Wohingegen der Nicht-Helfer die Notlage des

Hilfsbedürftigen nicht aktiv herbeigeführt hat. Die »moralische Intuition« scheint hier aufgrund einer Gewöhnung an die vorherrschenden Verhältnisse verdreht zu sein.

Wenn wir die Situation nur ein wenig abwandeln, beispielsweise dass das Wasser auch für den Schwimmer gefährlich kalt ist oder er bei einem älteren, schweren Kind auch in die Gefahr des Ertrinkens geraten würde, weil es sein kann, dass das ertrinkende Kind ihn mit herunterzieht, würde das Verständnis mancher Menschen für den Schwimmer wahrscheinlich zunehmen. Und solche »Güterabwägungen« nehmen Juristen tatsächlich vor, wenn sie solche Fälle beurteilen.

Eine Möglichkeit, eine Beistandspflicht zu vereinbaren, besteht in einem Friedensvertrag, wie wir ihn weiter unten noch beschreiben werden. Auch eine stillschweigende Verpflichtung durch Übung, Sitte oder Brauch kommt in Betracht, dass die Menschen einander helfen, wenn es für sie ohne Gefahr und mit verhältnismäßig kleinem Schaden (persönliches Werturteil!) möglich ist.

Ansonsten ist Verantwortung ebenso wie Freiheit eine Tatsache des Universums. Ein guter Schwimmer, der wählt, ein ertrinkendes Kind nicht zu retten, welches er leicht retten könnte, kann sich Sanktionen seiner Mitmenschen ausgesetzt sehen, auch wenn er nicht feindlich gehandelt hat, wenn die Mitmenschen der Tradition oder Sitte nach hier Hilfe erwartet hätten. Eine Sanktion, die nicht selbst feindlich wäre, wäre zum Beispiel der Abbruch freundlichen Verhaltens demjenigen gegenüber, also ihm gegenüber die freiwillige Kooperation zu verweigern, ihm den Rücken zuzukehren und sich von ihm abzuwenden.

Es besteht für den Schwimmer natürlich auch die Möglichkeit, die Angelegenheit des Kindes zu seiner eigenen Angelegenheit zu machen. Ein Mensch, der sich nach seinen Einstellungen und Überzeugungen daran erfreut, andere aus großer Not zu retten, wenn es ihm ohne großen Aufwand möglich ist, wird schlicht wählen, dass es seine Unzufriedenheit am meisten vermindert, wenn er das ertrinkende Kind rettet. Was wir Mitgefühl nennen, ist, dass Menschen das Gefühl anderer zu ihrer Sache, zu ihrem eigenen Anliegen machen, und dann ihre Unzufriedenheit dadurch vermindert wird, dass die Unzufriedenheit der anderen vermindert wird. Viele Menschen freuen sich am Lachen und Wohlergehen von Kindern. Das ist nicht von vornherein so, aber eine erfahrungsgeschichtliche Tatsache. In einem solchen Fall, also immer, wenn der Retter zur Tat schreitet, liegt stets freundliches Handeln vor und das Ergebnis ist immer ein Pareto-Optimum: Beide gewinnen. Der Retter gewinnt Zufriedenheit dadurch, dass das Kind den Besitz an seinem Körper behält, und das Kind auch.

6. Herrschaft – Behinderung der Freiheit anderer durch Täuschung, Drohung, Zwang und Gewalt

Herrschaft ist nicht in dem Sinne möglich, dass eine Drohung oder Zwang unmittelbar auslösend sein können für den Bedrohten im Hinblick darauf, ob er wählt, dem Möchtegern-Herrscher zu gehorchen oder nicht. Denn Quelle und Ursprung der Wahl des Bedrohten sind seine Einstellungen und Überzeugungen. Bei jedem System gilt, dass die Koppelung zwischen Rezeptor (Reizempfänger oder »Antenne«) und Effektor (Auswirkung aufgrund der Koppelung zwischen Rezeptor und Effektor) maßgeblich ist für die Wirkung eines Reizes. Solche Einheiten reagieren aufgrund ihrer Beschaffenheit auf verschiedene Reize mit Auswirkungen (darauf ansprechen), die immer an deren Bestandteilen und deren Zusammenwirken liegen, sodass der Reiz alleine keine hinreichende Bedingung ist für die Auswirkung (Output), sondern nur eine auslösende.

Drohung und Zwang sind dann aus Sicht ihrer Anwender am effizientesten, wenn der Gehorsam schon in den Einstellungen und Überzeugungen der Bedrohten angelegt ist, wenn diese also darauf eingestellt sind, das zu tun, was die Obrigkeit ihnen anheimstellt. Deshalb ist es aus Sicht der Drohenden lohnend zu versuchen, hinter die Einstellungen und Überzeugungen der Bedrohten zu gelangen, also in ihnen Einstellungen zu bewirken, die Gehorsam als Folge erzeugen.

Der Doktorvater Ludwig Erhards, der deutsche Ökonom, Soziologe und Arzt Franz Oppenheimer (1864–1943)[1], nennt dies Legitimismus (Rechtfertigung), also den Versuch, im Menschen Einstellungen und Überzeugungen zu erzeugen, die zu Gehorsam führen.

Aus humanethologischer Sicht beschrieb der österreichische Evolutionsbiologe Irenäus Eibl-Eibesfeldt, wie man eine innere Zustimmung der Bedrohten erwirkt: »Es bedarf dazu besonderer Sozialtechniken, wie jener der Indoktrination […] Ohne staatsbürgerliche Erziehung zerfällt die Gemeinschaft. Indoktrination engt sie allerdings geistig ein. […] Die Infantilisierung durch Angst mit der durch sie induzierten, erhöhten Gefolgsbereitschaft wird durchaus auch in modernen Staaten als Mittel benützt, Menschenmassen an eine Führung zu binden.«[2]

Bei der Austragung von Konflikten kommt es nach Eibl-Eibesfeldt zur Anwendung der Methoden der ideologischen Kriegsführung. Dabei geht es darum, im Denken des Gegners »Überzeugungen und Denkweisen aufzubauen, die den Gegner schließlich überzeugt das tun lassen, was man von ihm gerne will. Diesem Zweck dient die ideologische Kriegsführung, von der offenen Propaganda bis zu den subtilen Formen der Überredung und Beeinflussung. Meist kombiniert man diese Methode mit psychologischen Methoden des Hofierens, der Einschüchterung und des Angsterweckens.«[3]

Wie stark der Mensch durch Indoktrination und Propaganda beeinflussbar ist, ist beeindruckend und erschreckend zugleich: »Das hohe Risiko macht es unwahrscheinlich, dass das Individuum durch das Kriegführen selektionistische Vorteile erzielt.[4] [...] Dem Töten eines Menschen stehen primäre starke Hemmungen entgegen, die, wie ich annehme, eine biologische Ursache haben.[5] [...] Man überwindet sie durch Dehumanisierung des Feindes und durch betonten Kontaktabbruch.[6] [...] Der Mensch erweist sich in diesem Punkte als leicht indoktrinierbar.«[7]

Kinder sind aufgrund ihrer kürzeren Entwicklungsgeschichte (Ontogenese) im Hinblick auf ihre Einstellungen und Überzeugungen weniger ausgereift als Erwachsene. So fangen denn auch die Versuche, Einstellungen und Überzeugungen zu formen, die späteren Gehorsam erwarten lassen, bereits im frühen Kindesalter an. Erfahrungswissenschaftlich wissen wir, dass bereits Eltern versuchen, solche Einstellungen in ihren Kindern zu erzeugen, später wird dies im Kindergarten, in der Schule oder beim Militär fortgesetzt. Auch Rundfunk und Printmedien sowie das Internet werden eingesetzt. Die Techniken sind dabei nicht widerspruchsfreies Darlegen im Hinblick auf »Notwendigkeit von Herrschaft«, sondern ständige Wiederholung der Botschaft, Zuckerbrot und Peitsche (Belohnung und Bestrafung; auch genannt: Konditionierung), Verächtlichmachung von Andersdenkenden oder die Verherrlichung von Gleichgesinnten und Anführern (ständiges Nennen des Namens in Medien, Auszeichnungen[8] etc.).

Aus praxeologischer Sicht kann hierzu angemerkt werden, dass es historische Erfahrung ist und nicht von vornherein gesagt werden kann, ob es gelingt, hinter die Einstellungen und Überzeugungen der Handelnden zu gelangen. Und dass dies wiederum nicht von den Einwirkungen der »Herrscher« abhängt, sondern von den bis dahin vorhandenen Einstellungen und Überzeugungen der Einzelnen. Und falls es anfänglich gelingt, bedeutet dies nicht, dass es dauerhaft dabei verbleibt. Auch in dem Falle wäre es also falsch, von Herrschaft in dem Sinne zu denken, dass der Herrscher über eine »Fernbedienung« im Hinblick auf den Beherrschten verfügt, also bei diesem Gehorsam vorschreiben und nicht nur auslösen kann.

7. »Selbstherrschaft« – doppelte Schizophrenie

Selbstherrschaft ist in dem Sinne doppelte Schizophrenie, dass erstens bereits gezeigt wurde, dass Herrschaft, also Drohung und Zwang, stets nur auslösend und nicht bestimmend sein können, und zweitens, weil sich der Einzelne zu sich selbst ins Verhältnis setzen müsste, sich also von sich selbst unterscheiden müsste: Er müsste sich in seiner Vorstellung aufspalten in einen Herrscher und einen Beherrschten, in einen sich selbst Bedrohenden und einen Bedrohten.

Mit Selbstherrschaft im Sinne von Selbstbeherrschung kann also nicht gemeint sein, dass einer sich selbst bedroht, sondern dass einer das Seinige in seiner Gewalt hat, und zwar insoweit er dies hat. Das Seinige des Einzelnen ist eben dasjenige, was er vermag, sein Vermögen. Wie wir bereits beschrieben haben, gehört zur Beschaffenheit des Einzelnen seine sinnliche Ausrüstung, seine angeborenen Triebe und seine Gefühle wie auch seine geistige Ausrüstung, sein Denken. Denken führt zur Beurteilung von Fühlen und erzeugt wiederum Gefühle, und Gedanken rühren von den Einstellungen und Überzeugungen des Einzelnen her. Wer seine Einstellungen und Überzeugungen zu ändern vermag, der hat es also in seiner Gewalt, was er denkt und fühlt. Max Stirner bezeichnete einen solchen Menschen als *Eigner*, weil seine Beschaffenheit ihm ermöglicht hat, die Beschaffenheit selbst, also die Einstellungen und Überzeugungen, abzuändern. Er ist Eigner des Seinigen, also nicht Eigner »seiner selbst«, was nur eine weitere Spaltung zur Folge hätte, sondern dessen, was er in seiner Gewalt hat, das heißt Eigner seiner Einstellungen und Überzeugungen und infolge dessen seiner Gedanken und Gefühle (Bedürfnisse) und infolge dessen seines Handelns.

8. »Herrschaft« der Mehrheit

Betrachtet man eine Gruppe von Menschen oder zwei Gruppen von Menschen, kann es sein, dass eine Untergruppe in einer Gruppe oder eine Gruppe gegenüber einer anderen Gruppe zahlenmäßig in der Mehrheit ist. Von einer »Herrschaft der Mehrheit« zu sprechen ist aus den oben genannten Gründen falsch, weil wir wissen, dass eine Einheit entsprechend ihrer eigenen Beschaffenheit reagiert und daher nicht beherrscht werden kann. Und auch nicht geherrscht werden kann durch eine Einwirkung auf die Einstellungen und Überzeugungen, also die Beschaffenheit der Einheit, denn hierfür ist die unmittelbar vorhergehende Beschaffenheit der Einheit ausschlaggebend und nicht die Einwirkung. Selbst bei erfolgreichem Einwirken auf die Beschaffenheit des Einzelnen kann dieser Einzelne sich in seiner weiteren Entwicklungsgeschichte (Ontogenese) wiederum so verändern, dass eine »Programmierung«, die Täuschende bei dem Getäuschten einmal auslösen konnten, wieder verschwindet.

Der Begriff Herrschaft hat seinem Ursprung nach etwas Religiöses. Der »Herrscher« wurde von den Menschen vor der Aufklärung als eine Art höheres Wesen angesehen. Der »Herrscher« und die »Herrschaft« sind Sinnbilder der Erhabenheit oder »Erhöhtheit«, die die Menschen mit den Königen, Grafen und Fürsten verbunden haben, die ja letztlich als von Gottes Gnaden »legitimiert« (berechtigt) galten. Heute verbinden viele eine solche Erhabenheit oder Erhöhtheit mit den Präsidenten und

Kanzlern, die dem »Staat« vorstehen. Viele betrachten den »Staat«, die »Nation« oder das »Volk«, als handelte es sich bei diesen geistigen Gebilden selbst um ein handelndes Wesen, etwa so, wie man vor der Aufklärung weithin an einen handelnden Gott geglaubt hat.

Da wir in unserer gemeinsamen geteilten Erfahrung nichts kennen, das uns davon ausgehen ließe, dass es tatsächlich höhere *handelnde* Wesenheiten als den Menschen gibt, geht die Praxeologie als die A-priori-Wissenschaft vom Handeln davon aus, dass menschliches Handeln von Menschen ausgeführt wird und nicht von geistigen Gebilden, und zwar von Einzelnen, alleine oder in Gruppen, die aus Einzelnen besteht. Was dann als eine »Herrschaft der Mehrheit« bezeichnet wird, ist feindliches Handeln einer Gruppe gegenüber einer Minderzahl von Einzelnen durch die bereits beschriebenen »Herrschaftsmittel«, also Lüge (Indoktrination und Propaganda), Drohung, Zwang und letztlich Gewalt; und zwar von vornherein, also unabhängig von Erfahrungstatsachen. Die Mehrzahl mag ihre Drohungen in den Texten als Gesetze, Verordnungen, Richtlinien, Verwaltungsanweisungen oder sonst wie bezeichnen, aber diese Benennung führt nicht dazu, dass den Bedrohten die Drohungen, Befehle oder Verbote recht wären. Eine objektive Rechtfertigung von Drohungen kann es nicht geben, da das Wesen der Drohung als feindliche Handlung ist, dass sie dem anderen nicht recht ist, also intersubjektiv (zwischenmenschlich) nicht Recht ist. Wie wir bereits gesehen haben, sind Drohung und Zwang nicht feindlich, wenn der Bedrohte einwilligt. Aber bei Abwesenheit einer Einwilligung oder des Einvernehmens eines Einzelnen spielt die zahlenmäßige Größe einer Gruppe keine Rolle dafür, ob die Handlung feindlich ist oder nicht.

Bei der Indoktrination und Bedrohung einer zahlenmäßig größeren Gruppe gegenüber einer zahlenmäßig kleineren sind die Beteiligten schlicht Gegner. Die eine Gruppe handelt feindlich gegenüber der anderen. Wenn die Indoktrination in Kombination mit den Drohungen aus Sicht der Möchtegern-Herrscher erfolgreich ist, also die »Beherrschten« sich »weitgehend« danach richten, sprechen wir von Herrschaft oder dass die eine Gruppe die andere beherrscht.

Eine Abstimmung ist im Übrigen nur dann eine Wahl, wenn vorher alle abzustimmen gewählt haben, das heißt, dass eine bestimmte Entscheidung gefunden werden soll durch das Zählen (Größenzahl!) von Stimmen. Abstimmungen sind keine Wahlen, wenn nicht alle Betroffenen vorher gewählt haben, dass abgestimmt werden soll. Ansonsten handelt es sich um einen Vorgang, der nichts mit Wählen zu tun hat, sondern um die Inszenierung einer Wahl, die in Wirklichkeit eine Abstimmung ist. Bereits ein einzelnes Veto eines Betroffenen hindert eine Abstimmung, eine Wahl zu sein.

9. Herrschaft einer von der Mehrheit gewählten Gruppe (repräsentative Demokratie)

Demokratische Wahlen geben nicht die Präferenzen der Menschen wieder, also ihr Wählen und Wollen, da Präferenzen ordinal (Rangfolge) sind und nicht kardinal (Größen). Und mit Ordinalzahlen (erstens, zweitens, drittens) lassen sich eben keine algebraischen Operationen (addieren, ins Verhältnis setzen) durchführen, sondern nur mit Kardinalzahlen (eins, zwei, drei). Durch das, was in politischen Abstimmungen geschieht, nämlich das Addieren von Wahlentscheidungen, wird also kein Wählerwille ermittelt, es wird überhaupt kein Wille ermittelt, weil ein Wille keine Anzahl ist, sondern eine Ordnungszahl Präferenzen ausdrückt. Es werden Stückzahlen berechnet, und zwar die Stückzahlen von Menschen, die eine bestimmte Wahl getroffen haben. Hierüber eine Summe zu bilden sagt nichts darüber aus, wie wichtig den Menschen die Abstimmung ist; das ist auch gar nicht möglich, weil sich individueller Nutzen nicht messen und damit auch nicht unpersönlich (objektiv) vergleichen lässt.

Wenn 100 Leute für Schorsch abstimmen und 50 Leute für Lisa, dann ist es unsinnig zu sagen, zwei Drittel haben Schorsch »gewählt«, es sei denn alle 150 haben im Vorhinein gewählt, dass eine gewisse Frage im Hinblick auf »Schorsch oder Lisa« durch Abstimmung entschieden werden soll. Ansonsten mögen bei einer Abstimmung zwischen Schorsch und Lisa, die nicht von allen 150 gewählt wurde, sondern z. B. von einem politischen Unternehmer durchgeführt wird, die Präferenzskalen der Beteiligten wie folgt aussehen:

100 Leute	50 Leute
1. Schorsch	1. Lisa
2. Lisa	2. Schorsch

Wählen heißt Vorziehen und Zurücksetzen. Es ist genauso willkürlich, die Erstens dieser Wahlentscheidung zu addieren wie die Zweitens. 100 Leute haben Lisa an zweiter Stelle ihrer Präferenzskala und 50 Leute haben Schorsch an zweiter Stelle ihrer Präferenzskala, wenn sie zwischen den beiden Alternativen abstimmen können. Nichts in diesen Präferenzskalen sagt etwas darüber aus, wie sehr die einen Schorsch der Lisa vorziehen und umgekehrt, und das von vornherein nicht, weil sich die Nutzen oder Un-Nutzen der verschiedenen Personen nicht messen und damit auch nicht vergleichen lassen.

Man kann Präferenzen zählen. Das Ergebnis ist dann aber eben keine Wahl, also keine Rangfolge ausgedrückt durch Ordinalzahlen, sondern eine Anzahl. Eine Anzahl ist keine Präferenz, also keine Wahl, weil sie nicht die Form 1., 2., 3. hat, sondern schlicht eine Anzahl von *Stücken von* Präferenzen. Denn Präferenzen selbst enthalten keine quantitativen Informationen, sind keine Quantitäten.

Addieren wir die Präferenzen der Abstimmenden, ist das Ergebnis die Anzahl der unterschiedlichen Präferenzen. Es ist eine historische Information über eine Anzahl von verschiedenen Vorlieben. Präferenzen-Summen zählen lediglich die Stückzahl der Präferenzen, aber sie können nichts über den Nutzen aussagen, den die Wählenden sich von ihrer Wahl versprechen, weil Nutzen intersubjektiv (zwischenmenschlich) nicht vergleichbar ist, und damit geht gerade der Aussagegehalt verloren, der in der Wahl liegt, nämlich dass sie persönlich (subjektiv) ordnend ist und nicht unpersönlich (objektiv) oder überpersönlich.

Nur bei Einvernehmen liegt eine gemeinsame Wahl vor. Um noch einmal auf das Beispiel der Vergewaltigung eines fünften durch vier Menschen zurückzukommen (Kap. IV, Abschnitt 3): Es ist offensichtlich, dass es absurd ist zu behaupten, die fünf hätten insgesamt »im Kollektiv« zu 80 Prozent die Vergewaltigung gewählt. Der Vergewaltigte hat sie gerade nicht gewählt. Doch wenn der »Vergewaltigte« freiwillig zustimmt, fehlt dem Akt von vornherein die Feindlichkeit. Es ist dann schlicht von vornherein keine Vergewaltigung. Bei jeder anderen »Mehrheit« liegt schlicht ein Dissens (keine Übereinkunft) vor: Wir können nur sagen, dass diese Anzahl Menschen dasjenige wählt und die andere etwas anderes. Sie stimmen nicht überein. Das gilt für jede Wahl, egal wie viele daran beteiligt sind.

Man kann Größen sinnvoll zählen, also Stücke, Meter, Kilogramm etc., beispielsweise die Anzahl von Äpfeln (Stücke) oder das Gewicht von Äpfeln (kg). Man kann auch die Anzahlen von Äpfeln und Birnen (Stücke) vergleichen. Aber wenn es darum geht, dass Menschen zwischen Äpfeln und Birnen wählen, und drei wählen Birnen und sechs wählen Äpfel, wäre es absurd, daraus zu schlussfolgern, dass es von nun an nurmehr Äpfel gibt, weil die »Mehrheit« Äpfel will. Der Obsthändler zählt auch, wie viele Stücke er von welchem Obst verkauft hat, um herauszufinden, welche Mengen er bestellen möchte, damit die Kunden das bekommen, was sie wollen. Aber er kommt nicht auf die Idee, diese unterschiedlichen Präferenzen zahlenmäßig in ein Verhältnis zu setzen. Für ihn ist die Verhältniszahl, also ein Drittel zu zwei Drittel, nicht informativ, wenn er seine Bestellungen plant. Wenn er dem Großhändler durchgibt, er hätte gerne zwei Drittel Äpfel und ein Drittel Birnen, kann ihm der Großhändler nicht weiterhelfen. Er benötigt eine Stückzahl. Und die Stückzahl macht für ihn auch Sinn, weil er ja Stücke, also Mengen, bestellen will, und keine Vorlieben.

Bei politischen »Wahlen« wird aber genau dies gemacht: Zuerst werden Präferenzen addiert und dann werden die Stückzahlen ins Verhältnis gesetzt und daraus soll sich ein kollektiver Wille, also eine Wahl, eine Präferenz der »Allgemeinheit«, des »Volkes« oder der Nation »ergeben«. Das ist von vornherein unmöglich, weil hier willkürlich zwischen zwei Zahlensystemen gewechselt wird. Erst werden Ordinalzahlen

»abgefragt« an den »Wahlurnen«[9]. Dann werden diese Ordinalzahlen in Stückzahlen umgeformt, indem man die Präferenzen zählt, wie man Stücke Äpfel zählt, also wie Dinge, die zwischenmenschlich vergleichbar sind. Das sind Nutzen und Leid jedoch gerade nicht, weil sie keine Größenangaben sind, sondern die Angabe von Vorlieben, und für Vorlieben gibt es keinen zwischenpersönlichen Standard, anhand dessen sie verglichen werden könnten. Und wenn dann diese Stückzahlen ins Verhältnis gesetzt werden, möchte man als Ergebnis wieder eine Präferenz präsentieren, eine Vorliebe der »Wähler insgesamt«, was jedoch von vornherein unmöglich ist, weil man durch das Vergleichen von Stückzahlen keine Präferenz ermitteln kann, sondern nur das Verhältnis von Stückzahlen als Ergebnis erhält.

Aus dem Zählen von unterschiedlichen Präferenzen kann also von vornherein keine »Gesamtpräferenz« ermittelt werden. Logik und Mathematik widersprechen der Argumentation, man könnte Recht aufgrund von Zahl oder Anzahl begründen. Als Anzahlen von Köpfen, die etwas Bestimmtes gewählt haben, kann man sie natürlich ins Verhältnis setzen, aber man vergleicht dann keine Präferenzen, sondern Stückzahlen, Köpfe.

Dass das Gewicht einer Stimme bei einer Wahl zu einem Parlament oder eines »Staatsoberhauptes« quasi infinitesimal (unendlich) klein ist, spielt nicht die entscheidende Rolle, weil die Anzahlen im Hinblick auf einen Wahlakt schon gar keine Rolle spielen. Aber trotzdem: Wenn eine Million Menschen ihre unterschiedlichen Präferenzen auf Zettel schreiben und dann wird die Anzahl der unterschiedlichen Präferenzen ermittelt, dann ist eine einzige Stimme im Hinblick auf die sich ergebenden Summen für alle praktischen Erwägungen des Lebens nie entscheidend. Sie spielt keine Rolle. Und wenn zudem kein »Gewählter« an das gebunden ist, was er vorher im »Abstimmungs-Kampf« »versprochen« hat, dann ist es nach aller menschlichen Erfahrung völlig folgenlos, was der Einzelne aufschreibt. Schon alleine aus diesem Grund würden viele Einzelne nie zustimmen, dass aufgrund einer solchen Abstimmung entschieden werden soll, was mit ihrem Besitz an Körper und Sachen, ihrer Zeit und ihrer Sicherheit geschieht. Und deswegen wird ja gerade nicht das Einvernehmen abgefragt.

Es ist keine individuelle Wahl, weil das Wollen des Einzelnen keine Rolle spielt. Es ist aber auch keine kollektive Wahl, weil dann Einvernehmen aller vorliegen müsste (80 Prozent des Kollektivs waren für die Vergewaltigung, ist keine sinnvolle Aussage) im Hinblick darauf, dass eine Entscheidung durch das Abzählen der Präferenzen herbeigeführt wird und die größere Anzahl maßgeblich sein soll. Das »Kollektiv« hat keine eigene Persönlichkeit, es besteht nur aus Individuen, deren Nutzen nicht »gemessen« oder »verglichen« werden kann. Bei den Wahlen wählen einzig die politischen Unternehmer, und zwar dass ihr Spitzenpersonal im Wege einer Abstimmung ermittelt werden soll. Wenn Sie als Einzelner damit nicht einverstanden sind, ist es aus Ihrer Sicht keine Wahl, sondern andere Menschen stimmen über etwas ab, und Sie haben nach der Auffassung der politischen Unternehmer gerade nicht die Wahl, ob Sie diese Abstimmung gegen sich gelten lassen möchten oder nicht.

Es gibt Menschen, die das Addieren von unterschiedlichen Präferenzen zum Zweck der Etablierung von Herrschaft gut finden, weil dann klar ist, dass die Bestimmer die Mehrheit der gezählten Köpfe hinter sich haben und man so Bürgerkriege vermeiden möchte. Tatsächlich ist es aber schon »Bürgerkrieg«, also ein feindlicher Akt, nämlich gegenüber all jenen, deren Präferenzen überhaupt nicht zur Geltung kommen. Und jene, deren Präferenzen unberücksichtigt bleiben, werden von der Gruppe der »Gewählten« bedroht und gezwungen, Besitz, Zeit und Sicherheit zugunsten der Gruppe der Drohenden aufzugeben. Manchen scheint dabei eine Verteidigung zwecklos, weil sie sich zahlenmäßig unterlegen fühlen. Andere haben die Überzeugung erworben, dass es in Ordnung ist, wenn eine Mehrheit über eine Minderheit »herrscht«. »Bürgerkrieg« kann auf diese Weise nicht vermieden werden, sondern es wird lediglich ein Waffenstillstand gegenüber denen erzwungen, die glauben, es nicht in ihrer Gewalt zu haben, sich gegen die Gruppe der »Gewählten« zu verteidigen. Und diejenigen, die an »rechtmäßige Herrschaft der Mehrheit« als gewähntes Konzept glauben, werden darüber getäuscht, dass es sich dabei um ein »rationales Konzept« handeln würde, an das man »glauben müsste«, und nicht lediglich um ein gewillkürtes Konzept, das im Widerspruch zur Logik menschlichen Handelns steht. Aus Zahl kann Recht nicht folgen.

10. »Rechtmäßige Herrschaft« – eine gerade Kurve (Oxymoron)

Selbst wenn man beiseitelässt, dass Herrschaft zwar erscheint, »als ob« sie von den Täuschenden und Drohenden (= Möchtegern-Herrschern) bewirkt wird, in Wirklichkeit aber die Einstellungen und Überzeugungen der Getäuschten und Bedrohten erst ermöglichen, was wir gewöhnlich Herrschaft nennen, so könnte es erst recht keine *rechtmäßige* Herrschaft geben: Denn das Täuschen, Bedrohen oder Zwingen eines anderen ohne dessen Einvernehmen ist von vornherein feindlich, dem anderen also unrecht und daher Unrecht. Es gibt keine andere Perspektive als diejenige der Einzelnen, wonach Recht und Unrecht beurteilt werden könnte. Weder eine Mehrheit noch ein Moralist und selbst ein Pfarrer oder ein politischer Unternehmer können aussagen, was objektives (unpersönliches) Recht oder Unrecht ist, weil es ohne Personen kein Recht oder Unrecht gibt. Objektiv ist Recht nur dann, wenn es gleichzeitig subjektiv Recht ist, also gemäß den Präferenzen aller Beteiligten.

11. Sabotage

Versteht man unter Sabotage die planmäßige Störung und Behinderung fremden menschlichen Handelns, dann wird sie nicht nur von Geheimdiensten gegenüber fremden politischen Gruppen betrieben, sondern auch ganz offen und sichtbar durch politische Unternehmer. Es könnte dem politischen Unternehmer U ja eigentlich egal sein, was A und B miteinander ausmachen, solange sie ihn und andere dabei nicht in ihrem Handeln behindern. A und B kommen voran, wenn sie sich in freundlicher Art und Weise austauschen, und zwar so, wie sie es wollen. Und wenn sie sich dabei friedlich gegen andere verhalten, dann ist es eine feindliche Handlung, diese zwischenmenschliche Kooperation zu sabotieren durch Befehle gleich welcher Art, ob es nun Steuern oder Regulierungen sind oder wie immer die Befehle sonst betitelt werden. Jede Einmischung dieser Art behindert und stört planmäßig As und Bs gemeinsames Bemühen, sich das Leben durch unbehinderte Kooperation annehmbarer zu machen.

Die Saboteure sind natürlich nicht nur die politischen Unternehmer selbst, sondern auch jeder, der seine Mitmenschen den politischen Unternehmern ausliefert, sie anschwärzt oder ihnen mit dem Einschreiten politischer Unternehmer droht. Auch diese Menschen handeln ihren Mitmenschen gegenüber feindlich. Wer seine Ex-Partnerin auf einen durch politische Akteure willkürlich festgesetzten Unterhalt für die Kinder verklagt, der sabotiert deren Leben. Wer seinen Arbeitgeber wegen einer Unterschreitung des Mindestlohnes verklagt oder seinen Vermieter verklagt wegen einer Überschreitung der Höchstmiete, der sabotiert diese Mitmenschen. Denn für den jeweils Bedrohten sind es willkürliche Befehle politischer Unternehmer, wenn diese festsetzen, wann und in welcher Höhe ein Unterhalt zu zahlen ist, wie hoch ein Mindestlohn sein muss und wie hoch eine Miete sein darf. Menschen, die so handeln, sind praxeologisch beurteilt Saboteure ihrer Mitmenschen. Solche feindlichen Akteure versuchen sich der willkürlichen Befehle der politischen Unternehmer zu bedienen und deren Zwangsapparat für ihre Zwecke einzuspannen.

12. Frieden

Friedliches Handeln ist, wenn mindestens einer Besitz, Zeit, Sicherheit oder Möglichkeiten gewinnt, ohne dass ein anderer etwas verliert, also nicht auf Kosten und zu Lasten eines anderen. Auch freundliches Handeln, bei dem immer beide am Austausch Beteiligten gewinnen, ist friedliches Handeln.

Friedliches Handeln ist die Abwesenheit feindlichen Handelns, also von Drohung, Zwang, Gewalt und Täuschung, um vom anderen auf dessen Kosten und Lasten etwas zu erhalten. Wenn feindlich gehandelt wird, ist zwischen den Drohenden und den Bedrohten, zwischen den Zwingenden und den Gezwungenen, zwischen den Lügnern und den Belogenen und zwischen den Gewalttätern und den Vergewaltigten kein Frieden. Sie sind Gegner. Das ist nicht in einem moralischen Sinne gemeint. Derjenige, der Wiedergutmachung oder Vergeltung sucht, wird dem anderen gegenüber auch mit Zwang und Gewalt handeln, und es wird dem Räuber oder dem Mörder auch nicht recht sein, wenn diese von anderen für ihr Handeln zur Verantwortung gezogen werden. Der Unterschied im Falle von Verteidigung, Wiedergutmachung oder Vergeltung einerseits und dem feindlichen Handeln der Räuber, Erpresser oder Mörder andererseits ist, dass dem Handeln der Letzteren (der Angreifer) *keine* feindliche Handlung *vorausging*. Die Angreifer (und nicht die Verteidiger) wollen eine Pareto-Verschlechterung auf Kosten und zu Lasten der Angegriffenen herbeiführen, also eine Situation, in der es ihnen jetzt besser geht, weil es den anderen schlechter geht.

Es ist nicht von vornherein unmöglich, dass Menschen friedlich miteinander leben. Es muss nicht eine Gruppe von feindlich Handelnden geben, die das Monopol des feindlichen Handelns für ein Gebiet beanspruchen. Dadurch geht es »den Menschen« nicht besser, sondern es gibt Gewinner auf Kosten und zu Lasten der Verlierer. Durch feindliches Handeln kann keine Situation herbeigeführt werden wie bei friedlichem oder freundlichem Handeln, nämlich dass zumindest einer seine Situation verbessert, ohne dass dies auf Kosten und zu Lasten eines anderen geschieht, denn das ist die Definition (Beschreibung) von feindlichem Handeln. Wenn A etwas dem B wegnimmt, um es dem C zu geben, dann ist dies eine feindliche Handlung. Was B und C erhalten, haben sie auf Kosten und zu Lasten des A. Manche finden das gut, weil sie meinen, A habe zu viel, und wir werden im Folgenden noch einige populäre Meinungen zu Umverteilung praxeologisch untersuchen. Aber »gut« zieht stets die Frage nach sich: Gut für wen? Gut für B und C und schlecht für A. Es ist kein Frieden, den die Befürworter dieses Handelns wollen, sondern es ist »Krieg« gegen A.

Anmerkungen zu Kapitel VIII

1 Oppenheimer, 1929.
2 Eibl-Eibesfeldt, 5. Auflage 2004, S. 843 ff.
3 Eibl-Eibesfeldt, S. 582.
4 Eibl-Eibesfeldt, S. 586.
5 Eibl-Eibesfeldt, S. 589.
6 Eibl-Eibesfeldt, S. 572.
7 Eibl-Eibesfeldt, S. 594.
8 Die aktuelle deutsche Bundeskanzlerin verfügt beispielsweise über 17 Ehrendoktortitel.
9 Abstimmungs-Urnen.

KAPITEL IX

EIGENTUM

Eigentum im praxeologischen Sinne, wie es Ludwig von Mises beschrieben hat, ist nicht das juristische Eigentum, sondern ist die Kontrolle über ein Gut, die ich in diesem Buch als Besitz beschrieben habe, da es die Gewalt einer Person über eine Sache ist, also dasjenige, was er mit der Sache zu tun vermag. Das juristische Eigentum, meinte Mises, hat eine praxeologische Funktion beim Schutz oder der Wiedererlangung des Besitzes. Darin liegt die praxeologische Bedeutung. Eigentum, soziologisch beschrieben als Institution oder juristisch als geistiges Konzept, ist für praxeologische Untersuchungen, die auf die Folgen von Handlungen sehen, zu undifferenziert. Es gibt Handelnde, und deren Handeln hat Folgen, und ohne Handelnde gibt es kein Recht, keinen Besitz und kein Eigentum.

Mit dem Eigentumsrecht meint Mises also den Schutz und die Wiedererlangung des Eigentums; es geht um die Gewalt, den Besitz zu erhalten oder wiederzuerlangen. Diese Gewalt kann auf zwei Arten begründet werden. Entweder eine Gruppe versucht, durch Täuschung, Drohung und Zwang festzulegen, wer was wie besitzen darf, oder Menschen vereinbaren, sich wechselseitig bei der Erhaltung und Wiedererlangung ihres Besitzes zu unterstützen. Im ersteren Falle ist das Eigentum des Einzelnen der Effekt eines einseitigen Befehls. Im letzteren Falle, der Vereinbarung, ist das Eigentum der Effekt, dass Menschen durch freundliches Handeln ihre Gewalt vereinigen.

1. Eigentum als Privileg (Vorrecht)

Eigentum als Privileg (Vorrecht) ist das Ergebnis von Täuschung, Drohung, Zwang und Gewalt und nicht das Ergebnis einer verabredeten gegenseitigen Unterstützung zur Erhaltung und Wiedererlangung des Besitzes. Eigentum ist in diesem Falle der Effekt (Auswirkung) der Täuschung und Bedrohung einer Gruppe von Menschen gegen alle anderen, wenn sie eine andere als die von ihr in Geboten und Verboten (Befehlen) beschriebene Besitzverteilung herbeiführen wollen. Da es sich hierbei nicht um ein Eigentumsrecht handelt, nenne ich es Vorrecht oder Privileg, um aufzuzeigen, dass es durch feindliches Handeln entstanden ist. Die Stütze eines solchen Eigentums sind letztlich Legitimismus, also die behauptete Rechtfertigung von Herrschaft durch Indoktrination und Propaganda, sowie die gewaltbereiten Unterstützer, die die Drohungen nötigenfalls umzusetzen bereit sind.

Weil man Menschen durch Täuschung, Drohung und Zwang dazu veranlassen kann, eine Wahl nach dem Willen des Täuschenden oder Drohenden zu treffen, kann auch die Kontrolle über den Körper von Menschen durch Täuschung, Drohung und Zwang ausgelöst werden. Sklaverei ist eine Form, Menschen zu zwingen, sich gemäß bestimmten Befehlen und Drohungen zu verhalten, und natürlich behindern auch alle anderen Formen von Befehlen und Kommandos andere Menschen in ihrer Handlungsfreiheit. Eigentum als Privileg kann sich in diesem Sinne also auch auf die Körper von Menschen, auf deren Vermögen, körperliche Dienste zu leisten, erstrecken. Hierzu zählen neben der Sklaverei nicht nur feudale Herrschaften, sondern auch noch heute gängige Privilegien, die die Gruppen von Menschen sich selbst zubilligen, um über andere Menschen in diesem Sinne zu verfügen: Schulzwang und Militärzwang sind Zwänge, und ein »verpflichtendes soziales Jahr« ist ein Arbeitszwang. Bei all diesen Zwängen wird versucht, unmittelbar über Aufenthalt und/oder die Tätigkeit des Gezwungenen zu bestimmen.

Mittelbar sind natürlich auch Tributzwänge oder Zwangsabgaben aller Art, körperliche Zwänge, weil der Mensch dann einen Teil seiner Arbeitsleistung schuldet, also zum Teil arbeitet, um die Schadensdrohungen der Gruppe von Menschen abzuwenden, die die Zwangsabgaben fordern. Sie tun dies, damit sie nicht ins Gefängnis verbracht werden. Es gibt auch Menschen, die behaupten, solche Abgaben gerne zu bezahlen, aber selbst wenn diese Behauptung wahr ist – woran Zweifel bestehen und was wir erst sehen könnten, wenn die Drohungen entfallen –, würde sie dies natürlich in keiner Weise berechtigen, feindlich gegenüber all jenen zu handeln, die das nicht tun möchten, für die die Abgaben also feindliche Handlungen sind.

Eigentum als Privileg ist immer mittelbares oder abgeleitetes Eigentum. Es liegt vollständig in der Willkür der Gruppe der Täuschenden und Drohenden, wie das Eigentum ausgestaltet ist. Es kommt in Feudalgesellschaften ebenso vor wie in zeitgenössischen Gesellschaften. Der Unterschied ist, dass das Eigentum an Grund und Boden in Feudalgesellschaften in der Regel im Hinblick auf Grund*besitz* eingeschränkt war, also der Lehnsmann nur die Früchte und was er damit erwarb, veräußern konnte, aber nicht den Grundbesitz selbst übertragen oder belasten; das war das Vorrecht (Privileg) alleine des obersten Grundherren. Im juristischen Sinne war der Lehnsmann nur Besitzer, nicht Eigentümer, weil er nur nutzen und nicht veräußern und verpfänden konnte.

In zeitgenössischen Gesellschaften wird das Verfügen und Verpfänden auch im Hinblick auf Grund und Boden »gestattet« und der Eigentümer muss nicht aus den Erträgen, die er aus dem Grundstück hat, die Abgaben für die Gewährung des Eigentums entrichten, sondern aus seinem gesamten Vermögen, und die Abgaben hängen auch nicht mit der Gewährung des Eigentums zusammen, sondern es gibt zahllose Anknüpfungspunkte, wann Abgaben zu entrichten sind. Der Eigentümer kann zwar Grund und Boden veräußern und verpfänden, aber eben nur unter Einhaltung der Gebote und Verbote des Staates, wenn er nicht der Drohung mit Schaden ausgesetzt sein will. So ist in Deutschland beispielsweise die Zahlung der Grunderwerbsteuer Voraussetzung für Eigentumserwerb an Grund und Boden. Und um das Eigentum an dem Grund und Boden zu behalten, muss der Eigentümer auch die Grundsteuern bezahlen können. Darüber hinaus erfährt er einen Kanalanschlusszwang, muss also das Grundstück an den Kanal anschließen. Und für nahezu alle Einkommen, die er erzielt, und fast alle Umsätze, die er mit anderen ausführt, muss er zusätzliche Abgaben entrichten.

Auch das Eigentum an Vermögensgegenständen wird besteuert. Da der Wert eines Vermögensgegenstands die Summe der abgezinsten künftigen Einkommen ist, ist jede Besteuerung eines Einkommens, das unter Einsatz von Vermögensgegenständen erzielt wird, stets eine Besteuerung des Vermögens, weil die künftigen Einkommen geschmälert werden. Den Vermögenswert der eigenen Arbeitsleistung stellt das abgezinste Lebenseinkommen dar, und da Arbeitseinkommen besteuert wird, ist dies eine Vermögenssteuer auf die eigene Leistungsfähigkeit.

Wie die Vertreter der Eigentumsökonomik erkennen, ist das Wirtschaften unter der Möglichkeit, Grundeigentum ebenfalls zu veräußern und zu belasten, wie es heute von den zeitgenössischen Staaten organisiert wird, effizienter als nur die Nutzung von Grund und Boden, aber nicht die Übertragung und Verpfändung zu erlauben. Denn wie wir bereits oben gesehen haben, ist für den effizienteren Produzenten ein Vermögensgegenstand mehr wert als für den weniger effizienten, sodass bei Gestattung der Veräußerung und Verpfändung die Produktionsmittel in der Tendenz zu den effizientesten Produzenten gelangen. Aber weder braucht es hierfür von vornherein einen Staat, der einen »institutionellen« Rahmen setzt, noch ist Eigentum nur unter einem Staat möglich. Wie wir bereits gesehen haben, ist Besitz bei friedlich Handelnden völlig ausreichend, um etwas zu veräußern oder zu verpfänden; es reicht, wenn niemand da ist, der die Besitzer behindert, also die Abwesenheit von feindlich Handelnden.

Durch Eigentum als gewährtes Privileg unter allerlei Einschränkungen und Abgabezwänge wird keineswegs die Freiheit oder die Gewalt von Einzelnen erweitert, sondern sie wird von vornherein eingeschränkt: Gebote und Verbote, was verkauft werden kann, zu welchen Preisen, was belastet werden darf, wie etwas hergestellt werden muss, wer es herstellen darf, welche Abgaben auf welches Gut etc. zu zahlen sind, schränken die Verfügungsmöglichkeiten der Menschen ein und erweitern sie nicht. Und da für jede Zuwiderhandlung mit Schaden gedroht wird, wenn man den Zwang nicht erduldet, sondern sich ernsthaft wehrt, ist dieses Handeln von vornherein feindlich gegenüber all jenen, die damit nicht einverstanden sind.

2. Eigentum als Recht

Eigentum als Recht – und nicht Befehl oder Vorrecht – kann durch Vereinbarung entstehen. Mehrere Handelnde können sich in der Art und Weise verbinden, dass sie sich beim Erhalten und nötigenfalls bei der Wiedererlangung ihres Eigentums Unterstützung zusagen. Dazu ist es nicht notwendig, dass alle auf einem bestimmten Gebiet Lebenden sich verpflichten, sich wechselseitig zu unterstützen. Es ist auch keinesfalls notwendig, andere, die dabei nicht mitmachen möchten, zu zwingen, dies zu tun. Es kann auf friedliche Art und Weise eine *Koalition der Willigen* begründet werden.

Inhaltlich kann sich der Schutz und die Wiedererlangung am früheren Besitz ausrichten, da der frühere Besitz nicht auf Kosten und zu Lasten eines anderen erlangt wurde. Das gilt auch beim freiwilligen Austausch, also bei der Übertragung durch Kauf, bei dem die Beteiligten aus ihrer jeweiligen Sicht gewinnen.

Wie wir bereits gesehen haben, geschieht die Erstinbesitznahme, also die Begründung des früheren Besitzes, nicht auf Kosten und zu Lasten des Besitzes eines anderen. Es geschieht auch nicht notwendig auf Kosten und zu Lasten der Möglichkeiten eines anderen, die Sache in Besitz zu nehmen, da es den anderen gerade recht sein kann, nicht selbst eine Kaffeeplantage oder Forstwirtschaft zu betreiben. In der Verkehrswirtschaft sind sie mittelbare Besitzer, da die Produzenten nach ihren Vorlieben produzieren müssen.

Auch im Hinblick auf notwendige Komplementärgüter für das Handeln, die für jedes weitere Handeln erforderlich sind (Atemluft, Wasser, Salz, Nahrung und Raum), muss es nicht störend sein, wenn jemand anders produziert, dass dieser solche Güter in seiner Gewalt hat, beispielsweise Straßen oder Grundwasser, denn er kann sich mit seinen Mitmenschen auf freundliche Weise austauschen.

Eigentum als Recht freiwillig vereinbart mit anderen ist also keineswegs Diebstahl, wie manche behaupteten, die sich auch in Wirklichkeit nicht gegen das *Eigen*tum wendeten, sondern gegen das *Fremd*tum. Ihnen ist unrecht, dass ein anderer besitzt und nicht die von ihnen ausgedachten Gruppen. Und dass alle besitzen, wie sich manche das vorgestellt haben, würde bedeuten, dass das Einvernehmen jedes Einzelnen zu jeder Verfügung über einen Gegenstand notwendig wäre. Sobald einer sein Veto einlegt, könnte nichts mehr mit einem Ding geschehen. Das bedeutete, dass niemand etwas besitzen würde.

Was zutrifft, ist, dass einer, der nichts im Austausch anzubieten hat oder nichts im Austausch anbieten möchte, keinen Zugang zu Gütern hat, wenn die Eigentümer ihr Eigentum behaupten können und wenn die Eigentümer derart in ihren Einstellungen und Überzeugungen beschaffen sind, dass sie sich das Wohlergehen der Hilf- und Mittellosen nicht zu ihrer eigenen Sache machen möchten. Ein derart Betroffener kann entweder mittellos zur Welt gekommen sein, verarmt oder erkrankt, und wenn er niemanden in seinem Freundes- oder Familienkreis hat, der ihm helfen möchte, müsste er sich Zugang zumindest zu den notwendigen Komplementärgütern verschaffen können.

Ein Mittelloser kann auf verschiedene Arten an den Besitz von notwendigen Komplementärgütern gelangen. Aber sehen wir uns vorher an, wie er leben würde, wenn er alleine wäre und nichts würde von anderen besessen. Als Kind würde er sterben. Als Erwachsener wäre er der Natur alleine ausgesetzt. Das kann man nicht mit Robinson vergleichen, denn dieser hat Fähigkeiten und Mittel auf seine einsame Insel mitgebracht, die unter Arbeitsteilung und Spezialisierung über Jahrtausende hervorgebracht wurden. Der Urzustand ist ein lebensgefährlicher Mangelzustand. Dass andere Güter besitzen, verarbeiten und anbieten, ist aber keineswegs, wie die Legende geht, der Grund hierfür.

Dass es unschädlich sein kann, wenn alle Güter auf einem Gebiet schon einen früheren Besitzer haben, wissen die Menschen zumindest implizit (ohne dass sie es erklären können). Sogenannte Wirtschaftsflüchtlinge machen sich nicht auf in Länder, in denen die Natur relativ unbelassen daliegt, um ein Stück Land zu erwerben, das sie mit den eigenen Händen autark beackern möchten, sondern sie flüchten in Länder mit im Vergleich hoher Arbeitsteilung, Spezialisierung und Kapital.

Der Gedanke mancher »Philosophen« und politischen Unternehmer, die um Anhängerschaft werben, ist: Eigentum ist Diebstahl, weil dann alle, die kein Eigentum haben, verelenden. Es gibt aber genug Möglichkeiten für Mittellose, in einer Eigentumsgesellschaft an notwendige Komplementärgüter und andere Güter zu gelangen. Zunächst ist die Frage, ob einem Verhungernden oder Verdurstenden der Zugang zu notwendigen Komplementärgütern verweigert würde. Das ist keinesfalls notwendig der Fall. Und auch die Erfahrung lehrt, dass Menschen hilfsbereit sind und gastfreundlich. Zudem kann der Mittellose bitten und fragen, und wenn der andere die Bitte erfüllen mag, liegt eine Pareto-Verbesserung vor: Beide gewinnen!

In einer vereinbarten Eigentumsordnung anstatt in einer diktierten können die Menschen vereinbaren, dass sie die Mittellosen nicht von den notwendigen Komplementärgütern ausschließen. Das größere Interesse liegt natürlich an den Gütern, für die andere Menschen Arbeit aufwenden müssen, um sie zu produzieren: nicht nur Wasser, sondern sauberes Wasser an einem bestimmten Ort; verarbeitete, gezüchtete, verfeinerte Lebensmittel; schnellerer Transport als Gehen auf unbefestigten Wegen durch Straßen und Fahrzeuge; hergestellte Kleidung statt eines Feigenblattes; und so weiter. Um diese Verbesserungen zu erreichen, sind Arbeits- und Kapitaleinsatz notwendig. Wer diese als »freie« Güter verspricht, fordert Zwangsarbeit und Enteignung.

Das entscheidende Kriterium, dass eine feindliche von einer freundlichen Eigentumsordnung unterscheidet, ist, dass in der feindlichen Ordnung politische Unternehmer die Eigentümer sind und sich von ihnen alles Eigentum ableitet. In einer friedlichen Eigentumsordnung sind freundliche Unternehmer die Eigentümer, die ihre Mittel zur Produktion nicht durch Drohung und Zwang, sondern durch Angebote, die die Kunden schadensfrei ablehnen können, erwerben.

3. Monopol – Freiheit, Privileg oder Recht

a) Monopol als Privileg

Ein Monopol im strengen Sinne erfordert, dass der Monopolist ein Monopol über notwendige Komplementärgüter hat. Denn bei anderen substituierbaren Gütern ist ein Monopol ausgeschlossen, weil es im Hinblick auf Güter nicht auf die physischen Eigenschaften eines Gutes ankommt, sondern wie Handelnde darauf reagieren, und wenn es Substitute (Ersatzgüter) gibt, dann gibt es kein Monopol, weil die Vorteile, die sich einer von dem Gut verspricht, auch mit einem anderen Gut erlangt werden können.

Solche notwendigen Komplementärgüter sind Raum, Wasser, Salz, Nahrung und Atemluft. Sie sind notwendig, denn ohne sie desintegriert (stirbt) eine lebende handelnde Einheit. Monopole sind lokal begrenzt, solange sie nicht die gesamte Erde umfassen. Lokale Monopole in Bezug auf Raum, die durch ein durch Legitimismus, Zwang oder Gewalt errungenes »Vorrecht« (Privileg) erlangt wurden, sind die Gewaltmonopole der politischen Unternehmer. Jedermann, der sich den Ver- und Geboten in Bezug auf einen Teil der Erdoberfläche nicht fügen will, wird mit Schaden bedroht.

Solchen Monopolen können die Menschen insoweit ausweichen, als die Monopolinhaber es nicht in ihrer Gewalt haben, ihrem behaupteten Monopol Geltung zu verschaffen. Die Verteidigung gegen solche feindlichen Monopole besteht in offenem oder heimlichem Ungehorsam oder in der Auswanderung in Gebiete, in denen die Monopolisten freundlicher sind – aus Sicht der Auswandernden.

b) Monopol als Freiheit und Recht

Lokale Monopole im Hinblick auf notwendige Komplementärgüter sind nicht notwendig feindlich, sondern können auch friedlich entstehen und fortbestehen. In einem Ort kann es nur einen Wasserproduzenten geben und die Menschen sind damit einverstanden und kaufen nur von ihm, weil sich kein anderer findet, der eine zweite Quelle oder einen weiteren Brunnen erschließen möchte, also Kapital und Arbeit aufwenden möchte für Pumpen, für das Speichern, Reinigen und Verteilen des Wassers. Jemand kann eine Brücke (Raum/Weg) errichten, entweder eine Koalition von Willigen, die sich daraus einen Vorteil verspricht, weil sie weiß, dass ihr Grund und Boden an Wert gewinnt, wenn er über Straßen und Wege mit anderen verbunden ist, sodass Austausch über Entfernungen erfolgen kann; oder einer oder eine Gruppe errichtet die Brücke und verlangt von den Menschen einen Preis für die Benutzung. Beide Arten des Handelns sind freundlich. Es wäre feindliches Handeln, das Wasser wegzunehmen oder die Brücke ohne Einverständnis zu nutzen, denn ohne diejenigen, die das Gut hergestellt haben, gäbe es die Möglichkeit gar nicht für den anderen, es zu nutzen. Derjenige, der es ohne Einvernehmen nutzt, gewinnt also auf Kosten und zu Lasten des früheren Besitzers.

Wenn einer einen Weg, der vorher von vielen genutzt wurde, abzäunt oder versperrt, dann handelt er feindlich, weil diese Nutzer frühere Besitzer sind, nämlich Mitbesitzer. Der Abzäunende mag das Grundstück nun anders nutzen wollen, aber das kann er nur auf Kosten und zu Lasten des Besitzes der früheren Nutzer, die das Grundstück vorher als Weg hatten. Solange sich die Beteiligten nicht auf Eigentum oder Umfang des Eigentums geeinigt haben, wäre es Unsinn zu behaupten, dass einer, der einen Wald vorher zur Forstwirtschaft hatte, ein »besseres Recht zum Besitz« hätte und andere, die ihn zur Erholung und zum Spazieren hatten, ein schlechteres. Recht ist persönlich und hängt davon ab, was die Beteiligten ausmachen. Physikalisch ein und dieselben Güter sind von unterschiedlichen Menschen unterschiedlich nutzbar.

4. Geistiges Eigentum

Das Argument, das für »geistiges Eigentum« angeführt wird, ist: Wenn das Nachahmen geistiger Werke nicht mittels Patenten oder Urheberrechten verhindert würde, würde viel Nutzen nicht gestiftet, weil dann die Urheber oder Erfinder »geistigen Eigentums« nicht motiviert wären, etwas zu erfinden. Aber Nutzen ist persönlich nicht vergleichbar und Recht ist persönlich. Beide können also nicht mit einem unpersönlichen Standard verglichen werden.

Eine Idee, die Entdeckung eines technischen Verfahrens, ein Rezept oder ein Lied sind in dem Sinne nicht knapp und kein Gut, weil jedermann die Idee aufgreifen und das Rezept nachahmen und das Lied nachsingen kann, ohne dabei die Freiheiten desjenigen zu behindern, der die Idee zuerst hatte, das Lied zuerst sang oder das Buch zuerst schrieb. Er greift nicht in den Besitz der »Erstanwender« ein, weder in den Besitz an deren Körper noch in den Besitz an deren Sachen. Und auch die Weiterentwicklung, Abänderung oder Verbesserung von geistigen Konzepten anderer ist pareto-optimal, weil dabei nicht der Besitz eines anderen geschädigt wird.

Hingegen führt die Androhung von Schaden gegenüber den »Zweitanwendern«, die eine Idee, ein technisches Verfahren oder ein Rezept übernommen haben oder unabhängig von den Erstanwendern lediglich später darauf kamen, zu einer Pareto-Verschlechterung. Die Drohenden gewinnen auf Kosten und zu Lasten der Bedrohten, die ihre Freiheiten hinsichtlich ihres Besitzes an ihrem Körper und ihren Sachen nicht mehr unbehindert ausüben können, sondern die durch Drohung darin beschränkt werden. Wenn einer ein Rad entwirft und seine Mitmenschen sehen das Rad und ahmen es nach, dann schädigen diese nicht den, der das Rad zuerst gebaut hat. Wenn ich eine Idee habe, die jemand anders nachahmt, dann verschwindet die Idee bei mir nicht, er erhält sie nicht auf meine Kosten, anders also als bei sachlichem Besitz, der in dem Sinne knapp ist, dass sich verschiedene Verwendungen ausschließen können. Wenn B dem A das Rad stiehlt, dann ist das eine Pareto-Verschlechterung: Jetzt hat B das Rad, aber A nicht mehr. Wenn B das Rad nachbaut, das A gebaut hat, dann hat A sein Rad immer noch. Es ist eine Pareto-Verbesserung. B gewinnt durch sein Handeln, aber nicht auf Kosten des A.

»Geistiges Eigentum« bedeutet also, das Nachahmen eines »Rezepts« (im weitesten Sinne) durch feindliches Handeln zu verhindern. Natürlich kann jeder sein Rezept in seinem Tresor geheim halten, wenn ihm das etwas nützt, um eine Nachahmung zu verhindern, ohne hierdurch feindlich zu handeln. Er kann auch sein Laboratorium versteckt und verschlossen halten. Aber sofern das »Rezept« (der Bauplan, die Komposition, die Rezeptur etc.) durch Analyse oder Anschauung herausgefunden werden kann, müssten die potenziellen Nachahmer bedroht werden, um überhaupt erst »geistiges Eigentum« zu erzeugen.

Auch ohne »geistiges Eigentum« ist es im Übrigen denkbar, dass ein potenzieller Nachahmer sich mit dem Erfinder eines komplizierten technischen Verfahrens freiwillig austauscht und die Erfahrungen und Erkenntnisse des Erfinders »kauft«, um sich selbst eine langwierige Entwicklung und Fehlschläge zu ersparen. In diesem Falle verwertet der Erfinder sein Wissen und seine Erfahrungen auf freundliche Art und Weise.

Durch die Abwesenheit politischer Urheber- und Patentprivilegien änderte sich die Kalkulation des Produzenten. Aber es ist keineswegs von vornherein gesagt, dass dies bedeutet, dass er die Idee nicht umsetzt oder diese sich nicht mehr lohnte. Wenn ich herausfinde, dass ich meinen Karren besser ziehen kann, wenn er Räder hat, werde ich ein Rad verwenden. Dass die anderen es mir nachmachen, fügt mir keinen Schaden zu. Freilich, wenn ich in der Lage wäre, alle anderen zu bedrohen, mir etwas für die Nachahmung zu bezahlen, stünde ich besser da – aber die anderen eben schlechter.

Historisch gesehen ist das Urheberprivileg in seiner heutigen Bedeutung eine jüngere Erscheinung der späten Neuzeit. Wolfgang Amadeus Mozart oder Ludwig van Beethoven kamen noch nicht in den Genuss dieses Privilegs. Die damaligen Musiker konnten sich gegenseitig zitieren und nachahmen, ohne auf staatliche Privilegien und Zwänge Rücksicht nehmen zu müssen. Und auch das deutsche Patentprivileg wurde erst am Ende des 19. Jahrhunderts eingeführt, gegen erheblichen Widerstand. Die staatlichen Patentprivilegien waren räumlich begrenzt und in Deutschland und der Schweiz herrschte die – praxeologisch korrekte – Meinung vor, dass das Patent den Wettbewerb begrenzt und nicht fördert, dass es zu Monopolprivilegien führt. Auch durch das Patentprivileg wird ja das »gegenseitige Zitieren« in einem technischen Sinne und weitere Verbessern verhindert.

Dass ein Unternehmer prinzipiell nicht in technologische Entwicklung oder Verbesserung von Verfahren investieren würde, wenn ihm kein Privileg unter Drohung gegen potenzielle Nachahmer gewährt würde, ist weder a priori so, noch kann dies durch eine Erfahrung bewiesen oder widerlegt werden. Auch ohne das Privileg ergeben sich Anreize für einen Unternehmer, Produkte günstiger herzustellen und neuartige Produkte zu entwickeln. Durch den »First-Mover-Effekt« hat der Produzent nicht nur den Vorteil, dass er als Erstes mit dem Produkt in Verbindung gebracht wird, sondern dass er der erste ist, der das Produkt auf den Markt bringt. Er kann innerhalb des Zeitraums, bis andere aufschließen, höhere Preise verlangen, weil die Verbreitung des Gutes knapper ist, als wenn es noch Mitbewerber gebe. Viele Produkte wurden am Anfang nur von denjenigen verwendet, die bereit und imstande waren, höhere Preise dafür zu bezahlen als ihre Mitbewerber um solche Güter. Das Auto war am Anfang kein Massenprodukt und auch die ersten Handys waren sehr teuer. Sobald die Mitbewerber mit Produkten gleicher Art auf den Markt kommen, haben sie nicht nur den Marketingnachteil, nicht das »Original-Produkt« anzubieten, sondern mit jeder zusätzlichen Quantität, die sie auf den Markt bringen, vermindert sich – *ceteris paribus* – der Preis, den sie für das Gut verlangen können. Sie müssen also günstiger produzieren können als der Erfinder.

Die praxeologische Frage eines Monopols für die Erstproduzenten von geistigen Werken (Rezepten, Kompositionen oder Bauplänen) ist keine Frage des Meinens und Dafürhaltens. Ein solches Monopol lässt sich nur vermittels feindlichen Handelns durchsetzen. Ob dadurch insgesamt ein wirtschaftlicher Nachteil oder Vorteil für »die Gesellschaft« entsteht, kann nicht nach einem unpersönlichen oder überpersönlichen Standard festgestellt werden, da Nutzen persönlich ist und deshalb nicht verglichen oder gemessen werden kann. Die Addition von individuellen Nutzen ist nicht möglich.

Zudem ist die Behauptung unsinnig, dass die Abwesenheit von Urheberprivilegien die Gesellschaft insgesamt schlechter stellen würde, weil »die Gesellschaft« ein geistiges Konzept ist und keine einzelne, wertende und real existierende Einheit wie der Einzelne. Es mag sein, dass große Musikproduzenten unter dem Verlust ihrer Privilegien wirtschaftliche Einbußen hinzunehmen hätten, andererseits mag es auch sein, dass es wieder eine größere Anzahl lokaler Künstler geben wird und die Musik weniger einheitlich wäre, als sie heute so manchem erscheint. Kleine Künstler können ohne Gebühren und Rechtsstreite die Werke anderer nachahmen, abändern, zitieren, neu formulieren. Der eine mag das besser finden, der andere jenes. Aber derjenige, der die Nachahmer abhalten möchte, kann dies von vornherein nur durch feindliches Handeln tun.

Zu unterscheiden ist das geistige Eigentum vom Markenschutz. Beim Markenschutz geht es um Lüge oder Wahrheit, nämlich darum, wer der Hersteller eines Gutes ist. Manche Menschen schätzen das Original über das Plagiat, und es kommt ihnen gerade darauf an, z. B. eine Tasche eines bestimmten Herstellers zu erwerben, mögen dies andere auch für noch so unvernünftig halten. Andere Menschen möchten gerade beim Kauf von Lebensmitteln oder Gesundheitsprodukten Waren eines bestimmten Herstellers kaufen, dem sie vertrauen. Die Marke bringt ein Produkt mit einem Hersteller in Verbindung. Wenn nun ein Dritter in Ihnen die Fehlvorstellung bewirken möchte, dass das Gut vom Hersteller ABC produziert wurde, und Sie damit zu einer Handlung (dem Kauf) bewirkt, handelt er Ihnen gegenüber täuschend und damit feindlich. Er bewirkt eine Fehlvorstellung durch eine Lüge, ohne die Sie nicht so gehandelt hätten, veranlasst Sie also zu einer Disposition (Verfügung), die Sie ansonsten nicht getätigt hätten. Durch diese Täuschung erlangt er etwas von Ihnen, das er ohne die Täuschung nicht erlangt hätte, also auf Ihre Kosten und zu Ihren Lasten.

Zudem schädigt ein Nachahmer, der ein minderwertiges Produkt anbietet, den Ruf des Herstellers durch seine Täuschung. Er erhält also den Besitz an dem Geld der Kunden auf Kosten und zu Lasten des Besitzes der Kunden an dem Geld, weil er über den Produzenten täuscht, und auf Kosten des Rufs des Produzenten, den er bei minderwertiger Ware (aus Sicht der Kunden) schädigt. Im Gegensatz zum geistigen Eigentum, dass nur auf feindliche Art und Weise in die Welt kommen kann, ist die Täuschung über den Hersteller selbst ein feindlicher Akt. Deshalb können sich die Menschen, ebenso wie sie sich zur Sicherung des Besitzes wechselseitig verpflichten können, auch zur Sicherung der Wahrheit von Aussagen über den Hersteller eines Gutes verbinden, ohne damit feindlich zu handeln. Und wie wir gesehen haben, ist das Eigentum der Reflex einer solchen Verpflichtung von vielen, sodass auf diese Weise in friedlicher Art und Weise nicht nur Eigentum, sondern auch das Markenrecht begründet werden kann.

KAPITEL X

VERTEIDIGUNG, WIEDERGUTMACHUNG UND VERGELTUNG

1. Verteidigung

Verteidigung ist die Abwehr einer feindlichen Handlung von sich oder einem anderen mit dem Ziel, den Schadenseintritt zu verhindern oder abzumildern. Eine Verteidigung gegen eine Verteidigung ist also nicht möglich, da eine Verteidigung selbst keine feindliche Handlung sein kann, weil sie der Abwehr einer feindlichen Handlung dient und daher selbst nicht feindlich ist. Eine feindliche Handlung geschieht auf Kosten und zu Lasten eines anderen und sie führt damit aus Sicht aller Beteiligten von vornherein zu einer Win-lose-Situation oder Pareto-Verschlechterung. Einer gewinnt auf Kosten des anderen. Dieses Ergebnis zu verhindern bedeutet, dass das Pareto-Optimum, das vor der feindlichen Handlung bestanden hat, beibehalten wird. Der Verteidiger setzt sich also dafür ein, dass es nicht zu einer Pareto-Verschlechterung auf seine Kosten kommt.

Für einen anderen ist eine Verteidigung ebenfalls möglich, und wir sprechen hier nicht von Notwehr, sondern von Nothilfe. Jemand kann jederzeit wählen, die Angelegenheit eines anderen zu der seinigen zu machen. Wenn es seine Unzufriedenheit vermindert, einem Kind oder einem alten Mann beizustehen, dann wählt er die Verteidigung und damit die Hilfe für den anderen, weil er das zu seinem Ziel macht. Menschen können sich an der Freude von anderen freuen – und sie können sich am Leid von anderen freuen. Sie haben die Freiheit, dies zu wählen.

Verteidigung erfolgt schon bei Gefährdung, nicht erst, wenn der Schaden eingetreten ist, denn dann ist er ja nicht mehr oder nicht mehr vollständig abwendbar. Bereits wenn einer ankündigt oder ansetzt, sie zu gefährden oder zu schädigen, ist die Abwehr dagegen die Verteidigung.

Bei einer Verteidigung kann es dazu kommen, dass der Gefährder einen schwereren Schaden erleidet, als er ihnen selbst zufügen wollte. Beispielsweise wenn Sie einen Einbrecher erschießen. Ich meine nicht den Fall, dass Sie nicht wissen, ob er Ihnen außer dem Einbruchsdiebstahl noch weiteren Schaden zufügen wollte, aber nehmen wir an, Sie erschießen ihn mit dem Diebesgut auf der Flucht. Die Schwere des Schadens ist nicht unpersönlich vergleichbar, und was die Juristen tun, wenn sie eine »Güterabwägung« vornehmen, ist genau das: Sie vergleichen die Schwere des Schadens nach einem vorgeblich unpersönlichen Maßstab, den es nicht geben kann. Den meisten Menschen ist das Leben das höchste Gut, denken sie vielleicht, oder mir wäre es das höchste Gut; aber für den Schaden kommt es auf die Sicht des Geschädigten an, nicht auf die Sicht irgendeines Menschen. In erster Linie hat ja auch niemand einen Einbrecher gezwungen, einzubrechen oder zu stehlen. Bei der Verteidigung kann der Gefährder einen Schaden erleiden und der Verteidiger. Wir können diese Schäden nicht nach einem unpersönlichen Maßstab bewerten, weil Wert persönlich ist. Das macht die Verteidigung nicht zu einer feindlichen Handlung. Es ist unsinnig zu behaupten, der Verteidiger habe den Erfolg seiner Handlung, also die Verteidigung und damit den Besitz an seinem eigenen Gut, dass der Einbrecher stehlen wollte, auf Kosten des Lebens des Einbrechers erlangt. Der Einbrecher hatte den Besitz noch gar nicht erlangt, die Sache noch gar nicht in seiner Gewalt, solange der Geschädigte den Einbruch eben noch abwehren konnte.

2. Wiedergutmachung

Unter Wiedergutmachung verstehen die Juristen etwa, dass derjenige Zustand wiederhergestellt wird, der bestanden hätte, wenn das schädigende Ereignis nicht stattgefunden hätte. Das ist wegen der Unumkehrbarkeit der Vergangenheit zwar nicht möglich, aber sie meinen es – wie so oft – als Metapher oder Fiktion. Sie meinen damit, dass der Schädiger dem Geschädigten den Wert des Gutes oder die Kosten der Reparatur und den Zins für den Zeitraum des Verlusts zu ersetzen hat. Das mag in manchen Fällen möglich sein, wenn der Geschädigte ein vergleichbares Gut erhalten kann. Der Geschädigte wird aber auch nicht nach seiner Zeitpräferenz entschädigt, sondern nach dem Marktzins, und nicht nach dem Wert, den das Gut für ihn hatte, sondern nach dem Marktwert. Seine persönlichen Präferenzen spielen also keine Rolle, sondern die Präferenzen von anderen Menschen, die für die Preisbildung am Markt sorgen. Das heißt, derjenige Anbieter, der gerade nicht mehr zum Zug kommt, und derjenige Käufer, der gerade nicht mehr zum Zug kommt, zwischen diesen beiden Angeboten bildet sich der Marktpreis. Eine Wiedergutmachung findet also nicht aus der Sicht des Geschädigten statt, sondern aus der Sicht des Juristen, der sich willkürlich für diese Art der Wiedergutmachung entscheidet.

Ein anderer Ansatz wäre, dass der Geschädigte mit dem Schädiger eine Lösung über die Wiedergutmachung findet. Da der Schädiger feindlich gehandelt hat, ist die Durchsetzung der Wiedergutmachung – wie schon die Durchsetzung der Verteidigung – keine feindliche Handlung. Wenn sich mehrere Personen zur Durchsetzung der Wiedergutmachung verpflichten, entsteht als Reflex daraus ein Recht auf Wiedergutmachung für den Geschädigten.

Manche Situationen sind in ihrer Unumkehrbarkeit eindeutig. Nehmen wir an, jemand fährt ein Kind tot. Die Eltern des Kindes werden keine Wiedergutmachung in dem Sinne finden können, dass der Schädiger die Tötung ungeschehen machen könnte. Und selbst ein hoher Geldbetrag kann für einen reichen Schädiger kein Problem sein. Eine Million Euro mögen für einen reichen Scheich eine Kleinigkeit sein, für einen anderen sein Vermögen um ein Vielfaches übersteigen. Zynisch betrachtet könnten feste Geldbeträge für Wiedergutmachung für reiche Menschen eine Art »Jagdprämie« bedeuten. Solchen Situationen ist mit herkömmlicher Wiedergutmachung nicht beizukommen. Hier geht es um Vergeltung, die allerdings abgegolten werden kann, wenn die Parteien sich auf eine Abgeltung einigen können.

Eine Möglichkeit, Wiedergutmachung zu organisieren, ist über Versicherungen. Ein Mensch kann sich von einer Versicherung verschiedene Arten von Wiedergutmachung zusichern lassen für verschiedene Fälle von feindlichen Handlungen, durch die er geschädigt werden könnte. Kann die Versicherung den Schädiger fassen, kann sie von ihm sich dasjenige ersetzen lassen, was sie an Wiedergutmachung für den Versicherten ausbezahlen musste. Dann hinge es auch von den Präferenzen des Geschädigten ab und nicht von denen von für den Geschädigten anonymen Dritten, aus deren Handeln sich die Marktpreise und -zinsen ergeben. Wiederum kann sich jedermann auch versichern lassen für den Fall, dass er andere schädigt. Die Versicherungen können dann ihre Prämien entsprechend berechnen. Solche Versicherungen für den Fall der Schädigung gibt es bereits als Haftpflichtversicherungen für die Schädiger. Eine ebensolche Versicherung für die Geschädigten gibt es ebenfalls. Man kann sich gegen Einbruchsdiebstahl, Vandalismus oder die Beschädigung des Autos versichern.

Allerdings hat hinsichtlich der Höhe der Entschädigungen der Staat das letzte Wort und seine Gerichte entscheiden letztgültig darüber. Aus der Sicht der Beteiligten, die eine andere Entschädigung anstreben, ist dies eine feindliche Handlung. Ebenfalls die

Finanzierung dieser Handlung, da die Mittel hierfür durch Drohung eingehoben werden. Das bedeutet nicht, dass viele das nicht gut finden oder gerade so wollen, aber es ist von vornherein eine feindliche Handlung gegenüber all denjenigen, die damit nicht einverstanden sind.

3. Vergeltung

Verteidigung ist die Abwehr des Schadens, aber wenn der Schaden passiert ist, ist nurmehr Vergeltung möglich, wenn sich die Beteiligten nicht auf Wiedergutmachung oder Abgeltung der Vergeltung einigen. Der Schädiger hat den Status quo zu seinen Gunsten und auf Kosten und zu Lasten des Geschädigten verändert. Ist er nicht willens oder in der Lage, dies rückgängig zu machen, verbleibt dem Geschädigten die Möglichkeit zur Vergeltung.

Bei der Vergeltung handelt es sich – wie bei der Verteidigung – isoliert betrachtet um eine feindliche Handlung. Als Reaktion auf eine feindliche Handlung ist sie selbst aber nicht feindlich, sondern friedlich, weil sie das Pareto-Optimum des Friedens wiederherstellt, das vorgeherrscht hat, bevor der Schädiger eine Pareto-Verschlechterung auf Kosten und zu Lasten des Geschädigten herbeigeführt hat.

Im internationalen Recht gilt die Vergeltung als ein Prinzip, das dafür sorgt, dass der Frieden zwischen Souveränen erhalten bleibt.[1] Ohne Verteidigung und Vergeltung können feindlich Handelnde etwas erhalten, ohne einen Preis dafür zu bezahlen. Das führte dazu, dass sich die Schmarotzer, Ausbeuter und Bullys an die Spitze setzten. Vergeltung dient der Aufrechterhaltung des Friedens und ist im internationalen Recht sowohl in der UN-Charta verankert als auch internationales Gewohnheitsrecht.[2] Die Vergeltung unter Souveränen erfüllt für diese den Zweck, dass der jeweils andere mit ungewissen Kosten rechnen muss, die seinen Nutzen, den er sich vom Regelbruch oder der feindlichen Handlung verspricht, auch übersteigen können. Deswegen ist er dazu angehalten, den Frieden und die Vereinbarungen in zwischenstaatlichen Verträgen einzuhalten.

Ein Schädiger wird unter sonst gleichen Umständen demjenigen schaden, der sich am schlechtesten verteidigen kann oder von dem er keine Vergeltung befürchtet, weil er dann die wenigsten Kosten hat, er also am wenigsten aufgeben muss, um seinen Handlungserfolg herbeizuführen. Die 9-mm-Pistolenpatrone wird auch Parabellum genannt, in Anlehnung an den Satz: *Si vis pacem para bellum!* Wenn du den Frieden willst, bereite dich auf den Krieg vor! Es geht darum, sich die Gewalt für Verteidigung und – im Falle, dass diese scheitert – Vergeltung zu verschaffen. In dieselbe Richtung zielt der Ausspruch *Nemo me impune lacessit!* Niemand reizt mich (greift mich an), ohne dass ich es ihm vergelten werde!

Im Hinblick auf Vergeltung gibt es ebenso wenig objektive Maßstäbe wie im Hinblick auf Wiedergutmachung oder Verteidigung. Es gibt Prinzipien, die universalisierbar sind, aber vage und von vornherein nicht genau bestimmbar. Bei der Vergeltung kann man drei Prinzipien im Hinblick auf die Proportionalität (Verhältnismäßigkeit) oder Äquivalenz (Gleichwertigkeit) der Vergeltung gegenüber dem Schaden unterscheiden: das Duplum oder die überschießende Vergeltung (es jemandem »doppelt heimzahlen«); Auge um Auge, Zahn um Zahn (Gleiches mit Gleichem vergelten) oder tit-for-tat (wie du mir, so ich dir); tit-for-another-tat (du schadest mir, ich gebe es dir anders zurück, aber im Verhältnis); und Nachgiebigkeit, von tit-for-two-tat (das erste Mal verzeihe ich dir noch) über Vergebung bis hin zur absoluten Nachgiebigkeit (schlägt dir jemand auf die linke Wange, halte ihm auch die rechte Wange hin).

Diese Prinzipien, egal welches, können im vornherein nicht zu einem universellen Vergeltungs*maß* führen, ebenso wenig wie der Marktwert eines Vermögensschadens ein unpersönliches Maß für den Schaden ist, den jemand erlitten hat, da Schaden die Kehrseite von Nutzen ist und Nutzen nicht gemessen werden kann. Proportionalität ist ein Verhältnis zwischen Größen. Bei Nutzen und Schaden haben wir es jedoch nicht mit Größen zu tun, sondern mit Präferenzen, also mit persönlichem Werten. Und mit Ordinalzahlen können wir, wie wir bereits gesehen haben, keine Rechenoperationen durchführen, sie also nicht ins Verhältnis setzen. Und Gleichwertigkeit (Äquivalenz) führt zu dem Problem, dass Wert persönlich ist, also nicht in Dingen liegt, sondern in Personen, und dass es keinen unpersönlichen (objektiven) Standard gibt für Wert, was Wert und Nutzen unvergleichbar macht. Und Geld misst nicht den Preis eines Gutes, Geld ist der Preis. Geldpreise sind historische Austauschverhältnisse zwischen Handelnden.

Immanuel Kant erkannte, dass es kein von vornherein gültiges (apriorisches) »Strafmaß« oder »Maß« für Vergeltung gibt: In der Rechtslehre ginge es nicht um ein apriorisches Maß für Vergeltung, sondern um das staatliche Strafen. Das Strafrecht sei schlicht die Gewalt des Befehlshabers gegen den Unterworfenen, ihm wegen eines Verstoßes gegen seine Befehle einen Schaden zuzufügen.[3] Bei den Strafgesetzen des Staates erkennen wir etwas über die Ziele der Mitglieder der Gruppe namens Staat, die die Gesetze aufgeschrieben und veröffentlicht haben und damit kundgetan haben, welchen Schaden sie jemandem zuzufügen gedenken, wenn er bestimmte Befehle missachtet.

Bei friedlichem Handeln und freundlichem Handeln wissen wir von vornherein, dass es allen Beteiligten recht ist. Bei feindlichem Handeln wissen wir von vornherein, dass es nicht allen Beteiligten recht ist, sondern dem Bedrohten, Bezwungenen, Vergewaltigten, Bestohlenen oder Betrogenen unrecht war. Wir können aber nicht ins Verhältnis setzen, *wie sehr* es jemandem recht oder unrecht war. Was ist die »gerechte Strafe« für eine Vergewaltigung? Niemand kann das nach einem unpersönlichen Maßstab beurteilen. Was man sagen kann, ist, dass der Vergewaltiger von vornherein feindlich gehandelt hat gegen ein Prinzip der Regelung friedlichen Zusammenlebens: Zuallererst füge kein Leid zu!

Im internationalen Recht ist das Problem bekannt, dass die Verhältnismäßigkeit von Vergeltungsmaßnahme und vorangegangener feindlicher Handlung sich im vornherein nicht bestimmen lässt.[4] Die Grenzen der Verhältnismäßigkeit sind vage, aber nicht unbestimmbar. Die Verhältnismäßigkeit gilt im Hinblick auf die Klasse des Schadens (Körper, Leben, Gesundheit, Besitz, Vermögen, Zeit, Sicherheit) und das Ausmaß des Schadens (Quantität). Dabei bedeutet Proportionalität im internationalen Recht nicht in einem strikten Sinne, dass Gleiches mit Gleichem vergolten werden muss, sondern dass die Gesamtbetrachtung von Klasse und Ausmaß des Schadens nicht völlig außer Verhältnis zu der feindlichen Handlung steht. Dass die Vergeltung »überschießend« (*duplum*, wörtlich: doppelt) ist, kann genauso vorkommen wie bei der Verteidigung. Aber der feindlich Handelnde hat sich zu seiner Schädigung oder Gefährdung aufgrund seiner Einstellungen und Überzeugungen entschlossen und damit dargelegt, dass er Körper, Leben, Besitz etc. des anderen nicht anerkennt. Da dies von seinen Einstellungen und Überzeugungen herrührt, vergilt der Geschädigte nicht lediglich das geschehene Unrecht, sondern er schützt sich mit der Vergeltung auch vor künftigen Schädigungen des feindlich Handelnden. Die Angemessenheit oder Verhältnismäßigkeit wird also nicht nur im Hinblick auf den konkret zugefügten Schaden betrachtet, sondern auch im Hinblick auf die Gefahr möglicher künftiger Schädigungen.

Ob die Vergeltung »verhältnismäßig« war im Hinblick auf den Schaden, ist demnach ein Werturteil, das erst a posteriori festgestellt werden kann und das persönlich ist, also zwischen zwei Personen nicht vergleichbar. Wir können von vornherein sagen, dass Vergeltung keine feindliche Handlung ist, wenn sie sich im Rahmen hält. Wir können von vornherein sagen, dass der »überschießende« Teil der Vergeltung, also der »Vergeltungs-Exzess« (Maßlosigkeit, Ausschreitung) eine feindliche Handlung darstellt; aber wir können nicht von vornherein sagen, wann das der Fall sein wird. Denn Wert und damit auch Äquivalenz, also »Gleichwertigkeit«, sind von vornherein persönlich und können zwischen Personen nicht verglichen werden, außer in vagen Begriffen. Was ist die »angemessene« Vergeltung für eine Vergewaltigung? Für die Tötung eines Kindes? Für eine Ohrfeige? Manche Menschen sind in ihrem »Ehrgefühl« leicht reizbar, und bis in die erste Hälfte des 20. Jahrhunderts haben sich Menschen noch duelliert. Was ist die angemessene Vergeltung für eine Sachbeschädigung? Und wenn es das Niederbrennen eines Hauses ist? Für manchen ist eine Bagatelle, was für den anderen unerhört und unverzeihlich ist.

Dass sich die »Verhältnismäßigkeit« der Vergeltung nicht von Anfang an bestimmen lässt, ist aber nicht nur ein »Nachteil«, wenn man die Funktion der Vergeltung für die Geschädigten und Gefährdeten betrachtet. Denn bei einer genauen »Katalogisierung« der Verhältnismäßigkeit der Vergeltung könnte ein möglicher Schädiger den *fair price* (angemessener, fairer Preis) ermitteln, den er für seine Schädigung zu bezahlen hat. Und das könnte ihn ermuntern, eine feindliche Handlung auszuführen, wenn für ihn der im vornherein festgelegte *fair price*, also die Vergeltungsmaßnahme, im Hinblick auf das, was er durch die Handlung zu gewinnen denkt, annehmbare Kosten sind. Die abschreckende Wirkung der Vergeltung im Vorhinein würde dadurch geschwächt.

Beschränkend im Hinblick auf Art (Klasse) und Ausmaß (Quantität) der Vergeltung wirken sich die Kosten und Risiken der Vergeltung selbst und das Risiko der Vergeltung durch andere aus, sofern diese wegen Ausmaß und Klasse der Vergeltung diese selbst als feindliche Handlung ansehen. Dasjenige, was einer aufgibt für die Vergeltung, sind seine Kosten. Er riskiert, dass der Schädiger eine erneute feindliche Handlung gegen ihn ausführt. Und er riskiert, dass andere, die die Vergeltung als exzessiv beurteilen und eine feindliche Handlung darin sehen, ihm diese vergelten. Denn wie Verteidigung (Notwehr und Nothilfe sind Verteidigung) kann Vergeltung auch von anderen ausgeführt werden, nicht nur vom Geschädigten. Ein Schädiger führt eine schädigende Handlung zwar gegenüber dem Geschädigten aus, aber er bricht den Frieden mit einem Mitmenschen und führt eine Pareto-Verschlechterung herbei. Menschen können die Angelegenheiten ihrer Nachbarn zu ihren eigenen Angelegenheiten machen. Derjenige, der dem Vergeltenden hilft, handelt genauso wenig feindlich wie derjenige, der dem Verteidiger hilft.

Die Kosten und Risiken der Vergeltung setzt der Geschädigte ins Verhältnis zu dem Nutzen, den er sich von der Vergeltung verspricht. Vergeltung mag für den Geschädigten »nur« einen psychischen Gewinn bringen und keinen materiellen, was nicht zu der Ideologie des Materialismus passt, dass Wert in materiellen Dingen liegt. Aber beim Handeln geht es immer um den psychischen Gewinn. Der Handelnde strebt materielle Güter nie um ihrer selbst willen an, sondern wegen der Verminderung der Unzufriedenheit, die er von ihnen erwartet. Der Wert der Mittel bestimmt sich immer vom letzten Ziel her, das der Handelnde verfolgt.

Die Maßnahmen der Vergeltung sind vielfältig. Der Unterhalt von Gefängnissen ist teuer und eine Gefängnisstrafe muss nicht im Interesse des oder der Geschädigten liegen. Neben Zwang zur Entschädigung in Geld kommen körperliche Vergeltung, Verbannung ins Exil, Anprangern, Ausschluss aus Vereinigungen etc. in Betracht.

Eine Vergeltung kann auch abgegolten werden, wenn sich der Schädiger und der Geschädigte auf eine Abgeltung einigen können. Auch eine Stundung kann vereinbart werden, sodass der Schädiger den angerichteten Schaden abarbeiten kann.

Im heutigen staatlichen Strafrecht geht es nicht um Wiedergutmachung oder Vergeltung für den Geschädigten, sondern um Vergeltung der Gruppe Staat gegen jemanden aus derselben Gruppe oder Nicht-Gruppenmitglieder, die Befehle oder Vorschriften missachtet haben. Dem Geschädigten nützt es oft wenig, wenn der Schädiger eingesperrt wird. Er würde vielleicht Wiedergutmachung vorziehen und dafür von Vergeltung absehen, wenn der Täter diese durch ein Entgelt abzuwenden bereit wäre. Aber bei einer Gefängnisstrafe hat der Geschädigte auch noch einen Schaden, denn er muss *ceteris paribus* mehr Zwangsabgaben leisten, als er ohne das Einsperren des Täters leisten müsste, denn der Gefängnisaufenthalt verursacht Kosten, die die Gruppe Staat von anderen wieder fordert, und zwar von den Netto-Steuerzahlern.

Wenn heute Richter der Gruppe Staat ein Strafmaß verhängen, dann tun sie dies entsprechend dem Strafrahmen, den andere Mitglieder der Gruppe Staat in den Gesetzen aufgeschrieben haben. Das Urteil selbst ist nie nach einem unpersönlichen Standard überprüfbar, sondern es ist ein willkürliches Urteil des Richters. Er kann nicht wissen, welche Strafe angemessen ist, und andere Richter können zu anderen Ergebnissen gelangen. Das Wort Strafmaß ist eine irreführende Analogie zum Messen, das wir von Größen her kennen, von Metern Länge oder Kilogramm Masse. Der Richter vergleicht die Tat mit der geringstmöglichen und der schlimmstmöglichen Tat dieser Art, die er sich vorstellen kann, und versucht so, dem Täter die Strafe »zuzumessen«. Er geht dabei von seinen Wert- und Bedeutsamkeitsvorstellungen aus, die Meinungen sind, und versucht, sich an die Vorgaben der Gesetzgeber zu halten. Was er tut, ist Werten und Wählen.

Beim staatlichen Vergelten sind die »Maßstäbe« nach den Motiven der Gruppe Staat ausgerichtet und nicht vom Schaden der Person her ermittelt. Und teilweise liegt gar keine Vergeltung vor, sondern schlicht eine feindliche Handlung. Wenn beispielsweise jemand Drogen konsumiert oder mit ihnen handelt, dann hat er prinzipiell niemandem gegenüber feindlich gehandelt. Er mag sich selbst schädigen, aber jemand anderen hat er dadurch nicht geschädigt. Und auch der Händler und der Käufer handeln aus ihren persönlichen Perspektiven nicht feindlich miteinander. Die Situation ist für die Beteiligten ein Pareto-Optimum. Das soll nicht heißen, dass Drogenkonsum gut wäre, das wäre ja ein Werturteil, das man genauso willkürlich in Bezug auf Alkohol oder frei verkäufliche Drogen aussprechen kann. Aber es liegt schlicht keine feindliche Handlung vor. Erst dadurch, dass die Gruppe Staat den Beteiligten schadet, entsteht eine Pareto-Verschlechterung zu Lasten und auf Kosten der Drogenkonsumenten und -händler und zugunsten der politischen Akteure. Dieses Strafen ist selbst feindliche Handlung und nicht Vergeltung. Es handelt sich aus Sicht des Staates um eine »Befehlsverweigerung« im Kant'schen Sinne.

Ebenso wenn jemand eine Zwangsabgabe nicht bezahlt oder er ein beliebiges Verbot überschreitet, ohne dass hierdurch ein anderer zu Schaden gekommen oder gefährdet worden ist, wie beispielsweise Autofahren ohne Anschnallgurt. In all diesen Fällen handelt es sich nicht um Vergeltung, da Vergeltung ein vorhergehendes feindliches Handeln gegenüber dem Vergeltenden erfordert. Die Gruppe Staat nennt dies zwar »Strafen« und Sühnen (Bußgelder), aber es liegt in Wirklichkeit feindlicher Zwang vor und keine Vergeltung. Der Staat macht seine Drohung wahr, dass er dem anderen

Schaden zufügt, wenn dieser nicht den Befehlen gehorcht. Es ist Angriff, eine feindliche Handlung gegen andere, die der Gruppe der feindlich Handelnden zuvor keinen Schaden zugefügt haben. Das ist keine moralische Wertung, sondern das folgt aus der praxeologischen Erkenntnis, dass wir von vornherein sagen können, wer feindlich handelt, wenn wir die Mittel betrachten (Drohung oder Angebot, Bitte oder Zwang etc.) und ob die Beteiligten etwas (Besitz, Sicherheit etc.) auf Kosten und zu Lasten des anderen erlangen.

Hier geht es nicht darum, das Handeln der Gruppe Staat zu verurteilen. Die Praxeologie ist als Wissenschaft wertfrei. Aus ihr folgt kein Sollen. Es ist lediglich eine Beschreibung, welche Arten von menschlichen und zwischenmenschlichen Handlungen sich von vornherein wie bei den Beteiligten auswirken. Es ist durchaus möglich, dass die Mehrheit der Menschen in Bezug auf ein willkürlich festgelegtes Gebiet es gut findet, wenn man einen Bestimmer durch Abstimmung nach Anzahl von Köpfen ermittelt, dem es dann auch freisteht, feindlich zu handeln. Nur eines kann weder der Bestimmer noch die Mehrheit festlegen: was feindliches Handeln ist, denn dies ergibt sich a priori aus der Wahl der Mittel und den Auswirkungen auf Leben und Körper, Besitz und Sicherheit der anderen Menschen.

Wenn jemand den Geschädigten dazu zwingt, von Vergeltung abzusehen, dann handelt er dem Geschädigten gegenüber feindlich. Er bedroht den Geschädigten, keine Vergeltung zu üben, ansonsten wird er dem Geschädigten einen Schaden zufügen. Es liegt hier auch kein Fall von Nothilfe, also Verteidigung des Schädigers vor, denn Verteidigung kann sich nur gegen eine feindliche Handlung richten. Vergeltung ist aber selbst keine feindliche Handlung, sondern sie richtet sich wie *Verteidigung gegen die feindliche Handlung*. Der Verteidiger will den Schaden abwehren, der Vergeltende will dem Schädiger den Schaden zurückgeben.

Vergeltung kann sich also – wie Verteidigung – nur gegen einen Angreifer richten, nicht gegen jemanden, der sich überhaupt nicht feindlich gegenüber einem anderen verhalten hat. So sind beispielsweise historische »Vergeltungsschläge«, die Kriegsparteien als Vergeltung bezeichnet haben, keine Vergeltungsschläge, weil sie sich nicht – oder nicht ausschließlich – gegen die Gruppe der Angreifer gerichtet haben, sondern gegen beliebige Personen, von denen viele selbst unter der Gruppe Staat gelitten haben. Entfernt man das geistige Gebilde einer Nation oder eines Volkes, das ja nie selbst handeln kann, dann waren die Raketen- und Bombenangriffe auf London, Dresden oder Hiroshima keine Vergeltungsschläge, sondern Angriffe, feindliches Handeln. Es ist keine Vergeltung gegen die Gruppe um Winston Churchill, wenn die deutsche Wehrmacht wahllos Raketen oder Bomben auf englische Städte schießt oder abwirft und dadurch Kinder, Frauen und Männer tötet, die sie niemals angegriffen haben. Ebenso natürlich auch umgekehrt.

Im Übrigen ist es kein Dilemma, dass man bei Vergeltung nur zwischen staatlicher und persönlicher Willkür wählen könnte, denn die Gruppe Staat verübt ja *ebenfalls persönliche Willkür*. Es sind ebenfalls nur Menschen, die sich jedoch von vornherein zum Handeln verbunden haben, um anderen Schaden zuzufügen, die ihre Befehle missachten. Und sie handeln all jenen gegenüber feindlich, die mit den in Aussicht gestellten Drohungen, dem Zwang und der Gewalt, nicht einverstanden sind, und sie üben nicht Vergeltung, sondern handeln selbst feindlich. Der Gedanke, dass nur »der Staat« vergelten kann, kommt daher, dass manche Menschen glauben, dass sie ihre Souveränität auf den Staat »übertragen« haben. Aber die Kompetenz-Kompetenz (Souveränität) eines Handelnden ist nicht übertragbar und der Staat ist eine Gruppe lebendiger Einzelner, die unter diesem Namen handelt, wie bereits ausführlich dargestellt wurde.

Der amerikanische Jurist Anthony D'Amato (1937–2018) verweist darauf, dass das Vergeltungsprinzip im internationalen Recht nach seiner Erfahrung und Beurteilung zuverlässig funktioniert.[5] Im internationalen Recht betrachteten die Juristen die Staaten als Souveräne. Wenn diese alle untereinander gleich seien, komme Strafe nicht in Betracht, da kein Staat das Recht habe, einen anderen Staat zu bestrafen (woher das »Recht« des Staates kommen soll, Einzelne zu bestrafen, lässt er offen). Vergeltung sei die vorherrschende Methode, Verträge durchzusetzen und auf feindliche Handlungen zu reagieren; und Vergeltung komme recht häufig vor, auch bei kleineren diplomatischen Konflikten und oft außerhalb der Wahrnehmung der Öffentlichkeit. So werde ein »rechtliches Gleichgewicht« zwischen den Staaten aufrechterhalten. Außer während Weltkriegen würden fast alle Prinzipien des internationalen Rechts von fast allen Staaten aufrecht gehalten und alle internationalen Verpflichtungen erfüllt. Natürlich komme es hin und wieder zu Übertretungen, aber ohne das Prinzip der proportionalen Vergeltung wären die Konflikte wohl viel größer. – Aus praxeologischer Sicht ist an diesem Erfahrungsbericht lediglich auszusetzen, dass Staaten keine Souveräne sind, die sich im Wesentlichen von Menschen unterscheiden, sondern dass es immer Menschen sind, die auf diesem Planeten handeln, einzelne Menschen wie du und ich und keine Entitäten (Einheiten) mit ewigem Leben, die irgendwie höherstehend wären. Das weiß natürlich auch D'Amato, der zu Beginn des Artikels über »Zwang im internationalen Recht« bereits die Frage aufwirft, wie man ein geistiges Gebilde wie den Staat (*an artificial entity*) überhaupt »bestrafen« könne.

4. Fahrlässiges Handeln

Vorsätzlich bedeutet, dass ein Handelnder einen Schaden herbeiführen wollte. Der Schaden ist von ihm beabsichtigt. Beim fahrlässigen Herbeiführen eines Schadens ist dem Handelnden womöglich auch aus seiner Sicht ein Fehler unterlaufen. Er wollte den anderen unter Umständen nicht schädigen, es ist ihm passiert.

Jemand war »abgelenkt«, ist »aus Versehen« auf ein anderes Auto aufgefahren. Der »Haftungsansatz« der Justiz ist, dass zwar nicht der Schädiger, aber ein durchschnittlicher gewissenhafter Mensch den Fehler – und damit den Schaden – hätte vermeiden können. Ein »umsichtiger« Autofahrer, so argumentieren die Juristen, hätte immer einen so großen Sicherheitsabstand eingehalten, dass er den Auffahrunfall hätte vermeiden können. Im Umkehrschluss, so der Jurist, ist ein unvermeidbarer Schaden ein solcher, den niemand hätte vermeiden können. Jemand, der alles »Zumutbare« getan hat, um den Schaden zu verhindern, der hat nicht »fahrlässig« und damit nicht »pflichtwidrig« gehandelt. Allerdings sind die Kriterien dafür, was zumutbar ist oder nicht, nicht apriorisch, also nicht von vornherein bestimmbar, sondern ein persönliches Werturteil, wenn einer zwischen zwei verschiedenen persönlichen Beurteilungen, was »zumutbar« gewesen wäre, wählt.

Ausgehend von dem Grundsatz »Zuallererst füge kein Leid zu« liegt praxeologisch eine feindliche Handlung vor, wenn A dem B einen Schaden zugefügt hat. Ob der Schaden beabsichtigt war oder Folge einer Gefährdung der Sicherheit des B, muss für B nicht bedeutend sein, weder im Hinblick auf Wiedergutmachung noch im Hinblick auf Vergeltung. Bei der Gefährdung handelt es sich immer um Handeln; sofern der A nicht bewusstlos war, hat der gehandelt. Wer einem anderen dicht auffährt, wer schnell in eine Kurve fährt und die Kontrolle über sein Auto verliert und in eine Gruppe Fußgänger gerät, der hat den Schaden nicht gewollt herbeigeführt. Aber er hat die Gefährdung der Sicherheit der anderen immer dann gewollt herbeigeführt, wenn er nicht nach dem Grundsatz »Zuallererst füge kein Leid zu« gehandelt hat. Wer nicht dafür Vorkehrungen trifft, dass sein Handeln anderen keinen Schaden zufügt und wer dadurch andere gefährdet oder schädigt, hat durch sein Handeln eine Gefahr oder einen Schaden herbeigeführt.

Auch für die Juristen ist ihre eigene Einteilung in Fahrlässigkeit und Vorsatz, um sozusagen den Charakter des Täters zu bestrafen, unbefriedigend. Die Abgrenzung, wann einer eine Folge billigend in Kauf genommen hat (es war ihm egal, ob etwas passiert), also ein Fall des Vorsatzes vorliegt, oder grob fahrlässig gehandelt hat (jede Sorgfalt im Hinblick auf die Sicherheit der anderen außer Acht gelassen, aber gehofft, dass nichts passiert), ist nicht nach unpersönlichen Kriterien feststellbar. Es ist ein Willkürurteil des Richters, zu welcher Auffassung über den Schädiger er gelangt.

Ein Beispiel: Ein Fahrer biegt in eine Kurve ein auf einer verlassenen Landstraße, mitten in der Nacht. Er fährt mit höchster Umsicht und mit Tempo 30 km/h. In der Kurve befindet sich – für den Fahrer unsichtbar – ein Ölfleck. Durch das Rutschen auf dem Ölfleck verliert er die Kontrolle über seinen Wagen. Dadurch kommt es dazu, dass ein anderer Mensch verletzt wird, der sich gerade »zufällig« auf dem Weg zum nächtlichen Pilzsammeln befand. Diesen Fall würden wohl die meisten Menschen anders beurteilen als zum Beispiel den Fall, wenn ein Schädiger mit einem Lastwagen mit Tempo 100 km/h bei Schulschluss über den Zebrastreifen vor der Grundschule donnert und es dabei zu einem Personenschaden kommt. Aber selbst wenn im Falle des Ölflecks niemand den Schaden hätte verhindern können, so hat der Fahrer doch durch sein Handeln, das Fahren eines Kraftwagens, den Schaden herbeigeführt. Aus diesem Grund hat die Gruppe Staat beschlossen, Fahrern von Kraftwagen zu befehlen, eine Kfz-Haftpflichtversicherung abzuschließen, weil sie hier einen Fall der Gefährdungshaftung sehen, also dass das Fahren eines Kraftwagens an sich gefährlich ist für andere.

Eine Zwangsversicherung ist an sich feindlich und daher keine friedliche Lösung. Durch die Versicherung werden auch Anreize zur Rücksichtslosigkeit gesetzt, sodass sie nicht a priori die Sicherheit anderer verbessert. Auch heute gibt es noch Menschen, die nicht über eine Haftpflichtversicherung verfügen. Derjenige, der sich entschließt, ohne eine Versicherung die Sicherheit anderer zu gefährden, hat aber das Problem, dass er eine Wiedergutmachung unter Umständen nicht leisten und daher eine Vergeltung der Geschädigten und ihrer Unterstützer möglicherweise nicht abwenden kann.

Hier ein konkretes Beispiel von Abgeltung der Vergeltung, das sich in meiner Heimatstadt Lauf an der Pegnitz mit dem berühmten Erfinder und Unternehmer Thomas Edison (1847–1931) am 18. September 1911 zugetragen hat:

> *Lauf, 19. Sept. – Gestern Nachmittag kurz nach 6 Uhr wurde ein 12-jähriger Knabe namens Lederer von Heuchling oberhalb Lauf an der Stadtgrenze von einem Automobil überfahren und sofort getötet. Das Automobil befand sich auf einer kontinentalen Tour und kam von Karlsbad. Wie wir hören, trifft den Chauffeur kein Verschulden, denn der Knabe ist beim Überqueren der Straße kurz vor dem Auto hingefallen, so daß ein Anhalten oder Seitwärtslenken des sehr schweren und langen Wagens nicht mehr möglich war. Nach dem Unfall wurde das Automobil auf amtliche Veranlassung in den Hof des Gasthofs »Zur Krone« gebracht und der Chauffeur über Nacht in polizeilichen Verwahrsam genommen. Nach den bereits gestern Abend und heute Morgen gepflogenen Untersuchungen ist dann heute Nachmittag das Automobil freigegeben und der Chauffeur außer Verfolgung gesetzt worden, da demselben keinerlei Verschulden an dem traurigen Vorfall beigemessen werden kann. Unter den Insassen des Automobils befand sich der berühmteste Mann der Jetztzeit: nämlich der amerikanische Erfinder E d i s o n nebst Frau und Kindern und ein Journalist der Londoner »Times« namens Walentine […] Sämtliche Fahrtteilnehmer blieben im Gasthof »zur Krone«, wo sie auch übernachteten. Der Journalist Walentine meldete den gehabten Unfall seinem Blatt in einem längeren Telegramm,*

worauf er durch den gehabten Schrecken unwohl wurde und den Arzt konsultieren mußte. Edison äußerte sich sehr betrübt über den gehabten Unfall und auch die Damen verließen sofort das Automobil und nahmen sich des Knaben an, der aber nur noch einige Zuckungen tat. Wie wir hören, erhielt die Mutter des verunglückten Knaben von der Familie Edison den Betrag von 400 Mark[6] *überwiesen.*[7]

Die Beurteilung der Presse, dass das Ereignis für den Chauffeur unvermeidlich gewesen ist, ist nach dem dargestellten Sachverhalt falsch. Ein Autofahrer, der auf einen anderen zuhält, der auch stolpern könnte, gefährdet diesen und verhält sich nicht entsprechend dem Grundsatz »Zuallererst füge kein Leid zu«. Immerhin wurde eine geringe Abgeltung bezahlt. Im Fahren eines schweren Fahrzeuges liegt eine Gefährdung an sich, und so nennen die Juristen heute die »automatische« Haftung des Halters eines Automobils auch »Gefährdungshaftung«. Wer nicht in Sichtweite bremsen kann, gefährdet andere. Der Verdacht liegt nahe, dass es dem »deutschen Obrigkeitsgeist« geschuldet war, dass die Edison-Entourage »so billig« davongekommen ist.

Ein anderer Fall liegt freilich vor, wenn es keinen Anknüpfungspunkt menschlichen Handelns gibt, der »Schädiger« also gar kein Schädiger ist. Etwa wenn A den B derart schubst, dass B keine Möglichkeit hat zu widerstehen und auf Cs Auto fällt und dadurch dem C ein Schaden entsteht. B hat in diesem Fall weder mittelbar noch unmittelbar eine Handlung gewählt, die zu dem Schaden geführt hat, sondern A. B war in diesem Fall Gegenstand des Handelns des A. A hat durch sein Handeln nicht nur B geschädigt, sondern auch Cs Besitz gefährdet und geschädigt.

Freilich können wir nicht »in den Kopf der Menschen schauen«, ob sie gewählt oder nicht gewählt haben. Die Juristen sprechen daher vom *dolus ex re* (der Vorsatz ergibt sich aus dem Sachverhalt), also dem Rückschluss auf den Willen aus der beobachtbaren Handlung. Aber dieses Betrachten des inneren Willens dient den Juristen im Strafrecht vor allem dazu festzustellen, ob Vorsatz oder Fahrlässigkeit vorliegt, was aber im Hinblick auf Wiedergutmachung und Vergeltung für den Geschädigten nicht relevant sein muss. Dem Juristen geht es darum, den Willen zu erforschen, und er sieht die »Schuld des Täters« nicht nur in der Gefährdung oder Schädigung, sondern in der Willensbildung entgegen den Vorschriften der Gruppe Staat.

5. Strafe, Schuld und Sühne

Schuld, Strafe und Sühne gibt es nicht, wenn man es keinem Höheren recht zu machen braucht, erkannte schon Max Stirner. Es sind Konzepte, die noch aus einem Weltbild hervorgegangen sind, in der die Menschen sowohl zu einem handelnden Gott als auch untereinander in einem Über- und Unterordnungsverhältnis zu stehen glaubten. Dieses Über- und Unterordnungsverhältnis, also das Niedriger- und Höherbewerten von Menschen gegenüber Gott und der Menschen untereinander entweder gegenüber dem König und dem Adel oder gegenüber den Politikern und Beamten ist willkürlich und persönlich. Die Pfarrer, Grafen, Bürgermeister und Justizvollzugsanstaltsleiter mögen sich höher bewerten, aber das ist in einer Hinsicht persönlich und in anderer Hinsicht falsch, weil Werten als Handeln situativ und vorläufig ist.

Niemand hat die Pflicht, es einem anderen recht zu machen, nur weil dieser ihn dazu indoktrinieren oder zwingen will. Deshalb schuldet er dem Lügenden, Drohenden und Zwingenden nichts. Pflicht ist persönlich (subjektiv) und kann nur vom Verpflichteten selbst begründet werden. Ein »Strafrecht« des Richters oder Staatsanwaltes besteht praxeologisch nicht. Sie mögen es in ihrer Gewalt haben, jemanden zu zwingen, etwas zu bezahlen oder ins Gefängnis zu werfen, aber den anderen ist dies unrecht. Auch ein Abgeordneter und ein Richter haben nicht die Möglichkeit, die subjektive Wertlehre auf den Kopf zu stellen und »Recht« einseitig zu machen, wenn es anderen Unrecht ist. Sie haben die Möglichkeit und die Gewalt, anderen gegenüber feindlich zu handeln und diese zu belügen, zu bedrohen und zu zwingen und letztlich auch zu töten. Aber ein Recht dazu haben sie nicht.

Strafe und Sühne zielen zudem darauf ab, ein »frei gewähltes« Fehlverhalten des Täters zu sanktionieren (vergelten). Das Konzept von Schuld geht von einem »frei Wählenden« aus, der sich hätte anders entscheiden können. Das ist aber nicht der Fall. Jedermann ist das Ergebnis seiner biologischen Ausrüstung und persönlichen Entwicklungen, und seine Entscheidungen und Handlungen kommen nicht ursachlos zustande, sondern infolge von Entwicklungen, die in der Vergangenheit liegen. Die Gutachten, ob jemand psychisch krank war oder er verantwortlich ist oder er zu betrunken war, sind nicht nur überflüssig, sondern widersinnig.

Erstens urteilen die Richter bei der Frage nach »psychisch krank« nach subjektiven, ethisch-moralischen Vorstellungen und nicht nach praxeologischen Kategorien, nämlich danach, wie ein »gesunder Mensch« eingestellt sein *sollte* und handeln *sollte*.

Zweitens ist es praxeologisch betrachtet unmaßgeblich, ob ein Täter beispielsweise berauscht oder betrunken war. Wird jemand berauscht oder betrunken gefährlich, dann liegt bereits im Berauschen eine Gefährdung. Kommt es dann zu einer Schädigung eines anderen, mag es zwar sein, dass der Täter in diesem Zustand nicht »bei Sinnen« war. Aber wenn der Schädiger sich selbst in diesen Zustand versetzt hat und dann einen Schaden verursacht, ist er verantwortlich. Verantwortung ist eine Tatsache des Universums, nämlich dass andere Menschen auf unser Handeln reagieren. Für die Geschädigten geht es um Verteidigung, Wiedergutmachung und Vergeltung, und nicht um die psychische Situation des Schädigers.

Drittens hätte auch ein völlig gesunder Mensch nicht anders handeln können. Genauso wie derjenige, den die Gutachter und Richter als »psychisch krank« einordnen, hat derjenige, den sie als psychisch gesund einordnen, nie anders handeln können. Menschen sind das Ergebnis ihrer Ontogenese (Lebensgeschichte), die ihre Beschaffenheit und ihre Reaktion auf die Umwelt bestimmen. Das ist bei »Kranken« nicht anders als bei »Gesunden«.

6. Verteidigung, Wiedergutmachung und Vergeltung als Rechte

Als Rechte können Verteidigung, Wiedergutmachung und Vergeltung ebenso zwischenmenschlich durch Verpflichtung anderer begründet werden wie Eigentum, und zwar indem sich andere verpflichten, sich wechselseitig zur Verteidigung, Wiedergutmachung und Vergeltung zu verbinden; indem sie sich also verpflichten, sich gegenseitig vor feindlichen Handlungen zu schützen, für ihre Wiedergutmachung zu sorgen und sie nötigenfalls zu vergelten.

Da überschießende Vergeltung nicht a priori bestimmt werden kann, ist es zweckmäßig, hier zu kategorisieren (in Klassen einzuteilen). Wie heute wird es auch in Zukunft unterschiedliche »Maßstäbe« geben. Heute gibt es 193 unterschiedliche »Rechtsordnungen« von politischen Unternehmern und innerhalb dieser Gruppen gibt es wiederum regional unterschiedliche »Rechtsordnungen«. Und es gibt harte Richter, milde Richter, Geschworene etc. Das Deutsche Strafrecht kennt zum Beispiel Strafrahmen, die eine Spanne von möglichen Strafen von/bis aufzeigen (z. B. von Geldstrafe bis zu Freiheitsstrafe von 10 Jahren).

Die Beweislast anderen gegenüber, dass Verteidigung, Wiedergutmachung und Vergeltung vorliegen und nicht einfach eine feindliche Handlung, liegt logischerweise bei demjenigen, der sich darauf beruft, denn isoliert betrachtet wären es ebenfalls feindliche Handlungen. Erst die vorhergehende feindliche Handlung macht sie zu friedlichen Handlungen, zum *actus contrarius* (entgegengesetzte Handlung) der feindlichen Handlung.

Das »Verbinden zur Verteidigung« kann natürlich auch in der Form geschehen, dass einer den anderen anbietet, für sie die Verteidigung, Wiedergutmachung und Vergeltung zu übernehmen, ihnen Leistungen hierfür verspricht und sie ihm dafür eine Gegenleistung gewähren. Sicherheitsunternehmer und Versicherungen können ihre Dienste freundlich anbieten. Der Unterschied zwischen einem freundlichen und einem politischen Sicherheitsunternehmer ist, dass der politische Unternehmer die Kosten der Produktion nicht durch Angebot und Annahme im freiwilligen Austausch erwirtschaftet, sondern dass er andere bedroht und zwingt, für die Kosten aufzukommen, unabhängig davon, ob diesen gefällt, was er an Sicherheit, Verteidigung und Vergeltung produziert.

7. Übersicht: Verteidigung, Wiedergutmachung und Vergeltung

Es gibt keine Verteidigung gegen Verteidigung oder Vergeltung gegen Vergeltung. Gegen Verteidigung kann man sich nicht verteidigen, sondern der Angreifer kann aufhören anzugreifen.

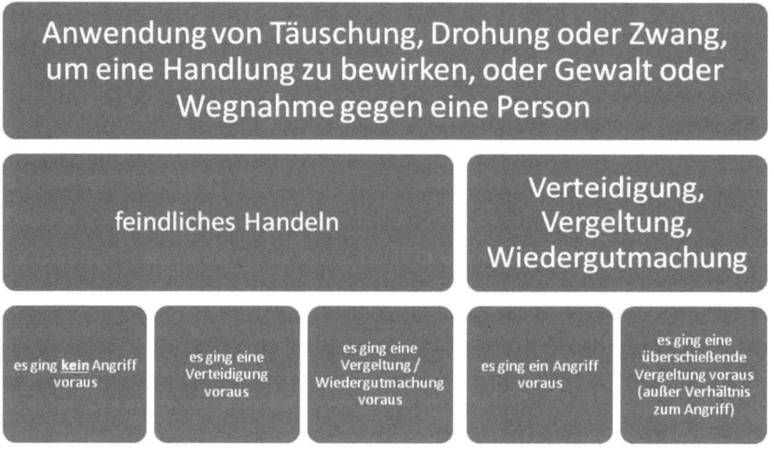

Anmerkungen zu Kapitel X

1 D'Amato, 2010.

2 Art. 51 UN-Charta. Allerdings wird im internationalen Recht nicht so streng zwischen Verteidigung und Vergeltung unterschieden wie im deutschen Strafrecht oder in diesem Buch. Bei Art. 51 ist wörtlich von Selbstverteidigung die Rede. Im Falle des Falklandkrieges oder der Vergeltung der Anschläge auf die US-Botschaften in Kenia und Tansania beriefen sich die Staaten auf Selbstverteidigung, obwohl zwischen Angriff und Verteidigung bereits ein beachtlicher Zeitraum vergangen war.

3 Kant, S. 331.

4 D'Amato, 2010, S. 14.

5 D'Amato, 2010, S. 10.

6 Bei aller Vorsicht solcher Umrechnung entspräche die Kaufkraft heute etwa 2.100 Euro laut Tabelle der Deutschen Bundesbank.

7 Auszug aus dem Mitteilungsblatt der Stadt Lauf von 1911. Auch in der *New York Times* wurde über den Vorfall berichtet.

KAPITEL XI

BEFEHL UND AUSWEICHEN – DIE ZWANGSSPIRALE

1. Der Mensch als Maschine – das Drehen an der Schraube

Ludwig von Mises bezeichnete als »Interventionismus« (Eingreifen durch Befehl mit Androhung von Schaden) den Versuch der Gruppe Staat, ein Ergebnis eines freundlichen Austausches durch Befehl zu verändern, weil ihr das Ergebnis nicht passte. Was er beschrieb, verblüffte, weil die Menschen, selbst wenn sie den Befehl befolgten, ein Ergebnis hervorbrachten, das auch aus Sicht des Befehlserteilers, also der Gruppe namens Staat, nicht dem entsprach, was sie eigentlich hervorbringen wollten – oder was sie vorgaben, bewirken zu wollen.[1] Beispielsweise führten Höchstpreise zu leeren Regalen und Wohnungsnot anstatt zur günstigeren Versorgung und günstigerem Wohnraum. Und Mindestlöhne, wenn sie oberhalb des Marktlohnes angesetzt waren, führten zu Arbeitslosigkeit anstatt zu höheren Einkommen.

Die Gruppe der Befehlenden hat unter Umständen ein mechanistisches Bild von den Befehlsempfängern, das mit dem Bild einer Einheit, die durch ihre eigene Beschaffenheit und nicht durch Reize von außen bestimmt ist, nicht übereinstimmt. Das trifft im Übrigen auch auf die Maschine zu, nur dass die Maschine dazu geschaffen ist, aus der Sicht ihres Erbauers ein bestimmtes Ergebnis hervorzubringen, also ihre Beschaffenheit so konstruiert ist, dass sie das tut, was der Erbauer will. Wenn die Maschine das nicht tut, dann spricht der Erbauer von einer defekten Maschine. Ich habe das oben bereits gezeigt an dem Beispiel, dass ein Mensch auf das Gaspedal drückt und das Auto nicht losfährt. Der Mensch geht nicht zum Orthopäden, sondern zum Automechaniker, weil er weiß, dass nicht die Beschaffenheit seines Fußes, sondern die des Autos maßgeblich für den Defekt ist.

Eine lebendige Einheit unterscheidet sich darin nicht grundsätzlich von einer Maschine, dass ihre Beschaffenheit (innere Dynamik) maßgeblich ist für die Auswirkung eines äußeren Reizes, also die Koppelung zwischen Rezeptor (Signalempfang) und Effektor (Reaktion auf das Signal). Worin sich ein Lebewesen grundsätzlich unterscheidet, ist, dass es nicht das Produkt eines Schöpfers ist, sondern sich in jedem Augenblick selbst hervorbringt.[2] Sobald das Lebewesen entstanden ist, also durch Zellteilung oder nach der Befruchtung die Zygote (Ursprungszelle), ist seine Beschaffenheit maßgeblich und erschafft es sich im Kontakt mit der Außenwelt jederzeit selbst. Dieses Sich-selbst-Hervorbringen bezeichnen die Neurobiologen Maturana und Varela als autonome Systeme.[3] Natürlich kann die Außenwelt auch zerstörerisch auf die Ursprungszelle und das sich selbst hervorbringende Lebewesen wirken; aber was zerstörerisch ist, bestimmt sich von der Beschaffenheit der Ursprungszelle und seiner Ontogenese (Entwicklungsgeschichte) her, ebenso wie alle anderen Auswirkungen, da die Einheit ein Rezeptor-Effektor-System (Antenne-Wirkung-Schema) darstellt, das auf Reize gemäß ihren Einstellungen reagiert, also wie ihre Empfänger (Antennen) mit ihren Handlungsmechanismen gekoppelt sind.

In Abwesenheit eines »Schöpfergottes« ist das Bild, dass die Menschen von einer lebenden Einheit als »Geschöpf« haben, daher falsch. Die Maschine besteht zwar grundsätzlich nach demselben Prinzip »Rezeptor-Effektor«, aber hier ist das absichtsvolle Verhalten, also das Handeln, im Erbauer und nicht in der Maschine angelegt. Die Maschine wurde von einem Schöpfer nach dessen Absicht hervorgebracht. Bei einer lebendigen Einheit, die sich selbst absichtsvoll verhält, gibt es keinen solchen Schöpfer. Der Mensch ist – aus praxeologischer wie neurobiologischer Sicht – der Schöpfer seiner selbst, wie alle anderen Lebewesen sich auch ständig selbst erzeugen. Er ist nicht Geschöpf des Staates oder der Gesellschaft, sondern selbst der Wählende, gemäß seiner eigenen Beschaffenheit.

Auch die Eltern sind nicht »Schöpfer« eines Menschen wie etwa der Ingenieur Schöpfer einer Maschine ist. Der Vater gibt seinen Samen und die Mutter ihr Ei, aber sie legen keinen Bauplan fest, wie es der Ingenieur tut. Selbst wenn sie durch Gentechnik einiges beeinflussen könnten oder durch die Auswahl eines passenden Partners, selbst wenn sie beabsichtigen, mit dem Kind künftig bestimmte Zwecke zu verfolgen. Ob dies gelingen wird, hängt ab der Existenz der Urzelle (Zygote) von der Ontogenese des Kindes ab, und die Eltern können nur versuchen, ein bestimmtes Verhalten des

Kindes auszulösen. Und der Zuchtbauer oder der Hundezüchter sind ab der Entstehung des Lebewesens in derselben Situation.

Auf die organische oder mechanische Beschaffenheit einer Einheit kommt es nicht an, sondern darauf, ob ein Beobachter davon ausgeht, dass die Einheit *eigene* Zwecke verfolgt, also ihre Beschaffenheit nicht gänzlich durch einen Erzeuger bestimmt ist und ihr so keine andere Wahl mehr verbleibt, als auf die auslösenden Inputs des Erzeugers mit den vom Erzeuger beabsichtigten Outputs zu reagieren. Hat die Einheit aufgrund ihrer Beschaffenheit also die Möglichkeit, anders auf Einwirkungen des »Verwenders« zu reagieren, als dieser beabsichtigt?

Das Bild des Schöpfergottes der Bibel war das Bild eines Erschaffenden, der den handelnden Wesen zwar nicht eine Beschaffenheit gab, dass diese nur nach seinem Willen handeln könnten, aber dass sie nach seinem Willen handeln »sollten«. Er erschuf in diesem Sinne keine Maschinen, sondern handelnde Wesen, gab aber Befehle (Gebote) mit auf den Weg, wie diese zu handeln hätten.

2. Befehl und Ausweichen – falsch gedacht

Was die Gruppe Staat und ihr zuarbeitende Wirtschafts-, Gesellschafts- und Geschichtswissenschaftler beobachten, verblüfft manche von ihnen vielleicht: Die politischen Unternehmer geben ein Kommando, und es kommt zu Reaktionen, die noch unerwünschter sind als dasjenige, was die Gruppe Staat durch ihren Befehl eigentlich abändern wollte. Ludwig von Mises erkannte, dass das von vornherein so sein muss, *solange das Kommando nicht allumfassend* ist, sich also auf alle Entscheidungen der Einzelnen bezieht und konkret vorgibt, was genau zu tun ist, den Einzelnen also keine Wahl mehr verbleibt.

Historische Erfahrungen solcher Kommandostaaten, die alle Lebensbereiche regeln wollen, zeigen, dass äußerste Brutalität angewandt wurde, um die Menschen nach dem Willen der Gruppe Staat handeln zu lassen. Es gab Arbeitslager, Gefängnislager und Tötungslager. Die Sowjetunion, insbesondere in der Zeit des Stalinismus, ist nur ein Beispiel. Zur Zeit des gefürchteten Gulags (Netz von Arbeitslagern) fürchteten die Menschen die staatlichen Repressionen, sodass einerseits die Abschreckungswirkung groß war und andererseits die Insassen in den Lagern zur Verrichtung der Arbeiten unmittelbar gezwungen und auch kontrolliert werden konnten. Auch in der Folgezeit, in der die Lager umstrukturiert wurden, blieb es bei einer beträchtlichen Schreckenswirkung, die die Arbeitslager auf die Menschen machten. Als dann ab Mitte der 1980er-Jahre Parteichef Gorbatschow, der neue »starke Mann«, mit seiner Politik des Umbaus (Perestroika) und der Offenheit (Glasnost) »mehr Freiräume« zugestehen wollte, war dies von vornherein nicht mit einer Befehls-und-Gehorsams-Wirtschaft vereinbar. Die

Schattenwirtschaft wuchs, aber ohne industrielle Ausmaße annehmen zu können, da größere Unternehmungen zu sichtbar waren; es blieb bei Schwarzmärkten, Korruption, Seilschaften, Abzweigen und dergleichen als Formen freiwilligen Austausches.

3. Beispiele

a) Mietpreisbremse

Aus der Sicht der Befehlenden müsste an sich jeder Befehl als Schuss ins Knie beurteilt werden, der dazu führt, dass der Befehlsempfänger den Befehl zwar einhält, aber ein Ergebnis hervorbringt, das anders ist, als das vorgeblich erwünschte. Dass dies nicht der Fall ist, sondern die Kommandeure eifrig Befehl an Befehl aneinanderreihen, legt die Vermutung nahe, dass es ihnen nicht um die verlautbarte Wirkung an sich geht, sondern darum, Anhänger hinter sich zu versammeln und damit Macht zu erlangen. Der Wohlstand der Menschen muss den regierenden Kadern nicht am Herzen liegen, sondern der Logik des erfolgreichen Beherrschens nach brauchen sie viele und eifrige Unterstützer. Motiv könnte auch sein, die freiwillige Kooperation derart zu behindern, dass der Wohlstand sich vermindert und die Leute nach einer »starken Hand« rufen, um den Wohlstand wieder zu vermehren oder anders zu verteilen.

Die Mietpreisbremse führt beispielsweise dazu, dass nur noch eine niedrigere Miete als die Marktmiete verlangt werden darf. Die Marktmiete ist nichts anderes als diejenige höhere Miete, die sich ohne die Mietpreisbremse bei freundlichem Handeln ergeben hätte. Bei Mieten, die die Menschen frei vereinbaren, stehen sich Anbieter von Wohnungen und Nachfrager gegenüber. Kommt es zu einem hohen Gewinn der Anbieter, der den Gewinn in anderen Branchen übersteigt, fließt das Kapital derjenigen, die an höheren Gewinnen interessiert sind, in die Baubranche. Durch das vermehrte Angebot vermindert sich unter sonst gleichen Umständen der Gewinn, bis der Gewinn in der Branche die durchschnittliche Gewinnmarge erreicht hat, sodass kein Kapital aus anderen Branchen mehr abfließt. Je höher der Gewinn zu Anfang ist, desto mehr Kapital fließt zu. Also auch bei plötzlicher abrupter Zuwanderung folgen die Kapitalinvestitionen der Produzenten den Angeboten der Mietinteressenten, die immer höhere Preise zu zahlen bereit sind.

Ein Mietendeckel oder eine Mietpreisbremse führt nun dazu, dass unter sonst gleichen Umständen weniger Kapital in den Mietmarkt fließt und bei Unterschreiten der durchschnittlichen Rendite Kapital abfließt und damit weniger gebaut wird. Die Wohnungsknappheit nimmt vergleichsweise zu. Renovierungen und Neubauten unterbleiben. Der Befehlende, der vorgab, mit seiner Politik »bezahlbaren Wohnraum« schaffen zu wollen, erhält auf die kurze Sicht günstigeren Wohnraum, aber auf die lange Sicht weniger und schlechteren Wohnraum, also noch größere Wohnungsknappheit.

Der Grund hierfür ist ein allgemeiner: Die Menschen verhalten sich nicht wie Maschinen, die so eingerichtet sind, dass sie auf die Eingabe des Verwenders mit einer den *Verwenderwünschen* entsprechenden Auswirkung reagieren, weil der Verwender die Maschine eben entsprechend einrichtet. Solange es den Menschen freisteht, ihr Kapital anders als in den Wohnungsbau mit unrentablem Mietendeckel zu investieren, werden sie das tun.

Was dann weiter geschieht, nannte Ludwig von Mises die *Interventionsspirale*: Da das vorgeblich gewünschte Ergebnis nicht erzielt wurde, werden weitere Befehle erteilt. Beispielsweise Steuervorteile, Wohnbaugeld, Wohnungsbau mit Steuergeldern etc.; aber in jedem Falle liegt wieder feindliches Handeln vor, weil die Gelder, die hier gezahlt werden, von anderen Menschen durch Täuschung und Drohung erlangt werden.

Auch wenn die Gruppe der politischen Unternehmer, also die Gruppe namens Staat, das Bauen übernimmt oder Immobilien enteignet, verbessert das die Situation nicht – im Gegenteil. Da politische Unternehmer das Geld, das sie verwenden, nicht durch freundliches Handeln erlangen, sondern durch feindliches, wird das Geld zunächst Menschen weggenommen, die eine andere Verwendung vorhatten. Die Güter, die mit diesem Geld produziert und konsumiert werden sollten, können nun nicht mehr in die Welt gelangen. Des Weiteren muss die Produktion freundlicher Unternehmer den Kundenwünschen entsprechen, weil die Kunden die Angebote freundlicher Produzenten ablehnen können und diese dann auf ihren Kosten sitzen bleiben und bei fortgesetzten Verlusten insolvent werden, sodass das Kapital aus Sicht der Kunden in die Hände besserer Produzenten oder anderer Branchen gelangt. Bei politischen Unternehmern ist das nicht der Fall, da hier kein Zusammenhang zwischen der Finanzierung und der Herstellung in dem Sinne besteht, dass die hergestellten Produkte von den Nutzern bezahlt werden müssten. Hier wird nicht nach Kunden-, sondern nach Produzentenwünschen hergestellt. Auch diese Intervention führt dazu, dass aus Sicht der Wohnungsnutzer schlechtere Wohnungen hergestellt werden und andere Güter, deren Herstellung oder Verbrauch aus der Sicht der Menschen drängender gewesen werden, gar nicht produziert werden.

b) Progressive Einkommensteuer

Die Propaganda für eine progressive Einkommensteuer ist, dass die, die mehr haben, auch mehr Steuern bezahlen sollen (Leistungsfähigkeitsprinzip). Dass Steuern an sich feindliches Handeln sind, ergibt sich daraus, dass der Besteuerte die Steuerzahlung nicht schadensfrei ablehnen kann. Steuern sind aus der persönlichen Sicht der Bedrohten Unrecht und damit ist die Handlung nach einem unpersönlichen (objektiven) Maßstab Unrecht, weil sie zu einer Pareto-Verschlechterung zu Lasten des Besteuerten in der Kategorie Besitz führt: Der eine gewinnt Besitz an Geld auf Kosten und zu Lasten des anderen, der diesen verliert. Dass manche Menschen sagen, sie bezahlten ihre Steuern gerne, bedeutet im Übrigen nicht, dass sie dies auch tun würden, wenn der Zwang tatsächlich entfiele. In der aposteriorischen Handlungswissenschaft vom Wählen der Ziele des Menschen, der Psychologie, wird mit dem Stockholm-Syndrom (auch Helsinki-Syndrom) eine sogenannte »Identifikation mit dem Aggressor« beschrieben. Der Handelnde fühlt unbewusst Wut auf den Drohenden und Angst vor ihm. Die Gefühle Wut und Angst beunruhigen ihn so sehr, dass er diese verdrängt und anstelle dessen eine Art Sympathie mit dem Drohenden empfinden möchte.

Die progressive Einkommensteuer ist aber nicht nur feindlich, sie ist im besonderen Maße feindlich, weil sie die – aus Sicht der Verbraucher – besten Produzenten am meisten bestraft und damit die Situation der Verbraucher verschlechtert gegenüber einer Situation ohne progressive Einkommensteuer. Gehen wir davon aus, dass A sein Einkommen ausschließlich durch freundliches Handeln erzielt. Nun nehmen wir an, dass A hohe Gewinne erzielt. Die Kunden/Verbraucher bewerten As Produkte höher als das, was sie ihm dafür hingeben; daher machen sie aus ihrer Sicht in Summe einen größeren Gewinn als A. Es entsteht ein Pareto-Optimum im Hinblick auf das Kriterium Güter (Sachen und Leistungen) für alle Beteiligten.

Diejenigen Leitmedien, die eine progressive Einkommensteuer befördern wollen, spalten einen einheitlichen Vorgang, nämlich den Austausch zwischen A und seinem Kunden, in zwei getrennte Vorgänge auf. Die Produktion durch A einerseits und das Einkommen, das A durch die Produktion erhält, andererseits. A handelt jedoch final, also um Einkommen zu erzielen, für ihn sind es nicht zwei Handlungen: (1) Produktion von Gütern und (2) Erzielung von Einkommen, sondern es ist *eine* Handlung: A produziert Güter, *um* Einkommen *zu* erzielen. Dieser Vorgang kann nicht aufgespalten werden. Wenn A weniger erhält für die Produktion der Güter, wird er unter sonst gleichen Umständen seine Präferenzen anpassen, der Anreiz zu produzieren, ist tendenziell geringer als ohne die progressive Einkommensteuer, weil er weniger Einkommen erzielen kann, er aber handelt, um Einkommen zu erzielen. Je mehr Gewinn er erwirtschaftet, desto mehr steigt seine Steuerlast. Bei einer progressiven Einkommensteuer von 100 Prozent wird er gar nicht mehr produzieren, weil er kein Einkommen mehr erzielt, und das war die Absicht, die er verfolgte.

Da diejenigen, die die höchsten Profite machen, aus Sicht der Kunden die besten Produzenten sind und die Verbraucher stets in Summe einen höheren Profit machen als der Produzent, schaden die Verbraucher sich selbst, wenn sie für eine progressive Einkommensteuer sind. Sie nehmen denjenigen, die ihre Wünsche am besten erfüllen, das Kapital, um noch besser und günstiger für sie zu produzieren. Und die Mittel kommen in die Hände der Gruppe Staat, die aber nicht nach den Wünschen der Verbraucher produziert, sondern nach ihren eigenen Wünschen, weil sie nicht darauf angewiesen ist, dass die Kunden ihre Kosten decken, sondern sie ihre Kosten durch Zwangsabgaben deckt, also durch Geld, das sie durch Drohung mit einem Übel erhält.

Zum anderen wird bei der progressiven Einkommensteuer die Widersprüchlichkeit des Handelns der Verbraucher deutlich. Wenn diese mehrheitlich eine progressive Einkommensteuer verlangen – und die Gruppe Staat diese dann durchsetzt –, schneiden die Verbraucher sich nicht nur ins eigene Fleisch, sondern setzen sich auch in Widerspruch zu ihrem vorhergehenden Handeln. Denn der Zustand, dass der »reiche« A so viel verdient, wurde ja gerade durch sie herbeigeführt. Sie haben ihm die Mittel im freiwilligen Austausch zugewendet, die sie nun im Wege der progressiven Besteuerung ihm abgenommen sehen wollen.

Darüber hinaus führt die progressive Einkommensteuer dazu, dass etablierte Unternehmen, die über Kapital verfügen, vor unliebsamer Konkurrenz geschützt werden. Innovative, junge Unternehmer mit hohen Profiten werden höher besteuert als alteingesessene Unternehmen mit großer Kapitalausrüstung und relativ geringen Margen. Unter sonst gleichen Umständen werden also weniger Güter produziert, nach denen ein drängenderes Bedürfnis besteht, als ohne die progressive Einkommensteuer. Die korrigierende Reaktion der Marktteilnehmer in ihrer Gesamtheit durch die feindliche Intervention ist ein geringerer Output an dringenden gewünschten Gütern als ohne die Drohung.

c) Erbschaft- und Vermögensteuer

Erbschaft- und Vermögensteuern schaffen Anreiz, dass die Handelnden ihr Vermögen eher zum Verbrauch verwenden, als zu investieren oder zu sparen, um der Steuer und ihren Wirkungen zu entgehen. Auch hier führt die Überführung der Mittel an die Gruppe Staat dazu, dass mit diesen Mitteln nicht mehr nach den Wünschen der Kunden produziert wird, wie dies freundliche Unternehmer tun müssen, sondern nach den Wünschen der Gruppe der politischen Unternehmer. Heute gehen manche sogar so weit, dass sie eine 100-prozentige Erbschaftsteuer fordern, weil sie meinen, dass dann das »Volksvermögen« gerechter verteilt sei. In Wirklichkeit führte eine 100-prozentige Erbschaftsteuer dazu, dass der Anreiz der Menschen stiege, ihre Ersparnisse zum Lebensende hin völlig aufzuzehren, wenn sie sie nicht mehr an ihre Kinder weitergeben können. Wiederum ist das Bild von der Maschine Mensch falsch. Der Erbschaftsteuer-Propagandist möchte, dass niemand mehr etwas erbt oder vererbt, er zieht aber nicht ins Kalkül, dass schon die Androhung jeder Erhöhung der Erbschaftsteuer dazu führt, dass Menschen ihr Handeln anpassen, dass sie ihre Präferenzen ändern. Oder er zieht es ins Kalkül und die Kommandowirtschaft ist exakt sein Ziel.

Da die Ersparnisse »der Gesellschaft« ökonomisch gesehen das Kapital der Gesellschaft sind und in Form von Fabriken, Maschinen, Autos und so weiter »in Natur« vorliegen, führt die korrigierende Reaktion »Aufbrauchen der Ersparnisse« zu einem Kapitalverzehr, der die Menschen in einen Urzustand zurückversetzen würde, der Chaos, Armut und bitteren Hunger herbeiführen würde. Dasselbe gilt natürlich auch für Vermögen- oder Reichensteuern: Ohne Kapital – keine Fabriken.

Natürlich können auch die politischen Unternehmer produzieren, wenn es kein Kapital mehr gibt, das zur Erzeugung freiwillig ablehnbarer Angebote dient. Aber die Gruppe namens Staat kann eben nur Produkte herstellen, die nicht nach den Wünschen der Verbraucher, sondern nach ihren eigenen Vorstellungen produziert werden. Aus Sicht der Verbraucher ist dies Verschwendung. Denn wird aus ihrer Sicht das Richtige produziert, sind sie bereit, den Preis freiwillig zu bezahlen und damit die Kosten zu decken. Zwang ist überhaupt nur erforderlich, weil die politischen Unternehmer Produkte herstellen, für die die Verbraucher nicht bereit sind, die Preise zu bezahlen, und daher die Mittel mit Drohung und Zwang eingezogen werden. Die Folgen sind nicht nur Über- und Unterproduktion, da die Bedürfnisse der Verbraucher nicht mehr durch Preise ermittelbar sind, sondern die politischen Akteure schrecken dann auch nicht vor Zwangsarbeit und Militärzwang zurück, die sie Arbeitsdienst, verpflichtendes soziales Jahr oder Wehrpflicht nennen.

d) »Nudging« (Anstupsen), Strafsteuern, Verbote und »Schwarzmarkt«

Beim Nudging meinen die politischen Unternehmer, nicht feindlich zu handeln und damit nicht direkt zu befehlen. Das Wort Nudging kommt aus dem Englischen von *nudge* und bedeutet so viel wie »anstupsen« oder »anschieben« zu etwas. Wenn etwa in der Mensa-Kantine die verschiedenen Essen mit »Gesundheitsampeln« gekennzeichnet sind, um die Studenten dazu zu bringen, sich »gesünder« (aus Sicht des Nudgers) zu ernähren, dann handelt es sich hierbei um einen Fall von Nudging. Die politischen Unternehmer der Gruppe Staat treten hier quasi als wohlmeinender, aber nicht ganz so strenger Erzieher auf, weil sie nicht unter Androhung von Zwang verbieten, sondern versuchen, das Verhalten der Menschen zu lenken, ohne unmittelbar zu drohen. Nichtsdestotrotz, die Mittel, die die politischen Unternehmer für ihre Nudging-Projekte aufwenden, stammen aus feindlicher Handlung, nämlich von Zwangsabgaben, sodass auch Nudging ein feindliches Handeln bleibt, selbst wenn – wie im Beispiel – das Verzehren von ungesünderen Speisen sanktionsfrei (ohne Strafe) bleibt. Und auch wenn das Nudging über Verbote oder Gebote gegen freundliche Unternehmer durchgesetzt wird, ist es feindliches Handeln, etwa wenn die Unternehmer bedroht werden, bestimmte Angaben auf ihren Lebensmitteln zu machen oder sie in einer bestimmten Art und Weise zu kennzeichnen und für den Fall der Zuwiderhandlung ein Schaden angedroht wird. Das soll nicht bedeuten, dass die Verbraucher solche Angaben nicht von sich aus wünschen könnten. Ein Unternehmer, der solche Angaben auf seinen Produkten machte, würde dann von den Vorlieben solcher Verbraucher profitieren.

Nicht mehr unmittelbar zum Bereich des Nudging gehören sogenannte »Lenkungssteuern«, also Strafsteuern auf Sekt, Bier, Benzin, Diesel, Branntwein oder Tabak und so weiter. Wer der Drohung bei Kauf und Verkauf nicht nachgibt, die geforderten Steuern nicht entrichtet und »erwischt« wird, wird mit den üblichen Zwangsmaßnahmen »bestraft«.

Bei der Prohibition (Verbot) eines Nahrungs- oder Genussmittels drohen die politischen Unternehmer, demjenigen Schaden zuzufügen, also langdauernde Haftstrafen, der mit solchen Substanzen wie Cannabis oder Kokain entweder handelt oder sie selbst verwendet; in den 1920er-Jahren galt das in den USA auch für Alkohol. Die Verwender solcher Substanzen können sich durch den Konsum zwar auch selbst schweren Schaden zufügen, wie dies auch die »erlaubten« Substanzen Alkohol oder Zucker können, wenn sie im Übermaß verzehrt werden. Der Konsument »verbotener« Substanzen verhält sich selbst aber nicht feindlich, auch nicht sein Verkäufer; wenn sich beide über Preis und Ware einig sind, liegt ein freundlicher Austausch vor. Feindlich handelt jedoch derjenige, der den Schaden androht.

Das Argument, der Drogenkonsument falle der Krankenkasse oder der Sozialhilfe zur Last – und damit der Gemeinschaft –, ist irrelevant zur Einordnung des Handelns als friedlich oder feindlich. Denn die Zwangsversicherten und Steuerzahler bezahlen ihre Steuern und ihre Zwangsbeiträge nicht, weil der Drogenkonsument krank wird, sondern damit der Staat ihnen keinen Schaden zufügt, was er für den Fall androht, dass ein Zwangsversicherter oder Besteuerter nicht bezahlt. Ohne diese staatliche Intervention wäre der Drogenkonsument auf freiwillige Hilfe angewiesen. Stellen ihm die politischen Unternehmer aber »umsonst« Krankenversicherung und Sozialhilfe und Unterkunft auf Kosten und zu Lasten anderer zur Verfügung, kann dies das Leiden des Drogenabhängigen und das Verbleiben im Konsum auch verlängern.

Darüber, warum die Menschen den Genuss von in solchen Mengen schädlicher Substanzen der Askese vorziehen, kann die aprioristische Handlungswissenschaft Praxeologie keine Aussage treffen, außer dass ihnen der Genuss das Leben annehmbarer macht, sonst würden sie es nicht tun. Die Standpunkte, Menschen sollten generell ein gesundes Leben einem ungesunden Leben vorziehen, oder Menschen sollten nach einem möglichst langen Leben streben, sind im Übrigen keineswegs vernünftig oder moralisch. Es handelt sich um persönliche Werturteile, um Präferenzen. Manchmal wählen Menschen eine Zukunft, in der sie selbst nicht mehr vorkommen, zum Beispiel wenn ein Vater seinem Kind das Leben rettet, in dem Wissen, dass er selbst dabei umkommen wird, wenn er es vor einem heranfahrenden Zug wegschubst und dabei selbst unter die Räder gerät. Viele Menschen würden dies als moralisch adäquat beurteilen. Aber auch der Selbstmordattentäter wählt den Tod über das Leben und ermordet dabei andere Menschen. Es gibt keine Erfahrung, die beweisen könnte, dass es dem Menschen hauptsächlich darum ginge, lange und gesund zu leben, und es gibt keine wissenschaftliche Gesetzlichkeit, die besagte, dass es ihm darum gehen sollte. Menschen können in Krisen geraten, gesundheitlicher wie sozialer Art, die ihnen eine Zukunft ohne sie als lebenden Menschen annehmbarer erscheinen lassen – und dies geschieht auch immer wieder.

Die korrigierende Reaktion auf Strafsteuern und Prohibition wird gewöhnlich als Schwarzmarkt bezeichnet. Darin ist – wie bei Schwarzarbeit – eine Wertung enthalten. Schwarz bedeutet: dunkel, böse, illegal, zumindest nach der Meinung derer, die die Vokabel verwenden. Die wertfreie Praxeologie kommt zu dem Ergebnis, dass der Schwarzmarkt grundsätzlich freundlich ist, wohingegen es feindlich ist, eine freundliche zwischenmenschliche Handlung unter Androhung von schwerem Schaden zu »verbieten«. Dabei kann man wegen des zunehmenden Grenzleides sagen, dass der Anreiz zu Schwarzmärkten als korrigierende Reaktion auf feindliche Intervention zunimmt, wenn die feindlichen Interventionen immer drängendere Bedürfnisse der Menschen betreffen, also die Menschen ihre Bedürfnisse gemäß ihren Präferenzen immer weniger »legal« befriedigen können.

Wir haben es mit zwei gegenläufigen Tendenzen zu tun. Ist ein Gut sehr begehrt, wie Nahrungsmittel für Menschen, die nicht verhungern möchten, oder Drogen für Menschen, deren Unzufriedenheit nach ihren eigenen Vorstellungen durch den Konsum der Drogen vermindert wird, müssen die Schadensversprechen dementsprechend massiv sein, um ein »Blühen« von Schwarzmärkten zu verhindern. Andererseits führen drastische Schadensversprechen und deren Umsetzung zu einer Verknappung der Güter, was wiederum tendenziell deren Preis erhöht, weil – unter sonst gleichen Umständen – nur eine geringere Menge angeboten wird. Schon »schwarzschlachten« eines Schweines konnte die Todesstrafe zur Folge haben, wie der Autor Arno Geiger in seinem Roman *Unter der Drachenwand*, der in der Zeit der Herrschaft der Nationalsozialisten spielt, episch illustriert. Ein weiteres Beispiel für massive Schadensversprechen bei Befehlsverweigerung war die ehemalige Sowjetunion, wie dies bereits oben (Abschnitt 2) dargestellt wurde.

e) Ehe und Familie; Cocooning

Nur innerhalb gewisser Grenzen können Menschen Vereinbarungen über den Unterhalt oder die Aufteilung des Vermögens bei Scheidung treffen. Die politischen Unternehmer kündigen an, dass sie nicht alle Regelungen gelten lassen wollen, die Eheschließende treffen könnten oder wollen. Sie versprechen, einer durch die politische Drohung privilegierten Partei im Streitfall beizuspringen und der anderen Partei zu schaden. So könnte zum Beispiel eine wohlhabende Frau mit ihrem künftigen Partner die Vereinbarung in ihrem Ehevertrag treffen wollen, dass dieser weder Unterhalt noch Vermögensausgleich erhält, wenn er sein Treueversprechen künftig bricht. Manche Menschen mögen das für unmoralisch halten, weil dann eine Partei in der Ehe »gefangen« wäre, aber das ist eben nur eine Meinung, eine Sollte-Aussage, die weder wahr noch falsch sein kann, sondern die manche besser und manche schlechter finden können. Die Praxeologie ist wertfrei, und bei dieser Vereinbarung handelt es sich um eine soziale Vereinbarung, wenn sie beide einvernehmlich treffen. Mancher mag der Meinung sein, dass die Braut in so einem Fall die Notlage des Bräutigams ausnutzt, aber das ist praxeologisch gesehen falsch. Die Not, in der sich ein mittelloser Bräutigam sehen mag, wurde nicht von der Braut geschaffen; sie hat weder durch Zwang noch durch Täuschung seine »Not« bewirkt. Seine »Not« rührt daher, dass er eine reichlichere Versorgung mit Gütern gegenüber einer weniger reichlichen vorzieht, also von seinen eigenen Wüschen und Bedürfnissen.

Im Falle einer Scheidung würde nun ein politischer Unternehmer, der solcherlei Vereinbarungen verbietet, dem künftigen Ex-Mann zur Seite stehen und die Frau mit dem üblichen Zwang bedrohen, falls sie dem Ex-Mann nicht die Mittel zuwendet, die die Gruppe Staat vorsieht. Da die Handlungspläne der politischen Akteure bekannt sind, werden die Parteien sich in ihrem Verhalten danach ausrichten. Der Anreiz zum »Fremdgehen« ist höher als ohne das Handeln des Staates, und weil der andere das weiß, wird derjenige nicht heiraten, der nur unter solchen Bedingungen geheiratet hätte. Führt der Staat solcherlei Regelungen erst ein, wenn bestehende Ehen bereits geschlossen wurden, und wendet er sie auch auf diese an, so steigt der Anreiz zu Treuebruch – und damit zu Scheidungen.

Manchem mag es schräg oder unzeitgemäß vorkommen, von Treuebruch und Fremdgehen zu reden, aber: Die Praxeologie ist wertfrei im Hinblick auf die Ziele, die die Menschen mit Vereinbarungen verfolgen. Die Praxeologie maßt sich kein moralisches Urteil an im Hinblick auf freundliche Vereinbarungen, die ohne Täuschung und Zwang zustande gekommen sind, sie sagt nicht: Das hättet ihr aber anders regeln müssen, eure Werte sind »veraltet«. Werte sind eben subjektiv. Und manchen Menschen ist »Treue« wichtig, anderen eben nicht.

Unter Cocooning wird ein vor allem bei Männern beobachteter Trend beschrieben, dass jemand sich wie in einem Kokon »verpuppt« und nicht mehr willens ist, eine Partnerschaft einzugehen oder eine Familie zu gründen. Dieses Handeln, das Sich-Zurückziehen von einer festen Geschlechter-Partnerschaft, kann eine Reaktion auf Befehle der Gruppe Staat sein. So können beispielsweise Befehle im Hinblick auf Vermögensteilung bei Scheitern der Beziehung, Unterhalt, Kindesunterhalt oder Kindesumgang für einige eine feste Beziehung mit Kindern unattraktiv machen. Auch kann die Aussicht darauf, dass die Kinder durch den Schulzwang jahrelang etliche Stunden am Tage abseits der Familie »erzogen« werden, Familiengründung für den ein oder anderen unattraktiv machen.

4. Die Zwangsspirale – vorwärts immer, rückwärts nimmer!

Die Intervention führt also dann nicht zu dem Ergebnis, das die politischen Unternehmer vorgeblich wollen, wenn den Befehlsempfängern eine Wahl verbleibt. Durch die Mietpreisbremse wird Wohnraum noch knapper. Das führt zu Enteignungen, die dazu führen, dass nicht mehr nach den Vorstellungen der Mieter, sondern der politischen Unternehmer produziert wird. Der Zustand der Mietwohnungen verschlechtert sich aus Sicht der Mieter. Das führt dazu, dass die politischen Unternehmer Mittel aus anderen Produktionszweigen in den Wohnungsbau lenken. Dann kommt es in diesen Produktionsbereichen zu Mittelknappheit und so weiter.

Am Ende erreichen die politischen Unternehmer ihr vorgebliches Ziel erst dann, wenn sie alle Produktionsmittel in ihrer Gewalt haben. Dann wird nicht mehr produziert, was die Menschen am drängendsten wollen, sondern was die politischen Unternehmer in ihren Kampagnen als die drängendsten Bedürfnisse propagieren. Da die Menschen gemäß ihren Bedürfnissen konsumieren, für die politischen Unternehmer die Bedürfnisse aber nicht aufgrund von Preissignalen im freiwilligen Austausch erkennbar sind, kommt es zu Über- und Unterproduktionen, Milchseen und Schlangestehen, leeren Regalen und Ladenhütern, die keiner will.

Die Produktion ist nunmehr kein freiwilliger Austausch zwischen freundlichen Unternehmern und deren Kunden, sondern ein zwangsweiser Austausch. Die Besitzerlangung erfolgt durch Drohung und es gibt Arbeits*ein*teilung statt Arbeitsteilung. Und das ist auch durchaus das erklärte Ziel mancher politischen Unternehmer.

Anmerkungen zu Kapitel XI

1 Was sie wirklich bezwecken, muss im Dunkel bleiben, da man ihre Absichten aufgrund ihrer Handlungen nur erahnen kann.

2 Die Neurobiologen Humberto Maturana und Francisco Varela nennen das Autopoiese, von altgriechisch *autos*, selbst, und *poiese*, hervorbringen (Maturana und Varela, 2015, S. 55.

3 Maturana und Varela, 2015, S. 55.

KAPITEL XII

DIE WAHL ZWISCHEN FEINDLICHEM UND FRIEDLICHEM HANDELN

1. Das Primat der Politik (feindliches Handeln) – der Gewaltige schafft an

Das Primat der Politik (der Vorrang der Politik) kann verschieden verstanden werden. Einmal in dem Sinne, dass Gewalt vor Recht geht, ein andermal in der Art und Weise, dass politisches (feindliches) Handeln Vorrang vor freundlichem Handeln haben sollte.

Im ersten Sinne ist die Aussage falsch, weil wir gesehen haben, dass mittels willensbrechender Gewalt kein »Recht gesetzt« werden kann, weil es dem Angreifer in diesem Falle gerade um das Zerstören der Handlungsfähigkeit geht. Bei willensbrechender Gewalt geht es nicht darum, unmittelbar ein Ge- oder Verbot durchzusetzen, also eine Handlung des anderen. Es kann sein, dass derjenige, der willensbrechende Gewalt einsetzt, mittelbar seinen Drohungen gegen andere mehr Gewicht verleiht, indem er ein »Exempel statuiert«. Aber gegenüber demjenigen, den er ausschaltet, liegt kein »Recht« vor. Und gegenüber den anderen, die das Exempel zur Verstärkung der Drohungen gegen sie erfahren sollen, liegt auch kein Recht vor, denn es liegt an deren Einstellungen und Überzeugungen, wie sie darauf reagieren, also ob sie sich einschüchtern lassen oder nicht. Und diesen anderen wird die Drohung gerade nicht recht sein; also kann durch Gewalt kein Recht geschaffen werden.

Auch ein genereller »Vorrang« des politischen Mittels Zwang vor dem freundlichen Mittel Vertrag ist nicht gegeben. Zwang geht logisch nicht vor Vertrag. »Rang« meint eine Rangordnung, also ein Vorziehen und Zurückstellen. Ludwig von Mises verstand die Geschichte des Westens im Wesentlichen als die Geschichte des Kampfes gegen die Übergriffe der Amtsinhaber.[1] Diese meinen, sich *vorzusetzen*, *Vorrang* zu haben, *im Rang über* den anderen zu stehen, aber einen solchen Rang gibt es nicht unter handelnden Einheiten, die souverän im Hinblick auf ihre Beschaffenheit sind. Die Amtsinhaber bedrohten die Menschen, ob Adel, König, Diktatoren oder Bürokraten, aber einen höheren logischen Rang hat ihr Handeln nicht. Das politische Mittel Zwang war in der Geschichte der Menschheit weit verbreitet bei der Bewirtschaftung von Menschen durch andere Menschen, aber das Bild der Gesellschaft als Pyramide ist verfehlt und irreführend. Niemand genießt a priori einen höheren Rang. Solche Pyramiden wurden geschaffen durch Legitimismus (Täuschung, z. B. »Herrscher von Gottes Gnaden« oder »Volksherrschaft« etc.), Drohung und Gewalt – von Menschenhand.

Herrschaft ist ohne die »Zustimmung« der »Beherrschten«, und zwar jedes einzelnen Beherrschten, nicht möglich. Zustimmung ist hier nicht in dem Sinne gemeint, dass der Bedrohte die Drohung zustimmend bewertet, sondern dass er aufgrund der Drohung diejenige Wahl trifft, die der politische Unternehmer mit der Drohung auslösen möchte. Aber jeder Einzelne, der das nicht tut, wird eben nicht in diesem Sinne »beherrscht«. Herrschaft bedeutet eben nicht, dass der Herrscher der Souverän wäre; der Handelnde ist souverän (selbstbestimmt) im Hinblick auf das, was er wählt, jeder Einzelne. Der Herrscher hat nun mal keine Fernbedienung, mit der er auf die Willensentschließung des anderen einwirken kann. Man bräuchte das nicht zu betonen, wenn nicht die Vorstellung der Menschen von Herrschaft eine andere wäre. Man kann sich überhaupt nicht in die Sklaverei verkaufen, in dem Sinne, dass man seine Entscheidungen auf einen anderen überträgt. Das ist das, was wir die Souveränität des Einzelnen oder seine Kompetenz-Kompetenz nennen: die *Untrennbarkeit von Wille und Körper*. Und da die politischen Unternehmer das wissen, versuchen sie, hinter die Einstellungen und Überzeugungen derjenigen zu gelangen, die sie »beherrschen« möchten.

Die zweite Art, wie man das »Primat der Politik« noch verstehen kann, ist, dass politisches Handeln vor freundlichem Handeln Vorrang haben »sollte«. Wir hören dies öfter, eben von politischen Unternehmern, die meinen, die Politik müsse die Regeln vorgeben oder die Normen setzen, die Spielregeln darlegen und so weiter. Praxeologisch betrachtet ist über diese Aussage zu sagen, dass sie als Sollte-Aussage ein willkürliches Werturteil eines Handelnden ist, sie ist vorschreibend und nicht beschreibend. Darüber hinaus sind solche »Regeln« und »Vorschriften«, über die mit anderen keine Einigung erzielt wurde, nicht friedlich und freundlich vereinbart, sondern es handelt sich um feindliche Drohungen aus der Sicht all derjenigen, denen sie nicht recht sind und aus deren Sicht sie daher Unrecht sind.

2. Der Mehrertrag der Arbeitsteilung – vom Nutzen und Schaden der anderen

Das Gesetz des komparativen (vergleichsweisen) Vorteils, das auf David Ricardo (1772–1823) zurückgeht, zeigte ursprünglich die Vorteile des Freihandels zwischen verschiedenen »Nationen« auf. Ludwig von Mises formulierte es allgemeiner als das *Gesetz vom Mehrertrag der Arbeitsteilung*, weil nicht nur Freihandel (Handel ohne Zollschranken), sondern menschlicher Austausch unter Spezialisierung generell einen größeren Ertrag hervorbringt.[2] Das bedeutet nicht nur, dass mehr Menschen mehr schaffen können oder größere Projekte angehen können, wie zum Beispiel den Bau von Brücken oder Staudämmen, sondern dass Spezialisierung an sich zu einem Mehrertrag führt, es sich also um mehr handelt als die Addition gleicher Einzelbeiträge.

Der österreichische Ökonom Rahim Taghizadegan verwendet zur Illustration eine sogenannte Robinsonade, also die Darstellung in einem Zwei-Personen-Verhältnis.[3] Nehmen wir an, Robinson Crusoe kann an einem Tag 10 Fische fangen, Freitag hingegen nur 4. Dafür kann Freitag am Tag 10 Kokosnüsse pflücken, Robinson aber nur 4. Bei Nicht-Spezialisierung haben sie am Ende des Tages, wenn beide jeweils einen halben Tag fürs Pflücken und einen halben Tag fürs Fischen verwenden:

Robinson: 5 Fische und 2 Kokosnüsse
Freitag: 2 Fische und 5 Kokosnüsse

Addiert ergibt das 7 Fische und 7 Kokosnüsse.

Wenn nun beide die Tätigkeit ausführen, in der sie besser sind, so steigert sich die Produktion auf:

Robinson: 10 Fische
Freitag: 10 Kokosnüsse

Anstatt 7 Fische und 7 Kokosnüsse ergibt sich ein Mehrertrag der Arbeitsteilung von +3 Fischen und +3 Kokosnüssen. Am Ende des Tages haben sie 20 Güter. Das entspricht einer Produktivitätssteigerung von rund 43 Prozent.

Das Gesetz vom Mehrertrag der Arbeitsteilung gilt selbst dann, wenn einer dem anderen in allem überlegen ist. Nehmen wir an, Robinson könnte an einem Tag je 10 Fische oder 10 Kokosnüsse produzieren, Freitag 4 Fische oder 8 Kokosnüsse. Voraussetzung ist nur, dass es bei einem der Beteiligten etwas gibt, dass er besser kann, seine »Spezialisierung«.

Wieder: Verwendet jeder einen halben Arbeitstag auf die Produktion jeweils eines Gutes, dann ergeben sich am Ende des Tages folgende Bestände:

Robinson: 5 Fische, 5 Kokosnüsse
Freitag: 2 Fische, 4 Kokosnüsse

In Summe ergibt das am Ende des Tages: 7 Fische und 9 Kokosnüsse.

Tut jeder das, was er am besten kann, haben sie am Ende des Tages:

Robinson: 10 Fische (oder 10 Kokosnüsse)
Freitag: 8 Kokosnüsse

Addiert ergibt das 10 Fische und 8 Kokosnüsse, also eine Steigerung von +3 Fischen und ein Rückgang von –1 Kokosnuss. Einer Verminderung der Kokosnussproduktion von –11 Prozent steht eine Mehrung der Fischproduktion von 43 Prozent gegenüber.

Nun wissen wir dank der subjektiven Wertlehre, dass der Wert nicht in Dingen liegt, sondern von den Präferenzen der Beteiligten abhängt. Wir wissen also gar nicht, ob die 3 zusätzlichen Fische die 1 Kokosnuss weniger aufwiegen. Wegen der subjektiven Präferenzen sind nicht irgendwelche »absoluten Kosten« maßgeblich, sondern die Opportunitätskosten, das heißt, entscheidend ist, was einer dafür aufgibt, etwas anderes zu erhalten. Wenn Robinson und Freitag nun wählen, dass Robinson, anstatt 10 Fische zu produzieren, 9 Fische und 1 Kokosnuss produziert, und sich beide den Ertrag dann hälftig teilen, so ergibt sich folgendes Gesamtbild:

Robinson: 9 Fische, 1 Kokosnuss
Freitag: 8 Kokosnüsse

Anstatt 7 Fische und 9 Kokosnüsse ohne Arbeitsteilung, wenn jeder den halben Tag Fische fängt und den anderen halben Tag Kokosnüsse erntet, werden nun 9 Fische und 9 Kokosnüsse produziert. Der Wert des Mehrertrags der Arbeitsteilung würde dann dem Wert von 2 zusätzlichen Fischen entsprechen, weil in diesem Falle 2 Fische mehr produziert werden als ohne Arbeitsteilung, und beide die Arbeitsteilung wählen, um 2 Fische mehr produzieren zu können.

Und so wie es sich hier im Prinzip »im Kleinen« in der Robinsonade verhält, verhält es sich auch beim Freihandel zwischen »Nationen« – und beim Austausch zwischen beliebig vielen Beteiligten. Dabei ist entscheidend, dass Menschen nur tauschen, wenn sie sich vom Tausch mehr versprechen als vom Unterlassen des Tausches, und zwar beide – ansonsten würden sie nicht tauschen, weil der Austausch ihre Unzufriedenheit gegenüber dem Nicht-Tausch nicht vermindern würde. Durch Tausch entsteht also notwendig eine Win-win-Situation zwischen den Beteiligten. Spezialisieren sie sich und tauschen sie sich aus, können sie so ihre Unzufriedenheit stärker vermindern (oder die Zufriedenheit stärker erhöhen, was dasselbe ist) als ohne Spezialisierung und Austausch. Keiner hat hier etwas »auf Kosten« des anderen erlangt, es ist kein Nullsummenspiel, bei dem der eine erhält, was der andere verliert.

Anders bei feindlichem Handeln, also wenn die Menschen nicht selbst die Spezialisierung und Arbeitsteilung und den Austausch bestimmen, sondern eine Gruppe von Bestimmern, die versucht, die anderen durch Drohung und Zwang zu veranlassen, sich nach der Vorstellung der Gruppe der Bestimmer zu spezialisieren und von denen vorgegebene Güter herzustellen. Auch hier kann durch Arbeitsteilung und Spezialisierung mehr hergestellt werden. Aber da kein freiwilliger Austausch stattfindet, wissen wir nicht, was den Beteiligten der Mehrertrag wert ist. Es mag sogar zu einem quantitativen (größenmäßigen) Mehrertrag im Hinblick auf bestimmte Dinge kommen, aber eben nicht zu einem Mehrertrag, der mit dem Werten und Wollen der Menschen übereinstimmt.

Nehmen wir an, Robinson bedroht Freitag, ihm von den 8 Kokosnüssen, die Freitag täglich erntet, 4 abzugeben. Dafür erhält Freitag von Robinson einen Fisch pro Tag. Wenn Freitag sich weigert, droht Robinson, diesen so lange an einen Baum zu binden, bis Freitag gehorcht, was in etwa der Zwangshaft entspricht. Sollte sich Freitag weigern, sich fesseln zu lassen, droht Robinson, Gewalt anzuwenden, und für den Fall, dass Freitag sich ernsthaft und mit denselben Mitteln verteidigt, mit denen Robinson ihn bedroht, droht Robinson mit Tötung, was dem unmittelbaren Zwang entspricht.

Hier hat am Ende des Tages Robinson 9 Fische und 4 Kokosnüsse, Freitag 1 Fisch und 4 Kokosnüsse. Wir erfahren nichts darüber, was Freitag der Fisch wert ist, den Robinson ihm gibt, denn Freitag wählt nicht Robinsons Fisch. Das Einzige, was wir wissen, ist, dass Freitag die Lieferung des Ungutes Zwang und Gewalt, die Robinson androht, als größeres Übel bewertet als das Abgeben von 4 Kokosnüssen gegen einen Fisch. Robinson erhält die 4 Kokosnüsse also gar nicht im Austausch gegen den Fisch, sondern er erhält sie, weil er Freitag bedroht. Was Robinson mehr hat, wird Freitag genommen. Das politische Wirtschaften ist tatsächlich ein Nullsummenspiel, weil was Robinson mehr hat, hat er auf Kosten Freitags.

Schafft es die Gruppe namens Staat, allen anderen freiwillige arbeitsteilige Produktion nach den eigenen Präferenzen zu untersagen, und setzt sie ihr Kommando durch, was wer zu tun und herzustellen hat, etwa im Sozialismus, Kommunismus oder Nationalsozialismus, ist deswegen eine Feststellung der Knappheit der Güter nicht möglich, auch nicht für den weisesten Herrscher, weil er nichts über die Bewertung der produzierten Güter durch die Verbraucher erfährt. Er erfährt nur, dass die Menschen das Befolgen der Kommandos dem Erleiden der angedrohten Schäden vorziehen. Historisch gesehen war das den Bestimmern zwar egal, denn sie hatten genug; welcher Mangel im Volk auch vorherrschte, die Könige, Fürsten, Kanzler, Präsidenten, Staatsratsvorsitzenden oder Parteichefs haben stets einen luxuriösen Lebensstil gepflegt. Die Parteibonzen des Kommunismus lebten ebenso im Luxus wie die Schergen des Nationalsozialismus.

Die weit verbreitete Ideologie, dass Wirtschaften ein Nullsummenspiel ist, dass der eine auf Kosten des anderen hat und dass deswegen eine Umverteilung stattfinden müsse am Ende des Tages, ist also falsch. Der Mehrertrag der Arbeitsteilung bei Spezialisierung allein führt schon dazu, dass die Nullsummenspiel-Ideologie insofern als falsch erwiesen ist, weil eben mehr Güter produziert werden als ohne die Spezialisierung. Gesteigert wird diese Zunahme im Übrigen durch den Mehrertrag, den Arbeit im Zusammenspiel mit Kapitalgütern erbringt, die dazu dienen, die Produktivität der Arbeit zu erhöhen. Jedoch ist dieser Mehrertrag der Arbeitsteilung nur dann allen Beteiligten auch mehr wert, wenn sie sich freiwillig austauschen können, die Arbeitsteilung also aufgrund von Angebot und Annahme stattfindet. Da jeder freiwillige Austausch eine Win-win-Situation ergibt, tendiert die freiwillige Arbeitsteilung gegen einen Zustand, in dem die Bedürfnisse der Beteiligten am besten befriedigt werden.

Bei einer Arbeitsteilung, die durch Kommando und Zwang herbeigeführt wird, kann auch mehr produziert werden als ohne Arbeitsteilung. Aber hier ist die Arbeitsteilung den Bedrohten von vornherein unrecht, weil sie auf feindliche Art und Weise ihnen gegenüber herbeigeführt wird. Von Kapitalgütern zu reden macht also nur Sinn bei friedlicher Produktion, wenn sich die Beteiligten des ökonomischen Mittels »freundlicher Austausch« bedienen.

3. Kapitalgüter – Mehrertrag bei gleicher Arbeit

Ein wichtiger praxeologischer Grundsatz neben dem Mehrertrag der Arbeitsteilung ist der Mehrertrag der Arbeit bei Einsatz von Kapitalgütern. Kapitalgüter sind solche Güter, die nicht dem Konsum dienen, sondern der Produktion. Sie vermehren die Arbeitsleistung. Ein einfaches Beispiel ist das Fangen von Fischen. Wenn Sie zum Fischen eine Angel, einen Speer oder einen Kescher verwenden, werden Sie dies tun, um mehr oder andere Fische zu fangen als mit der bloßen Hand. Und wenn Sie ein Boot und ein Netz verwenden, werden Sie in derselben Arbeitszeit noch mehr Fische fangen als mit einer einfacheren Ausrüstung. Durch Kapitalgüter wird Arbeit also effizienter.

Kapitalgüter, die im friedlichen Austausch hergestellt werden, vergrößern so den Ertrag der menschlichen Arbeit und führen dazu, dass auch einfache Arbeiten durch die Zunahme der Produktivität der Arbeit höher entlohnt werden können. Die Obergrenze von Löhnen und Gehältern im Marktprozess wird von den Erwartungen der Unternehmer bestimmt, welche zusätzlichen Umsatzerlöse sie durch die Einstellung des Arbeiters erzielen können. Mit anderen Worten: Die Summe der erwarteten Marktpreise der Produkte und Dienstleistungen, die zusätzlich durch die Arbeitskraft hergestellt werden können, bildet die Obergrenze für das Gehalt des Arbeitnehmers. Das ist es, was die Ökonomen unter der *Grenzproduktivität* der Arbeit verstehen. Nehmen die Kapitalgüter zu und können mit der gleichen Menge Arbeit mehr Produkte und Dienstleistungen hergestellt werden, steigen also die Grenzproduktivität der Arbeit und dadurch auch die Löhne und Gehälter.

Ebenso wie beim Mehrertrag der Arbeitsteilung ist beim Mehrertrag durch Einsatz von Ausrüstung noch nichts darüber ausgesagt, ob die zusätzlich produzierten Mengen aus der Sicht der Beteiligten tatsächlich einen Mehrwert darstellen. Dies ist nur der Fall, wenn der Austausch, also der Erwerb der Kapitalgüter und die Veräußerung der hiermit hergestellten Produkte, freundlich verläuft.

Auch bei Produktion mit Drohung und Zwang kann die Arbeitskraft mit Ausrüstung multipliziert werden. Aber im Unterschied zur friedlichen Produktion ist diese Ausrüstung eben nicht Kapitalgut aus Sicht aller Beteiligten, sondern nur aus der Sicht derjenigen, die mit Drohung und Zwang die Produktion und Verwendung der Ausrüstung auszulösen versuchen. Denjenigen, denen Mittel und Handlungen abgepresst werden, die dann zur Herstellung solcher Ausrüstung verwendet werden, ist es gerade unrecht; und daran kann die Größe der Anzahl von Menschen, die dies gut finden, nichts ändern. Die öffentliche Bücherei, die mit Steuermitteln finanziert wurde, ist einigen recht, anderen unrecht. Sie ist insgesamt unter allen Beteiligten betrachtet von vornherein eine Pareto-Verschlechterung: Einige erhalten etwas auf Kosten anderer. Damit ist nicht gesagt, dass es ohne Drohung und Zwang keine Büchereien gebe, denn eine Koalition von Willigen könnte jederzeit eine Bücherei finanzieren, ohne dass auch nur ein Einzelner dadurch geschädigt werden müsste.

4. Feindliches Handeln versus friedliches Handeln – wessen Wille geschehe?

Jedes menschliche Handeln zielt auf Gewinn ab. Gewinn ist eine psychische Größe, die sowohl die freundlichen als auch die politischen Unternehmer anstreben, ja die jeder Handelnde zu jeder Zeit anstrebt, sonst würde er nicht handeln. Bei freundlichem Handeln können wir die Aufwendungen (Kosten) und die Einnahmen, die der Unternehmer erzielt, in Geld ausdrücken, sofern ein Tauschmedium verwendet wird. Sofern er mehr einnimmt, als er ausgibt, sprechen wir von einem Gewinn. Dies ist nicht der praxeologische Gewinn, sondern ein historisches Datum, dass die Käufer bereit waren, mehr für die Güter des Handelnden zu bezahlen, als dieser für die Produktion aufwenden musste. Er hat damit Mehrnutzen gestiftet. Die Gewinn- und Verlustrechnung in Geld ausgedrückt ist sozusagen ein Dokument, das den sozialen Nutzen, den der Produzent gestiftet hat, festhält.

Beim feindlichen Handeln ist der Ertrag, den der Drohende erzielt, das Gut, das der Bedrohte abliefern soll. Der Aufwand, den der feindlich Handelnde hierfür trägt, ist zunächst die Einrichtung eines Zwangs- und Unterdrückungsapparates, durch den die Drohung wahrgemacht werden kann, also das Ungut im Falle des Ungehorsams geliefert werden kann. Im Falle von Zwangsgeld, Zwangshaft und unmittelbarem Zwang sind dies also die Aufwendungen, die der feindlich Handelnde für die Errichtung eines Propaganda-, Polizei- und Justizapparates trägt. Sind solche Einrichtungen erst einmal etabliert, können die Kosten der Unterhaltung und Erweiterung auf die Bedrohten abgewälzt werden.

Bei freundlichem Handeln haben Menschen nur die Möglichkeit, an Güter anderer zu gelangen, wenn sie willens und in der Lage sind, für andere Nutzen zu stiften, den diese höher bewerten als den verlangten Preis. Hat jemand zum Beispiel keine abgeschlossene Ausbildung oder eine Ausbildung, die im freundlichen Bereich aus der Sicht des Handelnden nur wenig abwirft, weil er zum Beispiel befürchtet, dass sich für seine Forschungen über Gender-Wissenschaften zu wenig freiwillige Zahler finden werden, so ist es für diese Menschen durchaus von Vorteil, von vornherein feindlich handelnde Gruppen zu unterstützen, von denen er sich verspricht, dass sie die Mittel einholen werden, die der Unterstützer sich erhofft.

Den Anreiz, einer Gruppe anzugehören, die einen politischen Handlungsplan verfolgt, wird von Ludwig von Mises wie folgt beschrieben: »Jeder Halbgebildete kann eine Peitsche benutzen und andere Leute zum Gehorsam zwingen. Aber es erfordert Intelligenz und Sorgfalt, der Öffentlichkeit zu dienen [also ohne Zwang zu handeln]. Nur einigen Leuten gelingt es, Schuhe besser und billiger als ihre Konkurrenten zu produzieren. Der ineffiziente Fachmann wird immer eine vorrangige Stellung der Bürokratie erstreben.«[4]

Der Berliner Maler und Autor Raymond Unger wählt einen psychologischen Ansatz, um die Frage zu klären, warum jemand feindliches Handeln gegenüber freundlichem Handeln vorzieht. Bei der 7. Konferenz des Ludwig von Mises Instituts 2019 in München im Bayerischen Hof trug er hierzu vor:[5]

> Die Generation der Babyboomer leidet unter einem über die Generationen hinweg übertragenen Kriegstrauma, das diese Generation zu emotionalen Einstellungen und Überzeugungen geführt hat, die ungünstig sind, zum einen für sie selbst, aber vor allem für ihre Mitmenschen, die unter der Ausübung von Macht und Kontrolle leiden. In Deutschland wurde durch Mitglieder dieser Generation mittlerweile ein totalitäres Meinungsklima aufgerichtet, in dem es im Hinblick zum Beispiel auf Klimawandel, Bankenrettung oder Nullzinspolitik nur noch jeweils eine zugelassene Meinung gibt.
>
> Die psychologischen Mechanismen, die zu dieser Übertragung des Kriegstraumas führen, beschreibt Unger wie folgt: In Deutschland hat es kaum eine Familie gegeben, in der es nicht schwere strukturelle Schäden gegeben hat durch den Krieg. Vertreibung, die Zerstörung von ganzen Städten im Hagel von Brand- und Explosionsbomben, Vergewaltigung, Verstümmelung, Zwangsarbeit oder Tod – fast jede Familie war von solchen Ereignissen betroffen. Die Kindheit der Kriegskinder war dadurch traumatisiert. Als diese Kriegskinder später als Erwachsene die Generation der Babyboomer, also die rund 20 Jahre nach dem Krieg Geborenen, aufzogen, hatten sie nicht die emotionalen Ressourcen, zu ihren Kindern einfühlsame Beziehungen zu entwickeln. Da sie selbst keine positive Rückanbindung an ihre eigene Kindheit hatten, ja sie die Traumata des Krieges verdrängt hatten, war es ihnen nicht möglich, eine empathische, liebevolle Beziehung zu ihren Kindern aufzubauen, die Beziehung zu ihnen blieb versachlicht. Die Kinder bekamen Kettcars, wurden ordentlich angezogen und zur Schule geschickt, aber emotionale Nähe gab es für sie meist nicht.
>
> Kinder spüren eine solche Distanz. Da sie jedoch egozentrisch sind, weil sie am Anfang nichts von anderen wissen, bleibt den Kindern nichts anderes übrig, als die Distanz auf sich selbst zu beziehen. Kinder wissen, wer sie sind, durch Feedback. Durch das ausbleibende emotionale Feedback empfindet das Kind Verlassenheit. Dies führt zu Einstellungen und Überzeugungen wie: Ich bin nicht richtig. Oder: Ich bin nicht legitim. Das eigene Selbst wird infrage gestellt, und mittlerweile nicht nur die Legitimität der eigenen Existenz, sondern die Legitimität menschlicher Existenz an sich.

In der Folge sind die emotionalen Bedürfnisse der Kinder schamgebunden. Sie schämen sich, und das ist schlimmer, als sich schuldig zu fühlen. Wer sich schuldig fühlt, der hat immerhin noch die Möglichkeit, seine Handlung wiedergutzumachen oder um Entschuldigung zu bitten. Bei Scham geht es aber nicht darum, etwas Falsches getan zu haben, sondern die schamgebundenen Kinder fühlen sich selbst falsch, als Person, und das ist auf der Handlungsebene nicht korrigierbar.

Infolgedessen wuchs eine Generation von Narzissten heran, die ihren eigenen Selbstwert als Kind nie emotional erfahren haben und dies kompensieren, indem sie ihre Scham auf andere ableiten mit den Methoden der politischen Korrektheit und der Gesinnungsethik.

Das Fehlen positiver männlicher Narrative

Auch die Triangulierung[6], also die Beziehung zum väterlichen Familienteil, ist bei dieser Generation meist gescheitert. Den Kindern fehlen maskuline (männliche) Narrative (Erzählungen). Es ist die Generation der abwesenden Väter, die nicht nur körperlich abwesend waren (durch den Beruf), sondern auch emotional abwesend. Die Jungen bleiben dann komplett auf die Mutter und deren weibliche Narrative gespiegelt, ihnen steht nur eine weibliche Sicht auf die Dinge zur Verfügung. Und in der Tat, wer sich das Kabinett Merkel ansieht, der wird wenig toxische Männlichkeit entdecken. Die Therapeutin und Autorin Gabriele Baring sprach von Kindergesichtern auf gewaltigen Körpern, die zur Welt einen gewissen Abstand brauchen.

Auch im Fernsehen fehlte den Jungen das positive (gut bewertete) männliche Narrativ: In den meisten Sitcoms zum Beispiel werden die Männer als trottelig dargestellt. Die Frauen meistern das Leben. Die erwachsenen Männer sind Tölpel in diesen Unterhaltungssendungen, die von den Drehbuchautoren geschrieben wurden als späte Rache an ihren abwesenden Vätern.

Raymond Unger sagt selbst von sich, dass er gerade dabei sei, sich das Mises-Universum durch ein Studium zu erschließen, das er vor zwei Jahren begann. Mises' Narrativ sei ein erwachsenes und männliches Narrativ. Es gehe darum, Wettbewerb zuzulassen und Verantwortung zu übernehmen, auf sich zu vertrauen und auf die eigenen Kräfte der Selbstregulierung. Aber der Generation der Babyboomer fehlt es an solchen Fähigkeiten. Sie kennen nur weibliche Narrative von Kümmern und Gleichverteilung, von Ausgleich und Wiedergutmachung. Es sind Ich-schwache Personen, die an einem Konformitätsdruck leiden und ihre Selbstablehnung durch politische Korrektheit, Gesinnungsethik und Hypermoral auf andere ableiten wollen.

Männliche Narrative, Selbstbehauptung, die Abgrenzung des eigenen Selbst gegen andere kennen diese Kriegsenkel nicht – sie haben keine Grenzen; oft findet man unter ihnen Co-Abhängigkeit (sie brauchen andere, um sich gut zu fühlen). Diese bedürftigen narzisstischen Persönlichkeiten stabilisieren ihr Ich mit Hypermoral, Perfektionismus, Macht, Kontrolle, Verachtung, Helfen, Neid, Nettigkeit und Gefälligkeit. Die politische Korrektheit ist für sie sozusagen ein Universalhandwerkskasten, um ihre Scham auf andere abzuleiten: Es gibt Sprachcodes, die ständig aktualisiert werden, mittels Sozialkitsch wird der dramatische Einzelfall präsentiert und im politischen Moralismus werden die so im Volk verursachten Emotionen abgegriffen und umgesetzt, ohne jede Rücksicht auf die Folgen.

Wenn die psychische Störung zur Norm einer Generation wird

Die Frage, ob dieser Anteil der narzisstischen und co-abhängigen Kriegsenkel einen beachtlichen Teil der Bevölkerung ausmacht, kann man mit dem Psychoanalytiker H. J. Maaz verwendeten Begriff der Normopathie[7] beantworten: Die psychische Störung ist die Norm. Der Freidenker, der sie nicht hatte oder überwunden hat, wird ausgegrenzt und gebrandmarkt.

Ein Phänomen der Babyboomer ist der anzutreffende Schuldstolz. Ein unendlich bedürftiges Ego verinnerlicht Schuldgefühle und entwickelt als kreative Leistung der Psyche den Schuldstolz, also moralischen Stolz darauf, größtmögliche Schuld verinnerlichen zu können. Dabei bedienen sie sich verschiedener Schuldnarrative, verschiedener »Pools« sozusagen, von der NS-Vergangenheit bis hin zum Klimawandel. Es gibt viele solche Pools, es ist ein psychischer Wellness-Bereich. Und bei der Schuldableitung hilft ihnen, dass ja nur die Hälfte »wirklich« schuld ist, nämlich nur die Männer: der alte weiße Mann.

So ist es auch nicht verwunderlich, dass ein einziges Mem gereicht hat, damit sie sich für den Klimawandel schuldig fühlen: Das 97-Prozent-Mem, also dass sich angeblich 97 Prozent der Wissenschaftler einig wären, dass der Klimawandel menschengemacht sei. Dabei ist die Diskussion in Wirklichkeit offen, und es sind nur 97 Prozent der Alarmisten einer Meinung. Noch 2015 äußerte die Deutsche Meteorologische Gesellschaft, dass es unstrittig sei, dass die Menschengemachtheit des Klimawandels nicht bewiesen sei. Aber die Generation der Babyboomer behandelt das menschliche Handeln als kausal; dass auch eine Korrelation (scheinbarer Zusammenhang) vorliegen könnte, wird überhaupt nicht in Betracht gezogen.

Hingegen übt man sich in der Ausgrenzung und Verächtlichmachung von anderen, also der Schuldableitung: In der Klimadebatte lässt man nichts mehr anbren-

> nen. Andersdenkende wurden erst als Klimaskeptiker bezeichnet, bald darauf als Klimaleugner, was sie in die Nähe zu den Holocaustleugnern stellt, was in Deutschland ein Straftatbestand ist. Mittlerweile gibt es sogar den Begriff des Klimaschädlings. Wenn man den Begriff Klimaleugner bei Wikipedia nachliest, bekommt man den Eindruck, es handele sich um eine Krankheit. Es wird beschrieben, dass es bei Männern und Menschen aus Ostdeutschland überproportional viele Klimaleugner gebe. In einem Psychotherapeutenjournal wurde bereits die Idee geäußert, Klimaleugner zwangsweise zu therapieren, weil eine Eigen- und Fremdgefährdung vorliege. Man denke an Leute, die ihre Nachbarn einweisen lassen wollen, weil diese im Garten grillen oder Kurzstrecken mit dem Flugzeug fliegen.
>
> Das Kriegstrauma der Großeltern und Eltern wurde durch psychische Mechanismen an die Generation der Babyboomer weitergegeben, für die sozialistische und öko-sozialistische Ideen deswegen besonders attraktiv sind, weil sie ihnen die Möglichkeit geben zur Schuldableitung, Macht und Kontrolle auszuüben, andere zu beschämen und sich selbst gut dastehen zu lassen oder gar wie ein Helfer zu erscheinen.

Wie dies für andere Generationen anzusehen ist, lässt Unger offen.

Thorsten Polleit formulierte bei derselben Konferenz 2019, dass es bei politischem Unternehmertum eben darum gehe, feindlich gegenüber anderen zu handeln, und dass die Ausübung solcher Tätigkeiten Menschen anziehe, die über keine Empathie (Einfühlungsvermögen in andere Menschen) verfügten, also Psychopathen oder solche, die zwar über Empathie verfügten, aber trotzdem asozial handelten, also Soziopathen.

> Darüber hinaus befriedigt feindliches Handeln Neid und Missgunst. Die eigene Unzulänglichkeit wird im freien Wettbewerb sichtbar. Enttäuschter Ehrgeiz wird auch noch bloßgestellt. Die Enttäuschten suchen sich Sündenböcke und leiten Neid und Missgunst ab in feindliche Einstellungen und Handlungen. Die politischen Unternehmer wenden sich an den Neid, und so erreichen sie Genugtuung für die empfundene Zurücksetzung.[8]

5. Logische Grenzen: Die Erschöpfung oder Verweigerung der Überschuss-Produzenten

Politisches Unternehmertum erfordert Überschuss-Produzenten in dem Sinne, dass die Bewirtschafteten über ihr Existenzminimum hinaus Güter herstellen. In der politischen Wirtschaft gibt es Netto-Konsumenten und Netto-Produzenten. Netto-Konsumenten sind Menschen, die mehr Güter verbrauchen, als sie selbst erzeugen. Bei Netto-Produzenten ist es umgekehrt: Sie stellen mehr Güter her, als sie verbrauchen. Ohne Netto-Produzenten macht politisches Wirtschaften keinen Sinn. Eine logische Grenze des politischen Unternehmertums ist also die Erschöpfung der Überschuss-Produzenten.

Vermindern sich die Überschüsse der Netto-Produzenten, die sie an die politischen Unternehmer abliefern, kann dies dazu führen, dass die politischen Unternehmer weniger in Indoktrination, Propaganda und die Aufrechterhaltung von Zwang »investieren« können, als vorher – oder als ihnen lieb ist oder sie angesichts technischer Neuerungen, wie zum Beispiel das Internet und Bezahl-Fernsehen, für notwendig halten. Eine zu geringe Indoktrination kann schließlich dazu führen, dass die Netto-Produzenten sich weigern, Überschüsse abzuliefern; bis die zweite Grenze politischen Unternehmertums erreicht ist, wenn die Netto-Produzenten sich derart wehren, Überschüsse abzuliefern, dass die Gruppe der politischen Unternehmer nicht mehr in der Lage ist, ihre Organisation aufrechtzuerhalten, und das politische Unternehmertum endet.

6. Ent-Täuschung der Bedrohten – das Sichtbarwerden der Gewalt

Noch bevor die logische Grenze der Erschöpfung der Prästationsfähigkeit (Fähigkeit, Zwangsabgaben abzuliefern) erreicht ist, kann es nach Rahim Taghizadegan dazu kommen, dass die von einem politischen Akteur Bedrohten sich hinsichtlich der Macht der Politiker und ihrer Unterstützer täuschen und die Täuschung von ihnen aufgedeckt wird.[9] Für die Bedrohten könne es nach einiger Dauer der Herrschaft als selbstverständlich gelten, Güter herauszugeben und sonstigen Befehlen zu gehorchen, weil Widerstand ihrer Meinung nach sowieso zwecklos sei, und dadurch schwinde für den Drohenden die Notwendigkeit, seine Drohungen zu »decken«, das heißt, seinen Machtapparat, also Propaganda und die Möglichkeit, Schaden zuzufügen, auszubauen. In der Phase des »Waffenstillstandes« zwischen der Gruppe der Drohenden und den Bedrohten kommt es zwar nicht zu offener Gewalt, weil die Bedrohten die Güter abliefern, die der Drohende fordert, und sie sich an die Verbote und Gebote des Drohenden halten. Aber einige tun dies nur deswegen, weil der Drohende ansonsten ein Übel liefern wird, ihnen also etwas antut, und sie glauben, dass er nicht nur willens, sondern auch in der Lage ist, die Drohungen umzusetzen.

Das Grenzleid der Bedrohten nimmt mit jeder zusätzlichen Forderung des Drohenden zu, es steigen also die Preise, die der Drohende für die Nicht-Lieferung der Ungüter (Übel) verlangt. Im Konjunkturzyklus kommt es durch die Preissteigerungen der Produkte unter sonst gleichen Umständen dazu, dass die Kunden mehr Geld zum

Erwerb der Güter verwenden, die *vor* der Geldmengenausweitung nachgefragt wurden. Die Güter, die erst *nach* der Geldmengenausweitung hergestellt wurden *aufgrund* der Täuschung über die Zeitpräferenz der Kunden, finden nicht mehr genügend Absatz. Die Produzenten der letzteren Güter können ihre Produktion nicht zu Ende führen, weil die Verbraucher ihre Gelder den Produzenten der dringender nachgefragten Güter überlassen.

Im »Gewaltzyklus« kommt es dazu, dass die Bedrohten ihre Güter an den Drohenden abliefern, der diese zur eigenen Befriedigung und zur Produktion von Ungütern 2. Ordnung (politische Produkte, siehe hierzu im Folgenden Kapitel XIII, Abschnitt 1) einsetzt, die nicht mit der Präferenzordnung der Bedrohten übereinstimmt. Mit der Abnahme der Gütermenge steigt der Grenznutzen der Güter beziehungsweise nimmt das Grenzleid durch den Verlust der Güter zu. Aus der Sicht der Bedrohten werden knappe, wertvolle Ressourcen zu weniger wertvollen politischen Produkten umgewandelt und zum Konsum der politischen Unternehmer und ihrer Unterstützer verwendet. Mit dem steigenden Grenzleid der Bewirtschafteten müssen die politischen Unternehmer tendenziell mit mehr Widerstand rechnen. Die Anzahl der Bedrohten, die bei einer weiteren Zufügung von Grenzleid Widerstand leisten, steigt unter sonst gleichen Umständen an. Die Drohenden müssten also schwereren Schaden androhen und/oder mehr für Überwachung aufwenden und für Ausrüstung und Personal für Umsetzung von Zwang. Zudem steigen mit der zunehmenden Unzufriedenheit die Kosten von Propaganda und Indoktrination. Propaganda und Indoktrination haben den Zweck, Widerstand zu vermindern respektive Gehorsam zu vermehren. Sie dienen dazu, bei den Bedrohten Einstellungen und Überzeugungen hervorzubringen, die im besten Falle diese »freiwillig« das tun lassen, was die politischen Unternehmer wollen. Die Bedrohten sollen an die »Legitimität« (Rechtmäßigkeit) der Drohung glauben.

Rahim Taghizadegan meint: »Während unter Normalbedingungen die physische Überwältigung von Einzelnen ausreicht, wäre nun die physische Überwältigung von großen Gruppen nötig. Die Drohungskonjunktur endet in einer Gewaltkorrektur, in der sich die Macht des Gewaltinitiators mit der Gegenwehr der Opfer wieder direkt messen muss.«[10] Der »kalte Krieg« wird zu einem heißen: Es bietet sich das Bild offener Gewalttätigkeit.

> *»Tatsächlich ist es eine Phase der Gewaltreduktion, bei der nicht nachhaltige kratische [herrschaftliche/feindliche] Beziehungen wieder katallaktischen [freundlichen und friedlichen] weichen. [...] Kratische [herrschaftliche] Strukturen, die zunächst durch Übermacht, dann durch Gewohnheit und Legitimierung [Legitimismus] Gehorsam nach sich ziehen, entsprechen dem stationären Banditentum [...] Verdrängung und Wehrlosigkeit führen in dieser Phase zu einer relativ hohen [scheinbaren] Friedlichkeit,*

das heißt zu seltener Gegenwehr. Die Exekutivorgane scheinen mit amtlichen Zetteln und Dienstmarken auszukommen. Unter dieser Fassade der Friedlichkeit könnte aber der schwarze Schwan einer kognitiven Dissonanz [widersprüchliche Überzeugungen] wachsen, die sich zunächst in Folge sinkenden Vertrauens und steigenden Unmuts äußert. Wie sich Menschen, die aus Apathie und Ohnmacht friedlich waren, unter plötzlich wachsender Überlebensangst verhalten, ist schwer vorhersehbar.«[11]

Bei beiden Phänomenen, beim Gewalt- und beim Konjunkturzyklus, kommt es zunächst zu einer Störung derjenigen Präferenzordnung, die sich ergeben hätte, wenn die Beteiligten friedlich und freundlich gehandelt hätten, nämlich ein Pareto-Optimum (win-win), das mit den Willen aller Beteiligten übereinstimmt. Sowohl durch die Privilegierung (politisch) der Banken und die Kreation von Geld »aus dem Nichts« als auch durch Drohung (erzwungen) und Verbreitung der Ideologie der Notwendigkeit des politischen Handelns (Täuschung, um die Menschen gefügig zu machen) kommt es zu dem Zustand, dass (1) sich die Privilegierten (Banken, Politiker) selbst – entgegen der Präferenzen der Bedrohten und Getäuschten – Güter verschaffen und konsumieren und (2) Ungüter 2. Ordnung produziert werden, die ohne die Disruption (Erschütterung) der Präferenzordnung nicht hergestellt worden wären. Die sich ergebende Produktions- und Konsumordnung entspricht so umso weniger den Vorstellungen der Bedrohten und Getäuschten, je mehr das Grenzleid zunimmt, das durch das politische Handeln (Täuschung und Drohung) generiert wird. Die Folgen – Rezession, Aufstand, Umsturz – sind aus der Sicht der Bedrohten und Getäuschten nicht negativ, sondern Korrekturprozesse; diese Korrekturprozesse sind die Folgen der Aufdeckung der in der Phase des »Booms« aus Täuschung und Bedrohung aufgestauten Diskrepanz [Unterschied] zwischen der Präferenzordnung der Geschädigten und derjenigen der Schädiger.[12]

Anmerkungen zu Kapitel XII

1 Mises, Letztbegründung der Ökonomik, 2016, S. 137.
2 Mises, Human Action, 1949, S. 158 ff.
3 Taghizadegan, Wirtschaft wirklich verstehen, 2011, S. 46 ff.
4 Mises, Die Bürokratie, S. 98.
5 Tiedtke, »Logik versus Emotion. Warum die Welt so ist, wie sie ist«. Der Konferenzbericht, 2019.
6 Die zunächst duale Beziehung zwischen Kind und Mutter wird trianguliert, also zu einer Dreiecksbeziehung, wenn später der Vater als bedeutende Bezugsperson mit ins Spiel kommt.
7 Hier in dem Sinne verwendet, dass eine »Fehlentwicklung« zum Massenphänomen wird und somit zum Normalen, also zur »Norm«.
8 Tiedtke, »Logik versus Emotion. Warum die Welt so ist, wie sie ist«. Der Konferenzbericht, 2019.
9 Taghizadegan, Gewalt, 2016, S. 113.
10 Taghizadegan, Gewalt, 2016, S. 123.
11 Taghizadegan, Gewalt, 2016, S. 126 ff.
12 Ähnlich: Taghizadegan, Gewalt, 2016, S. 126.

KAPITEL XIII

UNTERSCHIEDE UND GEGENSÄTZE ZWISCHEN FRIEDLICHEM UND FEINDLICHEM HANDELN

Da die praxeologischen Kategorien des friedlichen und freundlichen (sozialen) Handelns und des feindlichen (asozialen) Handelns bislang den Soziologen, Politologen und anderen Geschichtswissenschaftlern nicht vorgelegen haben, wurden die Begriffe asozial und sozial in der Vergangenheit nicht in einem objektiven Sinne verwendet, der auf die subjektiven Präferenzen der Beteiligten und deren Handeln abstellte. Bei vielen Aussagen, was sozial und was asozial sei, handelte es sich deswegen nicht um Ist-Aussagen, beschreibende Aussagen, die wahr oder falsch sein können, sondern um Sollte-Aussagen, also um normative (vorschreibende) Aussagen, um Werturteile. Wenn heute ein Intellektueller oder ein Journalist von sozialem Handeln spricht, kann er damit durchaus ein zwischenmenschliches Handeln ins Auge gefasst haben, dass in einem praxeologischen Sinne asozial ist, etwa weil jemand bedroht wird, um an die Mittel zu gelangen, mit denen etwas »Soziales« getan werden soll. Der Intellektuelle findet das aber trotzdem gut und sozial. Die Intellektuellen und Moralphilosophen haben sozial und asozial bislang also nicht ausschließlich aus der Perspektive des Wollens der Beteiligten beurteilt, sondern oftmals aus ihrer eigenen Perspektive. Ihnen war ihr eigenes Werturteil, ihre eigenen Ziele, ihre Moral, das, was sie für Recht hielten, wichtiger, als die Werturteile der Beteiligten.

Als wertfreie Wissenschaft kann die Praxeologie aber Ist-Aussagen darüber treffen, ob zwischenmenschliches Handeln aus der Sicht der Beteiligten von vornherein objektiv sozial oder asozial ist. Zwei handelnde Wesen, die über gleichgerichtete oder gegenläufige Präferenzen verfügen, können sozial oder asozial miteinander umgehen – oder es ganz lassen –, und wir können dies kategorisieren, ohne auf subjektive, willkürliche Werturteile eines Beobachters zurückzugreifen, sondern in dem wir die subjektiven Werturteile der handelnden Personen selbst betrachten.

1. Güter versus Ungüter

Beim freiwilligen Handeln werden Güter ausgetauscht. Bei der erzwungenen Kooperation droht der eine dem anderen Ungüter an, die beim Bedrohten Leid erzeugen sollen. Aus der Sicht des Drohenden soll der Bedrohte den Gegenstand der Drohung als nicht-gut oder un-gut, eben als Ungut bewerten. Er soll ja dafür bezahlen, dass das Ungut *nicht* geliefert wird.

Im Bereich der freundlichen Produktion werden Güter erzeugt. Der Kunde kann frei wählen, ob er ein Gut kauft oder nicht. Damit ist er »Herr des ganzen Herstellungsverfahrens«: Die Preise, die die Kunden zahlen, müssen den gesamten Produktionsprozess decken, also sämtliche Kapitalgüter, Arbeitsaufwand, Zinsen etc. Der freundliche Unternehmer hat keine Möglichkeit, einen Kunden zu zwingen, sein Produkt zu kaufen. Wir können daher sagen, dass »im Markt« entsprechend den Präferenzen der Kunden produziert wird. Da der Kunde die knappen Mittel immer so einsetzt, dass seine drängendsten Bedürfnisse zuerst erfüllt werden, werden die Kundenbedürfnisse so optimal befriedigt, wie es unter menschlichen Bedingungen eben möglich ist.

Der Kunde ist im wahrsten Sinne des Wortes König, Souverän der gesamten Produktion. Der Unternehmer mag juristisch betrachtet Eigentümer der Produktionsmittel sein. Ökonomisch betrachtet ist er lediglich Sachwalter der Kunden. Er kann von der Fabrik nicht abbeißen. Er muss sämtliche Betriebsmittel im Interesse der Kunden verwenden. Decken die freiwillig bezahlten Preise (Umsatzerlöse) nicht sämtliche Kosten, erleidet der Unternehmer einen Verlust. Bei dauernden Verlusten muss der Unternehmer liquidieren (zusperren) und die betrieblichen Mittel gelangen in – aus Kundensicht – bessere Hände.

In diesem Sinne bezeichnete Ludwig von Mises den Unternehmer als »Diener« des Verbrauchers, der »ohne Widerrede« dessen Befehlen zu dienen habe.[1] Mises meint dies nicht in dem Sinne, dass die Kunden dem Unternehmer unmittelbar angeben, was er herzustellen hat, sondern dass das, was der Unternehmer zu verkaufen gedenkt, die Güter, die er herstellt, vollends mit freiwilligen Zahlungen der Kunden finanziert werden müssen, weil der Unternehmer ansonsten eben Verlust erleidet. Der Unternehmer, der etwas herstellt, was die Kunden noch gar nicht kennen, eine Innovation, etwa das erste Smartphone, »gehorcht« natürlich nicht in dem Sinne einem Kundenbefehl, weil die Kunden ja noch gar nicht erahnen können, was der Unternehmer zu produzieren gedenkt. Aber der Unternehmer nimmt an, dass sämtliche Aufwendungen, die er tätigt (Forschung und Entwicklung, Abschreibungen, Löhne und Gehälter, Zinsen etc.), freiwillig von den Kunden bezahlt werden und er darüber hinaus einen Überschuss erzielt, ansonsten würde er die Produkte nicht herstellen. Da die Kunden die Angebote des Unternehmers schadensfrei ablehnen können, sind sie in diesem Sinne die Herren des Produktionsprozesses. Spielen sie nicht mit, wird die Produktion eingestellt und liquidiert.

Die friedliche und freundliche Produktion zielt darauf ab, Güter (Sachen und Leistungen) zu erschaffen, die die Kunden höher bewerten als die Aufwendungen, die die Unternehmer dafür tätigen, weil die Güter ja mit dem Werten und Wollen der Kunden übereinstimmen müssen – ansonsten werden sie nicht oder nicht genug dafür bezahlen. Nach dem Handlungsplan des Produzenten werden die gezahlten Geldpreise den Kunden stets weniger wert sein als das Gut, gegen das sie das Geld eintauschen werden. Das Ergebnis ist eine Win-win-Situation.

Bei freundlichen Austauschbeziehungen bestimmen die Kunden, wer was produziert, und zwar indem sie mit den Preisen, die sie bezahlen, diejenigen Unternehmer belohnen, die das aus ihrer Sicht richtige Produkt zum richtigen Preis herstellen. Wir wissen also, dass die Präferenzen der Kunden insofern mit dem Produkt übereinstimmen, und können daher von einem »Wert« sprechen, der geschaffen wird. Selbst wenn die Produktion insgesamt scheitert, weil die Kunden nicht die gesamten Produktionskosten decken, so bleiben es doch Güter, weil diejenigen, die die Güter erworben haben, es freiwillig getan haben, und wenn der restliche Vorrat des Unternehmens nun zu günstigeren Preisen verkauft wird, bleiben es Güter, weil die Kunden freiwillig bereit sind, die günstigeren Preise zu bezahlen.

Umgekehrt verhält es sich zum Beispiel beim zwangsfinanzierten Fernsehen: Hier stimmt das Produkt nicht a priori mit den Präferenzen der Bezahlenden überein, die keine Kunden sind, sondern Bedrohte. Die Drohung lautet: Wenn Sie nicht bezahlen, kommt die Drohkette in Gang: Vom Zwangsgeld bis zum unmittelbaren Zwang, wenn Sie sich wehren. Der Preis, den Sie zahlen müssen, damit die Drohkette nicht in Gang kommt, ist der Zwangsbeitrag.

Der Bedrohte, der ohne die Drohung nicht bezahlt hätte, zahlt hier also in Wirklichkeit nicht für das Fernsehen – in seiner Abwägung spielt das Fernsehprogramm vielleicht gar keine Rolle –, sondern er zahlt, damit er das angedrohte Ungut, also den Zwang, abwendet. Er vergleicht zwei Übel: den angedrohten Zwang mit dem Verlust des Geldes. Alles, was wir wissen, ist, dass der Bedrohte die Abwendung des Zwanges höher schätzt als den Preis, den er dafür zahlt, also den Zwangsbeitrag.

Im feindlichen Bereich der Produktion ist der Produzent König: Er ist der Souverän des Produktionsprozesses. Die Mittel, die er einsetzt, um zu produzieren, wurden nicht freiwillig gezahlt, sondern ein mutmaßlich entgegenstehender Wille wurde durch die Androhung von Zwang gebeugt und nötigenfalls gebrochen. Die Produktion stimmt nicht mit dem Willen der Bedrohten überein. Der feindlich Handelnde wählt ja gerade deshalb die Drohung als Mittel der Finanzierung, weil er nach seiner eigenen Vorstellung davon ausgeht, dass die Finanzierung aus freiwillig gezahlten Geldern der Nutzer alleine nicht möglich wäre.

Die Bezeichnung der Produkte des politischen Produktionsprozesses als Güter oder Werte ist daher irreführend, weil Güter oder Werte, die bei vertraglicher oder freundlicher Produktion hergestellt werden, eben erwünscht sind, wohingegen Drohung und Zwang unerwünscht sind. Andererseits wäre auch die Bezeichnung der politisch unter Zwang hergestellten Produkte als Ungüter fehlleitend, weil es nicht denknotwendig so ist, dass die Produkte nicht mit dem Willen der Erwerber übereinstimmen – mancher mag ja seine Rundfunkbeiträge gerne bezahlen, würde sie also auch ohne das angedrohte Übel bezahlen. Oder einem anderen ist die Drohung nicht unrecht: Er will, dass er selbst und andere bedroht werden, damit das finanziert wird, was er nutzen möchte.

Bei einem Ungut will der Handelnde, dass es der Bedrohte selbst als Ungut empfindet. Doch bei der Herstellung einer Fernsehproduktion wie »Der Landdoktor« beabsichtigt der Produzent ja eben gerade nicht, dass der Zuschauer die Sendung schlecht findet. Allerdings möchte der politische Fernsehproduzent auch nicht, dass der Zuschauer (oder auch Menschen, die nicht zusehen) frei darüber entscheiden kann, ob er die Produktion finanzieren möchte. Deshalb werde ich im Folgenden ein Produkt (Sache oder Leistung) eines politischen Produktionsprozesses schlicht ein politisches Produkt nennen oder auch ein Ungut 2. Ordnung, weil die feindliche Methode der Finanzierung nach dem Handlungsplan des politischen Akteurs selbst nicht hinweggedacht werden kann, ohne dass das Ungut 2. Ordnung entfiele. Die Bezeichnung »Gut« oder »Wert« würde den Klassenunterschied zu solchen Produkten verbergen, die mit dem Willen der Menschen, die dafür bezahlt haben, übereinstimmen. Die politische Produktion ist aber immer: gut für manche, schlecht für andere; führt also im Hinblick auf die Handlungsfreiheit aller Beteiligten immer insgesamt zu einer Pareto-Verschlechterung.

Andere politische Produkte sind zum Beispiel Opernhäuer, Theater, Kunstmuseen, Freibäder, Schulen etc. Viele Menschen wünschen sich deren Produktion. Allerdings können wir nur im Falle einer *Befriedung*[2] des Produktionsprozesses wissen, wie ein Kulturbetrieb aussähe, der nicht oktroyiert wird, sondern mit den Präferenzen der Menschen übereinstimmte.

Manche mögen verächtlich sagen, dass dies eine Welt von Netflix, *Herr der Ringe*, Michael Jackson etc. wäre und dass eine solche Kultur im Vergleich zum staatlichen

Kulturbetrieb als geringer anzusehen wäre. Was hinter dieser Aussage in Wirklichkeit steckt, ist die Wertung, dass der den staatlichen Kulturbetrieb Gutheißende einen Zustand, in dem Menschen unter Androhung von Gewalt gezwungen werden, den Kulturbetrieb zu finanzieren, den er gut findet, gegenüber einem Zustand vorzieht, in dem die Menschen selbst entscheiden dürfen, wofür sie ihre finanziellen Mittel ausgeben. Das hat auch nichts mit Umverteilung zwischen Armen und Reichen zu tun, auf die wir später noch kommen werden. Wäre der politische Akteur der Auffassung, dass es nur nicht in Ordnung sei, dass der eine mehr und der andere weniger hat, reichte es ja aus, Geld von den Reichen einzusammeln und es an die Armen zu verteilen. Hierfür bräuchte es aber keinen politischen Produktionsbetrieb. In der Tat befürchtet der feindliche Handelnde unter Umständen, dass die Menschen mit dem Geld der Reichen dann Zwecke verfolgten, die er nicht gut findet, zum Bespiel, dass sie von dem Geld in den Urlaub fahren, ihren Kindern Geschenke machen oder das Geld zum Glücksspiel tragen oder für Alkohol ausgeben. Was der politische Unternehmer will, ist nicht, dass der »kleine Mann« selbst wählen, also selbst wollen kann, sondern dass die Mittel von der Gruppe der politischen Unternehmer selbst zur Produktion verwendet werden.

Auch bei einer Befriedung des Kulturbetriebes kann es natürlich Opernhäuser geben, und zwar bessere Opernhäuser als jetzt – also besser aus der Sicht aller an der Finanzierung Beteiligten, weil niemand mehr gezwungen würde, für etwas zu bezahlen, dass er nicht oder nicht zu diesem Preis will. Es würde vielleicht weniger Opernhäuser geben und mit Sicherheit wären die Tickets teurer als heute (allerdings hätte man ja mehr Geld, wenn man nicht mehr zur Zwangsfinanzierung aller staatlichen Kulturprojekte gezwungen würde). Aber freundlich produzierte Opernhäuser würden notwendigerweise mit den Präferenzen der Opernhaus-Kunden übereinstimmen, und dies tun sie heute eben nicht.

Als Ergebnis können wir festhalten, dass am Ende eines feindlichen Produktionsprozesses politische Produkte (Ungüter 2. Ordnung) stehen, die im Gegensatz zu Gütern nicht mit den Präferenzen der Kunden übereinstimmen, sondern mit den Präferenzen der politischen Produzenten.

2. Gewinn aus freundlicher versus Gewinn aus feindlicher Handlung

Jedes Handeln zielt auf Gewinn ab, nicht nur das Handeln des freundlichen Unternehmers. Der Mensch handelt, um seine Situation zu verbessern. Stellt sich heraus, dass (a) das erreichte Ziel tatsächlich erstrebenswert war und (b) das Mittel geeignet war, das Ziel zu erreichen, so war das Handeln erfolgreich. Andernfalls hat er einen Verlust erlitten, wenn sich entweder (a) das angestrebte Ziel im Nachhinein als nicht erstrebenswert herausstellt oder (b) die Mittel ungeeignet waren und er durch den Mitteleinsatz sein Ziel nicht erreichen konnte.

In der Praxeologie sind Gewinn und Verlust psychische Phänomene, die als solche nicht der Messung zugängig sind und die auch nicht im Hinblick auf ihre Intensität (Stärke) anderen gegenüber präzise wiedergegeben werden können.[3] Jemand kann Ihnen sagen, dass er die Situation A der Situation B gegenüber vorzieht, aber er kann Ihnen nicht sagen, *in welcher Höhe* die Befriedigung, die er von der Situation A erhält, die Befriedigung übersteigt, die er von der Situation B erhalten hätte, außer in vagen Begriffen. Anders ausgedrückt: Messen bedeutet, sich auf einen allgemeinen Standard zu beziehen (Meter, Kilogramm, Stück usw.), und den gibt es bei der Befriedigung menschlicher Bedürfnisse nicht.

In der freundlichen Verkehrswirtschaft mit Tauschmitteln sind alle Güter, die für Geld ge- und verkauft werden, mit Geldpreisen versehen. In der Geldrechnung erscheint ein Gewinn als der Überschuss des erhaltenen Geldes über das ausgegebene Geld – und umgekehrt ein Verlust. Die Geldrechnungen oder Gewinn- und Verlustrechnungen sind Aufzeichnungen über ein soziales Phänomen, über den Beitrag eines Unternehmers und wie sein sozialer Einsatz von anderen Menschen der Gesellschaft gewertschätzt wurde. Aber die Geldrechnung sagt uns überhaupt nichts über die Zunahme oder Abnahme von Befriedigung oder Zufriedenheit des Unternehmers. Sie spiegelt nur die Bewertung seines Einsatzes wider durch seine Mitmenschen im Bereich der sozialen Kooperation.

Einen Unternehmergewinn im finanziellen Sinne erzielt der Handelnde, wenn er die künftige Nachfrage der Konsumenten besser als andere einschätzt. Wenn jedermann richtig läge in der Annahme der künftigen Marktbedingungen für ein gewisses Handelsgut, dann würden die Preise für dieses Handelsgut und für die komplementären (anderen notwendigen) Faktoren (Mittel), die zu seiner Produktion notwendig sind, bereits heute an die künftigen Marktbedingungen angepasst. Weder Profit noch Verlust könnten entstehen. Der Unternehmer kann nur erfolgreich sein, wenn er versucht, die Konsumentenwünsche bestmöglich vorauszuahnen. Der Unternehmergewinn hängt von der Bewertung seiner Unternehmung durch die Verbraucher ab.

Ein hoher Gewinn ist deshalb keineswegs »schädlich«, sondern im Gegenteil: das Spiegelbild eines noch höheren Gewinns bei den Konsumenten, denn jeder, der dem Unternehmer etwas abgekauft hat, hat ja aus seiner Sicht mehr erhalten, als er hingegeben hat – sie tauschten ja nur, weil sie in dem Tausch einen Vorteil erblickten. Über diesen höheren Gewinn »in Summe« aufseiten der Verbraucher gibt es jedoch keine vergleichbare Aufzeichnung wie die Gewinn- und Verlustrechnung des Unternehmers. Und: ein überdurchschnittlicher Gewinn bedeutet, dass der Unternehmer die Kundenbedürfnisse überdurchschnittlich erfüllt. Durch den hohen Gewinn besteht der Anreiz für den Unternehmer selbst und für andere Unternehmer, mehr Mittel in die betreffende Sparte zu investieren.

Hohe Preise für Güter des Unternehmers und hohe Gewinne sind also keineswegs ein Zeichen für die »Gier« des Unternehmers, denn es ist anderen Menschen (in einem freundlichen Umfeld) ja nicht verwehrt, dasselbe Produkt herzustellen. Vielmehr führen hohe Preise dazu, dass diejenigen, für die das Produkt die drängendsten Bedürfnisse befriedigt, das Produkt zuerst erhalten. Und erst diese Überschüsse machen es möglich, mehr Kapital zu investieren, damit auch die Bedürfnisse derjenigen Kunden, die weniger Mittel für das Produkt aufwenden möchten oder können, befriedigt werden können. Illustriert werden kann dies zum Beispiel anhand technischer Innovationen: Automobile, Fernseher oder Mobiltelefone waren zu Anfang Luxusgüter, die sich nicht jeder leisten konnte oder wollte. Erst durch Kapitalinvestition und fortschreitende Arbeitsteilung wurden diese Produkte für breite Schichten der Bevölkerung erschwinglich.

Dass der Unternehmer in seiner sozialen Funktion als Produzent von Gütern versucht, zum höchsten Preis zu verkaufen, und der Verbraucher, zum niedrigsten Preis zu kaufen, führt dazu, dass die knappen Mittel stets – aus Sicht der Kunden – für die drängendsten Bedürfnisse verwendet werden. Hohe Gewinnmargen zeigen an, dass die Konsumenten eine stärkere Investition in die jeweilige Sparte wünschen. Verluste zeigen an, dass Kapital und Arbeit in der jeweiligen Sparte aus Konsumentensicht zu reichlich sind, also in anderen Sparten dringender benötigt werden.

Der psychische Gewinn, der dem politisch Handelnden entsteht, ist natürlich ebenso wenig messbar wie der psychische Gewinn des freundlich Handelnden. Auch hier können wir nur sagen, dass der Täuschende und Drohende dann profitiert, wenn sein Handlungsplan aufgeht, also der Getäuschte und Bedrohte auf die Täuschung hereinfällt oder auf die Drohung eingeht, das Gut abliefert und sich diese Situation auch im Nachhinein als erstrebenswert darstellt. An einer Geldrechnung vergleichbar mit derjenigen im vertraglichen Bereich muss es im feindlichen Bereich fehlen. Die politischen Unternehmer wissen nicht, wie knapp die von ihnen produzierten Ungüter 2. Ordnung sind, weil sie sich nicht an Preisen orientieren können, die Kunden bezahlen, sondern sie wissen nur, dass die Bedrohten es vorziehen, die Zwangsabgaben zu zahlen gegenüber dem Zwang und der Gewalt, die für den Fall des Nichtzahlens angedroht sind.

Dies veranlasst viele Politiker dazu zu verkünden, dass »die öffentliche Hand« »Güter« notwendigerweise günstiger herstellen könne als die »Privatwirtschaft«, weil sie ja keinen Gewinn erzielen wolle. Das scheitert schon daran, wie wir bereits gezeigt haben, dass ein politischer Produzent keine Güter herstellt, sondern lediglich Ungüter 2. Ordnung.

Der propagandistisch geschulte Politiker würde hier sagen: »Sie sagen also, dass Trinkwasser ein Ungut ist?!«, wenn die Gemeinde zum Bespiel das Monopol für die örtliche Versorgung mit Trinkwasser über ihr Leitungsnetz innehat. Damit würde er die Art der Produktion ausblenden, als käme es nur auf die Sache an, die am Ende des Produktionsprozesses steht, und nicht auf die Bedeutung des Produktionsprozesses für die Menschen. Ob etwas gut oder schlecht ist, hängt eben nicht von einem Ding an sich ab, sondern wie Menschen auf ein Ding reagieren. Erst die Bewertung des Menschen macht Dinge zu guten oder schlechten Dingen. Dabei erzielt der politische Unternehmer zum Beispiel beim Trinkwasser nicht nur einen Gewinn, sondern sogar einen Monopolgewinn, weil er andere von der Produktion von Trinkwasser über ein örtliches Leitungsnetz ausschließt. In der Einnahmen-Ausgaben-Rechnung seines Wasserbetriebes mag es zu keinem Geldüberschuss kommen, aber die Ursache hierfür ist nicht, dass er keinen Gewinn macht, sondern dass die Bewohner kraft Anschluss- und Abnahmezwanges genau das bezahlen müssen, was der Monopolproduzent zu verlangen gedenkt. Wenn der Monopolproduzent aus der Sicht der Verbraucher Überkapazitäten hat, wenn die Gehälter, die er sich und seinen Mitarbeitern bezahlt, aus Verbrauchersicht zu hoch sind, so erfahren wir hierüber nichts aus der Einnahmen- Ausgaben-Rechnung des Wasserbetriebes, weil der Monopolist die Preise für Wasser schlicht diktiert.

Der Gewinn der politischen Unternehmer, der mit der Geldrechnung des Kaufmannes vergleichbar wäre, würde erst »sichtbar«, wenn das Zwangselement hypothetisch wegfallen würde, wenn also der Anschluss- und Benutzungszwang entfiele und es den Gemeindebewohnern freigestellt wäre, auch mit anderen Anbietern abzuschließen, die zu anderen Preisen anbieten. Dies gilt im Übrigen für die gesamte Monopolproduktion des Staatssektors. Der Gewinn, der hier gemacht wird, würde erst sichtbar, wenn die Drohung entfiele, die Bedrohten also nicht mehr gezwungen wären, für die Kosten der Produktion aufzukommen, egal wie hoch diese liegen. Die Weniger-Einnahmen bei Entfallen des Zwanges sind sozusagen spiegelbildlich der »Gewinn« des politischen Unternehmers, den er macht, weil er Zwang einsetzt; ohne den Zwang hätte er diese Einnahmen nicht.

3. Erzwungene Hierarchie versus freundliche Hierarchie – zentripetale und zentrifugale Organisation konzertierten Handelns

Menschen können sich zu konzertiertem Handeln zusammenfinden. Dann gibt es einen »Konzertmeister«, der angibt, was getan wird, und weitere Abstufungen, wie die erste Geige etc., um in der Metapher zu bleiben. Durch eine konzertierte Aktion werden die Handlungen Einzelner »von oben« koordiniert. Das ermöglicht eine hierarchische Organisation, innerhalb derer es einen Bestimmer und Unter-Bestimmer gibt, bis »hinunter« zu denjenigen, die lediglich ausführen, was ihnen aufgetragen wird.

Hierarchie im hier verstandenen Sinne ist nicht notwendig eine feindliche Hierarchie, die durch Drohungen und systematische Täuschung erreicht wird, sondern kann auch eine freundliche Hierarchie sein, wenn sich die Menschen freiwillig »unterordnen«, ohne dass sie dazu gezwungen oder getäuscht wurden.

Zentripetal ist eine »Koalition der Willigen« eine freundliche Hierarchie. Die Peripherie geht auf ein Zentrum zu, etwa auf einen »weisen König«, der seine »Sachen in Ordnung« hat, dem andere zutrauen, Streit schlichten oder Verteidigung organisieren zu können. In der Dichtung oder im Mythos (übergeschichtlich) sind das etwa Idealtypen wie König Artus, Parzival (bzw. bei Wagner Parsifal) oder Aragorn aus *Der Herr der Ringe*. König Aragorn geht nicht zu den Hobbits und will diesen Tribut abpressen. Zentripetal Handelnde in übergeschichtlichen Erzählungen wollen typischerweise auch gar nicht Zentrum sein; das würde sie für diese Aufgabe ungeeignet machen.

Eine zentripetale Organisation ist ein Unternehmen, das niemanden zwingt mitzuarbeiten, sondern dem sich die Menschen freiwillig durch Verträge anschließen. Der »Boss« in der Firma bedroht niemanden mit Gewalt, er befiehlt nicht, schlimmstenfalls kündigt er. Er kann auch nichts vom Gütervorrat seiner Angestellten oder von deren bereits erworbenem Einkommen wegnehmen, sondern lediglich aufhören, diesen für die Zukunft Zuwendungen aus dem Vermögen des Unternehmens zu machen; nach Ablauf der Kündigungsfrist gibt es kein Gehalt mehr. Der »Chef« gibt auch keine Befehle, sondern er weist an. Der Angestellte hat sich in einem Vertrag selbst verpflichtet, bestimmten auf den Betrieb bezogenen Anweisungen nachzugehen. Überschreitet der Unternehmensleiter diese vertragliche Übereinkunft, hat der Angestellte keinerlei Pflicht, dem nachzukommen.

Die andere Art hierarchischer Organisation ist zentrifugal. Das Zentrum drängt nach außen in die Peripherie vor und fängt die Leute ein, die sich lieber von diesem Zentrum wegbewegen möchten. Statt freiwilliger Übereinkunft einer Gefolgschaft wird Knechtschaft erzwungen.

Auch Kombinationen sind möglich. Es kann sich eine zentripetale Gruppe aus freiwilligen Zusammenschlüssen bilden, die ihrerseits übergriffig wird auf eine Peripherie, die sich lieber vom Zentrum entfernen würde. Im »Innenverhältnis« der das Zentrum bildenden Gruppe ist diese zentripetal organisiert, im Außenverhältnis liegt eine zentrifugale Organisation vor. Das Prinzip der zentripetalen Organisation ist freiwillige Gefolgschaft, das Prinzip der zentrifugalen Organisation erzwungene Knechtschaft. Zentripetal bedeutet Hierarchie aufgrund freiwilliger Kooperation, zentrifugal bedeutet durch Zwang und/oder Täuschung herbeigeführte Hierarchie. Bei der Kombination zentripetal-zentrifugal liegt insgesamt betrachtet eine zentrifugale Organisation vor. Einige schließen sich freiwillig zusammen, um über andere zu bestimmen durch Drohung, Zwang und systematische Täuschung (Propaganda und Indoktrination).

Die umgekehrte Kombination, zentrifugal-zentripetal, würde bedeuten, dass das Zentrum »übergriffig« wird auf eine Peripherie und so ein Verhältnis von Herrschaft und Knechtschaft erzwingt und dass sich diesem Zentrum dann andere freiwillig anschließen. Hier können wir etwa an einen Pausen-Bully denken, der sich seine Anhänger zunächst durch Einschüchterung (Drohung) und Prahlerei (Täuschung) erzwingt und dessen Gruppe sich dann andere freiwillig anschließen, weil sie dazugehören wollen. Insgesamt betrachtet liegt eine zentrifugale Organisation vor, da die Organisation nicht lediglich zentripetal zustande gekommen ist.

Sobald innerhalb einer Hierarchie feindliches Handeln angewendet wird, um sie zu errichten oder aufrechtzuerhalten, kann es sich insgesamt nicht mehr um eine zentripetale Hierarchie handeln, da diese definiert ist durch *lediglich freundliche* Zusammenschlüsse, die ohne Zwang und Täuschung zustande kommen. Möglich ist natürlich, dass sich eine anfangs zentrifugale Hierarchie in eine zentripetale umwandelt, dass also ein zunächst erzwungener Zusammenschluss zu einem freiwilligen Zusammenschluss wird. Sobald eine hierarchische Organisation aber »nach außen« hin Kooperation erzwingt oder durch Täuschung erlangt, ist die Hierarchie gegenüber den gehorchenden Bedrohten eine erzwungene.

Innerhalb einer zentrifugalen Hierarchie kann es nun der Peripherie gelingen, sich selbst zentripetal zu organisieren, um zentrifugalen Kräften entgegenzuwirken. Das beschreibt etwa J. R. R. Tolkien mit seinem König Aragorn, der mit einer solchen zentripetalen Gruppe aus Hobbits, Elben, Rittern von Rohan etc. dem zentrifugal agierenden »Team Sauron« entgegentritt. Da die Helden um Aragorn lediglich verteidigend handeln, liegt kein feindliches Handeln gegenüber den Orks und den anderen dunklen Wesenheiten Saurons vor. Das »Team Aragorn« versucht auch nicht, seine Gegner zu unterwerfen und eine zentrifugale Organisation aufzurichten, sondern die gegnerischen Angriffe abzuwehren.

»Ziviler Widerstand« ist auch zentripetal denkbar. Wird ziviler Widerstand nicht hierarchisch, also durch konzertiertes Handeln ausgeübt, wird er in der Regel als unkoordinierter Widerstand Einzelner »verpuffen«, so die typische Denke der Anführer zentrifugaler Hierarchien. Deswegen wird in erzwungenen Hierarchien das Überwachen und frühzeitige Eingreifen gegenüber sich bildenden zentripetalen Widerstandsbewegungen so wichtig genommen, damit die eigene Herrschaft nicht gefährdet wird.

Wer nur »Kalif anstelle des Kalifen« werden möchte, also eine Revolution oder einen Umsturz anführt, um sich seinerseits an die Spitze zu setzen oder seine Idee zentrifugaler Hierarchie zu etablieren, der handelt insgesamt betrachtet nicht zentripetal, auch wenn sich die Umstürzler freiwillig zusammenfinden, ist doch im Gesamtplan wiederum das Ziel einer erzwungenen Herrschaft enthalten.

Eine zentripetale Hierarchie kann auf eine einzige Unternehmung begrenzt sein, etwa ein Konzert oder eine gemeinsame Unternehmung, der man sich anschließt. Um bei einer zentrifugalen Organisation von einer Hierarchie zu sprechen, ist nach dem allgemeinen Verständnis von Hierarchie eine gewisse Dauerhaftigkeit erforderlich. Ein einzelner Überfall etabliert noch keine Herrschaft. Von Knechtschaft sprechen wir erst, wenn der andere wiederkehrend den Befehlen eines Bestimmers gehorchen oder seinen Täuschungen auf den Leim gehen soll.

Die Anzahl der Menschen in Hierarchien spielt im Übrigen keine Rolle. Eine Mehrheit in Bezug auf ein bestimmtes Gebiet kann sich zentripetal verhalten, dann lässt sie diejenigen, die nicht mitmachen wollen, in Ruhe, und will mit anderen zentripetalen Gruppen friedlich und freundlich auskommen. Oder eine solche Mehrheit agiert zentrifugal, dann erzwingt sie den Gehorsam der Minderheit. Dass die Mehrheit an Zahl größer ist als die Minderheit, rechtfertigt ihr zentrifugales Handeln gegenüber der Minderheit nicht, wie bereits gezeigt wurde.

Zentrifugal:

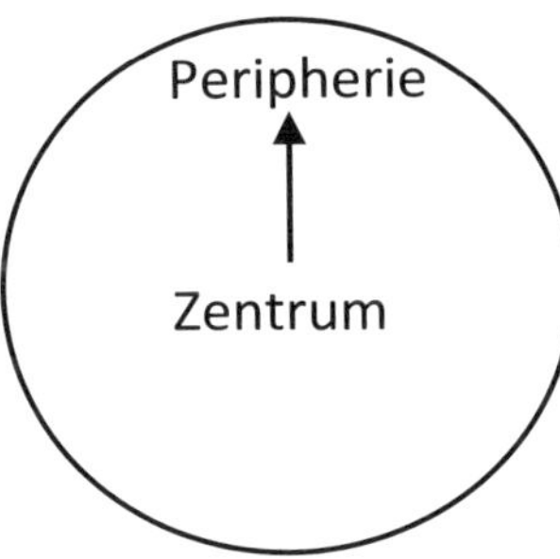

Zentripetal:

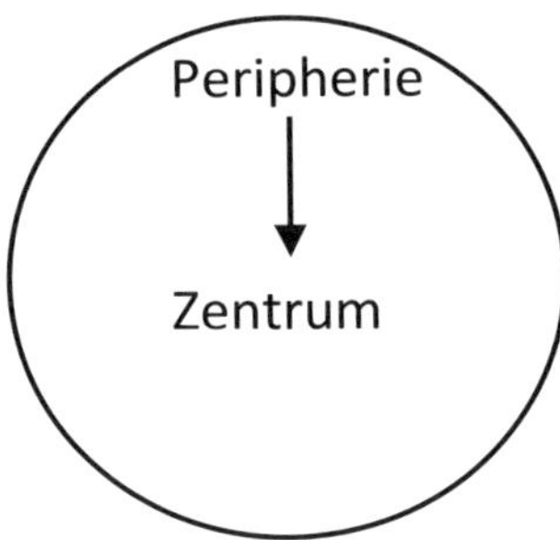

4. Zölle versus Freihandel, Nationalismus versus patriotische Gesinnung

Die politischen Unternehmer wollen die Zustimmung der Massen zu ihrem Spitzenpersonal und deren Politiken. Alleine, die Indoktrination und Propaganda durch staatliche und nicht-staatliche Medien, Kindertagesstätten, Kindergärten, Schulen, Universitäten reicht nicht aus. Deshalb sammeln sie Interessen ein in der Bevölkerung, um hiernach Befehle auszusprechen, die gut für die einen und schlecht für die anderen sind, insgesamt für die Gesellschaft daher eine Pareto-Verschlechterung bringen und damit feindlich sind.

Durch Zölle geben die politischen Unternehmer vor, in Bezug auf ein Gebiet Menschen vor Lohndumping zu schützen und Arbeitsplätze im Inland zu sichern. Ökonomisch kann es so etwas wie dauerhafte Arbeitslosigkeit nicht geben. Dauerhafte Arbeitslosigkeit ist die Folge politischer Drohungen in Bezug auf ansonsten freiwillige Austauschbeziehungen, wie zum Beispiel Mindestlöhne, Arbeitslosenversicherung, Sozialhilfe, Höchstpreise etc. Sie führen dazu, dass den Menschen ein Schaden angedroht wird, wenn sie sich nicht so verhalten, wie die Gruppe der politischen Unternehmer es befiehlt.

Im Bereich der freundlichen Zusammenarbeit ist Arbeitslosigkeit ein vorübergehendes Phänomen. Sicherlich, durch Kapitaleinsatz und technische Innovationen sind heute nurmehr vergleichsweise wenige Arbeitnehmer in der Landwirtschaft tätig. Das bedeutete aber nicht, dass der Rest dazu verdammt gewesen wäre, untätig herumzusitzen und auf die Almosen anderer angewiesen zu sein, sondern erst dadurch war es möglich, dass Menschen ihre Arbeitskraft dazu verwenden konnten, sich um die Befriedigung weniger drängender Bedürfnisse ihrer Mitmenschen zu kümmern, wie z. B. die Entwicklung und Herstellung von Smartphones, Toastern, Waschmaschinen oder Stand-up-Comedy.

Ganz anders wird das den Menschen aber eingeredet. Politiker beteuern ihr Interesse am Schutz von Arbeitsplätzen, von Lohnniveaus, Beschäftigungsstandards und der Landwirtschaft. Wenn sich ein Kartell politischer Unternehmergruppen zu einem Superkartell (Staatenverbund oder Bundesstaat) zusammenschließt, ändert das an diesem Grundgedanken nichts. Es wird erzählt, dass etwa zum Schutz vor politischen Unternehmern, die nicht dem Kartell angehören, zum Beispiel eine landwirtschaftliche Produktion auf dem Kartellgebiet aufrechtzuerhalten und zu subventionieren sei, weil die Verbraucher ansonsten die günstigeren Produkte von Herstellern kaufen würden, die nicht dem Kartell angehören.

Richtig ist, dass es zu einer zeitweisen oder dauerhaften Verschlechterung des Einkommens einzelner Menschen kommen kann, wenn beispielsweise durch neue Technologien wie Webstühle vormals spezialisierte und gelernte Arbeitnehmer arbeitslos werden. Insgesamt führt die Investition in mechanische oder automatische Webstühle aber zu einer Hebung des Wohlstandes, wie auch Traktoren und Düngemittel zu einer Hebung des Wohlstandes geführt haben, weil mit weniger Arbeit mehr produziert werden kann, sodass die Löhne steigen und die Produktpreise fallen. Die Grenzproduktivität der Arbeit wird vermehrt. Aber einzelne Betroffene verlieren aus ihrer Sicht.

Der Psychologe Daniel Kahneman[4] beschreibt für den Bereich der Psychologie das Phänomen der Loss-Aversion: Die Menschen reagieren auf Verluste empfindlicher als auf Gewinne in gleicher Höhe. Um dieses Phänomen zu erklären, sind wir nicht alleine auf die A-posteriori-Handlungswissenschaft der Psychologie verwiesen, sondern wir können es mit dem Phänomen des abnehmenden Grenznutzens, das wir bereits erläutert haben, auch praxeologisch erklären: Mit jeder zusätzlichen Einheit eines einheitlichen Gutes (z. B. Geld) kann der Mensch nur weniger drängende Bedürfnisse erfüllen als mit den Einheiten zuvor. Jede hinzukommende Einheit ist ihm daher weniger wert als die vorige. Umgekehrt verhält es sich mit den verlorenen Einheiten: Mit jeder abgehenden Einheit verliert der Mensch die Möglichkeit, immer drängendere Bedürfnisse zu befriedigen, sein Grenzleid nimmt bei zusätzlich abgehenden Einheiten zu, wohingegen der Grenznutzen bei hinzukommenden Einheiten abnimmt. Deswegen bewertet ein Handelnder – unter sonst gleichen Umständen – einen Verlust als widriger.

Diese »Angst« vor Verlust können nun politische Unternehmer ausnutzen, indem sie ihren Mitmenschen versprechen, ihre Arbeitsplätze, ihr Lohnniveau etc. gegen die Entscheidungen der Verbraucher »zu schützen«, indem sie Zölle, Subventionen, Zwangsversicherungen etc. einführen und es den Konsumenten in ihrem Herrschaftsbereich verunmöglichen, Produkte und Dienste ausländischer Anbieter zu erwerben. Freilich, insgesamt verlieren alle, denn erstens sind auch die Arbeitnehmer in ihrer Rolle als Konsumenten davon betroffen und zweitens wird das Wohlstandsniveau insgesamt unter dem Niveau gehalten, das es bei Freihandel sonst erreichen könnte, und zwar wegen der zunehmenden Spezialisierung gemäß dem Gesetz vom Mehrertrag der Arbeitsteilung.

Zölle werden immer von den Verbrauchern gezahlt, denn sie werden von den Importeuren auf den Preis aufgeschlagen, der ohne die Zölle verlangt würde. Der Preis, den der inländische Kunde bezahlt, enthält den Zoll, den der Produzent vorher als Aufwand an die politischen Unternehmer entrichtet hat. Migrationsbarrieren führen dazu, dass Verbraucher mehr für Güter ausgeben müssen als ohne Bestehen der Migrationsbarrieren.

Migrationsbarrieren bedeuten in handlungswissenschaftlichem Sinne, dass Menschen bedroht werden, die Grenze um das beanspruchte Territorium der politischen Unternehmer zu überschreiten, und dass »inländische« Menschen bedroht werden, nicht mit solchen Menschen Verträge abzuschließen, die entgegen des Fernbleibe-Befehls des politischen Akteurs das Land betreten haben. Die politischen Unternehmer beabsichtigen, das Handeln derjenigen mit Drohung, Zwang und Gewalt zu verändern, die in dem Territorium leben, über das sie befehlen wollen.

Die jeweiligen Gruppen politischer Unternehmer üben über die Maßnahmen wie Zölle, Migrationsbarrieren, Einfuhrbeschränkungen etc. Zwang auf Menschen im Inland und im Ausland aus. Sie verbieten ausländischen freundlichen Unternehmern, ihre Waren in dem jeweiligen Territorium zu veräußern.

Politische Unternehmer, die so handeln, können als nationalistische politische Unternehmer eingeordnet werden. Ökonomischer Nationalismus bedeutet im hier verstandenen Sinne nicht, was im politischen Tagesgeschehen mit nationalistischen Parteien beschrieben wird, sondern eine Entgrenzung und Übersteigerung der Idee der Nation oder des Staatsgebietes ins Absurde und Asoziale. Bedroht werden In- und Ausländer, und der Zweck ist, neben dem »Schutz« einheimischen Lohn- und Produktionsniveaus, die Einkünfteerzielung für die Gruppe der politischen Unternehmer selbst.

Alle politischen Parteien, die ein Territorium beanspruchen, die also mit Drohung und Zwang (durch Zölle, Einfuhrbeschränkungen, Migrationsbarrieren etc.) den Austausch zwischen Menschen unterbinden, können in diesem Sinne als nationalistische Parteien angesehen werden. Denn diese Akteure bedrohen Menschen im In- und Ausland mit schwerem Schaden, wenn sie entgegen den Befehlen der politischen Unternehmer Verträge über Güter abschließen. Dass es Privilegierte und Geschädigte gibt, ändert daran nichts. Die einzelnen Arbeitnehmer und Landwirte, die von Subventionen, Zöllen, Einfuhrbeschränkungen und dergleichen profitieren, sind die Privilegierten, die Geschädigten sind die Verbraucher und Unternehmer, denen es verboten wird, durch »internationale« Arbeitsteilung gemäß ihrem Wollen zu handeln. Zudem sind die Verbraucher geschädigt, da durch weiteres Fortschreiten der Arbeitsteilung und Einsatz besseren Kapitals (z. B. fruchtbarere Böden, mehr Sonnendauer etc. im Hinblick auf die Landwirtschaft) die Güterproduktion insgesamt erhöht und verbessert werden kann.

Dass ökonomischer Nationalismus gefährlich ist und ein Kriegstreiber, musste Ludwig von Mises in zwei Weltkriegen erfahren. Wenn das von den politischen Unternehmern beanspruchte Territorium rohstoffarm ist, sind die Bewohner und politischen Unternehmer auf Einfuhr angewiesen. Wenn sie nun aus politisch motivierten Gründen Zölle befehlen, kann es dazu kommen, dass andere politische Unternehmer ihrerseits Zölle und Einfuhrbeschränkungen etc. einführen. Noch bevor es zum militärischen Krieg kommt, wird dieses gegenseitige »Hochrüsten« von Zwangsmaßnahmen bereits als Handelskrieg bezeichnet.

Für gewöhnlich verwenden die politischen Unternehmer für die Zölle, die sie selbst erheben, den Begriff Schutzzölle, für die Zölle, die andere politische Unternehmer einfordern, den Begriff Strafzölle. Mit dem Handelskrieg beginnt aus Sicht der politischen Akteure im Übrigen immer der andere. Die Ideologie des Nationalismus führte dazu, dass sie die Menschen begeistern konnten für die Idee, das Territorium zu erweitern – auf Kosten anderer politischer Unternehmer, die sich das für gewöhnlich nicht gefallen lassen. »Dies war die Ideologie der Deutschen, Italiener und Japaner«, schreibt Ludwig von Mises. »[...] ökonomischer Nationalismus führt zu Kriegslust. Wenn Menschen und Waren davon abgehalten werden, die Grenzen zu überschreiten, warum sollten dann nicht Armeen den Weg für sie frei machen? Von dem Tage an, als Italien 1911 die Türkei angriff, dauern die Kämpfe an. Irgendwo in der Welt gab es seitdem nahezu immer Krieg. Die Friedensverträge, die geschlossen wurden, waren nur Waffenstillstandsabkommen.«[5]

Mises meint damit, dass der Nationalismus, wie er momentan als Ideologie weltweit verbreitet ist, eine Kernursache für den Krieg zwischen politischen Unternehmern ist. Zuerst wird die einheimische Bevölkerung durch Propaganda und Indoktrination gegen den anderen politischen Unternehmer eingestellt. Diejenigen, die sich nicht überzeugen lassen, werden mit Militärzwang bedroht, für die politischen Unternehmer zu kämpfen, die sich als Herren über das Territorium sehen. Am Ende der Entwicklung schlägt der Handelskrieg in einen militärischen Krieg um.

Wohl auch aus der Erfahrung solcher grausamen Kriege heraus, die – bei einer Niederlage – auch zum Nachteil der politischen Unternehmer und deren Anhänger verliefen, haben sich Kartelle politischer Unternehmer gebildet, wie zum Beispiel die Europäische Union. Innerhalb der EU-Kartellgrenzen gibt es nur wenige Einfuhrbeschränkungen, aber nach außen schottet sie das beanspruchte Territorium mit Zöllen, Einfuhr- und Migrationsbeschränkungen ab.

Aber nach wie vor stehen andere, mächtige politische Unternehmer entgegen, wie Russland, die USA oder China. Sie alle verfügen über Waffen, die nicht nur zum Angriff auf Kombattanten gemacht wurden, sondern auch zum Massenmord an Menschen eingesetzt werden können (und wurden!), und zwar auch gegen Menschen, die mit den politischen Unternehmern in erster Linie überhaupt nichts zu tun haben wollten oder selbst zuerst Opfer dieser Gruppe wurden.

Die Ideologie, dass Nationen oder Staaten handeln können und dass sie mit anderen Nationen in Konkurrenz stehen, ist also eine hochbrisante Hypostasierung, die dereinst zu einem Nuklearkrieg der politischen Unternehmer gegen andere politische Unternehmer und friedliche Menschen führen könnte. Diese Hypostasierung ist nichtsdestotrotz weit verbreitet, eine große Anzahl von Menschen glaubt an die »handelnde Nation«. Im Radio und Fernsehen wird so von Nationen gesprochen, als wären es handelnde Wesen. Deutschland führt Krieg am Hindukusch, Amerika erlässt Strafzölle, Russland baut Atomkraftwerke, England gewinnt die Rugby-Meisterschaft.

Die Ideen des Nationalismus lassen sich mit sozialem Handeln nicht umsetzen. Ohne Drohung, Zwang und Gewalt ist kein Platz für Zölle, Einfuhrbeschränkungen und dergleichen, und ohne Militärzwang ist kein Platz für einen Krieg der Nationen. Denn wenn Krieg ist, und es stünde jedem frei hinzugehen, müssten die Zeloten des Krieges selbst an die Front – und dass sie das wollen, ist nicht anzunehmen.

Versteht man unter patriotischer Gesinnung Heimatverbundenheit, eine Zuneigung oder liebevolle Zuwendung zur regionalen oder auch überregionalen Kultur, zur Küche oder zur Sprache, so ist dies nicht feindlich und für Dritte unschädlich. Lediglich die Übertreibung und Entgrenzung der Heimatliebe in einen »Ismus«, der feindliches Handeln gegen andere beinhaltet, also etwa der Patriotismus, würde eine Entgrenzung der Heimatliebe ins Absurde und Asoziale bedeuten, etwa dass man andere Menschen oder Kulturen als minderwertig betrachtet, infolgedessen die Heimatliebe der anderen verachtet und meint, Menschen anderer Herkunft und Kultur deshalb erobern oder bedrohen zu dürfen.

Sie mögen sich jetzt freuen, dass solche Zeiten größtenteils vorbei sind, aber wie ich oben dargelegt habe, ist der ökonomische Nationalismus eine nach wie vor verbreitete Ideologie, auch wenn die Zugehörigkeit zu einer Nation heute meist nicht mehr mit Rasse, Sprache oder Kultur zu tun hat, sondern schlicht damit, auf »wessen« Territorium der Jeweilige geboren wurde oder schon länger »legal« lebt.

Freihandel ist schlicht die Konsequenz der Abwesenheit asozialen feindlichen Handelns. Wenn Sie und ein Anbieter von Waren in Pakistan übereinkommen, dass Sie einen Vertrag schließen möchten, zum Beispiel über den Kauf von Nahrungsmitteln, dann kann dies jemand verhindern, der sie bedroht oder sonst Gewalt gegen sie beide anwendet. Ansonsten wäre das ein freiwilliger Austausch zwischen zwei Personen oder Gruppen von Personen. Da Freihandel zu einer Zunahme von Arbeitsteilung und zu einer besseren Verwendbarkeit von Kapital und Boden führt, ist die Erhöhung der Grenzproduktivität der Arbeit und der Güterproduktion die Folge. Für Menschen, die eine reichlichere Güterversorgung einer knapperen vorziehen, ist Freihandel also unter sonst gleichen Umständen vorteilhaft. Nachteilig ist Freihandel per se für niemanden. Die politischen Unternehmer haben dann zwar keine Zolleinnahmen mehr und die Landwirte sind der Konkurrenz anderer ausgesetzt, aber die sich vertragenden Freihändler verhalten sich in keiner Weise feindlich gegenüber den Politikern und Landwirten. Sie bedrohen diese nicht, lügen sie nicht an und üben keine Gewalt gegen sie aus. Sie üben lediglich friedlich ihre Handlungsfreiheit aus.

5. Kapital versus Macht

Was Macht ist, darüber hat sich Ludwig von Mises in seinem Hauptwerk *Human Action* Gedanken gemacht, und er definiert Macht als das Vermögen, anderen Menschen Befehle erteilen zu können:

> *Die Gesellschaft ist das Ergebnis menschlicher Handlung. Menschliche Handlung wird bestimmt durch Ideologien (Ideen-Lehren). Die Gesellschaft und jede konkrete (bestimmte) Ordnung sozialer (gesellschaftlicher) Beziehungen sind ein Produkt (Erzeugnis) von Ideologien [...].*
>
> *Handlung wird immer von Ideen bestimmt; sie verwirklicht, was vorher gedacht wurde. [...] Macht ist die Fähigkeit, die Handlungen anderer Menschen zu befehlen. Der Mächtige verdankt seine Macht einer Ideologie. Nur Ideologien können einem Mann die Macht verleihen, die Entscheidungen anderer Menschen und ihr Verhalten zu beeinflussen. Jemand kann nur dann ein Anführer werden, wenn er von einer Ideologie unterstützt wird, die andere Menschen formbar und folgsam macht. Macht ist kein physikalisches Ding, das man anfassen könnte, sondern ein moralisch-geistiges Phänomen.*
>
> *[...] Regierung ist die Ausübung von Macht innerhalb einer politischen Einheit.*
>
> *[...] Sicher ist es möglich, eine Regierung zu erschaffen aufgrund gewaltsamer Unterdrückung der Widerspenstigen. Es ist das charakteristische Merkmal des Staates und der Regierung, dass sie Gewalt und Zwang gegenüber denjenigen ausüben, die sich nicht freiwillig beugen. Aber auch solch gewaltsame Unterdrückung beruht nicht weniger auf ideologischer Macht. Wer Gewalt gegen andere ausüben möchte, der braucht die Unterstützung anderer. Ein Einzelner, der nur auf sich selbst angewiesen ist, kann nicht mit physischer Gewalt regieren. Er braucht die ideologische Unterstützung einer Gruppe, um andere Gruppen zu unterwerfen. Der Tyrann muss ein Gefolge von Parteigängern haben, die seine Anordnungen aufgrund eigenen Willens befolgen.*
>
> *Die ›wirklichen‹ Faktoren, die ›wirklichen Kräfte‹, die die Grundlage des Regierens sind und die den Herrschern die Macht verleihen, Gewalt auszuüben gegen renitente (widerspenstige) Minderheiten, sind in ihrem Wesen*

ideologisch (von Ideen bestimmt), moralisch und geistig. […] Die Deutung von Macht als ›realem‹ Faktor, der nicht von Ideologien abhängt, ist in historischen und politischen Büchern weit verbreitet, aber falsch. Der Ausdruck ›Realpolitik‹ macht nur Sinn, wenn er verwendet wird, um eine Politik zu beschreiben, die allgemein akzeptierte Ideologien berücksichtigt, im Gegensatz zu einer Politik, die auf Ideologien aufbaut, die nicht ausreichend anerkannt sind und auf Basis derer keine dauerhafte Regierungsmacht errichtet werden kann.

Die Macht einer Ideologie besteht gerade darin, dass die Leute gemäß der Ideologie handeln, ohne Zweifel oder Skrupel.«[6]

Der amerikanische Autor Larken Rose beschreibt die Gefahr von Ideologien wie folgt:

»Ich fürchte mich nicht vor den Maos oder den Stalins oder den Hitlers. Ich fürchte mich vor den unzähligen Menschen, die solche Leute als Autoritäten anerkennen und die für ihre Regierung, für das Reich, für die Nation, für das Gemeinwohl Befehle ausführen. Ein Verrückter mit einem komischen Schnurrbart ist vollkommen harmlos. Für Menschen, die nicht an Autorität glauben, ist er überhaupt keine Gefahr.«[7]

Und Hannah Arendt beschreibt den Nazi-Mörder Adolf Eichmann gerade nicht (nur) als Monster, sondern (auch) als jemanden, der »schrecklich und erschreckend normal« ist.[8] Eichmann war Nationalsozialist und handelte als solcher »ohne Zweifel und ohne Skrupel«, wenn es um die Ideologien der Nazis und des unbedingten Gehorsams ging.

Dass der Staat die »neue Religion« nach der Aufklärung werden könnte, in der die Menschheit mit Nietzsches Worten sozusagen »Gott getötet« hat, meint bereits Dostojewski: »Alles geht ohne das geringste Mitleid der Kirche vonstatten, denn vielfach gibt es dort keine Kirchen mehr, nur noch ein Kirchenpersonal und prächtige kirchliche Gebäude; die Kirchen selbst aber suchen längst aus der niederen Form in die höhere überzugehen, das heißt in den Staat […].«[9]

Auch der Wiener Denker Rahim Taghizadegan sieht eine religiöse Verehrung des modernen Staates:

»Nach dem Schwinden der Überzeugungskraft der großen Religionen klafft eine spirituelle Lücke. […] Demokratie brächte Frieden, Freiheit, Wohlstand – kurz: irdisches Heil. Hier wird deutlich, dass die Hoffnung auf die Erlösung des Menschen durch den Menschen einen religiösen Charakter hat. […] Die moderne Religion der Demokratie läuft so Gefahr, das wahre

Opium der Masse zu sein. Wer sich ohne jede Voraussetzung als Bürger wähnen darf, wessen Dummheit man Meinungspluralität und wessen Feigheit man Wahlgeheimnis nennt, wessen Neid man Anspruch tauft und wessen Laster gutes Recht, den kann man in jede Sklaverei einlullen, solange man ihm seine Bequemlichkeit lässt.«[10]

Aber was genau ist eine Ideologie? Dazu hat Ludwig von Mises in seinem späteren Werk, der *Letztbegründung der Ökonomik*, folgende Gedanken notiert:

»Wenn wir uns die Theoreme und Theorien ansehen, die das Handeln der Menschen und von Gruppen von Menschen bestimmen, und versuchen, diese in ein stimmiges System einzuordnen, das heißt in einen verstehbaren Wissenskomplex, können wir von einer Weltanschauung sprechen. Eine Weltanschauung als Theorie ist eine Deutung aller Dinge, und als Wert- und Moralprinzip für menschliches Handeln eine Meinung betreffend die besten Mittel, um Unzufriedenheit so weit als möglich zu vermindern. Eine Weltanschauung ist daher einerseits eine Erklärung aller Phänomene und andererseits eine Technik, beides im weitesten Sinne verstanden. Religion, Metaphysik und Philosophie zielen darauf ab, Weltanschauungen zu erschaffen. Sie deuten das Universum und raten dem Menschen an, wie zu handeln sei.

Das Konzept der Ideologie ist enger gefasst als das der Weltanschauung. Wenn wir von Ideologie sprechen, haben wir menschliches Handeln und gesellschaftliche Zusammenarbeit im Sinn und nicht die Probleme der Metaphysik, religiöse Dogmen, die Naturwissenschaften oder die daraus abgeleiteten Technologien. Ideologie ist die Gesamtheit unserer Meinungen betreffend das individuelle Handeln und gesellschaftliche Beziehungen. Sowohl die Weltanschauung als auch die Ideologie gehen über die Grenze dessen hinaus, was mit neutralen und streng wissenschaftlichen Methoden erkannt werden kann. Es handelt sich um keine wissenschaftlichen Theorien, sondern um Glaubenssätze darüber, was sein sollte, das heißt über die letzten Ziele, die der Mensch in seiner Erdenzeit wählen sollte.«[11]

Und weiter:

»Die Ideologien, die von der öffentlichen Meinung akzeptiert werden, sind immer noch voll von Irrtümern des menschlichen Verstandes. Sie sind

hauptsächlich eine Nebeneinanderstellung willkürlich ausgewählter Ideen, die untereinander völlig widersprüchlich sind. […]

Sie [manche Autoren, die das rechtfertigen] berufen sich auf die durchaus populäre Fehlvorstellung, dass das Leben und die Realität ›nicht der Logik folgen‹; sie meinen, dass auch ein widersprüchliches System [aus widersprüchlichen Ideologien] seine Zweckdienlichkeit oder seine Wahrhaftigkeit erweisen könne, wenn es nur irgendwie zufriedenstellend funktionieren würde, wohingegen ein logisch konsistentes System zu einem Desaster führen müsste. Es gibt keinen Grund, solche populären Irrtümer weiter zu kritisieren. Logisches Denken und das wirkliche Leben sind keine zwei voneinander getrennten Bereiche. Logik [der menschliche Verstand] ist für den Menschen die einzige Möglichkeit, die Probleme der Realität zu bewältigen. Was in der Theorie widersprüchlich ist, ist in der Realität nicht weniger widersprüchlich. […]

Das Hauptziel der Praxeologie und der Ökonomik ist es, dafür zu sorgen, dass die Menschen anstatt willkürlich herausgepickter Ideologien zu einem in sich stimmigen, widerspruchsfreien Ideologie-Set gelangen. Es gibt keinen anderen Weg als den der Vernunft, um soziale Desintegration zu verhindern und für die ständige Verbesserung der menschlichen Lebensbedingungen zu sorgen.[12]

Viele unserer Zeitgenossen sind fest davon überzeugt, dass die brutale Unterdrückung aller ›schlechten‹ Menschen, also derjenigen, mit denen sie nicht übereinstimmen, notwendig ist, um die menschlichen Verhältnisse vollkommen zufriedenstellend einzurichten. […]

Die Geschichte des Westens, vom Zeitalter der Polis an bis zum heutigen Widerstand gegen den Sozialismus, ist im Wesentlichen eine Geschichte des Kampfs um Freiheit gegen die Übergriffe der Amtsinhaber. […]

Der Staat unterwirft, kerkert ein und tötet. Die Menschen sind geneigt, das zu vergessen, weil der gesetzestreue Bürger sich der Ordnung der Obrigkeit klaglos unterordnet, um Bestrafung zu vermeiden. Aber die Juristen sind realistischer und nennen ein Gesetz, das nicht mittels Zwangs durchsetzbar ist, ein unvollkommenes Gesetz. Die Autorität der menschengemachten Gesetze beruht vollständig auf den Waffen der Polizisten, die für deren Vorschriften Gehorsam erzwingen.«[13]

Nach diesen Zitaten von verschiedenen Autoren wird klar: Die Macht einer Gruppe politischer Unternehmer basiert auf zweierlei: (1) Menschen verbinden sich aufgrund eines Sets von Ideologien zu einer Gruppe, die (2) gegenüber anderen Zwang ausübt, und zwar in feindlicher Art und Weise, also durch Drohung, Täuschung oder Gewalt.

Kapital und Macht unterscheiden sich fundamental: Macht dient im politischen Bereich dazu, die Kontrolle über die Handlungen und Sachen (Güter) anderer durch Täuschung und Drohung mit Gewalt zu erlangen. Im Bereich des freiwilligen Austauschs, also bei sozialem Handeln, wird Kapital eingesetzt, um Güter für andere zu produzieren und gegen Geld zu tauschen.

> *»Das geistige Werkzeug der Marktwirtschaft ist die Wirtschaftsrechnung. Der Grundgedanke der Wirtschaftsrechnung ist das Konzept von Kapital und des damit zusammenhängenden Einkommens. […]*
>
> *Kapital ist die Summe der Geldpreise aller Vermögensgegenstände abzüglich der Geldpreise aller Verbindlichkeiten, die zu einem bestimmten Zeitpunkt dazu gewidmet sind, einem Geschäftsbetrieb zu dienen [um Einkommen zu erzielen].«*[14]

Kapital dient dazu, anderen Menschen Nutzen zu stiften, indem Güter produziert werden, die zu einem Geldpreis angeboten werden. Das Konzept »Kapital« macht nur Sinn im Bereich freundlicher Kooperation, und jedermann kann das Angebot eines mittels Kapitals produzierten Gutes ablehnen, ohne Schaden zu nehmen. Kapital ist also insofern nicht mit Macht vergleichbar, als Kapital den Inhaber des Geschäftsbetriebes gerade nicht in die Lage versetzt, seine Kunden zu bedrohen. Es handelt sich um eine andere Kategorie (Klasse) als Macht.

Wenn Sie von der »Macht des Kapitals« lesen oder vom »Raubtierkapitalismus« oder vom »Kampf um die Märkte«, dann sind das Metaphern, die Propagandazwecken dienen oder Missverständnissen entstammen. Jemandem einen Nutzen anzubieten und jemanden zu bedrohen sind zwei verschiedene Dinge. Der »Miethai« hat keine Möglichkeit, Sie unter Androhung von Gewalt zu zwingen, einen hohen Mietpreis zu bezahlen. Er ist kein Räuber, auch wenn Ihnen die Mietwohnung zu teuer ist. Jemand anders ist bereit, die Miete zu bezahlen, ohne dass der »Miethai« ihn bedroht hat. Auch der Gedanke, der »Miethai« würde Ihnen die Mietwohnung »vorenthalten«, und Sie bräuchten doch ein Dach über dem Kopf, geht fehl. Jeder Mensch braucht ein Dach über dem Kopf. »Kein Besitz« ist nicht etwas, dass andere Besitzer verursachen, sondern »kein Besitz« ist der Naturzustand, der Anfangszustand jedes handelnden Einzelnen. Die Wohnung würde ja nicht existieren, wenn sie nicht jemand anders vorher zu einem bestimmten Zweck hergestellt hätte. Wenn sich Menschen über den Besitz anderer Menschen aufregen, dann nicht, weil sie sich nach den Grundstoffen *in natura* sehnen, die in den hergestellten Produkten verarbeitet wurden, sondern ihnen geht es gerade um das hergestellte Produkt. Sie stören sich nicht am Eigentum oder der Wohnung an sich, sondern am *Fremd*tum der Wohnung – dass sie nicht ihr *Eigen*tum ist.

Der Vermieter erzielt genau die Miete, die ein anderer bereit ist zu bezahlen, ohne dass er seinen Vertragspartner bedroht hat. Genauso könnten diese Kritiker vom »Textilhai« oder dem »Brothai« sprechen, weil sie ja auch Kleidung und Nahrung zum Leben brauchen. Es ist aber nicht der andere, der ihnen diese Güter vorenthält, weil er einen höheren Preis zahlt, sondern es gibt diese hochpreisigen Wohnungen nur, weil die Verbraucher bereit sind, die teure Produktion zu bezahlen. Ansonsten wären diese teuren Wohnungen gar nicht in die Welt gekommen bzw. der Produzent hätte einen Verlust erlitten. Der Vermieter muss die Preise am Markt für Grundstücke, Bauleistungen, Zinsen, Unterhalt und Verbrauchskosten bezahlen, die sich aus den Preisen ableiten, die die Verbraucher für die Mietwohnungen zu bezahlen bereit sind. Die Verbraucher sind die Souveräne der freundlichen Produktion, nicht die Produzenten.

Exkurs

Historisch betrachtet ist die Ursache hoher Mietpreise oder hoher Lebensmittelpreise, also hoher Preise für die Grundbedürfnisse des menschlichen Lebens, eine Fehlleitung der Produktion durch erzwungene und durch Täuschung hervorgebrachte Manipulation der Geldmenge und des Zinses. Obwohl die Kapitalgüter oder Ersparnisse real nicht zugenommen haben, erzeugen privilegierte (also denen von einem politischen Akteur mehr Rechte verliehen wurden als anderen) Unternehmen (Banken und Zentralbanken) »aus dem Nichts« Geld. Diese politische Geldvermehrung führt zu einer Störung der Präferenzordnung, die wir bereits betrachtet haben. Die Zeitpräferenz der Menschen hat sich in Wirklichkeit nicht verändert, sodass der Grenznutzen der zeitlich vor der Täuschung durch den politisch verminderten Zins produzierten Güter steigt, sodass die im Boom produzierten Güter, die ohne die Täuschung nicht produziert worden wären, wieder liquidiert werden müssen.

Auch hat der Arbeitgeber keine Macht über den Arbeitnehmer. Im sozialen Produktionsprozess des freiwilligen Austausches gibt es, wie bereits oben dargestellt, keine erzwungene Hierarchie, wie es sie bei einer politischen Befehlskette gibt. Wenn Sie einen Arbeitsvertrag abschließen, nehmen Sie das Angebot des Arbeitgebers an, ihm für eine gewisse Geldsumme Ihre Dienste zur Verfügung zu stellen. Der Arbeitgeber hat aber keine Möglichkeit, in feindlicher Art und Weise Zwang und Gewalt gegen Sie anzuwenden, wenn Sie die Dienste nicht leisten. Er kann Ihnen entsprechend den dafür vorgesehenen Bestimmungen in Ihrem Arbeitsverhältnis die Kündigung aussprechen, aber er hat keine Macht, keine Gewalt über Sie. Wenn Sie gekündigt werden, können Sie – in der von politischen Eingriffen unbehinderten Wirtschaft – stets eine neue Arbeitsstelle finden (weil ein Zustand, in dem Arbeit nicht knapp ist, nicht vorstellbar ist, solange der Mensch handelt). Noch nicht einmal über die Höhe Ihres Gehaltes kann der Arbeitgeber ungebunden entscheiden, sondern ökonomisch gesehen wird das Gehalt bestimmt durch die Obergrenze der Grenzproduktivität der Arbeit und durch die Untergrenze, welche die Angebote anderer Arbeitgeber bilden; bestimmend für beide Faktoren ist letztendlich, was der Verbraucher bereit ist, an Preisen zu bezahlen.

Wenn Sie im Hinblick auf einen Mietendeckel meinen, ein politischer Unternehmer müsste in diese durch die Verbraucher geschaffene Präferenzordnung eingreifen, dann möchten Sie, dass nicht derjenige, der bereit ist, mehr für die Wohnung zu bezahlen, die Wohnung bekommt, sondern Sie. Dann verlangen Sie, dass andere Menschen gezwungen werden, sich so zu verhalten, wie es Ihrem Willen entspricht, damit es Ihnen besser geht, und zwar mit Gewalt.

Unternehmen, die Lobbyismus betreiben, brauchen dafür einen politischen Unternehmer. Diese Unternehmen verlassen den Bereich des freundlichen Handelns und wirken nun zusammen mit einer Gruppe politischer Unternehmer und werden so selbst zu politischen Unternehmern. Sie spenden für den Wahlkampf oder versprechen dem Politiker, »Arbeitsplätze zu schaffen«, oder der Politiker ist Mitglied einer gewerkschaftsnahen Partei und verspricht sich etwas davon, Großunternehmen zu Lasten von kleineren zu fördern, weil Gewerkschaften in Großunternehmen mehr Einfluss haben. Die Gründe, warum ein Politiker Regelungen umsetzt, die Unternehmen zu Lasten anderer stärken, können vielfältig sein. Auch protektionistische (Schutz vor Konkurrenz) Politik ist verbreitet. Durch starke Regulierung, Zugangsbeschränkungen zu Märkten, Lizenzen, hohe Steuern etc. wird die Konkurrenz abgewehrt und der Status quo erhalten.

Insoweit Unternehmen also mit Geld oder anderweitig Politiker beeinflussen, damit diese durch Regulierung und Abgaben Mitbewerbern oder Verbrauchern schaden, handeln diese Unternehmen nicht freundlich, sondern feindlich. Sie machen sich gemein mit den politischen Unternehmern und das Ergebnis ist, dass die Verbraucher in der freien Wahl gemäß ihren Präferenzen eingeschränkt werden. Die Verbraucher werden sozusagen des Thrones enthoben als Herren des Produktionsprozesses. Wenn Sie heute ein Haus bauen, müssen Sie zum Beispiel viele Regulierungen einhalten, auch wenn sie das gar nicht möchten. Sie geben unter Umständen viel Geld für Wärmedämmung und Solarpaneele aus, die sie ohne die Energieeinsparvorschriften nicht gekauft hätten. Aber Sie müssen dies tun, um Zwangsmaßnahmen des Staates gegen Sie zu verhindern. Profiteure sind die Hersteller solcher Produkte, die ohne die staatlichen Zwangsvorschriften nicht oder nicht in dieser Menge gekauft worden wären.

In den USA gibt es die Diskussion um den militärisch-industriellen Komplex, also um die Unternehmen, die von der Kriegsführung profitieren. Diese wirken zusammen mit den verschiedenen Gruppen politischer Unternehmer und werden so selbst politische Unternehmen, wenn sie auf Politiker einwirken, damit diese aus Steuermitteln oder mit neu gedrucktem Geld Waffensysteme kaufen. Ohne die Bedrohung der Steuerzahler und die feindliche Aufrichtung eines Geldmonopols wären derartige Militärausgaben nicht möglich.

Unternehmer können also nicht nur freundlich (freiwillige Kooperation), sondern auch feindlich (erzwungene Kooperation) handeln, genauso wie ein Politiker auch freundlich handeln kann, zum Beispiel wenn er neben der politischen Tätigkeit einem Beruf nachgeht. Mit der Handlungswissenschaft können wir jede einzelne menschliche Handlung und auch die Handlungen von Gruppen von Menschen dahingehend untersuchen, welche Auswirkungen sie auf die Präferenzen (Vorlieben) und den Besitz der Mitmenschen hat bzw. haben, ob sie erzwingend, täuschend (betrügerisch) oder freundlich (freiwillig) ist bzw. sind. Insofern ist es richtig, davon zu sprechen, dass Unternehmen Macht haben, weil sie mit ihrem Vermögen und ihrem Einfluss politische Unternehmer zu ihnen genehmen Befehlen anstiften können. Heute trifft dies vor allem auf Großunternehmen zu, und daher verwundert es nicht, dass gerade Kleinunternehmer unter der Last der Regulierung und Abgaben klagen. Die Unternehmen haben aber nur Macht, weil es überhaupt politische Unternehmer gibt, mit denen sie zusammenwirken können. Man kann das politische Unternehmertum nicht hinwegdenken, ohne dass die Macht solcher Unternehmen entfiele. Ohne politisches Unternehmertum hätten Unternehmen also keine Macht – nur Kapital.

6. Kapital versus Kapital-Ismus

Kapital ist die Differenz zwischen den Werten der Vermögensgegenstände des Produzenten und seinen Verbindlichkeiten. Kapitalgüter sind solche Güter, die der Produktion dienen. Kapitalgüter machen menschliche Arbeit produktiver und führen zu höheren Löhnen und zu mehr und/oder besseren Gütern.

Unter Kapitalismus verstehen verschiedene Menschen Verschiedenes. Ludwig von Mises verstand darunter, wenn sich Menschen freiwillig austauschen, also ohne Täuschung, Drohung, Zwang und Gewalt. In *Human Action* hat er die ökonomischen Folgen solchen freiwilligen Austauschs umfassend beschrieben. Auch heute verstehen viele Menschen Kapitalismus so. Im Kapitalismus gibt es also *per definitionem* keinen feindlichen Austausch, sonst ist es nicht das, was etwa Mises unter Kapitalismus verstand und auch die heutigen Vertreter[15] der Österreichischen Schule darunter verstehen.

Andere verstehen Kapitalismus, wie sie eben auch andere »Ismen« verstehen, also als Entgrenzung des Prinzips des Kapitals und Übersteigerung ins Absurde und Asoziale. Viele Menschen verstehen den Begriff auch heute so. Sie denken, dass das, was sie heute als »Wirtschaftsform« vorfinden, Kapitalismus sei. Dabei hat es Kapitalismus in dem von Mises oder Polleit verstandenen Sinn noch nie gegeben, sondern nur Fragmente. Die Menschen konnten nie unbehindert von Drohungen politischer Unternehmer Kapital aufbauen.

Heute sind weite Bereiche des persönlichen Austauschs diesen durch Drohung und Zwang befohlen oder verboten. Privilegien für die einen auf Kosten und zu Lasten anderer sind die Regel. Zum Bereich des politischen Handelns und nicht zum freiwilligen Austausch gehören zum Beispiel staatliche Lizenzen, Steuern, Subventionen, das System der Zentralbanken mit ihren angeschlossenen Geschäftsbanken, staatliche Regulierung von Löhnen und Arbeitsverhältnissen, ein staatliches Gesundheitswesen, staatliche Universitäten, Schulen, Kindergärten, staatliche Bahnen und Flughäfen, staatliche Post und Telekommunikationsbetriebe, ein staatlich finanziertes Militär, staatliche Rentenversicherung, staatliche Krankenversicherung und so weiter. All diese Bereiche sind Befehlswirtschaft und nicht Kapitalismus im Sinne der Österreichischen Schule der Nationalökonomie.

Auch waren die ersten riesigen Handelsunternehmen vor der Industrialisierung keine freundlichen Unternehmer im praxeologischen Sinne, sondern politische Unternehmungen. Handelsunternehmen wie zum Beispiel die Ostindien-Kompanien des 17. und 18. Jahrhunderts (die niederländische Vereenigde Oostindische Compagnie, VOC, und die British East India Company, BEIC) oder die Hudson's Bay Company, HBC) waren keineswegs friedliche Händler, sondern vom Staat mit Monopolen ausgestattete Privilegierte, die nicht nur über eine eigene bewaffnete Handelsflotte, sondern auch über eigene Streitkräfte und Festungen verfügten. Aber sie werden als Handelsunternehmer dem Bereich des Kapitalismus zugeordnet. Aus der Sicht der Ökonomen der Österreichischen Schule waren dies natürlich keine freundlichen Unternehmer, sondern feindliche, also politisch handelnde Unternehmer, und damit keine kapitalistischen, sondern politische Unternehmer. Auch Sklavenhandel, Ausbeutung von Bodenschätzen in Kolonien entgegen den Interessen der ursprünglichen Nutzer des Landes etc. werden heute von manchen als Kapitalismus verstanden, weil eben »unternehmerisch« gehandelt wird. Aber diese Unternehmungen gehören nicht zum Bereich des freundlichen oder sozialen Handelns. Wenn »Geschäfte gemacht« werden unter Einsatz von Drohung, Zwang und Gewalt, dann ist das politisches Handeln, von vornherein *pareto-inferior* (die einen gewinnen auf Kosten und zu Lasten der anderen) und feindlich (Drohung, Zwang, Täuschung und Gewalt werden eingesetzt zur Bewirtschaftung anderer Menschen).

Praxeologisch spielt es keine Rolle für die Einordnung des Handelns als sozial oder asozial, ob der Akteur sich selbst als Staat bezeichnet oder als Unternehmer, als Ostindien-Kompanie, als Währungsbehörde oder als Zentralbank. Wann immer Drohung und Zwang die Methoden sind, andere davon abzuhalten, dasselbe herzustellen oder die Finanzierung für Güter freundlich zu besorgen, ist der Bereich des sozialen, freundlichen Austausches verlassen. Was Mises unter »Kapitalismus« verstanden hat, ist also grundverschieden von dem, was heutige Kapitalismus-Kritiker unter Kapitalismus verstehen: zum Beispiel Bankenrettungen mit Steuergeldern oder ein Geldmonopol einer Zentralbank. Auch wenn ein politischer Unternehmer in Afrika einen Brunnen, den zuvor die Dorfbewohner besaßen, einem Unternehmer »zuweist« unter Androhung von Schaden für die Dorfbewohner, hat das nichts mit dem Kapitalismus zu tun, den die Ökonomen der Österreichischen Schule meinen. Ausbeutung in dem Sinne, dass Menschen eingesperrt werden, um zu arbeiten, oder auch dass ein Unternehmen Gewässer verschmutzt, das andere mitverwenden, sind das Gegenteil von freundlichem Handeln. Es liegt ein feindliches Handeln vor, wenn der Besitz anderer beschädigt oder weggenommen wird.

Auch wenn Banken oder Einzelne sich Staatsanleihen kaufen, handeln sie nicht kapitalistisch, sondern als politische Unternehmer. Die Anleihen werden aus Zwangsabgaben getilgt, und der Halter der Staatsanleihen macht sich quasi zum Steuereintreiber des Staates, aber er ist nicht ein freundlicher Unternehmer im praxeologischen Sinne.

Franz Oppenheimer sah im modernen Staat, den er kennenlernte, den Kapitalisten-Staat, und damit meinte er gerade dieses Phänomen: dass sich Unternehmen des Staates bedienen, durch Lobbyismus, Wahlspenden etc., um mit dem politischen Mittel *Zwang* Profit zu erzielen. Die Staatskapitalisten instrumentalisieren andere politische Unternehmer, zu ihrem Vorteil Befehle und Verbote durchzusetzen.

Wie sich die Gruppe der Handelnden nennt, unter welchem Namen sie auftritt und in welcher Tradition sie sich sieht, ist praxeologisch im Hinblick auf das Ergebnis der Handlung unmaßgeblich. Der Staat ist ja kein handelndes Wesen, sondern eine Gruppe von Menschen, die unter Verwendung eines Namens (z. B. Freistaat Bayern) einen gemeinsamen Handlungsplan ausführen. Ob sie unter dem Namen Deutsche Bahn AG oder Stadt Bremen auftreten, ist unmaßgeblich, sondern entscheidend ist, *wie* sie handeln. Freundlich oder feindlich, sozial oder asozial, pareto-optimal oder pareto-inferior?

Ob etwas kapitalistisch (friedlich) oder politisch (feindlich) produziert werden soll, bewegt die Gemüter insbesondere, wenn es um die Produkte geht, die jetzt politische Unternehmer herstellen, wie zum Beispiel Straßenbau, Umweltschutz, Kulturbetriebe und so weiter. Die Frage, wer, wenn nicht der Staat, sollte diese Ungüter 2. Ordnung herstellen, ist sinnfrei. Die Frage ist nicht *wer*, sondern *wie*. Es sind stets Menschengruppen, die produzieren. Die Frage müsste umformuliert werden: Wie, wenn denn ohne Täuschung, Drohung, Zwang und Gewalt gegen Menschen, können solche Produkte hergestellt werden? Und natürlich ist es von vornherein sowohl möglich als auch historisch geschehen, dass Straßen und Theater und Schulen gebaut wurden, ohne dass es Täuschung, Drohung oder Zwang bedurfte. Viele Beispiele werden Sie im Folgenden in diesem Buch finden. Und auch für Umweltschutz braucht es kein politisches Unternehmertum, keine Drohungen, sondern wer die Umwelt verschmutzt oder anderer Leute Grund und Boden oder Wasser, verhält sich selbst feindlich, weil er das Mithaben anderer schädigt. Er ist ein feindlicher Akteur, und man handelt nicht selbst feindlich, wenn man sich gegen einen Angreifer verteidigt oder Wiedergutmachung von ihm fordert. Dies hat nichts damit zu tun, dass unzählige Menschen beherrscht werden müssten, was ja per se selbst eine feindliche Handlung ist.

7. Geldgier versus Machthunger

Als es 2008 zu einer Weltfinanzkrise kam, wurde in den Medien die Geldgier der Anleger, der Industriekapitäne und der Investmentbanker verantwortlich gemacht. Alleine: Geldgier kann in einer von freiwilligem Austausch bestimmten Umgebung keinen Fremdschaden anrichten. Der Verbraucher ist Herr des Produktionsprozesses, und wenn einer durch Geldgier motiviert ist, dann mag er wohl sich selbst schaden, indem er auf Kosten seiner Gesundheit oder sozialer Kontakte oder der Beziehung zu seiner Familie dem Geld hinterherrennt, indes »der Wirtschaft« oder den Verbrauchern kann er nicht schaden, weil er keine Macht hat, sondern nur Kapital.

Anders beim politischen oder feindlichen Austausch. Hier entstehen nicht Win-win-Situationen, sondern von vornherein Win-lose-Situationen für alle diejenigen, die den Austausch ohne die Aggression nicht gewollt hätten. Hier führt Geldgier tatsächlich dazu, dass der eine Güter auf Kosten des anderen erlangt. Das Ergebnis jahrelanger nationalistischer und sozialistischer Propaganda ist, dass viele Menschen denken, dass im normalen Wirtschaftsprozess, also beim freiwilligen Austausch, der eine etwas auf Kosten des anderen erhält. Das kann aber nie der Fall sein, da der Annehmende das Angebot eben nur annimmt, wenn er sich dadurch einen Zustand verspricht, der gegenüber dem Zustand der Nicht-Annahme vorteilhaft ist.

Der Irrtum, dass derjenige, der Güter freundlich erworben hat, mit demjenigen vergleichbar ist, der die Güter aggressiv erworben hat, ist einer der folgenschwersten Irrtümer unserer Zeit. Er »rechtfertigt« in den Augen derjenigen, die diese falsche Ideologie glauben, ein drohendes und gewaltsames Vorgehen gegen Menschen, die überhaupt keine Macht haben, sondern nur Kapital. Diese Ideologie führt zu immerwährender

Aggression gegen alle, die mehr haben. Diese Ideologie ist der Grund für Nationalismus und Sozialismus: Die Wirtschaft sei ein Nullsummenspiel, einer erlangt etwas auf Kosten des anderen. Das ist aber gerade nicht der Fall. Wenn es wahr wäre, dass der eine nur auf Kosten des anderen besitzen kann, dann würden wir uns heute noch um die Höhlen streiten. Der freundliche Austausch ist das Gegenteil eines Nullsummenspiels: Beim freundlichen Austausch gewinnen alle, die daran teilnehmen. Die Ideologie »der andere hat, was er hat, auf meine Kosten« hingegen zerstört jede Aussicht auf friedliche Kooperation. Die Folgen sind Zölle, Embargos, Handelskriege und konventionelle Kriege, der Kampf jeder gegen jeden, die Unterdrückung der Menschen durch Parteien, deren wesentliche Botschaft ist, den einen zu nehmen und den anderen zu geben, nach dem Motto *divide et impera*[16]. Wenn es nicht gelingt, den Menschen die Falschheit dieser Ideologie darzulegen, sind schreckliche Gewaltexzesse an der Tagesordnung.

Auch die Menschen in den sogenannten »Entwicklungsländern«, der »Dritten Welt«, haben nicht weniger, weil die »Industrieländer« ihnen die Ressourcen streitig machten. Durch den Einsatz von Kapital werden die Ressourcen der Dritten Welt erst erschlossen, die sonst gar nicht für den Menschen nutzbar gemacht werden könnten. Und durch den Einsatz von Kapital bekommen die Menschen der Dritten Welt erst die Möglichkeit, höhere Löhne zu verdienen, weil die Grenzproduktivität der Arbeit durch den Kapitaleinsatz steigt. Und sie bekommen eine zusätzliche Wahlmöglichkeit: Anstatt lediglich mit geringem bis gar keinem Kapital von ihrer Hände Arbeit leben zu müssen, indem sie zum Beispiel Vieh hüten oder Ackerbau betreiben, haben sie noch die Wahlmöglichkeit, in einer Fabrik einer Lohnarbeit nachzugehen und dadurch ihren Wohlstand zu vermehren. Es gibt Stimmen, die finden die Arbeitsbedingungen in solchen Fabriken in der Dritten Welt nicht wünschenswert und sie würden sie gerne verbieten oder möchten, dass die Arbeiter dort höhere Löhne beziehen oder zu besseren Bedingungen arbeiten können. Alleine, auch in den Ländern der Ersten Welt herrschten zu Beginn der Industrialisierung weitaus schlechtere Arbeits- und Lebensbedingungen, aber viele Menschen zogen es dennoch vor, in der Fabrik zu arbeiten, anstatt der Knecht eines Junkers zu sein. Armut ist eben schlicht der Anfangs- oder Naturzustand, der gegeben ist, solange Spezialisierung und Kapitalaufbau nicht stattgefunden haben. Aber andere, die Spezialisierung und Kapitalaufbau schon längere Zeit praktizieren, sind nicht ursächlich für die Armut anderer, die Spezialisierung und Kapitalaufbau nicht oder noch nicht so lange praktizieren.

Durch eine »Regulierung« der Arbeitsbedingungen in der Dritten Welt lassen sich solche erwünschten besseren Lebensbedingungen jedenfalls nicht erreichen. Denn unter sonst gleichen Umständen werden die Grenzkäufer dann auf die teureren Güter zugunsten anderer verzichten und die Umsatzerlöse decken die Produktionskosten nicht mehr. Eine Erzwingung von bestimmten wünschenswerten Arbeitsbedingungen bedeutet nämlich stets: ein Arbeitsverbot. Unternehmern und Arbeitnehmern wird die Wahlfreiheit genommen, zu anderen Bedingungen abzuschließen, als sie der Regulierende ins Auge gefasst hat. Die Arbeitsangebote werden also verknappt. Was dem Arbeitnehmer in der Dritten Welt dann bleibt, ist ohne Kapital weiter in seiner Subsistenzwirtschaft zu leben.

Ansonsten geht es den Menschen in der Dritten Welt nicht schlechter, wenn andere sich freundlich austauschen und Handel miteinander treiben, sondern im Gegenteil: Es bedeutet die Chance, an günstigere Produkte heranzukommen und selbst eine Anstellung zu besseren Bedingungen zu finden. Verwechselt werden darf dies nicht mit der feindlichen Enteignung von Menschen in der Dritten Welt durch politische Akteure. Die Sklaverei, also Zwangsarbeit und »Eigentum« an anderen Menschen, war eine politische und keine freundliche Institution. Die Enteignung von Ressourcen, die vorher von einer Dorfgemeinschaft genutzt wurden, durch die Regierung eines Landes der Dritten Welt selbst oder durch ein Kolonialregime, stellt eine politische und keine freundliche Handlung dar.

Die freundliche Wirtschaft hat auch nichts zu tun mit Spielen wie Monopoly oder Schach, bei denen einer auf Kosten des anderen gewinnt. Es geht bei dem berühmten Brettspiel Monopoly gerade nicht darum, für seine Mitspieler Nutzen zu stiften, und am Ende »gewinnt« jener am meisten, der die Präferenzen seiner Mitspieler am besten vorausgeahnt hat, sondern das Regelwerk ist so konzipiert, dass derjenige gewinnt, der für sich den meisten Nutzen herausholt auf Kosten und zu Lasten der anderen Mitspieler, weil die Mitspieler nach den »Geboten« des Spieles handeln müssen. Sie kommen zufällig auf ein Feld, durch Würfeln, und müssen dann hohe Mieten zahlen. Sie müssen ins Gefängnis, gelangen sie auf gewisse Felder. Sie müssen Ereigniskarten ziehen und dann Steuern zahlen. Sie kommen auf Steuerfelder und müssen bezahlen – und so weiter. Monopoly ist ebenso ein Spiel, das eine kriegerische Auseinandersetzung nachbildet, wie Schach. Hätte ein Sozialist das Spiel Monopoly entworfen und es geschafft, dass die Menschen das, was sie auf dem Spielbrett veranstalten, für eine Nachahmung freundlicher wirtschaftlicher Betätigung hielten, das Propagandaministerium hätte ihm wohl eine Medaille verliehen.

Im Bereich freundlichen Handelns ist »Machthunger« von vornherein nicht stillbar, weil hier niemand Macht in dem Sinne hat, dass er andere bedroht oder betrügt, beraubt oder bestiehlt. Macht im Sinne von Angriffspotenzial ist eine Kategorie asozialen Handelns. Wer Macht einsetzt, um an Güter zu gelangen, handelt von vornherein als Feind des anderen.

8. Werbung versus Propaganda (Legitimismus)

In der freundlichen Wirtschaft bedienen sich die Produzenten der Werbung, um ihre Produkte zu verkaufen. Ludwig von Mises merkte hierzu an:

> *»Es ist ein weit verbreiteter Irrtum, dass gut gemachte Werbung Verbraucher überreden kann, alles zu kaufen, was der Werbende verkaufen möchte. Der Verbraucher ist nach dieser Legende sozusagen wehrlos gegen den ›hohen Druck‹, den die Werbung erzeugt. Wenn dies wahr wäre, hinge Erfolg oder Misserfolg in der Wirtschaft alleine von der Werbung ab. Aber niemand glaubt, dass irgendeine Werbung vermocht hätte, die Kerzenhersteller vor der Konkurrenz durch das elektrische Licht zu schützen oder die Kutscher vor der Konkurrenz des Autos oder der Gänsefeder-Hersteller vor der Konkurrenz durch die Stahlfeder und später den Füllfederhalter.«*[17]

Zudem wird der Verbraucher, der nach einmaligem Kauf eines beworbenen Gutes die Erfahrung gemacht hat, dass es seinen Erwartungen nicht entspricht, kein zweites Mal das Gut kaufen. Die Qualität der Produkte ist der menschlichen Erfahrung zugänglich. »Die Geschäftsleute sind sich einig darin, dass es sich nicht auszahlt, andere außer gute Produkte zu bewerben.«[18] Dieser Effekt der Überprüfbarkeit des Produktes anhand von Erfahrung wird verstärkt, wenn andere Güter bewerten, wie dies heutzutage bei vielen Internet-Shops der Fall ist. Die Kunden können dann auf die Erfahrungen anderer mit den Gütern zurückgreifen.

Völlig unterschiedlich ist Propaganda, die Bereiche betrifft, die nicht der menschlichen Erfahrung zugänglich sind, also Religion, Metaphysik oder Politik, weil die Propaganda in diesen Bereichen durch Erfahrung nicht überprüft werden kann. Propaganda ist von vornherein Lüge und Täuschung, wenn der Propagandist vortäuscht, dass aufgrund eines Wenn-dann-Zusammenhangs etwas Bestimmtes gewollt werden müsste, dass etwas getan werden sollte. Der Hamburger Praxeologe Rolf W. Puster erläuterte in einem Vortrag auf der 7. Ludwig von Mises Konferenz (2019) wie folgt, dass aus einer Aussage in Bezug auf Zweckdienlichkeit (wenn – dann) sich keine Schlussfolgerung in Bezug auf ein bestimmtes Wollen ergibt:

> **Beim Wollen gibt es kein Richtig und Falsch**
>
> *Das Ziel in der politischen Debatte ist der Einfluss auf das Gemeinwesen. Beiträge im politischen Diskurs sind politische Ziele. Politische Ziele können – wie alle Ziele – nicht falsch oder wahr sein. Ziele sind subjektiv ge-*

wählt und gewollt, und im Gegensatz zu Meinungen oder Glauben können sie nicht wahr oder falsch sein, sondern nur gewollt oder nicht gewollt.

Priester verkünden das, was sie glauben, als Gottes Wille, und dass sie wollen, dass Gottes Wille geschehen soll. Moralphilosophen und Politiker tun im Prinzip dasselbe. Selbst Vernunftgesetze wie etwa der kategorische Imperativ[19] *lassen sich nicht kritisch gegen Ziele anführen, ohne eigenes Wollen. Das Moralisieren in politischen Talkshows ist also ein Bluff, weil es nicht um die Frage geht, was richtig oder falsch ist, sondern es geht um unterschiedliches politisches Wollen, das mit den Kriterien von richtig und falsch überhaupt nicht kritisierbar ist. Lediglich auf der Mittel-Seite, also in Bezug auf die Zweckdienlichkeit, wenn es also um Ursache und Wirkung geht (wenn – dann), ist eine Kritik in dem Sinne möglich, dass ein Mittel objektiv untauglich sein kann, einen bestimmten Erfolg herbeizuführen, auch wenn der Handelnde glaubt, dass es tauglich ist.*[20]

Wenn beispielsweise die politische Aktivistin Greta Thunberg sagt: (1) Listen to the scientists! (Hört auf die Wissenschaftler!) und (2) I want you to take real action! (Ich will, dass ihr jetzt wirklich etwas unternehmt!), dann will sie, dass auf bestimmte Art und Weise gehandelt wird, und zwar so, wie sie es subjektiv möchte. Denn selbst wenn man das, was die Klimatologen behaupten, als wahr unterstellt, heißt das auf der Ziele- oder Willensseite nicht, dass etwas Bestimmtes gewollt werden müsste, da Wollen subjektiv ist. Es kann niemals aus Wenn-dann-Aussagen auf ein Wollen oder Sollen geschlossen werden.

Wünschen und Wollen sind fundamental unterschiedlich

Die Argumentation der politischen Aktivisten ist natürlich, dass der Wille folgen MUSS, wenn sie so dramatische Dinge ansprechen wie den Weltuntergang in einer Klimakatastrophe oder Armut oder hohe Mieten. Niemand kann so etwas doch wollen, und dann müsse eben alles unternommen werden (whatever it takes!), um solche Zustände zu verändern. Hier vertuschen die Argumentierenden den Unterschied zwischen Wünschen und Wollen. Wünschen und Wollen sind fundamental unterschiedlich. Wünschen ist ohne die Realisierung im Handeln möglich und ohne die Kosten der Realisierung.[21] *Wünschen kostet nichts, es ist infantil (kindlich) und tatenfern. Was gewollt wird, wird hingegen im Handeln offenbar und ist stets mit Kosten verbunden. Die Kosten sind das subjektive Maß für die Unerwünschtheit, die Handelnde mit ihrem eigenen Tun verbunden sehen.*

> *Wer seinen Willen anderen aufzwingen will, missachtet fremdes Wollen, die Kosten nicht tragen zu wollen. Mehrere können zwar dasselbe wünschen, aber das heißt noch lange nicht, dass sie dasselbe wollen müssten oder sollten. Hinter ihrem moralischen Bewerten verbergen die politischen Aktivisten ihr eigenes Wollen. Es geht in Wirklichkeit nicht um die Wahrheit, sondern um das vertuschen von Wollen. Das allseits Gewünschte ist nicht identisch mit einem allseits Gewollten, und aus Wenn-dann-Zusammenhängen folgt nie, was jemand will oder wollen sollte.*
>
> *Wollen enthält keine Wahrheit und gebiert keine Wahrheit, und umgekehrt: Wahrheit enthält kein Wollen und gebiert kein Wollen. Der politische Versuch, Ziele (Wollen) als wahrheitsähnlich hinzustellen, muss daher von vornherein scheitern.*[22]

Zudem beschreibt Ludwig von Mises treffend, dass es im Bereich der Erfahrung von komplexen Phänomenen von vornherein nicht möglich ist, aus dem Bereich des komplexen Phänomens, also aus der Erfahrung der in einer Gesellschaft lebenden Personen heraus, zu Beweisen zu gelangen, was besser oder schlechter ist:

> *»Im Bereich der Politik ist die Erfahrung stets die Erfahrung von komplexen Phänomenen, die unterschiedlicher Interpretation zugänglich ist; die einzige Möglichkeit, politische Doktrinen zu überprüfen, ist die des aprioristischen [schlussfolgernden] Denkens. Deshalb sind politische Propaganda und Werbung zwei im Kern unterschiedliche Dinge, auch wenn beide oft auf dieselben technischen Mittel zurückgreifen.*
>
> *Es gibt viele Übel, für welche die zeitgenössische Technologie und die Therapeutik noch kein Gegenmittel gefunden haben. Es gibt unheilbare Krankheiten und irreparable persönliche Defekte. Es ist eine traurige Tatsache, dass einige Menschen ihre Mitmenschen ausnutzen, indem sie ihnen wirkungslose Mittel hiergegen verkaufen. Solche Quacksalber machen ältere Menschen nicht jünger und hässliche Mädchen nicht schöner. Sie erwecken nur Hoffnungen. Es würde die Funktion des Marktes nicht stören, wenn solche Werbung von der Regierung verboten würde, die nicht als wahr erwiesen werden kann. Aber wer auch immer der Regierung diese Macht geben möchte, er wäre inkonsistent, wenn er die Forderung zurückwiese, auch die Aussagen der Kirche oder der Sekten einer solchen Untersuchung zu unterziehen. Freiheit ist unteilbar. Sobald jemand damit beginnt, sie einzuschränken, gerät man auf einen Abhang, wo es mit dem Bremsen schwierig wird. Wenn man der Regierung die Aufgabe zu-*

> *teilte, die Wahrheit in Aussagen über Parfüms oder Zahnpasten festzustellen, könnte man ihr wohl kaum das Recht verweigern, die Wahrheit in Angelegenheiten der Religionen, Philosophie oder sozialer Ideologien festzustellen.«*[23]

Wichtiges Zwischenergebnis ist also, dass sich die Tauglichkeit eines beworbenen Gutes durch Erfahrung überprüfen lässt, wohingegen staatliche Propaganda von vornherein eine Lüge ist, sofern sie behauptet, dass etwas Bestimmtes gewollt werden müsste, und nicht durch Erfahrung überprüfbar ist, sondern nur mit den Mitteln des aprioristischen[24] (schlussfolgernden) Nachdenkens.

Propaganda als Legitimismus (Rechtfertigung institutionellen Zwanges)

Bei Propaganda handelt es sich um systematisches täuschendes Handeln, das bezweckt, den Getäuschten zu einer Handlung zu bewegen, die er ohne die Fehlvorstellung nicht vorziehen würde. Der Doktorvater Ludwig Erhards, der deutsche Ökonom, Soziologe und Arzt Franz Oppenheimer (1864–1943)[25], bezeichnete Propaganda und Indoktrination als »Legitimismus«. Da es für alle Bedrohten, die ohne die Drohung anders gehandelt hätten, nachteilig ist, wenn ein politischer Akteur sie bedroht, dient Propaganda der »Legitimierung« (Rechtfertigung) feindlichen Handelns. Es soll im Bedrohten die Fehlvorstellung erzeugt werden, er soll die Ideologie annehmen, dass das Erzwingen eines bestimmten Handelns erforderlich ist, er soll dem Handeln der politischen Akteure zustimmen oder sich ihnen zumindest nicht widersetzen.

Rahim Taghizadegan schreibt:

> *»Die Legitimierung des kratischen [erzwungenen] Tausches senkt seine Kosten unter das sonst nötige Niveau und führt zum Überwiegen der politischen Mittel im Gegensatz zu den ökonomischen.«*[26]

Würden alle Bedrohten zu der Einsicht gelangen, dass es generell unstatthaft sei, dass sie bedroht würden, wären die Kosten des Machtapparates weitaus höher; wer nur mit Furcht und Einschüchterung regiert, provoziert den Hass der Unterdrückten. Deswegen bedienen sich alle politischen Gruppen der Propaganda, nicht nur die Despotien, Tyranneien, Faschisten und Sozialisten, sondern alle politischen Unternehmer. Denn die Mittel, die gegen die Bedrohten eingesetzt werden, sind letztlich stets Zwang und Gewalt, und es ist aus der Sicht des Bedrohten nicht wesentlich, ob die politischen Akteure durch Los bestimmt werden, sich selbst ausrufen oder sich in einer von ihnen veranstalteten Abstimmung bestimmen lassen. Denkt man an J. R. R. Tolkiens Aussage, dass diejenigen am wenigsten geeignet erscheinen müssen, Macht über andere auszuüben, die danach trachten, solches zu tun (Kap. II, Abschnitt 1), wäre der Losentscheid noch das harmlosere Verfahren. Denn definiert man als Psychopathen solche Menschen, die nicht die Fähigkeit zur Einfühlung (Empathie) in andere Menschen haben und sich rücksichtslos feindlich (asozial) gegenüber anderen verhalten, und als Soziopathen solche Menschen, die zwar empathiefähig sind, aber trotzdem asozial handeln, dann werden solche Menschentypen nach Positionen streben, in denen sie anderen Menschen schaden können.

Propaganda dient der Selbstunterwerfung

Propaganda dient dazu, die Zustimmung im Denken der Bedrohten zu erlangen;

> *»Eine dauerhafte Regierungsmacht kann nur eine Gruppe aufrichten, die auf die Zustimmung der Beherrschten rechnen kann. Wer die Welt nach seinem Sinne regiert sehen will, muss trachten, die Herrschaft über die Geister zu erlangen. Es ist unmöglich, die Menschen gegen ihren Willen auf die Dauer einem System untertan zu machen, das sie ablehnen.«*[27]

Murray Rothbard beschreibt den modernen Staat wie folgt: »Der Staat muss seinem Wesen nach die moralischen Regeln verletzten, die die meisten Menschen beachten. [...] Der Staat ist eine gewalttätige, kriminelle Organisation, die sich durch systematische, groß angelegte Erpressung von Steuermitteln finanziert und damit davonkommt, indem sie die Zustimmung der Mehrheit hierzu herbeiführt.«[28]

Aus humanethologischer Sicht beschrieb der österreichische Evolutionsbiologe Irenäus Eibl-Eibesfeldt, wie man eine innere Zustimmung der Bedrohten zum Drohenden erwirkt, nämlich indem man ihre Einstellungen und Überzeugungen manipuliert, was bereits in Kapitel VIII, Abschnitt 6 ausführlich dargestellt wurde.

Der deutsche Philosoph und Psychiater Godehard Stadtmüller beschreibt in seinem Buch *Einstellung und Schicksal – wie Einstellungen unser Leben verändern* (2010), wie Einstellungen, also tiefliegende, teils unbewusste Überzeugungen in psychologischer Hinsicht unser Denken bestimmen: »Es ist wichtig zu erkennen, dass nicht primär Wahrnehmung unsere Einstellung bestimmt, sondern umgekehrt: unsere Einstellung bestimmt unsere Wahrnehmung.«[29] Unsere (teils unbewussten) Überzeugungen bestimmen also unsere Bewertung der Wirklichkeit, unser Denken und unsere Gefühle und – daraus folgend – unser Handeln.[30]

Dies ist der Grund, warum eine Argumentation für eine Person contra-intuitiv (gegen ihr Bauchgefühl) ist, wenn sie ihren tief liegenden, oftmals unbewussten Überzeugungen widerspricht. Wenn die jungen Menschen in Kindergarten, Schule und Rundfunk stets gelernt haben, dass feindliches Handeln (seitens der Eltern, der Lehrer oder der Politiker etc.) »in Ordnung« ist, ja sogar notwendig, dann ist das bei ihnen unter Umständen zu einer tief sitzenden Überzeugung, zu einer Einstellung geworden. Dann reagieren sie unter Umständen sogar wütend oder kopfschüttelnd auf jemanden, der ihnen logisch und argumentativ darlegt, ein politischer Akteur sei nicht nur nicht notwendig, sondern für diejenigen, die sich ohne seine Indoktrination und Drohungen anders verhalten hätten, sogar schädlich. Dann ist dies für sie womöglich sogar derart contra-intuitiv, dass sie nicht zum kühlen Denken übergehen, sondern die Argumente intuitiv als absurd von sich weisen. In Bezug auf Propaganda heißt dies, dass sie zur Propaganda Gegenläufiges unter Umständen intuitiv und emotional ablehnen. – Aber was gelernt wurde, kann auch wieder verlernt werden.

Aus medizinischer bzw. neurobiologischer Sicht beschreibt der deutsche Philosoph, Psychiater und Psychologe Manfred Spitzer in seinem Buch *Lernen* (2002), wie die psychischen Vorgänge in unserem Gehirn sogar physische Repräsentationen ausbilden. Das Gehirn sei neuroplastisch: Synapsen, Nervenzellen oder auch ganze Hirnareale verändern sich in Abhängigkeit von ihrer Verwendung.

Wenn Sie Radio hören und jede halbe Stunde Nachrichten hören und in den Nachrichten kommt jedes Mal der Name des politischen Akteurs Max Schmidt vor, dann bekommen Sie auch physisch ein *Max-Schmidt-Gehirn*. Die psychische Wirkung ist, dass Ihnen Max Schmidt dadurch bekannter und damit vertrauter wird. Wie bereits beschrieben wurde, wird im Konfliktfall Kontaktabbruch als Propagandainstrument eingesetzt; der Unbekannte, der Nicht-Vertraute schreckt den Menschen eher zurück. Im Falle der andauernden Namensnennung von Politikern in den Nachrichten passiert quasi das Gegenteil, und zwar ein Bekannt- und Vertrautwerden mit den Genannten. Der systematisch wiederkehrend und vorhersehbar feindlich Handelnde gegenüber seinen Mitmenschen wird diesen so vertraut gemacht. Wer allseits in den Medien genannt wird, wessen Forderungen und Willensäußerungen täglich verkündet werden, kann dies ein »schlechter Mensch« sein? – Erst im Nachhinein werden vormals höchstverehrte Personen oftmals als Verbrecher dargestellt.

Aus dieser interdisziplinären Sicht (praxeologisch und psychologisch) auf Indoktrination und Propaganda wird klar: Wer die »Herrschaft« über die Überzeugungen der Menschen hat, die sich bereits in frühester Kindheit bilden, hat die »Herrschaft« über ihr Denken und Tun. Sind deswegen die allermeisten Schulen und Universitäten staatlich? So beschreibt die *Frankfurter Allgemeine Zeitung* in einem Artikel vom 10. Mai 2017 (»So können Schüler nur marktskeptisch werden«), dass durch die Schulbücher in Erdkunde, Geschichte etc. tendenziell die Zustimmung der Kinder für eine freie Wirtschaft untergraben würde.[31]

Ludwig von Mises wusste auch um die Indoktrination innerhalb staatlicher Schulen und die davon ausgehenden Gefahren:

> *»Man kann sie [die Schule] nicht entpolitisieren, wenn man sie als öffentliche Zwangseinrichtung beibehält. Es gibt da nur ein Mittel, der Staat, die Regierung, die Gesetze dürfen sich in keiner Weise um die Schule und um den Unterricht kümmern, öffentliche Gelder dürften dafür nicht verwendet werden, Erziehung und Unterricht muss ganz den Eltern und privaten Vereinigungen und Anstalten überlassen werden. Es ist besser, eine Anzahl von Buben wachsen ohne Schulunterricht auf, als dass sie wohl Schulunterricht genießen, dafür aber, wenn sie einmal herangewachsen sind, die Chance haben, totgeschlagen oder verstümmelt zu werden.«*[32]

Es gibt staatliche Schulen und Universitäten, staatliche Kindergärten, staatlich geförderte Vereine und Stiftungen, die Ideologien verbreiten, es gibt einen staatsfinanzierten Rundfunk, und die Staaten schalten Anzeigen in nicht staatlichen Zeitungen und Kinowerbung. Aus praxeologisch-neutraler Sicht dient dies dazu, die Kosten des feindlichen politischen Handelns zu senken. Im Übrigen ist hiermit aus praxeologischer Sicht – wie stets – keine Wertung verbunden. Ob Menschen so vorgehen sollen oder nicht, das muss jeder selbst wissen, weil Sollen eben subjektiv ist. Die Praxeologie als Wissenschaft ist beschreibend und nicht vorschreibend. Aus ihr folgt nicht, was getan werden sollte.

9. Selbstverteidigung versus Gewaltmonopol

Die Entwicklung des Schießpulvers, so Jeremy Locke in seinem Buch *Das Ende des Bösen*, brachte den von politischen Akteuren Bedrohten einen historischen Vorteil:[33] »Sobald das Schießpulver zur Verfügung stand, konnten sogar kleine Gruppen von Familien die mächtigen Burgen der Imperien herausfordern. Das Schießpulver veränderte die Reiche der Erde, indem es die Menschen befähigte, die gewalttätige Kontrolle der Herren des Krieges herauszufordern.« Das ist eine historische Interpretation und keine praxeologische, also ist sie von persönlichen Bedeutsamkeitsurteilen des die Geschichte so Deutenden bestimmt, doch lassen Sie uns ihr etwas nachgehen. Vor der Entwicklung des Schießpulvers war der Umgang mit Waffen durch Üben zu erlernen. Berufsmäßige Ritter und Samurai waren klar im Vorteil. Rüstungen schützten effektiv, waren aber teuer und für den normalen Menschen kaum erschwinglich. Die Schusswaffe durchdringt solche Rüstungen und der Umgang mit ihr ist leicht zu erlernen, auch für den Nicht-Berufssoldaten. Auch hebt die Schusswaffe körperliche Ungleichheiten auf, etwa wie zwischen Männern und Frauen oder großen, starken Männern und kleinen, schwächeren Männern. Ohne die Schusswaffen ist der körperlich stärkere Kombattant (Streiter) klar im Vorteil, durch Schusswaffen wird der Unterschied nivelliert (eingeebnet). Es wird für den Vergewaltiger viel riskanter, einen anderen zu überfallen, wenn das potenzielle Opfer im Besitz einer Schusswaffe ist, selbst wenn der Vergewaltiger ebenfalls über eine Schusswaffe verfügt.

Heute sind viele Menschen der Auffassung, dass Schusswaffen nicht in Privatbesitz gehören. Nur die Menschen, die unter dem Namen Staat auftreten und handeln, sollten über Schusswaffen verfügen. Der Staat habe das Gewaltmonopol, und er sei dazu berufen, die Bürger zu verteidigen und die Verbrecher zur Strecke zu bringen.

Hiergegen ist zunächst einzuwenden, dass es schlicht unmöglich ist für die Menschen, die sich unter dem Namen Staat zum gemeinsamen Handeln verbunden haben, die Nicht-Bewaffneten vor Aggressoren zu beschützen, weil sie nicht überall zu jeder Zeit sein können. Es liegt ein Fall der objektiven Unmöglichkeit vor (es ist schon aus unpersönlichen Gründen unmöglich und hat nichts mit der Person zu tun). Und die Befürworter eines Waffenverbotes sind auch nicht dafür, dass niemand mehr Waffen tragen sollte, sondern nur, dass »Privatpersonen« keine Waffen tragen dürfen. Der praxeologische Unterschied zwischen »Privatpersonen« und Mitgliedern der Gruppe Staat ist jedoch, dass Letztere von vornherein feindlich gegenüber ihren Mitmenschen handeln. Es handeln in beiden Fällen (privat oder staatlich) Menschen aus Fleisch und Blut, und ob sie eine Uniform oder Schirmmütze tragen, ist aus handlungslogischer Sicht unbedeutend.

Die Mitglieder der Gruppe Staat handeln feindlich und damit asozial, wann immer sie Drohungen aussprechen gegen friedliche Mitmenschen. Wie wir gesehen haben, ist dies die Regel und nicht die Ausnahme. Die staatliche Tätigkeit erschöpft sich keineswegs in der Wahrnehmung der Notwehr- und Nothilfe-Rechte, wie sie beispielsweise im Strafgesetzbuch Deutschlands niedergelegt sind, sondern jeder Befehl, jedes Verbot, jede Zahlungsforderung, zu der ein friedlicher anderer überhaupt keinen Anlass gegeben hat, ist selbst eine asoziale Aktion. Dass ausgerechnet solche Menschen ein Monopol auf Waffenbesitz haben sollten, die sich zum feindlichen Handeln absichtlich verbunden haben, ist nicht frei von Widersprüchen. Feindliche Akteure sollten über Waffen verfügen, grundsätzlich friedlich handelnde »Zivilisten« aber nicht?

Darüber hinaus ist ein Waffenverbot selbst ein asozialer Akt an sich. Demjenigen, der eine Waffe bei sich führt, um sich zu verteidigen, wird angedroht, ihm schwersten Schaden zuzufügen, also die übliche Drohkette bis zur Tötung, wenn er sich mit den gleichen Mitteln verteidigt, die die politischen Akteure verwenden. Das alleinige Erwerben oder Führen eine Waffe zur Verteidigung ist jedoch ein sozialer Akt. Praxeologisch ist der Waffenverbieter der asoziale Akteur, nicht der Waffenträger. Es wäre praxeologisch betrachtet sogar ein Akt der Selbstverteidigung, sich gegen ein Waffenverbot mit einer Schusswaffe zu verteidigen, wohingegen es ein politischer Akt ist, mit Waffen ein Waffenbesitzmonopol durchzusetzen.

Das Argument, dass die Gewalt zunehmen müsse, wenn jedermann über Waffen verfüge, ist praxeologisch wie historisch falsch. Historisch ist es falsch, weil niemand sagen kann, wie die Gewalt in einer Gesellschaft wäre, in der es kein Waffenverbot gibt, wenn ein Waffenverbot vorhanden wäre. Und umgekehrt. Eine Statistik, die »belegte«, dass Gewaltdelikte nach einem Waffenverbot zurückgingen, könnte bestenfalls eine Korrelation zwischen den beiden Daten für die Vergangenheit feststellen, aber nichts aussagen, was unmittelbar für die Zukunft gültig ist, und nichts darüber aussagen, ob das Waffenverbot ursächlich für den Rückgang der Gewaltdelikte wäre oder andere Einflussfaktoren. Da gesellschaftliche Vorgänge ein komplexes, nicht wiederholbares Phänomen sind, könnte man aus so gewonnenen Daten niemals eine Kausalität und daher auch keinen Beweis ableiten. Daten, die aus komplexen geschichtlichen Phänomenen gewonnen werden, innerhalb derer uns konstante Relationen nicht bekannt sind, sind ungeeignet, Beweis zu erbringen.

Zudem würde jedes Waffenverbot selbst die Drohung mit Gewalt in der Gesellschaft vermehren, und zwar a priori, also praxeologisch. Denn nun wird jedermann von staatlichen Akteuren mit schwerstem Schaden bedroht, also mit Gewalt, der sich dem Verbot widersetzt. Strafrechtlich erfüllt ein Waffenverbot die objektiven und subjektiven Tatbestände der Nötigung und Bedrohung, und wäre die Erpressung (nach deutschem Strafrecht) nicht auf Vermögensdelikte beschränkt, der bandenmäßigen fortgesetzten Erpressung. Würde man die Zunahme dieser Delikte also ebenfalls in einer Statistik aufführen, so würde die Gewalt sprunghaft zunehmen, weil das Waffenverbot von Waffenträgern mittels Nötigung und letztlich Gewalt durchgesetzt würde.

Ist ein Einschränken von Waffenbesitz also stets asozial? Nein, Menschen können sich auch auf waffenfreie Zonen in sozialer Weise einigen. So kann beispielsweise der Veranstalter eines Volksfestes mit reichlich Biergenuss den Waffengebrauch für den Veranstaltungsort untersagen. Und bezogen auf einen bestimmten Veranstaltungsort könnte dieser Veranstalter die Sicherheit seiner Gäste auch mit Sicherheitskräften gewähren, denn die Veranstaltungen sind räumlich und zeitlich begrenzt. Wer nunmehr eine Waffe führt, verstößt gegen die Zutrittserlaubnis des Veranstalters, der diese nur gewährt unter der Bedingung, dass keiner der Gäste eine Waffe mit sich führt. Wer offen sichtbar eine Waffe mit sich führt, wird am Eingang zurückgewiesen. Erzwingt er sich den Zutritt, handelt er selbst asozial, sodass die Abwehr seines Zutrittsversuchs wiederum keine asoziale Handlung ist. Wer eine Waffe mit hineinschmuggelt, handelt hingegen betrügerisch, also täuschend, und somit ebenfalls asozial.

Den Extremfall des Waffenbesitzes könnte man als den Besitz einer Atomwaffe ansehen. Was, wenn der Nachbar eine Atombombe bastelt? – Diese Frage erinnert an die Debatte des britischen Unterhauses über die Anschaffung neuer Atomwaffen in den 2010er-Jahren.

Ein Abgeordneter warf die Frage auf, was man mit Atombomben tun könnte, was nicht gegen das internationale Kriegsrecht verstoße, nach welchem Angriffe auf Nicht-Kombattanten grundsätzlich verboten seien? Die Frage ist also: Ist eine soziale Verwendung im hier verstandenen Sinne von sozial (freundliches und friedliches Handeln) überhaupt denkbar? Bei einer Atombombe, die darauf ausgelegt ist, Massenvernichtungswaffe zu sein, ist nicht denkbar, dass sie zu Verteidigungszwecken eingesetzt werden könnte. Sie dient also offensichtlich der Durchführung und Vorbereitung asozialen Verhaltens.

An dieser Stelle möchte ich nochmals darauf hinweisen, dass asozial und sozial, feindlich, freundlich und friedlich, so wie die Begriffe in diesem Buch verstanden werden, weder Rechts- noch Moralbegriffe sind. Nirgends »plädiere« ich dafür, dass sich jemand nicht feindlich oder aber freundlich verhalten sollte. Wie sich einer verhalten sollte, dass kann nur er selber wissen. Und Recht ist subjektiv, Recht ist, was Parteien untereinander in freiwilliger Kooperation vereinbaren, dass ihnen recht ist und somit eben – zwischen diesen – Recht ist. Feindlich, friedlich und freundlich ebenso wie sozial, asozial und egoistisch werden in der Praxeologie nicht als moralische Kriterien verstanden, sondern sind tautologische Aussagen in Bezug auf Handlungen und ihre Auswirkungen auf Präferenzen, Körper, Leben und Gesundheit, die Zeit, den Ruf und die Sicherheit der Beteiligten. Menschen, die feindlich oder asozial miteinander umgehen, handeln nicht unmoralisch oder widerrechtlich, sondern sie stehen sich als Gegner gegenüber. Wir können aber von vornherein sagen, dass, wer eine solche Handlung beginnt, der Angreifer ist, und wer sie abwenden oder die Auswirkungen rückgängig machen möchte, der Verteidiger. Wenn Menschen so zusammenleben möchten, dass sie einander nicht angreifen und nur Verteidiger gemeinsam unterstützen, sind diese Schlussfolgerungen der Praxeologie für sie hilfreich.

Im Übrigen kann das Argument der präventiven Verteidigung praxeologisch nur dann angewandt werden, wenn es eben denknotwendig ist, dass nur ein Angriff, aber keine Verteidigung möglich ist, sonst wäre der Akt der Zerstörung des Mittels selbst ein asozialer Akt. Der Aufbau eines Arsenals an Waffen, das im Hinblick auf sein Ausmaß oder die Art der Waffen erwarten lässt, dass es nicht auf Verteidigung, sondern auf Angriff ausgelegt ist, wäre also asozial. Wann ein Arsenal derart ist, hängt von Umständen des Einzelfalls ab und lässt sich nicht von vornherein bestimmen. Wie stets bei der Übertragung praxeologischer Erwägungen auf Sachverhalte, in denen es um Quantitäten (Mengen) und Qualitäten (Eigenschaften) der Außenwelt geht, kommt es hier auf persönliche Bedeutsamkeitsurteile an.

10. Wählen versus Abstimmen

Wie bereits ausgeführt wurde, sind Wahlen prinzipiell stets individuelle Akte. Es ist Wille in Aktion, ein Auswählen, ein Vorziehen und Zurückstellen. Gruppen von Menschen können als Gruppe selbst nichts wählen, sondern nur durch die einzelnen Mitglieder der Gruppe.

Poltische Abstimmungen sind keine Wahlen, weil das Wählen des Individuums keine Rolle spielt. Dies wurde bereits ausführlich dargestellt. Der Einzelne müsste zunächst wählen, dass abgestimmt wird über eine gewisse Frage. Hat er das nicht gewählt, kann kein Abstimmungsergebnis eine feindliche Handlung gegen die Person rechtfertigen, die nicht zugestimmt hat, dass abgestimmt wird. Da Recht subjektiv ist, ist es aus objektiver Sicht immer unrecht, wenn einer überstimmt wird, der sich von vornherein nicht damit einverstanden erklärt hat, dass eine Abstimmung, also das Ermitteln einer Anzahl von Vorlieben, für ihn eine verbindliche Wirkung erzeugen soll.

Politische Abstimmungen sind von vornherein schon deshalb feindlich, weil politisches Handeln – wie wir es praxeologisch verstehen – das Handeln unter Einsatz von Täuschung, Zwang und letztlich Gewalt gegen friedliche Menschen ist – ist es nicht feindlich, ist es nicht politisch. Das politische Mittel ist nach Ludwig von Mises, dem Begründer der Praxeologie, schlicht: der Zwang. Ebenso sah dies aus historischer und soziologischer Perspektive Franz Oppenheimer.

Freundliche Abstimmungen kann es freilich auch geben, etwa im Verein oder in der Firma. Voraussetzung ist, dass die einzelnen Beteiligten zugestimmt haben, eine Abstimmung durchzuführen als Mittel zur Bestimmung einer von mehreren Möglichkeiten zu handeln. Wenn nicht jeder hierzu seine Zustimmung erteilt hat, die Abstimmung aber mit Kosten und Lasten verbunden ist, dann bleibt das Handeln trotz Abstimmung feindlich gegenüber all jenen, die nicht zugestimmt haben.

Anmerkungen zu Kapitel XIII

1 Zitiert in Taghizadegan, Helden, Schurken, Visionäre, 2016, S. 165, mit weiterem Quellenhinweis.

2 In den Medien wird hierfür üblicherweise das Wort Privatisierung verwendet. Allerdings sind die Artikel manchmal so geschrieben, als wäre eine Folge der Privatisierung, dass die Produktion nun profitgierigen Unternehmern in die Hände falle. Dabei passiert ökonomisch bei der Befriedung (Ent-Nationalisierung) etwas völlig anderes: Die Produktion wird von der Produzentenhand in die Verbraucherhand gelegt. Nach der Befriedung entscheiden die Verbraucher, wer was produziert und zu welchen Preisen.

3 Mises, Human Action, 1949, S. 287.

4 Kahneman, 2011, S. 282.

5 Mises, Human Action, 1949, S. 827 f.

6 Mises, Human Action, 1949, S. 188 ff.

7 Rose, o. J..

8 Arendt, 1963, S. 276.

9 Dostojewski, 1879, S. 91.

10 Taghizadegan, Demokratie, Eine Analyse des Instituts für Wertewirtschaft, S. 51.

11 Mises, Letztbegründung der Ökonomik, 2016, S. 178.

12 Mises, Letztbegründung der Ökonomik, 2016, S. 185.

13 Mises, Letztbegründung der Ökonomik, S. 133 ff.

14 Mises, Human Action, S. 261f.

15 Wie zum Beispiel die Ökonomen Rahim Taghizadegan, Thorsten Polleit, Hans-Hermann Hoppe, Andreas Marquart, Guido Hülsmann, Antony Mueller oder Philipp Bagus, um nur einige zu nennen.

16 In diesem Fall etwa: Spalte die Bevölkerung auf und herrsche so über sie.

17 Mises, Human Action, 1949, S. 317.

18 Mises, Human Action, 1949, S. 318.

19 Universalisierbarkeit als Kriterium allgemeiner Gesetze nach Immanuel Kant.

20 Beispielsweise könnten wir aus wissenschaftlicher Perspektive sagen, dass es für Karl zweckdienlich ist, eine Opernkarte zu kaufen, wenn er eine Oper sehen möchte, nach unserem jetzigen Kenntnisstand aber zum Beispiel nicht zweckdienlich, wenn er Tieropfer bringt, um so durch magische Fügung an eine Opernkarte zu gelangen.

21 Sie können sich zum Beispiel wünschen, auf dem Mond spazieren zu gehen oder zur Sonne zu fliegen.

22 Tiedtke, »Logik versus Emotion. Warum die Welt so ist, wie sie ist«. Der Konferenzbericht, 2019.

23 Mises, Human Action, 1949, S. 318 f.

24 Aprioristisch bedeutet erfahrungsunabhängig oder denknotwendig. Aprioristische Wahrheiten sind begriffliche Wahrheiten, die man lediglich mit Selbstwidersprüchen bestreiten kann. Dennoch sind diese Wahrheiten informativ, wie zum Beispiel der Satz des Pythagoras: $a^2 + b^2 = c^2$, der in jedem rechtwinkligen Dreieck in der Ebene gilt. Genauso gut könnte man sagen, dass ein Dreieck in der Ebene, bei dem gilt $a^2 + b^2 = c^2$, ein rechtwinkliges Dreieck ist. Trotzdem sind die Ergebnisse aprioristischen Nachdenkens relevant und informativ. Kennt man nur zwei Seitenlängen, kann man die dritte errechnen.

25 Oppenheimer, 1929.

26 Taghizadegan, Gewalt, 2016, S. 128.

27 Mises, Liberalismus, 1927, S. 41.

28 Rothbard, The Ethics of Liberty, 1982, S. 161 ff.

29 Stadtmüller, 2010, S. 10.

30 Stadtmüller, S. 29.

31 Ross, 2017.
32 Mises, Liberalismus, 1927, S. 102.
33 Locke, 2015, Geschichtlicher Fortschritt, Schießpulver (E-Book).

KAPITEL XIV

WIDERLEGUNG POPULÄRER IRRTÜMER (FALSCHE MEME)

Meme sind Bewusstseinsinhalte, Narrative (Erzählungen), Gedankengänge, die von jemandem in die Welt gesetzt werden. Meme können durch Erzählen weitergegeben werden, die Internet-Meme, die in den sozialen Medien verbreitet sind, bestehen meist aus einer Bildaussage und einem kurzen Text hierzu.

Bei Herrschaft geht es darum, Einstellungen und Überzeugungen bei den Bedrohten zu erzeugen, die sie möglichst das tun lassen, was die politischen Unternehmer von ihnen fordern, sodass sie nur bei einem geringen Teil der Bedrohten ihre Drohung wahrmachen müssen. Im besten Falle soll der Getäuschte das aus freien Stücken tun, was die politischen Akteure von ihm verlangen. Zu diesem Zweck verbreiten sie Bewusstseinsinhalte (Meme, Ideologien), die falsch sind, aber von vielen Leitmedien als wahr dargestellt werden. Im Folgenden werden einige populäre Meme praxeologisch widerlegt, das heißt, ihre Falschheit wird offengelegt.

1. Gemeinnutz vor Eigennutz

Politisches Handeln wird oft damit »gerechtfertigt«, dass die Menschen, wenn ein jeder nur auf sich sähe, nicht auf das *Gemeinwohl* schauten. Es sei notwendig für das Gemeinwohl, dass es eine »ordnende Machtinstanz« gibt. Aber ein solches Gemeinwohl, das im Gegensatz zum Wohl des Individuums stünde, gibt es in Wirklichkeit gar nicht:

> *»Bestünde der Gegensatz von Allgemeininteresse des Ganzen und Sonderinteresse des Einzelnen, wie die kollektivistische Lehre es behauptet, dann wäre überhaupt gesellschaftliches Zusammenwirken der Menschen unmöglich. Der natürliche Zustand des Verkehrs zwischen den Menschen wäre der des Krieges. […]*
>
> *Die Wissenschaft von der Gesellschaft beginnt damit, dass sie diesen Dualismus überwindet. Da sie innerhalb der Gesellschaft Verträglichkeit der Interessen der einzelnen Individuen untereinander sieht und keinen Gegensatz zwischen der Gesamtheit und dem Einzelnen findet […].«*[1]
>
> *Ludwig von Mises*

Im Alltag sind uns die politischen Mittel Drohung, Zwang und Gewalt »verwehrt« – es sei denn, Sie sind Mitglied der Gruppe politischer Akteure und ihrer Unterstützer; dann ist Handeln unter Androhung von Schaden Ihr Alltag, Ihr Beruf.

Ansonsten sind wir auf freundliches Handeln »verwiesen«, erhalten also vom anderen nur Güter, wenn dieser sie uns freiwillig gibt. Generell gilt für freundliche Akteure: Nur wenn andere unsere Angebote, zu arbeiten oder zu bezahlen, annehmen, nur wenn wir uns mit anderen vertragen, kommt ein freiwilliger Austausch zustande. Beide gewinnen. Alle anderen Formen zwischenmenschlichen Handelns erreichen dies nicht.

Freundliches Handeln ist soziales Handeln, es geht um zwischenmenschliche Handlungen von Einzelnen im Einklang mit den Präferenzen aller anderen Beteiligten und ohne dass einer ein Gut (Sache oder Handlung) eines anderen auf feindliche Weise erlangt. Durch freundliches Handeln ergeben sich freundliche Zusammenschlüsse von Menschen: Aktiengesellschaften, Genossenschaften, Vereine … all diese Gruppen von Menschen handeln nicht politisch, wenn sie niemanden zwingen (auch nicht mittelbar!), ihre Angebote anzunehmen. In der Realität sind große Konzerne allerdings oft mit staatlichen Privilegien versehen, die sie auf Kosten und zu Lasten anderer erhalten. Zwar zwingt niemand jemanden, ein Auto zu kaufen, aber durch Subventionen (z. B. »Abwrackprämie«) oder andere Vergünstigungen (Zölle, Patente, Regulierung) können dem Konzern Privilegien zugeschanzt werden.

Ein mit dem Einzelwohl konkurrierendes Gemeinwohl gibt es nicht, da die Bedürfnisse der »Gemeinschaft« den Bedürfnissen der Einzelnen von vornherein (oder auch im Nachhinein) nicht entgegenstehen können, weil »die Gesellschaft« kein handelndes Wesen ist, das Ziele und Präferenzen hat, sondern diese wieder nur aus miteinander handelnden Akteuren besteht. »Die Gesellschaft« ist aber nicht selbst Akteur. Durch Drohung, Täuschung, Wegnahme oder Gewalt wird immer, auch in der Gesellschaft, ein Austausch bewirkt, und dabei ein Zustand erreicht, den der andere nicht gegenüber dem Zustand vorzieht, der sich ohne die asoziale Handlung ergeben hätte. Im Hinblick auf alle Beteiligten kommt es also stets zu einer Pareto-Verschlechterung. Da Wollen und Werten nicht gemessen werden kann, kann das Unwohl der einen auch nicht dem Wohl der anderen gegenübergestellt werden und durch eine Größenzahl oder Anzahl »gerechtfertigt« werden. Wenn das Gemeinwohl angeführt wird für politisches Handeln, gewinnen die einen auf Kosten der anderen. Die gefährliche Propaganda, dass der eine auf Kosten des anderen besitzt, dass das Leben ein Nullsummenspiel ist, stimmt nur im Bereich asozialen Handelns.

Der Einzelne schuldet »der Gesellschaft« oder »dem Gemeinwohl« auch nichts; es gibt nichts, was er der Gesellschaft zurückgeben müsste. Der Glaube, dass einer der Gesellschaft oder dem Gemeinwohl etwas schulde, sei tief im Post-Aufklärungs-Bewusstsein verankert, meint der ungarische Philosoph und Ökonom Anthony de Jasay (1925–2019).[2] Der Grundstock des Wohlstandes, so die Argumentation, gehöre »der Gesellschaft«, denn es sei unmöglich, die unzähligen Anteile, in der Vergangenheit und die gegenwärtigen, die von jedem beitragenden Einzelnen geleistet wurden, aufzudröseln und zurückzuverfolgen. Wer habe was erfunden, wem sei welche Innovation eingefallen?

Wir können hier bereits die Antwort geben, dass »der Gesellschaft« nichts gehören kann, nur handelnden Wesen kann etwas gehören, und handelnde Wesen sind nun mal Menschen. Von der Gesellschaft als einem handelnden Wesen zu sprechen ist eine Hypostasierung, der große Trugschluss unserer Zeit. Aber de Jasay erkennt richtig: Die Antwort ist eigentlich sehr simpel und die einzelnen Beiträge können sehr wohl »zurückverfolgt« und »aufgedröselt« werden: Denn bei freundlichem Austausch *wurde bereits für alles bezahlt* und jeder Austausch hat freiwillig stattgefunden. Der Produzent, der Erfinder, der Müllmann, der (Privat-)Lehrer, alle haben etwas dafür erhalten und erhalten etwas dafür, dass sie am Prozess des gesellschaftlichen Austausches teilnehmen. Jeder hat etwas gegeben und dafür etwas erhalten, etwas, das er sogar höher schätzte. Jeder hat gewonnen beim freundlichen Austausch und der jeweils andere aus seiner subjektiven Perspektive eben auch. Es bleibt nichts mehr übrig, was der Einzelne »der Gesellschaft« schulden würde. »Es gibt keinen weiteren, überhängenden Anspruch der ›Gesellschaft‹, der nicht bereits abgegolten wurde, und es kann niemand verlangen, dass ein zweites Mal bezahlt werden müsste.«[3]

Ganz im Gegenteil, diejenigen, die propagieren: »Gemeinnutz vor Eigennutz«, sind diejenigen, die nicht bezahlt haben, sondern die Überschüsse, die sie erlangt haben, durch Drohung bewirkt haben. Sie haben »noch nicht bezahlt«, um bei der Metapher zu bleiben, und gerade die politischen Akteure, die im Legitimismus das Gemeinwohl aufrufen, sind diejenigen, die sich in asozialer Art und Weise an der gesellschaftlichen Kooperation beteiligen, indem sie ihren Willen anderen aufzwingen.

Bevor Sie jetzt auf die Straße gehen und ihren Dorf- oder Stadtpolitiker um Rückerstattung angehen, nochmals der Hinweis, dass dies ein praxeologisches, also wissenschaftliches Buch ist und es keinerlei Handlungsempfehlungen enthält. Praxeologie ist das nüchterne, wertfreie Schlussfolgern aus der selbstevidenten Tatsache, dass der Mensch handelt, und es enthält im Hinblick auf Wollen und Ziele keinerlei wertende Aussagen. Wir können wissenschaftliche Aussagen über Zweckdienlichkeit machen, also welche Mittel von vornherein geeignet oder ungeeignet sind, ein Ziel zu erreichen. Die Praxeologen können Aussagen dazu machen, ob eine Handlung aus Sicht der Beteiligten – und nur auf die kann es in Abwesenheit eines höheren Wesens (und selbst dann!) ankommen – feindlich oder freundlich ist, friedlich oder eine Pareto-Verschlechterung mit sich bringt, aber wir können keine Aussagen dazu machen, welche letzten Ziele ein Mensch verfolgen sollte. Es klingt für manche ungewohnt, dass das Handeln mit Zwang gegen friedliche Menschen von vornherein feindlich ist, aber es ist eben nach den unpersönlichen Kriterien der Handlungslogik so, die berücksichtigt, dass Ziele und Wollen persönlich sind.

2. Öffentliche Güter (insbesondere Wege) – kann nur der Staat

Die moderne Theorie der öffentlichen Güter stammt von dem amerikanischen Ökonomen Paul Samuelson (1915–2009):[4] Entscheidendes Kriterium ist nach Samuelson die Nicht-Ausschließbarkeit: Ein öffentliches Gut ist ein solches, von dessen Nutzung andere nicht ausgeschlossen werden können. Der Ökonom Jörg Guido Hülsmann erkannte jedoch, dass dies niemals der Fall ist:[5] Die Ausschließbarkeit ist überhaupt kein physikalisches, sondern ein ökonomisches, ein praxeologisches Kriterium. »Ich schließe nur dann aus, wenn es sich wirklich lohnt.« Die Menschen müssten sich einen Nutzen davon versprechen, andere von der Nutzung eines Gutes auszuschließen, das sie haben möchten, weil der Ausschluss mit Kosten verbunden ist.

Der Ausschluss von der Nutzung kann aus instrumentaler Sicht, das heißt im Hinblick darauf, ob er technisch umsetzbar ist, in Bezug auf alles Mögliche bestehen: Straßen, Energienetze, Schulen und Universitäten, Versicherungen, sogar an Teilen des Meeres (dies gibt es heute schon in Form der Fischzucht). Und ein Ausschluss muss nicht zwingend durch einen politischen Akteur veranlasst werden. In der formalen Praxeologie spielt es keine Rolle, ob ein Gut »öffentlich« hergestellt wurde oder »privat«, sondern worauf es ankommt, ist, ob die Mittel zur Herstellung feindlich oder freundlich erworben wurden.

Das Ausschließen ist auch kein Kriterium dafür, dass ein Gut von freundlichen Akteuren nicht produziert würde, wenn ein Ausschluss »zu teuer« wäre. Wenn ein Ausschluss zu teuer ist, bedeutet das schlicht, dass die Produzenten schon von sich aus keinen Ausschluss wollen. Was zu teuer ist, wird nicht gewollt. Wenn sie das Gut trotzdem herstellen, wollen sie das Gut und nicht den Ausschluss.

Wenn der Nutzen eines Projektes, der ansonsten auch anderen Nutzen stiftet, die Kosten für diejenigen übersteigt, die das Projekt finanzieren, dann werden sie das Projekt realisieren, völlig unabhängig davon, wie hoch der Nutzen der anderen ist, die nicht an der Finanzierung beteiligt sind.

Zudem kann von den Handelnden auf Reziprozität (Wechselseitigkeit) gerechnet werden: Die Handelnden lassen andere Güter mitnutzen und rechnen darauf, dass andere Produzenten ihre Güter ebenfalls mitnutzen lassen.

Ausschließen kann zudem selbst asozial sein. Der österreichische Ökonom Rahim Taghizadegan nennt dazu ein historisches Beispiel: »In Großbritannien wuchs die Begierde von Großgrundbesitzern auf die Allmenden. Die florierende Wollindustrie führte zu einer rapiden Ausdehnung von Schafherden. Unter den Tudors kam es zu den berüchtigten Enclosures – der Umwandung der Allmenden [den Dorfbewohnern zur Verfügung stehenden Grund und Boden] in umzäunte Weideflächen. Die Menschen klagten darüber, dass nun die Schafe Menschen ›fressen‹. Denn insbesondere für die Ärmsten war die Allmende stets eine Stütze gewesen. Die Menschen wurden nun vom Land ausgesperrt und, wenn sie aus Not bettelnd durch das Land zogen, in Armenhäuser eingesperrt. Ähnliches geschah etwas später in Frankreich, doch aus anderen Interessen. Der Nationalstaat nach der Französischen Revolution entwickelte ein unersättliches Verlangen nach Finanzmitteln.« Daher sei ein Schuldgeld mit dem Namen *assignat* ausgegeben worden, das durch Grundstücke gedeckt sein sollte. »Dazu war es notwendig, nach und nach ganz Frankreich in umzäunte Parzellen aufzuteilen.« Es verwundere daher nicht, dass Jean-Jacques Rousseau das Umzäunen von Land zur Ursünde der Gesellschaft erklärt habe.[6]

Aber die Allmende war kein öffentliches Gut, sondern ein Stück Land, das die Dorfbewohner gemäß einem abgestimmten Handlungsplan nutzten. Und die Dorfbewohner waren die früheren Nutzer. Es wurde mittels Drohung auf sie eingewirkt, dass sie es unterlassen, die Weideflächen weiter zu nutzen, und darin liegt eine feindliche Handlung.

Bei Allmenden haben viele libertär Gesinnte ebenfalls ein öffentliches Gut im Sinne, und sie meinen, »Privateigentum« wäre demgegenüber vorteilhaft, aber diese Argumentation ist nicht ohne begriffliche Verwirrungen. Die Wörter »öffentlich« und »privat« sind in der Praxeologie nicht hilfreich. Die Tragik der Allmende, die sich ereignet, wenn die Nutzer nicht miteinander Vereinbarungen über die Nutzung treffen, sodass dem rücksichtslosesten Nutzer der größte Vorteil erwächst, entspricht, grob gesagt, dem »Gefangenendilemma« (ausführlich in Kapitel VIII, Abschnitt 5 beschrieben). In diesem Modell der Spieltheorie werden gewisse Annahmen getroffen, die einer praxeologischen Überprüfung nicht standhalten. Schon alleine die Annahme, dass ein Handelnder eine Verkürzung einer Haftstrafe anderen denkbaren Vorteilen gegenüber vorziehen »müsste« oder dass es »rational« sei, eine größere Menge Geldes gegenüber einer kleineren anzustreben, sind falsch. Messbare Größen, Zusammenhänge zwischen Mitteln und Wirkungen (wenn – dann) sagen überhaupt nichts darüber aus, was ein Mensch wollen müsste. Wollen ist das Wählen eines Ziels, das die Unbefriedigtheit vermindert. Da der Grenznutzen des Geldes abnimmt, entscheiden sich, um ein anderes Beispiel zu nennen, viele für Freizeit anstatt für eine 70-Stunden-Woche. »Mehr Geld« ist keineswegs rational.

Darüber hinaus sind die Axiome solcher Spiele zum Teil, dass die Menschen miteinander keine verbindlichen Regelungen treffen können, aber der Staat das für sie kann, wobei der Staat in diesem Fall nicht einfach ein handelndes Wesen ist, sondern eine Art »Deus ex Machina« (Gott aus der Maschine), also ein göttlicher, externer Effekt oder eine divine Externalität; aber solche divinen Externalitäten sind in der geteilten Realität nicht vorhanden. Menschen können verbindliche Regelungen treffen, können die Folgen ihres Verhaltens absehen, auch wenn sie hierbei durchaus Fehleinschätzungen unterliegen können. Und wenn sie wissen, dass sie sich ein zweites Mal wiedersehen, es also um fortgesetzte Kooperation geht, sind sie auch nicht prinzipiell geneigt, einmal getroffene Vereinbarungen zu verletzen. Zudem können sie sich selbstverständlich auch ohne eine divine Externalität auf Sanktionen einigen, wie Verletzungen von vereinbarten Pflichten und Rechten zu ahnden sind.

Natürlich mag es effizienter sein, wenn die besten Produzenten die Weidefläche für ihre Produktion nutzen. Und wenn die Menschen ihr Haben übertragen, also vereinbaren wollen, dass sie künftig auf die eigene Nutzung verzichten, sofern der Erwerber hierfür eine Gegenleistung gibt, wird das tendenziell auch geschehen. Denn die abgezinsten Erträge sind für den besten Produzenten mehr wert als für die schlechteren. Und Skalierung, also eine größere Weidefläche für einen Produzenten, kann Vorteile bringen, beispielsweise wenn die dreifache Weidefläche auch mit nur einem Hirten bewirtschaftet werden kann. Aber es ist praxeologisch keineswegs gesagt, dass es den Menschen darauf ankommt, den höchsten Preis für ihre Weidefläche zu erzielen. Selbstständigkeit, das Leben im Dorf etc. kann ihnen mehr wert sein, als dasjenige, was der Interessent zu bieten bereit ist. Die Erwägung jedenfalls, dass eine Aufteilung der Allmende eine größere Produktivität bringt, ändert nichts daran, dass das Bedrohen eines Allmende-Mitinhabers ein politischer feindlicher Akt ist.

Als weitere Methode anstatt eines Ausschlusses bietet sich bei Straßen die Reziprozität (Gegenseitigkeit) an. Wenn Sie heute in Italien auf städtischen oder Landstraßen fahren, müssen Sie keine Maut zahlen (das gilt nicht für Autobahnen). Ebenso müssen

Italiener dies nicht, wenn sie auf deutschen Straßen fahren. Für die in Arbeitsteilung zusammenlebenden Menschen sind Wege, zueinanderzufinden und sich auszutauschen, unersetzlich. Es ist im Interesse eines jeden, der nicht autark lebt, auch physisch erreichbar zu sein und andere physisch zu erreichen. Jeder hat also selbst ein Interesse daran, in seiner Nachbarschaft ein Wegenetz zu haben und sich an überörtliche Wegenetze anzuschließen. Wie bereits oben beschrieben: Wenn sich genug Menschen finden, denen der Nutzen der Errichtung eines solchen Wegenetzes größer erscheint als die Aufwendungen, werden sie die Errichtung durchführen, auch wenn Dritte davon »profitieren«, ohne sich an den Aufwendungen zu beteiligen. Insbesondere, wenn sie wissen, dass andere Menschen andernorts ebenfalls solche Netze produzieren, weil sie Kunden, Lieferanten und Touristen bei sich wünschen, die mit ihren Zahlungen mittelbar auch für das Wegenetz bezahlen.

Zu behaupten, Menschen wären so dumm, dass sie ihre fundamentalsten Eigeninteressen nicht erkennen könnten, bedeutet, ihnen jede Selbstständigkeit abzusprechen und ihnen selbst die elementarsten Dinge des täglichen Lebens wie Nahrung oder Kleidung vorschreiben zu wollen. Das Gesetz der höheren Produktivität der Arbeitsteilung bringt für Menschen produktive Vorteile im Vergleich zu autarkem Leben, in dem jeder nur für sich wirtschaftet. Menschen erkennen dies, wenn auch nicht unbedingt explizit als »Gesetz des komparativen Vorteils«[7], aber in ihren Handlungen zeigen sie, dass sie es verstanden haben, es ist implizites (nicht-ausdrückliches) Wissen. Der Wohlstand des »Westens« rührt vom teilweise nicht unterbundenen freundlichen Austausch her, vom Sich-Vertragen, der Arbeitsteilung und der Kapitalbildung, also der freundlichen Produktion.

Ein historisches Beispiel privaten Wegenetzbaus sind die amerikanischen Turnpike-Corporations (»Schlagbaum-Gesellschaften«) des 18. und 19. Jahrhunderts. Dabei handelte es sich um private Vereinigungen, die – ohne Steuermittel – Güter herstellten, die heute zumeist der Staat herstellt, wie zum Beispiel Straßen und Wege: »Alexis de Tocqueville stellte fest, dass die Amerikaner [...] von einem Gemeinschaftssinn geprägt waren. [Dieser] führte zur [privaten] Finanzierung von Schulen, Bibliotheken, Krankenhäusern, Kirchen, Kanälen, Unternehmen für die Ausbaggerung von Wasserstraßen und Häfen, Werften, Wasserunternehmen und Straßen.«[8] Lebendige Gemeinschaft und Zusammenarbeit entstanden laut Tocqueville aus dem fruchtbaren Boden der Freiheit:

> *»Wenn es darum geht, dass eine Straße an seinem Grundstück vorbeigeht, sieht ein Mensch sofort, dass diese kleine gemeinschaftliche Angelegenheit eine Auswirkung auf seine allerwichtigsten privaten Interessen hat, und es besteht keine Notwendigkeit, ihn auf die enge Verbindung zwischen seinem privaten Gewinn und dem allgemeinen Interesse hinzuweisen. [...] Die*

> *Freiheiten vor Ort veranlassen eine große Anzahl von Bürgern, die Zuneigung der ihnen Nahestehenden und Nachbarn zu schätzen, und sie bringen die Menschen, trotz der sie trennenden Antriebe, ständig in Kontakt miteinander und zwingen sie, sich gegenseitig zu helfen. ... Die freien Institutionen der Vereinigten Staaten und die dort genossenen politischen Rechte geben jedem Bürger, der in der Gesellschaft lebt, tausend ständige Erinnerungen. […] Da er keinen besonderen Grund hat, andere zu hassen, da er weder ihr Sklave noch ihr Meister ist, neigt das Herz des Amerikaners leicht zum Wohlwollen. […] Indem er für das Wohl seiner Mitbürger arbeitet, wird es ihm am Ende zur Gewohnheit und er bekommt einen Geschmack dafür, ihnen zu dienen. […] Ich behaupte, dass es nur ein wirksames Mittel gegen die Übel gibt, die die Gleichheit verursachen kann, und das ist politische Freiheit.«*[9]

Tocquevilles Erfahrungsbericht sei recht allgemein gehalten, aber seine Korrektheit werde durch Dokumente und Lokalberichte über Turnpike-Gesellschaften in den Archiven belegt. Die Listen der Anteilsinhaber der Turnpike-Gesellschaften zeigten ein Netz von Nachbarn, Verwandten und prominenten Persönlichkeiten, die freiwillig zu dem beigetragen haben, was sie als wichtige Verbesserung für die Gemeinschaft betrachteten.[10]

> *»[…] mit wenigen Ausnahmen waren die überwiegende Mehrheit der Aktionäre in Turnpike-Gesellschaften Bauern, Landbesitzer, Kaufleute oder Einzelpersonen und Firmen, die am Handel interessiert waren […]. Eine große Anzahl von gewöhnlichen Haushalten hielt Turnpike-Anteile.«*[11]

Politische Unternehmer bauen Straßen, um politisch handeln zu können, also zu denjenigen zu gelangen, die sie bewirtschaften. Freundliche Akteure, die die Vorteile der Arbeitsteilung und Kapitalbildung erkennen, bauen Straßen, damit andere zu ihnen kommen und sie zu anderen gelangen können, mit denen sie sich freundlich austauschen können.

Ein Free-Rider-Problem existiert in Wirklichkeit nicht. Besitz und Eigentum bedeuten nicht, dass eine Sache jemandem gehört, weil es den anderen allen recht sein müsste, weil sie ein Recht oder einen Anspruch auf diese Sache hätten gegen alle anderen, sondern dass Menschen mit Dingen handeln, die knapp sind, und sie dadurch zu Gütern und zu Mitteln werden. Eigentum und Besitz begründen keine »Herrschaft« über das Ding in dem Sinne, dass das Ding bedroht würde oder andere bedroht würden, das Mittel nicht auch zu nutzen. Wenn jemand vermag, einen Weg herzustellen oder zu verbessern, dann heißt dies nicht notwendig, dass er sich als »Herr des Weges« betrachtet oder andere von der Nutzung des Weges ausschließen möchte. Es kann ihm gerade recht sein, er kann es beabsichtigen, dass andere den Weg nutzen, weil er sich mit anderen austauschen möchte. Er möchte Güter kaufen und verkaufen, dazu braucht er Kunden und Lieferanten in der arbeitsteiligen Gesellschaft.

Ausschließen bedeutet, andere von einer Verwendung als Mittel abzuhalten. Dass ein Ausschluss im Hinblick auf entgegenstehende Verwendungen freundlich geschehen kann, ist die Folge davon, dass ein Ding, welches noch keiner als Mittel verwendet, in pareto-optimaler (win-neutral oder win-win) Art und Weise erworben werden kann im Hinblick darauf, dass noch kein Besitz eines anderen besteht und daher der Besitz des Erstbesitzers nicht auf Kosten und zu Lasten des Besitzes anderer erworben sein kann. Und selbst dort, wo andere von der unmittelbaren Nutzung »ausgeschlossen« werden, kann es diesen recht sein, dass wieder andere für sie besitzen, nämlich immer, wenn es um arbeitsteilige Produktion unter Spezialisierung und Kapitaleinsatz geht. Vielen ist es recht, dass es einen Schreiner gibt, einen Arzt, einen Bauern, eine Kaffeeplantage, einen Einzelhändler und dass diese Menschen mit Mitteln handeln und dadurch anderen Nutzen stiften. Und wem es nicht recht ist, der kann den Besitz an diesen Dingen, wenn er nicht selbst früherer Besitzer dieser Dinge war, mit den Mitteln Täuschung, Drohung, Zwang und Gewalt eben nur in pareto-inferiorer Art und Weise erlangen, nämlich auf Kosten und zu Lasten des Besitzes des anderen, also durch feindliches Handeln. Das »Ausschließen« anderer durch einen früheren oder freundlichen Besitzer ist insofern eine Verteidigung gegen feindliches Handeln und nicht selbst feindliches Handeln.

Ein Weg ist dadurch gekennzeichnet, dass ihn mehrere Menschen als Mittel benutzen, den Raum zu durchqueren und an einen anderen Ort zu gelangen. Wer nun den Weg verbessert, weil er sich Vorteile davon verspricht, der löst kein Free-Rider-Problem aus, und die, die den Weg weiter nutzen, sind auch keine Schmarotzer, sondern sie verwenden ihn weiter als Mittel – wie zuvor. Ein Ausschließen der anderen durch denjenigen, der den Weg verbessert hat, wäre vielmehr eine feindliche Handlung den Mitbesitzern gegenüber, da der Verbesserer seinen Alleinbesitz des Weges nur erlangen kann auf Kosten und zu Lasten der anderen Mitbesitzer.

Anders verhält es sich, wenn (1) ein neuer Weg hergestellt wird oder (2) den Mitbesitzern ein (aus deren Sicht) gleichwertiger Ersatzweg zur Verfügung gestellt wird. Wer beispielsweise eine Brücke oder einen Tunnel errichtet, der kann dies nicht auf Kosten und zu Lasten der früheren Besitzer tun, weil es keine gab. Wenn nun jemand den Tunnel oder die Brücke nutzen möchte, dann kann er das nur auf Kosten und zu Lasten des Besitzes des Errichters. Hier ist das Ausschließen wiederum Verteidigung des früheren Besitzes (hier: des Erstbesitzes). Und natürlich kann der Errichter den Preis für die Errichtung des Tunnels oder der Brücke so stellen, dass damit auch ganz oder teilweise seine Kosten gedeckt sind, die er zur Herstellung oder Verbesserung des Weges zu dem Bauwerk aufgewendet hat.

3. Die Reichen haben auf Kosten der Armen

Wer behauptet, dass »die Reichen« auf Kosten der Armen haben, der verkennt, dass es darauf ankommt, wie der betreffende Reiche an seinen Reichtum gelangt ist, und darüber hinaus, wie der Reiche seinen Reichtum verwendet. Hat der Reiche seinen Reichtum auf Kosten und zu Lasten der anderen erworben oder zum Nutzen der anderen? Die Antwort liegt wieder darin, ob sich der Reiche seinen Wohlstand friedlich und freundlich erworben hat oder feindlich.

Der Urzustand des Menschen ist nicht etwa, dass er mit Ansprüchen auf Teilhabe zur Welt kommt. Solche Ansprüche sind nur vorgestellt. Recht ist subjektiv und kann nur in Verträgen zustande kommen, und Recht hat spiegelbildlich immer eine Pflicht zur Folge, zu der sich jemand verpflichtet haben muss. Ein Anspruch auf Teilhabe würde ja bedeuten, dass jedermann verpflichtet wäre, für den Rechtsinhaber zu arbeiten. Es würde bedeuten, dass der Teilhabe-Einklagende alle anderen als seine Zwangsarbeiter betrachtet, die für ihn arbeiten müssten. So ein Recht auf Zwangsarbeit der anderen existiert nur in der Phantasie mancher Menschen.

Wenn andere dasjenige, was sie erwerben, entweder autistisch erwerben, also ohne Beteiligung eines Dritten, oder im freiwilligen Austausch, dann haben sie es im ersten Falle durch friedliches und im zweiten Falle durch freundliches Handeln erhalten. In der arbeitsteiligen Verkehrswirtschaft ist der zweite Fall der häufigere. Er ist in jedem Falle der ergiebigere im Vergleich zur autarken Selbstwirtschaft, in der jeder Einzelne für sich wirtschaftet und kein Austausch stattfindet. Die Vorteile sind für vernunftbegabte Menschen erkennbar, weshalb sie sich bewusst zur arbeitsteiligen Produktion entschließen können.

Erhält jemand seine Güter durch freiwilligen Austausch und wird dabei reich, dann hat er andere aus deren Sicht mehr bereichert als sich selbst. Denn Austausch findet freiwillig (ohne Zwang) nur statt, wenn sich alle Beteiligten mehr von dem Austausch versprechen, als vom Austausch Abstand zu nehmen. Der Reiche hat also alle anderen noch reicher gemacht als sich selbst, wenn sich dies auch auf mehrere Köpfe verteilen mag und deshalb nicht auf den ersten Blick »sichtbar« erscheint.

Der für andere Produzierende hat seine Produktionsmittel auch nicht für sich, nutzt sie also nicht zum Verbrauch für sich selbst, sondern für die Kunden, die seine Angebote jederzeit ablehnen können, ohne selbst Schaden zu nehmen, und die deshalb mittelbare Inhaber sind. Und zwar in dem Sinne, dass sie mit ihren freiwilligen Zahlungen alle Aufwendungen des Produzenten decken müssen für Grund und Boden,

Kapital, Personal und sonstige Betriebsmittel. Gelingt dem Unternehmer dies nicht, stellt er also nicht nach dem Willen seiner Kunden her, erleidet er Verluste, und erleidet er dauerhaft Verluste, wird sein Kapital liquidiert und gerät aus Sicht der Kunden in bessere Hände.

Der freundliche Produzent kann von seinen Produktionsmitteln auch nicht abbeißen. Ihm stehen die Fabrik oder die Eigentumswohnungen, die er vermietet, nicht zum Verzehr oder Eigengenuss zur Verfügung, sondern er hat sie für andere, die sie verbrauchen oder bewohnen. Ob die Wohnungen durch einen feindlichen oder freundlichen Produzenten errichtet werden, spielt doppelt eine Rolle. Erstens werden sie nur von einem freundlichen Produzenten nach den Wünschen der Kunden errichtet. Ein feindlicher Produzent, der nicht auf freiwillige Zahlungen angewiesen ist, kann sie nach seinen Vorstellungen errichten. Und zweitens erfolgt nur in freundlicher Art und Weise die Herstellung pareto-optimal, also win-win. Bei feindlicher Produktion erfolgt die Herstellung ja definitionsgemäß auf Kosten und zu Lasten anderer, die gezwungen werden, die Mittel bereitzustellen.

Und auch das, was der freundliche Reiche konsumiert, also verbraucht, hat er auf freundliche Art und Weise erhalten. Seine Konsum- und Luxusgüter hat er mit Mitteln bezahlt, die er im freundlichen Austausch mit anderen erhalten hat. In einem Austausch, in welchem die anderen aus ihrer eigenen Sicht bei jeder einzelnen Transaktion mehr gewonnen als sie hergegeben haben. Und seine Luxusgüter sind Gegenstände des sich verändernden Universums, die sich abnutzen und erneuert, instandgesetzt und gewartet werden müssen, sollen sie nicht vergehen. Daraus folgt, dass ein weiterer freundlicher Austausch mit anderen vonnöten ist, will sich der Reiche seine Güter erhalten. Und dieser freundliche Austausch war auch schon notwendig, als der Reiche sie erwerben wollte.

Umgekehrt beim politischen oder feindlichen Reichen. Wer sich die Güter erzwingt, erlügt oder stiehlt, der hat, was er hat, auf Kosten und zu Lasten anderer erhalten. Wer andere bedroht, damit sie ihm Güter abliefern, der hat ihr Leben nicht bereichert, sondern gerade im Gegenteil. Solche feindlichen Reichen sind aus praxeologischer Sicht nicht nur Verbrecher, Verbrecherbanden oder die Mafia, sondern auch politische Unternehmer, also Politiker und scheinbar freundliche Unternehmer, die zwar ihre Produkte im freiwilligen Austausch anbieten, aber von anderen politischen Unternehmern privilegiert sind, die Subventionen erhalten, die von Lizenzen und politischen Monopolen profitieren, denen Zölle und Zulassungsbeschränkungen die Konkurrenz vom Halse halten, die bezahlt werden von anderen politischen Unternehmern, die ihre Auftraggeber sind, die Lobbyismus betreiben und Regulierung fordern, damit kleine und mittlere Konkurrenten ausscheiden. Diese Unternehmer sind keine freundlichen Unternehmer, sondern nur scheinbar.

Viele Reiche und Superreiche sind heute keine freundlichen Unternehmer, sondern sie machen sich politische Unternehmer dienstbar. Sie profitieren von Privilegien wie Nachahmungsverboten, die mit Zwang und Gewalt durchgesetzt werden, Lizenzen, Zöllen, Subventionen, Regulierung und so weiter. Alle großen Softwarekonzerne zählen hierzu, sofern sie von Nachahmungsverboten in Bezug auf ihre Software profitieren, ebenso alle großen Musikkonzerne, Filmkonzerne, Pharmakonzerne und so weiter. Es ist eben feindlich, anderen zu verbieten, ein nicht knappes Gut (Idee) zu verwenden. Wenn ich ein Rad baue, und mein Nachbar baut ein Rad nach, dann wird mein Rad nicht weniger und meine Position in Bezug auf den Besitz an meinem Rad nicht geschmälert, dadurch, dass er es nachahmt. Dass ich die Idee zuerst hatte, stimmt, aber ändert eben nichts daran. Ohne meine Idee wäre er vielleicht erst später, vielleicht schon eine Sekunde später oder erst Jahre später, vielleicht auch gar nicht auf dieselbe Idee gekommen. Wir wissen es nicht, und es spielt im Hinblick auf die Frage, wer feindlich handelt und wer freundlich, auch keine Rolle.

Auch die Vorstände dieser Unternehmen sind superreich im herkömmlichen Sinne. Ebenso natürlich diejenigen, die Spitzenpositionen bei politischen Unternehmen innehaben, wie Post oder Bahn oder Krankenkassen oder anderen politischen Organisationen. Selbstverständlich sind auch im gängigen Verständnis schon die Bürgermeister von deutschen Kleinstädten reich. Sie verfügen über weit überdurchschnittliche Gehälter, haben Dienstwagen, Chauffeure, essen und trinken oftmals auf Steuerzahlerkosten und so weiter. Ganz abgesehen davon die politischen Spitzenfunktionäre, die in den zahlreichen Landtagen, Bundestagen, Kongressen, Parlamenten, Regierungen, Regierungsorganisationen, Kommissionen, Räten und so weiter sitzen. Sie fliegen um die Welt, genießen Luxushotels, verfügen über eine Altersvorsorge, die für viele Menschen durch freundliches Handeln nicht erreichbar ist, eben auch deshalb, weil sie so viel von ihren erwirtschafteten Überschüssen abgeben müssen, um die politischen Unternehmer zu unterhalten. Diese Millionen von Vorständen, Funktionären und sonstigen politischen und scheinbar freundlichen (aber ebenfalls politischen) Unternehmern sind Reiche, die das, was sie haben, auf Kosten und zu Lasten anderer erhalten haben.

Der Satz, dass die Reichen das, was sie haben, auf Kosten und zu Lasten der Armen haben, stimmt also nur in Bezug auf politische Unternehmer und scheinbar freundliche Unternehmer, die genauer betrachtet auch politische Unternehmer sind, weil sie von diesen profitieren und mit ihnen gemeinsame Sache machen. Die »relativ Armen«, die Werktätigen und Arbeiter, die Angestellten und Selbstständigen, die freundliche Unternehmer sind, leisten ihnen Zwangsabgaben.

Ein unterschiedliches »Klasseninteresse«, von dem Karl Marx sprach, besteht also letztlich im Hinblick darauf, ob einer zur »Kaste« der politischen Unternehmer oder zur Klasse der freundlichen Unternehmer gehört. Die Klasse der politischen Unternehmer bewirtschaftet die Klasse der freundlichen Überschussproduzenten mit Täuschung, Drohung, Zwang und Gewalt. Das ist im Übrigen weder eine politische noch eine moralische oder philosophische Aussage, sondern sie ergibt sich von vornherein aus den Schlussfolgerungen der Praxeologie, insbesondere dass Wollen persönlich ist und eben kein »kollektives Phänomen«. Einzelne wollen, und was eine Mehrheit will, ist nicht bestimmend im Hinblick darauf, ob das Gewollte anderen gegenüber feindlich, friedlich oder freundlich ist.

4. Ohne Staat wären die Armen ärmer

Es gibt Menschen, die nicht selbst für sich sorgen können. Kinder, besonders Kleinkinder, Versehrte, Menschen, die von Krankheit geschlagen sind, oder Menschen, die so ungünstige Einstellungen und Überzeugungen erworben haben, dass ihnen das psychische Rüstzeug fehlt, anderen Nutzen zu stiften. Solche Menschen können dasjenige, was sie zur Erhaltung ihrer Selbst benötigen, nicht im freundlichen Austausch mit anderen erhalten.

Aber sind diese Bedürftigen deshalb auf politische Unternehmer angewiesen? Nein. Um ihre Not zu lindern, ist es nicht nötig, auf andere mit Drohung einzuwirken, damit diese abgeben, sondern Menschen können Leid und Freude ihrer Mitmenschen sich zu eigen machen. Es ist also keineswegs eine Notwendigkeit, dass politisches Unternehmertum existiert, damit Menschen ihren bedürftigen Mitmenschen unter die Arme greifen.

Die Rede ist auch vom Anspruch der Bedürftigen gegen ihre Mitmenschen auf Hilfe und dass dieser Anspruch nur durchgesetzt werden könnte, wenn es politisches Unternehmertum gebe. Alleine, da Recht subjektiv ist, gibt es einen solchen Anspruch nicht. Was es geben kann, ist ein Privileg, das der politische Unternehmer beliebig zurückziehen und gestalten kann und das deshalb auch kein Anspruch gegen den politischen Unternehmer ist. Die politischen Unternehmer können den Bedürftigen versprechen, andere zu bedrohen und zu zwingen, Mittel abzugeben und diese Mittel dann an die Bedürftigen weiterzureichen. Aber das geschieht auf Kosten und zu Lasten anderer, ist also – die gesamte Gesellschaft betrachtet – eine Pareto-Verschlechterung und daher von vornherein feindlich. Der Bedürftige bleibt so oder so auf die »Gnade« seiner Mitmenschen verwiesen. Aber jemand, der über Einstellungen und Überzeugungen verfügt, aufgrund derer er anderen gegenüber systematisch, wiederkehrend und vorhersehbar feindliche Handlungen ausführt, von dem ist – nach historischer Erfahrung – weniger Mitgefühl oder Einfühlungsvermögen zu erwarten als von Menschen mit friedlichen und freundlichen Einstellungen – mögen diese zur Zeit auch noch so rar gesät sein.

Historisch gesehen ist die Fürsorge für Bedürftige schlechter gewesen, wenn und wo das politische Unternehmertum weiter verbreitet war. In Gesellschaften, in denen freiwilliger Austausch verbreitet ist, ging es den Bedürftigen besser als im realen Sozialismus oder in der Feudal- und Stammeswirtschaft. Und wenn man bedenkt, wie viel mehr Mittel den Menschen verbleiben, wenn sie nicht mehr die politischen Unternehmer unterhalten müssen, sondern sie diese Mittel für Bedürftige verwenden können, ist – im Wege des informierten Mutmaßens (spezifisches Verstehen) – zu erwarten, dass eine weitaus reichlichere Versorgung der Bedürftigen erfolgen wird. Vielen Menschen macht es Freude, sich wohltätigen Zwecken zu widmen, insbesondere, wenn sie über reichlich eigene Mittel verfügen. Und gerade Menschen, die ihren Einstellungen und Überzeugungen nach ihren Mitmenschen gegenüber nicht feindlich, sondern freundlich gesinnt sind, verfügen über Einfühlungsvermögen in andere und sind besonders zur Rücksichtnahme fähig.

Dass gerade diejenigen, die sozusagen gewerbsmäßig feindlichem Verhalten nachgehen, besonders dazu imstande sein sollten, sich um ihre bedürftigen Mitmenschen zu kümmern, ist geradezu eine abwegige Annahme. Sie müssen ja über Einstellungen und Überzeugungen verfügen, die sie motivieren zu rücksichtslosem und feindlichem Verhalten ihren Mitmenschen gegenüber, sonst würden sie nicht feindlich handeln. Natürlich können sie nichts dafür, dass sie diese Einstellungen und Überzeugungen erworben haben; das folgt aus der Schlussfolgerung der Unvermeidlichkeit der Ereignisse aufgrund des Prinzips der Kausalität, von dem handelnde Wesen ausgehen. Wer solche Einstellungen und Überzeugungen hat, kann auch die Lüge nutzen, um andere Menschen zu manipulieren, und vorgeben, sich um andere zu kümmern. Die systematischen Lügen sind Propaganda und Indoktrination, und alle politischen Regime nutzen diese Instrumente, wie wir bereits gesehen haben. Politiker durchschneiden auf Fotos Bändchen vor der Tür eines Krankenhauses bei der Neueröffnung, und es wird verschwiegen, dass die Mittel zur Errichtung dieses Krankenhauses – wie auch zur Bezahlung des Politikers – erzwungen wurden.

5. Es ging uns noch nie so gut wie heute

Ein »Credo« (»Ich glaube!«), das Sie wahrscheinlich schon öfter gehört haben, vielleicht insbesondere von einem politischen Akteur oder einem Unterstützer, lautet, dass es »uns« noch nie so gut wie heute gegangen sei – natürlich nicht ohne den impliziten Hinweis, dass die »gute Politik« dafür verantwortlich sei. Diese Propaganda ist auf zwei Ebenen falsch.

Auf der einen Ebene, weil es »uns«, wenn es uns gut geht, nicht wegen der Politiker gut geht, sondern trotz der Politik, also trotz feindlichen Handelns; trotz des

Androhens von Ungütern; trotz der staatlichen Produktion von Ungütern 2. Ordnung (politische Produkte). Die Menschen haben es teilweise geschafft, mehr und mehr Freiheiten zu erlangen gegen die politischen Unternehmer, seien es Junker, Fürsten, Lehnsherren oder Amtsmänner. Ludwig von Mises sagte, die Geschichte des Westens könne beschrieben werden als die Geschichte der Verteidigung der Menschen gegen die Übergriffe der Amtsinhaber.[12] Und in diesen Nischen der Unbehindertheit konnten die Menschen durch freiwilligen Austausch Wohlstand erlangen. Dafür sind aber nicht die politischen Unternehmer ursächlich, sondern das teilweise Überwinden des politischen Unternehmertums. Man stelle sich vor, wie wohlhabend die Menschen wären, wenn nicht ein Großteil der Bevölkerung von den Überschüssen leben würde, die ein relativ kleiner Teil der Bevölkerung, die »Netto-Steuerzahler« erwirtschaften? Wenn alle politischen Unternehmer einer wertschöpfenden Beschäftigung nachgingen und ihren Mitmenschen ablehnbare Angebote machten, anstatt sie zu täuschen, zu bedrohen und so weiter. Wenn Millionen auf einmal nicht mehr von den Überschüssen der anderen leben könnten, sondern ihre eigenen Überschüsse erzeugen müssten.

Auf der anderen Ebene ist die Propaganda »uns ging es noch nie so gut wie heute« falsch, weil »wir« den größten Anteil der Einkommen an politische Akteure abgeben müssen, die noch dazu »auf Kosten der Zukunft« leben. Die Zwangsabgaben führen dazu, dass die Netto-Abgabenzahler über den Großteil ihrer Einkünfte überhaupt nicht verfügen können: Wie gezeigt, müssen die Netto-Steuerzahler einen Großteil ihres Einkommens an die Gruppe der politischen Unternehmer abgeben, die dann über die Mittelverwendung nach ihrer Willkür und nicht nach den Präferenzen der Bedrohten entscheiden. Und sie nehmen einen Großteil der Zwangsabgaben zu ihrem eigenen Verbrauch und für Privilegien, die sie ihren Unterstützern gewähren.

Die Belastung in der Zukunft sind die Staatsschulden, mithilfe derer politische Produkte für Paul 2021 hergestellt werden, die aber nicht von Paul 2021 bezahlt werden, sondern von Paulina 2030 oder 2050 bezahlt werden sollen. Zu der Gesamtverschuldung der Gruppe der politischen Akteure hinzu kommen noch die versteckten Schulden, die sie gemacht haben, also die Geldversprechen der politischen Akteure sowohl an die Bedrohten selbst als auch an ihre eigenen Mitglieder und Unterstützer. Das sind namentlich die Rentenversprechen gegenüber den Bürgern und die Pensionsversprechen gegenüber den Politikern und Beamten. Sollten künftige Zahler von Zwangsabgaben nicht stärker belastet werden als die heutigen, müssten hierfür Rückstellungen in immenser Höhe gebildet werden.[13] Dividiert man die Summe dieser Brutto-Staatsschulden, also inklusive der versteckten Staatsschuld, durch die Anzahl der Netto-Steuerzahler, so wird dieser Quotient im Hinblick auf die Schulden, die manche politische Gruppen angehäuft haben, die Kosten eines durchschnittlichen Einfamilienhauses übersteigen; das wäre sozusagen die wahre »Pro-Kopf-Verschuldung«, weil Netto-Steuerempfänger wie Politiker, Beamte oder andere Empfänger von Zahlungen, die erzwungen wurden, per Saldo keine Steuern bezahlen, sondern von Steuermitteln leben. Sie entnehmen ihre Einkommen komplett aus dem Zwangsabgabentopf – und legen nur einen Teil davon wieder in den Topf zurück, sodass sie per Saldo überhaupt nichts zum Abgabenaufkommen oder zur Schuldentilgung beitragen können.

Stellen Sie sich vor, Sie setzen Ihr ganzes Vermögen um: Sie verkaufen ihr Haus, lösen ihre Altersvorsorge-Ersparnisse auf, kaufen sich einen schicken Sportwagen und begeben sich auf Tour durch Europa; Sie steigen in schicken Hotels ab, besuchen die besten Lokale. In dem Zeitraum, in dem Sie auf Tour sind, geht es Ihnen vielleicht besser als vorher. Aber danach, wenn Sie ihr Kapital verzehrt haben, geht es Ihnen schlechter als vorher. Sie haben »auf Kosten Ihrer Zukunft« gelebt. Natürlich ist dies ein vereinfachtes Beispiel und in der sich verändernden Wirtschaft gibt es Kapitalbildung und technische Innovationen, die dem politischen Kapitalkonsum entgegenwirken. Nichtsdestotrotz sind die Verbindlichkeiten der politischen Unternehmer (Staatsanleihen) Ansprüche anderer Menschen, die irgendwann zur Auszahlung fällig werden. Diese Ansprüche können von den Politikern entweder nur nominell (der Zahl, aber nicht dem Wert nach) erfüllt werden (durch Gelddrucken beziehungsweise Bezahlung der Schulden mit neuen Schulden), sodass mit den Geldern dann – *ceteris paribus* – weniger gekauft werden kann, weil die Inflation die Geld-Ansprüche entwertet. Oder Sie stehen auf der Seite der Netto-Steuerzahler und der Staat wird Sie zugunsten seiner Gläubiger noch stärker mit Zwangsabgaben belasten, als das heute schon der Fall ist.

Der Ökonom Rahim Taghizadegan schreibt: »Unabhängig von der politischen Einstellung greift die Erwartungshaltung um sich, dass es unsere Kinder und Enkelkinder einmal schwerer haben werden als wir selbst. Dieser Erwartungsumschwung ist einer der deutlichsten Indikatoren für verdichtete Untergangsstimmung.«[14]

6. Grenzen des Wachstums und Überpopulation – Es gibt zu viele Menschen

Ein Punkt, mit dem die Propagandeure feindlich handelnder Organisationen immer wieder kommen, ist, dass es ohne eine »Bewirtschaftung« der Bevölkerung zu einer Überbevölkerung käme, die für die Erde nicht verkraftbar sei. Diese Idee geht zurück auf das malthusische Gesetz (benannt nach Thomas Malthus, 1766–1834), das besagt, dass eine Mehrproduktion an Subsistenzmitteln (Mitteln zur Erhaltung des Existenzminimums) durch eine dementsprechend wachsende Bevölkerung aufgezehrt wird, sodass ein wirkliches wirtschaftliches Wachstum – biologisch betrachtet – nicht möglich ist. Zoologisch betrachtet hat diese These durchaus ihre Berechtigung. Wenn zusätzliche verfügbare Mittel zur Selbsterhaltung vollends für die Zeugung und Versorgung von Nachkommenschaft verwendet werden, so bleibt denn auch nichts übrig für eine weitere Verbesserung der Lebensverhältnisse der (Tier-)Art. Eine Fortentwicklung der Art könnte nicht mehr stattfinden, die Entwicklung der jeweiligen Art würde sozusagen stagnieren.[15]

Da der Mensch aber im Unterschied zu den Tieren die Kategorie der Zeit kennt und zudem reflektiert seine Triebe zugunsten anderer Zwecke im Zaum halten kann, gibt es neben der biologischen noch eine handlungslogische Perspektive, und zwar unabhängig davon, ob nun ein exponentielles (geometrisches) Bevölkerungswachstum durch ein – ebenfalls exponentielles – Kapitalwachstum (Traktoren, Düngemittel, Anbautechniken, Arbeitsorganisation, neue Technologien, Digitalisierung etc.) kompensiert oder sogar überkompensiert wird. Selbstverständlich: Wenn auch die letzte Naturkomponente – trotz Einsatzes aller Technik – zur Erzeugung von Subsistenzmitteln verwendet würde, wäre die »Grenze des Wachstums« objektiv erreicht. Aber der Mensch vermehrt sich eben nicht wie ein Bakterium oder ein Unkraut. Diese Analogie zu nichtmenschlichen biologischen Lebensformen verkennt das Wesen des Menschen als Handelnden, der seine Triebe (und Gedanken und Gefühle) im Zaum halten kann im Hinblick auf die Wirkung des ungehinderten Ausübens für seine Zukunft. Der Mensch ist das Wesen, das »mit der Zukunft im Austausch« steht, ein Wesen, das heute Kosten auf sich nimmt, um morgen davon zu profitieren. Der Mensch kann erkennen, dass eine grenzenlose Vermehrung einen diese Vermehrung ermöglichenden Wohlstand vermindern kann. Er kann anstelle grenzenloser Vermehrung wählen, den Wohlstand für sich und eine kleinere Familie – gegenüber dem biologisch machbaren – zu mehren.

Zudem besteht zwischen den Menschen kein prinzipieller Interessenkonflikt, solange ausreichend zur Verfügung stehen: technisch gesehen Naturkomponenten, Technologien und Energie und ökonomisch gesehen Ersparnisse und Arbeitskraft. Das Gesetz des Mehrertrages der Arbeitsteilung führt dazu, dass der Mensch dem Menschen eben nicht notwendigerweise ein Wolf ist, sondern dass der Mensch dem anderen Menschen im freiwilligen Austausch Nutzen stiften kann, dass die Menschen wechselseitig ihren Wohlstand mehren können. Durch die Erkenntnis des Mehrertrages der Arbeitsteilung und Spezialisierung und dass freiwilliger Austausch vorteilhaft für alle Seiten ist, ist der neu hinzukommende Mensch nicht ein Feind seines Mitmenschen, sondern eine zusätzliche helfende Hand. Die Tatsache, dass das arbeitsteilige Wirtschaften und freiwilliger Austausch für alle Beteiligten vorteilhaft sind gegenüber der autistischen (nur für sich selbst) Wirtschaft des Einzelnen oder der autarken (ohne Austausch mit Fremden) Wirtschaft von Familien, Stämmen oder Völkern, vereint die Interessen, sodass ein neu Hinzukommender nicht prinzipiell ein Gegner ist, sondern auch ein Freund sein kann. Solange die technischen, natürlichen und ökonomischen Voraussetzungen gegeben sind, bedeutet eine Bevölkerungszunahme nicht, dass jeder ein kleineres Stück vom Kuchen bekommt, sondern im Gegenteil: dass die einzelnen Stücke größer werden.

Die teilweise Befreiung der Individuen von ihren politischen Herren im 19., 20. und 21. Jahrhundert, die zumindest teilweise Befreiung von der Knechtschaft und vom Gehorsam den Oberen gegenüber, ermöglichte Freiräume für Eigeninitiative, Arbeitsteilung und Spezialisierung in noch nie vorher gekanntem Ausmaße. Sie führte nicht dazu, dass jedes Individuum mit dem anderen »im Clinch lag«, sondern im Gegenteil: Die Menschen erkannten die Vorteile der neuen Unbehindertheit. Sie kooperierten und die Bevölkerungszunahme ging mit einer noch nie gesehenen Wohlstandszunahme für den einfachen Mann einher.

Wer über solche Freiräume verfügt, kann sich das Ziel setzen, seinen und den Wohlstand seiner Familie zu mehren – und wird dabei automatisch den Wohlstand auch seiner örtlichen Gemeinschaft und aller anderen Menschen mehren, die von dem freundlichen Austausch profitieren. Er schafft ständig Win-win-Situationen. Er kann das Ziel verfolgen, seine Nachkommenschaft willentlich zu begrenzen, um für sich und seine Nachkommen das Leben annehmbarer zu machen. Und die Geschichte der westlichen Länder zeigt, dass viele Menschen mit zunehmendem Wohlstand ihre Nachkommenschaft unterhalb des biologisch Machbaren begrenzten, um sich und ihrer Familie das Leben so annehmbarer zu machen.

Wo diese persönliche Freiheit durch Täuschung, Drohung und Zwang eingeschränkt wird, wo also politische Akteure sozialen Austausch behindern, wo die Ideologie des Nationalismus »geglaubt« wird oder wo theologische Dogmen gelten, dort werden die Interessen der Menschen nicht in Arbeitsteilung vereint, sondern es kommt unvermeidbar zu Interessenkonflikten. In einer politischen Gesellschaft, in der die politischen Akteure das wirtschaftliche Handeln der Bedrohten erfolgreich sabotieren, können die friedlichen und freundlichen Menschen nicht vom anderen profitieren und wird freundlicher Austausch mit Aggression unterbunden. Auch hier kann mit Zwangsarbeitsteilung und Ausrüstung die Produktionsmenge erhöht werden, aber es ist aus der Sicht der Gezwungenen und Bedrohten kein Mehrertrag der Arbeitsteilung, weil die Wertungen der friedlichen Menschen außen vor bleiben und nach dem Willen der politischen Oberherren produziert wird.

Und bestimmen die politischen Akteure die Güterverteilung zum Beispiel nach Köpfen, so kann der Mensch das Ziel, durch eine Beschränkung seiner Nachkommenschaft seinen Wohlstand und den seiner Lieben zu mehren, nicht erreichen. Ihm kann es nun egal sein, wie viele Nachkommen er hat, da dies keinen Einfluss darauf hat, welche Mittel ihm und seinen Kindern zufließen. Ein Motiv zur Beschränkung der Nachkommenschaft aus diesem Grund muss deshalb fehlen. Ein politischer Akteur kann sogar umgekehrte Anreize setzen: Er kann Menschen, die über keine oder eine nur geringe Nachkommenschaft verfügen, bedrohen, Mittel an Menschen abzugeben, die mehr Kinder haben. Dies kann so weit gehen, dass er Einkommensanreize für Menschen setzt, Kinder zu bekommen, und Menschen dazu zwingt, für die Kinder anderer Menschen zu bezahlen.

Die Ideologie des ökonomischen Nationalismus macht Menschen einander nicht zu Freunden, sondern zu Feinden. Nicht die Vereinbarkeit der Interessen aller unter dem Gesetz des Mehrertrages der Arbeitsteilung wird geglaubt, sondern die Indoktrination der politischen Akteure, die die Propaganda verbreiten, nicht zur Nation gehörige Menschen seien Fremde, die es zu beherrschen gelte – oder doch zumindest mittels Zöllen, Einreise- und Einfuhrbeschränkungen »abzuwehren«. Die Folge einer solchen Ideologie kann sein, dass Menschen ihre Nachkommenschaft auf Kosten des eigenen Wohlstandes erhöhen, um den gewähnten Feinden an Zahl überlegen zu sein. Verspricht die nationalistische Regierung, die »Beute« aufzuteilen unter den eigenen Gefolgsleuten, wird ein Anreiz zur Feindschaft gesetzt.

Im Hinblick auf religiöse Dogmen, die entweder die Planung der Nachkommen verbieten oder gebieten, möglichst viele Nachkommen zu zeugen, etwa auch um an Zahl gegenüber den anderen, also den vermeintlich Ungläubigen, zu gewinnen, kann die Praxeologie freilich nichts zu den theologischen Erwägungen sagen, die hinter diesen Dogmen stehen. Das Wesen eines religiösen Dogmas ist es ja gerade, dass es mit den Mitteln, die der menschlichen Vernunft zugänglich sind, nicht kritisierbar ist. Was die Handlungswissenschaft dazu sagen kann, ist, dass dort, wo eine Nachkommenschaft in dem Maße gezeugt werden soll, wie es die Subsistenzbedürfnisse der Menschen gerade noch gestatten, sich die Fragen nach einer Weiterentwicklung der menschlichen Zivilisation oder der Verbesserung des Lebensstandards nicht stellen.[16]

Die Nachkommenschaft ist im Übrigen nicht derart mit der Thematik der Altersvorsorge verknüpft, wie es teilweise propagiert wird. Dass bei der gegenwärtigen Bevölkerungsentwicklung in vielen westlichen Industrieländern die Altersvorsorge abnimmt relativ zu dem Standard, als mehrere Arbeitnehmer für einen Rentner bezahlen mussten, ist kein Bevölkerungsproblem, sondern ein Problem politischen Handelns: Die Politiker drohen den Rentenzahlern mit Zwang, wenn diese nicht einen Teil ihres Einkommens an die politischen Unternehmer abführen, den diese dann an Menschen weiterreichen, denen sie das Rentenprivileg versprochen haben. Zudem nutzen sie Mittel aus Zwangsabgaben. Nimmt nun die Bevölkerung stärker ab und werden die Menschen älter, ist es – unter sonst gleichen Bedingungen – eine logische Folge, dass die Rentenzahler entweder immer mehr bezahlen müssen oder die Rentenempfänger immer weniger erhalten. Natürlich kann die Zunahme an Kapitalgütern dem entgegenwirken, aber es kann eben auch sein, dass die Produktivität nicht in demselben Maße zunimmt, sodass der Lebensstandard sowohl der Rentenempfänger als auch der Rentenzahler abnimmt. Ohne das Vorhandensein eines politischen Akteurs könnten die Menschen Ersparnisse bilden und selbst für ihr Alter vorsorgen oder selbst Rentenkassen gründen, in die sie einzahlen und von deren Kapitalerträgen sie leben. Ein politischer Unternehmer schafft hier keinerlei Vorteil für die Menschen, die sich ohne die Drohungen anders verhalten hätten.

Für das menschliche Handeln, für die Ziele des Menschen sind dessen Einstellungen und Überzeugungen maßgeblich, und das können korrekte Einstellungen und Überzeugungen sein, die den Schlussfolgerungen der Praxeologie nicht widersprechen, oder Ideologien. Wir können daher sagen, dass das Thema der Überbevölkerung nicht ein naturwissenschaftliches Problem ist, sondern vor allem ein handlungslogisches. Ideologien wie der Sozialismus und der Nationalismus können zu Ideologien-Sets führen, die Menschen danach trachten lassen, die Nachkommenschaft über das Maß zu erhöhen, welches sie ohne diese Ideologien anstreben würden. Und auch religiöse Überzeugungen können dazu führen.

Viele Menschen glauben daran, dass die Erde die derzeitige oder eine künftige Bevölkerungsmenge an Menschen nicht »tragen« könnte, obwohl das Gegenteil bislang der Fall gewesen ist. Wie der schwedische Arzt und Professor für internationale Gesundheit Hans Rosling (1948–2017) in seinem Buch *Factfulness* zeigt, ist es zwar der Fall, dass noch nie so viele Menschen wie heute auf der Erde gelebt haben, aber gleichzeitig haben auch noch nie so viele Menschen auf derartig hohem Wohlstandsniveau gelebt wie heute; die Versorgung der Menschen mit materiellen und immateriellen Gütern, die medizinische Versorgung, die Lebenserwartung und die Situation der Frauen in nicht westlichen Ländern haben sich in den letzten Jahrzehnten mit der Zunahme des Kapitals und der internationalen Arbeitsteilung dramatisch verbessert. Dies entspricht auch den ökonomischen Gesetzen des »Mehrertrags der Arbeitsteilung« und der »Zunahme der Grenzproduktivität der Arbeit bei vermehrtem Kapitaleinsatz«, wie sie Ludwig von Mises zum Beispiel in *Human Action* (1949) dargelegt hat.

Aber Rosling weist in seinem Buch auch darauf hin, dass die meisten Menschen dies nicht glauben, entgegen aller Fakten. Die Zunahme der Bevölkerung korreliert mit dem Wohlstand der Menschen – statt umgekehrt. Die meisten Leute aber schätzen die Lage der Menschen viel schlechter ein, so Rosling, und sie unterschätzen ganz massiv die Wohlstandsfortschritte der letzten Jahre. So »warnte« der britische Thronfolger Prinz William unlängst, dass es »zu viele Menschen auf der Erde« gebe.[17] (Allerdings ist Prinz William selbst Vater von drei Kindern, sodass wir davon ausgehen müssen, dass er sich selbst und die seinen nicht als »zu viel« ansieht, sondern andere Menschen damit meint.) Einen wissenschaftlichen Beweis für eine Überbevölkerung gibt es nicht, lediglich einige Hochrechnungen, die unter beliebigen Annahmen getroffen wurden, und sich daher auch beliebig oft als falsch herausgestellt haben; aber es gibt die Angst vor Überbevölkerung.

In Deutschland weit verbreitet ist auch die Angst vor einem menschengemachten Klimawandel, also davor, dass der Mensch sich zu sehr ausbreitet und einen zu großen

»CO_2-Fußabdruck« hinterlässt und damit die »nachhaltige« Bewohnbarkeit der Erde gefährde.[18] Wir kommen dazu ausführlich in Abschnitt 9 dieses Kapitels.

Was die Grenzen des Wachstums im Hinblick auf *Wohlstand* angeht, ist es von vornherein Unsinn zu behaupten, der Wohlstand könne nicht grenzenlos zunehmen, weil Wohlstand keine Größen der äußeren Welt betrifft, sondern Wert, und Wert ist nicht in Größenzahlen beschreibbar, sondern in Ordnungszahlen. Sie können sagen, wie viel Geldmünzen jemand gegen wie viel Kilo Eisen getauscht hat, das sind Größenzahlen, in Bezug auf die getauscht wurde. Aber das Werten und Wollen liegt darin, dass jede Partei eines Austausches das vorzieht, was sie erhält, gegenüber dem, was sie weggibt. Darin liegt das Werten, im Vorziehen und Zurückstellen. Wohlstand ist subjektiv und nicht messbar, sondern psychisch. Und auch Umweltschutz und eine gesunde, intakte Natur sind Werte, die Menschen anstreben. Auch naturbelassene Räume, Parks, gestaltete Natur, gepflegte Gewässer etc. erhöhen den Wohlstand, ohne die Umwelt zu »schädigen«. Größen können nicht ungebremst und exponentiell wachsen, wenn der Raum begrenzt ist, dem kann man prinzipiell zustimmen. Aber Werte können dies eben schon, weil sie keine Größen der externen Welt sind, sondern psychische Vorlieben von Handelnden, die alles Mögliche sein können, die – um mit dem Philosophen Henri Bergson (1859–1941) zu sprechen – »unausgedehnte Phänomene« sind, weil psychisch, und nicht ausgedehnt wie messbare Größen der äußeren Welt.

7. Knappheit der Ressourcen und Flächenfraß – die Menschen verbrauchen zu viel

Ein weiteres Problem, bei dem vorgegeben wird, es lasse sich ohne einen politischen Akteur nicht lösen, ist dasjenige der Knappheit der Ressourcen, vor allem der fossilen Energieträger und des Bodens. Die Propaganda um dieses Thema ist enorm und hat eine lange Geschichte. Bereits 1865 prognostizierte der Ökonom William Stanley Jevons, dass die englische Industrie bald zum Stillstand kommen würde, weil ihr die Kohle ausgehen würde.[19] Heute belaufen sich die nachgewiesenen Ölreserven auf 1.200 Milliarden Tonnen.[20] Zum Earth Day 1970 gab es Untergangsszenarien, der Club of Rome veröffentlichte 1972 düstere Prognosen in seinem Bericht »Die Grenzen des Wachstums« ebenso wie der »Global 2000«-Report der amerikanischen Regierung. Nichts davon ist eingetreten. Aber warum?

Zunächst können solche Prognosen nicht als Naturwissenschaften angesehen werden, wie wir bereits oben gesehen haben, sondern es handelt sich um informiertes Mutmaßen, dass sich vom Mutmaßen des Alltagsmenschen zwar insofern unterscheidet, als dass sich die Mutmaßenden eingehender mit der Materie beschäftigt haben, was jedoch ihre »Trefferwahrscheinlichkeit« nicht notwendig erhöht. In der Naturwissenschaft geht es darum, konstante Zusammenhänge zwischen messbaren Größen festzustellen, die wiederholbar und anhand unpersönlicher Standards (Meter, Kilogramm, Stück etc.) verglichen werden können. Im strengen Sinne liefert die Naturwissenschaft nur vorläufige Ergebnisse, da die Hypothesen ja lediglich falsifizierbar und nicht verifizierbar sind. Dennoch genießen die naturwissenschaftlichen Erkenntnisse hohes Ansehen. Dass ein Glas, das Sie loslassen, zu Boden fällt, kann für alle praktischen Erwägungen des Lebens als wahr angenommen werden. Nichtsdestotrotz, die These »Alle Schwäne sind weiß« erwies sich nach der Entdeckung Australiens, wo es schwarze Schwäne gibt, als falsch. Und bei einer Änderung des Datensatzes (die schwarzen Schwäne in Australien sterben aus) kann die Annahme auch wieder »vorläufig richtig« sein.

Die Ressourcen der Erde sind nicht mit einem Laborexperiment vergleichbar, das wiederholbar ist, sondern sie werden entdeckt, abgebaut und mehr oder weniger effizient verwendet; es handelt sich also um ein historisches, komplexes Phänomen mit Rückkoppelung. Es kann unentdeckte Lagerstätten geben. Es kann eine Verwendung für einen Rohstoff geben, für den es vorher keinen Bedarf oder keinen Bedarf in dieser Menge gegeben hat, wie zum Beispiel für Rohöl nach der Erfindung von Verbrennungsmotoren, Ölheizungen und chemischer Verfahren zur Herstellung von Produkten mit Erdöl. Es können neue Technologien entwickelt werden. Der Ökonom Philipp Bagus weist darauf hin: Die Erfindung eines Verbrennungsmotors, der doppelt so effizient ist wie heutige Motoren, kommt faktisch einer Verdoppelung der weltweiten Ölvorräte gleich. Dies macht den Ressourcenverbrauch zu einem komplexen Phänomen mit Rückkoppelung. Und hier gerät die Naturwissenschaft an ihre Grenzen: Die Daten, die aus komplexen Phänomenen mit Rückkoppelung gewonnen werden, können nie als Beweis für oder gegen etwas verwendet werden. Mit diesen Daten können Statistiken angefertigt werden, aber Statistiken sagen eben nichts aus, was unmittelbar für die Zukunft gültig ist, sondern es handelt sich um Geschichtsschreibung – um historische Daten. Die Menschen greifen gerade dann auf die Statistik zurück, wenn ihnen sicheres Wissen fehlt.[21] Wenn eine Statistik zum Beispiel zeigt, dass auf A in 95 Prozent der Fälle B folgt und in 5 Prozent der Fälle C, heißt das, dass kein vollkommenes Wissen über A vorliegt. A müsste in A1 und A2 zerlegt werden, und wenn sich feststellen ließe, dass auf A1 immer B und auf A2 immer C folgen würde, dann läge vollkommenes Wissen vor.[22]

Ein zweites Problem tritt hinzu: Der Gebrauch von Ressourcen ist nicht lediglich abhängig von naturwissenschaftlichen Größen, sondern von menschlichem Handeln. Was eine Ressource zu einem Mittel und einem Wert für Menschen macht, sind menschliche Ziele. Ohne die Erkenntnisse der Praxeologie können diese Probleme also nicht seriös behandelt werden. Darüber hinaus gehen natürliche Ressourcen nicht verloren, sondern sie werden – bei freundlichem Austausch – in aus Sicht der Tauschenden wertvollere Mittel umgewandelt. Die aus Sand und Kalk gebackenen Steine sind aus der Sicht der Käufer wertvoller als die Naturkomponenten und die Arbeit, die investiert wurden. Die Gewinnung, der Transport und schließlich die Verbrennung von Rohöl und die Umwandlung in Bewegungsenergie sind aus der Sicht der Autofahrer eine wertvollere Verwendung der Naturkomponente als das Belassen im Boden. Die Autofahrer sind bereit, den gesamten Prozess an der Tankstelle zu bezahlen. Das Öl geht nicht aus dem Universum verloren, sondern die Menschen nutzen es, um von A nach B zu gelangen. Sie bewerten dies höher, als das Rohöl ungenutzt in der Erde zu belassen. Wird nun eine Ressource knapp, so verringert sich das Angebot. Bei gleicher Nachfrage werden – unter sonst gleichen Umständen – die Preise für die Ressource steigen. Die Menschen werden dann weniger verbrauchen und/oder zu Substituten greifen (Erdgas, Kernenergie, z. B. als Strom, etc.). Wenn die Preise steigen, werden Unternehmer Projekte beginnen, die sich bei niedrigeren Preisen nicht gerechnet hätten, zum Beispiel effizientere Motoren bauen, andere Antriebe entwickeln etc.

Durch die freundliche Preisbildung, zu der es bei ablehnbaren Angeboten kommt, werden die Präferenzen der Verbraucher mit der Knappheit der Ressource in Einklang gebracht. Feindliches Handeln kann dies *per definitionem* nicht leisten, da es gerade gegen die Präferenzen derjenigen gerichtet ist, die sich ohne die Drohung anders verhalten hätten. Feindliches oder politisches Handeln geschieht nach den Präferenzen der politischen Akteure. Die Knappheit eines Gutes kann durch politische Bewirtschaftung überhaupt nicht erkannt werden, da die Knappheit eines Gutes keine naturwissenschaftliche Frage ist, sondern eine Frage menschlichen Wertens, also eine praxeologische Frage. Diamanten sind nicht per se knapper als Wasser, sondern Menschen bewerten konkrete Mengen von Diamanten (nicht Diamanten insgesamt) und Wasser, wenn sie am Markt agieren, und sie bewerten sie unter verschiedenen Umständen verschieden. Der in der Wüste Verdurstende wird bereit sein, einen Zweikaräter gegen eine Wasserflasche einzutauschen, wenn ihm dies das Überleben sichert und Überleben sein Ziel ist. Kurzum: Wert ist nicht in Dingen, sondern in den Bewertenden, in den Menschen, *Wert ist in uns*. Wir bewerten nicht ein Ding an sich, sondern den Nutzen, den Dinge leisten können, also die Abnahme von Unzufriedenheit, die wir mit dem Mittel erreichen können. Ein Schaukelpferd hat für uns keinen Nutzen, weil es ein mittelgroßes, trockenes Ding ist, sondern weil wir uns vorstellen, dass der Nutzen, den das Schaukelpferd leistet, nämlich dass wir damit schaukeln können, uns zufriedener machen wird.

Das Horrorszenario, dass die Menschen einer Generation so egoistisch sind, dass sie eine Ressource völlig aufbrauchen, sodass für die nachfolgende Generationen nichts mehr übrig ist, geht von einem sich rein biologisch verhaltenden Menschen aus, der keinen Pakt mit der Zukunft schließt, wie das Menschen regelmäßig tun. Menschen sparen, weil ihnen eine künftige Verwendung wertvoller erscheint als sofortiger Konsum. Sonst würden sie nicht sparen. Sie legen Ersparnisse an für ihre Kinder, wollen ihren Kindern etwas vererben, hinterlassen. Wenn Menschen das nicht wollen würden, wenn sie also kurzsichtiger wären als Tiere und das Wohlergehen ihrer Nachkommenschaft außer Acht lassen würden, wären die nachfolgenden Generationen in einer wesentlich schlimmeren Lage, als sie die Szenarien der Panikmacher vorsehen: Die Menschen würden dann ihre Ersparnisse zum Tode hin aufzehren und nur so weit sparen, wie es ihnen im Hinblick auf die Unsicherheit des Datums des Lebensendes nötig erscheint. Da die Ersparnisse in Natur in Form von Kapital, also in Form von Fabriken, Gebäuden und Maschinen vorliegen, würde das Kapital verzehrt werden. Die Menschheit fiele sozusagen in den Urzustand zurück.

Zusammengefasst kann gesagt werden, dass der ökonomische Preismechanismus die Umwandlung der Ressourcen in andere Ressourcen und Energie entsprechend den Präferenzen der Menschen sicherstellt. Solange Menschen für die Zukunft planen und Ersparnisse bilden und auch in der Zukunft gut leben wollen und solange sie das ebenfalls für ihre Kinder wollen, ist ein »Ausgehen« von Ressourcen nicht zu befürchten. Sollten die Menschen ihre Zeitpräferenz derart erhöhen, dass ihnen das Morgen und das Wohl ihrer Kinder nicht mehr am Herzen liegen, ist dies nicht vorrangig ein Ressourcenproblem, sondern die Menschen würden sich dann so verhalten, als wenn sie wüssten, dass morgen ein Meteorit einschlüge und die Erde vernichtete. Durch den Kapitalverzehr würde die Menschheit in den Urzustand zurückversetzt – mit entsprechenden Auswirkungen auf die Bevölkerungszahl.

Ein feindlicher Akteur kann hier überhaupt nicht zur Besserung der Verhältnisse beitragen. Bestimmt der politische Akteur die Verwendung der Ressourcen, dann wird der Wille der Menschen gebeugt, die eine andere Verwendung der Ressourcen gewollt hätten. Der politische Akteur macht das Leben dieser Menschen also unannehmbarer, als es ohne sein feindliches Handeln wäre. Die Zeitpräferenz der Menschen wird dadurch erhöht anstatt vermindert, da ihnen die Zukunft – unter sonst gleichen Umständen – unannehmbarer wird. Menschen, die nicht unbehindert wählen können, weil sie den Manipulationen und der Sabotage (planmäßige Behinderung) der politischen Akteure ausgesetzt sind, werden weniger Motivation haben und Initiative aufbringen als Menschen, die unbehindert nach ihren eigenen Vorlieben entscheiden können. Wer für andere plant, nimmt ihnen die Möglichkeit, für sich selbst zu planen, nimmt ihnen damit das, was sie spezifisch menschlich macht. Es wird klar: Das Problem der Verwendung von Ressourcen übersteigt ganz klar die Dimension schlichter naturwissenschaftlich-mathematischer Extrapolation, sondern es ist ein Problem der Freiheit und wessen Wille geschehen soll. Auf was haben sich künftige Generationen zu freuen, für die ein politischer Akteur Rohstoffe »aufspart«, wenn auch diese künftigen Generationen wiederum nur »Insassen« im Territorium eines politischen Gewaltmonopolisten sind, die nicht selbst entscheiden, sondern für die ein politischer Unternehmer entscheidet?

Im Hinblick auf den Boden berichten die Leitmedien regelmäßig vom Flächenverbrauch oder – drastischer bezeichnet – Flächenfraß. Es wird berichtet, wie viele Hektar täglich und wie viele Quadratkilometer jährlich an Flächen »verbraucht« werden. Doch wir haben bereits oben gesagt, dass es ein Verbrauchen in dem Sinne, dass etwas aus dem Universum verschwindet, überhaupt nicht geben kann. Auch im Hinblick auf den Boden gilt: Die Naturkomponente Boden wird aus der Sicht der Beteiligten in eine wertvollere Kombination von Naturkomponenten umgewandelt. Im Übrigen bleibt sämtliches Umgewandeltes natürlich in dem Sinne stets Natur, dass die Menschen ja dem Universum nichts hinzufügen könnten und der Mensch selbst Teil der Natur ist. In Wirklichkeit haben wir es bei dem Thema »Flächenverbrauch« nicht mit einer naturwissenschaftlich-nüchternen Analyse zu tun, sondern mit menschlichem Bewerten. Derjenige, der die Ökologie vorschützt, um politisches Handeln zu legitimieren, bewertet die jetzige Verwendung des Bodens (z. B. Urwald) höher als eine andere Verwendung des Bodens (z. B. Forstwald oder Siedlungen). Aber es sind seine Bewertungen, und andere Menschen bewerten dies anders. Menschen möchten wohnen, sie wollen einkaufen, in den Urlaub fahren. Das sind Werturteile. Menschen möchten sich auch in der »unberührten« Natur erholen, aber die unberührte Natur ist nicht »naturwissenschaftlich« besser als die berührte oder gärtnerisch gestaltete Natur.

8. Nullsummenspiel und Notwendigkeit der Umverteilung

Wir haben bereits mehrfach gesehen, dass freiwilliger Austausch kein Nullsummenspiel ist, sondern zu einer Win-win-Situation führt. Es wird also ein neues, aus Sicht aller Beteiligten höheres Pareto-Optimum im Hinblick auf die Verminderung der Unzufriedenheit geschaffen. Ebenso ist dies bei friedlichem autistischen Handeln (einer handelt für sich alleine) der Fall oder bei autarkem Handeln (eine Gruppe handelt nur unter sich), das den Besitz anderer nicht verschlechtert. Hier ist die Situation eine Win-neutral-Situation gegenüber Außenstehenden und es wird ebenso ein neues Pareto-Optimum erreicht, da es, blickt man auf alle Beobachteten, einem (oder einer Gruppe) besser geht, ohne dass es anderen schlechter ginge. Wenn die Menschen in den USA ihren Wohlstand vermehren, geschieht dies eben nicht auf Kosten der Ureinwohner Papua-Neuguineas. Und wenn Menschen mit besagten Ureinwohnern Handeln treiben oder Rohstoffe nutzen, die diese nicht genutzt haben, und diese ausreichend kompensieren (aus Sicht der Ureinwohner ausreichend) für den Verlust ihres Mithabens an der »unberührten« Natur oder an ihren Jagdgründen, dann liegt auch hier ein neues Pareto-Optimum vor.

Bei feindlichem Austausch, der befohlen und erzwungen wird, erhält der eine auf Kosten und zu Lasten der anderen etwas, sodass es im Hinblick die Verminderung der Unzufriedenheit, die wir nicht messen oder vergleichen können, ein Nullsummenspiel ist. Der feindliche Unternehmer vermindert seine Unzufriedenheit, indem er die Unzufriedenheit des Bedrohten oder Gezwungenen vermehrt, er erhält einen zusätzlichen Nutzen, der andere einen zusätzlichen Schaden. Insgesamt liegt also eine Pareto-Verschlechterung vor.

Auch in einer Kommando- und Befehlswirtschaft bringt Spezialisierung und Ausrüstung mehr Output (Produktion). Es ist nur von daher eine Mangelwirtschaft, weil nach den Bedürfnissen der politischen Unternehmer und nicht nach den Bedürfnissen der Bedrohten und Gezwungenen produziert wird. Da diese keine Maschinen sind, sondern souveräne, lebendige Wesen, weichen diese aus, so lange und so weit sie das für möglich und günstig halten. Wenn diese sich persönlich freiwillig austauschen, sprechen die politischen Unternehmer von Schwarzmärkten; wenn sich die Bedrohten mit Sachen austauschen, die der politische Unternehmer beansprucht, sprechen die politischen Unternehmer von Steuerhinterziehung, Diebstahl oder Unterschlagung. Oftmals dulden politische Unternehmer Schwarzmärkte, weil die Alternative oft nur der Gulag, also das Arbeits- oder Tötungslager ist, und manchen politischen Akteuren geht dies zu weit (aber nicht allen!). Jedoch, selbst wenn Schwarzmärkte von politischen Unternehmern nicht konsequent bekämpft werden, sondern nur ab und an und willkürlich Exempel statuiert werden, ist Kapitalbildung im größeren Umfange nicht möglich. Denn wie sollen die Akteure des »Schwarzmarktes« unerkannt zum Beispiel Fabriken bauen oder eine größere Anzahl von Arbeitnehmern einstellen?

Die Feudal- oder Kommandowirtschaft ist im Hinblick auf die *Menge* der erzeugten Güter nicht notwendig ein Nullsummenspiel. Trotzdem kann es in der Kommandowirtschaft vergleichbar eher zu Hungersnöten, Epidemien und so fort kommen, da die »Kommandoabteilung« nicht nach den Bedürfnissen der Menschen produzieren lässt; diese können nur bei freiwilligem Austausch im Handeln zur Geltung kommen. Sondern sie lassen nach ihren eigenen Bedürfnissen produzieren. So kann es denn sein, dass diese politischen Unternehmer in Saus und Braus leben, eine Rakete ins All schießen und trotzdem Menschen verhungern auf dem Territorium, das die politischen Akteure beanspruchen.

Zwischen einer Feudal- oder Kommandowirtschaft und einer bloß teilweisen Feudal- und Kommandowirtschaft besteht nur ein gradueller Unterschied, aber kein Klassenunterschied. Die politischen Unternehmer, die Zwangsabgaben verlangen, bringen für die Bedrohten dasselbe Problem. Da die politischen Unternehmer die Finanzierung ihrer Produkte nicht mit Preisen bewerkstelligen, die andere auch zu zahlen ablehnen können, fehlt ihnen von vornherein die Information der Knappheit. Erfolgt die Finanzierung mit Zwangsabgaben, können sie nichts über die Knappheit wissen aus

Sicht derer, die bedroht werden. Die Bedrohten müssen bezahlen, sonst wird ihnen Schaden zugefügt; und weil die Knappheit so unentdeckt bleibt, streiten Politiker beständig, was wie viel gebraucht wird. Sie können es nicht wissen.

9. Waldsterben und menschengemachter Klimawandel – ohne politische Unternehmer zerstören die Menschen die Erde!

Die oben genannten Phänomene sind nicht hauptsächlich naturwissenschaftliche Phänomene, sondern Phänomene des Legitimismus, also der Erzeugung von Einstellungen und Überzeugungen der »Beherrschten«, die ihnen politisches Unternehmertum »recht« erscheinen lassen sollen. Das soll nicht heißen, dass solchen Phänomenen wie Waldschäden oder Klimaveränderungen jede reale Grundlage fehlt, sondern es geht darum, dass sie nicht als Grundlage dafür dienen können, staatliche Zwangsmaßnahmen wissenschaftlich zu begründen.

Die genannten Phänomene gehören zunächst nicht dem Bereich der klassischen Naturwissenschaften an, in welchen wir gleichbleibende Zusammenhänge zwischen Größen messen und nach einem unpersönlichen Standard vergleichen können. Als handelnde Wesen, wenn wir in der Kategorie der Kausalität denken, gehen wir von einem gleichbleibenden Ursache-Wirkung-Zusammenhang aus. Niemand bestreitet die Eigenschaften von Kupfer, die Reaktionen gewisser Säuren mit Metallen, die Fallgeschwindigkeit, die »Gesetze« der Mechanik und Elektronik etc. Diese naturwissenschaftlichen Erkenntnisse können von jedermann jederzeit anhand unpersönlicher Standards überprüft werden.

Beim Waldsterben oder der Menschengemachtheit eines Klimawandels sind wir jedoch auf informiertes Mutmaßen angewiesen als Methode, letztlich also auf persönliche Intuition, die nicht nach einem unpersönlichen Standard beweis- oder widerlegbar ist.

Das trifft auf jedes historische Ereignis zu, das einzigartig und einmalig ist, und daher verbleibt immer ein Spielraum der Interpretation. Beim informierten Mutmaßen haben wir es mit Experten zu tun, deren Vorhersagen nicht prinzipiell besser sein müssen als die Mutmaßungen der Alltagsmenschen. Einen naturwissenschaftlichen »Beweis« im strengen Sinne gibt es hier nämlich nicht. Ein komplexes Phänomen kann nie Beweis liefern für eine These des informierten Mutmaßens, auch nicht, wenn eintritt, was ein Mutmaßender annahm, denn es können stets andere Ereignisse bedeutsam gewesen sein, als die vom Mutmaßenden behaupteten.

Bei den Medienberichten in Bezug auf die genannten Phänomene wurde und wird dramatisiert, polemisiert, ausgegrenzt und verächtlich gemacht. Wer die Thesen der mutmaßenden Experten anzweifelt, wird medial angegriffen, denn die Thesen dienen der Legitimierung von Verboten, Geboten und Zwangsabgaben der politischen Unternehmer. Die politischen Akteure wollen diese Zwänge wie eine Verteidigung Dritter aussehen lassen, welche durch Handlungen von Menschen Schaden erfahren, die angeblich zu den oben genannten Phänomenen beitragen.

In meinem Aufsatz »Der Nachweis eines menschengemachten Klimawandels ist nicht erbracht«[23] weise ich nach, dass den Vertretern dieser These zwei wesentliche Denkfehler unterlaufen. Erstens gibt der »Weltklimarat« (IPCC[24]) an, dass er sich im Hinblick auf die Menschengemachtheit des Klimawandels zu 95 Prozent sicher sei. Diese 95 Prozent sind jedoch nicht berechnet, sondern abgestimmt. Die Anwendung des mathematischen Ausdruckes ist falsch, weil es sich hier um keinen Fall der mathematischen (Klassen-)Wahrscheinlichkeit handelt. Im Bereich des informierten Mutmaßens ist die Aussage falsch, weil eine Einzelfall-Wahrscheinlichkeit denklogisch keine numerischen Ausdrücke zulassen kann, weil man sie nicht berechnen kann. Bei der Einzelfall-Wahrscheinlichkeit kennen wir im Hinblick auf ein konkretes Ereignis in der Zukunft einige beeinflussende Faktoren, aber es gibt andere Faktoren, die wir nicht kennen oder über deren Auswirkungen wir nicht genau Bescheid wissen. Die 95-Prozent-Aussage ist also eine metaphorische Aussage, die dem erkenntnistheoretischen Bereich des informierten Mutmaßens zuzuordnen ist und nicht der Mathematik oder der Naturwissenschaft. Es ist eine intuitive Analogie zur Klassenwahrscheinlichkeit der Mathematik, ein Bauchgefühl. Die Methode des Abstimmens ist eine politische Methode, die wissenschaftliche Methode ist das Experiment und im Bereich des Mutmaßens die Kritik.

Zweitens liegt den Berechnungen der Kosten der Schadensbeseitigung und Gefahrenabwehr ein handlungslogischer Denkfehler zugrunde. Die Berechnungen gehen von Auswirkungen auf das Bruttoinlandsprodukt aus und arbeiten mit den Konzepten von Volkswirtschaft und Messung der Kaufkraft. Diese Konzepte sind handlungslogisch fehlerhaft. Mit dem Bruttoinlandsprodukt soll die wirtschaftliche Leistung einer Volkswirtschaft gemessen werden, aber Wert kann nicht gemessen werden, Wert ist nicht in Dingen, sondern in den Bewertenden. Das Konzept der Volkswirtschaft ist fehlerhaft, weil es konkrete Unternehmen oder Individuen sind, die miteinander handeln, und nicht »Volkswirtschaften« oder Länder; diese gibt es überhaupt nicht als reale Einheiten, sondern es sind vorgestellte Konzepte, die als solche eben virtuell (vorgestellt) und nicht aktuell (raum-zeitlich) sind. Und dafür, dass man Kaufkraft messen könnte, müsste es ein unsterbliches und unveränderbares Wesen geben, das mit einem unabänderbaren Standard die Menge der Befriedigung festlegt, die ihm eine Geldeinheit bringt. Nur wenn Menschen die gleichen Dinge immer gleich bewerten würden, könnten wir Preisänderungen als einen Ausdruck der Änderung der Kaufkraft des Geldes ansehen.[25]

Wie bedeutsam der menschliche Kohlendioxid-Ausstoß für den Klimawandel ist, kann nur vermutet werden, doch das ist an sich kein Dilemma. Wer anderen Schaden zufügt und behauptet, das sei Verteidigung oder Nothilfe für Dritte, handelt in Wirklichkeit feindlich, wenn an erster Stelle keine feindliche Handlung vorliegt. Der Unterschied zwischen einem feindlichem Leid-Zufügen und einer Verteidigung liegt eben darin, ob eine feindliche Handlung abgewehrt werden soll. Kann der Nachweis nicht erbracht werden, dass das Verhalten der Menschen zu Schäden für andere Menschen führt, liegt keine Verteidigung oder Nothilfe vor, sondern eine feindliche Handlung. Dies führt dazu, dass Menschen, die friedlich miteinander auskommen wollen, Zufügung von Leid nur dann als Verteidigung gelten lassen können, wenn zweifelsfrei feststeht, dass eine schädigende Handlung auf Kosten und zu Lasten des Geschädigten vorausging.

Um zu beurteilen, ob ein künftiger Verlauf der Dinge mutmaßlich zu einem Schaden führt oder ob ein vergangener Verlauf der Dinge zu einem Schaden geführt hat, sind wir in der realen Welt darauf verwiesen, dasjenige, was wir nicht sicher wissen können, mit Intuition (Verstehen und Mutmaßen) und Kritik der Intuition zu lösen. Das ist kein Dilemma, sondern eine notwendige Folge davon, dass die Zukunft ungewiss ist und daher auch die Vergangenheit zu einem gewissen Grade, nämlich im Hinblick auf die Bedeutsamkeit von Ereignissen in Bezug auf andere Ereignisse, stets ungewiss bleibt. Intuitive Urteile sind kritisierbar durch andere intuitive Urteile und überprüfbar mit den Methoden der »strengen« Wissenschaften, also der Praxeologie, der Logik, der Mathematik und der Naturwissenschaften. Aber soweit sie nicht Denk- oder Erfahrungsgesetzen widersprechen, verbleibt ein persönlicher Beurteilungsspielraum, der nurmehr wiederum mit persönlichen Bedeutsamkeitsurteilen kritisiert werden kann.

Um die Handlungen der Politiker nicht als schlicht feindliche Handlungen ansehen zu können, sondern als Verteidigung und Nothilfe, müsste also feststehen, dass durch das Verhalten eines Menschen ein anderer Mensch geschädigt wird und die Verteidigung kann sich von vornherein nur gegen den Schädiger richten und nicht gegen Nicht-Schädiger. Ob dies feststeht, *müsste von jemandem* beurteilt werden und kann nicht objektiv ausgesagt werden. Dies ist so wie bei jedem Gerichtsfall: Letztlich kann nie sicher gesagt werden, ob das Urteil richtig oder stimmig ist, da wir auf persönliches Verstehen und informiertes Mutmaßen angewiesen sind, also letztlich auf Intuition, um historische und künftige Fragen der Geschichte zu klären. In der Jurisprudenz ist man sich dessen bewusst, und die Rechtsprechung hat Formeln entwickelt, die zwar nach Gewissheit klingen, aber doch persönliche Bedeutsamkeitsurteile enthalten wie »mit an Sicherheit grenzender Wahrscheinlichkeit feststehen« oder »es dürfen keine vernünftigen Zweifel mehr verbleiben«. Zudem kann man mutmaßen, dass ein unparteiischer Beobachter aus der Sicht beider Parteien einen solchen Konflikt besser beurteilen kann als ein parteiischer Beobachter, der im Lager einer der Konfliktparteien steht.

Gelangt man an diesen Punkt, kann man zunächst feststellen, dass die Behauptung des IPCC ein Modell ist und es sich um informiertes Mutmaßen handelt und nicht um Naturwissenschaft im strengen Sinne. Dann kann man erkennen, dass die 95 Prozent eine Metapher sind, ein Bauchgefühl. Genauso gut hätte man 90 Prozent sagen können – oder 99 Prozent oder 51 Prozent – was auch immer.

Man mag meinen, 95 Prozent wäre viel, aber es bedeutete in der Metapher-Sprache zur Klassenwahrscheinlichkeit, dass man in jedem 20. Falle danebenliegt. Sie gehen davon aus, dass das Flugzeug, in das Sie einsteigen, mit an Sicherheit grenzender Wahrscheinlichkeit nicht abstürzt. Würden Sie bei einer Fluglinie buchen, bei der jeder 20. Flug abstürzt? Die Absturzquote einer solchen Airline läge bei 5 Prozent, respektive würden 95 Prozent der Flüge nicht abstürzen.

Dann kann man noch erkennen, dass viele Wissenschaftler der Ansicht sind, dass man die Beteiligung des Menschen am Klimawandel nicht genau beziffern kann. Es gibt das Mem, dass 97 Prozent der Wissenschaftler von der Menschengemachtheit des Klimawandels ausgehen. Dabei geht es natürlich nicht um alle Wissenschaftler oder Experten im informierten Mutmaßen in Bezug auf naturwissenschaftliche Größen, sondern um eine Auswahl. Und die 97 Prozent sagen natürlich nichts darüber aus, ob sich der Anteil beziffern oder messen lässt, den »der Mensch« an einer Änderung von Wetter in der langen Sicht, und das bedeutet Klima, hätte. Sind es 1 Prozent oder sind es über 50 Prozent? Laut dem Autor Alex Epstein liegt der Konsens derer, die meinen, der Mensch sei die Hauptursache, also größer 50 Prozent, bei gerade 1,6 Prozent.[26]

Und selbst wenn die These der Menschengemachtheit beweisbar wäre, würde das nicht bedeuten, dass man das Vermeiden möglicher oder befürchteter Schäden vorziehen müsste gegenüber den anderweitig sich ergebenden Wohlstandsgewinnen. Die Verbote und Regulierungen führen zu höheren Baukosten, steigenden Energiekosten, zunehmenden Zwangsabgaben, Mobilitätseinschränkungen etc. Ohne diese politischen Zwangsmaßnahmen hätten die Menschen Wohlstandsgewinne erzielen können, die sie unter Umständen vorgezogen hätten. Sie hätten die Schäden also in Kauf genommen für die anderweitige Wohlstandszunahme. Niemand kann behaupten, dass hier das eine Werturteil richtiger wäre als das andere, weil Werturteile nie richtig oder falsch sein können. Wissenschaft ist immer beschreibend, nie vorschreibend. Wissenschaftliche Aussagen sind deskriptiv, also stets Ist-Aussagen, und nie normativ, also keine Sollte-Aussagen. Was aufgegeben werden muss und was vorzuziehen ist, kann keine wissenschaftliche Aussage sein, sondern es handelt sich um ein persönliches Werturteil.

Mit den Verboten, Geboten und Zwangsabgaben der Klima-Politiken wird Menschen heute schon und definitiv schwerer Schaden zugefügt. Und gerade die Ärmsten trifft es am härtesten, wenn Energiekosten oder Mobilitätskosten steigen (oder ansonsten gesunken wären), sodass sie beispielsweise bei medizinischer Behandlung, Ernährung oder Ausgaben für die Kinder Abstriche machen müssen.

Wie bereits mehrfach dargelegt wurde, lautet das erste Prinzip friedlichen Zusammenlebens: »Zuallererst füge kein Leid zu!« Das Zufügen von Leid ist nur dann eine friedliche Handlung, wenn es sich dabei um Verteidigung, Vergeltung oder Wiedergutmachung handelt, also der Frieden aufrechterhalten oder wiederhergestellt werden soll. Da das Prinzip »Zuallererst füge kein Leid zu« das oberste, vorrangige Prinzip friedlichen Zusammenlebens ist, liegt die Beweislast für Verteidigung oder Vergeltung notwendig bei demjenigen, der sich auf Verteidigung oder Vergeltung beruft.

Die Juristen haben über die Jahre und Kulturgrenzen hinweg die Formel »in dubio pro reo« entwickelt, übersetzt: »im Zweifel für den Angeklagten«. Denn fügt man dem Angeklagten Leid zu, obwohl nicht sicher feststeht, dass er der Täter war oder die Tat begangen hat, liegt keine Vergeltung vor, sondern eine Aggression. Allgemeiner formuliert kann aus dem ersten Prinzip friedlichen Zusammenlebens ein weiteres abgeleitet werden: Im Zweifel füge kein Leid zu. Wenn nicht »mit an Sicherheit grenzender Wahrscheinlichkeit« feststeht, dass derjenige, dem Leid zugefügt wird, ein Angreifer ist, dann liegt keine Abwehr und auch keine Vergeltung vor, sondern selbst ein Angriff, ein feindlicher Akt. Die andere geläufige Formel lautet, dass »keine vernünftigen Zweifel mehr verbleiben dürfen.«

Mit der Methode des informierten Mutmaßens in Bezug auf komplexe historische Phänomene mit Rückkoppelung wie die Entwicklung des Weltklimas lässt sich jedoch a priori kein Beweis für die Richtigkeit der persönlichen Mutmaßungen erbringen. Deswegen sind die Zwangsmaßnahmen der politischen Unternehmer, die sie mit der Menschengemachtheit des Klimawandels begründen, feindliche Handlungen.

Abgesehen davon: Wieso sollten sich potenziell Geschädigte gerade von einer Gruppe von politischen Unternehmern Hilfe holen, wenn sie gegen mögliche Schädiger vorgehen wollten? Sie könnten sich selbst zu einer Interessenvereinigung verbinden, bei der sie selbst bestimmen, welche Mittel und wie viel sie einsetzen, um drohenden Schaden abzuwenden. Denn politische Unternehmer gehen systematisch, wiederkehrend und voraussehbar mit Zwang gegen ihre Mitmenschen vor; sie finanzieren ihre Tätigkeit mit Zwangsabgaben und produzieren daher nicht in Übereinstimmung mit den Wünschen derjenigen, die die Produktion finanzieren. Zudem verhindern politische Unternehmer regelmäßig jeden Regress gegen sie selbst; sie lehnen jede persönliche Haftung ab. Wieso sollten potenziell Geschädigte gerade bei solchen Unternehmern Hilfe suchen, die ein Geschäftsmodell verfolgen, bei dem sie prinzipiell nicht das erhalten, wofür sie bezahlen, und bei dem die Verantwortung für eigene Fehler abgelehnt wird?

Im Übrigen gilt das zum Klimawandel Gesagte im Hinblick auf die Methodologie und dass sich damit Zwangsmaßnahmen nicht »rechtfertigen« lassen im Prinzip auch für das sogenannte Waldsterben. Laut Wikipedia stammten die dramatischen Fernsehbilder zum Waldsterben »ausnahmslos von einigen wenigen Flecken im Harz oder Erzgebirge«.[27] Unter dem Begriff Waldsterben seien unterschiedliche Schadensursachen und Schäden subsumiert worden »und in Öffentlichkeit und Medien sehr intensiv beobachtet und wahrgenommen« worden. Die Waldschäden wurden medial aufgebauscht. So spreche man denn heute in Fachkreisen von Waldschäden und nicht von Waldsterben.

Der Publizist Roger Köppel äußerte sich zur medialen Panikmache der 1980er-Jahre auf der Ludwig von Mises Konferenz 2018 in München wie folgt: Alle Medien hätten den gleichen Einheitsbrei geschrieben. Die These, dass in der Zukunft womöglich nicht alle Bäume kaputtgehen würden, sei in den Medien überhaupt nicht mehr vertreten worden. Die Berichterstattung im Schweizer Fernsehen in dieser Zeit habe Bilder von Geröllfeldern gezeigt, als ob das Land schon »baumfrei« wäre, und der oberste Schweizer Militär sei interviewt worden, wie das Militär mit der Bedrohung umgehen solle. Mit diesem dramatisierenden Vorgehen sei ein Meinungsklima erzeugt worden, das keine Abweichungen mehr zugelassen hätte.[28] Und der Fokus zitiert einen Experten zum Thema Waldsterben in 2015 wie folgt: Ob es ohne die Maßnahmen zu einem großflächigen Waldsterben gekommen wäre, sei bis heute unklar. Bäume seien extrem resistent und anpassungsfähig. »Vermutlich« würde es ihnen ein wenig schlechter gehen, aber sie wären nicht großflächig abgestorben.[29]

10. Umweltschutz – es braucht politische Unternehmer für die Umwelt

Politische Unternehmer, die sich den Umweltschutz auf die Fahne geschrieben haben, werden in den USA manchmal als »Wassermelonen« bezeichnet, weil sie außen grün und innen rot seien.[30] Nach dem Scheitern vieler sozialistischer Staaten Ende der 1980er-Jahre und dem Zusammenbruch des sowjetischen Imperiums schien es sich als vorteilhaft herausgestellt zu haben, wenn die Wirtschaft organisiert wird unter Berücksichtigung persönlicher Präferenzen anstatt über zentrale Planung – also an sich: zentrale Bedrohung. Das neue Argument für politisches Wirtschaften lautete nun im Kern: Es mag sein, dass eine Wirtschaftsorganisation, in der nicht die politischen Unternehmer das Meiste produzieren, mehr Kapital- und Konsumgüter hervorbringt und die Bürger durchaus zufriedener sind und mehr Wohlstand genießen. Aber dies geht zu Lasten der Umwelt! Auch Sozialdemokraten und konservative politische Unternehmer nutzten das Argument: Es braucht dennoch die Zweiteilung der Gesellschaft in Regierende und Regierte, in politische Akteure und Bedrohte, da der Mensch sich ansonsten ungezügelt fortpflanzt, die Ressourcen verbraucht und die Umwelt verschmutzt und zerstört. Das Argument lautete also nicht mehr, staatliche Akteure könnten besser und mehr produzieren, sondern nicht-staatliche Akteure produzierten ungezügelt und richteten dabei sich und ihre Mitmenschen zugrunde. Nicht mehr die Befreiung der Arbeiter aus der Armut, die Umverteilung von den Wohlhabenderen an weniger Wohlhabende war der zentrale Slogan dieser Richtung des politischen Unternehmertums, sondern eher im Gegenteil: Euch geht es allen viel zu gut! Ihr müsst den Gürtel enger schnallen!

Wir haben bereits nachgewiesen, dass diese Propaganda falsch ist. Oft ist sie schon erkenntnistheoretisch oder naturwissenschaftlich schlicht fehlerhaft, sie ist aber vor allem handlungslogisch unhaltbar: Die Umwandlung von Naturkomponenten kann entweder entsprechend den Präferenzen der Menschen geschehen oder entgegen ihren Präferenzen durch einen politischen Akteur. Die Entscheidung, wie die Natur zu gestalten oder zu erhalten ist, ist eine Wertentscheidung, keine objektivierbar naturwissenschaftliche Entscheidung.

Das Problem des Umweltschutzes lässt sich entsprechend den Präferenzen der Menschen lösen, ohne dass es eines politischen Akteurs bedarf, der andere bedroht, sich so zu verhalten, wie er es möchte. Und zwar indem die Geschädigten sich bei den Verletzenden schadlos halten können. Der Ökonom Murray Rothbard (1926–1995) meinte hierzu:[31] Wenn eine Partei einer anderen durch eine Handlung (wie etwa die Emission von Gasen) einen Schaden zufügt, und wenn dies vor Gericht oder in einem Schiedsgerichtsverfahren mit an Sicherheit grenzender Wahrscheinlichkeit bewiesen werden kann, dann stehen der geschädigten Partei Abwehr- und Schadensersatzansprüche zu. Es dürfen aber keine vernünftigen Zweifel mehr verbleiben, dass das Verhalten des Schädigers den Schaden bewirkt hat. Wenn nicht alle vernünftigen Zweifel ausgeräumt werden können, ist es bei Weitem besser, einen Schädiger nicht zu verurteilen, anstatt unsererseits jemandem absichtlich Schaden zuzufügen. Der Grundsatz des Hippokratischen Eides »Zuallererst füge kein Leid zu!« muss auch für jeden gelten, der Recht anwendet oder vollzieht.

Also wieder die drei Prinzipien friedlichen Zusammenlebens: »Zuallererst füge kein Leid zu«, »Verteidige dich gegen die Zufügung von Leid« und »Wer Verteidigung behauptet, hat sie nachzuweisen«, da ansonsten schlicht die Zufügung von Leid vorliegt. Und sofern die Menschen darüber streiten, ob ein Fall der Verteidigung vorliegt, können sie sich auf ein Gremium an Schlichtern einigen, um den Streitfall aufzulösen. Aber eine Gruppe politischer Unternehmer, die ihre Beweisführungen durch Medien verkünden lässt – ohne einen unabhängigen Richter – und die dann willkürlich feindliche Maßnahmen aufgrund der behaupteten, in Aussicht gestellten Katastrophen gegen die Menschen durchsetzt, ist von vornherein feindlich gegenüber allen Bedrohten und Geschädigten.

Bevölkerungsentwicklung, Knappheit von Ressourcen, Sauberkeit der Energie- und Industrieproduktion, Schutz der Umwelt sind für viele Menschen wichtige Themen, und das ist verständlich, wenn jemand die Verfügbarkeit von Ressourcen und eine saubere, gesunde Umwelt schätzt. Aber ein politischer Akteur macht diese Probleme nicht einfacher lösbar. Er kann lediglich dafür sorgen, dass die Probleme in seinem Sinne erledigt werden – oder unerledigt bleiben. Ein politischer Akteur behindert die Handlungsfreiheit der Menschen, die Ressourcen in friedlicher und freundlicher Art und Weise zu nutzen und die Umwelt zu gestalten. Und auch für die Abwehr von Eingriffen in die Umwelt sind politische Unternehmer nicht erforderlich, sondern schädlich aus Sicht der Bedrohten und Geschädigten.

11. Pandemie-Bekämpfung – es braucht politische Unternehmer, um eine Pandemie zu »bekämpfen«

Ist es im Falle einer Pandemie, also einer durch Ansteckung verbreiteten Krankheit, besser, mit Zwang und Befehl, also dem Androhen von Übeln vorzugehen, um eine Katastrophe zu verhindern, oder sollte man es der freiwilligen Kooperation der Menschen überlassen, für sich und andere das Beste zu wählen?

Man kann im Bereich des Mutmaßens, und darum handelt es sich bei der Einschätzung der Gefährlichkeit einer Pandemie-Situation und was denn zu tun sei, auch im Nachhinein nicht nach einem objektiven Standard recht haben, denn das eigentümliche Verstehen, also das Interpretieren der Vergangenheit aufgrund von Erfahrungsdaten, enthält persönliche Bedeutsamkeitsurteile. Und es gibt in der Realität keine hypothetischen Kausalverläufe, die man zum Test heranziehen könnte: Was wäre passiert, wenn man anders gehandelt hätte? Hätte das überhaupt etwas gebracht oder wäre es dann noch schlimmer gekommen? Hypothetische Kausalverläufe gibt es nur in Gedanken und in Modellen, aber in der geteilten Realität handelnder Wesen passiert alles nur einmal.

Dass die Behinderung menschlichen Handelns und freiwilliger Kooperation durch Drohung, Zwang und Gewalt die Situation besser gemacht hätte, ist im Nachhinein also ebenso wenig beweisbar wie umgekehrt, das heißt, wenn man freiwillige Kooperation nicht beschränkt hätte, unabhängig davon, wie sich die Dinge entwickeln.

Nehmen wir an, es kommt zu einer Katastrophe und niemand hat menschliches Handeln und die freiwillige Kooperation durch Befehl und Drohung beschränkt. Dann ist ja nicht gesagt, dass das Vorgehen mit Befehl, Drohung, Quarantäne und so weiter eine Katastrophe verhindert hätte, sondern es hätte zu einer noch schlimmeren Katastrophe führen können. Weil beim Vorgehen mit Befehl und Drohung Versorgungsketten zusammenbrechen können; Menschen können in Angst und Panik geraten, und wegen der Panik und der damit einhergehenden psychischen Belastung kann sich ihr Gesundheitszustand verschlechtern; es kann bei Lockdowns, Quarantäne und Versorgungsengpässen zu Gewalt auf der Straße kommen; Menschen können nicht ausreichend mit Lebensmitteln oder Medizin versorgt werden; Menschen können bei Zwangsbewirtschaftung nur schlechtere Lebensmittel zur Verfügung stehen und es fehlt ihnen an Hygieneprodukten und deswegen werden noch mehr krank; Menschen gehen nicht zum Arzt aus Angst vor Ansteckung oder Angst vor Quarantäne, und deshalb verschlechtert sich ihr Gesundheitszustand; Menschen fehlt die frische Luft, die Sonne und die Bewegung im Freien, und deshalb erkranken mehr als zuvor; Menschen fehlen die sozialen Kontakte zu ihren Lieben und deshalb erkranken sie; Menschen kommen durch die Isolation in finanzielle Schwierigkeiten oder verlieren gar ihre wirtschaftliche Existenz, was Folgen bis hin zum Suizid haben kann. Diese Liste ließe sich fortsetzen.

Es kann also sein, dass gerade das Vorgehen mit Zwang und Gewalt dazu führt, dass die Situation noch schlimmer wird, als sie bereits ist oder sich entwickelt hätte, wenn man nicht zu den Methoden Zwang und Gewalt gegriffen hätte.

Wenn jetzt aber ein politischer Akteur meint, anderen befehlen zu müssen, wie diese sich zu verhalten hätten angesichts einer von ihm oder anderen befürchteten Ansteckungsgefahr und diesen Übel androht, wenn sie seiner Auffassung zuwider handeln, dann kann man a priori sagen, dass Schaden entsteht und Übel, die ohne die Drohung und ohne den Zwang nicht entstehen würden. Es handelt sich bei Befehlen und Zwingen ja gerade um absichtliche Androhung und Zufügung von Leid; zwar weil man meint, dass man recht hätte, und natürlich aus »humanistischen Motiven« heraus, aber es ist das Zufügen von Leid (durch Befehlen, Drohen und Zwingen), weil man meint, besser zu wissen, was das Beste für andere ist.

Zudem kann sich von freiwilliger Kooperation fernhalten, wer das möchte. Nur vor politischer Kooperation kann man sich nicht fernhalten, denn das politische Mittel ist Zwang, und die politischen Akteure kommen zu den freiwillig Kooperierenden, ob Letztere das wollen oder nicht. Politik ist eben die Erzwingung von Kooperation.

Die Behauptung, dass diejenigen, die ausgehen und sich treffen, verantwortlich für eine Ausgangssperre sind, ist absurd. Eine Ausgangssperre verhängt, wer Menschen droht, ihnen zu schaden, wenn sie ihr Anwesen verlassen. Wer ein Eis essen geht, bedroht niemanden. Dass ein anderer das zum Anlass nimmt, Mitmenschen zu bedrohen, ist die Entscheidung des Drohenden. Vom Ausgehenden »vorauseilenden Gehorsam« zu verlangen, damit der Drohende keine Ausgangssperre befiehlt, ist selbst eine feindliche Handlung, wenn der vorauseilende Gehorsam durch Drohungen oder Hetze gegen die Ausgehenden eingefordert wird.

Auch ein »Konsens« einiger oder gar »nahezu aller« »Experten« über einen hypothetischen Pandemie-Verlauf und wie damit umzugehen sei, spielt erkenntnistheoretisch im Hinblick auf die Frage, ob etwas bewiesen ist, keine Rolle. Selbst wenn »alle Experten« sich einig wären, wie gefährlich die Lage ist und was zu tun sei: Aus Zahl kann nie Recht folgen. Sicher sein, ob er recht hat, kann sich niemand, denn beim Verstehen komplexer geschichtlicher Phänomene kommen persönliche Bedeutsamkeitsurteile ins Spiel (Modelle, Annahmen etc.), die nicht nach einem unpersönlichen Standard objektiv getestet werden können. Und da es in der Realität keine hypothetischen Kausalverläufe gibt, sondern nur im Modell, weiß man auch im Nachhinein nicht, wer recht hatte.

»Expertenwissen« ist »informiertes Mutmaßen«, für das dasselbe gilt wie für das einfache Mutmaßen: Es enthält nicht objektiv testbare, persönliche Annahmen und kann genauso falsch sein wie »normales« Mutmaßen. Wettervorhersagen sind oft grob falsch, Fußballexperten liegen grob daneben, gemanagte Aktienfonds schneiden schlechter ab als der Index – all dies kommt vor. Das spricht nicht gegen informiertes Mutmaßen. Es ist das einzige Tool, das wir haben beim Verstehen komplexer Phänomene. Dies spricht jedoch gegen die Hybris von Experten und Politikern, sich im Falle komplexer Phänomene anzumaßen, dass sie sicheres Wissen hätten.

Darüber hinaus gilt auch im Falle einer Pandemie-Sorge durch »Experten« oder politische Unternehmer: Sollen ist Wollen für andere. Aus der Naturwissenschaft oder informiertem Mutmaßen kann nie ein Sollen folgen, sondern nur Ist-Aussagen. Wer meint, andere sollten jetzt dies und das tun, setzt seinen Willen an die Stelle des Willens des anderen. Er behandelt den anderen nicht mehr als selbst wollendes Subjekt, sondern als Objekt. Will er sein Sollen dem anderen gegenüber mit Gewalt durchsetzen, vergewaltigt er das Person-Sein des anderen.

Die Gefahren einer Pandemie und wie damit umzugehen sei, sind also stets Mutmaßungen und enthalten persönliche Bedeutsamkeitsurteile, die nicht nach einem objektiven Standard testbar sind, weil ein Pandemie-Verlauf ein historisches, komplexes Phänomen mit Rückkoppelung ist und deshalb Daten, die von einem solchen Phänomen gewonnen werden, von vornherein nicht Beweis liefern können für die eine oder andere Hypothese. Praxeologisch ist aber eines sicher: Wer andere zwingen will, zu Hause zu bleiben oder freiwillige Kooperation einzuschränken, der schadet diesen absichtlich, nicht aus Versehen.

Auch ist niemand in einer Position, den Nutzen des »Gemeinwohls« gegen den Nutzen der Individuen abwägen zu können, da Nutzen ordinal ist, also einer Ordnungszahl entspricht, und keiner Kardinalzahl (Größenzahl). Wir haben gesehen, dass nicht einmal innerhalb der Präferenzskala eines Einzelnen eine Gewichtung möglich ist. Wenn einer eine Situation A gegenüber einer Situation B vorzieht, ist in seiner Präferenzskala keine Information darüber enthalten, *wie sehr* er A gegenüber B vorzieht.

Schon gar nicht lässt sich der Nutzen oder das Leid verschiedener Individuen vergleichen, weil es sich eben um psychische Phänomene handelt. Der utilitaristische Ansatz, Nutzen zu addieren und dann abzuwägen, formt also Ordinalzahlen (Wollen und Wählen) in Kardinalzahlen (Messen und Zählen) um, sodass das Ergebnis nicht mehr der Vergleich von Nutzen ist, sondern von Anzahlen. Es ist also nicht möglich, nach einem objektiven (unpersönlichen) Standard das eine vor dem anderen höher zu bewerten, etwa indem man gegenüberstellt:

• Verminderung von Infektionen • Verhinderung der Überlastung von Krankenhäusern • Verminderung der Belegung intensivmedizinischer Betten • Verlängerung von Leben von gefährdeten Personen • Zeitgewinn bis zur Erforschung und Erprobung eines Impfstoffes • Zeitgewinn, bis mehr Zahlen im Hinblick auf Gefährlichkeit, Sterbedaten etc. vorliegen • Die Medien verbreiten Angst und Panik und viele der Abstimmenden (»Wähler«) rufen nach »hartem Vorgehen« der Politiker. Dieses Bedürfnis muss befriedigt werden, sonst kommt es zu blutigen Auseinandersetzungen zwischen Panikenden und Nicht-Panikenden.	• Zunahme von Suiziden durch Isolierung • Zunahme von psychischen Erkrankungen (Depression etc.) durch Isolierung, Panikmache und Angst-Hysterie • Zunahme von Atemwegserkrankungen durch zu geringere Belüftung (wegen der Ausgangssperre) • Wirtschaftliche Schäden bis hin zu Bankrott und in der Folge psychische Schäden bis hin zu Trennungen und dem Zerbrechen von Familien sowie gesundheitliche Folgeschäden • Medizinische Schäden durch Zusammenbruch von Lieferketten und Medikamentenmangel • Medizinische Schäden durch aufgeschobene Diagnostik und Therapie • Verschlechterung der Ernährung durch finanzielle Belastungen, Restaurantschließungen etc.

Diese Nutzen und Un-Nutzen kann man zwar gegenüberstellen, aber nicht nach einem unpersönlichen (objektiven) Maßstab bewerten, weil Werturteile eben a priori subjektiv sind. Man kann die verschiedenen Punkte gewichten und mit der Anzahl möglicher Betroffener multiplizieren, aber dann vergleicht man eben nicht Nutzen miteinander, sondern sein eigens willkürliches Bewertungsschema jeweils multipliziert mit einer Anzahl; man vergleicht also Zahlen und nicht Nutzen.

Darüber hinaus haben wir bereits dargestellt, dass es kein mit dem Einzelwohl konkurrierendes Gemeinwohl gibt, da die Bedürfnisse der »Gemeinschaft« den Bedürfnissen der Einzelnen von vornherein (oder auch im Nachhinein) nicht entgegenstehen können, weil »die Gesellschaft« kein handelndes Wesen ist, das selbst Ziele und Präferenzen hat, sondern diese wieder nur aus miteinander handelnden Einzelnen besteht. »Die Gesellschaft« ist aber nicht selbst Akteur, hat nicht selbst Präferenzen und Nutzen.

Wer also im Falle einer Pandemie Ausgangssperren, Kontaktverbote, Verbote wirtschaftlicher Betätigung oder dergleichen fordert oder verfügt, der fügt selbst anderen massiven Schaden zu und verstößt gegen ein Prinzip friedlichen Zusammenlebens, nämlich *in dubio pro reo*, was wörtlich bedeutet »im Zweifel für den Angeklagten« und als Prinzip friedlichen Handelns allgemeiner formuliert werden kann als »im Zweifel füge kein Leid zu«. Wer solche Zwangsmaßnahmen androht, ist selbst ein Schädiger und keiner, der sich vor Schädigung durch andere schützt. Denn Zweifel können hier wegen der wissenschaftlichen Methode (informiertes Mutmaßen) a priori nicht ausgeräumt werden und niemand ist in einer Position, für andere einen *trade-off* (Vorziehen und Zurückstellen) auszumachen zwischen dem Leid durch die Drohungen und die Zwangsmaßnahmen einerseits und der Gefährlichkeit der Infektion andererseits.

12. Gleichheit für alle (Equiproportionalität – Ungleichheit für Gruppen) ist ein moralisches Ziel

Es gibt Gruppen politischer Unternehmer, die politisches Unternehmertum dadurch legitimieren möchten, dass sie Ideen einer Sozialdemokratie propagieren oder eines demokratischen Sozialismus oder eines konservativen Wohlfahrtsstaates oder einer nationalen oder internationalen Solidargemeinschaft. Es gebe Ungleichheit in der materiellen Versorgung mit Gütern, und zwar Ungleichheit sowohl zwischen Individuen als auch zwischen Gruppen von Individuen.

Zunächst ist Ungleichheit an sich nichts Ungutes. Nach dem Gesetz des Mehrertrages der Arbeitsteilung ist die Produktivität höher, wenn jeder das tut, was er am besten kann. Verschiedene Talente sind also – ökonomisch betrachtet – nicht schlecht, sondern gut, wenn man eine höhere Produktivität anpeilt. Denn die Menschen können sich gemäß ihren Talenten spezialisieren und Spezialisierung erhöht die Produktivität der Arbeitsteilung.

Dass Menschen unterschiedliche Einkommen erzielen, folgt bei freundlichem Austausch daraus, dass der Preis, der für die Arbeit bezahlt wird, von den Kunden nach dem Nutzen bestimmt wird, den sie von dem produzierten Gut (Sache oder Leistung) erwarten. Dieser erwartete Nutzen bestimmt damit indirekt den Preis (Lohn), den der Unternehmer an die Arbeitnehmer bezahlen kann.

Da stärker spezialisierte Berufe in der Regel höhere Einkommen erzielen können, rentiert sich oftmals die Spezialisierung für den Arbeitnehmer. Die Investition in die Ausbildung nehmen viele Arbeitnehmer auf sich, weil sie sich davon später höhere Gehälter erwarten. Andere Menschen wiederum haben eine höhere Zeitpräferenz und bewerten das Hier und Heute höher als das Morgen und wählen deshalb zum Beispiel mehr Freizeit jetzt und dafür weniger Gehalt später. Dass sie sich später auch mehr Gehalt wünschen, haben sie meist sogar mit denjenigen gemeinsam, die von Anfang an so handeln, dass sie sich davon in Zukunft ein höheres Gehalt erwarten. Wieder andere finden Freude an einer ganz speziellen Tätigkeit und ihnen ist das Gehalt, also die Bewertung durch die Kunden, nicht so wichtig, wie zum Beispiel die Arbeit mit Tieren, Pflanzen oder an der frischen Luft. Wieder anderen fehlt es aufgrund ihrer genetischen Ausstattung und ihrer Eigenschaften und Erfahrungen vielleicht an Möglichkeiten, sich so zu spezialisieren, wie sie es möchten.

Der Nutzen, den die Menschen von ihrem Gehalt erhalten, lässt sich im Übrigen nicht messen, weil die Befriedigung durch die Bezahlung nicht gemessen, sondern allenfalls in vagen Beschreibungen wiedergegeben werden kann. Ebenso verhält es sich mit der Befriedigung, die der Mensch später beim Eintausch des Geldes gegen Güter erhält. Das bringt uns zu einem sehr grundsätzlichen Problem: Ungleichheit lässt sich nicht wissenschaftlich messen. Was aufgezeichnet werden kann, ist die Geldmenge, die ein Arbeitnehmer im Austausch für seine Arbeitsleistung erhält. Aber diese Menge ist eine Größe der Außenwelt, die nichts über den Nutzen aussagt, den der Arbeitnehmer daraus erhält.

Ebenso wenig lässt sich der Wohlstand von verschiedenen Menschen messen. Man kann zwar eine Aufzeichnung darüber führen, wie viel Geld jemand hat und gegen wie viel Geld er die Güter, die ihm gehören, eintauschen könnte entsprechend den jüngsten Marktpreisen der Vergangenheit. Aber ein Messen des Nutzens, den der Mensch daraus erhält, ist das nicht. Wir können nichts darüber aussagen, »wie hoch« die Befriedigung ist, die er daraus erhält. Wir können uns vorstellen, dass ein Mensch, der als Tierpfleger bei schönem Wetter in einer angenehmen Umgebung arbeitet, sich als zufriedener beschreibt als ein Manager, der sich als unter Stress stehend beschreibt und beklagt, dass er seine Familie kaum sieht und seine Ehe kriselt. Der Manager mag ein höheres Vermögen aufweisen oder Gehalt beziehen, aber er wendet dafür – aus seiner Perspektive – auch hohe Kosten auf, wenn ihn der Stress und die Familiensituation am seelischen Wohlbefinden und an der körperlichen Gesundheit beschädigen. Er trifft seine Wahl aufgrund seiner individuellen Prägung, der Tierpfleger trifft eine andere Wahl – ihm mag die Versorgung mit materiellen Gütern nicht so wichtig sein, als dass er dafür seinen von ihm gemochten Beruf aufgeben möchte.

Menschen haben also Talente, treffen verschiedene Entscheidungen, unternehmerisch oder als Arbeitnehmer tätig zu sein, und bei freundlichem Austausch gewinnen alle Beteiligten notwendig, die Situation ist immer win-win. Dabei startet jeder Mensch bei null, im Mangelzustand. Er ist darauf angewiesen, dass andere ihn zunächst versorgen, meist die Eltern. Er hat nichts, auch noch keine speziellen Fertigkeiten, die er anderen in den Dienst stellen könnte, er kommt nackt und mit nichts zur Welt. Wie ein Wunder mutet es da fast an, zu wie viel materiellem Wohlstand es ein Mensch im Laufe seines Lebens durch freiwilligen Austausch seiner Güter (Sachen und Leistungen) mit anderen bringen kann, aber für die in die Praxeologie »Eingeweihten« ist es kein Wunder, weil sie die ökonomischen Prinzipien des Mehrertrags der Arbeitsteilung und der Steigerung der Grenzproduktivität durch Kapitaleinsatz kennen. Von einem praxeologischen Standpunkt aus betrachtet ist nichts »Schlimmes« geschehen, wenn die Menschen bei einer Momentaufnahme innerhalb dieses ständig fortschreitenden »Prozesses freiwilliger Tauschhandlungen« unterschiedliche Mengen und Qualitäten materieller Güter besitzen. Es wurden stets neue Pareto-Optima erreicht durch fortlaufende Win-win-Situationen. Es verbleibt kein Residuum (Rest), das einem anderen oder der »Gesellschaft« geschuldet würde.

Die vermeintliche »Kritik« der politischen Unternehmer setzt nun daran an, dass in der Konsequenz sich eine Ungleichverteilung mit Gütern auch bei freiwilligem Austausch ergibt – oder gerade dann. Schuld daran sei das Kapital in Privatbesitz, weil der Kapitaleigner immer einen Vorsprung genieße gegenüber dem Kapitallosen. Während jener auf seinem Kapital sitzt wie der Drache Fafner auf dem Nibelungenhort, muss dieser arbeiten gehen im Schweiße seines Angesichts. Ergo müsse man den einen nehmen und den anderen geben, das sei nur gerecht.

Wir haben bereits gezeigt, dass Kapital immer im Dienste der Kunden steht und der Kapitalist nicht davon abbeißen kann. Wenn die Kunden seine Dienste nicht mehr goutieren, geht er insolvent und jemand anderes gelangt an das Kapital. Und wenn einer sein Kapital freundlich erworben hat, dann hat er andere im Laufe des Erwerbs noch mehr bereichert aus deren Sicht als diese ihn. Aus Sicht der anderen ist es gerade gut so, dass er und nicht jemand anderes das Kapital hat.

Zudem begehen die Umverteilungspolitiker den Denkfehler der Hypostasierung, wenn sie einen einheitlichen Vorgang, nämlich produzieren, um zu investieren und konsumieren, ideenkonzeptlich aufspalten in die Produktion auf der einen Seite und die Konsumtion und Investition auf der anderen. Der Unternehmer oder Arbeitnehmer tut das, was er tut, also das Produzieren für andere, weil er mit den erworbenen Mitteln Ziele verfolgt. Erwirbt er diese Mittel nicht oder nur weniger, wird er nicht dasselbe Ziel verfolgen, sondern andere. Es ist der Fehler, den Mensch als Maschine zu betrachten, bei der man nur eine Stellschraube verstellen müsste, der Fehler, den Politiker als den Souverän zu sehen, der die Gesellschaft »lenken« könnte, etwa wie man einen Computer bedienen kann. Ein verheerender Denkfehler, denn wie wir bereits gesehen haben, kann der Mensch seine Souveränität nicht verlieren, auch wenn andere Menschen hinter seine Einstellungen und Überzeugungen gelangen können. Er kann seinen Geist nicht von seiner körperlichen Ausrüstung trennen. Der Unterschied zwischen einer sich selbst erzeugenden Einheit und einer erzeugten Einheit ist, dass die sich selbst erzeugende Einheit nicht nach einem Schöpferwillen handelt, sondern ihre Finalität aus ihrer eigenen Struktur hervorbringt. Wohingegen geschaffene Einheiten wie Maschinen oder Geräte ihre Finalität von ihrem Schöpfer her erhalten. Da nun der Politiker nicht der Schöpfergott der Bürger ist, versucht er sich eigentlich an Unmöglichem. Und genau deshalb setzt er ja nicht auf offene, sichtbare Gewalt, sondern versucht mit Ideologien und Propaganda hinter die Einstellungen und Überzeugungen der Menschen zu gelangen.

Der Versuch dieser Variante des Legitimismus ist zu erzählen, dass wir anderen etwas schulden, der Gesellschaft, der Menschheit, dem Staat, der Nation. Schulden können wir aber a priori nur etwas, wozu wir uns verpflichtet haben. Eine Fremdverpflichtung scheitert an der Souveränität der Handelnden. Und die Gesellschaft und die Menschheit sind Substitute für den Schöpfergott, dem man vor der Aufklärung etwas schuldete, nämlich nach dessen Willen und nicht nach dem eigenen Willen zu handeln. Die Idee, die früher die theologischen und heute die politischen Unternehmer vermitteln wollen, ist das Geschaffen-Sein der souveränen Einheit, das Geschaffen-Sein durch Gott, durch die Gesellschaft, durch den Prozess der gesellschaftlichen Zusammenarbeit. Dieser Gesellschaft, Nation oder Menschheit sei man nun verpflichtet.

Es stimmt zwar, dass der Mensch seine Anlagen, seine biologische und kulturelle Ausrüstung nicht aus dem Nichts, sondern dass er sie im Laufe seiner Ontogenese (Lebensgeschichte) erhalten hat, und dass dieser eine lange Phylogenese (Stammesentwicklung) vorausging. Aber von dem Moment an, in dem er hervorgeht als Stammzelle, ist seine Beschaffenheit maßgeblich und bringt er sich selbst hervor in jedem Moment, in welchem er die Anpassung an seine Umwelt aufrechterhalten kann. Er erwirbt körperliche Haltungen und Sprache, Einstellungen und Überzeugungen, immer ausgehend von seiner aktuellen Struktur, und handelt aufgrund seiner Intuition, indem er seine mentale und körperliche Ausrüstung einsetzt und zu einem persönlichen Urteil gelangt, was seine Unzufriedenheit am meisten vermindert und welches Mittel er hierfür einzusetzen gedenkt. Er lebt dabei in einem sozialen Umfeld mit anderen Menschen und erwirbt seine Fertigkeiten, Einstellungen und Überzeugungen im Umgang mit seinen Mitmenschen. Aber er schuldet ihnen nichts. Die Idee, dass er seinen Mitmenschen etwas schuldet, hieße, er sei seinen Mitmenschen zu etwas verpflichtet. Aber nirgends lässt sich so eine Verpflichtung ausmachen, außer in den Köpfen der Politiker, die derartige Ideologien zu eigenen Zwecken verbreiten.

Zwar gelingt es den politischen Unternehmern, in den Überzeugungen mancher Menschen die Vorstellung auszulösen, sie wären anderen etwas schuldig, auch wenn sie sich diesen gegenüber zu nichts verpflichtet haben; aber nicht bei allen Menschen und bei anderen Menschen nicht durchgängig. Gerade deswegen setzen sie letztlich auf Drohung, Zwang und Gewalt, weil es eben keine freiwillig begründete Pflicht gibt, infolge derer der Mitmensch ja ein Recht erworben hätte, das ihm mehr wert wäre als die Pflicht. Was in Wirklichkeit vor dem Auge des Beobachters passiert, ist, dass Menschen bedroht werden, Güter abzugeben, und dass diese Güter, nach Selbstbehalt in beliebiger Größe, anderen Menschen seitens der Politiker und ihrer Unterstützer zugeteilt werden, heute zumeist in Form des Tauschmittels Geld.

Es gibt also Ungleichheit in der Versorgung mit Gütern, wir können aber nicht wissen, wie die jeweiligen Versorgten ihre Güterversorgung bewerten. Kapital ist nicht die Ursache für diese Ungleichverteilung, sondern bei freiwilligem Austausch eine Folge des freiwilligen Austausches, die zu einem neuen Pareto-Optimum geführt hat. Kein Mensch schuldet jemandem etwas bei freiwilligem Austausch, wenn er all seine im Austausch freundlich begründeten Verpflichtungen den anderen gegenüber erfüllt hat. Kein Residuum verbleibt.

Die Neo-Marxisten und andere politische Unternehmer meinen zudem, es gebe einen *trade-off* (gegenläufige Beziehung) zwischen Gleichheit und Freiheit. Die Freiheit der einen gehe immer auf Kosten der Gleichheit. Da Gleichheit Gerechtigkeit sei, gehe die Freiheit des einen immer zu Lasten der Gerechtigkeit, zu Lasten des anderen.

Es gibt keinen *trade-off* zwischen Freiheit und Gleichheit, weil es keine Gleichheit geben kann. Handelnde sind einzigartig und einmalig. Die Beurteilung der Gleichheit durch einen Beobachter, der sie »zu messen« versucht anhand der Addition der Geldmenge und von Güter-Geldpreisen, führt nicht dazu, dass er danach weiß, wer wohlhabender ist, sondern er hat am Ende Größen, die er vergleicht, nicht Werte. Was die Güter den Betroffenen wert sind, kann der Beobachter gar nicht wissen, weil dies von deren Wollen und Werten abhängt und nicht von seinem. Und wenn einer etwas für andere herstellt, nimmt die Freiheit der anderen ebenfalls zu, nämlich das Angebot des Herstellers anzunehmen oder abzulehnen. Da beide nur tauschen, wenn ihnen das jeweils andere mehr wert ist, verliert hier niemand. Die Gleichheit verrückt sich nicht in dem Sinne, dass der eine danach mehr hat und der andere weniger, sondern aus ihrer Sicht haben beide gewonnen. Wenn sich einer für 5 Euro ein Ticket für die Achterbahn kauft, dann hat der Achterbahnbetreiber danach die 5 Euro und der Achterbahnfahrer hat die Achterbahnfahrt. Ist diese abgeschlossen, hat er sie konsumiert, verbraucht, eingetauscht gegen etwas, das ihm wertvoller ist als die 5 Euro. Der Beobachter, der zu diesem Zeitpunkt nach der Achterbahnfahrt zusammenzählt, sieht die 5 Euro beim Achterbahnbesitzer, aber nicht mehr die Achterbahnfahrt. Die imaginierte Gleichheit im Wohlstand, also wie sehr der jeweilige Einzelne seine Güter schätzt, gab es weder vor noch nach dem Austausch. Sie entstammt dem Irrtum des Beobachters, dass er Größen mit Werten vermischt hat, Zählbares mit Nicht-Zählbarem, objektiv Bestimmbares mit nicht-objektiv Bestimmbarem.

Die Souveränität des Einzelnen ist »unveräußerlich«. Er kann seinen Körper nicht von seinem Geist trennen. Ein handelnder Mensch verfügt über Psyche (Geist) und Körper, und er kann diese nicht voneinander lösen. Herrschaft über andere Menschen im Sinne einer Ausübung der Souveränität »für andere« kann es nicht geben. Selbst wenn einer sich zur Knechtschaft verpflichtet, verbleibt ihm jederzeit die Möglichkeit zum *actus contrarius* (die Handlung aufhebende Handlung).

Herrschaft in dem Sinne, im anderen Fehlvorstellungen im Hinblick auf dessen Souveränität zu erzeugen, oder in dem Sinne, den anderen zu bedrohen, zu zwingen oder zu belügen, gibt es natürlich. Das ist das Bild, das wir täglich zu sehen bekommen, wenn wir politisches Unternehmertum beobachten. Indoktrination und Propaganda, Verächtlichmachung und Ausgrenzung Andersdenkender, Spaltung der Menschen in Lager und schließlich stets die Drohung mit der Haft oder Schlimmerem, für den Fall, dass sich die Bedrohten nicht beugen.

Sie fragen sich vielleicht an dieser Stelle, ob die politischen Unternehmer wissen, was sie ihren Mitmenschen antun. Das kann ich Ihnen nicht beantworten. Es mag sein, dass sie glauben, dass das, was sie tun, gut ist für die Gesellschaft oder insgesamt. Da »gut« aber subjektiv ist, heißt das nur »gut« aus der Sicht des Politikers. Dass es aus der Sicht der Bedrohten nicht »gut« ist, könnte einem politischen Unternehmer aufgehen, wenn er einsieht, dass er seine Mitmenschen auch aus seiner eigenen Sicht nicht nur indoktrinieren muss, damit sie tun, was er möchte, sondern auch noch bedrohen.

Wie dem auch sei, aus der Praxeologie folgt nicht, dass ein Politiker anders handeln sollte, weil sie als Wissenschaft vom menschlichen Handeln nicht vorschreibend, sondern lediglich beschreibend ist. Da was geschieht, geschehen musste, und jeder nur das wollen kann, wozu er auf Grund der in seiner Ontogenese erworbenen Einstellungen und Überzeugungen imstande ist, muss auch jeder das tun, was er tut. Er kann nicht anders. Niemand regt sich darüber auf, dass ein Löwe sich feindlich gegenüber seiner Beute verhält, aber manche Menschen regen sich zum Beispiel darüber auf, dass sich politische Unternehmer der Mittel Indoktrination oder Drohung und Zwang bedienen. Dieses Aufregen könnte man sich sparen, da jeder so tut, wie er muss, und die Praxeologie zu keinen moralischen Urteilen kommt oder einlädt. Sie beschreibt lediglich, was wir von vornherein aussagen können, wenn wir davon ausgehen, dass Einzelne handeln.

13. Ohne Zinsmanipulation zu wenig Arbeitsertrag

Ein weiteres verbreitetes Mem ist, dass durch eine Verminderung des Zinses unter den Marktzins Arbeit rentabler wäre. Die Arbeiter bekämen so ein größeres Stück vom Kuchen gegenüber den Kapitalbesitzern, die nichts zum Wohlstand beitragen würden, sondern faul von den Erträgnissen ihres Kapitals lebten.

Auch dieses Propaganda-Mem ist aus handlungslogischer Sicht falsch. Zunächst macht Kapital Arbeit produktiver. Wenn Sie einen Traktor benutzen, werden Sie eine größere Fläche Wiese mähen können als ohne. Durch Kapital steigt die Grenzproduktivität der Arbeit, also die Menge an Produkten, die Sie unter sonst gleichen Umständen mit demselben Arbeitseinsatz erzeugen können. Die Grenzproduktivität der Arbeit bestimmt die Obergrenze des Lohnes (die Untergrenze wird durch die Angebote der Mitbewerber bestimmt). Die Tendenz zu höheren Löhnen und Gehältern ist nicht die Ursache, sondern die Folge des Kapitaleinsatzes. Kapital wird nicht deshalb eingesetzt, weil Löhne und Gehälter so hoch sind, sondern hohe Löhne und Gehälter sind die Folge von Kapitaleinsatz.

Die Ersparnisse sind das Kapital der Gesellschaft. Stimmt der Zins mit der Zeitpräferenz der freundlichen Akteure auf dem Markt überein, wird genau so viel gespart und konsumiert, wie es der Zeitpräferenz entspricht. Eine positive Zeitpräferenz bedeutet vereinfacht gesagt, dass der Mensch den Konsum eines Gutes jetzt höher bewertet als den Konsum eines Gutes in der Zukunft.[32] Der Mensch schätzt die Befriedigung eines Bedürfnisses heute höher als die Befriedigung eines Bedürfnisses in der Zukunft. Das Verhältnis des Wertes künftiger Güter zu denen gegenwärtiger Güter ist der Urzins.

Der Urzins bildet sich in jeder Branche aus, und es besteht eine Tendenz, dass die Zinsen in den verschiedenen Märkten (Geld- und Gütermarkt) einander angleichen. Wird nun der Zins im Geldmarkt herabgedrückt unter den Zins, der sich entsprechend der Zeitpräferenz der Marktteilnehmer ergeben würde, führt dies – unter sonst gleichen Umständen – dazu, dass mehr Ersparnisse konsumiert werden – oder weniger Kapital gebildet wird –, als wenn der Zins mit den Präferenzen der Menschen übereinstimmte. Die Folge ist, dass die Grenzproduktivität der Arbeit geringer ist, als sie bei einem Marktzins sein könnte (daneben ist die Folge auch die Fehlleitung von Kapital). Das heißt, es gibt weniger Produkte und die Löhne der Arbeiter sind geringer als bei einem Zins, der sich ohne die Zinsmanipulation des politischen Akteurs (der über das Notenbankmonopol verfügt) ergeben hätte.

Zins und Sparrate sind nicht derart voneinander abhängig, dass die Menschen sparen würden, weil die Zinsen hoch sind, oder die Zinsen hoch sind, weil die Menschen so wenig sparen, sondern Zinsen und Sparen sind zwei Aspekte eines Phänomens: der Zeitpräferenz der Menschen. Wird der Zins vermindert, ohne dass sich eine Veränderung der Zeitpräferenz der Menschen ergeben hat, werden die Menschen ihr Verhalten darauf einstellen und darauf reagieren. Unter sonst gleichen Umständen werden die Sparer, die sich bei dem gegenwärtigen Marktzins »an der Grenze befinden« zwischen Sparen und Konsumieren, bei einem niedrigeren Marktzins nicht sparen oder investieren, sondern konsumieren. Ebenso werden diejenigen, die sich an der Grenze befinden zwischen Horten und Investieren, also Gelder zurückzuhalten oder sie bei einer Bank oder in Wertpapieren anzulegen, horten, anstatt in Form von Investitionen zu sparen. Darüber hinaus wird derjenige Grenz-Kreditnehmer, der sich bei einem höheren Zinsniveau gerade noch für Eigenkapital-Finanzierung entschieden hätte anstatt für

Fremdfinanzierung, sich für Fremdfinanzierung entscheiden. Dies führt tendenziell zu einer Ausweitung der Geld- und Kreditmenge. Wirtschaftshistoriker sprechen von Stagflation, wenn sie das Phänomen beschreiben, dass trotz einer Verminderung der »Kaufkraft« des Geldes die Wirtschaft nicht wächst (wobei sich weder Kaufkraft noch ein wachsendes Wohlstandsniveau messen lassen, da Wohlstand keine Größe der äußeren Welt ist, sondern ein subjektiver Wert).

Die Folgen einer Zinsmanipulation nach unten sind demnach – *ceteris paribus* – verminderte Arbeitslöhne, verminderter Kapitaleinsatz und ein Kaufkraftverlust des Geldes. Dass Geld günstig sein sollte, Kredite günstig zu haben sein und sich Arbeit gegenüber Kapitaleinsatz mehr lohnen sollten, sind also Politiker-Meme, die anhand der Praxeologie als falsch erklärt werden können.

14. Digitalisierung – die Arbeit geht »uns« aus

Eine weit verbreitete Vorstellung ist, dass uns der technische Fortschritt künftig paradiesische Zustände bescheren wird. Digitalisierung, Magnetschwebebahnen, selbstfahrende Autos, ganz allgemein: Neue Technologien werden das Leben zunehmend annehmbarer machen – der technische Fortschritt ist nicht aufzuhalten. Irgendwann muss dann niemand mehr arbeiten, weil alles wie von selbst läuft. Damit es dann aber gerecht zugeht, muss jeder teilhaben können am gemeinsam produzierten, automatisierten Wohlstand.

Es ist eine Sache, was technisch umgesetzt werden kann, eine andere Sache ist es, ob (a) die Ersparnisse für die technische Umsetzung vorhanden sind und ob (b) die technische Umsetzung überhaupt gewollt ist. Und diese letzten beiden Fragen sind eben keine naturwissenschaftlichen Fragen, die man extrapolieren (hochrechnen) könnte, sondern ökonomische, also handlungslogische.

Anders formuliert: Ob und wie technische Innovationen in der Wirtschaft umgesetzt werden, ist nicht zuallererst eine Frage technischer Machbarkeit, sondern eine Frage ökonomischer Realisierbarkeit. Das alleinige technische Wissen ist nicht ausreichend, um technische Neuerungen wirtschaftlich umzusetzen. Notwendig hierfür ist, dass in der Gesellschaft Ersparnisse vorhanden sind. Den Unternehmern beispielsweise in Pakistan sind die Methoden westlicher Produktion und ihre Techniken bekannt. Was sie davon abhält, eine Wirtschaft nach westlichem Modell aufzubauen, ist, dass es ihnen an Kapital fehlt.[33]

Wenn in einer Gesellschaft die Bürger nicht willens sind, Ersparnisse zu bilden, zum Beispiel weil ihre religiösen Anschauungen von Wiedergeburt auch im Falle der Anstrengungslosigkeit auf ein besseres nächstes Leben hoffen lassen oder weil im Falle hoher Steuern der Anreiz zu gering ist, Ersparnisse zu bilden, weil der meiste Teil der

Überschüsse sowieso vom politischen Akteur für seine eigenen Zwecke »abgeschöpft« wird, dann fehlt es an solchen Mitteln, die für die Umsetzung der Technologien erforderlich wären.

Sind ausreichend Ersparnisse für die Umsetzung technischer Neuerungen vorhanden, ist noch fraglich, welche von verschiedenen Technologien produziert werden sollen. Diese Frage kann politisch oder freundlich entschieden werden. Die politischen Akteure könnten zum Beispiel entscheiden, dass es dem Ruhme der Nation gut anstünde, wenn ein paar weitere Male auf dem Mond gelandet würde, wohingegen die Bürger die Ersparnisse lieber für andere Zwecke eingesetzt hätten, zum Beispiel für besseren Wohnraum und ein annehmbareres Transportwesen, die Ausbildung ihrer Kinder und vieles mehr. Die Frage ist also, ob die Mittel eingesetzt werden sollen, um die drängendsten Bedürfnisse entsprechend den Präferenzen aller zu befriedigen, oder ob es Menschen gibt, die anderen Menschen Schaden androhen, um ihre Vorstellungen über die Verwendung von Technologien durchzusetzen.

Die Gruppe der politischen Unternehmer kann die Mittelverwendung auch für den Konsum ihrer eignen Anhänger aufzehren, sodass weniger Technologien eingesetzt werden können, um den Menschen das Leben annehmbarer zu machen. Stellen sie sich eine Gruppe politischer Akteure vor, die unzählige Anstalten schafft, Agenturen, Kammern, Ministerien, Kassen, Behörden, Ämter, Räte, Parlamente, Geschäftsstellen und Direktionen, Verbände und Vereinigungen etc., um sich und ihre Unterstützer zu versorgen. Diese Einrichtungen brauchen alle Vorstände, Direktoren, Aufsichtsräte, Minister, Staatssekretäre, Assistenten, Angestellte, Beamte, Sekretäre, IT-Fachleute etc. Diese Menschen produzieren aus Sicht der Bedrohten Ungüter 1. und 2. Ordnung, sie stellen Produkte her, die die Menschen so, zu diesen Preisen und in dieser Ausführung, überhaupt nicht wählen würden, und trotzdem werden die Bürger gezwungen, für diese politischen Akteure das Mittagessen, den Kindergarten und die medizinische Versorgung zu bezahlen. Hierbei werden so viele Mittel konsumiert, dass für den Einsatz von Technologie zur Produktion von Gütern viel weniger verbleibt. Kein Mensch kann heute sagen, wie eine Welt aussehen würde, in der die Technologie zum Wohle aller entsprechend den Präferenzen der Menschen eingesetzt werden würde. Es ist eben keine Frage des technischen Machbaren, sondern eine handlungslogische Frage, ob und wie Technologie das Leben der Menschen annehmbarer macht.

Die Entdeckung des Verbrennungsmotors, der Elektrizität, der Robotik, der Informationstechnologie oder der Atomkraft haben nicht dazu geführt, dass alle Menschen heute frei von Sorgen in futuristischen Wohlstandsgesellschaften leben. Ob diese oder andere Technologien den Menschen künftig das Leben annehmbarer machen werden, ist eine handlungslogisch-ökonomische Frage und keine ingenieursmäßige. Wenn es politische Akteure gibt, die den Konsum von Ersparnissen gegenüber der Kapitalbildung vorziehen, und wenn diese Politiker dann andere technische Anwendungen mit den verbleibenden Ersparnissen vornehmen, als sie die Menschen bevorzugen würden, dann kann der technische Fortschritt für den Einzelnen nutzlos sein. Wenn Staaten Unsummen für hochkomplexe militärische Technologien aufwenden, nützt das dem Einzelnen gar nichts.

Ein absurdes Argument ist ebenso, dass die Digitalisierung die Arbeit verknappen würde. Sie erhöht die Effizienz der Arbeit und führt daher in der freundlichen Wirtschaft zu einer Erhöhung der Grenzproduktivität der Arbeit und damit zu höheren Gehältern, wie dies bereits oben ausführlich beschrieben wurde. Historisch kann man beobachten, dass die Beamten und Angestellten der politischen Akteure sogar trotz Digitalisierung anzahlmäßig zunehmen. Rathäuser, Landratsämter und sonstige Behörden wachsen und wachsen. Die Politiker reden davon, dass ihnen eben vom Wähler immer mehr »Aufgaben übertragen« würden, aber an dieser Stelle des Buches wissen Sie bereits, dass die einzelnen Abstimmenden überhaupt keine Aufgaben übertragen und der wesentliche Unterschied zwischen freundlichem und feindlichem Handeln nicht davon abhängt, wie die politischen Unternehmer ihr Spitzenpersonal küren, ob durch Los oder Abstimmung, sondern der Unterschied liegt in der Täuschung, der Drohung, dem Zwang und der Gewalt, egal durch wen oder wie viele die feindlichen Handlungen ausgeführt werden. Die politischen Akteure erweitern schlicht ihr Handlungsfeld, das politische Unternehmertum, und so werden immer mehr Menschen davon abhängig, dass es politisches Unternehmertum gibt, wenn sie ihre Stelle und Altersvorsorge sichern wollen.

Wer behauptet, es gäbe nicht genug Arbeit für alle, wegen der Digitalisierung, der Maschinen, des technischen Fortschrittes etc., und deshalb politisches Unternehmertum inklusive Umverteilung fordert, widerspricht sich selbst. Durch Umverteilung sollen Menschen sich unerfüllte Bedürfnisse erfüllen können. Haben Menschen unerfüllte Bedürfnisse, dann gibt es Bedarf an zusätzlicher Arbeit zur Erfüllung dieser Bedürfnisse. Wären alle Bedürfnisse durch den Technologieeinsatz erfüllt, bräuchte es keine Umverteilung. Wären alle Bedürfnisse erfüllt, bräuchte es weder freundlicher noch politischer Akteure. Der Unterschied der Ersteren zu den Letzteren ist lediglich, dass bei den Ersteren stets die Bedürfnisse aller Beteiligten erfüllt werden, beim politischen Unternehmertum aber von vornherein die einen auf Kosten und zu Lasten der anderen gewinnen. Win-win oder win-lose.

Solange es politisches Unternehmertum gibt, bleiben immer Bedürfnisse unerfüllt, nämlich die Bedürfnisse derjenigen, die unter dem politischen Unternehmertum leiden und die sich gerne dagegen wehren würden.

15. Facharbeitermangel – es gibt zu wenige Arbeiter

Dass politische Meme nicht unbedingt widerspruchsfrei gebraucht werden, muss nicht verwundern, denn Widerspruchsfreiheit gehört zu logischer Argumentation, nicht aber zu emotionaler Indoktrination und Propaganda. Auf der einen Seite verwendet der Politiker das Mem, dass wegen der zu erwartenden technischen Fortschritte und paradiesischer Zustände die Arbeit ausgehen würde und deshalb umverteilt werden müsse, wohl sehend, dass es aktuell viele schwer arbeitende Putzhilfen, Bedienungen, Maurer, Müll-Entsorger, Lkw-Fahrer, Hausmeister etc. gibt. Auf der anderen Seite gebraucht er das Mem vom Facharbeitermangel. Das passt natürlich nicht zusammen, und einen Facharbeitermangel kann es von vornherein nicht geben.

Was die Politiker meinen, wenn sie von einem Facharbeitermangel sprechen, ist, dass gewisse Unternehmer, die zu gewissen Preisen (in dem Fall: Löhnen) Facharbeiter einstellen möchten, diese zu diesen Preisen nicht einstellen können. Zu höheren Preisen können sie die Facharbeiter aber nicht einstellen, da sie davon ausgehen, dass die zusätzlichen Kosten nicht von ihren Kunden bezahlt würden. In der Konsequenz heißt das, das den Verbrauchern andere Güter wichtiger sind als die von den Unternehmern hergestellten Güter, die sie zu den höheren Löhnen, die sie bezahlen müssten, nicht absetzen können.

Zudem stellen politische Unternehmungen wie Behörden, Ämter und Anstalten Menschen an. Stellen sie die Menschen zu günstigeren Bedingungen an als die an sich freundlichen Unternehmungen, die Facharbeiter nicht mehr zu den Löhnen finden, die sie für absatzgerecht halten, dann fehlen die Mittel zur Anstellung der Facharbeiter, weil die Netto-Steuerzahler ihre Mittel bereits dafür aufwenden müssen, um die Beamten und Angestellten der politischen Unternehmungen zu bezahlen. Müssten sie das nicht, stünde nicht nur mehr Arbeitskraft zur Verfügung, sondern die Menschen hätten auch mehr Mittel zur Verfügung.

16. Bedingungsloses Grundeinkommen – niemand sollte arbeiten *müssen*

Ein bedingungsloses Grundeinkommen (BGE) ist alles andere als sozial, wie es seine Befürworter so gerne für sich in Anspruch nehmen, sondern, praxeologisch betrachtet: asozial und feindlich. Unter einem bedingungslosen Grundeinkommen stellen sich die Befürworter vor, dass jedermann ein Anspruch auf ein Grundeinkommen gegenüber seinen Mitmenschen zusteht, der von den politischen Unternehmern mittels Zwangs durchgesetzt wird. Es ist eine weitere Form der erzwungenen Umverteilung. Da es sich nicht um ein Recht handeln kann, da Rechte praxeologisch nur einvernehmlich begründet werden können, handelt es sich um ein Vorrecht (Privileg), mit dem keine Pflicht korrespondiert, sondern das mit Täuschung und Zwang durchgesetzt wird. Die Spiegelseite eines bedingungslosen Grundeinkommens ist also stets ein bedingungsloser Arbeitszwang für andere. Denn so müssen sie für das gleiche Einkommen mehr arbeiten, da sie auch noch die Abgaben für die Bezieher von BGE erwirtschaften müssen.

Ein BGE führte zu verringertem Kapitalaufbau, höherer Belastung der Netto-Steuerzahler, niedrigeren Marktlöhnen, höheren Preisen und geringerer Produktivität als ohne ein BGE. Belastet würden Arbeiter, Sparer, Angestellte und Selbstständige. Gewinner wären die BGE-Empfänger und Politiker. Nachhaltig durchführbar ist eine Gesellschaftsordnung mit einem BGE nicht. Der Anreiz für die Belasteten, selbst ein BGE zu beziehen oder das Land zu verlassen, wird steigen. Und wenn dann zu wenige Arbeitskräfte vorhanden sind, werden die Politiker »verpflichtende« soziale Dienste oder Ähnliches fordern, das heißt, sie werden die Arbeit einteilen, was nichts anderes bedeutet als: Zwangsarbeit. Irgendwann werden dann unter Umständen staatsfinanzierte Rundfunkprogramme und Internet-Seiten, Indoktrination an Schulen und Universitäten nicht mehr ausreichen, die Menschen im Land zu halten. Politiker werden dann vielleicht weitere Wegzugsteuern fordern – oder noch andere, die Freiheit noch stärker einschränkende Maßnahmen wie Mauerbau oder Arbeitslager.

Natürlich kann Arbeit auch mit dem politischen Mittel (Zwang) organisiert werden. Historisch gesehen hat die Zwangsarbeit eine lange Tradition und eine große Rolle gespielt. Im antiken Athen kamen angeblich auf einen Bürger fünf Sklaven. In organisierten Staaten wurde die Sklaverei später durch andere Institutionen wie die Knechtschaft und die Leibeigenschaft ersetzt. Gerade in den heute sehr mächtigen Staaten wurden Sklaverei und Leibeigenschaft lange praktiziert, in den USA und Russland etwa bis in die zweite Hälfte des 19. Jahrhunderts. Die Privilegien derjenigen, die Menschen als Arbeitsmaterial bewirtschaftet haben, wurden ihnen vom politischen Akteur verliehen.

Bei weiterem Fortschreiten der Zivilisation wurde den »Untertanen« mehr Freiheit zugestanden, weil manche bemerkten, dass sie mehr erhielten, wenn sie das politische Mittel zur Bewirtschaftung der Arbeit so einsetzen, dass sie die Untertanen untereinander nach dem freundlichen Prinzip (freiwilliger Austausch) handeln lassen und ihnen lediglich Tribut abfordern (Zölle, Steuern, Beiträge und Gebühren). In vielen Kernbereichen des menschlichen Lebens greifen allerdings nahezu alle politischen Unternehmer zur Sabotage (geplante Behinderung), wenn es etwa um Krankenversicherung, Altersvorsorge oder Indoktrination (von der KiTa bis zur Uni) geht. Wenn aber der Staat das politische Handeln (Zwang) ausweitet und ein bedingungsloses Grundeinkommen durchzusetzen versucht, dann kann er das nur aus Erträgen fordern, die die Menschen untereinander mit dem freundlichen Prinzip erwirtschaften. Je mehr Menschen aber ein BGE erhalten, desto weniger werden dies sein. Sollte jeder ein auskömmliches BGE haben, hätte der Staat niemanden mehr, dem er etwas abnehmen kann. So könnte der Staat in seiner heutigen Struktur, als Monopolist des politischen Mittels zum Zwecke des Konsums, nicht existieren. Es verwundert deshalb nicht, dass die Vorschläge zur Einführung eines BGEs bislang mehr »aus der Gesellschaft« kommen als von den politischen Funktionären. Der Staat heute funktioniert gemäß Franz Oppenheimer nach dem Imkerprinzip: Man lässt den Bienen so viel Honig, dass ihre Fähigkeit, Abgaben zu leisten, erhalten bleibt. Ein BGE in auskömmlicher Höhe für alle würde aber bedeuten, dass der Staat den Honig zu den Bienen bringen müsste. Zu diesem Zweck haben sich die politischen Unternehmer jedoch nicht verbunden.

17. Ein bisschen Inflation ist gut – gut für wen?

Die Haltung der politischen Unternehmer und der Leitmedien zum Thema »ein bisschen« Inflation ist etwa wie folgt: Ein bisschen Inflation sei gut, weil dann die Menschen ihr Geld eher ausgeben würden. Würden sie fallende Preise erwarten, also ein Steigen der Kaufkraft des Geldes, würden sie abwarten, bis sie zu niedrigeren Preisen konsumieren können, und der Konsum würde einbrechen. Bankrotte und eine Abwärtsspirale wären die Folge. Ohne Inflation würden die Menschen ihr Bargeld horten. Außerdem würden die Leute zu wenig von ihrem Geld investieren. Die Menschen verhielten sich irrational, weil sie nicht in Wertpapiere investieren. Inflation, also ein Verlust der Kaufkraft, sporne zum Investieren an. Mit Inflation würden die Menschen gedrängt, ihr Buchgeld, das sie auf ihrem Bankkonto haben, und ihr Bargeld auszugeben, also zu konsumieren oder investieren, und dies kurble die Wirtschaft an. Außerdem sei Inflation ja neutral, sie treffe jeden gleichmäßig. Mit zunehmender Geldmenge stiegen die Preise gleichförmig an.

Propaganda und Indoktrination dienen der Legitimierung feindlichen Handelns, das sich ohne die falsche Propaganda als das darstellt, was es ist: Aggression gegen Nicht-Aggressoren. In diesem Falle geht es darum, das politische Geldmonopol und die politische Regelung des Banking (Geld- und Kreditwesens) zu »rechtfertigen«. Es geht darum, ein Banking-System zu rechtfertigen, das aus einer politischen Notenbank besteht und »angeschlossenen« Geschäftsbanken. Ein Banking-System, innerhalb dessen die politischen Akteure nicht nur befehlen, welches Geld zu verwenden ist, sondern auch zum Beispiel welche Daten zwingend anzugeben sind bei der Eröffnung eines Bankkontos oder dass politische Unternehmer keine guten Sicherheiten stellen müssen bei Kreditaufnahme. Ein Banking-System, in welchem den Banken mit der politischen Zentralbank ein *lender of the last resort* (Kreditgeber im Krisenfall) zur Verfügung steht, mit all den Anreizen zu *moral hazard* (unmoralischem Handeln), die hieraus folgen. Die »Argumente« dieser vorgenannten Propaganda werden im Folgenden widerlegt.

Umlaufgeschwindigkeit

Die Umlaufgeschwindigkeit des Geldes ist ein an sich fehlerhaftes Konzept, da Geld nie umläuft. Es hat zu jedem Zeitpunkt einen konkreten Besitzer und befindet sich nie im luftleeren Raum oder im Besitz beider Vertragspartner zugleich. Dass es irgendwo »umlaufendes« Geld gäbe, das niemandem zugeordnet ist, ist falsch.

Nehmen wir folgenden Fall an: A hat 10 Geldeinheiten, B (Bäcker) 10 Laib Brot und C (Bauer) 5 kg Kartoffeln. Sie tauschen die Güter nun wie folgt untereinander aus: A kauft von B 10 Laib Brot und B kauft von C 5 kg Kartoffeln.

I.	A 10 Geld	B 10 Laib Brot	C 5 kg Kartoffeln
II.	A 10 Laib Brot	B 10 Geld	C 5 kg Kartoffeln
III.	A 10 Laib Brot	B 5 kg Kartoffeln	C 10 Geld

Würde man nun den Umsatz ins Verhältnis zur Geldmenge und zu dem Zeitraum, in dem sich die drei Handelnden austauschen, mit 1 ansetzen (1 Tag), würde man die Umlaufgeschwindigkeit von 3 erhalten: 30 Geld Umsatz : 10 Geld : 1 = 3. Würden die Beteiligten sich nicht in einem Tag, sondern in 2 Tagen austauschen, erhielte man die Umlaufgeschwindigkeit 1,5. Schafften sie es in einem halben Tag, erhielte man 6 als Umlaufgeschwindigkeit. Aber eine Aussage über den Wert, den die drei Handelnden dabei erzeugen, enthält diese Aussage nicht:

Wir wissen, dass dem A die 10 Laib Brot mehr wert sind als die 10 Geldeinheiten und dem B die 5 kg Kartoffeln mehr wert sind als die10 Geldeinheiten. Nimmt man 100 statt 10 Geldeinheiten, erhält man dasselbe Ergebnis im obigen Beispiel. Denn was gezählt werden kann, sind stets nur Größen, aber nicht Wert (Präferenzen), weil Wert nicht mit Größenzahlen, sondern mit Ordnungszahlen sinnvoll beschrieben werden kann. Wir erhalten also aus dieser Rechnung der Umlaufgeschwindigkeit des Geldes keine Aussagen darüber, welchen Wohlstand die Beteiligten bei ihrem Handeln geschaffen haben, sondern nur darüber, welche Geldmengen sie in welchem Zeitraum ausgetauscht haben. Dabei sind die Werte der Geldmengen schon nicht vergleichbar, denn für A gilt 10 Geld < 10 Laib Brot und für B 10 Geld < 5 kg Kartoffeln, also einmal ist die Referenz eine konkrete Menge Kartoffeln, ein andermal sind es Laib Brot.

Und sollten die Handelnden ihre Güter schneller austauschen – oder langsamer? Das können nur sie wissen, entsprechend ihrer Zeitpräferenz. Solange ein freiwilliger Austausch vorliegt, handeln sie entsprechend ihrer Zeitpräferenz, also genauso, wie sie subjektiv denken, dass es für sie am besten ist.

Noch dubioser wird das Konzept der Umlaufgeschwindigkeit, wenn das Brutto-Inlandsprodukt der Volkswirtschaft ins Verhältnis zur Geldmenge gesetzt wird. Denn eine Volkswirtschaft ist kein handelndes Wesen, sondern ein Konzept. Eine Volkswirtschaft hat keinen Willen, sondern Einzelne und die Einzelnen, aus denen Gruppen von Menschen bestehen. Eine Volkswirtschaft wählt nicht.

Das Statistische Bundesamt meint: Das Bruttoinlandsprodukt (BIP) ist ein Maß für die wirtschaftliche Leistung einer Volkswirtschaft in einem bestimmten Zeitraum. Es *misst den Wert* der im Inland hergestellten Waren und Dienstleistungen (Wertschöpfung), soweit diese nicht als Vorleistungen für die Produktion anderer Waren und Dienstleistungen verwendet werden.

Das Bruttoinlandsprodukt (BIP) misst also angeblich den Wert von Waren und Dienstleistungen in einer Volkswirtschaft. Alleine: Wert kann nicht gemessen werden. Wenn man Wert aber nicht messen kann, was ist dann vom Konzept des BIP zu halten?

Ludwig von Mises schreibt dazu:

> *»Es ist möglich, die Summe des Einkommens oder Vermögens mehrerer Personen in Geldpreisen auszudrücken. Aber es ist Unsinn, ein National-Einkommen oder Volks-Vermögen zu berechnen. Sobald wir beginnen, Erwägungen anzustellen, die einem Menschen fremd sind, der innerhalb der Marktwirtschaft handelt, hilft uns Geldrechnung nicht mehr weiter. […] Wenn in einer Wirtschaftsrechnung ein Vorrat von Kartoffeln mit 100 US$ bewertet wird, ist die Idee, die dahintersteckt, dass man diesen Vorrat für diesen Preis verkaufen oder ersetzen kann. […] Aber was ist die Bedeutung einer Berechnung des Volksvermögens? Was ist die Bedeutung des Ergebnisses der Berechnung? Was muss in eine solche Berechnung einfließen und was muss außen vorgelassen werden? Wäre es falsch oder richtig, den ›Wert‹ des Klimas des Landes einfließen zu lassen oder die angeborenen und erworbenen Befähigungen der Bewohner? Der Kaufmann kann seine Güter in Geld eintauschen, aber ein Volk kann das nicht.*
>
> *Die Geld-Ausdrücke wie sie beim Handel und in der Wirtschaftsrechnung Verwendung finden, sind Geldpreise, das heißt Umtauschkurse zwischen Geld und anderen Gütern und Dienstleistungen. Preise werden nicht in Geld gemessen; Preise bestehen aus Geld. Preise sind entweder Preise der Vergangenheit oder erwartete Preise in der Zukunft. Ein Preis ist notwendigerweise ein historisches Datum, entweder der Vergangenheit oder der Zukunft. Es ist nichts an Preisen, das es erlauben würde, sie für die Messung von physikalischen oder chemischen Phänomenen heranzuziehen.«*[34]

Es ist also sinnlos, wenn Sie Ihr Vermögen und das Ihres Nachbarn, das ein jeder für sich in Geldpreisen errechnet hat, addieren, wenn Sie nicht vorhaben, gemeinsam zu handeln. Sie können *Wohlstand* nicht messen. Einem Italiener mögen sein mildes Klima und die gute Landesküche sehr viel wert sein, aber wie wollen Sie dies in eine ökonomische Kalkulation einfließen lassen? Wahrscheinlich werden die meisten Menschen darin übereinstimmen, dass der Wohlstand heute größer ist als noch vor 100 Jahren. Es gibt mehr Kapitalgüter (Fabriken, technische Anlagen, Minen, Elektrizitätswerke), und es stehen vielen Menschen viel mehr Konsumgüter (Autos, Wohnungen, Lebensmittel, Frisörbesuche etc.) zur Verfügung als damals. Alleine, sie können diese *Wohlstandszunahme* nicht numerisch *messen* und unterschiedliche Menschen bewerten *wirtschaftlichen Fortschritt* unterschiedlich. So mag dem zurückgezogenen Bio-Bauern der Bau einer neuen Autobahn ein Unwert sein, während der Pendler, der die Autobahn nutzen möchte, sie durchaus als Wert ansieht. Und auch ein und derselbe Mensch kann ein und denselben Gegenstand zu unterschiedlichen Zeitpunkten unterschiedlich bewerten.

Von Preisänderungen kann nicht auf Kaufkraftänderungen geschlossen werden; Preise sind immer marginale Preise

Ein weiteres Problem besteht darin, dass sich die Wirtschaftshistoriker bei BIP-Prognosen mit der Kaufkraft von Geld befassen. Ihre Berechnungen seien inflations- oder kaufkraftbereinigt. Alleine, das ist ökonomisch gesehen unmöglich.

Preise sind historische Daten und sie betreffen immer konkrete Mengen. Um die Kaufkraft des Geldes anhand von Preisänderungen ermitteln zu können, müsste man von einem Wesen ausgehen, dass dieselben Dinge zu unterschiedlichen Zeiten in unterschiedlichen Mengen stets gleich bewertet. Nur dann könnten Preisschwankungen Kaufkraftänderungen des Geldes bedeuten. Ein solches Wesen gibt es aber nicht, und Preise sind immer marginale Preise, sie betreffen nie Laptops oder Lebensmittel »an sich«, sondern stets konkrete Mengen dieser Güter.

Horten

Die Aussage, dass bei Deflation Menschen verstärkt horten würden, ist aus mehreren Perspektiven falsch. Erstens muss derjenige, der seinen Geldhort vergrößern möchte, den anderen Menschen mehr Güter anbieten. Er muss also seine Käufe vermindern und seine Verkäufe erhöhen. Er muss, um an mehr Geld zu gelangen, anderen mehr Nutzen stiften. Dabei führt seine Verhaltensänderung in Form einer Erhöhung der Verkäufe dazu, dass der Grenznutzen der Vertragspartner in Bezug auf ihre Gelder steigt, weil sie weniger Geld in ihren Kassen haben, das nun der Verkäufer hat, und daher in der Tendenz die Preise, die zunächst durch die vermehrten Verkäufe tendenziell gefallen sind, wieder steigen. Wenn einer hortet, müssen andere enthorten. Umgekehrt, wenn einer seinen Hort verkleinern will. Diese Preisänderungen auf freiwilliger Basis sind aber aus Sicht der Beteiligten kein Problem, sondern sie kommen dadurch zustande, dass jeder dem anderen Nutzen stiftet. Preise drücken eben nicht Wert aus, sondern es sind Mengen an Geld, die im Austausch gegen Mengen an Gütern getauscht werden, und da sich die Präferenzen ändern und alle Preise marginal sind, sich also auf konkrete Gütermengen beziehen, kann es von vornherein keine stabilen Preise geben.

Wenn A einen großen Geldhort im freundlichen Austausch erworben hat, hat er anderen Menschen dafür – aus deren Sicht – mehr Nutzen gestiftet, als ihnen dasjenige wert war, was sie dafür hergegeben haben. A erreicht mit dem Austausch also ein neues Pareto-Optimum. Allen geht es besser. Dass die Preise tendenziell ansteigen, ist eine Wirkung, die keine Pareto-Verschlechterung herbeiführt, sondern die sich daraus ergibt, dass andere Menschen gewählt haben, mehr von A zu kaufen, als an ihn zu verkaufen. Die umgekehrte Wirkung ergibt sich, wenn A seinen Geldhort – warum auch immer – verkleinert. Durch viele Akteure mit anders gearteten und gegenläufigen Interessen und durch das Ändern der Präferenzen nivellieren sich die gegenläufigen Entscheidungen. Wer verkauft, muss immer einen Käufer zu einem bestimmten Preis finden – und umgekehrt.

Bei konstanter Geldmenge bringt eine Vergrößerung des Geldhortes von A zunächst eine Tendenz zu fallenden Preisen mit sich. Da A dies jedoch nur im Austausch mit anderen Geldbesitzern erreichen kann, müssen diese ihre Geldhorte unter sonst gleichen Umständen verkleinern – und eine Verkleinerung der Geldhorte bringt eine Tendenz zu steigenden Preisen mit sich. Die isolierte Betrachtung eines Akteurs, hier A, ist also falsch.

Eines der Urbilder der Kapitalismus-Kritiker ist das Motiv des Drachen, der auf einem Goldschatz liegt und keinen Nutzen stiftet, sondern das Gold vor den Menschen zurückhält. Der Drache symbolisiert im Mythos oft auch den Teufel, also das Böse. Für den Kapitalismus-Kritiker symbolisiert er noch etwas weitaus Schlimmeres: den Kapitalisten.

Nicht ohne Grund ließ Richard Wagner in seiner Oper *Siegfried* den Drachen Fafner, der auf dem Geldhort liegt, sagen: »Ich lieg und besitz, lasst mich schlafen!« Allerdings hat Fafner, bevor er sich in seiner Höhle in einen Drachen verwandelt hat, eine Leistung für das Gold gegenüber den Göttern erbracht. Die Götter symbolisieren in Wagners *Der Ring des Nibelungen* die Herrscher, also politische Unternehmer, und sie haben bei dem Riesen-Brüderpaar Fafner und Fasolt eine ewige Burg, Walhall, in Auftrag gegeben, jedoch ohne die Mittel, diese zu bezahlen (was hier nicht weiter ausgeführt werden soll). Die Götter raubten sich das Gold bei dem Zwergen Alberich und gaben es den Riesen. Kurz, der Goldhort, auf dem der frühere Riese, nun Drache, liegt, war Zahlmittel für die Bauleistungen zur Errichtung der Burg. Bei einem freiwilligen Austausch »Gold gegen ewige Burg« hat Fafner den Goldhort pareto-optimal erhalten (lässt man den anfänglichen versuchten Betrug der Götter an den Riesen und den darauffolgenden Raub an Alberich außer Betracht). Alle gewinnen, der Riese (später Drache) erhält das Zahlmittel, die Götter ihr Walhall. Anders etwa J. R. R. Tolkiens Drache Smaug, der das Gold den Zwergen raubte und diese tötete und sich dann auf den Schatz legte. Sein Handeln war nicht freundlich, sondern feindlich. Er erlangte den Hort auf Kosten und zu Lasten der Zwerge. Es kommt also praxeologisch im Hinblick auf die Präferenzen der Beteiligten nicht darauf an, dass sich einer einen Hort bildet und wer auf dem Hort liegt, sondern wie er den Hort erlangt hat.

Dass ein Hort gebildet oder aufgelöst wird, ist also an sich weder schädlich noch unschädlich. Im Übrigen ist für die meisten Menschen Geld ein Zahlmittel, und nicht das Sammeln von Geld an sich vermindert ihre Unzufriedenheit, sondern dass sie damit etwas erwerben können. Die Menschen streben erfahrungsgemäß nicht nach Geld an und für sich, sondern nach Vermögen. Das Bild des Kapitalisten Dagobert Duck, der in seinem Geldspeicher in Goldmünzen badet, ist gewollt überzeichnet. Aber da Dagobert Duck als Generaldirektor ein Konglomerat an wirtschaftlichen Unternehmungen hat, mit dem er anderen Menschen derart Nutzen stiften muss, dass diese ihm mehr Geld hereingeben, als er für die Produktion der Güter ausgibt, ist er ein Netto-Nutzenstifter – zugegeben mit einer außergewöhnlichen Vorliebe, die aber unschädlich ist, auch wenn es den Neid anderer weniger nutzenstiftender Menschen hervorruft. Dass ein Mensch, der sich darauf versteift hat, einen möglichst großen Goldhort zu haben, ein recht eindimensionales Wesen ist, mit dem man vielleicht nicht gerne Verkehr hätte, liegt auch an der Überzeichnung von Figuren, wie sie in Narrativen üblich ist.

Zeitpräferenz; Ungewissheit der Zukunft

Handelnde handeln immer unter Zeitpräferenz. Das heißt, es ist ihnen nicht gleichgültig, ob der zu einem bestimmten Zeitpunkt beabsichtigte Erfolg später eintrifft. Handeln findet in der Zeit statt. Die Idee, dass fallende Preise dazu führten, dass die Menschen bis zum Sankt Nimmerleinstag warten und nichts mehr ausgeben würden, wenn sie mit Preisdeflation rechneten, ist ebenso falsch wie die Idee, dass sie bei Preisinflation all ihre Gelder sofort loszuwerden versuchten und nur noch Sachmittel hielten.

Da den Menschen der nähere Erfolg unter sonst gleichen Umständen mehr wert ist als der spätere, werden sie den Austausch durchführen und nicht auf einen Tag in der Ewigkeit verschieben, da sie ansonsten überhaupt nicht das Ziel hätten, zu tauschen. Wenn einer annimmt, dass er 10 kg Mehl heute für 5 Geldeinheiten erhält und in 2 Jahren für 4,80 Geldeinheiten oder für 1 Geldeinheit in 20 Jahren, dann wird er den Zeitpunkt wählen, der seine Unzufriedenheit am meisten vermindert. Müsste er von einer allgemeinen Preisdeflation ausgehen, würde diese ja auch sein Einkommen betreffen und seine Vermögensgegenstände, die nicht in Geld bestehen, sodass er zwar weniger zahlen müsste, aber auch über weniger Einkommen und weniger Vermögensgegenstände ausgedrückt in Geldpreisen verfügte, sodass es für ihn neutral wäre, dass die Preise sinken.

Eine »geringe« Preisinflation ist gut – für wen?

Die Aussage der Politiker, dass eine *geringe* Inflation *gut* sei, ist eine politische Aussage, keine praxeologische. Sie enthält neben einem Werturteil (gut) ein persönliches Bedeutsamkeitsurteil (gering) und ist insofern der Methode des persönlichen Mutmaßens zuzurechnen und nicht der Wissenschaft von der Logik des Handelns. Zwei Menschen müssen nicht darüber übereinstimmen, was eine »geringe« Preisinflation sei. Als allgemeines Phänomen führte eine Zunahme der Preise zu einer Begünstigung der Schuldner auf Kosten und zu Lasten der Gläubiger. Wird eine Inflation also politisch herbeigeführt, bringt sie immer eine Pareto-Verschlechterung mit sich: Die einen gewinnen auf Kosten und zu Lasten anderer und das Mittel ist das mit Propaganda, Drohung und Zwang durchgesetzte Geld- und Banking-Monopol der politischen Unternehmer.

Gleichmäßige Preisinflation oder Preisdeflation kann es nicht geben

Eine gleichmäßige Preisinflation oder Preisdeflation als Folge einer allgemeinen Erhöhung oder Verminderung der Geldmenge kann es nicht geben. Die Annahme der Wirtschaftshistoriker, dass sich die Preise proportional (entsprechend) zur Geldmenge verhalten, kann nicht stimmen. Sie gehen in ihrem Modell von einer Volkswirtschaft aus, die es jedoch nicht als handelnden Akteur gibt. Es gibt verschiedene Wirte, die jeweils ihre eigenen Kassen (Geldvorräte) bewerten – und nicht die Vorräte der anderen Wirte oder den Geldvorrat oder »Geldumlauf« insgesamt. Die Vorstellung, dass sich mit der Geldmenge die Preise allgemein änderten (oder mit einer Zinsänderung), ist von vornherein falsch. Es müsste den Akteuren, die Kasse halten, zur gleichen Zeit ein Geist erscheinen, der allen Wirten sagt, dass sie fortan die Preise aller Güter einer Güterklasse (unabhängig von den Mengen) mit einem Faktor n zu multiplizieren hätten. Ohne ein Wunder, meinte Ludwig von Mises, ist das nicht denkbar.

Inflation und Deflation sind nicht neutral

Im besonderen Maße kann es zu einer Geldmittel-Ausweitung kommen, ohne dass dem eine Gütermehrung im »normalen« Kreditgeschäft durch Investitionen gegenübersteht, wenn Banken Geld an Gruppen politischer Unternehmer vergeben, da diese gar keine Pfänder hereingeben müssen und auch nicht investieren können, weil die von ihnen produzierten Güter ja von den Bewirtschafteten nicht zu den Preisen nachgefragt werden, die sie erzielen müssten, um zumindest die Kosten zu decken. Es kommt dann zu einer Zunahme der Geldmittel auf der einen Seite und einer Abnahme der hergestellten Güter auf der anderen, da anstatt Güter ja laufende Kosten des Haushaltes der Gruppe der politischen Unternehmer oder eben Ungüter 2. Ordnung produziert werden, deren Herstellung in den Augen der Gezwungenen Verschwendung ist.

Weiten die politischen Akteure ihr Unternehmertum aus und nehmen dafür zusätzlich zu den erzwungenen Abgaben Kredite auf, dann kann die Geldmenge derart stark anwachsen, dass die Preise aufgrund der zunehmenden Geldmenge steigen. Solche Preissteigerungen treten erst in Bezug auf diejenigen Güter ein, die die politischen Unternehmer mit dem neu geschaffenen Geld nachfragen, da diese Nachfrage unter sonst gleichen Umständen eine zusätzliche Nachfrage ist. Zunächst und am Anfang sind die Preise durch das zusätzliche Geld nicht erhöht, sondern erst dann, wenn die Anbieter der Produkte, welche die Gruppe der Politiker nachfragt, höhere Preise verlangt. Stückweise wird dieses neu geschaffene Geld an diejenigen weitergegeben, bei denen die Auftragnehmer der politischen Unternehmer ihre Ausgaben erhöhen. Diese Wirkung wird als Cantillon-Effekt (nach dem irisch-englischen Ökonomen Richard Cantillon, 1680–1734) beschrieben, also dass die Erstbesitzer des neuen Geldes noch nicht oder nicht in dem Ausmaß von der Preisinflation durch die Geldmengeninflation betroffen sind, wie die späteren Besitzer des Geldes. Sie kaufen noch zu den günstigeren Preisen.

Ein solcher Effekt ergibt sich nicht nur, wenn die politischen Unternehmer ihre Geldmengen erhöhen, sondern auch, wenn die Zentralbanken ihre Zins- oder Geldpolitiken ändern. Den Geschäftsbanken stehen die Zentralbanken als *lenders of the last resort* (Kreditgeber letzter Instanz) zur Verfügung. Dies schützt die Geschäftsbanken vor Zahlungsunfähigkeit. Bei Überschuldung erwarteten die Geschäftsbanken – zumindest diejenigen, die *too big to fail* sind – wie in der Finanzkrise 2008 und Folgejahre, dass ihnen die politischen Unternehmer Kapital zur Verfügung stellen. Durch diese durch das Geldmonopol geschaffenen Privilegien (Vorrechte) der handelnden Gruppen politischer Unternehmer und ihrer Unterstützer können die Banken ihre Kreditvergabe über das hinaus erweitern, was sie an Kreditvergabe ermöglichen könnten, wenn sie nicht mit den Privilegien der Liquiditäts- und Vermögenserhaltung rechnen würden. Wird so die Kreditmenge erweitert, ergibt sich der gleiche Cantillon-Effekt für diejenigen, die sich mit Krediten die neuen Mittel beschaffen und noch zu alten Preisen kaufen.

Da das Geldmonopol und all seine Auswirkungen letztlich durch feindliches Handeln hervorgerufen werden und es immer einen gibt, der gewinnt (Erstbesitzer), und zwar auf Kosten und zu Lasten anderer (spätere und Letztbesitzer), führt diese politische Aktion zu einer Pareto-Verschlechterung (win-lose), also wieder: gut für manche, schlecht für andere und auf Kosten und zu Lasten anderer und gegen deren Willen erzwungen oder durch Täuschung herbeigeführt.

Interventionen (Sabotage) verschlimmern die Situation

Politische Unternehmer arbeiten mit Narrativen, und in den Narrativen geht es darum, hinter die Einstellungen und Überzeugungen der Menschen zu gelangen. Das wird vor allem auf emotionalem Wege bewirkt, nicht auf dem der Logik. Deswegen verwundert es nicht, dass die Argumente politischer Unternehmer oft in sich widersprüchlich sind. Konsistenz ist keine Voraussetzung für emotionale Berührung, um Einstellungen und Überzeugungen zu bewirken.

Im Hinblick auf manche Güter (Sachen und Leistungen) findet man Preisinflation gut, zum Beispiel Arbeitslöhne. Im Hinblick auf andere Güter findet man Preisinflation schlecht, zum Beispiel bei Mietpreisen. Da wäre einem Preisdeflation lieber. Auf einem Wahlplakat der Marxistisch-Leninistischen Partei Deutschlands in meinem Heimatort konnte man einst lesen: »Höhere Löhne, niedrigere Preise«.

Nun fangen die Politiker an, Preise festzulegen, und ändern somit die Präferenzen der Menschen durch Befehl. Argumentiert man im Hinblick auf die Geldvorräte, so würde ein Vermieter, der höhere Preise verlangt, den Effekt herbeiführen, dass die Geldhorte der Mieter sich verkleinerten. Und eine Verkleinerung der Geldhorte bringt wiederum die Tendenz zu fallenden Preisen mit sich, weil der Grenznutzen der verbleibenden Geldeinheiten ansteigt mit jeder weggegebenen Geldeinheit. Und so führte das Enthorten der Mieter in der Tendenz wieder zu fallenden Preisen. Deckelt man nun die Miete in solch einem Szenario durch Propaganda und darauffolgenden Befehl, führt das dazu, dass die Geldhorte der Mieter nicht kleiner werden als ohne den Deckel, sodass die gegenläufige Tendenz zu fallenden Preisen ebenfalls ausbleibt. Da es wegen der ausbleibenden Zusatzinvestitionen wegen des Mietendeckels nicht zu erweitertem Wohnungsbau kommt, stellt sich die Situation ein, wie wir sie momentan beispielsweise in Berlin vorfinden: Die Mieter haben zwar Geldhorte, um die Miete zu bezahlen, aber es sind nicht genug Mietwohnungen da, sodass sich zu einer Wohnungsbesichtigung 2019 in Berlin-Schöneberg über 1.700 Interessenten meldeten.[35]

Mem: Die Wirtschaft leidet unter Deflation; Gläubiger gewinnen gegenüber Schuldnern

Bei einer Preisdeflation kann es tatsächlich dazu kommen, dass Unternehmer, die ihre Investitionen nicht mit Eigen-, sondern mit Fremdkapital finanziert haben, durch die niedrigeren Preise und langfristige Finanzierungen nicht imstande und in der Lage sind, ihren Schuldendienst zu erfüllen. Ist der Geschäftsbetrieb jedoch ansonsten einträglich, würde das Betriebsvermögen lediglich in andere Hände wandern. Durch die Insolvenz verliert im Übrigen nicht nur der Schuldner, sondern verlieren auch die Gläubiger des Betriebes. Aber der Betrieb, die Fabrik, sie gehen nicht in Natur verloren, sondern sind weiterhin vorhanden. Ein neuer Erwerber, der nun zu einem niedrigeren Preis erwirbt, kann den Betrieb fortführen.

Bei einer allgemeinen Preisdeflation sinken auch die Preise, die der Betrieb zum Erwerb seiner Arbeitskräfte, Betriebsmittel und Erhaltungsinvestitionen bezahlen muss, also seine Kosten, sodass eine Deflation an der Marge an sich nichts änderte. Der Betrieb könnte auch die Abschreibungen daran anpassen, würde er nicht durch Gebote oder Verbote der politischen Akteure zu einer bestimmten Buchhaltung gezwungen.

In der Preisinflation gewinnen die Schuldner und es verlieren die Gläubiger, die die Preisinflation nicht vorhergesehen haben. Vermindern sich Preise oder erhöhen sie sich, ohne dass eine der Parteien eine andere bedroht oder getäuscht, also sabotiert hat, sind dies lediglich Effekte (Wirkungen) oder Aspekte (Ausdrücke), die sich infolge des Erreichens eines neuen, anderen Pareto-Optimums ergeben. Erst das Hinzukommen feindlichen Handelns führt dazu, dass diese Wirkungen sich nicht infolge des Austausches von Akteuren ergeben, die in ihrer Planung stets falschliegen können. Das politische Mittel führt dann dazu, dass die einen auf Kosten und zu Lasten der anderen gewinnen.

Mem: Die Menschen halten bei Deflation zu viel Bargeld und investieren/konsumieren zu wenig; das Geld »liegt auf der Bank herum«

Ebenfalls ins Reich der Legenden gehört, dass die Menschen zu viel Geld auf ihren Bankkonten hätten, wenn die Inflation zu gering wäre und sie weniger in Wertpapiere oder dergleichen investieren würden. Wenn Nicht-Banken von Nicht-Banken Vermögensgegenstände gegen Geld erwerben, ändert das an der Buchgeldmenge nichts. Das Geld hat dann nur jemand anderes. Auch bei Unternehmensanleihen ist das so. Dann hat eben das Unternehmen das Geld auf seinem Bankkonto und nicht mehr der Erwerber. Nur wenn Banken Vermögensgegenstände an Nicht-Banken verkaufen oder die Netto-Kreditmenge vermindern, ändert sich der Buchgeldbestand. Es handelt sich wiederum um Propaganda.

Zusammengefasst kann »mäßige« Preisinflation angesehen werden als ein politisches Instrument zur Ausweitung der Geldmenge mit erwünschten Folgen für die politischen Unternehmer und ihre Unterstützer. Die Propaganda zur Rechtfertigung des feindlichen Handelns ist a priori – und im Detail und einzeln belegbar – falsch.

18. Solidarität erfordert Zwang und Gewalt

Die Aussage, dass Solidarität Zwang erfordert, bedeutet etwa, dass die Menschen zu egoistisch wären, ihren Mitmenschen zu helfen, und sie deshalb gezwungen werden müssten von »Unparteiischen«, die nicht ihr eigenes Geld ausgeben, sondern das Geld anderer Leute. So würden die, die sich um die Schwachen kümmern, nicht aus Eigennutz daran gehindert, wohltätig zu sein. Solidarität erfordert also Zwang.

Die Aussage ähnelt der Aussage, dass es eine Gruppe politischer Unternehmer braucht, damit es eine Armenfürsorge gibt, wie wir sie bereits oben untersucht haben. Tatsächlich handeln Menschen stets aus Eigennutz. Auch wenn sie altruistisch handeln, tun sie dies aus eigenem Antrieb, weil sie selbst es wollen, sie ihre eigenen Ziele verfolgen und nicht fremde. Die Souveränität einer lebendigen Einheit ist nicht abdingbar. Man kann Menschen in ihren Einstellungen und Überzeugungen versuchen zu manipulieren, aber ob dies gelingt, hängt von der Vorbeschaffenheit der Einstellungen und Überzeugungen des Handelnden ab und nicht lediglich von dem Manipulationsversuch des Propagandisten.

Menschen können die Angelegenheiten anderer Menschen zu ihrer eigenen Angelegenheit machen, einfach per Willensentschluss. Und sie taten dies immer wieder. Es gibt keine logischen Anhaltspunkte dafür, dass sie dazu gezwungen werden müssten. Auch dass die Solidarität »größer« wäre oder »mehr«, wenn die die Solidarität Austeilenden nicht von ihren eigenen Mitteln nehmen würden, ist nicht zwingend. Es sind ebenso handelnde Akteure, die ihre eigenen Ziele verfolgen. Wenn sie sich die Mittel von anderen beschaffen können, sind es nicht mehr die Mittel der anderen, sondern die politischen Akteure haben die Kontrolle hierüber, es ist nunmehr ihr Geld. Dass sie es für Solidarität verwenden wollen, ist eine Aussage, die dem Legitimismus dient, also der – von vornherein unmöglichen – Rechtfertigung feindlichen Handelns gegenüber den friedlichen Angegriffenen. Und wieso sollte gerade der Eigennutz politischer Akteure, die gegen den Willen ihrer Mitmenschen sich Vorteile verschaffen, geringer sein als der Eigennutz nichtpolitischer Akteure? Eher wäre das Gegenteil anzunehmen.

Und so ist es wenig verwunderlich, dass in solchen Gesellschaften, in denen institutionelle Gewalt, Sabotage und Kommando besonders verbreitet waren und Fragmente persönlicher Freiheit (im Sinne von Unbehindertheit durch Drohung und Zwang) besonders gering, die Versorgung der Armen und Schwachen besonders minderwertig erschien. Sieht man auf die deutschen Sozialausgaben, so erkennt man, dass ein Großteil dessen, was eingetrieben wird, bei den politischen Unternehmern »hängen bleibt«, also für Pensionen, Gehälter, Gebäude, EDV etc. aufgewendet wird, und die Zuteilungen des Rests dann nach der Willkür der Amtsinhaber erfolgt.

Geht man davon aus, dass der Wunsch, die Angelegenheiten der Schwachen und Armen sich zu eigen zu machen und ihnen zu helfen und beizustehen, normal verteilt ist, wäre alleine aus dem Grund, dass die politischen Unternehmer einen Großteil der eingetriebenen Mittel für sich verwenden, zu schlussfolgern, dass ohne politisches Unternehmertum mehr Mittel für Solidarität zur Verfügung stehen. Geht man noch davon aus, dass der Wunsch, sich die Angelegenheiten der Schwachen und Armen zu eigen zu machen, stärker verbreitet ist bei Menschen mit Fähigkeit zu Empathie und mit dem Wunsch, friedlich und freundlich zu handeln, als bei Menschen, denen entweder die Fähigkeit zur Empathie fehlt oder die trotz dieser Fähigkeit asozial handeln und andere schädigen, ist dies ein Grund mehr anzunehmen, dass politisches Unternehmertum der Solidarität abträglich und nicht zuträglich ist.

Daneben gilt wie stets: Durch politisches Unternehmertum sind nur Pareto-Verschlechterungen erreichbar, also die einen gewinnen auf Kosten und zu Lasten der anderen. Während bei freundlichem Austausch hervorgebrachte Solidarität alle zu Gewinnern macht. »Die Gesellschaft« (exakt ausgedrückt: alle Beteiligten) erreicht ein neues Pareto-Optimum im Hinblick auf ihre Zufriedenheit.

19. Schutz vor Diskriminierung erfordert politisches Unternehmertum

Unter Diskriminierung wird weithin verstanden, dass jemand aufgrund seiner Religion oder Weltanschauung, seiner Herkunft, seines Geschlechts, seiner sexuellen Orientierung oder Neigungen etc. schlechter behandelt wird. Um Diskriminierung zu »bekämpfen«, bräuchte es »Rechte« gegen Diskriminierung, so die Leitmedien. Rechte auf Gleichbehandlung, Rechte auf Ehe für alle etc.

Nur, ein Recht ist nicht erforderlich, um Christ, homosexuell oder Frau zu sein. Die Diskriminierung kam nicht daher, dass die Frauen oder Homosexuellen oder religiösen Minderheiten jemandem gegenüber kein Recht gehabt hätten, das zu sein oder zu tun, was sie sein und tun wollten, sondern daher, dass andere ihnen gegenüber feindlich gehandelt haben; und oftmals waren es politische Unternehmer, die Frauen, Minderheiten oder Homosexuellen etwas verboten haben wegen ihrer Zugehörigkeit zu einer Gruppe oder einer bestimmten Neigung. Wenn politische Unternehmer andere diskriminieren oder diskriminiert haben, dann brauchen diese anderen keine Rechte von der Gruppe Staat gegen die Gruppe Staat, sondern die politischen Akteure müssten einfach damit aufhören zu diskriminieren.

Die Verwechslung von Recht und Freiheit ist weit verbreitet. Jedermann hat die Freiheit, homosexuell zu sein oder eine Frau oder Angehöriger einer Glaubensrichtung. Da er mit dem Wählen dieser Freiheit per se niemandem einen Schaden zufügt, erreichen die Beteiligten ein neues Pareto-Optimum. Allerdings gab es Menschen, die die Freiheiten von Frauen, Menschen anderer Herkunft oder Religion oder sexueller Vorliebe behindert (sabotiert) haben, indem sie diesen Menschen verboten, bestimmte Dinge zu tun oder Berufe auszuüben etc. Aber wenn man das Konzept von Herrschaft als das erkennt, was es ist, nämlich täuschendes (manipulatives), drohendes und erzwingendes Handeln gegen andere, also feindliche Aggression, dann sieht man, dass es den Menschen nicht an dem »Recht« fehlte, das zu sein, was sie waren oder sein wollten. Es lag vielmehr daran, dass andere Menschen, politische Unternehmer und feindlich handelnde nichtpolitische Akteure, diese Minderheiten oder Gruppen sabotierten wegen ihres Anders-Seins, ohne dass die Menschen mit diesen Eigenschaften sich zuvor überhaupt feindlich gegenüber diesen Saboteuren verhalten hätten.

Das Problem ist also nicht, dass sie kein Recht hatten, das zu sein, was sie waren, sind oder sein wollten, sondern dass andere ihnen dies nicht »gestatten« wollten – obwohl es diese anderen nichts anging. Sie wollten diese Menschen beherrschen, ihnen vorschreiben, wie sie zu leben hätten. Ohne politisches Unternehmertum und mit wirksamem Schutz gegen feindliches Handeln ist ein Recht zur Erhaltung dieser Freiheiten gar nicht erforderlich. Allerdings verdichtet sich eine Freiheit dann zu einem Recht, wenn andere sich verpflichten, einen bei der unbehinderten Ausübung der Freiheit zu unterstützen. Genau so wie es möglich ist, sich zum Schutze vor Angriffen auf den Besitz zu verbinden, ist es möglich, sich zum Schutze vor Angriffen in die Unbehindertheit der Freiheiten der sexuellen Orientierung oder religiöser Praktiken etc. zu verbinden, und so entstünde ein Recht in dem Sinne, dass die Position, diese Freiheit auszudrücken und zu leben, geschützt würde von den sich zum Schutze Verbindenden.

Eine Erwägung in dem Sinne, dass ohne politisches Unternehmertum solche Menschen (Minderheiten) eher von ihren Mitmenschen diskriminiert würden und sie daher des Schutzes der politischen Unternehmer bedürften, findet weder logisch noch historisch eine Grundlage. Es ist nicht einzusehen, wieso Menschen, die sich friedlich und freundlich verhalten, sich eher zur Diskriminierung entschließen sollten als Menschen, die sich fortgesetzt und gemeinsam zu feindlichem Handeln entscheiden, also politische Unternehmer.

Es waren politische Unternehmer, die den Frauen einst verboten, Eigentum zu haben, ihren Wohnsitz zu wählen, sich scheiden zu lassen etc. Es ging nie darum, dass die Frauen dieselben »Rechte« erhielten wie Männer, denn wem gegenüber bräuchten sie Rechte, wenn sie sich zu nichts verpflichtet hatten? Aus praxeologischer Sicht wurden sie eben noch schlechter von den politischen Unternehmern behandelt als ihre männlichen Artgenossen, wenn sie bedroht wurden mit Schaden für den Fall, dass sie ihren Wohnsitz selbst wählten oder ihr eigenes Bankkonto führen wollten etc.

Freiheiten und Rechte sind fundamental unterschiedlich. Bei der Diskriminierung geht es um das Einschränken von Freiheiten im Sinne der Unbehindertheit des Handelns. Der Gleichheitsgrundsatz ist im Prinzip eine perfide Sache. Wenn der A von B geschlagen wird und er sich nicht gegen das Schlagen wendet, sondern er fordert, dass B nun auch den C schlägt, dann geht es dem A dadurch (vielleicht) zwar besser, weil auch der C Schläge kriegt und er sich das ja gewünscht hat, aber eben auf Kosten und zu Lasten des C. Gleichheit vor dem »Gesetz«, das ein politischer Unternehmer als Befehl aufstellt ohne die Zustimmung aller Betroffenen, bedeutet, dass alle unterschiedlich von Herkunft, Geschlecht etc. gleich belogen, bedroht oder gezwungen werden. Aus der Sicht der Bedrohten und Gequälten ist daran nichts Gutes, sondern für sie sind es Ungüter, die sie von den politischen Unternehmern geliefert bekommen.

20. Sozialdemokratie – Abstimmen und Umverteilen sind gut

Ludwig Erhard wird das Zitat zugeschrieben, dass die Gesellschaftsordnung umso sozialer ist, je freier die Wirtschaft ist. Er bezeichnete »den Markt« als den einzigen demokratischen Richter und sagte, dass auch nur eine leicht inflationäre Entwicklung der Währung eine entschädigungslose Enteignung zugunsten des Staates sei. Wenn man den Begriff der sozialen Marktwirtschaft im Geiste Ludwig Erhards interpretiert, gelangt man zu dem Ergebnis, dass die unbehinderte Marktwirtschaft die einzig soziale Gesellschaftsordnung überhaupt ist.

Heute wird der Begriff von der großen Mehrheit anders verstanden: Heute glauben die meisten Menschen, dass »der Markt« ungerechte Ergebnisse hervorbringe und »soziale Ungleichheit« den »gesellschaftlichen« Frieden gefährde. Vom »Markt« profitierten parasitische Ausbeuter, die Unternehmer, und der Markt führte zu einem unversöhnlichen Konflikt zwischen den Klassen der Arbeiter und der Kapitalisten. Dieser Klassenkampf verschwindet nur, wenn die Gesellschaft in einer Art und Weise gestaltet wird, dass diese Ungerechtigkeiten korrigiert werden.

Das ist die heute von den allermeisten Menschen geglaubte Ideologie. Sie wurde nicht etwa erst von Karl Marx formuliert, sondern viele andere Befürworter feindlichen Handelns vor und nach ihm haben diese Ideologie geteilt und propagiert, auch wenn Marx durch die nach ihm benannten Marxisten es zu besonderer Berühmtheit gebracht hat. Aber es ist die heute herrschende Meinung der deutschen katholischen wie evangelischen Kirche, es war die Ideologie des Faschismus, des Nationalsozialismus, des Sozialismus und heute ist es die Ideologie nahezu aller politischer Parteien, nicht nur der sozialdemokratischen, und der Verfechter des demokratischen Sozialismus. Diese »Glaubensrichtungen« mögen sich in Details unterscheiden, die das Dogma, die verfassungsmäßige Organisation, Rassismus und Nationalismus oder Außenpolitik betreffen, aber sie alle vereint der Glaube, dass der Mensch sich nicht unbehindert mit dem anderen austauschen können soll, sondern dass ein Direktorium von Bestimmern die »Ungerechtigkeiten« des »Marktes« korrigieren müsse.

In der Romanserie *Elling* des norwegischen Autors Ingvar Ambjørnsen preist der Titelheld die Sozialdemokratie sozusagen als die »Endstufe gesellschaftlicher Organisation«. Elling ist ein Mann in seinen besten Jahren, der seit jeher von Sozialhilfe lebt und leidenschaftlich Bilder der norwegischen Ministerpräsidentin Gro Harlem Brundtland sammelt. Und auch heute noch ist die Sozialdemokratie oder der demokratische Sozialismus das Ideal der meisten westlichen Staaten.

Dass diese Ideologie aus handlungslogischer Sicht unhaltbar ist, haben wir bereits oben gezeigt: Nicht die Unternehmer, sondern die Kunden bestimmen den Produktionsprozess bei freundlichem Austausch in Arbeitsteilung und unterschiedlichem Besitz an den Produktionsgütern. Bei freundlichem Handeln ist oder wird niemand ärmer, nur weil jemand anders reicher wird. Es ist genau umgekehrt: Der Ärmere profitiert vom zunehmenden Wohlstand seiner Mitmenschen. Wenn diese mehr Kapital haben, kann er seine Arbeitskraft teurer verkaufen. Und durch den abnehmenden Grenznutzen sind diese auch bereit, größere Vorräte ihrer Güter gegen Angebote des Ärmeren einzutauschen. Dass einer auf Kosten des anderen reich wird, ergibt sich im Gegenteil aus asozialem, feindlichem Handeln, also dem gezielten und planmäßigen Einsatz des politischen Mittels Zwang. Ein Markt ist aber gerade dadurch charakterisiert, dass die Menschen sich freiwillig austauschen.

Und auch Fremd-Besitz ist nicht von vornherein eine Pareto-Verschlechterung für die Nicht-Besitzer. Er ist ihnen gegenüber zunächst neutral, wenn sie die betreffende Sache nicht vorher besessen haben. Und verwendet der andere seinen Besitz, um arbeitsteilig zu produzieren, schafft der Besitz des anderen ihnen Optionen, die es vorher nicht gab. Der Naturzustand ist eben der Mangelzustand. Ein »Grundrecht« auf Wohnen kann es pareto-optimal nicht geben, denn eine Wohnung kommt in der Natur nicht vor, sie muss erst von Menschen errichtet werden. Dazu ist Produktion notwendig. Ein Grundrecht im Sinne eines Privilegs würde bedeuten, dass es für andere einen »Grundzwang« geben müsste, Wohnungen zu errichten oder für den Privilegierten aufzugeben. Bei freiwilligem Austausch unter Arbeitsteilung kann eine Wohnung hingegen in sozialer Weise (freundlich) produziert werden und es entstehen immer neue Pareto-Optima für alle Beteiligten.

Die Illusion, die die Leitmedien der Sozialdemokratie hervorrufen möchten, ist, dass die politischen Unternehmer verteidigend und nicht aggressiv handeln, weil ja die Kapitalisten etwas besitzen, das sie nur auf Kosten und zu Lasten anderer besitzen, die es nur deswegen nicht besitzen können, weil die Kapitalisten es in ihrer Gier besitzen wollen. Nichts könnte falscher sein. Den Unterstützern der Sozialdemokraten geht es ja nicht um Besitz an der Natur, sondern um Besitz an produzierten Gütern, Wohnungen, Lebensmitteln, Medikamenten, gereinigtem und zur Wohnung transportiertem Wasser, Smartphones etc. Solche Dinge wachsen eben nicht auf Bäumen, sondern sie müssen produziert werden. Und bei freiwilligem Austausch und unterschiedlichem Besitz ist sichergestellt, dass nach den Bedürfnissen der Kunden produziert wird und immer neue Pareto-Optima für alle Beteiligten entstehen. Niemand hat etwas von einem, der nur konsumiert, ohne zu produzieren, wenn dem Nur-Konsumenten die Mittel von einem politischen Unternehmer zugewendet werden, weil der Nur-Konsument ja auf Kosten und zu Lasten der Geschädigten seine Mittel erhält.

Was die oben genannten Ideologen also verbreiten, ist Propaganda, systematische, wiederholte Lüge. Sie belügen die Menschen, um bei ihnen eine Fehlvorstellung hervorzurufen – oder auch in Ermangelung besseren Wissens. Und die Profiteure sind die feindlichen Akteure solcher Organisationen und Gruppen, die nunmehr nicht mehr darauf angewiesen sind, anderen Menschen Nutzen zu stiften, sondern die sich der Güter der Bedrohten durch asoziale Handlungen bemächtigen.

Einer der Hauptkampfbegriffe dieser politischen Bewegung »Sozialdemokratie« ist derjenige der »sozialen Gerechtigkeit«. Alleine: Es gibt keine *objektive Gerechtigkeit* in dem Sinne, dass ein Direktorium, sei es noch so gewählt, »gerechte« Zustände herbeiführen könnte. Was für den einen »recht«, also richtig ist, ist für den anderen falsch.

Denn was recht, also richtig oder gerecht ist, ergibt sich infolge subjektiv-individueller Wertung. Menschen können untereinander freiwillig festlegen, was Recht ist, und kommen sie überein, dann ist es in dem Sinne objektiv recht oder gerecht, also: Recht, weil es mit den Präferenzen aller Beteiligten übereinstimmt. Das passiert täglich millionenfach, wenn Menschen beim Bäcker einkaufen oder sich verabreden, ins Kino zu gehen. Objektiv gerecht ist nur, was allen Beteiligten subjektiv recht ist.

Setzt eine Gruppe von Bestimmern »Recht« ohne die Zustimmung aller, ist es denen, die nicht zugestimmt haben, notwendig unrecht, also unrichtig: Unrecht. Wenn Politiker drohen, demjenigen Schaden zuzufügen, der sich an das Unrecht (aus der Sicht des Bedrohten) nicht hält, kann dies nicht zu einer Mehrung der sozialen Gerechtigkeit führen. Zu sozialer Gerechtigkeit in dem Sinne, dass Rechte und Pflichten mit den Präferenzen aller übereinstimmen und nicht nur mit den Präferenzen einer Gruppe von Menschen, kann nur freundliches Handeln führen und nicht politisches.

Dass man über das Personal der Bestimmer-Gruppe abstimmen kann, macht die Sache für die Belogenen und Bedrohten nicht besser, sondern eher schlechter. Da es darum geht, durch systematische Lüge feindliches Handeln zu rechtfertigen, werden die Menschen, die die Propaganda glauben, am Ende tendenziell für die rücksichtslosesten politischen Akteure abstimmen, die den Abstimmenden den meisten Profit versprechen.

Aus praxeologischer Sicht propagiert die Sozialdemokratie also eine gesellschaftliche Organisation, die genau das Gegenteil ist, was sie vorgibt, zu sein: nämlich nicht sozial, sondern asozial. Menschen, die niemandem etwas getan haben und die von ihren Mitmenschen freiwillig im Austausch »belohnt« wurden, Menschen, die sich als fähig erwiesen haben, ihren Mitmenschen Nutzen zu stiften, werden von politischen Akteuren und deren Unterstützern gezwungen, Güter abzugeben. Diese Güter werden von den politischen Akteuren dann konsumiert, an ihre Anhänger verteilt oder zur Finanzierung politischer Produkte, also von Ungütern 2. Ordnung verwendet, Ungüter, die nicht mit dem Willen der Konsumenten übereinstimmen, sondern mit dem Willen der Produzenten. Vorher, im freundlichen Herstellungsprozess, wurde sichergestellt, dass diese Güter mit dem Willen der Kunden übereinstimmen. Was diese politischen Akteure also tatsächlich tun, während sie soziale Gerechtigkeit propagieren, ist, die eingezogenen Mittel gerade nicht so zu verwenden, dass die drängendsten Bedürfnisse der Menschen zuerst befriedigt werden, sondern – aus Sicht der Kunden – es werden Mittel verschwendet, die Gesellschaft wird ärmer, nicht reicher.

21. Sozialismus – Umverteilen ohne Abstimmen

Der wesentliche Unterschied zwischen den beiden heute verbreiteten Formen politischen Unternehmertums, Sozialdemokratie und Sozialismus, ist nicht, ob abgestimmt wird in Bezug auf das Spitzenpersonal der politischen Akteure. Ein Abstimmen ohne Propaganda gibt es im Übrigen auch in der Sozialdemokratie nicht, denn auch die Sozialdemokraten aller Couleur wirken auf mannigfaltige Art und Weise auf das Abstimmungsverhalten ein, sei es nun durch staatlich subventionierte Kirchen, staatliche Schulen, Universitäten oder Rundfunkanstalten oder dadurch, dass sie auf Leitmedien Einfluss nehmen und selbst entscheiden über das politische Spitzenpersonal, das sie zur Abstimmung aufstellen, und so weiter. Aber aus Sicht der Bedrohten kommt es nicht darauf an, ob ein politischer Akteur per Losentscheid oder per Militärputsch oder per veranstalteter und vorbereiteter Abstimmung erkoren wird. Eher legt einem die Erfahrung hier nahe, dass sich gerade solche Menschen um Ämter drängen, die per Abstimmung vergeben werden, deren Einstellungen und Überzeugungen derart gestaltet sind, dass feindliches Handeln anderen gegenüber ihre Zufriedenheit vermehrt.

Der wesentliche Unterschied ist, dass in der Sozialdemokratie ein Teil der Produktion durch freundliche Akteure durchgeführt wird; allerdings wird auch dieser Teil der Produktion durch Drohungen und Zwänge eingeschränkt im Hinblick auf Arbeitsverträge, auf Bauvorschriften, Gebote im Hinblick auf das Wie und Wann der Produktion und so weiter. Die Beteiligten können nicht untereinander vereinbaren, was sie möchten und wann sie es möchten, sondern die politischen Unternehmer geben die Leitlinien der Produktion vor. Und alle, die wertschöpfend freundlich tätig sind, müssen Zwangsabgaben an die politischen Unternehmer abführen.

Der Ökonom Philipp Bagus[36] beschrieb auf der 7. Ludwig von Mises Konferenz[37] in München (2019) anschaulich, dass Sozialismus als institutionelle Aggression auf das Privateigentum anzusehen, nicht ausreichend sei, denn auch wo es formal Privateigentum gibt oder auch wo der institutionelle Angriff nicht voll umfassend ist, liege nur ein gradueller, aber kein Klassenunterschied zum »realen« Sozialismus vor, bei dem alle Produktionsmittel in Staatshand sind. Eine Definition, die das berücksichtigte, lieferte Jesús Huerta de Soto[38]: Sozialismus ist institutionelle Aggression gegen die menschliche Handlung. Aggression ist dabei das Androhen von Zwang und physischer Gewalt im Falle der Missachtung der Drohung, institutionell ist die Aggression, wenn sie *systematisch, vorhersehbar und wiederkehrend* ist.

Nicht-institutionelle Aggression, so Bagus, liege beispielsweise bei einem gewöhnlichen Verbrechen vor: Es ist vereinzelt, nicht wiederkehrend und unvorhersehbar; man kann sich dagegen versichern, beispielsweise bei Einbruchdiebstahl oder Sachbeschädigung, und man kann sich dagegen wehren. Institutionelle Aggression liegt beim Handeln von Gruppen von politischen Unternehmern vor: Man kann sich regelmäßig nicht dagegen wehren, ebenso wenig kann man sich dagegen versichern. Es ist systematisch, wiederkehrend und voraussehbar. Im Graubereich liegen etwa Mafia-Organisationen (organisierte Kriminalität) oder Terrorbanden wie zum Beispiel die RAF. Auch diese üben organisiert Aggression aus; allerdings sind die strukturellen Schäden, die sie anrichten, gering im Vergleich zu den Schäden, die Staaten angerichtet haben. Durch staatliche Aggression kamen Hunderte von Millionen Menschen ums Leben, haben ihr Eigentum verloren oder wurden ihrer Freiheit beraubt, wurden verletzt oder verstümmelt.

Nicht nur wo Sozialismus draufsteht, ist auch Sozialismus drin

Die Arten des Sozialismus lassen sich nach Bagus im Wesentlichen in drei Unterarten unterscheiden: (1) den real existierenden Sozialismus, (2) den rechten, konservativen oder nationalen Sozialismus und (3) den demokratischen Sozialismus. Im real existierenden Sozialismus sind die Produktionsmittel in der Hand der Gruppe der politischen Unternehmer. Die rechten Spielarten des Sozialismus unterscheiden sich in den Zielen, aber nicht im Mittel (institutionelle Aggression): Bei den Zielen geht um Erhaltung des Status quo (konservativ) oder um die Größe der Nation (Nationalismus und Faschismus) und rassistische Ziele (Nationalsozialismus). Beim demokratischen Sozialismus sind die Methoden Verstaatlichung von Schlüsselindustrien (Verkehr, Bahn, Energie, Gesundheit, Bildung, Altersvorsorge etc.), Aushöhlung des formalen Privateigentums durch Befehle, wie damit zu verfahren sei (Regulierung, Verbote, Gebote), Zwangsarbeit (Militärzwang, zwangsweise soziale Arbeit) und fiskalische Repressionen (Zwangsabgaben).

Es sei wichtig zu erkennen, dass zwischen dem Sozialismus der Sowjetunion und ihrer Satelliten und dem demokratischen Sozialismus (einschließlich der Sozialdemokratie) kein Klassenunterschied bestehe, sondern lediglich ein gradueller Unterschied. Der Unterschied, ob über das sozialistische Führungspersonal per Los entschieden wird, gewählt wird oder der Führungskader sich diktatorisch durchsetzt, ist nicht entscheidend aus Sicht der Bedrohten. Entscheidend ist die institutionelle Aggression gegen menschliches Handeln.

Der systematische Zwang, der ausgeübt wird, behindert menschliches Handeln. Sozialismus ist nicht stabil. Wie Ludwig von Mises nachgewiesen hat, scheitern die Interventionen des Staates in die Wirtschaft, solange die Menschen noch wählen können, was sie unternehmen können. Immer neue Eingriffe werden nötig, bis auch die letzte Wahlfreiheit eingeschränkt ist. Zudem ist beim »realen« Sozialismus wie bei der Sozialdemokratie im Hinblick auf durch die Gruppe Staat Produziertes keine rationale Wirtschaftsrechnung möglich: Da die Finanzierung nicht mit Preisen bewerkstelligt wird, die andere auch zu zahlen ablehnen können, sondern mit Zwangsabgaben, fehlt die Information der »Knappheit aus Sicht der Bedrohten«. Die Bedrohten müssen bezahlen, sonst wird ihnen Schaden zugefügt; und weil die Knappheit so unbekannt bleibt, streiten die Politiker auch ständig, was wie viel gebraucht wird. Sie können es nicht wissen. Wo Sozialismus ist, herrscht eben Chaos.[39] Wo es systematischen Zwang gibt, wo es Staat gibt, da ist Chaos. Das sei, so Bagus' Fazit, nicht nur historisch so, sondern von vornherein aus ökonomischen Gründen.

22. Something-for-nothing-Prinzip – von Einhörnern produzierte Güter

Zahlreiche Medienarbeiter propagieren Themen wie »bedingungsloses Grundeinkommen«, »Anspruch auf Teilhabe«, »Grundversorgung« und dergleichen. Gewisse Güter sollten, nein, müssten den Menschen umsonst zustehen, andere Güter zumindest vergünstigt.

Der Aspekt, der an dieser Stelle noch einmal genauer betrachtet werden soll, ist der: Alle Güter sind knappe Güter und alle produzierten Güter müssen von jemandem produziert werden. Jedem »Anspruch« auf Teilhabe müsste ein Zwang entsprechen, entweder etwas aufzugeben oder etwas herzustellen für den »Anspruchsberechtigten«. In Wirklichkeit kommen auch keine Ansprüche in die Welt – sozusagen aus dem Nichts –, sondern solcherlei Teilhabe-»Rechte« sind keine Rechte, weil diese subjektiv sind und vereinbart werden müssten. Ein »Vertrag zu Lasten Dritter« ist aber gerade kein Vertrag mit dem Dritten, weil sich die Vertragsschließenden nicht mit dem Dritten vertragen, sondern sich feindlich gegenüber dem Dritten verhalten. Es ist ein politisches Privileg (Vorrecht), das mittels Täuschung, Drohung und Zwang durchgesetzt wird. Derjenige, der seinen Besitz aufgeben soll für den von den politischen Unternehmern Privilegierten oder zur Zwangsarbeit angehalten wird, wird nicht gefragt.

Die Täuschung erfolgt durch die politischen Unternehmer, deren Unterstützer und politische Leitmedien nämlich dadurch, dass sie behaupten, ein solcher Anspruch auf Teilhabe sei gerecht. Der »Verpflichtete« (sprich: Gezwungene) schulde »der Gesellschaft« etwas, schließlich profitiere er auch von »der Gesellschaft«. In Wirklichkeit verbleibt kein Residuum bei der Gesellschaft bei freundlichem Austausch, erstens, weil die Gesellschaft kein handelndes Wesen ist, und zweitens, weil bei freundlichem Austausch, der wie vereinbart durchgeführt wird, nichts übrigbleibt. Die Güter werden ausgetauscht und alle Forderungen sind glattgestellt. Der Bedrohte wird also belogen.

Dass an den Gezwungenen auch noch ethisch-moralisch appelliert wird, er müsse doch abgeben, teilen, ist zynisch angesichts der Tatsache, dass die so moralisch Appellierenden ihrerseits Täuschung, Drohung und Zwang anwenden, also eine Pareto-Verschlechterung herbeiführen, und selbst keine eigenen Mittel aufwenden, um die Privilegierten zu unterstützen. Denn als politische Unternehmer oder deren Angestellte zahlen sie ja per Saldo keine Zwangsabgaben, da ihr gesamtes Gehalt aus Zwangsabgaben finanziert wird und sie nur einen Teil davon wieder in den Steuertopf zurücklegen, wenn sie selbst Steuern zahlen. Sie könnten sich genauso gut nur geringere Summen auszahlen und sich selbst von den »Zwangsabgaben« befreien. Der »Steuerabzug« auf ihren Diäten-, Gehalts- und Alimenten-Abrechnungen ist nur ein Rechnungsposten.

23. Steuern sind der Preis, den Menschen dafür zahlen, in einer zivilisierten Gesellschaft zu leben

Es dürfte mittlerweile klar sein, dass dies nicht zutrifft. Praxeologisch sind Steuern der Preis, den Menschen dafür zahlen, damit ihnen das nicht angetan wird, was die politischen Unternehmer ihnen angedroht haben. Sieht man eine soziale Gesellschaft als zivilisiert an, dann führt asozialer Umgang zu einer unzivilisierten Gesellschaft. Und da feindliches Handeln mit Drohungen gegen andere, friedliche Mitmenschen objektiv asozial ist, führen Zwangsabgaben nicht zu einer zivilisierten, sondern zu einer unzivilisierten Gesellschaft in diesem Sinne.

Anmerkungen zu Kapitel XIV

1 Mises, Die Gemeinwirtschaft, 1932, S. 42 f.
2 Jasay, Against Politics, 2004, E-Book, »Let Exclusion Stand«.
3 Jasay, Against Politics, 2004, E-Book, »Let Exclusion Stand«.
4 Tiedtke, Die Österreichische Schule der Nationalökonomie – Gegenpol zur Hauptstrom-Volkswirtschaftslehre, 2017.
5 Tiedtke, Die Österreichische Schule der Nationalökonomie – Gegenpol zur Hauptstrom-Volkswirtschaftslehre, 2017.
6 Taghizadegan, Wirtschaft wirklich verstehen, 2011, S. 66 f.
7 Das Gesetz vom komparativen Vorteil besagt vereinfacht ausgedrückt, dass der Ertrag, den mehrere Menschen produzieren, dann am höchsten ist, wenn jeder das tut, was er am besten kann, und die Beteiligten dann die Erträge ihrer Arbeit austauschen, anstatt dass jeder alles tut. Weiterführend hierzu: Taghizadegan, Wirtschaft wirklich verstehen, 2011, S. 46 ff.
8 Zitiert nach Klein und Majewski, 2008, diese zitieren Goodrich, 1948.
9 Zitiert nach Klein und Majewski, 2008, diese zitieren Tocqueville, 1994.
10 Klein und Majewski, 2008.
11 Klein und Majewski, 2008, diese zitieren Durrenberger, 1981.
12 Mises, Die Letztbegründung der Ökonomik, 2016, S. 137.
13 Siems, 2017.
14 Taghizadegan, Gewalt, 2016, S. 134.
15 Mises, Human Action, 1949, S. 565 f.
16 So auch Mises, Human Action, 1949, S. 668.
17 Ward, 2017.
18 Die Sorgen der Deutschen: Mehrheit fürchtet den Klimawandel, 2017.
19 Zitiert nach einem Vortrag von Philipp Bagus, dieser mit Hinweis auf Julian Simon, The Ultimate Ressource (1981), S. 93.
20 Zitiert nach einem Vortrag von Philipp Bagus, dieser mit Hinweis auf https:/de.statista.com/statistik/daten/studie/41335/umfrage/welt-insgesamt---nachgewiesene-kohlereserven-in-millionen-tonnen/
21 Weiterführend hierzu mit einer detaillierten erkenntnistheoretischen Abgrenzung wissenschaftlicher Methodik: Tiedtke, Der Nachweis eines menschengemachten Klimawandels ist nicht erbracht. Eine erkenntnistheoretische Kritik, 2017.
22 Mises, Letztbegründung der Ökonomik, 2016, S. 82.
23 Tiedtke, Der Nachweis eines menschengemachten Klimawandels ist nicht erbracht. Eine erkenntnistheoretische Kritik, 2017.
24 International Panel on Climate Change.
25 Mises, Human Action, 1949, S. 221.
26 Kein Konsens über den Klimakonsens, 2013; Epstein.
27 Wikipedia, Waldsterben, 2021.
28 Tiedtke, »Politik zwischen Wirklichkeit und Utopie«. Der Konferenzbericht, 2018.
29 Steinlein und Kleine, 2015.
30 Block, 2010.
31 Rothbard, Law, Property Rights, and Air Pollution, 2006.
32 Ausführlich: Siehe Kapitel II, Abschnitt 7.
33 Mises, Human Action, 1949, S. 768.

34 Mises, Human Action, 1949, S. 208.

35 Breitfeld und Panek.

36 Professor Dr. Philipp Bagus, Universidad Rey Juan Carlos, Madrid.

37 Tiedtke, »Logik versus Emotion. Warum die Welt so ist, wie sie ist«. Der Konferenzbericht, 2019.

38 Professor Dr. Jesús Huerta de Soto Ballester, Universidad Rey Juan Carlos, Madrid.

39 Knappheit zum Beispiel an guter Bildung oder Wohnungen, Knappheit an Arbeitsangeboten, lange Wartezeiten bei Ärzten und schlechte Krankenversorgung, mangelhafte Altersversorgung der nicht beim Staat Beschäftigten und so weiter. Auf der anderen Seite Überproduktion in Form von Milchseen und Butterbergen, Prunkbauten wie die Elb-Philharmonie oder das Kanzleramt in Berlin oder die Moskauer Metro.

KAPITEL XV

DIE GESELLSCHAFT ALS HERRSCHAFTS- ODER FRIEDENSORDNUNG

1. Die Gesellschaft und die gesellschaftlichen Verhältnisse

Die Gesellschaft oder die gesellschaftlichen Verhältnisse sind kein »Naturphänomen«, das unabhängig vom Willen der Menschen zustande kommt, die sie hervorbringen, sondern die gesellschaftlichen Verhältnisse ergeben sich aus den Handlungen verschiedener Einzelner über einen Zeitraum von vielen Generationen.

Die »Gesellschaft« selbst als handelndes Subjekt zu betrachten ist einerseits eine Anthropomorphisierung, also eine Vermenschlichung in dem Sinne, dass einem Nicht-Individuum die Eigenschaften eines Individuums zugeschrieben werden. Die Menschen erschaffen in ihrem Handeln miteinander, in ihrem Austausch ein Beziehungsgeflecht, das wir die Gesellschaft nennen. Aber *die Gesellschaft* an und für sich existiert nicht außerhalb dieser Bedingungen. Davon zu sprechen, dass die »gesellschaftlichen Bedingungen« etwas *verlangen* oder *fordern*, ist insofern Unsinn, als die Gesellschaft nichts fordern kann, weil sie kein Mensch ist. Die gesellschaftlichen Verhältnisse werden von Menschen geschaffen. Wer von den gesellschaftlichen Verhältnissen als einem handelnden Wesen spricht, der begeht denselben Denkfehler der Hypostasierung, den unsere Vorfahren im Animismus begangen haben, als sie die Sonne oder den Mond oder die Jahreszeiten als Gottheiten anthropomorphisiert haben, ihnen quasimenschliche Eigenschaften zugeschrieben haben, sie als handelnde Wesen wie sich selbst angesehen haben.

Die gesellschaftlichen Verhältnisse entstehen auch nicht nach einem einzigen Handlungsplan oder nach einem Masterplan. Nehmen wir zum Beispiel Mega-Cities wie Tokio oder New York. Kein menschliches Einzelwesen hatte den Masterplan, diese Städte so zu entwickeln, wie sie heute bestehen. Eine Vielzahl von Einzelnen hat diese Städte über Generationen von Menschen entstehen lassen. Natürlich haben heute politische Unternehmer ein maßgebliches Sagen darüber, welche Handlungen Menschen innerhalb dieser Städte umsetzen, aber sie können nur versuchen, Handlungen bei den anderen auszulösen, sie können nicht direkt vorschreibend auf sie einwirken. Jeder, der lebt und handelt, setzt seine eigenen Pläne um.

Die Handlungsgesetze der Praxeologie gelten innerhalb jeder Gesellschaft, egal wie groß sie ist. Der Familienvater kann zu Hause ein tyrannisches Regime aufrichten, indem er droht, lügt oder gewalttätig handelt, und so kann dies der Präsident eines Zentralstaates oder der hohe Kommissar eines Staatenkartells. Jede einzelne Handlung können wir dahingehend prüfen, ob sie auf Kosten eines anderen erfolgt und ob jemand zu einer Handlung mit einer Drohung oder mit Gewalt gezwungen wird. Die *Gesellschaft selbst* oder die *gesellschaftlichen Verhältnisse* aber zwingen niemanden, weil nur Menschen zwingen können, aber keine Gedankengebilde.

Das Gedankengebilde der Gesellschaft hat durchaus seine Berechtigung. Es ist jedoch eine Hypostasierung, diesem Gedankenbild eine unmittelbare Realität zukommen zu lassen wie dem Einzelmenschen. Die Gesellschaft ist Menschenwerk. »Kein Gott, keine dunkle ›Naturgewalt‹ hat sie geschaffen«, schreibt Mises. »Ob sie sich fortentwickeln soll oder ob sie untergehen soll, liegt in dem Sinne, in dem die kausale Determiniertheit (Vorbestimmtheit) alles Geschehens es zulässt, von freiem Willen zu sprechen, in der Menschen Hand.«[1]

2. Herrschaft oder Frieden – du kannst nicht beides haben

Friedliches Handeln und feindliches Handeln schließen einander aus. Wer bedroht wird, lebt nicht im Frieden mit dem Drohenden, auch wenn er sich gerade nicht wehrt, sondern nachgibt. Wo es Herrschaft gibt, also das systematische Belügen und Bedrohen anderer, das politische Unternehmertum mit dem Mittel Zwang, da ist kein Frieden. Allenfalls ist Waffenstillstand, aber das ist eben ein Zustand der Gegnerschaft und nicht der friedlichen Zusammenarbeit. Es wäre unsinnig zu behaupten, der Sklavenhalter lebte mit »seinen Sklaven« im Frieden, solange sie sich nicht im offenen Aufstand befinden. Genauso unsinnig ist es, jede andere Form von feindlicher Handlung als friedliche umzudeuten. Was feindlich und was friedlich ist, gilt von vornherein und für alle zwischenmenschlichen Handlungen, und ob sich die Gegner Meister, König, Graf, Vorsitzender des Zentralkomitees oder Präsident nennen, ist unmaßgeblich. Maßgeblich ist, dass der eine durch Drohung, Zwang, Lüge und Gewalt etwas auf Kosten des anderen erhält, das dieser ohne die feindliche Handlung nicht hergegeben oder getan hätte.

Noch ein kleines historisches Bonmot: Nicht alle Regenten scheinen historisch betrachtet so polarisiert zu haben, wie so manch andere politischen Akteure. So beschreibt der Ökonom Jörg Guido Hülsmann in seiner Mises-Biographie, dass der österreichische Kaiser Franz Joseph I. (1830–1916) regelmäßig vom Wiener Hofburgtheater zu seinem Schloss Schönbrunn im Wiener Außenbezirk nur in einer Kutsche fuhr. Jedermann konnte sich der Kutsche nähern und seinen Hut zum Gruß erheben. Dies sei etwas, so Hülsmann, das man sich heute kaum noch vorstellen könnte.[2]

3. Verteidigung gegen Angriffskoalitionen: Verteidigungskoalitionen – von den United Nations zu den »United People«, vom internationalen zum interpersonalen Friedensrecht

Angriffskoalitionen sind solche Vereinigungen von Menschen, die sich zum feindlichen Handeln verbinden. Wir haben gesehen, dass die Anzahl der Gruppenmitglieder von vornherein ungeeignet ist, um eine Angriffskoalition zu »rechtfertigen«, weil Recht nicht Zahl ist und Rechtfertigung nicht aus einem Größenvergleich von Anzahlen folgen kann. Es gibt kein unpersönliches (objektives) Kriterium für Recht und Unrecht. »Was du nicht willst, das dir man tu, das füg auch keinem anderen zu!« ist subjektiv, persönlich. Der »Maßstab« wäre dasjenige, was der eine nicht möchte, dass man ihm antut. Ein anderer kann etwas ganz anderes nicht mögen.

Was wir heute demokratische Staaten nennen, sind aus praxeologischer Sicht von vornherein Menschen, die sich in Angriffskoalitionen verbunden haben und andere Menschen mit Schaden bedrohen. Eine Präferenzäußerung an der Wahlurne bedeutet dabei keineswegs von vornherein, dass derjenige, der eine Präferenz auf einem Zettel ankreuzt, damit einverstanden ist, dass demokratisch über ihn entschieden wird, sondern kann auch lediglich dazu dienen, Gruppen zu unterstützen, von denen er denkt, sie würden ihm weniger schaden; also aus pragmatischen Gründen im Hinblick auf die Drohungen der anderen Gruppen, die ihm schrecklicher erscheinen. Dass seine einzelne Stimme mathematisch betrachtet kein Gewicht hat, mag er dabei übersehen, ebenso, dass diese Wahl keine Wahl mehr ist, wenn eine Anzahl ermittelt wird und aus der Anzahl auf dem Wege des Ins-Verhältnis-Setzens ein »Volkswille« verkündet wird, den es von vornherein nicht geben kann, weil nur Einzelne handeln können, wenn auch in Gruppen, und nicht ein Volk an sich.

Verteidigungskoalitionen oder -allianzen werden historisch eher so betrachtet, als wären Staaten Handelnde und nicht Einzelne. Die Gruppen, die mit den Namen von historischen Staaten bezeichnet wurden, handelten aber a priori feindlich: Selbst wenn sie keine anderen Gruppen mit anderen Staatsnamen angriffen, bedrohten sie doch Einzelne und Gruppen, die auf dem Gebiet lebten, das sie »beherrschten«.

Möglich sind auch Koalitionen von Willigen, die andere, die nicht mitmachen wollen, nicht zum Mitmachen zwingen. Auch im Hinblick auf ein Territorium muss keineswegs eine abgegrenzte Gruppe den Ton angeben. Menschen können sich verbinden und sich wechselseitig zu Frieden und Beistand verpflichten, ohne dass sie andere Menschen zwingen, sie zu unterstützen oder sich zu beteiligen. Sie können sich auch einem »Anführer« anschließen, unter dessen Anleitung sie sich zu verteidigen denken und der Streit zwischen ihnen schlichten soll, ohne dass alle anderen miteinbezogen werden. J. R. R. Tolkien mag mit seiner Figur des König Aragorn, wie wir gesehen haben, einen solchen »gewählten« Anführer gemeint haben, der niemanden zwingt, ihm zu folgen, sondern hinter dem sich die Menschen versammeln, dessen Gefolgsleute tatsächlich wählen, ihm zu folgen.

Franz Oppenheimer sah in der Geschichte einen Fortschritt vom *Bärenprinzip* zum *Imkerprinzip* und eine allmähliche Abschwächung des politischen Mittels Zwang zugunsten des ökonomischen Mittels des freiwilligen Austausches – wenn auch nicht durchgängig.[3] Das Bärenprinzip war historisch die Verwendung des politischen Mittels Zwang unter Zerstörung des Bienenstockes, also Plündern und Brandschatzen. Man könnte an die frühen Wikinger denken, die sich darauf als Einkommensquelle spezialisiert zu haben schienen, wobei sie wohl auch friedlichen Handel trieben. Das Imkerprinzip ist die Bewirtschaftung des Bienenstockes und das Belassen von so viel Honig bei den Bienen, dass sie weiterexistieren können und für den Imker Überschüsse produzieren.

Dieses Imkerprinzip umfasst sowohl Sklaverei und Knechtschaft, Kommunismus und Sozialismus als auch den Minimal- oder Nachtwächterstaaten mit niedrigen Steuern und großer persönlicher Selbstbestimmung, mit der Möglichkeit von eingeschränktem und von oben eingeräumtem Eigentum für manche Produzenten, wie ihn vielleicht Thomas Jefferson in seiner *Declaration of Independence* (Unabhängigkeitserklärung) im Sinn gehabt haben mag. Vorrang hat für die Gruppe namens Staat aber stets die Erhaltung der Herrschaft, also galt es durchaus, mittels Neid und Missgunst und Verbreitung falscher ökonomischer oder ökologischer Theorien eine Anhängerschaft um sich zu versammeln, die weiterhin Herrschaft will und das politische Mittel Zwang zum Erwerb von produzierten Überschüssen. Aber manche scheinen erkannt zu haben, dass das Imkerprinzip mehr »abwirft« für die Gruppe der Herrscher. Wenn man den Menschen (eng) begrenzte Freiheiten einräumt, sind sie sozusagen »fleißigere Bienchen«. Man denke hier an das kommunistische China. Aus praxeologischer Sicht praktizieren aber auch die bekannten demokratisch-politischen Akteure des »Westens« das Imkerprinzip. Das ist nicht als Kritik gemeint, sondern eine nüchterne Analyse, wer feindlich und wer freundlich handelt. Dass die meisten Menschen das zum jetzigen Zeitpunkt so wollen, macht es per se weder gut noch schlecht, weil dies eben persönliche Wertungen sind.

Als weiteren Entwicklungsschritt sah Oppenheimer ein sogenanntes Freibürgertum, also das komplette Abgehen vom Erwerb von produzierten Überschüssen durch das politische Mittel Zwang. Auch andere Staatstheoretiker wie Hans-Hermann Hoppe, Murray Rothbard oder Anthony de Jasay kommen zu dem Schluss, dass, wenn feindliches Handeln auf Kosten anderer geschieht und Herrschaft notwendig feindliches Handeln bedeutet, man auch gut ohne Herrschaft auskommen könnte. Ja, für die Beherrschten ist Herrschaft stets unerwünscht, ganz gleich, welche Rechtfertigungsideen sich die Herrscher einfallen lassen und wie sich die Profiteure und die Leidtragenden zahlenmäßig gegenüberstehen.

Viele schrecken davor zurück, sich ein Leben ohne Herrschaft zu denken, was sie Anarchie nennen: einen Zustand von Jeder-gegen-jeden, völlige Regellosigkeit. Versteht man unter Anarchie die Abwesenheit von *rechtmäßiger Herrschaft* und dass dann »das Recht des Stärkeren« gilt, dann ist dies jedoch nicht ein bedrohlicher Zustand in der Zukunft, sondern der Status quo für alle Menschen, die nicht zu den Herrschern, sondern zu den Beherrschten zählen. Denn aus deren Sicht ist es nicht Recht, was die Herrscher mittels Indoktrination, Drohung, Zwang und Gewalt von ihnen zu erhalten versuchen, sondern denjenigen, die ohne die feindlichen Handlungen anders gehandelt hätten, ist es unrecht. »Das Recht des Stärkeren« kann es in einem praxeologischen Sinne nicht geben, wie bereits beschrieben wurde, aber gemeint ist, dass die Drohenden und die Bedrohten so beschaffen sind im Hinblick auf ihre Einstellungen und Überzeugungen, dass die Drohenden ihren Willen den Bedrohten aufzuzwingen vermögen, sie aus ihrer Sicht also erfolgreich sind.

Abwesenheit von Herrschaft im Sinne von Abwesenheit von organisiertem feindlichen Handeln gegen Überschussproduzenten bedeutet keineswegs Regellosigkeit oder Rechtlosigkeit. Im Gegenteil: Recht wird aus praxeologischer Sicht überhaupt erst ermöglicht, wenn das Einvernehmen aller Beteiligten vorliegt, und ist unmöglich und nicht Recht, sondern ein Befehl, wenn es einseitig erzeugt wird. Im internationalen Recht sehen sich die Gruppen namens Staat wechselseitig als 193 Souveräne an – und sie regeln allerhand. Dabei verhalten sich diese Gruppen nicht friedlich, sofern sie beispielsweise Zölle oder Doppelbesteuerungsabkommen beschließen, die sie gegenüber Einzelnen mit Drohungen und Zwang durchsetzen. Aber sie verhalten sich insofern friedlich, als sie zwischen sich selbst ein Friedensprinzip zumindest insofern vereinbaren, dass sie Eroberungskriege wechselseitig ausschließen, also nicht der eine die Herrschaft des anderen übernimmt. Sie bilden aus praxeologischer Sicht ein Kartell, indem sich lokale Monopolisten zusammenschließen. Die Regeln des internationalen Rechts folgen dabei dem Prinzip »Zuallererst füge kein Leid zu!« und dem Prinzip der einzelnen und gemeinsamen Verteidigung und Vergeltung für den Fall, dass die erste Grundregel gebrochen wird.

Der amerikanische Jurist Anthony D'Amato beschreibt als die dramatischsten Veränderungen im internationalen Recht in jüngerer Vergangenheit die Regel, dass Eroberungskriege wechselseitig ausgeschlossen werden, wie auch die Idee – wenn auch noch nicht erreicht –, Einzelnen den Status der Rechtspersönlichkeit im internationalen Recht zu verleihen, die ihre »Menschenrechte«, also ihre Freiheiten, durchsetzen und verteidigen wollen. Letzteres würde bedeuten, den Einzelnen die Souveränität »zuzugestehen«, die sie aus praxeologischer Sicht unveräußerlich haben, weil wir eine handelnde Einheit nicht aufspalten können in Geist und Körper, ohne sie zu zerstören. Die Folgen wären weitreichend, denn in der Konsequenz müssten Übergriffe der Gruppen namens Staat auf Einzelne eben als eine Vielzahl von Mikro-Eroberungskriegen betrachtet werden.

4. Die drei Säulen eines Friedensvertrages

a) Zuallererst füge kein Leid zu! (*Primum non nocere!*)

Feindliches Handeln ist das Zufügen von Leid im Hinblick auf Körper, Leben, Gesundheit, früheren Besitz und Sicherheit durch Drohung, Zwang, Lüge und Gewalttätigkeit. In einem Friedensvertrag können sich die Parteien wechselseitig dahingehend vertragen, dass sie sich feindlichen Handlungen enthalten werden. Wenn sie sich freiwillig verpflichten, gewinnt der jeweils andere ein Recht, das zu fordern, und wenn sie sich freiwillig dazu verpflichten, gewinnt jeder aus seiner Sicht mehr, als er aufgibt.

Es ist eine Willensäußerung zur Einschränkung der eigenen Freiheit und der eigenen Gewalt, nämlich, sich des anderen oder seines Besitzes zu bemächtigen bzw. ihn zu gefährden. Auch mit der Verpflichtung hat der Einzelne die Möglichkeit, sich dessen zu bemächtigen, und jeder kann jederzeit seine Verpflichtung kündigen, ganz gleich ob gemäß einer vereinbarten Kündigungsfrist oder nicht. Kündigt er entgegen einer vereinbarten Frist, bricht er allerdings eine vertragliche Verpflichtung.

Zur Sicherstellung solcher Verpflichtungen, die für andere durchaus von Gewicht sind, können die Parteien einander auch ein Pfand oder eine Kaution gewähren, die verfällt, wenn jemand sich feindlich verhält. Sie können wechselseitig den Umfang des Besitzes konkretisieren oder einen Katalog (Aufstellung, Übersicht) von Handlungen erstellen, die sie als eine Gefährdung der Sicherheit einstufen. Was eine Verletzung des Besitzes ist und was eine Gefährdung der Sicherheit ist, kann nicht in allen Fällen von vornherein konkret bestimmt werden. Auch Wesentlichkeitsaspekte, Bagatellen etc. können eine Rolle spielen. Das bedeutet nicht, dass die praxeologischen Kriterien hier unscharf wären; entweder es liegt eine Verletzung des Besitzes oder eine Gefährdung der Sicherheit vor – oder nicht. Die Praxeologie ist hier nicht ungenauer als ihre Geschwister, die Mathematik oder die Logik. Die genaue Umgrenzung des Besitzes im historischen Einzelfall oder der Gefährdung der Sicherheit hängt von persönlichen Bedeutsamkeitsurteilen ab, die nicht nach einem unpersönlichen Standard überprüft werden können. In einer quantitativen und qualitativen Welt spielen Quantitäten (Größen) und Qualitäten (Eigenschaften) eine Rolle. Bestimmte Größen erzeugen bestimmte Auswirkungen.

Die Praxeologie ist wie die Mathematik formal und tautologisch. 1 Münze plus 1 Münze ergibt immer 2 Münzen. Aber es gibt Münzen in unterschiedlichen Qualitäten, und es macht aus der Sicht der meisten Menschen wenig Sinn, eine Goldmünze und eine Silbermünze zu je einer Feinunze zu addieren, denn der Unterschied, wie Menschen diese Münzen bewerten, ist groß. Die Mathematik kann nicht mit Bedeutsamkeitsurteilen außerhalb der Mathematik widerlegt werden, aber es hängt von persönlichen Bedeutsamkeitsurteilen ab, wie sie im Hinblick auf konkrete Größen der Außenwelt angewandt wird. Ebenso verhält es sich mit der Praxeologie.

b) Verteidigung, Wiedergutmachung und Vergeltung gegen feindliches Handeln (*Nemo me impune lacessit! Si vis pacem para bellum.*)

Wer Frieden will, kann diesen nur durchsetzen, wenn es in seiner Macht liegt, die feindlichen Handlungen anderer abzuwehren. Die Mittel der Abwehr feindlicher Handlungen und von Zuständen, die aufgrund feindlicher Handlungen herbeigeführt wurden, sind Verteidigung, Wiedergutmachung und Vergeltung. Menschen können sich hierzu in verschiedener Art und Weise zusammenschließen, um Verteidigung und Vergeltung gegen feindlich Handelnde zu verüben. Sie können das etwa, indem sie sich einem anschließen, der sich anbietet, dies zu organisieren; sie können sich in einer Gruppe zusammenfinden oder sie können anderen etwas dafür bezahlen, die das für sie bewerkstelligen möchten. All dies sind friedliche Handlungen, wie die Verteidigung, Wiedergutmachung und Vergeltung selbst friedlich und nicht feindlich sind, weil sie der Abwehr feindlicher Handlungen dienen.

c) Im Zweifelfüge kein Leid zu (*In dubio pro reo* – im weiteren Sinne)

Wie bereits gezeigt wurde, besteht der Unterschied zwischen einer schädigenden Handlung, die Verteidigung oder Vergeltung ist, und einer schädigenden Handlung, die ein feindlicher Angriff ist, darin, ob ein Angriff unmittelbar bevorstand oder vorausging. Ging kein Angriff von einem anderen aus, liegt eben keine Verteidigung oder Vergeltung vor, sondern selbst eine feindliche Handlung. Aus dem Grundsatz »Zuallererst füge kein Leid zu!« folgt also der Grundsatz »Im Zweifel nimm von einer schädigenden Handlung Abstand!«. Denn nur wenn es erwiesen ist, dass eine feindliche Handlung unmittelbar bevorstand oder vorausging, kann tatsächlich Verteidigung oder Vergeltung vorliegen. Ansonsten ist es schlicht ein feindlicher Akt.

5. Ein Gesellschaftsvertrag als Friedensvertrag – eine Verteidigungskoalition der Willigen

Menschen können also einen Gesellschaftsvertrag miteinander wirklich abschließen, ohne dass dieser nur vorgestellt (imaginär) ist oder dass dieser aus der Sicht von Moraltheoretikern zwar nicht wirklich abgeschlossen wurde, aber doch abgeschlossen werden *müsste,* wenn die Menschen vernünftig wären. Da wir von vornherein sagen können, welche Handlungen feindlich, friedlich oder freundlich sind, bräuchte ein solcher *wirklicher* Gesellschaftsvertrag auch nicht ausdrücklich abgeschlossen werden. Jedoch sind Umfang des unterschiedlichen Besitzes oder »Angemessenheit« der Vergeltung nicht von vornherein bestimmbar, sodass bezüglich solcher Quantitäten (messbare Größen) und Qualitäten (Art und Weise), die in einem physischen Universum eine Rolle spielen, Vereinbarungen zwischen den Parteien getroffen werden können. Zum Beispiel in welchem Rahmen sich Vergeltungsmaßnahmen halten, wie Vergeltung durch Wiedergutmachung abgewendet werden kann und so weiter.

Ein solcher Gesellschaftsvertrag könnte auch in der Art und Weise vereinbart werden, dass man seinen Abschluss zur Voraussetzung macht, um mit anderen in freundliche zwischenmenschliche Beziehungen zu treten, zum Beispiel auch in wirtschaftliche Beziehungen. Von einem Vertragspartner, mit dem man sich vertragen möchte, wird einer erwarten können, dass er sich ihm gegenüber zumindest zum Frieden verpflichtet. Ansonsten würde man mit einem Austausch einen möglichen Gegner stärker machen.

Natürlich kann jeder Vertrag gebrochen werden, und Maßnahmen der Verteidigung und Vergeltung gegen Störer des Friedens können vereinbart werden. Diejenigen, die ein Interesse daran haben, den Frieden zu wahren, müssen dies auch in ihrer Gewalt haben, es also vermögen.

Ähnlich, wie wir heute verschiedene Organisationsebenen bei politischen und freundlichen Unternehmern kennen, können solcherlei Friedensverträge auf lokaler, regionaler und überregionaler Ebene abgeschlossen werden. Es ist aber keineswegs notwendig, dass in Bezug auf ein bestimmtes Gebiet nur eine »Jurisdiktion« (Organisation zur Entscheidung von Konflikten) vorhanden ist. Es gab historisch immer wieder Gruppen mit ihrer eigenen Gerichtsbarkeit innerhalb eines Territoriums.

Der französische Ökonom Frédéric Bastiat und sein belgischer Kollege Gustave de Molinari argumentierten bereits im 19. Jahrhundert dafür, dass Sicherheit und Justiz nicht mehr feindlich organisiert würden, sondern in friedlicher Art und Weise. Im Geiste ihrer Zeit und ihrer Umgebung hielten sie das bereits für überfällig. Und in der Tat spricht a priori nichts dagegen, sondern im Gegenteil: Die feindliche Organisation mittels Drohung und Zwang ist selbst von vornherein Unrecht und daher aus Sicht der so politisch Bewirtschafteten ein Übel und kein Vorteil.

Die Schlussfolgerungen, die sich daraus ergeben, dass wir im Hinblick auf den Besitz an sich selbst und die Mittel von Anfang an sagen können, wann friedliches, freundliches und feindliches Handeln vorliegt, sind im Kant'schen Sinne universalisierbar, das heißt, sie können auf *alle* Handelnden angewendet werden. Manche Handlungen der politischen Unternehmer erfüllen den objektiven und subjektiven Tatbestand der schweren räuberischen, bandenmäßigen und gewerbsmäßigen Erpressung; andere Handlungen die Tatbestände der Körperverletzung, der Freiheitsberaubung oder sogar des Mordes. Diese Handlungen deshalb als gerechtfertigt anzusehen, weil es sich bei den Akteuren um politische Unternehmer handelt, ist willkürlich; es ist ein Glaube an ein Dogma. Es kommt auf die Handlung an und nicht auf die Person des Handelnden. Wenn ein Mensch einen anderen friedlichen Menschen erpresst, nötigt oder betrügt, dann ist das von vornherein feindlich, auch wenn er meint, dies als Politiker, Polizist, Vater oder König tun zu dürfen.

a) Respekt des anderen und seines Besitzes

Ähnlich dem Verbot von Eroberungskriegen im internationalen Recht können Menschen vereinbaren, dass sie einander den Besitz des Körpers und der Sachen des anderen respektieren. Das ist keineswegs eine Selbstverständlichkeit. Zwangsabgaben, Schulzwang, Militärzwang und Arbeitszwang, wenn auch unter beschönigenden Namen wie Steuern, Schulpflicht, freiwilliges soziales Jahr für *alle* oder Wehrpflicht, werden von nahezu allen politischen Unternehmern – je nach Lage der Dinge – von den Bürgern abgenötigt. Das sind in dem Sinne Eroberungskriege, als Herrschaft über den anderen versucht wird.

b) Geteilter Besitz

Geteilter Besitz bedeutet, dass nicht eine Gruppe zentral besitzt, sondern dass mehrere Unterschiedliches besitzen. Im Hinblick auf notwendige Komplementärgüter kann ein lokales Monopol, das auf freundliche Art und Weise zustande gekommen ist, schädlich sein, muss es aber nicht. Es ist allerdings dann von vornherein schädlich, wenn es auf feindliche Art und Weise zustande gekommen ist.

Im Hinblick auf Wege ist einfache Reziprozität (Gegenseitigkeit) möglich, also dass jeder seine Grundstücke an ein Wegenetz anschließt, und wenn sich lokale Gruppen in regionalen und überregionalen Gruppen verbinden, können diese ein Wege- und Versorgungsnetz ebenso errichten und unterhalten, wenn sie nicht als politische, sondern als freundliche Unternehmer tätig sind. Die Kosten können auf freundliche Art und Weise über Preise für die Nutzung der Fahrwege erwirtschaftet werden oder sie können in die Preise der für den Austausch bestimmten Güter einkalkuliert werden. Bei einem Tunnel oder einer Brücke können die Erbauer verlangen, dass der Nutzer etwas dafür entrichten muss; schließlich gab es diesen Weg vorher nicht, sodass die freundlichen Unternehmer nicht auf feindliche Art und Weise in den Besitz des Weges gelangt sind. Wird eine Straße wesentlich verbessert, kann zum Beispiel ein Ersatzweg zur Verfügung gestellt und die wesentliche Verbesserung mit Preisen für die Nutzung der Straße bezahlt werden. Auch können nur die *Willigen* eine Straße verbessern, ohne etwas dafür zu verlangen. Es gibt viele Arten, die Errichtung von Wegen in pareto-optimaler Weise zu gestalten.

Die Problematik des *Free Riding*, also dass manche Menschen Infrastruktur nutzen, ohne dazu beizutragen, existiert unabhängig von der Frage, ob die betreffenden Güter auf freundliche oder feindliche Art und Weise produziert werden. Die politischen Unternehmer nutzen sämtliche Infrastruktur, ohne überhaupt beizutragen, weil sie per Saldo keine Überschüsse erwirtschaften, sondern Überschüsse anderer verbrauchen.

Wenn einer einen Weg vorher genutzt hat, dann liegt kein *Free Riding* vor, wenn er an der Verbesserung einer Straße nicht mitgewirkt hat, sondern er war Mit-Besitzer, der nicht an einer Verbesserung interessiert war. Ihn auszuschließen wäre eine feindliche Handlung, weil ihm dann der Weg abgeschnitten würde. In einem solchen Falle finden sich entweder genug, die an der Finanzierung der Straße ein Interesse haben, oder nicht. Nicht-Willige zu zwingen führt dazu, dass die Straße von vornherein zu einem Ungut 2. Ordnung wird. In den Fällen der Errichtung *neuer* Wege können andere natürlich ausgeschlossen werden.

c) Territorium? Wem »gehört« das Revier?

Ein Mensch kann Land besitzen in dem Sinne, wie wir Besitz praxeologisch bestimmt haben, also als tatsächliche Gewalt einer Person über ein Stück der Erdoberfläche. Er vermag, diesen Teil der Erdoberfläche zu kontrollieren, er ist Teil seines Vermögens, eben soweit und solange er das vermag. Hat er diesen Besitz nicht auf Kosten und zu Lasten eines anderen erworben, hat er ihn friedlich (keiner hatte dasjenige vorher) oder freundlich (Austausch) erworben. Wer immer nun diesen Besitz von ihm erlangen möchte, kann dies auf friedliche oder freundliche Art tun, wenn der frühere Besitzer seinen Besitz aufgibt oder sich mit dem anderen wiederum austauscht. Nutzt einer Drohung, Zwang oder Gewalt, um in den Besitz des Erstbesitzers zu gelangen, liegt feindliches Handeln vor, weil er den Besitz dann gegen den Willen des Besitzers und auf dessen Kosten erhält. Die Verteidigung gegen eine solche Handlung ist daher nicht selbst feindlich, sondern als Verteidigungshandlung ist sie die Abwehr einer feindlichen Handlung und mit ihr wird das friedliche Pareto-Optimum zwischen den Beteiligten aufrechterhalten.

Im obigen Falle ist das »Ausschließen« eines Nicht-Besitzers also keine feindliche Handlung, sondern das Ausschließen ist lediglich eine Auswirkung, die sich daraus ergibt, dass jeder andere, der das infrage stehende Mittel haben will, dies nur auf Kosten und zu Lasten des früheren Besitzers tun kann, und dann kann sich der frühere Besitzer dagegen wehren, ohne selbst feindlich zu handeln.

Nutzt nicht eine abgegrenzte Gruppe von Handelnden ein Mittel, sondern eine anonyme Gruppe, also immer verschiedene Einzelne, dann kann jemand Besitz an einem solchen Mittel nicht friedlich oder freundlich erlangen, weil er sich nicht mit allen anderen einigen kann, weil er sie nicht kennt und sie nicht bestimmbar sind. Er kann jedoch – aus Sicht der Nutzer – adäquaten Ersatz oder Entschädigung anbieten.

Nutzt niemand ein bestimmtes Stück Land, verwendet es niemand als Mittel zum Erreichen eines Zweckes, kann es jedermann in Besitz nehmen, ohne den Besitz eines anderen dadurch zu schmälern. Andere verlieren auch nicht die Möglichkeit zum Besitz dieses Landes; sie müssten auch nicht a priori feindlich handeln, sondern könnten versuchen, einen freundlichen Austausch zu erreichen. Und wenn der Erstbesitzer das Land verändert, verlieren sie ebenfalls nicht die Möglichkeit zur Nutzung; sie müssten dann eben nur das Land in dem Zustand übernehmen, in den es der Erstbesitzer versetzt hat, oder seine Veränderungen zurückbauen.

Als Niemandsland können wir nicht nur das Land bezeichnen, das, wie im letzten Fall, niemand nutzt, sondern auch das, das von einer unbestimmten Gruppe von Personen genutzt wird. Es ist nicht identisch mit der Allmende, in der die Gruppe der Nutzer des Gemeingutes identifizierbar ist, entweder in Person oder anhand von Regeln. Solches Land ist kein Niemandsland, sondern Gemeinschaftsland.

Anstatt Niemandsland könnten wir Land, das von einer unbestimmten Gruppe genutzt wird, auch Jedermanns-Land nennen (auch um es von Land, das tatsächlich von niemandem genutzt wird, zu unterscheiden). Denn worüber jedermann Gewalt hat, was jedermann vermag, das ist niemandem eigen.

Möchten eine abgegrenzte Gruppe oder Einzelne Niemandsland in Besitz nehmen, wird stets ein neues Pareto-Optimum erreicht. Anders bei Jedermanns-Land. Hier müsste den anonymen, unbestimmten Mitbesitzern ein – aus deren Sicht – gleichwertiger Ersatz gestellt werden.

Vom Besitz können wir den *Besitzanspruch* unterscheiden. Wer seine Flagge als Erster auf dem Mond platziert oder in der Antarktis, der verwendet diese Kugeloberflächen nicht als Mittel, sondern lediglich einen Teil hiervon, etwa ein paar Quadratmeter um die Flagge herum.

Auch die Frage, ob jemand wiederholt etwas in der Vergangenheit besessen hat, beantwortet nicht die Frage, ob jemand etwas besitzt. Die Frage ist, ob er es aktuell als Mittel verwendet, und diese Frage ist für die Zukunft immer ungewiss und nur für die Gegenwart beantwortbar und für die Vergangenheit eine historische Frage. In welchem Umfang jemand etwas besitzt, also welche Mittel er wie nutzt, lässt sich a priori nicht beantworten. Es ist eine Frage von Bedeutsamkeitsurteilen, in welchem Umfang jemand etwas besitzt. Diese sind persönlich und daher nicht a priori beantwortbar. Die Praxeologie weiß keine Antwort auf Größen, sie beschäftigt sich mit Werten und Wollen, mit dem Wert von Mitteln und mit dem Wollen, aus dem die Mittel diesen Wert erhalten. Der praxeologische Begriff des Unternehmers unterscheidet sich ebenso vom historischen Idealtyp des Unternehmers, wie sich der praxeologische Begriff des Besitzes vom historischen Idealtyp des Besitzes unterscheidet.

Die Praxeologie ist unverzichtbar für den historischen Einzelfall, insofern ihre Schlussfolgerungen zwingend sind und eigentümliches Verstehen (Intuition), das den Schlussfolgerungen der Praxeologie widerspricht, falsch ist. Aber ansonsten ist ein Einzelfall immer ein historischer Fall und bedarf daher, um ganz verstanden zu werden, des Verstehens, also der Intuition (persönliche Bedeutsamkeitsurteile), die nicht a priori und unpersönlich ist, sondern a posteriori und persönlich (eigentümlich). Alle praxeologischen Begriffe sind insofern Homonyme zu ihren erfahrungstatsächlichen oder historischen Zwillingsbegriffen, die nicht praxeologische Kategorien, sondern historische Idealtypen bzw. Verallgemeinerungen beschreiben.

Was einer in seiner Gewalt hat, müsste seiner Gewalt erst entrissen werden. Solche feindlichen Handlungen sind historisch identifizierbar. Der tatsächliche Besitz als Idealtyp (der historischen Idee von Besitz entsprechend) kann identifiziert werden nach Art und Umfang nur durch die Menschen und deren Mitmenschen im Wege des Verstehens (Intuition), und da müssen sich zwei Menschen nicht zwingend einig sein. Kriterien wären etwa, dass jemand den Besitz nach Art und Umfang in seiner Gewalt zu haben vermag, dass nichts auf eine Besitzaufgabe hindeutet, dass der Besitz geschützt wurde und so weiter.

Wenn jemand eine Flagge auf einem Kontinent aufpflanzt und diesen zu Ehren der spanischen oder englischen Krone »in Besitz« nimmt, dann verwendet er den Kontinent nicht als Mittel, er hat nicht den Kontinent, sondern nur einen eingrenzbaren Teil, den er bislang betreten hat. Dinge, mit denen er nicht handelt, sind nicht in seiner Gewalt und nicht unter seiner Kontrolle, sind ihm nicht eigen oder eigentümlich. Was er geltend macht, ist ein *Besitzanspruch*, aber nicht Besitz. Zur Besitzergreifung muss zwar nicht »Arbeit« aufgewendet werden, aber Besitzergreifung setzt zumindest voraus, dass jemand etwas tatsächlich als Mittel nutzt, sonst ist es ihm eben nicht eigen, er hat es ansonsten nicht. Was jemand nicht hat, was er nicht in seiner Gewalt hat, ein Ding, mit dem einer nichts vermag, ist nicht in seinem Vermögen.

Wenn nun einer an einem anderen Ort des Kontinents siedelt, kann er das tun, ohne hierzu feindlich handeln zu müssen, weil es sich eben um Niemandsland handelt. Was einen bloßen Besitzanspruch ohne Besitz von Besitz unterscheidet, ist also praxeologisch identifizierbar und bedeutsam im Hinblick auf den Pareto-Vergleich. Jemand, der ein Besitzrecht (Anspruch) geltend macht, ohne dass sich jemand dazu verpflichtet hätte, der macht kein Recht geltend, weil Recht immer spiegelbildlich eine Pflicht erfordert und subjektiv ist, sich also jemand freiwillig dazu verpflichten muss. Was hier also als Anspruch oder Recht »getarnt« wird, ist in Wirklichkeit ein Befehl, der mit Zwang durchgesetzt werden soll: der Befehl, sich der Nutzung des Stückes Land als Mittel zu enthalten. Dieser Befehl soll mit Zwang und Gewalt umgesetzt werden. Er schränkt die Freiheit und Möglichkeit der anderen ein zu wählen, Mittel zu ergreifen, die niemand anders nutzt, und geht also auf Kosten und zu Lasten der freien Willensbetätigung anderer.

Ein Besitzbefehl ist nicht identisch mit Besitz, sondern unterscheidet sich im maßgeblichen Kriterium: der Friedlichkeit. Es geht um Herrschaft. Daran ändert auch das Einhegen mit einem Band oder einem Zaun nichts. Hindernisse aufzurichten, um andere an der Besitzergreifung von Niemandsland zu hindern, ist keine friedliche oder freundliche, sondern eine egoistische Handlung, also feindlich. Jemand versucht mit seiner Gewalt (Vermögen) andere an der Ausübung ihrer Freiheit zu hindern, etwas, das niemand besitzt, in Besitz zu nehmen, zu verwenden.

Der heutige Grundbesitz ist nicht auf friedliche Weise zustande gekommen, sondern vergleichbar mit dem feudalen Lehen. Die Feudalherrschaft war – wie die heutige politische Herrschaft – eine abgeleitete Herrschaft, in dem Sinne, dass es Ober- und Unterherren gab und die Unteren ihr »Recht« von den Oberen herleiteten. Das heutige Grundeigentum ist dem nachgebildet. Die Politikergruppe Staat gibt vor, was Eigentum ist und wem was gehört, das wird in das Grundbuch eingetragen und kann von nun an von den Eigentümern – entsprechend den weiteren staatlichen Befehlen – verwendet werden.

Territorium

Ein Territorium, ein Revier zu beanspruchen, etwa wie wir es aus dem Tierreich kennen und historisch von politischem Unternehmertum, ist eine feindliche Handlung. Bei Tieren ist dies biologisch erklärbar, weil sie mit fremden Gruppen der eigenen Art keinen Handel treiben; bei politischen Unternehmern war es historisch so, weil das politische Unternehmertum eben kein freundlicher Austausch ist, sondern die Bewirtschaftung von Menschen auf einem gewissen Territorium.

Territorium an sich kann nicht eigentümlich sein, sondern lediglich das, was auf dem Territorium ist, also Raum einnimmt. Ein Territorium, Grund und Boden, ist für die praktischen Zwecke der menschlichen Gesellschaft ein Raum über und unter einer Kugeloberfläche. Eigentümlich kann solch ein Raum nur sein, wenn ihn jemand als Mittel zu einem Zweck verwendet. Der Zweck muss nicht in Veränderung bestehen, auch das Lustwandeln in der Natur ist das Verwenden eines Raumes zu einem Zwecke. Das können wir von vornherein sagen. Was wir nicht von vornherein sagen können, sondern was von Größen abhängt, wie sie im gegenständlichen Universum vorkommen, sind Aussagen zu Art und Umfang des Besitzes.

Favelas

Wenn um eine Stadt herum ungenutztes Land liegt, dass sich Menschen nutzbar machen, indem sie dort ein Dorf aufrichten, ist das nicht von vornherein feindliches Handeln. Favelas um Großstädte mögen mit politischen Befehlen, wie ein Bauwerk zu errichten sei oder wem sie ein Stück Grund und Boden zuweisen möchten, nicht übereinstimmen, aber sie sind praxeologisch gesehen nicht feindlich errichtet, wenn das Land nicht im Besitz eines anderen, sondern lediglich ein »politisches Lehen« war.

Ureinwohner / Robinson

Nehmen wir an, Robinson Crusoe auf seiner einsamen Insel hat diese bereits komplett begangen. Er verwendet die nähere Umgebung seiner Hütte zum Wirtschaften (Ackerbau, Holzbearbeitung etc.) – und den Rest der Insel lässt er naturbelassen und nutzt er ab und zu zum Sammeln und zu Erholungszwecken. *Besitzt* Robinson nun die komplette Insel oder nur einen Teil davon? Die Beantwortung dieser Frage wird von persönlichen Bedeutsamkeitsurteilen abhängen, die bei unterschiedlichen Menschen unterschiedlich ausfallen werden. Bedeutsam kann sein, wie groß die Insel ist. Welche Teile der Insel nutzt er regelmäßig und welche nur sehr selten? Et cetera. Praxeologisch sind die Kriterien klar: Er hat die Insel, solange und soweit er mit ihr als Mittel zu handeln vermag, er es also in seiner Gewalt hat, mit der Insel nach seiner Willkür und seinem Vermögen zu verfahren.

Solange Robinson alleine auf der Insel ist, wird es keinen Streit darüber geben, ob er die Insel *komplett* besitzt. Erst wenn Freitag hinzukommt, wird die Frage bedeutend. Freitag kann den Teil der Insel friedlich und pareto-optimal besiedeln, den Robinson nicht besitzt. Das ist a priori so. Soweit Robinson die Insel besitzt, wäre die Abwehr der Ansiedelung Freitags durch Robinson Verteidigung. Bedeutsam ist also die Frage, ob und inwieweit Robinson die Insel besitzt? Da die Umstände des Einzelfalls für die Beantwortung dieser Frage zu berücksichtigen sind, kann diese Frage nicht von vornherein beantwortet werden. Hier spielen nicht nur A-priori-Erwägungen eine Rolle, sondern Größen der physischen Welt und Zeit, etwa die Größe der Insel, die Zeit, wann Robinson etwas zuletzt benutzt hat, Vorrichtungen, die er bereits errichtet hat, um etwas künftig zu nutzen, und so weiter.

Dasselbe gilt im Hinblick auf Ureinwohner, die Reviere auf einem Kontinent haben. Das, was sie nicht besitzen, kann natürlich von jedermann friedlich erlangt werden, weil es eben niemand anders besitzt. Das, was sie besitzen, also regelmäßig und fortgesetzt als Jagdgründe oder Anbauflächen nutzen, kann auch friedlich und freundlich erlangt werden, sofern man sich auf einen Austausch einigt. Feindlich handelt den Ureinwohnern gegenüber, wer ihnen einen Besitzbefehl erteilt dergestalt, dass ihre Jagdgründe nun nicht mehr ihnen gehören, sondern jemand anderem, oder der sie unter Androhung von Zwang und Gewalt deportiert.

Länder

Die Reviere oder Territorien, die politische Akteure für sich beanspruchen, werden als politische Länder oder Staaten bezeichnet. Aus praxeologischer Sicht etablieren politische Ländergrenzen Herrschaftszonen. Ohne Herrschaft haben sie keinen Sinn.

Menschen, die sich zu unbehindertem, friedlichem und freundlichem Leben zusammenschließen, brauchen hierzu kein »Territorium« zu beherrschen. Vielmehr ist es Bestandteil eines feindlichen Handlungsplanes, wenn man alle Personen beherrschen möchte, die sich auf einem bestimmten Territorium befinden.

Der Gedanke, dass friedliche Menschen ein Land bräuchten, in welchem sie nach ihren gesellschaftlichen Vorstellungen zusammenleben möchten, ist ein vorgestelltes geistiges Konzept, aber keine A-priori-Notwendigkeit. Notwendig dagegen ist, dass sie in der Lage sind, wo auch immer sie sich aufhalten, feindliches Handeln ihnen gegenüber erfolgreich abzuwehren. Dazu müssten sie aber ihrerseits nichts erobern, sondern nur in der Lage sein, Eroberungshandlungen anderer erfolgreich abzuwehren. Und sofern ihnen Schaden zugefügt wurde, könnte eine solche Gruppe, die in der Lage ist, feindliche Angriffe abzuwehren, versuchen, Wiedergutmachung und Vergeltung zu erreichen, ohne selbst feindlich zu handeln.

Der Reviergedanke stammt aus dem Tierreich, aber dort gibt es eben keine freundliche Kooperation zwischen Artgenossen, die fremden Gruppen angehören, sondern der Fremde ist Konkurrent um die knappen Paarungsgelegenheiten und Nahrungsmittel. Auch Menschen lehnten Kooperation mit Fremden ab und unterwarfen sie, anstatt Handel zu treiben. Der Gedanke, ein Revier zu »brauchen«, ist also tief verwurzelt in der Phylogenese (Stammesgeschichte) des Menschen.

d) Die »soziale Frage« – Beistand am Anfang und in der Not

Manche Medienarbeiter kritisieren, dass mit geteiltem Eigentum und freundlicher statt feindlicher Kooperation zwar eine »rationale Wirtschaftsordnung« aufgerichtet werden könne, aber die »soziale Frage« ungelöst bleibe. Was mit denen passiere, die nicht für sich selbst sorgen könnten oder wollten, bliebe offen.

Bei feindlicher Organisation sei die »soziale Frage« hingegen gelöst, indem die Überschüsse der Produzenten durch Drohung eingehoben und danach an Bedürftige vergeben werden.

Dass die Versorgung der Bedürftigen von vornherein nur feindlich geschehen kann, ist ein logischer Fehlschluss, ein sogenannter *non sequitur* (daraus folgt nicht). Wenn sie einen Affen Fahrrad fahren sehen, können sie daraus nicht schlussfolgern, dass nur

Affen Fahrrad fahren können. Vielmehr ist es bei der politischen Organisation der Armenfürsorge so, dass die politischen Unternehmer per Saldo überhaupt nichts beitragen, da sie ja Überschuss-Verbraucher und nicht Überschuss-Produzenten sind. Sie organisieren lediglich, die von anderen produzierten Überschüsse zu verteilen, und das in feindlicher Art und Weise, also als Pareto-Verschlechterung.

Natürlich können Menschen andere Menschen unterstützen, die entweder noch nicht oder nicht mehr oder nicht fähig sind, ihren eigenen Lebensunterhalt zu erwirtschaften. Besitz alleine nützt dem Einzelnen nicht viel, da er alleine auf sich und die Natur gestellt sich kaum erhalten kann. Erst Arbeitsteilung/Spezialisierung, Kapitalgüter und Austausch der Arbeitsleistungen ermöglichen ein Leben deutlich über dem Subsistenzminimum. Alleine auf sich gestellt ist der Mensch im Urzustand der Armut, und er ist Hunger, Krankheiten und wilden Tieren etc. hilflos ausgesetzt. Der Besitz anderer, die in freundlichem Unternehmertum ihre Arbeitskraft und ihre sonstigen Güter im Austausch anbieten, ermöglicht erst die Produktion von gewünschten Überschüssen. Bei zentraler politischer Produktion, die durch feindliches Handeln erzwungen wird, kommt es aufgrund der Arbeitseinteilung und Ausrüstung ebenfalls zu Mehrproduktion, aber eben stets auf Kosten und zu Lasten anderer.

Die »soziale Frage« lässt sich gerade nicht mit Indoktrination und Zwang (Herrschaft) in freundlicher (sozialer) Art und Weise lösen, sondern Herrschaft führt aktiv eine asoziale Lage herbei, die es ohne sie gar nicht gäbe.

e) Beistand bei der Verteidigung und Vergeltung (*Nemo me impune lacessit!*)

Die Verteidigung und Vergeltung gegen feindlich handelnde Gruppen kann ebenfalls in friedlicher Weise angeboten werden. Die politische Organisation von Verteidigung und Vergeltung ist ja selbst eine feindliche Handlung, da das politische Mittel Zwang ist gegen Menschen, die sich selbst nicht feindlich gegenüber den politischen Unternehmern verhalten haben.

Die Gefahr des Missbrauchs militärischer Macht besteht selbstverständlich auch im Falle des freundlichen Unternehmertums. Da die Menschen unterschiedliche Präferenzen haben, ist nicht anzunehmen, dass ein einzelner Anbieter oder eine bestimmte Organisationsform sich alleinig durchsetzen wird, sodass zu erwarten ist, dass sich die verschiedenen Gruppen stärkemäßig sozusagen »in Schach« halten werden. Ein Monopol, wie es die politischen Unternehmer mit dem politischen Mittel für ihre lokalen Monopole erzwingen, ist schon von vornherein kein Bündnis zur Verteidigung und Vergeltung, weil es durch feindliches Handeln aufgerichtet und erhalten wird, sodass das Zur-Wehr-Setzen gegen dieses politische Monopol aus praxeologischer Sicht eine Verteidigung darstellt und keine feindliche Handlung.

f) Beweislast (*In dubio pro reo*)

Die Beweislast für eine vorangegangene oder abgewehrte Verletzung von *primum non nocere* trägt derjenige, der behauptet, dass eine Situation gegeben ist, die Verteidigung, Wiedergutmachung oder Vergeltung erfordert. Jemand, der kein Leid zufügt, braucht nicht zu beweisen, dass er kein Leid zufügt. Aber was Verteidigung und Vergeltung von feindlichen Handlungen unterscheidet, ist nicht, dass Leid zugefügt wird, sondern dass die feindliche Handlung vorbereitet wurde oder unmittelbar bevorstand oder bereits stattfand und dass die Verteidigung und Vergeltung die Abwehr oder Ahndung dieser feindlichen Handlung bezwecken und deshalb selbst keine feindlichen Handlungen sind.

Der Grundsatz *in dubio pro reo* (wörtlich: im Zweifel für den Angeklagten; allgemeiner: im Zweifel füge kein Leid zu) folgt unmittelbar aus der praxeologischen Unterscheidung zwischen feindlicher und freundlicher Handlung. Da bei Verteidigung und Vergeltung Zwang und Gewalt eingesetzt werden, ist es schlicht keine Verteidigung und Vergeltung, sondern ein feindlicher Angriff, wenn der Verteidigung und Vergeltung nicht eine feindliche Handlung vorherging. Einen Nicht-Täter zu »bestrafen« ist eben keine Vergeltung, sondern eine feindliche Handlung. Der Grundsatz *in dubio pro reo* ist also von dem ersten Prinzip friedlichen Zusammenlebens abgeleitet: *primum non nocere!* Wer anderen Leid zufügt, ohne dass er beweisen kann, dass es Verteidigung oder Vergeltung ist, der ist Angreifer.

Das Prinzip *primum non nocere* geht dem Prinzip *nemo me impune lacessit* also logisch vor. Wo niemand das Prinzip *primum non nocere* verletzt, ist kein Raum für Verteidigung und Vergeltung.

g) Bagatellen (*De minimis non curat lex.*)

De minimis non curat lex bedeutet, dass sich die Justiz nicht um Kleinigkeiten, Nichtigkeiten oder Bagatellen kümmert. Für Cent-Beträge lohnt es sich nicht, einen Prozess zu führen, meinen die, die die Regel anführen.

Der Ökonom und Philosoph Rahim Taghizadegan führte die Regel im Zusammenhang mit der Klima-Bewegung in einem Interview an.[4] Derjenige, der einem anderen Leid zufügen möchte, müsste ja nachweisen können, dass er in Verteidigung handelt, weil er ansonsten schlicht ein Aggressor ist.

Die zwei »Haupt-Rechtfertigungsstränge« der politischen Unternehmer könnten wie folgt beschrieben werden: Wohlstand hat seinen Grund in (1) der Schädigung der Umwelt oder (2) in der Ausplünderung anderer Menschen. Dies ist verkehrt, denn die Umwelt wird zwar genutzt durch Menschen, aber nicht notwendig geschädigt. Denn die Umwelt an sich ist kein handelndes Wesen, und derjenige, der behauptet, sie würde bei jeder Veränderung notwendig »geschädigt«, gibt ein Werturteil ab, das willkürlich ist. Und durch freundlichen Austausch, wie wir an unzähligen Beispielen bereits gesehen haben, kommt es stets zu einem neuen Pareto-Optimum, also zu einer Verbesserung der Situation aller. Eine Ausplünderung hingegen liegt gerade bei feindlichem, also auch politischem Handeln vor.

Im Zusammenleben gibt es ein Externalisierungsproblem, das heißt, das Handeln des einen kann Auswirkungen auf das Handeln und Haben des anderen haben. Wenn einer zum anderen sagt, deine Atemluft, also das Kohlendioxid (CO_2), dass du ausstößt, damit habe ich ein Problem, damit fügst du mir Schaden zu, dann könnte – wenn keine der Parteien aufgehetzt ist durch Propaganda und Indoktrination – der Dialog, das gemeinsame Anschauen des Problems oftmals eine gute Lösung sein. Dann sehen wir uns konkret meine Emissionen an, könnte der des CO_2-Atemluft-Ausstoßes »Angeklagte« sagen. Schauen wir uns konkret an, wer ist da aus deiner Sicht der »Sünder«, was wird da in Mitleidenschaft gezogen. Und in diesem Zusammenhang führt Taghizadegan auch den Rechtsgrundsatz der *De-minimis*-Regel an. Über Kleinigkeiten könne man keine großen Verfahren führen, weil die Kosten nicht in Relation stehen. Man müsse sich dann eben gemeinsam die Fragen stellen, was wirklich relevant und was nur eine Vermutung ist. Und dann würde man warten, bis sich etwas Sichtliches zeigt. Und schließlich könne man sich einigen und zu einer Form von Ausgleich kommen. Das könne auch in dem Sinne geschehen, dass man sagt, okay, wir glauben eurer CO_2-Panik nicht, aber wir möchten mit euch friedlich zusammenleben. Was wollt ihr? Wie viele Bäume sollen wir pflanzen, dass ihr glücklich seid? Und dann sei es ja nicht dramatisch, ein paar Bäume zu pflanzen, vor allem, wenn man wohlhabend genug ist.

Das, was übersehen würde, sei, dass der wesentliche Weg, Umwelt zu schonen, technischer Fortschritt und Wohlstand seien. Bei Naturkatastrophen korreliere am stärksten die Armut der Menschen mit der negativen Betroffenheit von Extremwetter-Ereignissen. Denn sie leben unter Umständen und in Lagen, in denen niemand leben würde, wenn er da nicht leben müsste, eben weil sie arm sind, weil sie es sich nicht leisten können, weil sie nicht wegkommen, immobil sind, in schlecht gebauten Häusern leben. Hingegen decken an reichen amerikanischen Küsten schon die Versicherungen viele Schäden, die immer wieder durch Überflutung entstehen, und es kommt für die Menschen nicht zu so katastrophalen Auswirkungen wie in Regionen, in denen ärmere Menschen leben. Die Auswirkungen sind für viele Betroffenen, die in vergleichsweise wohlhabenderen Regionen leben, nicht existenzdramatisch. Wenn diese Menschen zu Wohlstand kämen, dann wäre das Pflanzen von Bäumen oder das Fischen von Plastik aus dem Ozean ein vergleichsweise geringes Opfer, um in Frieden zusammenzuleben.

Natürlich geht es dem politischen Mittel Zwang zugetanen Machthabern nicht darum, dass sich Einzelne oder Gruppen friedlich einigen, sondern Herrscher wählen das Mittel *divide et impera*, spielen also eine Gruppe gegen eine andere aus. Das Ziel ist nicht, dass die so Angestachelten eine verträgliche Lösung untereinander finden, sondern im Gegenteil, dass sich die unterschiedlichen Gruppen an politische Unternehmer als Gewaltmonopolisten wenden, die für sie Partei ergreifen.

Dies, also das Aufhetzen der Menschen gegeneinander, bezeichnet Taghizadegan als »die schlimmste Form der Heuchelei« der Machtpolitiker. Diese Gewalt, die tatsächlich immer mit politischen Regeln einhergeht, soll unsichtbar bleiben. Die Gewalt sei unsichtbar geworden. Die Gewalt soll nicht sichtbar sein nach dem Willen politischer Unternehmer, aber in den Handlungen ist impliziert, dass man von seinen Präferenzen und Prioritäten her am liebsten hätte, dass jemand dem Nachbarn eins über den Schädel zieht und ihn zu seinem Glück zwingt.

Die Gewalt sei deshalb unsichtbar, weil sich der typische Deutsche durch einen eingeschriebenen Brief regieren lasse. Erst wenn die Machtpolitiker zu extremeren Mitteln greifen würden, könne es zu einem Sichtbarwerden der Gewalt kommen, etwa wenn sich manche den Befehlen widersetzten und sie dann tatsächlich mit dem Zwang der bewaffneten Truppen der politischen Unternehmer konfrontiert würden. Dies sei aus der Perspektive jedoch nicht nur schlecht, denn dann würde die Gewalt, die ansonsten durch Täuschung und Propaganda verdeckt wird, sichtbar.

Und schließlich sei es fraglich, ob – ohne Täuschung durch politische Unternehmer – die Menschen wegen einer Idee wie der CO_2-Schädlichkeit Gewalt anwenden würden gegen ihre Nachbarn, insbesondere wenn sie dabei auch selbst ihr Leben und das ihrer Kinder riskierten.

6. Mögliche Umsetzung einer Friedensordnung

a) Angebot zum Abschluss eines Friedensvertrages

Ein Friedensvertrag kann auf mehrere Arten und Weisen in die Welt gelangen. Eine Gruppe von Menschen kann beispielsweise anderen anbieten, sich mit ihnen zu verbinden, um sich gegen feindliche Handlungen zu verteidigen, Wiedergutmachung zu fordern oder Vergeltung gegen frühere feindliche Handlungen zu üben.

Da in einer quantitativen Welt Quantitäten eine Rolle spielen, kommt es darauf an, dass diese Menschen zahlenmäßig groß genug sind, um diese Schutz- und Trutzwehr auch zu vermögen, also dass sie es nicht nur wählen und wollen, sondern auch können. Wie groß die Anzahl ist, kann im Vorhinein nicht sicher bestimmt werden, sondern nur, dass eine Anzahl, die groß genug ist, ausreicht; nur a posteriori kann gesagt werden, ob die Zahl groß genug war.

Im internationalen Recht, wo die Beteiligten sich selbst Souveränität zusprechen, gibt es multilaterale Verträge, die nach dem Willen der beteiligten politischen Unternehmer erst in Kraft treten, wenn eine gewisse Anzahl die Verträge ratifiziert hat. Da eine gewisse Mächtigkeit (Anzahl) von Personen notwendig ist, ist ein solcher Ratifikationsvorbehalt im Hinblick auf eine bestimmte Größe zweckdienlich.

Es besteht natürlich auch die Möglichkeit, dass eine Gruppe die Verteidigung und Vergeltung gegen feindliche Handlungen gar nicht gewaltsam organisiert, sondern dass sie mit den politischen Unternehmern in Verhandlungen über einen Friedensvertrag und Entschädigungen eintritt. Da heute über das Internet auch kleine Gruppen große Aufmerksamkeit erregen können, ist es möglich, dass sie genügend Menschen davon überzeugen, dass freundliche und feindliche Handlungen von vornherein praxeologisch bestimmbar sind, und die so Überzeugten könnten zu dem Schluss gelangen, dass sie die politischen Unternehmer nicht weiter bei der Niederwerfung sich friedlich verhaltender Menschen unterstützen. Sie könnten beispielsweise gemäß der Idee des schweizer Juristen David Dürr eine Sammelklage initiieren und ein Verfahren zur Bestimmung eines unabhängigen Gerichts vorschlagen.

b) Verteidigung und Vergeltung – von unten nach oben oder umgekehrt?

Im Hinblick auf Verteidigung und Vergeltung haben wir bereits oben ausgeschlossen, dass eine Verteidigung oder Vergeltung nicht gegen Nicht-Angreifer möglich ist. In diesem Fall liegt schlicht ein Akt der Aggression vor. Wenn man heute bedenkt, wie manche Gruppen politische Forderungen durchsetzen, etwa durch Anschläge, stellt man fest, dass diese sich bei ihren Gewaltakten nicht unbedingt gegen die behaupteten Aggressoren richten, sondern auch gegen unbeteiligte Dritte, die unter Umständen überhaupt nichts mit ihren politischen Feinden zu tun haben. Verteidigung und Vergeltung ist aber nur gegen Angreifer oder einen Angriff vorbereitende Gegner möglich, nicht gegen sogenannte *innocent bystanders* (unbeteiligte Dritte).

Da politische Unternehmer – besonders in Zeiten, in denen der Fortbestand ihrer Herrschaft brenzlig wird – auf Militärzwang zurückgreifen, sind unter Umständen in »ihren Reihen« auch Menschen vorhanden, die in offener Gegnerschaft zu den Zwänglern stünden, wüssten sie um die Möglichkeit, eine wirksame Verteidigung zu organisieren, insbesondere solche Militärangehörigen, die nicht aus unbehindertem Willen »dabei« sind, sondern die mit Militärzwang eingezogen wurden. Wohingegen die Organisatoren des feindlichen Unternehmertums historisch oftmals derart vorgingen, dass sie sich selbst jenseits der Linien bewegen, in denen ihnen eine unmittelbare Gefahr droht, sie sich also nicht selbst in die »Schusslinie« begaben.

Eine Verteidigungskoalition könnte ihre Kräfte also auch darauf konzentrieren, Verteidigung direkt gegen die zu üben, die feindliche Handlungen orchestrieren. Dies könnte eine unmittelbar abschreckende Wirkung auf Menschen haben, die politisches Unternehmertum »von oben« organisieren möchten. Denn dann würden die politischen Spitzenakteure selbst zu Adressaten möglicher Verteidigungs- oder Vergeltungsakte, wenn sie feindliche Handlungen gegen andere im großen Stil durchführen wollen oder dazu ermutigen.

Auch alle freiwilligen Gefolgsleute der Anführer der politischen Unternehmer sind selbst politische Unternehmer und insofern Angreifer. Sie mögen einen Grund haben, friedliche Menschen anzugreifen, sich ein geistiges Konzept vorstellen, etwa »aus Zahl folgt Recht«, aber das ist eben nur ihr Motiv. Sie mögen denken, was sie tun, nutze der Gesellschaft, aber das ist eben nur ihr persönliches Narrativ. Jeder, der einen Befehl ausführt gegen einen friedlichen Menschen, ihn anhält, abführt, fesselt, schlägt, einsperrt, erschießt, ist für sein Handeln praxeologisch betrachtet selbst verantwortlich. Er hat seinen Opfern gegenüber kein »Recht auf Gehorsam«. Wie schon Mises sagte: »Es ist immer der Henker, der hängt, und nicht der Staat.« Menschen handeln, nicht Uniformen. Deswegen hat ein Vorgehen gegen die Organisatoren oder Anführer der Gruppen der feindlichen Unternehmer logisch keinen Vorrang vor einer direkten Verteidigung gegenüber ihren Helfern, die die Taten gegen ihre friedlichen Mitmenschen vor Ort ausführen. Die Erwägung einer asymmetrischen Verteidigung ist also keine praxeologische, sondern eine Mutmaßung dahingehend, dass es Menschen abschrecken könnte, zu Zwang und Gewalt gegen ihre Mitmenschen aufzurufen und dies zu organisieren, wenn sie sich gewahr sind, dass sie in dem Fall mögliche Adressaten von verteidigenden Handlungen friedlicher Menschen werden.

Die friedlichen Menschen könnten sich auch einer Guerilla-Taktik bedienen. Da sie kein Gewaltmonopol in Bezug auf ein Territorium beanspruchen, stehen sie gar nicht vor der herausfordernden Aufgabe, ein Territorium »erobern« zu müssen, sondern ihre Verteidigung richtet sich konkret gegen ihnen gegenüber feindlich handelnde Personen. Sie haben nicht vor, selbst politische Unternehmer in Bezug auf ein »Revier« zu werden, sondern sie lehnen politisches Unternehmertum ab; sonst wären es keine friedlichen Menschen.

Friedliche Menschen können sich im Übrigen aller Mittel bedienen, um Angreifer abzuwehren, der sich die Angreifer selbst bedienen, neben der Gewalt und dem Zwang auch zum Beispiel der Lüge, also der »Gegenpropaganda«. Das mag auf den ersten Blick verwerflich aussehen, aber auf den zweiten Blick müsste der Angreifer sie ja überhaupt nicht angreifen. Die Linke-Wange-rechte-Wange-Mentalität wurde natürlich nicht umsonst von solchen Menschen propagiert, die selbst auf die Wangen anderer schlagen. Aber es ist Unsinn zu behaupten, Angreifer dürften sich aller möglichen Mittel bedienen, die dem Verteidiger aus »moralischen« Gründen verwehrt sein sollten. Genau so könnte man Verteidiger schwach machen, wenn man das möchte.

Wie bereits angesprochen: Aus der Praxeologie folgt nicht, was getan werden sollte. Die oben angestellten Gedanken sind lediglich Mutmaßungen, auf welche Ideen Menschen kommen könnten. Die Menschen können sich aber ebenso gut mit der Herrschaft aussöhnen, ihr Glück in den übriggebliebenen Freiräumen suchen etc. Viele Menschen, die um die Umstände und Folgen feindlichen Handelns wissen, haben gegen feindliches Handeln im Prinzip nichts einzuwenden. Aber auch umgekehrt gilt: Niemand bräuchte sich darüber aufzuregen, wenn seine Opfer sich wehren. Er bräuchte sie ja zuallererst gar nicht angreifen.

c) Der Streik – ohne Überschuss-Produzenten keine Überschuss-Konsumenten

Eine weitere Möglichkeit eines passiven Widerstandes bestünde darin, dass die Überschuss-Produzenten sich verweigern, weiterhin der Überschuss-Produktion nachzugehen, was das politische Unternehmertum unmöglich machte. Da es auch hier eine Frage der Mächtigkeit ist, also der Anzahl derer, die sich verbinden, wird man erst eine Wirksamkeit der wechselseitigen Verabredung zu einem solchen Streik annehmen dürfen, wenn sich genug Menschen hierzu bereiterklärt haben.

d) Ausweichverhalten gegenüber drohenden Akteuren

Eine Möglichkeit, diejenigen, die einem schaden wollen, nicht auch noch stärker zu machen, sondern sie als das zu behandeln, was sie aus der Sicht der Angegriffenen sind, nämlich Gegner, ist, die freundliche Kooperation weitestgehend einzustellen und/oder als Mittel der Verteidigung Täuschung gegenüber den aggressiven Akteuren einzusetzen. Denn durch freundliche Kooperation kommt es zu Win-win-Situationen, was bedeutet, dass jemand den Angreifer stärkt, weil er diesem sein Leben annehmbarer macht, wenn er als »Opfer« auch noch mit dem Angreifer freundlich kooperiert.

Welche Methoden Menschen, die so vorgehen möchten, anwenden, kann schwer vorausgesagt werden. Jemand könnte zum Beispiel politischen Akteuren den Handschlag oder Gruß verwehren, auch indem er ihnen aus dem Weg geht oder so tut, als würde er sie nicht sehen. Jemand könnte politische Akteure nicht mehr bedienen; ob er das, zum Beispiel als Handwerker oder Anwalt, offenlegt oder einfach keinen Auftrag oder kein Mandat mehr annimmt unter Angabe von »Überlastung« oder einem anderen Schwindel, ist nachrangig. Menschen könnten zudem versuchen, den Zwangsabgaben auszuweichen.

In dem Gangster-Film *Revolver* meint der Protagonist sinngemäß, dass man in einem »Spiel« so lange das Opfer bleibe, bis man überhaupt erst einmal erkenne, dass man das Opfer ist. Erst dann könne man zum Gegner werden. Wer also nach seinen Einstellungen und Überzeugungen denkt, es sei okay, dass politische Unternehmer ihn mit dem politischen Mittel Zwang bewirtschaften, wie Franz Oppenheimer dies ausdrückte, der erkennt nicht, dass er einem Gegner gegenübersteht und er in diesem Spiel das »Opfer« ist.

Den Angreifern gegenüber offenlegen, dass man erkannt hat, dass man angegriffen wird, könnten manche als Strategie verwerfen, weil sie davon ausgehen, dass sie bei einer offenen Konfrontation mit den politischen Akteuren unterliegen würden. Stattdessen könnten eben die Mittel der Nicht-Kooperation unter einem Vorwand oder der Täuschung eingesetzt werden, also ein Ausweichverhalten gegenüber drohenden Akteuren.

7. Auch bei Frieden – Kein Paradies auf Erden

Markt entsteht überall dort, wo unzufriedene Menschen zusammenkommen. Wo die Menschen wunschlos glücklich sind, gibt es keinen Austausch von Gütern, keine Arbeit mehr. Wenn es nicht mehr vorstellbar ist, dass Menschen sich das Leben durch Handeln annehmbarer machen können, dass sie Unzufriedenheit durch Handeln vermindern können, dann gibt es kein Handeln mehr. Wunschloses Glücklichsein ist nicht Teil der *conditio humana* handelnder Menschen. Ein »Paradies auf Erden« ist für uns nicht vorstellbar, wenn wir an handelnde Menschen denken, die Mittel einsetzen, um ihre Unzufriedenheit zu vermindern.

Das Schicksal des handelnden Menschen, der vorzieht und zurückstellt, ist im Wesentlichen das Schicksal des Königs Sisyphos, der unter Mühe den Stein den Berg hinaufrollte, nur damit der Stein ihm dann wieder hinunterrollte; an diesem Schicksal können handelnde Menschen durch keine gesellschaftliche Einrichtung etwas ändern.[5] Aber sie können sich dazu entscheiden, ihr Leben und das ihrer Mitmenschen annehmbarer zu gestalten. Und eine friedliche Gesellschaftsordnung führte dazu, dass die Gesetze der Ökonomik ihre volle Kraft entfalten könnten, dass Kapital aufgebaut werden könnte nach dem Willen aller am Austausch Beteiligten, die Menschen wohlhabender werden (was auch immer Wohlstand für die Einzelnen bedeutet[6]), die Umwelt besser geschützt, mehr Mittel für die Armenfürsorge bereitstehen und Kriege, Bürgerkriege und Revolutionen sinnlos werden: *Denn wenn es nichts mehr zu beherrschen gibt, macht es keinen Sinn, sich um das Beherrschen zu streiten.* Eine Ordnung des Friedens schafft einen Rahmen, dass die Menschen innerhalb so miteinander handeln, dass mit jeder ihrer Handlungen nicht nur ihre eigene Situation verbessern, sondern zugleich auch die ihrer Mitmenschen zumindest nicht verschlechtert wird. Mises schreibt:

> *»Die Aufklärung und die kategorische und formale Untersuchung dieser dritten Klasse von Gesetzen des Universums ist Gegenstand der Praxeologie und ihres bis dahin am besten entwickelten Zweiges, der Ökonomie. Das Wissen um die Gesetze der Ökonomik ist ein wesentliches Element in der Struktur der menschlichen Zivilisation; es ist die Grundlage, auf der die moderne Industriegesellschaft und alle moralischen, intellektuellen, technologischen und therapeutischen Errungenschaften der letzten Jahrhunderte gebaut wurden. Es liegt bei den Menschen, ob sie den reichen Schatz, mit dem dieses Wissen sie versorgt, richtig nutzen oder ob sie es ungenutzt lassen werden. Aber wenn sie es nicht ausnutzen und ihre Lehren und Warnungen missachten, werden sie nicht die Gesetze der Ökonomie als falsch erweisen, sondern sie werden die Gesellschaft und die menschliche Rasse ausmerzen.«*[7]

> *»Aller Fortschritt der Menschheit vollzog sich stets in der Weise, dass eine kleine Minderheit von den Ideen und Gebräuchen der Mehrheit abzuweichen begann, bis schließlich ihr Beispiel die anderen zur Übernahme der Neuerung bewog.«*[8]

> *»Die Geschichte des Westens vom Zeitalter der griechischen Polis bis zum heutigen Widerstand gegen den Sozialismus ist im Wesentlichen die Geschichte des Kampfes um Freiheit gegen die Übergriffe der Amtsinhaber.«*[9]

Die Utopien und Ideologien, die ein Paradies auf Erden versprachen, waren Propaganda und Legitimismus politischer Unternehmer zur Aufrichtung einer gesellschaftlichen Ordnung, die zu ihrem Vorteil war. Egal ob König, Adel oder Priester, es wurde stets eine göttliche Ordnung vorgeführt, nach der der kleine Mann rackern muss und die Großen herrschen. Klar wird dies in dem Ausspruch, der wohl fälschlicherweise Friedrich Schiller zugeschrieben wird: »Die Großen hören auf zu herrschen, wenn die Kleinen aufhören zu kriechen.«

Anmerkungen zu Kapitel XV

1 Mises, Die Gemeinwirtschaft, 1932, S. 479.
2 Hülsmann, 2007, S. 23.
3 Oppenheimer, 1929.
4 Taghizadegan, Ben spricht – Podcast #127 Rahim Taghizadegan, ab ca. 1 Std. 12 Min.
5 Sie können jedoch ihre Haltung überdenken, inwiefern sie von sich ausschließlich als Handelnde denken. Dazu unten im Anhang unter 2, Wu Wei.
6 Mehr Wohlstand ist keinesfalls gleichzusetzen mit mehr Gütern oder mehr Produktion. Die Menschen könnten auch andere Güter wollen, weniger Maschinen und Straßen etc. dafür gesünderes Essen oder dergleichen.
7 Mises, Human Action, 1949, S. 881.
8 Mises, Liberalismus, 1927, S. 48.
9 Mises, Letztbegründung der Ökonomik, 2016, S. 137.

KAPITEL XVI

REGELN (VERKEHR, SPRACHE, SITTE)

1. When in Rome, do as the Romans do?

Im Straßenverkehr, in der Luftfahrt, in der Seefahrt, auf Bürgersteigen, an U-Bahnsteigen, in Fußgängerzonen, beim Schlangestehen am Flughafen-Check-in oder beim Bäcker konkurrieren die Handelnden um Raum und Zeit. Das Erstbesitzerprinzip (früherer Besitz) besagt hier, dass friedlich handelt, wer zuerst einen Raum einnimmt. Der Hinzukommende kann seine Situation in Bezug auf Besitz (Raum) oder Anstell- oder Fahrzeiten nur auf Kosten und zu Lasten des früheren Besitzers verbessern.

Beim Anstellprinzip gibt es zwei – je nach Kultur und Anlass – verbreitete »Regeln«: die Schlange-Regel und die Lücke-Regel. Die Schlange-Regel »gilt« zum Beispiel in Deutschland beim Bäcker oder am Flughafen am Check-in, wo man sich in der Schlange anstellt, bis man dran ist. Gilt heißt, dass wohl die meisten Deutschen diese Regel dort durchsetzen, also sich Vordrängende ermahnen oder – je nach Temperament – beleidigen oder angreifen. Wird eine Schlange-Regel nicht von dem Betreiber der Bäckerei oder des Flughafens oder dergleichen durchgesetzt, sondern von anderen Wartenden, so liegt darin allerdings eine feindliche Handlung: Wer versucht, einen Platz näher an der Kasse oder am Schalter zu haben, ohne dass er hierbei den Besitz eines anderen an dem Raum, den dieser einnimmt, verletzt, handelt friedlich. Es ist Willkür der Schlange-Steher, von anderen zu erwarten, dass diese sich ebenfalls in der Schlange anstellen. Die Grundregel friedlichen Zusammenlebens ist *primum non nocere*, und willkürliche Regeln mit Zwang durchsetzen verstößt gegen gerade diese Grundregel menschlichen Handelns, macht sie also zu einer von vornherein feindlichen Handlung. In manchen Fällen wird zwar der Bäcker- oder Airline-Angestellte darauf achten, dass die Menschen »der Reihe nach« drankommen, aber wenn ihm das gleichgültig ist, haben die Schlange-»Befürworter« selbstredend kein »Recht«, andere zu zwingen, in der Schlange zu bleiben oder sich in einer bestimmten Art und Weise anzustellen, die manchen Schlange-»Liebhabern« eben recht ist, anderen aber unrecht.

Die andere Regel basiert ebenfalls auf dem Prioritätsprinzip (wer zuerst kommt, mahlt zuerst), und das ist das Lücke-Prinzip. Beim Anstehen am Skilift oder in manchen Kulturen auch beim Anstehen am Buffet oder an der Kasse gilt, dass derjenige nach vorne kommt, der eine freiwerdende Lücke zuerst besetzt, und der kommt dann auch zuerst zum Zuge. Es kann durchaus zu leichtem Körperkontakt kommen, aber Schubsen oder Wegdrängen etc. erfolgt in der Regel nicht respektive wird nicht geduldet. Da die Lücke vorher nicht besetzt war, ist die Handlung dessen, der zuerst in die Lücke rückt, nicht unfreundlich. Wohingegen derjenige, der einen aus einer besseren Position verdrängt, feindlich handelt, weil er die bessere Position (Besitz an Raum) zu Lasten und auf Kosten des anderen erhält. Da oft nicht klar ist, ob die nächste freie Lücke wirklich eine bessere Position ist, insbesondere am Buffet oder an einer Kasse, weil man nicht weiß, wie lange der Vorder- oder Nebenmann braucht, funktioniert auch dieses zwischenmenschliche Handeln in der Regel, ohne dass es zu gewalttätigen Konflikten kommt.

Schwieriger erkennbar sind die Regeln, wenn sich Fußgängerströme begegnen. Solange sich die Menschen einigen, wer in welche Richtung ausweicht oder sie im Zweifel stehen bleiben, bevor sie zusammenstoßen, kommt es zu keinen Kollisionen. Und in der Regel sind Kollisionen selten. Oft geschieht das, ohne dass Handeln notwendig ist, also durch automatisiertes Verhalten. Oder erinnern Sie sich, welche Regeln Sie in einer vollen Fußgängerzone oder in einem überfüllten Theater beachten? Sie versuchen, einen Zusammenstoß zu vermeiden, und genauso versuchen das Ihre (jedenfalls die meisten) Mitmenschen. Scheinbar automatisch einigen sich einander Begegnende, wer in welche Richtung ausweichen wird. Manchmal existieren kulturelle Regeln, die von einer Vielzahl beachtet werden, wie zum Beispiel, dass die Jüngeren den Älteren ausweichen oder dergleichen. Die Grundregel »Zuallererst füge kein Leid zu«, scheint von den allermeisten beachtet zu werden. Jeder nimmt seine Gewalt zurück, in der Hoffnung, die anderen nehmen auch ihre Gewalt zurück. Wer absichtlich auf Kollisionskurs geht, der handelt genauso feindlich wie derjenige, dem es gleichgültig ist, ob er mit jemandem anderen kollidiert.

Freiheiten können kollidieren, solche Situationen können also nicht von vornherein ausgeschlossen werden. Ein berühmtes Beispiel ist das Aufeinandertreffen von Robin Hood und seinem späteren Gefährten Little John auf einer Brücke, die nicht beide gleichzeitig passieren können. Beide betreten die Brücke gleichzeitig in unterschiedlicher Richtung. Derjenige, der ausweicht, verliert Position und Zeit zugunsten des anderen. Im Falle von Robin Hood und Little John kommt es schließlich zum Stockkampf, und der Gewaltigere setzt sich durch. Aber es wäre falsch zu behaupten, dass eine solche Situation von vornherein nur pareto-unvergleichbar gelöst werden könnte. Andere Handelnde hätten die Situation vielleicht mit einem Nicken gelöst, mit dem sie dem anderen den Vortritt gelassen hätten. Einer könnte es vorziehen, den anderen vorzulassen, weil ihm eine künftige freundliche Beziehung zu dem anderen etwas wert wäre. Wäre es nicht Little John gewesen, sondern eine adrette Jungfer, wäre Robin Hoods erste Wahl – so wie wir Robin einschätzen – ganz bestimmt das Ausweichen und Vorlassen der Dame gewesen.

Im Straßenverkehr gibt es ebenfalls Regeln zur Vermeidung einer Kollision, wie zum Beispiel Fahren auf der linken oder auf der rechten Fahrbahnseite. Historisch gesehen können solche Regeln spontan, durch Vereinbarung oder auch durch feindliches Handeln entstehen, also durch die Bedrohung derjenigen, die sich nicht an die Regel halten wollen. In einigen Ländern hat es historisch in unterschiedlichen Regionen unterschiedliche Links- und Rechtsfahrregeln gegeben.

Regeln können sich spontan, freundlich oder feindlich ergeben. Ein freundliches Beispiel gibt es aus der Schifffahrt, wo sich freiwillige Vereinigungen auf Standards und Regeln geeinigt haben und private Schiffsregister geführt wurden.[1] Auch Leuchttürme wurden von freiwilligen Vereinigungen errichtet.[2] Versicherungen können in ihren Policen regeln, welche Mindeststandards für Sicherheit ein Versicherungsnehmer einzuhalten hat, damit der Versicherungsschutz für Schiffe, Flugzeuge oder Autos nicht wegfällt. Versicherungsgesellschaften oder Interessengemeinschaften können sich auf Regeln einigen, um Kollisionen zu vermeiden. Ebenso kann in Policen vorgegeben werden, welche Standards im Hinblick auf Verkehrsregeln gelten sollen oder über welche Qualifikation der Kapitän eines Schiffes oder Pilot eines Flugzeuges verfügen muss, damit wirksamer Versicherungsschutz besteht. Die Betreiber von Flugzeugen oder Schiffen können solche Versicherungsregeln weitergeben und beispielsweise nur Piloten oder Kapitäne einstellen, die sich etwa verpflichten, während ihres Dienstes keinen Alkohol zu trinken.

Eine willkürlich gesetzte Regel aufzuzwingen ist von vornherein feindlich. Ein wegfallender Versicherungsschutz hingegen ist nicht feindlich, denn schließlich steht es der Versicherung frei, Kontrakte anzubieten.

Vorfahrts- und Ampelregelungen sind feindlich, wenn sie aufgezwungen werden. Einigen sich Vereinigungen zur gegenseitigen Unterstützung oder Versicherungsgesellschaften auf solche Regeln, können sie ihre Leistungen davon abhängig machen, dass ihre Mitglieder oder Kunden gewisse Regeln einhalten. Ebenso sind staatliche Regeln betreffend einen Gurt- oder Helmzwang feindliche Handlungen. Nichtsdestotrotz könnten Versicherer günstigere Prämien anbieten für Kunden, die sich verpflichten, Gurte oder Helme zu tragen, oder den Versicherungsschutz im Hinblick auf Verletzungen der Person wegfallen lassen. Bieten unterschiedliche Versicherungen unterschiedliche Policen an, kann der Versicherte wählen.

Die meisten Unfälle passieren nicht dadurch, dass einer der Beteiligten den Unfall gewählt hat, also unmittelbar durch Handeln beabsichtigt hat, sondern es handelt sich um Fehler, die den Fahrern passieren. Jemand fährt zu dicht auf, fährt zu schnell, um noch bremsen zu können, schaut nicht auf die Fahrbahn etc. Natürlich hätte er selbst diesen Fehler nicht verhindern können, aber sowohl Fehler als auch Schaden sind Folgen seines Handelns. Es liegt also ein Fall gefährlichen Handelns vor, der zu einem Schaden führt. Der Pareto-Test auf der Ebene der Kategorie Gefährdung ergibt, dass der Handelnde durch seine Wahl eine Gefahr für andere erzeugt hat, seine Handlung also auf Kosten und zu Lasten der Sicherheit des Besitzes und der Güter anderer geht.

Eine Gefährdung zu sanktionieren, ohne dass bei dem Gefährdeten ein Schaden eintritt, ist keine von vornherein feindliche Handlung. Der Handelnde wählt die Gefährdung auf Kosten und zu Lasten der Sicherheit eines anderen.

Schäden, die nicht reparierbar sind, können nicht ausgeglichen werden. Das gilt bei dem Verlust eines Körperteils oder bei Vergewaltigung oder Mord. Der Schaden am Körper, der passiert ist, der Schmerz, kann nicht durch einen Schmerz des anderen wiedergutgemacht werden. Was lediglich möglich ist, ist Vergeltung, sowohl im Falle des feindlichen Handelns als auch im Falle gefährlichen Handelns, das einen Schaden herbeigeführt hat. Vergeltung ist hier nicht verstanden als Strafe oder Sühne gegenüber einem geistigen Konzept wie einem höheren Wesen oder einem höheren Prinzip, sondern in dem Sinne, dass friedliches Zusammenleben die Beachtung des Grundsatzes »Zuallererst füge kein Leid zu« erfordert. Vergeltung (Gegengabe) ist die Sanktion (Ahndung), dass jemand gegen diesen Grundsatz verstoßen hat. Die Wiedergutmachung könnte so auch als »Lösegeld« des Angreifers betrachtet werden, mit dem er sich von der Vergeltung des Geschädigten »löst«.

Im Urlaub in Israel beobachtete ich, wie eine Fußgängerin über einen markierten Rad- und Elektro-Scooter-Weg in Tel Aviv lief, und der heranfahrende E-Scooter-Pilot sah die Frau deutlich. Der Roller-Fahrer bemerkte auch, dass die Frau auf der Fahrspur lief, ihn nicht sah und nicht ausweichen würde. Da er sich im Recht fühlte, weil er sich ordentlich auf seiner Fahrspur hielt, fuhr er weiter auf die Frau zu, um im letzten Moment zu hupen, was allerdings zu spät war: Er fuhr direkt in die Frau, die zu Boden stürzte. Hier hat der Fahrer den Friedensgrundsatz *primum non nocere* gebrochen und feindlich gehandelt.

Die Verkehrsregeln, die willkürlich »gesetzt« werden, kommen stets feindlich in die Welt. Freundlich können Regeln nur durch Vereinbarung in die Welt gelangen. Im

Hinblick auf Raum gibt es ohne eine vereinbarte Regel das Erstbesitzerprinzip, das a priori nicht feindlich, sondern friedlich ist; also dass derjenige, der einen ansonsten unbesetzten Raum als erster einnimmt, nicht feindlich im Hinblick auf den Besitz anderer gehandelt hat. Natürlich heißt das nicht, dass ein Mensch sich auf einen Weg stellt und dadurch die Straße blockiert, ohne den anderen gegenüber feindlich zu handeln, denn damit nimmt er den Menschen ihren Mitbesitz an dem Weg. Sein Verhalten ist also (etwa der Wegnahme gleichbedeutend) eine egoistische Besitzstörung.

2. Selbstverstärkende Regeln

Regeln können sich im wörtlichen Sinne natürlich niemals selbst verstärken, weil Regeln nicht handeln können, aber Einzelne können aufgrund einer Regel einen Nutzen darin sehen, eine Regel zu beachten oder eine bereits weithin beachtete Regel zu befolgen. Beispielsweise Sprach- und Grammatikregeln sind solche Regeln. Diese können wiederum freundlich (spontane Entwicklung, Nachahmung) oder feindlich (Schulzwang, Amtssprache, zwangsweise Sprachkurse) von Handelnden eingeführt werden; aber wenn eine Sprache sich einmal im Verkehr durchgesetzt hat, dann bietet das Erlernen der Sprache einen Vorteil für alle, die sich mit anderen Menschen verständigen wollen.

Die Anstellregeln (Schlange/Lücke) sind ohne die Sanktionen (Ahndung des Verstoßes) keine selbstverstärkenden Regeln in dem Sinne, dass derjenige, der sich vordrängelt, Zeit zu Lasten und auf Kosten der anderen gewinnt. Viele Menschen befolgen diese Regeln, weil sie sich vom Befolgen der Regel mehr versprechen als davon, die Sanktion in Kauf zu nehmen.

Selbstverstärkende Regeln sind aber solche betreffend das Ausweichen zur Kollisionsvermeidung. Die Verkehrsteilnehmer gewinnen Zeit und Sicherheit, wenn sie sich an die Fahrbahnregeln (Links-/Rechtsverkehr) oder Ausweichregeln (Ausweichen nach rechts) halten.

Bei Menschenmengen, die sich in unterschiedliche Richtungen bewegen, wie etwa bei großen Festen, bilden sich oft spontan (also ohne dass das einer geplant hätte oder vorgeben würde) Ströme in unterschiedliche Richtungen. Wer in den Gegenstrom wechselt, also gegen den Strom läuft, verschlechtert nicht nur die Situation der anderen im Hinblick auf das schnellere Vorankommen, sondern auch sein eigenes.

Anmerkungen zu Kapitel XVI

1 Sechrest, 2014.
2 Hazlett, 1997.

KAPITEL XVII

PRAXEOLOGIE UND PRAXEOLOGISCH INFORMIERTE PSYCHOLOGIE IM ALLTAG

1. Das Ausweichverhalten des Menschen vor dem lebendigen Leben (Wähnen und Einbilden)

Norbert Lennartz[1] entwickelte 2020 bei einem Vortrag das »Lebensgesetz der Verdrängung und Strukturdeterminiertheit«. Das »Ur-Problem« der Menschen sei, dass sie als Lebewesen in der Unruhe ihrer eignen Geschäftigkeit autopoietisch gefangen seien, weil das für sie als Lebewesen existenz-beschreibend ist. Die mentale Existenz des Menschen ist ein Prozess. Der Körper ist eine primordiale (ur-anfängliche) physische Form. Dass eine gewisse Unruhe existenzbeschreibend ist für autopoietische Wesen, die Leben wollen, wird nicht erkannt. Stattdessen versuchen die Menschen, sich der Unruhe zu entziehen, indem sie sich beruhigen mit vorgestellten, falschen geistigen Konzepten über die Lebensrealität *handelnder* Wesen. Sie suchen Zuflucht im Wähnen, im Wahne, um der Unruhe des Lebens zu entkommen. Schon Richard Wagner war dies bekannt, weshalb er sein Haus »Wahnfried« nannte: Wo mein Wähnen Frieden fand (siehe Kapitel IV, Abschnitt 9).

Dadurch, dass ein Wesen handelt, ja ein Lebewesen handeln muss, wenn es überleben will, muss es seine eigene, sich selbst hervorbringende Existenzbeschreibung erfüllen, das heißt, eine sich selbst erhaltende und sich selbst produzierende Struktur sein. Eine gewisse Unruhe ist daher für ein Lebewesen, das Leben möchte, stets vorhanden. Ein vermeintlicher Weg, dieser Unruhe zu entgehen ist das Wähnen oder Vorstellen von geistigen Konzepten, die nicht übereinstimmen mit der *geteilten* Realität handelnder Lebewesen, so wie wir diese geteilte Realität erfahren können (a posteriori, Erfahrungswissenschaften), und nicht mit dem übereinstimmt, was wir a priori von der Welt und vom Handeln wissen können, also der Logik, der Mathematik und der Praxeologie.

Das Werten des lebendigen Wollens ist stets subjektiv. Wir wissen, dass Gut und Böse subjektive Wertungen sind, die Frage also stets ist: gut und böse für *wen*? Und wir wissen: Sollen ist Wollen für andere. Wenn ein Mensch nun meint, andere Menschen sollten sich anders verhalten, nämlich so, wie er es sich wünscht, oder er selbst sollte sich anders verhalten oder sollte anders sein, dann stimmt dieses geistige Konzept nicht mit der Realität überein. Was ist, ist, und das ist die Realität. Und was jemand will, hängt von seinen physischen und psychischen Einstellungen und Überzeugungen ab, also dem »Urgrund« seines Wollens, seiner Beschaffenheit, seiner autopoietischen Struktur.

Wie bereits Säuglinge und Kleinkinder für sich später ungünstige Einstellungen erwerben können, können wir in etwa so verstehen: Der Säugling und das Kleinkind erfahren in der Regel, dass das eigene Wollen der Mama oder dem Papa oder sonstigen Bezugspersonen zuweilen unrecht ist und diese unangenehm reagieren, zum Beispiel auf Schreien und Weinen des Kindes. Kinder lernen dann, dass Wünsche nach Bewegung oder Nahrung nicht nur unbefriedigt bleiben; das Kind erfährt unter Umständen Liebesentzug von der Mutter, wenn es sich nicht so verhält, wie die Mutter es sich wünscht, wenn die Mutter meint, das Kind sollte sich anders verhalten, als es das tut. Die Mutter ist ja regelmäßig[2] von diesem »Sollte-Denken« bereits »infiziert« und gibt es nun an das Kind weiter. Das Kind, das von der Mutter Liebesentzug erfährt, kommt in noch größere Unruhe. Das Kind ist am Anfang egozentrisch und kann noch nicht erkennen, dass es an der Mutter liegt, wenn sie ihm nicht die Zuwendung zukommen lässt, die es möchte, und nicht daran, dass seine Wünsche und Bedürfnisse »falsch« sind oder dass es »nicht genug« ist. Das Kind bezieht also alles auf sich. Es beruhigt sich damit, dass etwas mit ihm selbst nicht in Ordnung ist, anstatt anzunehmen, dass etwas mit der Mutter, der Urversorgerin und aus seiner Sicht »der Welt« (*Gaia*) »nicht in Ordnung« sein könnte, weil dies noch beunruhigender wäre. Das Kind sucht Ruhe in einem Empfinden von »Ich bin nicht genug« oder »So wie ich jetzt bin, bin ich nicht genug« oder ähnlichen Einstellungen. Es verfällt dem »Virus« des Sollte-Denkens und es spaltet sich das erste Mal auf in ein Soll-Ich und ein Ist-Ich (ich sollte anders sein). Bedürfnisse werden als nicht legitim erlebt.

Weiter oben (Kapitel XII, Abschnitt 4) habe ich den Autor Raymond Unger zitiert, der auf einer Konferenz des Ludwig von Mises Instituts Deutschlands die Weitergabe des Kriegstraumas an die Kriegsenkel thematisierte. Im hier verstandenen Sinne geht die Zuflucht zu geistigen Konzepten noch weiter. Jedermann, der denkt, er selbst oder andere sollten anders handeln, als sie handeln, nimmt Zuflucht zu einem geistigen Konzept, das mit der Realität nicht übereinstimmt. Wer »Sollte-Denken« betreibt, ist im Wahn befangen und übersieht die Subjektivität des Wollens im oben ausführlich beschriebenen Sinne. Sollte-Aussagen sind, das ist zu betonen, nicht generell sinnfrei. Sie haben Sinn, wenn sie sich auf Zweckdienlichkeit beziehen, also auf Mittel, auf instrumentale Ziele. Wenn einer dies und das möchte, dann sollte er dies und das tun, können wir sagen, um einen anderen auf unsere Erkenntnis von Zweckdienlichkeit hinzuweisen. Aber ob er das dann will, liegt eben an ihm, zum Beispiel ob ihm die subjektiven Kosten, die mit der Handlung verbunden sind, den subjektiven Profit, den er sich von der Handlung verspricht, wert sind.

Dass Menschen denken, sie selbst und/oder andere sollten etwas Bestimmtes wollen, und zwar etwas anderes, als sie aktuell wollen, ist sozusagen der »Sündenfall«, der den Menschen aus dem Garten Eden vertrieben hat, um es mit der Mythologie des Alten Testaments zu beschreiben. Wir können etwas über die Welt wissen a priori, wir können etwas über die Welt erfahren a posteriori, aber wir können nicht »wissen«, was Gut und Böse ist für andere, außer im Wahn, weil die eigene Strukturdeterminiertheit der lebendigen Einheit deren Bedürfnisse hervorbringt. Wer also vom »Baum der Erkenntnis« gegessen hat, was »Gut und Böse« *für alle* sei, der nimmt Zuflucht zur Einbildung, um sich zu beruhigen. Er navigiert sich mit seinem »Moralkompass«[3] sicher hinaus aus »Eden«, dem Leben in der Realität, und begibt sich also auf der Suche nach mehr Ruhe in eine noch größere Unruhe, weil seine Konzepte, sein Wähnen, nicht mit dem übereinstimmt, was wir über Leben und handelnde Wesen wissen können.

Solche geistigen Konzepte nehmen bei Erwachsenen gewaltige Ausmaße an. Unzählige riesige Bibliotheken sind mit Büchern über Wähnen gefüllt, Kathedralen, Prachtbauten aller Art wurden im Wahne solcher Konzepte errichtet. Unzählige Millionen von Menschen lassen sich in ihrem Denken und Handeln von solchen geistigen Konzepten anleiten. Ich sage nicht, dass sie das nicht sollten. Sie müssen es ja tun, denn wenn sie anders handeln könnten und wollten, würden sie es tun. Sie sind »besessen« vom Sollte-Denken für sich und andere. Sie glauben an einen *handelnden* Gott[4]; oder an den Staat, als handelte es sich dabei tatsächlich um ein *handelndes* Wesen; an die Kirche; sie glauben, dass die Materie Geist erzeugt (Materialismus); dass es nur gibt, was »positiv« (nur nach tatsächlich wahrnehmbaren und überprüfbaren Befunden) bewiesen werden kann (Positivismus), wobei sie das *Fehlen eines Beweises für etwas* verwechseln mit dem *Beweis, dass etwas nicht ist* – kurzum, sie erliegen allerlei Denkfehler, die sie für hilfreiche geistige Konzepte halten, um sich der Unruhe zu entziehen, die aus Verdrängung der Realität ihrer Existenzsituation entsteht.

Dieses Ausweichverhalten ist es, was Norbert Lennartz das »Lebensgesetz der menschlichen Verdrängung und Strukturdeterminiertheit« genannt hat. Und Wilhelm Reich beschreibt bereits die Wirkung dieses Lebensgesetzes, ohne es vermutlich selbst gekannt zu haben, als das »Ausweichverhalten vor dem lebendigen Leben«[5]. Durch dieses Ausweichverhalten erwerben sich die Menschen Einstellungen und Überzeugungen, die für sie selbst und andere Menschen ungünstig sind, weil diese Einstellungen und Überzeugungen nicht mit der Realität eines sich selbst erzeugenden Lebewesens, das handelt, übereinstimmen.

Die Menschen mit solchen gewähnten Einstellungen und Überzeugungen erkennen sich selbst nicht als autopoietische Lebewesen, sondern wähnen sich und ihre Mitmenschen als unlebendige, als »zombifizierte« Menschen, die nur Geschöpfe oder Kreaturen sind anstatt sich selbst hervorbringende Schöpfer. So eingestellte Menschen bilden sich dann ein, dass eines oder mehrere der von ihnen gewähnten *Konzepte*, welche sie als »Schöpfer« oder »übergeordnete« handelnde Wesenheiten sehen (Hypostasierung), das Sollen für alle Einzelnen bestimmen könnten und sollten, also zum Beispiel ein *handelnder* Gott, ein Staat, ein Kollektiv oder die Menschheit.

2. Neurose und Psychose aus der Sicht der praxeologisch informierten Psychologie

Man könnte sagen, dass eine »Neurose« vorliegt, wenn sich einer von gewähnten Konzepten anleiten lässt, die im Widerspruch dazu stehen, was wir a priori (Praxeologie) und a posteriori (Naturwissenschaft) über uns und die Welt wissen können. Eine Neurose hier nicht in dem Sinne einer »geistigen Erkrankung« verstanden, sondern im Sinne von Einstellungen und Überzeugungen, die im Widerspruch zu praxeologischen Schlussfolgerungen stehen, wie zum Beispiel

- dass der Einzelne handelt, und nicht zwei, sich einer also aufspaltet in ein Soll-Ich und ein Ist-Ich (»Ich« und »Ich, wie ich gerne wäre«);
- dass Werten subjektiv ist;
- dass die Vergangenheit unumkehrbar, die Zukunft ungewiss und die Gegenwart vorläufig sind;
- dass das Kollektiv selbst nicht handeln kann, sondern nur die Einzelnen;
- dass es kein Kollektiv gibt, das handeln könnte;
- dass es nichts gibt, das von vornherein über einem einzelnen Menschen stünde;
- dass der Mensch stets (und nur!) handelt, um seine Unzufriedenheit zu vermindern;
- dass es Kausalität gibt (Ursache und Wirkung) und nichts ursachlos aus dem Nichts sich entwickeln kann und so weiter.

Wer sich von einem falschen gewähnten Konzept anleiten lässt, ist dann in dem Sinne neurotisch, dass seine psychischen Einstellungen und Überzeugungen nicht mit der Realität eines handelnden autopoietischen (sich selbst erzeugenden) Wesens übereinstimmen. Er hat einen »Moralkompass« des Sollens, und Sollen ist Wollen für andere. Er meint, dass sein Maßstab für Gut und Böse ein allgemeiner Maßstab sein *sollte*. Und will er damit nicht nur Unglück über sich bringen, sondern auch über andere, hat sich die Neurose zu einer Psychose ausgewachsen. Der Neurotiker hat Einstellungen und Überzeugungen, die für ihn selbst und/oder andere ungünstig sind, der Psychotiker (oder Psychopath) findet seine Einstellungen und Überzeugungen unter Umständen völlig in Ordnung, aber sie sind ungünstig für andere, die der Psychotiker nicht als selbst wollende Einzelne versteht.

3. Sozialer (freundlicher) und asozialer (feindlicher) Umgang mit anderen

Die Handlungswissenschaften – ob a priori (Praxeologie) oder a posteriori (Psychologie, Biologie, Humanethologie etc.) – ermöglichen Ihnen auch in Ihrem Privatleben, Ihre Beziehungen zu verbessern. Wenn Sie sich mit Ihren Kindern und Ihrem Partner – und sich selbst – »besser verstehen« möchten, dann können Sie soziales (friedliches und freundliches) Handeln anstreben und versuchen, asoziales (betrügerisches, erzwingendes und egoistisches) Handeln zu vermeiden.

Sie können wählen, Angebote zu machen, statt Drohungen oder Lügen zu verwenden, um andere Menschen zu einem Handeln zu bewirken. Wenn Sie Schaden androhen, verschlechtern Sie das Leben Ihrer Mitmenschen und fügen Ihnen Leid zu. Also etwa: »Räum dein Zimmer auf, oder ich werde dir dein Handy wegnehmen.« Wenn das Handy der Besitz Ihres Kindes ist, dann drohen Sie ihm einen Schaden an, wenn das Kind seinen Willen nicht Ihrem beugt. Umgekehrt ist es sinnvoll, wenn Ihr Kind etwas haben möchte, auszusprechen, was Sie sich von Ihrem Kind wünschen, und einen Austausch anzubieten.

Eltern, die nach der Methode Zuckerbrot und Peitsche vorgehen, also etwa ihr Kind zur Schule fahren, ihm ein teures Handy kaufen, dann aber andererseits Drohungen aussprechen, wenn sie etwas wollen, handeln dem Kind gegenüber insgesamt nicht freundlich, sondern feindlich (oder anstatt Drohungen dem Kind Vorwürfe machen, und wenn das Kind noch nicht imstande ist, zu erkennen, dass Vorwürfe an sich nicht verletzend sind, wird es sich selbst damit verletzen oder Groll gegen die Eltern hegen). Anstatt dessen können Sie Ihre Wünsche und die des Kindes zusammenbringen und gewisse Zuwendungen Ihrerseits (Geld, zur Schule fahren, Skiurlaub etc.) von

Handlungen Ihres Kindes abhängig machen. Denn Ihr Kind mag sich Ihnen gegenüber nicht zum Lernen oder zum Aufräumen des Zimmers verpflichtet haben, aber andererseits haben Sie sich Ihrem Kind gegenüber auch nicht verpflichtet, ihm eine PlayStation oder den neuesten Lockenstab zu kaufen.

Die Aussage »lie invites deasaster« (Lüge bringt Unheil hervor) ist ebenso eine Einsicht, die praxeologisch verstanden werden kann, da die Lüge eine von vornherein feindliche Handlung ist, wenn sie nicht zur Verteidigung oder Vergeltung eingesetzt wird, sondern den anderen zu einer Handlung bewegen soll, die er ohne die Lüge nicht oder nicht so vorgenommen hätte. Wenn Sie Ihre Partnerin betrügen, also eine Fehlvorstellung über die Wirklichkeit bei ihr bewirken im Hinblick auf Ihre Treue, die Sie ihr versprochen haben, dann verhält sie sich wahrscheinlich anders als ohne die Lüge. Sie manipulieren sie, indem Sie lügen. Wenn Sie Ihrer Partnerin erzählen, Sie waren am Wochenende auf einem Kongress, und in Wahrheit haben Sie das Wochenende mit Ihrer Geliebten verbracht, dann verhält sich Ihre Partnerin bei Kenntnis der Wahrheit anders als ohne die Täuschung. Findet sie später heraus, dass Sie sie betrogen haben, wird sie Sie dafür verantwortlich machen, also wählen, wie sie auf Ihre Lüge reagiert.

Die Weltliteratur ist voll von Geschichten von Desastern, die ihren Ursprung in Lüge und Betrug haben. Sie können also wählen, darauf zu achten, keine Fehlvorstellungen in Ihren friedlichen Mitmenschen zu bewirken, um diese zu Handlungen zu veranlassen, und so vermeiden, anderen Schäden zuzufügen, für die Sie eventuell oder auch »eventually« (schlussendlich) irgendwann »zur Rechenschaft gezogen« werden. Umgekehrt ist es nicht feindlich, einen Angreifer zu belügen. Im Gegenteil! Es ist Verteidigung oder Vergeltung. Sich der Lüge zu bedienen, um einen Schaden abzuwenden, ist kein feindliches Handeln, denn der andere ist ein Angreifer, und durch die Lüge wird eine Pareto-Verschlechterung im Hinblick auf alle Beteiligten verhindert.

Ein »Nachteil« der Drohung innerhalb der Familie ist zudem, dass die Drohung nicht mit der Effektivität durchgesetzt wird, wie etwa der politische Akteur dies gegenüber den von ihm Bedrohten tut – wenn man das als Nachteil ansehen möchte. Die meisten Eltern schrecken heute davor zurück, Gewalt oder Freiheitsberaubung gegen ihre Kinder zur Durchsetzung der Befehle anzuwenden, wie dies die Gruppe namens Staat tut, sei es aus dem »Gewissen« heraus oder weil die Gruppe der politischen Unternehmer Eltern (mittlerweile) für den Fall der Körperverletzung oder Freiheitsberaubung Schaden androht. Zudem könnte Ihr Kind sich wehren. Und wie wollten Sie den Widerstand des Kindes brechen? Zum letzten Mittel greifen, wie dies die Vollstrecker der politischen Zwangsgewalt tun, also willensbrechende Gewalt einsetzen? Das ist für die meisten Eltern – nach meiner Erfahrung (Gott sei Dank!) – eine geradezu absurde Vorstellung.

Wenn Sie Ihren Kindern also freundliches Zusammenleben (freiwillige Kooperation) anbieten, dann machen Sie Ihr Leben und zugleich das Leben Ihrer Kinder annehmbarer. Sie handeln pareto-optimal, das Ergebnis ist immer win-win. Als Erfahrungstatsache des Lebens mögen viele Menschen solche Mitmenschen, die ihnen das Leben annehmbarer machen, und lehnen solche Menschen ab, die sie unzufriedener machen. Andere wiederum wählen, Aggressoren zu »mögen«, weil ihnen das die Situation annehmbarer macht, was die Psychologen mit dem Begriff »Stockholm-Syndrom« beschreiben. Auch wird vieles unternommen von Aggressoren, um nicht als Aggressoren dazustehen, wie wir in den Beispielen von Propaganda und Indoktrination gesehen haben. Früher haben Eltern ihren Kindern gesagt, es geschehe nur zu ihrem Besten, dass sie geschlagen würden. Das mache aus ihnen bessere Menschen. Und auch Menschen, die anderen Menschen von ihren Vorstellungen von einem *handelnden* Gott und dessen von oben herab gesandten Regeln erzählen, tun dies zuweilen, um von vornherein feindliches Handeln irgendwie freundlich aussehen zu lassen.

Aber all jene, die nicht solche Vorstellungen der »Identifikation mit dem Aggressor« wählen, bevorzugen in der Regel Menschen, die ihnen das Leben annehmbarer machen – und nicht schwerer. Und da gemeinsames Handeln, das nicht durch feindliches Handeln herbeigeführt wird, eine Win-win-Situation mit sich bringt, ist freundliches Handeln das Mittel der Wahl in der Beziehung zu Ihren Mitmenschen, wenn Sie sich und zugleich andere zufriedener machen möchten.

4. Das Ändern von Einstellungen und Überzeugungen in praxeologisch informierte Einstellungen und Überzeugungen

a) Der Weg des Lernens: Von der unbekannten Inkompetenz (Unfähigkeit) zur eingeübten Kompetenz (Fähigkeit)

Im »Umgang mit sich selbst« sind die Erkenntnisse der Praxeologie wirkungsvoll anwendbar, und zwar in einem ersten Schritt schon deswegen, weil es keinen Umgang mit sich selbst gibt. Der Handelnde ist der Einzelne und nicht zwei. Wer zwei Seelen, ach(!), in seiner Brust wähnt, der spaltet sich auf.

Solche Spaltungen sind häufig anzutreffen. Menschen handeln, als seien verschiedene »Persönlichkeitskomplexe« oder widersprüchliche Einstellungen und Überzeugungen am Wirken. Im »inneren Dialog« in Gedanken oder Selbstgesprächen führen sie Streitgespräche oder machen sich selbst Vorwürfe, verurteilen sich oder kritisieren sich selbst. Ihre Einstellungen und Überzeugungen sind oft widersprüchlich, rühren sie doch von unterschiedlichen zeitlichen Phasen her und wurden unterschiedlich stark geübt. So kann ein Mensch in einem Moment etwas wählen, was er sich selbst später vorwirft, beispielsweise ein Stück Kuchen zu essen oder an der PlayStation zu spielen, statt die Steuererklärung zu machen, oder müde zu sein, weil er am Vortag zu lange auf war und mit Freunden zu viel getrunken hat.

Wenn Sie nunmehr die Erkenntnisse aus der Praxeologie im Wege des Meta-Handelns anwenden auf diesen inneren Dialog, können Sie »Stimmen« oder »Persönlichkeitskomplexe«, die »Ihnen« Vorwürfe machen, also einen Aspekt Ihrer Persönlichkeit verurteilen, als solche Einstellungen und Überzeugungen erkennen, die zu feindlichem Handeln »gegen sich selbst« führen. Er reicht oft nicht aus, um das Gefühl zu ändern, zu wissen, dass Fehler passieren (Ungewissheit), dass der Wert der Menschen unvergleichbar ist (Subjektivität des Wertes), dass jeder so werden musste, wie er geworden ist (Unvermeidbarkeit), um Vorwürfe abzuwehren, die etwa lauten: Da hättest du weniger essen sollen, netter sein, weniger trinken dürfen, mehr arbeiten sollen, mehr Sport machen etc. Erforderlich ist nach der Erfahrung vieler Psychotherapeuten vielmehr das Einüben anderer, neuer Einstellungen und Überzeugungen.

Indes, schon die Erkenntnis, dass Werturteile über andere und auch über Ihre eigene Person praxeologisch gesehen Unfug sind, wenn sie in dem Sinne gemeint sind, dass Sie oder jemand anders sich hätte anders verhalten »sollen«, ist eine Wahrheit, die Ihnen ermöglicht, sich selbst gegenüber milder zu sein. Wenn Menschen sich so annehmen könnten, wie sie nun einmal (unvermeidlich!) geworden sind, dann würden sich zahlreiche psychische Probleme »von selbst« erledigen, wie auch, wenn die Menschen aufhörten, nach Perfektion zu streben (perfekt für wen?), und beginnen würden zu erkennen, dass jeder Mensch Schwächen und Stärken hat, ja, dass Schwächen und Stärken Werturteile sind, die zwischenpersönlich nicht nur nicht zwingend, sondern unvergleichbar sind. Was der eine an einer Person besonders mag, kann einen anderen abstoßen.

Die vier Schritte des Lernens lassen sich wie folgt beschreiben: Von der unbewussten Inkompetenz über die bewusste Inkompetenz hin zur bewussten Kompetenz und schließlich zur unbewussten Kompetenz, wenn man sich also die neue Haltung (Einstellungen und Überzeugungen) nicht mehr bewusst machen muss, sondern sie automatisiert und eingeübt abläuft.

Ob es sinnvoll ist, am Anfang mit der Spaltung zu arbeiten und sich Einstellungssätze aufzusagen und an den Spiegel zu kleben wie etwa »Ich bin okay« oder »Ich bin genug« oder »Ich tue, was ich will«, oder ob man gleich dazu übergeht, auch solche »Hilfs-Haltungen« abzulegen und es beendet, sich zu sich selbst ins Verhältnis zu setzen, hängt vom Einzelnen ab. Und es hängt auch davon ab, wie alt oder »reif« der Handelnde bereits ist. Jemand, der erkennt, dass alles, was geschah, unvermeidlich geschehen musste, dass er nur *eine* Person ist und nicht zwei, er sich also nicht wieder von sich selbst unterscheiden braucht, dass Werten vorläufig ist, die Zukunft ungewiss (und

Fehler daher so gut wie sicher passieren), dass er jederzeit und immer sein Bestes gegeben hat und die weiteren Erkenntnisse der Praxeologie, so wie wir sie oben beschrieben haben, der möchte sich vielleicht gar nicht mehr zu sich selbst ins Verhältnis setzen und den Schritt mit den günstigen Einstellungen unter Beibehaltung der inneren Selbstgespräche (nur dann halt »positiver«) überspringen.

Die praxeologisch informierte Psychologie ist eine wichtige Hilfestellung für Personen. Die traditionelle Psychotherapie besteht aus Reden und Zuhören und mancher Therapeut beurteilt die Einstellungen und Überzeugungen gemäß seiner eigenen Willkür oder Moral. Welche Einstellungen sollte ein Mensch haben? Was ist eine »gesunde« Einstellung? Wann ist ein Mensch »psychisch krank«? So mancher sieht oft den Wald vor lauter Bäumen nicht. Wer sich vereinzelt empathielos, rücksichtslos und feindlich gegen seine Mitmenschen verhält, den bezeichnet ein Therapeut vielleicht als Psychopath. Wer dies wiederkehrend, systematisch und mit für den anderen unüberwindbarer Gewalt tut, den beurteilt er vielleicht als »guten Politiker, der sich für eine gerechte Sache einsetzt«.

Der traditionelle Therapeut behandelt den Einzelnen, als wäre der Einzelne mehrere, wenn er seinen »Patienten« mitteilt, dass sie sich selbst »gernhaben« oder »lieben« sollten. Er spaltet das Individuum (Unteilbare) auf in einen Mögenden und einen Gemochten. Ist die Person davor nicht »schizophren« gewesen, so ist sie es vielleicht danach?

Mit der praxeologisch informierten Psychologie können wir mehr: Wir können erkennen, ob die Einstellungen und Überzeugungen der Person mit den Schlussfolgerungen der Praxeologie übereinstimmen. Tun sie dies nicht, sind sie nicht hilfreich, weil sie nicht zur Realität des Handelns passen. Solche ungünstigen Einstellungen und Überzeugungen können dann durch andere, hilfreiche überschrieben oder – im besten Falle – ersetzt werden.

b) Übung und Wiederholung

Die ersten drei Schritte des Erlernens der praxeologisch mit der Wirklichkeit eines Handelnden Wesens übereinstimmenden Einstellungen und Überzeugungen können sie leicht gehen. Schritt eins und zwei haben Sie schon getan, indem Sie ihre Inkompetenz erkannt haben. Schritt drei wäre das Sich-bewusst-Machen, welche Einstellungen und Überzeugungen, die Sie erworben haben, die Sie sich selbst antrainiert haben oder die Ihnen antrainiert wurden, nicht mit den Ableitungen aus dem Satz »Der Mensch handelt« übereinstimmen. Viele dieser Einstellungen und Überzeugungen haben Sie so früh erworben, dass Sie sich vielleicht überhaupt nicht mehr daran erinnern können, wie Sie sie erworben haben, oder es ist Ihnen sogar unbewusst, dass solche Einstellungen und Überzeugungen in Ihnen wirksam sind in Form von inneren Dialogen oder unterschwelligen Gefühlen.

Oft werden Sie nicht die unbewusste Einstellung und Überzeugung direkt erkennen, sondern indirekt, indem Sie bei einem inneren Dialog Gedanken analysieren oder ihre Gefühle. Wenn Ihnen dann etwa in den Sinn kommt »Das hätte ich nicht tun sollen«, und Sie sich Vorwürfe machen, dann können Sie bemerken, dass Sie zu jeder Zeit notwendig Ihr Bestes gegeben haben, da Sie das Ergebnis Ihrer Entwicklungen sind, das Ereignis also unvermeidlich war. Die (falsche) Überzeugung, die hinter diesen Gedanken stehen kann, könnte sein: »Ich müsste ein besserer Mensch sein«, »Nur wenn ich perfekt bin, bin ich liebenswert« oder »So, wie ich jetzt bin, bin ich (noch) nicht genug«. Diese Einstellungen widersprechen grundsätzlichen Schlussfolgerungen der Kausalität und Finalität, nämlich dass die Ereignisse unvermeidlich sind, die Zukunft ungewiss (und Fehler daher passieren), Fehler nie beabsichtigt sind (das Ziel einer Handlung ist stets die Verminderung von Unzufriedenheit) und so weiter.

Ihre Gefühle und Gedanken haben Sie nicht im Griff, solange Sie Ihre Einstellungen und Überzeugungen, die die Quelle Ihrer Gefühle und Gedanken sind, nicht im Griff haben. Sie können alte, wirksame Einstellungen und Überzeugungen korrigieren, die einstmals ihren Sinn gehabt haben mögen, als Sie zum Beispiel noch ein Kind waren und der »Obhut« Ihrer Eltern oder Lehrer ausgeliefert. Soweit Sie Ihre Gefühle und Gedanken im Griff haben, sind Sie diesen nicht mehr ausgeliefert, sondern Eigner Ihrer Gedanken und Gefühle.

Um Einstellungen und Überzeugungen einzuüben, kann es sinnvoll sein, diese täglich mehrmals laut auszusprechen. Im Anhang präsentiere ich »Einstellungssätze«, die ich im Max-Stirner-Stil in Ich-Form umformuliert habe, und zu denen mich Autoren und praktizierende Psychotherapeuten inspiriert haben. So wie Ihnen beim Tennis die Schlägerhaltung in Fleisch und Blut übergehen muss oder beim Skifahren die Winkelung der Knie oder als Kleinkind beim Laufen das Gleichgewicht, so muss Ihnen die Einstellung und Überzeugung, die sie als automatische erwerben möchten, in Fleisch und Blut übergehen. Bis dahin werden Sie noch mit Gedanken und Gefühlen konfrontiert, die aus alten Einstellungen und Überzeugungen herrühren, und diese werden unter Umständen auch niemals vollständig verschwinden. Aber Sie sind weder Ihren Gedanken und Gefühlen noch Ihren Einstellungen und Überzeugungen hilflos ausgeliefert, sondern der Einzelne, der Handelnde ist so weit Eigner dieser Basis-Programmierungen und ihrer Abläufe, soweit er sie eben im Griff hat, sich die grundsätzlichen Schlussfolgerungen der Praxeologie ins Bewusstsein ruft und sich nicht verrückt machen lässt. Denn für Gedanken und Gefühle gilt ebenfalls die praxeologische Schlussfolgerung der Vorläufigkeit der Gegenwart. Als Handelnder bestimmen Sie, wie Sie mit Gedanken und Gefühlen umgehen.

5. »Gelassenheit« oder psychisches Gleichgewicht – nur Nicht-Handelnde haben keine Probleme

Die heute viel gepriesene Gelassenheit oder das »psychische Gleichgewicht« scheinen für manchen erstrebenswert zu sein wie ewige Glückseligkeit. Aus Sicht eines handelnden Wesens, das handelt, um seine Unzufriedenheit zu vermindern, wird ein solches »psychisches Equilibrium« nie erreicht, denn ein Mensch, der keine Möglichkeit mehr sieht, seine Unzufriedenheit durch Handeln zu vermindern, oder, andersherum, der den höchsten Zustand der Zufriedenheit »auf ewig« erreicht hat, ist kein handelnder Mensch.

Es gibt eine Geschichte des Buddha, die dies schön illustriert. Der Legende nach kommt ein Bauer zum Buddha und beklagt sich über seine Probleme. Die Ernte sei nicht so ausgefallen wie gewünscht, mit der Beziehung zur Frau stünde es nicht zum Besten, und auch die Kinder wiesen nicht den Grad an Respekt ihm gegenüber auf, den er sich wünschte, und an Fleiß fehle es ihnen im Übrigen auch. Der Buddha antwortet daraufhin: »Jeder Mensch hat 83 Probleme. Dabei kann ich dir nicht helfen.« Der Bauer ist entsetzt und beklagt sich: »Nun mache ich den weiten Weg zu dir, nur damit du mir sagst, dass du mir bei meinen Problemen nicht helfen kannst?!« Der Buddha antwortet: »Ich kann dir bei deinen 83 Problemen nicht helfen, aber ich kann dir bei deinem 84. Problem helfen.« Der Bauer fragt: »Was ist denn mein 84. Problem?« Der Buddha: »Dass du keine Probleme haben willst.«

Das psychische Equilibrium ist genauso ein gedankliches Gebilde, wie es Gleichgewichte sind, die manche Volkswirte im Gedankenbild einer gleichbleibenden Wirtschaft sehen. Solcherlei Gedankengebilde können hilfreich sein, bestimmte Probleme zu verdeutlichen, sie können aber andererseits hinderlich sein, wenn man verkennt, dass die Prämissen einer gleichbleibenden Wirtschaft oder eines gleichbleibenden psychischen Zustandes in der Wirklichkeit handelnder Wesen nicht erfüllt sind.

Die Schlussfolgerungen der Praxeologie zeigen auf, dass Menschen in ihrem Werten und in ihrem Wert unvergleichlich sind. Dass Präferenzen nicht »mehrheitsfähig« sind, also dass es unsinnig ist, eine »Rechtfertigung« feindlichen Handelns durch die Addition von »Köpfen« herbeiführen zu wollen, die gewisse Präferenzen geäußert haben.

Psychologisch kann man behaupten, dass die Integration dieser Schlussfolgerungen in die Psychologie den Menschen »lehren« kann, seinen Wert als unvergleichbar zu erkennen (wie auch den der anderen Menschen!), das Leiden aufzugeben, das aus dem Streben nach imaginierter künftiger Perfektion stammt, und »mit Erleichterung« zu lernen, dass das, was andere Menschen über unseren Wert als Mensch denken und sagen, etwas über deren Präferenzen aussagt, aber nichts über unseren »absoluten Wert« oder Wert als Menschen.

Dieses Wissen zu verinnerlichen erfordert Übung unter emotionaler Beteiligung, und diese Übung steht zunächst im Widerspruch zu unseren erlernten Einstellungen und Überzeugungen. In Jahrtausenden Phylogenese (Stammesgeschichte) und in unserer persönlichen Ontogenese (Lebensgeschichte) haben wir gelernt, dass es wichtigere und unwichtigere Menschen gibt. Dass gilt, was der Vater oder der Clanführer sagt, der König oder der Graf, der Parteiführer, der Kanzler, »das Volk« oder »die Mehrheit«. Dass wir uns der Meinung anderer zu beugen haben. Dass andere über unseren Wert entscheiden. Dass »Fehler« schlecht sind und nicht passieren dürfen. Dass wir anders sein sollten.

Diese »initiale Programmierung« zu »überschreiben« und so zu neuen Einstellungen und Überzeugungen zu gelangen, die dann andere Wahrnehmungen und Handlungen zur Folge haben und so bestimmend auf unseren Lebensweg, auf unser »Karma« wirken, erfordert Geduld, den Umgang mit Rückschlägen und emotionales Engagement. Einstellungen und Überzeugungen sind so lange nicht Teil des menschlichen Handelns, sondern des automatisierten Verhaltens, bis wir sie erkennen und im Wege des Meta-Handelns ändern. Gelingt dies, sind unsere Einstellungen und Überzeugungen der Realität eines handelnden Wesens besser angepasst, wenn sie durch praxeologisch informierte Einstellungen und Überzeugungen ersetzt werden.

Wie das konkret funktionieren kann, dazu gebe ich im Anhang unter dem Punkt »Großer praxeologischer Psycho-Test« einige Anregungen.

6. Praxeologie – der Kompass in Richtung lebendiges Leben (Hier und Jetzt)

Man kann die Schlussfolgerungen der Praxeologie als Kompass in Richtung auf das lebendige Leben verstehen. Einstellungen und Überzeugungen, die mit der Realität handelnder Wesen von vornherein nicht übereinstimmen, können fallen gelassen oder »überschrieben« werden und durch praxeologisch informierte Einstellungen und Überzeugungen ersetzt werden, die mit der geteilten Realität handelnder Wesen übereinstimmen. Durch Meta-Handeln, also »Handeln über Handeln«, kann der Mensch zu der Einsicht gelangen, dass er sich nicht (mehr) aufspalten braucht in ein Soll-Ich und ein Ist-Ich, dass er die Regeln anderer nicht befolgen braucht, nur weil diese ihn dazu zwingen möchten, dass er nicht Geschöpf ist, sondern autopoietische Struktur, also ein Lebewesen, das sich in jedem Moment im Austausch mit seiner Umwelt selber schafft, und so weiter. Auch die Erkenntnisse, dass für handelnde Wesen die Zukunft notwendig ungewiss ist, die Vergangenheit passé und Handeln in der stets vorläufigen Gegenwart stattfindet, können einen Menschen beruhigen und zu einer entspannteren, gelasseneren Grundhaltung führen.

Wenn ein Handelnder, also ein Individuum, ein Ich, sich selbst mit der autopoietischen Struktur gleichsetzt, in der es stattfindet, also dem bewegten Körper, dann gibt es für ihn ein Besser und ein Schlechter. Um zu überleben, muss sich ein Lebewesen mit der Umwelt austauschen. In dieser Umwelt findet es Nahrung, Luft, Sonnenstrahlen, Wasser und andere Lebewesen, die mit derselben Unruhe befasst sind, also ebenfalls damit beschäftigt sind, sich zu erhalten. Hören sie damit auf, dann vergeht die körperliche Struktur in Bewegung – wir sagen, das Lebewesen stirbt.

Das Lebewesen ist also a priori in Unruhe, sobald es lebt und handelt. Um diese Unruhe zu beruhigen, flüchten sich viele Menschen in ein Wähnen, einen Wahn, den man mit Wilhelm Reich als »das Ausweichverhalten in Bezug auf das lebendige Leben«[6] bezeichnen kann. Die Menschen legen sich falsche Einstellungen und Überzeugungen zu, um der Unruhe, die a priori vorhanden sein muss und die im Handeln, also absichtsvollem Tun, bereits vorausgesetzt ist, zu entgehen. Dabei *verschlimmbessern* sie ihre Situation. Sie glauben, an Sicherheit zu gewinnen, wenn sie beispielsweise an den Staat wie an ein höheres *handelndes* Wesen glauben oder an einen *handelnden* Gott[7]. Sie sehen überall handelnde Wesen am Wirken, wenn sie von Konzepten wie Kapitalismus oder Sozialismus oder Deutschland denken wie von handelnden Wesen, die Ziele verfolgen oder etwas unmittelbar tun könnten. Oben haben wir diese Denkfehler als Anthropomorphismen oder Hypostasierungen eingehend beschrieben. Kurz: Sie weichen dem lebendigen Leben aus und flüchten sich in vorgestellte Modelle und Konzepte, um sich der Unruhe zu entziehen.

Mithilfe der Praxeologie können wir Lebewesen – und auch andere dynamische Systeme, deren Finalität (Abzielen) in ihrer Struktur begründet ist – und deren Handeln besser verstehen. Mithilfe von Meta-Handeln (Reflektieren über das Handeln) können wir eine entspannte Grundhaltung annehmen und uns auf das Hier und Jetzt einlassen, anstatt in geistige Konzepte auszuweichen, eingedenk dessen, dass wir, solange wir handeln, also absichtsvoll tun, mit einer gewissen Unruhe leben müssen, aber dass dies immer noch besser ist, als mit falschen Modellen und Konzepten vermeintlich aus der Unruhe flüchten zu können, Konzepte, die oftmals das Belügen, Zwingen und die Gewaltanwendung gegen unsere Mitmenschen vorsehen. Anstatt dessen können wir erkennen, dass freiwillige Kooperation stets zu Win-win-Situationen führen muss und wir uns so das Leben annehmbarer machen können. Wie gesagt, ewige Glückseligkeit gibt es für handelnde Wesen nicht, aber auch mit aller Gewalt können sich handelnde Wesen eine gewisse Zukunft oder Sicherheit vor Missgeschick oder Unglück nicht erzwingen, und zwar a priori nicht und auch nicht, wenn sie andere misshandeln, um an ihre Ziele zu gelangen.

Die Praxeologie ist so verstanden ein Kompass zum lebendigen Leben, weil mit dem Wissen um die praxeologischen Schlussfolgerungen der Handelnde nicht mehr bemüht sein muss, ein »besserer Mensch« zu werden oder sich eine »gewisse Zukunft« zu schaffen, weil dies für handelnde Wesen letztlich nicht machbar ist. Sondern der Einzelne kann sich mit der Realität eines handelnden Wesens aussöhnen und friedlich und freundlich mit den anderen Menschen in der geteilten Realität kooperieren, so er dies denn möchte. Er hängt also mit dem Geist nicht ständig außerhalb der Realität des Jetzt (Handeln findet immer in der Gegenwart statt), muss nicht stets die Vergangenheit und die Zukunft bedenken, sich sorgend und auf der Suche nach mehr Ruhe oder Sicherheit, die er dort nicht finden kann, weil er immer im Hier und Jetzt existiert und handelt. Fehlerlosigkeit, absolute Sicherheit, Gewissheit, all dies wird er auch bei stärkster Anstrengung seines Willens weder in seiner Vergangenheit noch in seiner Zukunft finden, weil diese Konzepte nicht mit der Realität des Handelns übereinstimmen. So kann der praxeologisch informierte Mensch eine entspannte Grundhaltung annehmen, wissend, dass es absolute Gelassenheit nicht geben kann für ein Wesen, das absichtsvoll tut entsprechend seinen physischen und psychischen Einstellungen und Überzeugungen.

Der Mensch, der über eine derartige entspannte Grundhaltung verfügt, kann sich also in Richtung lebendiges Leben bewegen, in das Hier und Jetzt, mit Einstellungen und Überzeugungen, die mit der Realität eines handelnden Wesens, das seine Realität mit anderen handelnden Wesen teilt, übereinstimmen.[8]

Die meisten Menschen benutzen aber anstatt eines praxeologisch informierten Kompasses einen »Moralkompass«, also einen Kompass von »Gut und Böse«, mit dem sich – metaphorisch gesprochen – bereits Adam und Eva zielsicher aus dem lebendigen Leben in das »zombifizierte Leben«[9] hinausmanövriert haben. Sie glauben an überpersönliche Konzepte von Gut und Böse, anstatt zu erkennen, dass Gut und Böse stets bedeuten: gut und böse (schlecht) *für wen*? Aus wessen Sicht?

Es ist eben subjektiv, was Gut und Böse für eine handelnde Einheit ist, also was das handelnde Wesen vorzieht und zurückstellt, will und nicht will; der eine empfindet etwas als gut für sich und der andere dasselbe als schlecht für sich. Was gut oder schlecht für ein Lebewesen ist, hängt von seinen physischen und psychischen Einstellungen und Überzeugungen ab, von seiner Vorgeschichte, die zu seiner konkreten Beschaffenheit geführt hat.

Wenn Menschen nun meinen, über einen unpersönlichen (objektiven) Maßstab von Gut und Böse zu verfügen, dann gehen sie fehl. Dann fangen sie an, dasjenige, woran sie glauben, auch noch anderen aufzwingen zu wollen, weil nicht die kausal-funktionelle Beschaffenheit der handelnden Einheit mehr die Ursache für dasjenige sein soll, was ihr guttut und was nicht, sondern das Konzept von Gut und Böse, das sie wähnen und nachdem sie sich selbst und/oder andere richten sollten. Und Sollen bedeutet Wollen für andere. Und das können sie gar nicht, wie wir bereits oben nachgewiesen haben. Sie können andere bedrohen, ja. Sie können andere belügen und täuschen, ja. Aber wie die anderen wiederum darauf reagieren, hängt von deren eigener Beschaffenheit ab.

Der gewähnte Moralkompass ist also *kein* Kompass in Richtung lebendiges Leben, sondern ein Kompass in Richtung zombifiziertes Leben. Das Wähnen von Sünde, Schuld und so weiter, von einem »höheren *handelnden* Wesen«, dem sie es recht zu machen hätten, das Konzept, dass andere etwas Wollen sollten, all die Anthropomorphismen und Hypostasierungen, die sich die Menschen ausdenken, um anderen Menschen ihren Willen und damit ihr Sollen aufzuzwingen – all dies führt sie weg vom lebendigen Leben.

Anmerkungen zu Kapitel XVII

1 Autor von *Praxeologie für Ordnung und Sezession – eine Ergänzung zu Human Action* (2016).

2 Nikola Teslas Mutter scheint hier eine Ausnahme gewesen zu sein. Wer dies selbst überprüfen möchte, kann das tun, indem er Teslas Autobiografie *My Inventions* (1919) liest, in welcher er die Beziehung zu seiner Mutter und die Person seiner Mutter ausführlich beschreibt.

3 Das Wort »Moralkompass« habe ich erstmals von Ben Daniel und Oliver Heuler gehört, den Autoren des Buches *Teos Traum*.

4 Achtung! Die Aussage heißt nicht, dass es keinen Gott geben kann. Ein handelnder Gott ist aber ein unzufriedener Gott, weil Handeln der Verminderung von Unzufriedenheit dient. Allmächtig und allwissend kann ein handelnder Gott also nicht sein. Über die Vorstellung von einem »Gott«, der nicht handelt, habe ich etwas im Anhang zu diesem Buch unter dem Titel Wu wei geschrieben.

5 Wilhelm Reich, The Murder of Christ, 2013, E-Book, »The Trap«.

6 Wilhelm Reich, The Murder of Christ, 2013, E-Book, »The Trap«.

7 Vorsicht! Ich sage nicht, dass es Gott nicht geben kann; zudem haben Menschen ganz unterschiedliche Vorstellungen von Gott. Es kann nur keinen *handelnden* Gott geben, wie bereits oben beschrieben wurde. Wer in Unruhe bewertet und für den es die Dualität von besser und schlechter gibt, der kann nicht Gott sein im Sinne eines höheren Wesens, sondern der ist eine Wesenheit mit Problemen. Anstatt »Gott« verwenden heute manche auch den Begriff der Existenz oder des Gewahrseins oder der Nicht-Dualität; sie gehen also nicht von einer acting unit (handelnden Einheit) aus.

8 Absichtsloses Tun, oder wie es in Laotses Dao De Jing heißt: Wu wei, was man etwa als Handeln durch Nicht-Handeln übersetzen kann, ist nicht Teil dieses Buches, aber im Anhang gebe ich einen Ausblick, wie Wu wei und Praxeologie beide verstanden werden können, ohne im Widerspruch zueinander zu stehen.

9 Den Begriff des »zombifizierten Lebens« habe ich von dem Autor Norbert Lennartz (Praxeologie für Ordnung und Sezession, 2014) übernommen, der ihn bei einem Vortrag im Jahre 2020 benutzte über »Das Gesetz der menschlichen Verdrängung und Strukturdeterminiertheit« und damit das »unlebendige Leben« meinte, also das Gegenstück zum »lebendigen Leben«.

KAPITEL XVIII

ZUSAMMENFASSUNG

Kann die Praxeologie dem Wissen der Menschheit außerhalb der Ökonomie etwas Wesentliches hinzufügen, war die Ausgangsfrage. Können wir generelle A-priori-Aussagen über menschliches Handeln außerhalb des Bereichs der Ökonomie treffen? Hält die Praxeologie Lösungen bereit für Probleme, wie sie Jiddu Krishnamurti in der Einleitung des Buches benannt hat, die weder Politik noch Wirtschaft heute lösen können?

Aufgrund der praxeologischen Erkenntnisse können wir von vornherein wissen, welches Handeln feindlich ist, friedlich oder freundlich. Wir sehen, dass der Einzelne der Souverän ist, dass nur bei ihm die Kompetenz-Kompetenz liegt, er der Wollende ist und dass Kollektive selbst nicht handeln können, sondern nur die Einzelnen. Wir können erkennen, dass eine Anzahl von Unterstützern keine Rechtfertigung sein kann für Herrschaft durch Manipulation von Einstellungen und Überzeugungen und Drohung mit Zwang und Gewalt. Wir können politisches von freundlichem Unternehmertum klar unterscheiden, indem wir danach fragen, ob ein ablehnbares Angebot unterbreitet wird oder jemand die Bewirtschaftung des Menschen mit dem politischen Mittel Zwang will.

Politisches Unternehmertum ist a priori feindlich, weil politisches Unternehmertum definiert (bestimmt) ist durch den Einsatz der Mittel Lüge, Drohung und Zwang. Diese Erkenntnis ist nicht gering. Wenn eine ausreichend große Zahl von Menschen politisches Unternehmertum ablehnt, werden Kriege sinnlos, denn wo es niemanden zu regieren und beherrschen gibt, macht Eroberung keinen Sinn.

Heute gestehen die politischen Unternehmer sich selbst Souveränität im Verhältnis zueinander zu in Bezug auf ihre lokalen Monopole betreffend den Raum (Staatsgebiet). Sie regeln ihre Angelegenheiten durch Verträge, sprechen sich selbst das Recht zur Selbstverteidigung zu, unter dem sie auch Vergeltungsmaßnahmen verstehen, und unterstützen sich bei der Selbstverteidigung, sodass auch schwächere und kleinere politische Unternehmer ihr Monopol erhalten können. Ein Sich-Vertragen ist eben durch Vertrag möglich. Sie gehen Bündnisse ein, regeln den Luft- und Seeverkehr, den Handel und so weiter.

Untereinander einigen sich die politischen Unternehmer darauf, dass sie Eroberungskriege ausschließen, aber gegenüber den Bewohnern »ihres« Gebietes, hinsichtlich dessen sie ein Befehlsmonopol beanspruchen, lassen sie Indoktrination, Drohung mit Zwang und Gewalt als Mittel zur Erzielung von Einkünften und Erzwingung von Gehorsam gelten. Nur weil sich eine Bevölkerung nicht in offener Rebellion befindet, heißt das nicht, dass Frieden ist. Solange bedroht und gezwungen wird gegen sich friedlich verhaltende Menschen, ist kein Frieden, sondern Gegnerschaft.

Der Bereich der Politik, wie wir sie heute kennen, ist der Bereich des feindlichen Handelns, das notwendig zu einer Pareto-Verschlechterung führt, also gut für manche, schlecht für andere. Ökonomisches (nichtpolitisches) Handeln (im Sinne freiwilliger Kooperation) erzeugt Nutzen für manche, ohne Leid für andere zu erzeugen im Hinblick auf den unterschiedlichen Besitz am eigenen Körper und den Sachen, die der Handelnde hat. Politisches oder feindliches Handeln erzeugt Nutzen für manche auf Kosten und zu Lasten des Besitzes anderer.

Die Objektivität der Praxeologie liegt in der Anerkennung der Subjektivität menschlichen Wertens und damit in der Hinnahme von Werturteilen als letzte Ziele, die rational nicht kritisierbar sind, die weder falsch noch richtig sein können, eben weil sie nichtinstrumental (nicht zweckdienlich) sind, sonst wären es keine letzten Ziele. *Kein anderes Subjekt ist in der Lage, das Werturteil eines anderen Menschen durch sein eigenes Werturteil zu ersetzen, ohne dass das Werturteil eines anderen Menschen nicht mehr das wäre, was es vorher war, nämlich: das Werturteil eines anderen Subjektes*. Werturteile sind intersubjektiv (zwischenmenschlich) nicht vergleichbar, sie sind Ausdruck individueller Vorlieben. Jedwede algebraische Operation mit Präferenzen führt dazu, dass das Ergebnis der Operation selbst nicht mehr Präferenz ist, also nicht mehr einer Ordnungszahl entspricht (1., 2., 3.), sondern eine Anzahl (1, 2, 3).

Da Recht subjektiv (persönlich) ist, ist »rechtmäßige Herrschaft« ein Oxymoron (Selbstwiderspruch). Herrschaft bedeutet unter anderem, dass einer dem anderen droht, ihm Schaden zuzufügen, falls dieser nicht in einer gewissen Art und Weise handelt, ohne dass der andere hierzu seinerseits Anlass gegeben hätte durch feindliches Handeln dem politischen Unternehmer gegenüber. Herrschaft ist also von vornherein asozial und feindlich, und wenn nicht mit Schaden oder Zwang gedroht wird und auch keine Fehlvorstellungen durch Propaganda und Indoktrination ausgelöst werden sollen, ist es keine Herrschaft. Herrschaft ist für den Beherrschten stets ein Übel, ihm wird die Erfahrung von Leid angedroht, und der Drohende weiß das auch – gerade deswegen droht er ja, anstatt ein Angebot zu machen oder einen Wunsch zu äußern, den der andere auch ablehnen kann.

Wir können erkennen – im Gegensatz zu unseren tierischen Verwandten –, dass Besitz nicht ein Nullsummenspiel ist und nicht der eine auf Kosten des anderen haben muss, sondern dass in der arbeitsteiligen, unbehinderten Verkehrswirtschaft des freundlichen Unternehmertums die Kunden mittelbare Besitzer der Kapitalgüter sind. Arbeitsteilung unter Spezialisierung und die Herstellung von Kapitalgütern durch freundliche Unternehmer sind nicht dasselbe wie Zwangsarbeit unter Spezialisierung und die Herstellung von Ausrüstung zur Produktion durch politische Unternehmer. Auch mittels politischen Unternehmertums lässt sich Produktion organisieren, aber eben nicht nach den Wünschen der Kunden, sondern nach den Vorstellungen der Produzenten. Wenn eine Produktion allen Menschen dienen soll, dann kann sie nicht durch systematische Lüge (Indoktrination), Befehl und Gehorsam, also in feindlicher Art und Weise, organisiert werden, sondern nur in freundlicher Weise: durch ablehnbare Angebote. Die Grundsätze des Mehrertrags der Arbeitsteilung und des Mehrertrags unter Einsatz von Produktionsmitteln sagen noch nichts darüber aus, ob das hergestellte Produkt aus der Sicht der Beteiligten ein Gut oder ein Ungut ist. Das findet man heraus, wenn man danach fragt, ob die Bezahler und Hersteller gezwungen werden oder nicht.

Die Praxeologie kann nichts darüber aussagen, ob sich einige oder viele Menschen dereinst aus Herrschaft befreien wollen und eine soziale (friedliche und freundliche) Gesellschaftsordnung aufrichten werden. Es handelte sich um Historizismus, aus vergangenen Entwicklungen, die Zukunft prophezeien zu wollen. Die Praxeologie ist zudem als aprioristische Wissenschaft ebenso wertfrei wie ihre »Geschwister«, die Mathematik und die Logik. Der Praxeologe schlussfolgert ausgehend von der selbstevidenten Tatsache, dass der Mensch handelt, und seine Schlussfolgerungen sind intersubjektiv (zwischenmenschlich) überprüfbar nach logischen Grundsätzen auf Widerspruchsfreiheit. Als Wissenschaft kann die Praxeologie zwar darstellen, dass Herrschaft an sich und von vornherein ein Unrecht ist gegenüber dem Beherrschten, aber die Praxeologie trifft keine Sollte-Aussagen. Heute meinen die meisten Menschen, es sollte Herrschaft geben; sie meinen, dass es »gerecht« sei, wenn eine Gruppe von Menschen andere mit schwerstem Schaden bedroht, falls die Amtsträger vorher eine Abstimmung über die Verteilung der »Spitzenpositionen« innerhalb der Gruppe der politischen Unternehmer durchgeführt haben. Aber das ist eben der Bereich des Meinens und Dafürhaltens – und nicht der Wissenschaft.

Auch sind die weiteren Auswirkungen der Praxeologie auf die »Sozialwissenschaften«, also Psychologie (sofern sie nicht Naturwissenschaft ist), Soziologie, Wirtschaftswissenschaften (präziser: Interpretation und Prognose der Wirtschaftsgeschichte), Politikwissenschaften, Klimawissenschaften etc., die eigentümliches Verstehen und informiertes Mutmaßen als ihre Methoden anwenden, ungewiss. Der Wert eines Menschen ist unvergleichbar, weil Wert immer bedeutet: »Wert für wen?«, und weil es keinen allgemeinen Standard gibt, mit dem verglichen werden kann, keinen Urmeter oder kein Urkilogramm. Deswegen erübrigt sich das utilitaristische Konzept, mit Nutzen algebraische Operationen auszuführen. Nutzen ist eben interpersonell (zwischenmenschlich) nicht vergleichbar, sondern subjektiv.

Die These Karl Poppers, das Social Engineering durchführbar sei, wenn die Hypothesen der Sozialingenieure *piecemeal* (stückchenweise) testbar wären, ist falsch. So wie Popper den Begriff *piecemeal* verwendet, meint er eben nicht stückchenweise, sondern »testbar«. Er sagt also, Hypothesen über menschliches Zusammenleben sind dann unpersönlich (objektiv) testbar, wenn sie testbar sind, und das ist ein nichtinformativer Zirkelschluss. Menschliches Handeln ist mit den Methoden der Naturwissenschaften eben nicht erforschbar, sobald es um das Bedeutungskonzept der Finalität geht, also um Werten und Wollen und letzte Ziele. Und soweit die Sozialwissenschaften Verstehen und Mutmaßen als ihre Methoden verwenden, sind die Ergebnisse nicht zwingend, weil sie persönliche Bedeutsamkeitsurteile enthalten, also Annahmen, die nicht von jedermann geteilt werden müssten.

Im persönlichen Leben können die Auswirkungen der praxeologischen Erkenntnisse auf Einstellungen und Überzeugungen von Menschen enorm sein. Diese Erkenntnisse, die für jedes Handeln gelten, decken zahlreiche Irrtümer auf, die zu Ideologien oder Einstellungen und Überzeugungen von Menschen geführt haben, die nicht hilfreich sind. Entweder nicht hilfreich für die Person selbst, zum Beispiel weil sie sich anderen unterordnet oder ihren eigenen »Wert« von anderer Menschen Meinung abhängig macht. Oder ungünstig für andere Personen, die von den Handlungen der Menschen mit feindlichen Einstellungen und Überzeugungen betroffen sind, weil diese aufgrund ihrer Ideologien Indoktrination, Drohung und Zwang gegen ihre friedlichen Mitmenschen einsetzen und ihnen damit das Leben weniger annehmbar machen – oder gar zur Hölle.

Die Idee, eine »Gesellschaft zu organisieren«, ohne das Mittel »Herrschaft«, wurde bislang nur im Verhältnis der politischen Unternehmer zueinander im internationalen Recht umgesetzt. Verteidigungskoalitionen von freundlichen Unternehmern wären eine Neuerung gegenüber den Koalitionen politischer Unternehmer, die es seit Anfang der Geschichte des Menschen gibt.[1] Aber: »Aller Fortschritt der Menschheit vollzog sich stets in der Weise, dass eine kleine Minderheit von den Ideen und Gebräuchen der Mehrheit abzuweichen begann, bis schließlich ihr Beispiel die anderen zur Übernahme der Neuerung bewog.«[2]

Keine Erfahrungswissenschaft kann zeigen, wie eine menschliche Gesellschaft in Frieden und freundlicher Kooperation organisiert sein wird. Erfahrung ist immer die Erfahrung der Vergangenheit, und sie sagt nichts aus über die Zukunft, was unmittelbar gültig ist. Nur im Hinblick auf das menschliche Handeln können wir durch die logische Struktur unseres Verstandes erkennen, der die Kategorien von Kausalität und Finalität kennt, dass jeder Mensch souverän (sein Wollen selbst hervorbringend) ist. Und entweder man geht friedlich oder freundlich mit seinen Mitmenschen um oder täuschend, erzwingend und egoistisch, also feindlich. Es gibt keinen dritten Weg. An dieser Frage wird sich das Schicksal der Menschen entscheiden.

Wir können am Ende des Buches auch verstehen, wie es dazu kommen konnte, dass das politische Unternehmertum sich so »erfolgreich« verbreitet hat. Um der Unruhe zu entgehen, flüchten sich die Menschen in den Wahn des »Sollte-Denkens«, wie wir das oben ausführlich beschrieben haben. Ein so vom Sollte-Denken Besessener begrüßt politisches Unternehmertum, also dass andere gezwungen werden, sich so zu verhalten, wie er es besser findet. Wir wissen aus der Geschichte, zu welchen Gräueltaten Menschen sich aufgrund ausgedachter geistiger Konzepte, was sein sollte, hinreißen lassen. Die Konzepte von Rassismus, Nationalismus, Sozialismus, Kommunismus oder aufgezwungener Herrschaft an sich führten dazu, dass unzählige Menschen, die sich den Angreifern gegenüber selbst nicht feindlich verhielten, ermordet wurden und geschändet, eingesperrt und enteignet, geschlagen, getreten, ausgeplündert und vergewaltigt. Es ist nicht nur der politische Unternehmer, der zu solchen Taten aufruft, der gefährlich ist für seine friedfertigen Mitmenschen, sondern gefährlich sind ebenso die Menschen, die selbst als politische Unternehmer die Anführer der Gruppe der politischen Unternehmer unterstützen, indem sie für sie abstimmen, Propaganda und Indoktrination betreiben, andere einsperren oder in Lagern bewachen oder töten etc. Sie alle sind politische Unternehmer, nicht nur die Anführer, auch die Vollstrecker, insbesondere die Vollstrecker. Dass einer ein »Recht« habe zu gehorchen, ist eben auch nur ein vorgestelltes Konzept, ein Wähnen, das nicht zu dem gehört, was wir über die Welt wissen können.

Solange Menschen also in ihren illusionierten Konzepten befangen bleiben, wie die Welt und die anderen beschaffen sein sollten, wird es politisches Unternehmertum geben; denn wenn andere sich nicht aufgrund freiwilliger Kooperation dazu entscheiden, das zu tun, was die vom Wähnen Ergriffenen glauben, dass sie tun sollten, werden so eingestellte Menschen ihre Konzepte als Rechtfertigung dafür wähnen, andere zu belügen und ihnen auf alle möglichen Arten zu drohen und zu schaden, um ihr »Wollen für andere« (Sollen) durchzusetzen.

Anmerkungen zu Kapitel XVIII

1 Konkrete historische Berichte von vergangenen Goldenen Zeitaltern kennen wir nicht; sie gehören für uns der Welt der Sagen und Mythen an, für die wir keine wissenschaftlichen Beweise haben.

2 Mises, Liberalismus, 1927, S. 48.

ANHANG

1. Großer »praxeologischer Psycho-Test« und Einstellungsübungen

Der folgende Test wurde zuerst in einer Serie auf Facebook veröffentlicht. Ich postete Sätze von Max Stirner und anderen Autoren, die ich in Ich-Form im »Stirner-Stil« umformuliert hatte.

Wenn sich ein Satz falsch anfühlt, besteht die Möglichkeit, dass Sie einer sabotierenden Einstellung oder Überzeugung auf die Schliche gekommen sind, die Sie irgendwann erlernt haben oder die Ihnen jemand »antrainiert« hat und die heute ungünstig für Sie sein kann. Lesen Sie sich diesen Satz nun jeden Tag mehrmals laut vor, haben Sie die Möglichkeit, die sabotierende Einstellung zu »überschreiben«. Grundsätzlich gilt: Je verstörender ein Satz für Sie klingt, desto eher könnte er für Sie eine Bedeutung haben.

Die Sätze sind alle praxeologisch »informiert«; damit meine ich, dass die Sätze übereinstimmen mit den Schlussfolgerungen aus dem menschlichen Handeln, also dass Werturteile subjektiv sind; die Vergangenheit unumkehrbar; die Zukunft ungewiss und die Gegenwart vorläufig; dass die Gruppe selbst nicht handeln kann, sondern nur die Einzelnen; dass es kein Kollektiv gibt, das handeln könnte; dass es nichts gibt, das von vornherein über einem einzelnen Menschen stünde; dass der Mensch stets (und nur!) handelt, um seine Unzufriedenheit zu vermindern; dass es Kausalität gibt (Ursache und Wirkung) und nichts ursachlos aus dem Nichts sich entwickeln kann und so weiter.

Hinter den Einstellungen und Überzeugungen stehen im Fettdruck prägnante Einstellungssätze. Wenn Sie meinen, ein Einstellungssatz spricht Sie besonders an – oder stößt Sie besonders ab –, können Sie den Einstellungssatz in der Kurzversion sich täglich mehrmals laut und/oder in Gedanken vorsagen und ihn so einüben. Dann »überschreiben« sie – wenn es klappt – ungünstige, weil praxeologisch falsche Einstellungen mit günstigen Einstellungen, die mit der Wirklichkeit eines handelnden Wesens übereinstimmen.

Anstatt die Einstellungssätze einzeln über Tage oder Wochen zu üben, können Sie die Einstellungen auch durchnummerieren von 1 bis 31 und an jedem Tag einen anderen Einstellungssatz üben. Sie können sich zuerst die Langversion laut vorlesen und dann die Kurzversion mehrmals täglich aufsagen, laut oder leise, wie es Ihnen angenehmer ist. All dies ist Meta-Handeln, Handeln über Handeln, Handeln betreffend die Einstellungen und Überzeugungen, die letztlich bestimmen, was Ihre Unzufriedenheit vermindert und welche instrumentalen Ziele Sie sich daher stecken. So können alte »Schadprogramme«, also ungünstige erworbene Einstellungen und Überzeugungen, wenn auch vielleicht nicht gelöscht, so doch überschrieben werden.

Will man die Einstellungen emotional »verankern«, also als tief sitzende Einstellungen zur Verfügung haben, oder anders ausgedrückt »unbewusst kompetent« im Hinblick auf die Einstellungen sein, bieten sich besondere psychologische Techniken an (z. B. Vorstellungsübungen, Selbsthypnose etc.), die hier vorzustellen zu weit führen würde.

Disclaimer: Wenn Sie das Gefühl haben, unter psychischen Problemen zu leiden, dann suchen Sie sich bitte professionelle Hilfe und verlassen sich bitte nicht auf die hier beschriebenen Methoden.

Am besten, Sie lesen sich die Sätze laut vor. Auch Ihre Kinder oder Ihren Partner können Sie bitten, sich diese Sätze laut vorzulesen, mit der Frage im Hinterkopf, wie stimmig sich die Sätze anfühlen.

Los geht's:

1.
Ich bin allzumal vollkommen

Ich bin allzumal vollkommen! Denn Ich1 bin in jedem Augenblick alles, was Ich sein kann, und brauche niemals mehr zu sein. Da kein Mangel an Mir haftet, haben auch Schuld und Scham keinen Sinn. Zeigt Mir einen Schuldigen auf der Welt, wenn man es keinem Höheren mehr recht zu machen braucht. Ich brauche es niemandem recht zu machen. Ich bin das einzigartige Ergebnis Meiner Entwicklungen und bringe das zustande, was Ich vermag.[2] ***(Ich bin jederzeit vollkommen!)***

Die Dinge an sich sind weder gut noch schlecht. Erst Meine Bewertung führt dazu, dass sie gut oder schlecht sind.[3] (**Die Dinge an sich sind weder gut noch schlecht.**)

Wie andere Mich bewerten, sagt nichts aus, was für Mich unmittelbar gültig ist, sondern nur darüber, was andere mögen. Wert ist vorläufig, persönlich und zwischen zwei Personen nicht vergleichbar. Ich bewerte Mich auch nicht selbst, da Ich Mich nicht von Mir unterscheide in einen Bewertenden und einen Bewerteten. ***(Ich unterscheide Mich nicht von Mir!)***

2.
In schwierigen Zeiten

Selbst wenn das Schlimmste passiert: Ich entscheide, wie Ich damit umgehe. Solange Ich lebe, bestimme Ich über Meine Gefühle. Wenn Ich sterbe, ist es sowieso nicht mehr von Bedeutung.

Schuldgefühle sind überflüssig und sinnlos. Ich kann nichts ungeschehen machen. Ich gebe in jedem Moment Mein Bestes. Es spielt keine Rolle, wie groß der Schaden und wie schlimm die Folgen sind. Es ist eine Einbildung, dass Ich hätte anders handeln können.

Dass keine Fehler passieren könnten, ist eine Illusion. Alle Selbstkritik und Selbstverurteilung können daran nichts ändern; sie sind nur schädlich.[4] Die Ungewissheit der Zukunft und damit die Möglichkeit von Fehlern sind im Handeln bereits vorausgesetzt. ***(Ich gebe in jedem Moment Mein Bestes.)***

Ich fürchte mich nicht vor Angst. Ich stelle Mich Meiner Angst. Ich erlaube der Angst, in Mich einzudringen und durch Mich hindurchzugehen. Und wenn die Angst vorübergegangen ist, wende Ich Mein inneres Auge ihrem Pfad zu, und es wird nichts übrig sein außer Ich.[5] (**Ich erlaube der Angst, in mich einzudringen und durch Mich hindurchzugehen.**)

Traurig sein, ja selbst verzweifelt und hoffnungslos, sind normale Gefühle, wenn Ich verspüre, dass Ich etwas verliere, das Mir wichtig ist.[6] ***(Wenn Ich etwas verliere, kann Ich traurig sein.)***

Fehler und Rückschritte sind unvermeidlich. Ich kann alle sabotierenden erlernten Überzeugungen und Gedanken ändern durch das Üben von neuen, hilfreichen Überzeugungen. Ich bin Meinen falschen Überzeugungen nicht ausgeliefert.[7] (**Ich kann alle sabotierenden erlernten Überzeugungen ändern.**)

Selbst wenn Ich sparen muss, habe Ich den Vorteil, dass Not erfinderisch macht und Ich dann kreativer sein kann.[8] Ich kann alle Dinge verkaufen, die Ich nicht brauche. ***(Not macht erfinderisch.)***

Glücklichsein wird überbewertet. Ich kann glücklich sein ohne Glücklichsein. Ich kann mich traurig, wütend oder niedergeschlagen fühlen. Aber Ich bestimme, wie Ich damit umgehe. Ich bestimme, wie Ich diese Gefühle bewerte. Der Mensch handelt, um seine Unzufriedenheit zu vermindern. Ein »restlos glücklicher« Mensch ist kein handelnder Mensch. **(Ich muss nicht glücklich sein.)**

Die Welt schuldet mir nichts, nicht einmal Gerechtigkeit.[9] ***(Die Welt schuldet mir nichts. Oder: [Die Person] A [Namen einsetzen] schuldet mir nichts.)***

Schmerz ist unausweichlich. Daran zu leiden, ist optional.[10] Die Dinge an sich sind weder gut noch schlecht; erst Meine Bewertung macht sie dazu. Ich kann jedes Gefühl, das nun einmal da ist, annehmen, denn wenn es da ist, ist es real, ob ich es annehme oder nicht. Ich kann alles ertragen, woran Ich nicht unmittelbar sterbe. Kein Schmerz, an dem Ich nicht unmittelbar sterbe, ist unerträglich.[11] (**Ich nehme Meinen Schmerz an.** Oder, etwas fortgeschrittener: **Ich umarme Meinen Schmerz.**)

Wenn die Zukunft unklar wird wegen großer Umwälzungen und es danach aussieht, als würde alles den Bach hinuntergehen, kann Ich immer noch das Naheliegende tun, das Mir in den Sinn kommt, und zwar Schritt für Schritt. Das Naheliegende ist das, was Meine Intuition Mir eingibt und womit Ich niemandem schade, außer denjenigen, gegen die Ich Mich verteidige, die also Mir schaden wollen. ***(Ich tue das Naheliegende.)***

3.
Ich, der Undenkbare

Wenn Ich vom Denken ergriffen bin, bin Ich blind für die Unmittelbarkeit der Dinge. Ich kann Mein Denken abbrechen oder fortführen, wie Ich will. Gerade im tiefsten Nachdenken bin Ich gedankenlos. Nicht das Denken, sondern Meine Gedankenlosigkeit, Ich, der Undenkbare, befreie Mich von der Besessenheit des Denkens.[12] **(Ich kann mein Denken abbrechen oder fortführen, wie ich will.)**

Ein Ruck tut Mir die Dienste des sorglichsten Denkens, ein Recken der Glieder schüttelt die Qual der Gedanken ab, ein Aufspringen schleudert den Alp der Geisterwelt von der Brust, ein aufjauchzendes Juchhe! wirft jahrelange Lasten ab. Aber die ungeheure Bedeutung des gedankenlosen Jauchzens konnte in der langen Nacht des Denkens nicht erkannt werden.[13] ***(Ein aufjauchzendes Juchhe! wirft jahrelange Lasten ab.)***

4.
Ich, der Einzelne

Ich unterscheide Mich nicht in ein Ich, wie Ich bin, und ein Ich, wie Ich sein soll. Selbst Mir schulde Ich gar nichts, weil Ich mich nicht von Mir selbst unterscheide. Kein Hund versucht, ein rechter Hund zu sein, kein Schaf, ein rechtes Schaf. Sie leben sich aus, indem sie sich verbrauchen. Ich bin, der Ich bin.

Ich setze Mich Mir nicht voraus, weil Ich Mich jeden Augenblick überhaupt erst setze oder schaffe und nur dadurch Ich bin.[14] **(Ich schulde Mir nichts!)**

Ich lasse Mich nicht von Meinen Stimmungen und Gefühlen anleiten. Ich habe keine Kontrolle über die anderen, aber Ich habe die Kontrolle über Meine Stimmungen und Gefühle. Ich entscheide, Ich handle, und das Gefühl wird folgen.[15] *Ich bin nicht der Knecht meiner Stimmungen, Ich bin ihr Meister.* ***(Ich handle, und das Gefühl wird folgen.)***

5.
Ich lasse mir nichts gefallen!

Ich muss die Regeln und Gesetze anderer Leute nicht respektieren, nur weil sie Mich dazu zwingen wollen. Solche Leute bieten mir nichts an, das Ich haben will. **(Ich muss die Regeln anderer nicht befolgen!)**

Ich mache niemanden stärker, der versucht, Mir zu schaden, indem Ich ihm auch noch gefällig bin. Wer meine Gegner stärker macht, ist nicht mein Freund, sondern mein Gegner. ***(Ich mache meine Gegner nicht stärker.)***

Ich ignoriere die Meinung von Leuten, die nur tun, was die anderen tun. **(Ich ignoriere die Meinung von Nachahmern.)**

Ich lasse Mir nichts gefallen. Wenn Mir jemand einen Felsbrocken in den Weg legt, gehe Ich so lange drum herum, bis Ich genug Pulver habe, ihn zu sprengen.[16] ***(Ich lasse Mir nichts gefallen!)***

Anstatt mit anderen zu konkurrieren, betone Ich Meine Einzigartigkeit. **(Ich betone meine Einzigartigkeit.)**

Ich kann mich verteidigen. Selbst wenn ich unterliege: Ich kämpfe für Mich, Ich blute für Mich, und wenn es sein muss, sterbe Ich für Mich. ***(Ich kämpfe für Mich, Ich blute für Mich, und wenn es sein muss, sterbe ich für Mich!)***

Ich bringe niemandem mehr Respekt entgegen, als er mir entgegenbringt. Wer unfreundlich zu mir ist, dem versuche ich nicht zu gefallen, sondern ich lasse ihn links liegen. **(Ich respektiere niemanden mehr als er Mich!)**

Ich brauche der Intuition (Mutmaßung) anderer nicht zu glauben, nur weil sie ihre Narrative ständig wiederholen, emotional aufladen und/oder einen »Konsens« behaupten. Ich folge Meiner Intuition. Ich weiß, dass es im Bereich des Mutmaßens kein sicheres Wissen gibt, weil Mutmaßungen persönliche Bedeutsamkeitsurteile enthalten, die nicht nach einem unpersönlichen Standard objektiv testbar sind. Deshalb weiß Ich, dass sich bei komplexen Phänomenen selbst im Nachhinein nicht sicher feststellen lässt, wer recht hatte. ***(Ich vertraue Meiner Intuition.)***

Sollen ist Wollen für andere. Nur Ich kann wissen, was Ich soll, also will. Aus Mutmaßungen, Korrelationen und selbst Naturwissenschaften folgt nie ein Sollen, sondern nur Ist-Aussagen. **(Nur Ich kann wissen, was Ich will!)**

Ich muss einem Angreifer gegenüber nicht offenlegen, dass Ich gemerkt habe, dass Ich angegriffen werde.[17] *Ich kann Täuschung als Mittel der Verteidigung einsetzen, um Angriffen auszuweichen, und Ich kann Täuschung einsetzen, um Angreifern meine freiwillige Kooperation zu verweigern, damit Ich die Angreifer nicht noch stärker mache. In erster Linie bräuchte Mich niemand anzugreifen, wenn Ich Mich friedlich ihm gegenüber verhalten habe. Ich kann Mich zur Verteidigung derselben Mittel bedienen wie die Angreifer. (**Ich kann Angreifer täuschen.** Oder: **Angreifern gegenüber kann ich unehrlich sein.**)*

6.
Zusammen geht es leichter

Ich kann andere um Hilfe, Unterstützung oder Kooperation bitten. Durch Bitten falle Ich niemandem zur Last, denn der andere kann Meine Bitte ja schadlos ablehnen. Will der andere Meine Bitte erfüllen, geht es uns beiden besser, denn der andere wird Meine Bitte nur dann erfüllen, wenn es auch seine Unzufriedenheit vermindert. **(Wenn ich Hilfe brauche, bitte ich darum!)**

*Wenn Ich von anderen etwas wünsche, das sie Mir nicht einfach so geben möchten, oder Ich eine Handlung erbitte, kann Ich anderen eine Gegenleistung anbieten. Nehmen sie Mein Angebot an, wird das Leben für alle Beteiligten annehmbarer, weil Menschen sich nur dann austauschen, wenn sie sich mehr versprechen von dem, was sie erhalten, als von dem, was sie dafür aufgeben. **(Um Meine Ziele zu erreichen, kann Ich Angebote machen. Oder: Andere schätzen den Austausch mit Mir.)***

Menschen, die mit Mir kooperieren wollen, verhalten sich mir gegenüber freundlich. Durch den freiwilligen Austausch erreichen wir zusammen mehr. **(Freundlicher Austausch bereichert Mein Leben.)**

*Wenn Ich Mich mit anderen Menschen zum gemeinsamen Handeln verbinde, ohne Dritten dabei zu drohen oder zu schaden, dann verbessert sich die Situation aller Beteiligten. **(Ich muss niemandem schaden, damit Mein Leben annehmbarer wird.)***

Wenn Ich Mich mit anderen verbinde, können wir zusammen mehr erreichen, wenn wir uns spezialisieren und freiwillig die Ergebnisse unserer Arbeit austauschen. **(Zusammen erreichen wir mehr.)**

Credits: Max Stirner, Ludwig von Mises, Godehard Stadtmüller, Doris Wolf, Frank Herbert und andere

P.S.: Stirner-Stil heißt auch, dass Personal- und Possessivpronomen groß geschrieben werden. Stirner darf das, das wissen Sie aus Punkt 5 des Tests: »Ich muss die Regeln und Gesetze anderer Leute nicht respektieren, nur weil sie Mich dazu zwingen wollen. Solche Leute bieten mir nichts an, das Ich haben will.«

2. Praxeologisch informierte Psychologie, Yoga und Wu wei

Praxeologisch informierte Psychologie

Praxeologie ist ein wichtiges Tool (Werkzeug) für die Psychologie, weil wir anhand der Praxeologie identifizieren (erkennen) können, ob geistige Haltungen (Einstellungen und Überzeugungen) im Widerspruch zu der Logik des Handelns und damit zu der Wirklichkeit eines handelnden Wesens stehen. Nicht Sigmund Freuds Psychoanalyse, nicht die psychiatrische Annahme »geistiger Krankheit« sind hilfreich für den, der Pech beim Handeln hat (oder seine Mitmenschen, die unter seinem Handeln leiden), sondern die Praxeologie und eine auf ihrem Axiom und ihren Schlussfolgerungen aufbauende Psychologie oder Psychotherapie. Mithilfe der Praxeologie kann eine Person widersprüchliche Überzeugungen erkennen und durch hilfreiche neue ersetzen, die mit den Schlussfolgerungen der Logik des Handelns kohärent (übereinstimmend) sind.

Im Hinblick auf die Techniken, wie neue Einstellungen und Überzeugungen eingeübt werden, sodass sie anfangs bewusst und später unbewusst zur Verfügung stehen, sind die Psychologie und die Psychotherapie hilfreich mit ihren Techniken wie beispielsweise Gesprächstherapie, Bonding, Gruppentherapie, Verbindung zum Inneren Kind etc. Und auch Techniken wie Meditation, Tonglen, Hypnose oder Selbsthypnose können hierfür hilfreiche Mittel sein. Dabei geht es darum, die günstigen, weil praxeologisch informierten Einstellungen und Überzeugungen sozusagen emotional zu verankern und ungünstige aufzulösen.

Yoga – körperliche Haltungen (Asanas)

Der aktuelle Mensch hat jedoch nicht nur virtuelle (geistige) Haltungen, sondern auch aktuelle (räumlich-körperliche) Haltungen. Und auch hier kann es sein, dass er ungünstige Haltungen erlernt hat. Ebenso wie die psychischen Haltungen für ihn ungünstig sein können, können seine körperlichen Haltungen für ihn ungünstig sein. Handeln heißt Mittel wählen, um Ziele zu erreichen. Körperliche Haltungen können Auswirkungen auf die Zufriedenheit von Menschen haben. Wer günstigere körperliche Haltungen einnimmt, kann Schmerzen vermeiden. Und Psychologen, Ärzte und Yogis beobachten Zusammenhänge zwischen körperlichen und geistigen Haltungen. Eine aktuelle körperliche Haltung kann sich im Geiste ausdrücken. Schmerzen können zu Unbehagen führen. Wer mehr Möglichkeiten hat, Haltungen einzunehmen, hat mehr Möglichkeiten zu handeln. Er erweitert das Spektrum seiner Handlungsmöglichkeiten.

Ein souveränes, das heißt sein Wollen selbst hervorbringendes handelndes Wesen, das im Geiste überzeugt ist von seiner eigenen Vollkommenheit in dem Sinne, dass es das einzigartige Ergebnis seiner Entwicklungen ist und als solches im Wert unvergleichbar, wird sich gegebenenfalls in einer anderen körperlichen Haltung zeigen als jemand, der sich für ein Zahnrädchen in einem Kollektiv hält, jemand, der sich zu sich selbst und zu anderen derart ins Verhältnis setzt, dass er aus den Spiegelungen anderer und von »Persönlichkeitsanteilen« seiner selbst »Wertschätzung« zu erhalten sucht.

Yoga ermöglicht Haltungen (Asanas), die der Ungeübte nicht einnehmen kann, und durch Yoga werden sich viele Menschen ihrer Haltungen überhaupt erst bewusst; auch der Haltungen, die sie jetzt als ungünstig für sich erkennen und vorher gar nicht bemerkt haben, sondern nur deren negative Wirkungen auf ihr Wohlbefinden.

Yoga-Haltungen sind zudem nicht rein körperliche Haltungen, denn körperliche Vorgänge wirken sich auf die Empfindungen aus und damit auf die Psyche, also den Geist und das Wohlbefinden des Yogis.

Letztlich ist das Ziel des Yoga »Moksha«, die Überwindung von Begrenzungen. Das im Westen bekannte Yoga betrifft eher die körperliche Seite der Yoga-Lehre, aber beim Überwinden der Begrenzungen geht es auch um geistige Begrenzungen. Der Yogi »cittet«[18] (meditiert) und so kommt er hinter seine Einstellungen und Überzeugungen. Er meta-handelt, um geistige Begrenzungen zu überwinden. Der indische Yogi Sri Nisargadatta Maharaj sagte über Yoga: »Was sich ändern soll, ändert sich sowieso. Es ist ausreichend, sich selbst zu kennen, wie man ist, hier und jetzt. Intensives und methodisches Erforschen des eigenen Verstandes ist Yoga.«[19]

Wu wei – Handeln durch Nicht-Handeln

Wu wei ist ein Begriff aus dem Dao De Jing, das Laotse (6. Jahrhundert vor Christi Geburt) zugeschrieben wird. Wu wei bedeutet etwa »Handeln durch Nicht-Handeln«, was auf den ersten Blick widersprüchlich erscheint. Da das Konzept des Wu wei nicht nur im Dao De Jing, sondern auch in anderen Denktraditionen Anklang findet, mag sich mancher Leser fragen, was praxeologisch von dem Konzept »Handeln durch Nicht-Handeln« zu halten ist, einem scheinbaren Paradoxon (Unmöglichkeit)?

Handeln durch Nicht-Handeln kann einerseits verstanden werden als Offenheit für das Aktuelle, also das, was gerade passiert, während wir handeln. Es kann interpretiert werden etwa als sich nicht krampfhaft an ein Ziel zu klammern. Sprache ist stets abstrakt, und wenn wir im Sprechdenken einen Plan fassen, dann wird dieser Plan die konkrete Wirklichkeit letztlich nie restlos erfassen. Der konkrete historische Moment ist in seiner Aktualität nicht vollständig mit Sprechdenken erfahrbar. Das ist ein Grund, nicht an einem in der Vergangenheit gesetzten Ziel anzuhaften.

Wer Sprache nicht als notwendig abstrakt versteht, sondern meint, das Gespräch sei mit dem Besprochenen identisch, der hält die Karte sozusagen für das Gebiet. Die Einschränkung im Handeln des durch Sprache oder Sprechgedanken »Gefesselten« ist, dass er vergegenständlicht, was abstrakt ist, und er diese hypostasierten »Dinge« als »mehr real«, wirklicher, versteht als die aktuelle Erfahrung.[20] Für ihn wird die Welt verständlicher und konkreter, dadurch dass er abstrakte Kategorien mit konkreten Dingen verwechselt. Er hat dadurch ein Handlungsdefizit, weil er sich die Welt »statischer« vorstellt, als sie ist. Zwischen dem Wort »Ball« und dem Gegenstand Ball besteht ein Unterschied. Ein Ball kann bunt sein, einfarbig, mit Luft gefüllt, fest, von Bedeutung, bedeutungslos herumliegen etc. Der konkrete Ball ist nie mit dem Wort »Ball« identisch, ebenso wenig, wie eine Karte der Erdoberfläche mit der Erdoberfläche identisch ist. Eine Karte und ein Wort sind intellektuelle Hilfsmittel, in der Welt zu handeln, aber sie sind nicht identisch mit dem, was sie bezeichnen oder beschreiben.

Zudem kann Wu wei verstanden werden als Einstellung gegenüber der Ungewissheit der Zukunft. Wir wissen nicht nur nicht genau, was passieren wird, sondern wir wissen auch nicht genau, wie recht uns das sein wird. Wir können uns keine Befehle in die Zukunft schicken, und an diesem Irrtum, dass dies möglich wäre, verzweifeln so viele menschliche Geister. Wir können uns noch so viele gute Vorsätze fassen, aber letztlich entscheiden wir im Moment, im Augenblick, was unsere Unzufriedenheit vermindert. Die Kenntnis dieser Ungewissheit und der Stets-Souveränität erlaubt nicht nur einen flexiblen Umgang mit instrumentalen Zielen, sondern sie führt dazu.

Handeln durch Nicht-Handeln kann als eine Abkehr von Verbissenheit im Verfolgen eines Zieles verstanden werden. Konrad Lorenz beschreibt die Abkehr von Verbissenheit im Verfolgen eines Zieles anhand des Beispiels von einem Schimpansen:

> *»Der Weg zum Ziel oder zu dem, was sich nachträglich als ein erstrebenswertes Ziel erweist, führt anfangs oft in eine ganz unerwartete und scheinbar abwegige Richtung.«*[21]

Schon bei einem Huhn, sagt Lorenz, das zu einem hinter einem Gitter liegenden Stück Brot strebe, werde der Umweg um den Zaun umso schwerer gefunden, je näher am Gitter die Lockspeise liege und je intensiver damit die Appetenz (triebbedingtes Begehren) sei. Durch die stark anziehende Wirkung eines Zieles werde die Fähigkeit des »Herumspielens« mit Faktoren, aus deren Kombination sich eine Lösung ergeben könnte, gehemmt.

> *»Wolfgang Köhler erzählt von seinem Schimpansen Sultan, wie er sich von dem Problem, zwei Teile einer Angelrute zusammenzustecken, um eine Banane heranzuholen, die mit keinem der Teile alleine erreichbar war, ab-*

> *wandte und ›ziellos‹ mit den beiden Stöcken spielte. Als er herausfand, dass sie sich ineinanderstecken ließen, erkannte er allerdings sofort, dass er nun ein Werkzeug besaß, mit dem er sein Ziel erreichen konnte.«*[22]

Zudem geben Ames und Hall noch eine Interpretation, was Wu wei im Sinne nichterzwingenden Handelns im Bereich des zwischenmenschlichen Handelns bedeuten kann[23]: Aus der Gesamtschau des Dao De Jing ergibt sich als optimale Einstellung einer Person eine Überzeugung, die danach sucht, zwischenmenschliche Beziehungen durch freiwilligen Austausch zu verbessern, denn jeder kann in Abwesenheit von Zwang das Beste aus seiner Situation machen.

Und letztlich sind alle Ziele, die der Handelnde in der äußeren Welt erreichen will, instrumentale Ziele, denn das letzte Ziel ist stets die Verminderung der Unzufriedenheit. *Pain is inevitable, suffering is optional*, ist ein englisches Sprichwort, zu Deutsch: Schmerzen sind unausweichlich, daran zu leiden, kann man wählen. Im Sinne Max Stirners kann der Einzelne wählen, wie er mit einer körperlichen Empfindung oder mit einem Gefühl (Angst, Wut, Trauer, Schmerz, Freude) umgeht, eben soweit seine Einstellungen und Überzeugungen und seine geistige Ausrüstung es ihm erlauben, sich nicht mit Empfindungen, Gedanken und Gefühlen zu identifizieren (gleichzusetzen), sondern sie als SEINE inneren Erlebnisse und Vorstellungen zu begreifen – und damit nach Belieben zu verfahren. Verfehlt man ein instrumentales Ziel, kann man sich, wenn man das wählen möchte, eben neu orientieren, und mit dem, was man vorfindet, seine Unzufriedenheit vermindern. Wenn jemand ein Ziel verfehlt, macht es seine Situation nicht besser, wenn er sich auch noch mit dem vielleicht aufkommenden Ärger identifiziert (gleichsetzt), sondern er kann wählen, den Ärger wahrzunehmen – und weiterzugehen.

Möchte man noch einen Schritt weitergehen, so kann man Wu wei auch verstehen als »durch Handeln zum Nicht-Handeln« anstatt Handeln durch Nicht-Handeln.

Folgendes Schaubild soll dabei helfen:

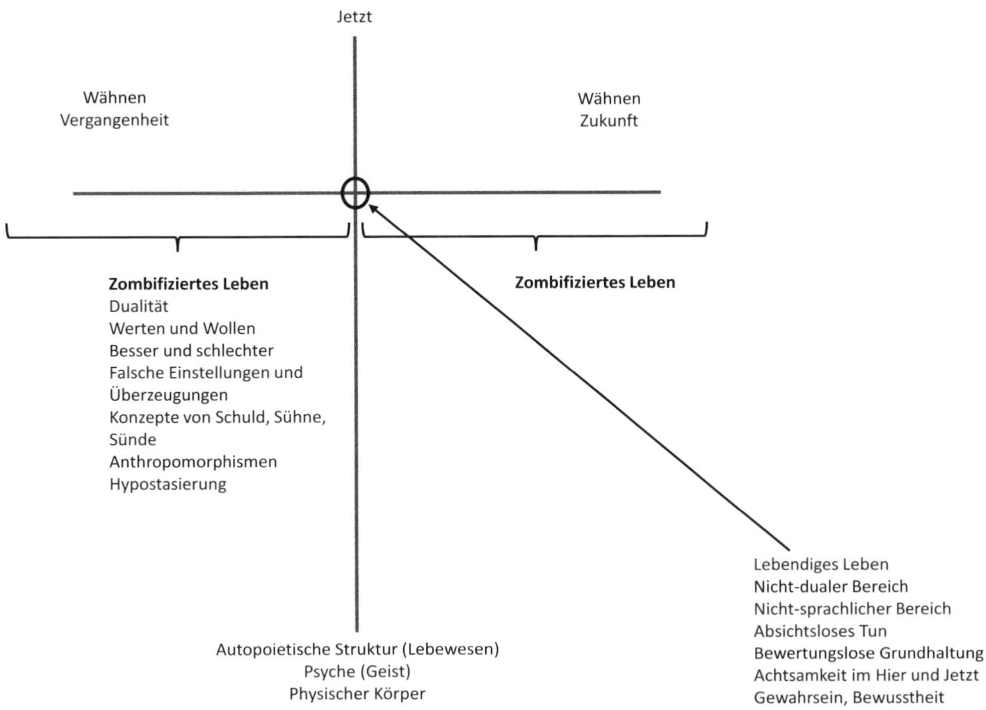

Handeln ohne Vorausdenken

Handeln kann stets nur im Hier und Jetzt stattfinden. Sprechdenken (eingebildete Sprache) bezieht sich hingegen immer auf die Vergangenheit (referenziert zur Vergangenheit), denn Erfahrung ist immer die Erfahrung der Vergangenheit und nicht die Erfahrung der Zukunft. Zudem ist Sprache abstrakt, weil sie Individuen zur Kommunikation untereinander verwenden und sich Sprache daher auf den Bereich der geteilten oder ähnlichen Erfahrungen bezieht. Mit Sprechdenken kann der konkrete Moment also nie vollständig beschrieben werden. Wer ständig sein Handeln vorausdenkt, der übersieht stets etwas. Max Stirner beschrieb das wie folgt:

> *»Der Denkende ist blind für die Unmittelbarkeit der Dinge … Von diesem freien Denken total verschieden ist das ›eigene‹ Denken welches … von mir fortgeführt oder abgebrochen wird, je nach meinem Gefallen.*[24] *… Du bist nicht bloß im Schlafe, sondern selbst im tiefsten Nachdenken gedanken- und sprachlos, ja dann gerade am meisten.«*[25]

Wer stets das tut, was er im Sprechdenken vorausgedacht hat, ist im Nachteil, weil er sich stets nach etwas richtet, das die konkrete Situation im Hier und Jetzt nicht vollumfänglich erfasst. Aus eigener Erfahrung kann ich das von dem Compound-Bogenschießen beschreiben. Beim Compound-Bogen wird die Sehne nicht mit der Hand gehalten, sondern mit einem sogenannten Release (»Auslasser«), an dem sich ein Knopf befindet. Auf dem Knopf wiederum liegt der Daumen auf, und ein geringer Druck mit dem Daumen genügt, damit das Release die Sehne auslässt und der Pfeil abgeschossen wird. Um den Druck mit dem Daumen auf das Release auszulösen, muss man nicht den Daumen selbst bewegen, sondern es ist ausreichend, wenn man die Rückenmuskulatur etwas anspannt, dann verschiebt sich die Position des Daumens minimal und das Release löst aus.

Als mich mein Mentor einst beim Schießen beobachtete, meinte er zu mir, offensichtlich wolle ich treffen – und das sei ein großer Fehler. Denn das hätte ich nicht im Griff. Ich könnte nur »sauber« auslösen. Mein Problem aber sei nicht nur, dass ich treffen wolle, sondern auch, dass ich auslösen wolle. Ich dürfe nicht denken »Jetzt!« und dann auslösen, sondern ich müsse das Auslösen einfach geschehen lassen. Ein Pfeil sei dann gut abgeschossen, wenn der Schütze selber überrascht ist vom Auslösen. Und tatsächlich war dies so: Denkt man das Auslösen nicht voraus, ist man vom Auslösen überrascht, weil man es nicht vorausgedacht hat. Es passiert. Dass man dann auch besser trifft, ist nur eine Konsequenz.

Auch beim Tanzen kann man das nicht vorausgedachte Tun beobachten. »Es tanzt sich«, könnte man sagen, und wer seine Schritte vorausdenkt, der kann den Rhythmus nicht spüren – und das sieht man von außen.

Der Kreuzungspunkt: Das lebendige Leben

Handeln bedeutet vorziehen und zurückstellen, ist also absichtsvolles Tun; es bedeutet Wählen und Wollen. Das heißt nicht, dass das Wählen und Wollen vorausgedacht werden müsste. Die Definition ist vielmehr eine Tautologie: Das, was der Handelnde bei Bewusstsein tut, ist sein Wollen und Wählen. Es ist das, was seine Unzufriedenheit am meisten vermindert – sonst würde er etwas anderes tun.

Wie aber wäre ein Wesen zu begreifen, das nicht analysiert (auflöst), also nicht Geschehnisse und Dinge in besser oder schlechter aufspaltet, sondern Existenz überhaupt, also das Gewahrsein oder das Bewusstsein an sich inklusive allem Wahrnehmbaren als autopoietische Existenz ansieht, die sich in jedem Moment selbst hervorbringt. Denn Existenz kann logisch betrachtet nicht aus Nicht-Existenz hervorgegangen sein, weil die Definition von Nicht-Existenz ist, dass sie eben nicht existiert. Existenz ist insofern eine Singularität und keine Dualität.

Der »absichtslos Tuende« könnte noch ein Zweites erkannt haben: die sogenannte Zeit-Illusion. Damit ist nicht gemeint, dass es Zeit nicht gibt, sondern es geht darum, was Zeit bedeutet. Handeln findet in der Zeit statt. Aber was ist Zeit? Die Zeit, die wir messen, die physikalische Zeit, ist nicht die Zeit des Handelnden. Die physikalisch gemessene Zeit ist ein Vergleich von Bewegung mit anderen periodischen oder gleichförmigen Bewegungen. Also im Falle der Uhr die Drehung der Erde um die eigene Achse, im Falle des Kalenders die Drehung der Erde um die Sonne. Die Sanduhr ist eine gleichförmige Bewegung, und man kann eine andere Bewegung dazu ins Verhältnis setzen. Es geht also um die Bewegung von Objekten in der physischen Außenwelt, die zueinander ins Verhältnis gesetzt werden.

Die Zeit, die der Handelnde im Sinn hat, also Vergangenheit, Gegenwart und Zukunft, ist nicht die physikalisch gemessene Zeit, die ja mit jeder Millisekunde, die verrinnt, schon wieder Vergangenheit ist, sondern es handelt sich um Möglichkeiten zu handeln, die er nicht mehr hat (Vergangenheit), Möglichkeiten, die er gegenwärtig hat, und Möglichkeiten, die er noch nicht hat (Zukunft). Es ist eine vorgestellte Zeit. Handeln selbst kann immer nur im Kreuzungspunkt (siehe Abbildung) stattfinden, im Hier und Jetzt.

Wenn nun Ursache und Wirkung einander bedingen und die Zeit lediglich ein Ins-Verhältnis-Setzen von Bewegungen ist, ein Mittel, mit dem wir unser Handeln koordinieren, dann sind aus der Sicht einer sich ständig im Kreuzungspunkt befindlichen Wesenheit Ursache und Wirkung unterschiedslos. Sie sind sozusagen willkürlich herausgepickte Aspekte eines einheitlichen Prozesses. Es findet eine ständige Wandlung statt für den, der den Prozess aufspaltet, und ein Handelnder »sortiert« diese Wandlungen, um zu handeln, also um Mittel zu wählen, damit er instrumentale Ziele in der physikalischen Außenwelt erreicht, die seine Unzufriedenheit vermindern. Aus der Sicht eines nichthandelnden Wesens im Kreuzungspunkt sind Ursache und Wirkung unterschiedslos; es sind zwei Aspekte eines einheitlichen Prozesses: Erst durch Aufspaltung von Existenz (Analyse) ergeben sich für den Analysierenden Ursache und Wirkung.

Da aber auch die Beschaffenheit des Handelnden im Hinblick auf seine physischen und psychischen Einstellungen und Überzeugungen, also den »Urgrund« seiner Vorlieben, die Folge von Ursachen ist und Ursachen und Wirkungen einander bedingen und in diesem Sinne unterschiedslos sind für einen von der Zeit-Illusion befreiten »Nicht-Akteur«, ist die Finalität vom Handelnden nur vorgestellt. In diesem Buch wurde ausführlich dargestellt, dass der menschliche Wille nicht frei ist in dem Sinne, dass er ursachlos wäre; vielmehr muss der menschliche Wille in der Vergangenheit begründet sein. Dem Handelnden mögen die Gründe seines Wollens und Wählens nicht bekannt sein, insbesondere dessen, was er künftig wählen und wollen wird, weil er die Umstände noch nicht kennt. Aber dass der Akteur die Gründe nicht kennt, heißt nicht, dass sein Handeln unbegründet ist; er weiß nicht um die Zusammenhänge von Ursachen und Wirkungen, aber das bedeutet nicht, dass es diese Zusammenhänge nicht gibt. Finalität ist insofern stets die Folge von Kausalität, sie ist bereits in der Kausalität enthalten. Ursache und Wirkung führen zur Entstehung einer autopoietischen Einheit (Lebewesen), dessen Beschaffenheit maßgeblich für die Finalität ist, also was das Lebewesen vorzieht und zurückstellt, oder anders ausgedrückt: das, was das Lebewesen tut und damit will.

Wer nun das Leben als geistiges Phänomen begreift und in der Bewegung von Körpern ebenfalls ein geistiges Phänomen sieht, insofern die Körper ohne Bewegung ja leblos sind, und Existenz als Singularität ansieht, die stets im Hier und Jetzt stattfindet, der kann zu der Einstellung gelangen, dass Anhaften und Abneigung, also Wählen und Wollen, Einbildungen sind, die davon herrühren, dass er sich mit der physischen und psychischen Struktur identifiziert, mittels derer er sinnliche Wahrnehmungen von der Welt der bewegten Körper erfährt. Ein so Eingestellter erfährt sich nicht als etwas räumlich Begrenztes und Endliches, sondern als etwas, durch das Leben stattfindet; das Lebewesen als »Ego« entsteht für ihn erst durch die Illusion der Getrenntheit (analytisches Denken) vom gesamten Existenzbereich. Da er diese Illusion aufgegeben hat, sieht er schlicht die Existenz und dass sie eine Singularität ist, die stets im Hier und Jetzt stattfindet.

Der sich so Sehende sieht sich deshalb als absichtslos tuend an, weil er davon überzeugt ist, dass das, was er tut, bestimmt ist durch die psychische und physische Beschaffenheit seiner autopoietischen Struktur und durch seine Ontogenese. Er hat erkannt, wenn auch unter Umständen nicht explizit, dass Finalität lediglich der Ausdruck dessen ist, dass alle so tun, wie sie sowieso tun müssen. Ihm kommt es deshalb nicht mehr in den Sinn, im Nachhinein zu bewerten, was geschehen ist, weil sich seine Einstellung, salopp formuliert, so auf den Punkt bringen ließe: »Ich bin des Lebens immer froh, was kommen muss, kommt sowieso.«

Manche Menschen würden das als Fatalismus verstehen, also Schicksalsergebenheit oder Karma-Ergebenheit, um es mit dem östlichen Begriff für das Gesetz von Ursache und Wirkung (»Karma«) zu beschreiben. Aber da Ursache und Wirkung sowieso feststehen, wenngleich unerkannt und unerkennbar für Handelnde (Wählende und Wollende), ist es so oder so der Fall, dass geschieht, was geschehen muss, ganz gleich, wie das ein Akteur bewertet im Nachhinein.

Zudem kann der so Eingestellte verstehen, dass Glück und Unglück einander bedingen (Dualität oder Polarität). Die äußeren Umstände sind wechselhaft. Der praxeologisch informiert Handelnde weiß schon, dass alles Handeln vorläufig ist, die Zukunft ungewiss und Fehler passieren, also ihm auch unangenehme Dinge zustoßen werden. Er weiß auch, dass sein Schicksal als Akteur das Schicksal des Königs Sisyphos ist, dass er es also letztlich nie erreichen wird, seine Unzufriedenheit dauerhaft auf »null« zu vermindern, solange er handelt.

Anstatt sich mit seinem Geist also in den Nicht-Existenzbereichen der Zukunft und Vergangenheit oder des Wähnens von in der geteilten Realität nicht unpersönlich testbaren Konzepten aufzuhalten, kann die Illusion von einer von Kausalität getrennten Finalität fallen gelassen werden und damit auch das Haben von Vorlieben und das Bewerten von Geschehnissen. Werturteile sind subjektiv, und mit dem Aufgeben der Subjektheit, also der Aufgabe der Identifikation mit der psychischen und physischen Beschaffenheit des Lebewesens, durch das er sinnliche Erfahrungen macht, geht logischerweise auch das Werturteil verloren.

Richard Wagner beschäftigte sich in seinem *Parsifal* mit diesem Thema, und der Buddha, Jesus, Krishna oder Laotse haben es vor Wagner getan, Nikola Tesla[26] zeitgleich und nach ihm; die Genannten haben sich vielleicht nicht nur mit dem Thema beschäftigt, sondern möglicherweise auch diese bewertungslose Grundhaltung selbst eingenommen – ich weiß es nicht.

Im Falle des Parsifal wird Anhaftung und Abneigung durch die schöne Kundry symbolisiert, die Frau, das Weibliche oder die All-Mutter (Mater, Materie). Die Gralshüter verfallen ihr und der Zauberer Klingsor verletzt Amfortas, den obersten Gralshüter, mit dem Speer, mit dem auch Christus verletzt wurde, sodass Amfortas ewig leiden wird. Dieses ewige Leid kann als das Schicksal eines Handelnden, also eines absichtsvoll Tuenden, bezeichnet werden, da er es ja von vornherein nicht schaffen kann, seine Unzufriedenheit vollständig und dauerhaft zu vermindern, sondern er dies ständig und immer wieder tun muss.

Parsifal, Wagners einziger Held, der nicht scheitert, kennt (noch) kein (Mit-)Leid, deshalb wird er als »reiner Tor« bezeichnet. Erst nach seiner Begegnung mit Kundry, die auch ihn zu verführen sucht, erkennt er die Bedeutung von Vorliebe, Anhaftung und Abneigung. Er widersteht und kann so Klingsor den Speer entwenden und Amfortas mit diesem Speer von seinem ewigen Leiden heilen (»die Wunde schließt der Speer nur, der sie schlug«).

Parsifal wird der neue Gralshüter, und anstatt wie früher, als der Schrein, der den Gral (das Heil, das Ganze) beinhaltet, nur ab und zu geöffnet wurde, öffnet Parsifal den Schrein nun für immer. Die Illusion der Identifikation mit der psycho-physischen autopoietischen Struktur (Lebewesen) wird aufgegeben und von nun an gibt es kein Besser und Schlechter mehr, sondern nur noch einen Existenzbereich, in dem geschieht, was geschehen muss. Die Illusion des Ego, des Getrenntseins vom übrigen Existenzbereichs, vergeht. So ruft denn auch der Chor am Ende des *Parsifal:* »Erlösung dem Erlöser«, und die dazu erklingende Musik symbolisiert genau das.

Das Ziel, sich das Leben durch Handeln annehmbarer zu machen, wird aufgegeben, und nicht Fatalismus ist die Folge, sondern die Aufgabe der Illusion, dass ein abgetrennter Einzelner kraft seines Willens etwas an dem ändern könnte, was sowieso im Existenzbereich geschieht. Ein etwa 52-stündiger weltdeutender Mythos Richard Wagners, vom *Fliegenden Holländer* bis zum *Parsifal*, findet so sein Ende, mit dem »Sieg« des Parsifal über die Einbildung der Dualität (was nach der östlichen Tradition auch als Maya bezeichnet wird). Parsifal ist im Kreuzungspunkt des obigen Schaubildes angekommen.

Im *Ring des Nibelungen* inszeniert Wagner noch dramatisch den »ewigen Kreislauf« von Handeln und Streben nach Macht, Ruhm, Reichtum und ewiger Sicherheit (Walhall, die »ewige Burg, sicher vor Bang und Grauen«, verbrennt in Ragnarök, der Götterdämmerung); im *Parsifal* gibt er die Antwort, wie man aus dem Kreislauf entkommen kann, sofern man es eben kann – was man letztlich nicht in der Hand hat.

Im Tarot, dem Buch der Wandlungen, wird dieser Kreuzungspunkt ebenfalls beschrieben. Entgegen populärer Mutmaßung geht es beim Tarot nicht um Hellsehen, Wahrsagen oder das Voraussagen der Zukunft, sondern es ist eine Darstellung der Wechselfälle des Lebens. Deshalb wird es auch das »Buch der Wandlungen« genannt. Über die kleinen Arkana (Geheimnisse, Vertrautheiten), die die vier Elemente Luft, Wasser, Feuer und Erde beschreiben, geht es zu den großen Arkana, die das Akasha-Prinzip, also Elemente in Bewegung und in Beziehung zueinander darstellen, bis hin zum Magier, der Karte mit der Nummer 1. Dem Magier stehen alle Elemente geordnet zur Verfügung, er hat sozusagen den »Durchblick«. Aber er symbolisiert nicht den Kreuzungspunkt, auf den sich das ganze Tarot zubewegt, sondern die Karte mit der Nummer 0, der Narr oder der Joker. Er ist weder die erste noch die letzte Karte im Tarot, sondern er ist das Zentrum, die 0, um die sich alles dreht.

Im Kartenspiel ist der Joker die Karte der Verwandlung, der alle anderen Karten umwandeln kann. Für den Narren gibt es kein Besser und Schlechter mehr; deshalb erscheint er aus der Sicht derjenigen, die sich nicht im Kreuzungspunkt befinden, vielleicht als Narr und sie verehren oder verachten ihn, je nachdem, weil sie seine Sorglosigkeit als von der Sorge Geplagte nicht verstehen können.

Freilich befinden sich die meisten Menschen nicht in dieser vorbeschriebenen geistigen Verfassung des Kreuzungspunktes. Das erlebe ich zumindest so. Und so kann man auch den Nutzen der Praxeologie verstehen: Praxeologie ist ein Kompass, der auf den beiden Kreuzarmen ständig zum Schnittpunkt zeigt, zu dem, was ich nach Wilhelm Reich als »lebendiges Leben« bezeichne. Wilhelm Reich beschrieb in seinem Buch Christusmord als die »emotionale Pest« des Menschen das Ausweichverhalten in Bezug auf dieses lebendige Leben.[27] Solange die Menschen im Denken von »besser« und »schlechter« befangen sind und meinen, bewerten zu müssen, um ihre Unzufriedenheit zu vermindern, hilft die Praxeologie, Handeln a priori zu begreifen und nicht nur a posteriori zu verstehen. Im Kreuzungspunkt angekommen ergeht es dem Kompass, wie es einem Kompass ergeht, wenn der ihn Nutzende am Pol angelangt ist, auf den die Kompassnadel ständig hingewiesen hat: Der Kompass wird zwecklos. Entfernt er sich allerdings wieder vom Pol, bietet der Kompass wieder einen Nutzen.

Wer sich entscheidet, stets im Kreuzungspunkt zu verbleiben, sofern wir an dieser Stelle noch von »Entscheiden« reden können, für den verliert der Kompass seinen Wert; er bedient sich keiner Mittel mehr.

Da Sprache notwendig eine gemeinsame Erfahrung voraussetzt, auf die hin referenziert werden kann, und notwendig abstrakt ist, der konkrete Moment im Kreuzungspunkt des Hier und Jetzt aber konkret, kann er mit Sprache letztlich nicht beschrieben werden; auch deshalb, weil er nicht Teil der geteilten Realität mit denjenigen ist, die den Kreuzungspunkt noch nie erfahren haben. Deshalb lässt Laotse das Dao De Jing mit der Aussage beginnen, dass »das Dao, das man benennen kann, nicht das Dao ist«. Man kann es nur umschreiben.

Diese Erwägungen mögen jetzt für den ein oder anderen metaphysisch klingen oder religiös oder esoterisch; aber dann wird er sich wahrscheinlich gerade im Denken befinden und nicht in der urteilsfreien Wahrnehmung des Kreuzungspunktes obigen Schaubildes. Wer die Erfahrung der Meditation nie gemacht hat, wessen Gedanken und Denken stets »tönen«, der kennt schlicht den Erfahrungsbereich nicht, der hier umschrieben wird; und nur wenige Menschen, die ich kenne, interessieren sich überhaupt für diesen Erfahrungsbereich. Sie interessieren sich dafür, wie sie sich das Leben in Maya (Dualität), oder wie es Wilhelm Reich beschrieben hat: das Leben in der »Falle«, annehmbarer machen können – und begeben sich also in die Lebenswirklichkeit des Sisyphos. Sie versuchen Lebenszeit zu gewinnen, als ob es sich beim Hier und Jetzt um etwas handelte, dass sich aufaddieren ließe, wie sich Objekte addieren lassen, oder als ob man Vergangenheit und Zukunft addieren könnte, bei denen es sich ja um Nicht-Existenzbereiche handelt, weil die Vergangenheit nicht (mehr) ist und die Zukunft (noch) nicht ist.

Viele Menschen, die sich psychisch im Bereich des zombifizierten Lebens[28] befinden, meinen, jemand, der älter ist, hätte mehr Lebenszeit gehabt als ein jüngerer Mensch, und übersehen dabei, dass die Vergangenheit ein Nicht-Existenz-Bereich ist, dessen Addition nicht sinnvoll möglich ist. Der Ältere hat nicht mehr gelebt als der Jüngere, sondern seine Beschaffenheit hat im Vergleich zu äußeren periodischen oder gleichbleibenden Bewegungen länger Bestand gehabt. Aber das lebendige Leben findet im Hier und Jetzt statt, im Kreuzungspunkt, und das Leben, das im Wähnen stattfindet, findet außerhalb des Existenzbereichs des lebendigen Lebens statt, im (eingebildeten) Nicht-Existenzbereich des »zombifizierten Lebens«. Beides ist nicht addierbar, weil es sich nicht um mess- oder zählbare Größen der physischen Außenwelt handelt, die Rechenoperationen zugänglich sind, sondern um psychische Phänomene, die erfahren werden im Zusammenhang mit einer physischen autopoietischen Struktur.

Wenn Sie ein Experiment wagen möchten, können Sie sich mit Ihrem Kompass, also praxeologisch informierten Einstellungen und Überzeugungen, auf den Weg zum Kreuzungspunkt machen. Und wenn Sie das nicht möchten oder für Blödsinn halten, dann können Sie sich mit praxeologisch informierten Einstellungen immerhin das »Leben in der Falle« annehmbarer machen. Wilhelm Reich wies darauf hin, dass unzählige Menschen dabei sind, die Falle zu erforschen oder sich ihr Leben in der Falle zu verschönern – oft auf Kosten und zu Lasten ihrer Mitmenschen –, anstatt den Ausgang zu suchen. So ist es dann halt. Menschen, die auf den Ausgang hinweisen oder hinausgehen, werden von Insassen der Falle oft als »untragbar« wahrgenommen. Deshalb sprach Wilhelm Reich von »Christusmord« und meinte damit etwa, dass bei manchen ein richtiggehender Hass auf Menschen entsteht, die vor der Falle herumtanzen. Wie es Jesus erging, dürfte den meisten Lesern bekannt sein; und dass er gekreuzigt wurde, scheint eine besondere Ironie des Schicksals zu sein. Dass das Tarot den Narren wählte für die Karte 0, den Kreuzungspunkt, wird kein Zufall sein. Und wer das Gesetz von Ursache und Wirkung begriffen hat, dem dürfte auch klar sein, was es bedeutet, dass Krishna angeblich »irrtümlich erschossen« wurde.[29] Nun, ich hoffe, so weit werden meine Mitmenschen nicht gehen, zeige ich doch nicht unmittelbar den Ausgang aus »der Falle«, sondern beschreibe nur einen Kompass dorthin, und es steht ja jedem frei, diesen Kompass zu benutzen. Der Kompass ist ein Kompass für »Zombieland«, dessen Nadel stets in Richtung lebendiges Leben zeigt, wo er dann seine Nützlichkeit verliert. Nur in Zombieland ist er nützlich.

3. Praxeologische Schlussfolgerungen

Auf Anregung Peter Taschlers erfolgt hier eine Übersicht praxeologischer Schlussfolgerungen; die Übersicht kann als Check-Liste helfen, Fehler bei intuitiven Urteilen (eigentümliches Verstehen und Mutmaßen) aufzudecken.

1. Handeln ist das Einsetzen eines Mittels zum Erreichen eines Ziels.
2. Das Individuum (der Unteilbare) ist der Handelnde.
3. Wert ist subjektiv. Der Wert der Mittel bestimmt sich nach den Zielen des Handelnden.
4. Die Vergangenheit ist unveränderlich.
5. Was geschehen ist, ist unvermeidlich geschehen (musste geschehen).
6. Die Gegenwart ist vorläufig.
7. Die Zukunft ist ungewiss.
8. Die Zeitpräferenz des Handelnden muss positiv sein. (Es gibt keine negative Zeitpräferenz.)

9. Bedeutsamkeitsurteile (eigentümliches Verstehen/informiertes Mutmaßen) enthalten einen persönlichen Anteil (Intuition), der nicht nach unpersönlichem Maßstab testbar ist.
10. Nutzen ist subjektiv.
11. Mit Ordinalzahlen lassen sich keine Rechenoperationen durchführen, ohne dass sie ihre Eigenschaft als Ordinalzahlen verlieren.
12. Aus Zahl kann nicht Recht folgen.
13. Wert kann nicht gemessen werden.
14. Gewinn und Kosten sind psychische Phänomene.
15. Durch freiwillige Kooperation nimmt der Wohlstand aller Beteiligten zu (win-win).
16. Die Souveränität des Individuums ist nicht abtretbar. Nur das Individuum hat die Kompetenz-Kompetenz über sein Wählen und Wollen.
17. Alle Ziele in der äußeren Welt (physische Welt) sind instrumentale Ziele. Das letzte Ziel ist stets die Verminderung der Unzufriedenheit.
18. Die Ziele haben ihren Ursprung in den physischen und psychischen Einstellungen und Überzeugungen (Beschaffenheit) des Individuums.
19. Sollen ist Wollen für andere. Wer meint zu wissen, was ein anderer sollte, der setzt seinen Willen an die Stelle des Willens des anderen.
20. Rechtmäßige Herrschaft kann es nicht geben.
21. Abstimmen ist das Zählen von Wählen und nicht Wählen.

4. Beispiele performativer Widersprüche

Performative Widersprüche sind Aussagesätze, die im Widerspruch zu ihrem Aussageinhalt stehen, auf den Aussageinhalt selbst angewandt also nicht richtig sein können:

- Alles fließt (verändert sich). (Dann müsste sich auch verändern, dass sich alles verändert.)
- Ich weiß, dass ich nichts weiß. (Wer weiß, dass er nichts weiß, weiß etwas und somit mehr als nichts.)
- Absolute Wahrheit kann es nicht geben. (Diese Aussage kann nach eigener Aussage nicht wahr sein.)
- Alles ist relativ. (Auf sich selbst angewendet, kann die Aussage nicht wahr sein, weil sie dann selbst relativ wäre, also eben keine Gewissheit.
- Alles ist gleichgültig. (Dann müsste es ja auch gleichgültig sein, wenn nicht alles gleichgültig ist!)
- Alles ist egal. (Wie oben!)

5. Beispiel eines Gesellschaftsvertrages, den Einzelne freiwillig eingehen könnten

Mit der Präsentation des folgenden Beispiels eines Gesellschaftsvertrages, den Einzelne freiwillig eingehen könnten, verfolge ich nicht das Ziel, einen Entwurf vorzulegen, sondern er soll lediglich der Inspiration dienen, wie ein Gesellschaftsvertrag aussehen könnte, der die Beteiligten selbst, also die Einzelnen, als Souveräne ansieht, und nicht vorgestellte Kollektive oder Gruppen politischer Unternehmer. Es ist mehr eine intellektuelle Spielerei. Ich erwarte also nicht, dass die Menschen dereinst tatsächlich einen Gesellschaftsvertrag wie diesen explizit abschließen werden, aber die in ihm zur Geltung kommenden Prinzipien sind grundlegend für jede freundliche Vereinigung von Menschen. Auf die Idee bin ich gekommen, als ich die UN-Charta durchgegangen bin und dabei zugrunde gelegt habe, dass nicht die Gedankengebilde »Staaten« Vertragsparteien wären, sondern Einzelne, die freundlich miteinander kooperieren möchten.

Der »Vertrag« enthält Regelungen, die mit den im Buch benannten Prinzipien friedlichen und freundlichen Zusammenlebens im Einklang stehen, also: Zuallererst füge kein Leid zu; verteidige dich und vergelte zugefügtes Leid; wer Schaden zufügen will, weil er Verteidigung und Vergeltung behauptet, muss dies beweisen; etc.

Als Ausgangspunkt wählte ich, wie gesagt, die Charta der Vereinten Nationen von 1945, da, wie Sie im Buch gesehen haben, die Gruppen politischer Unternehmer sich in internationalen Verträgen als Souveräne ansehen, jedoch nicht die von ihnen dominierten (beherrschten) Einzelnen, die nicht einzeln mit Vetomöglichkeit gefragt werden, ob sie einer Verfassung zustimmen wollen oder dergleichen. In der Charta vereinbaren die politischen Akteure zwar, diesen »Rechte« zu gewähren, die sogenannten Menschenrechte, aber wie wir bereits oben gesehen haben, braucht niemand ein Recht, um eine Freiheit zu betätigen, die er sowieso hätte, würde ihn der »Rechte-Gewährer« nicht feindlich an der Betätigung dieser Freiheit hindern.

Gesellschaftsvertrag für friedliches und freundliches Zusammenleben

Wir, die Unterzeichner des Gesellschaftsvertrages für friedliches und freundliches Zusammenleben, sind entschlossen,

künftige Generationen von der Geißel der Fremdherrschaft zu behüten, die die Menschheit seit Anbeginn ihrer Geschichte begleitet hat, und Not, Elend, Gewalt und unvorstellbares Leid über unzählige Menschen gebracht hat,

die Menschen zu schützen in der unbehinderten Ausübung ihrer Freiheiten in der Erkenntnis, dass der Wert jedes Einzelnen unvergleichbar ist, uns wechselseitig und andere vor feindseligem Handeln gegen unsere Körper und unseren Besitz zu schützen, unabhängig von Geschlecht, Religion, Herkunft oder der Anzahl oder Größe einer Gruppe von Menschen.

Um diese Ziele zu erreichen, werden die Unterzeichner

in Frieden und freundschaftlich zusammenleben als gute Nachbarn,

ihre Stärke vereinen, um zwischenmenschlichen Frieden und Sicherheit zu gewährleisten oder herzustellen,

sicherstellen, dass Aggressoren abgewehrt werden, die durch Indoktrination, Propaganda, Drohung, Zwang und Gewalt andere zu einer Handlung zu bewegen suchen oder deren Besitz wegnehmen oder sie verletzen oder töten, gleich ob es sich um Einzelne oder eine Gruppe von Aggressoren handelt, gleich ob die Aggressoren meinen, sich rechtfertigen zu können für ihre Angriffe oder von der Schädlichkeit ihres Tuns für die Geschädigten wissen, und

Wiedergutmachung eines zugefügten Schadens einfordern oder Vergeltung üben im Falle, dass Wiedergutmachung nicht mehr möglich ist.

Wir haben uns verbunden,

um diese Ziele als souveräne (nicht beherrschte) Einzelne und im Verein miteinander zu erreichen,

wollen niemanden beherrschen und niemandes Herren sein – aber auch niemandes Knecht.

Dies vorausgeschickt, schließen wir folgenden Gesellschaftsvertrag:

Artikel 1
Ziele und Prinzipien

§ 1 Um den zwischenmenschlichen Frieden und die Sicherheit zu gewährleisten, beabsichtigen wir, wirkungsvolle gemeinsame Maßnahmen zu ergreifen, um Bedrohungen und Angriffen auf Mitglieder vorzubeugen und solche Bedrohungen und Angriffe zu beseitigen. Wir wollen in Übereinstimmung mit den Prinzipien friedlichen Zusammenlebens darauf hinwirken, dass zwischenmenschliche Konflikte ohne Bedrohung oder Gewalt beigelegt werden, und nötigenfalls denjenigen beistehen, die Opfer von Aggression in Form von Täuschung, Drohung, Zwang oder Gewalt sind, gerichtet gegen ihren Körper oder ihren Besitz oder ihre Sicherheit.

§ 2 Die Prinzipien friedlichen und freundlichen zwischenmenschlichen Zusammenlebens sind:

1. Zuallererst füge kein Leid zu!

2. Verteidige dich gegen Aggression und verlange Wiedergutmachung. Für den Fall, dass keine Wiedergutmachung erfolgt, übe Vergeltung und setze diese nötigenfalls durch im angemessenen Verhältnis zu der geschehenen Aggression.
3. Derjenige, der die Unterstützung anderer erlangen möchte, um einem anderen Leid zuzufügen, weil er behauptet, sich zu verteidigen oder Wiedergutmachung oder Vergeltung zu erstreben für eine vorangegangene oder unmittelbar bevorstehende Aggression, hat dies nachzuweisen. Im Zweifel wird von der Zufügung von Leid abgesehen (siehe 1. Prinzip).
4. Die Unterzeichner werden diejenigen unterstützen in ihrer Nachbarschaft, die nicht fähig sind, sich selbst zu erhalten, aufgrund körperlicher Gebrechen oder mangelnder Fähigkeiten des Verstandes, wie zum Beispiel Waise oder Kranke etc.

§ 3 Die sich Vertragenden werden darauf hinwirken, dass Unterzeichner wie Nicht-Unterzeichner friedliche oder freundliche Beziehungen zueinander unterhalten im Hinblick auf die Unbehindertheit in ihrem zwischenmenschlichen Handeln.

Artikel 2
Die Stellung der Unterzeichner

§ 1 Diese Vereinigung gründet auf der souveränen Gleichheit aller Unterzeichner. Die Anzahl von Mitgliedern einer Gruppe ist nicht dafür entscheidend, ob friedliches oder feindliches Handeln vorliegt.

§ 2 Alle Unterzeichner verpflichten sich, Abstand zu nehmen von Täuschung, Drohung, Zwang oder Gewalt, um einen anderen zu einer Handlung zu bewirken oder an dessen Besitz zu gelangen. Jedes Leid im Hinblick auf den Körper, den Besitz oder die Sicherheit eines anderen, das nicht ausschließlich als Reaktion auf dessen vorheriges feindliches Handeln zugefügt wird, also als Verteidigung, Wiedergutmachung oder Vergeltung, stellt eine Aggression gegen den anderen dar.

§ 3 Die Mitglieder wollen einander Unterstützung gewähren, um die Ziele des friedlichen und freundlichen zwischenmenschlichen Zusammenlebens, wie sie hier dargelegt sind, zu erreichen.

§ 4 Die Mitgliedschaft in der Vereinigung steht allen friedliebenden Menschen offen, unabhängig von Herkunft, Geschlecht oder Religion. Wer Mitglied in einer Vereinigung oder Gruppe ist, die feindlich gegenüber anderen handelt oder versucht, feindliches Handeln (Aggression) zu rechtfertigen über Medienarbeit oder dergleichen, kann nicht Mitglied werden.

Artikel 3
Nicht-Einmischung

Die Unterzeichner werden sich nicht einmischen in Handlungen Einzelner, mit denen diese niemand anderem schaden, oder in zwischenmenschliche Handlungen Einzelner oder von Gruppen, infolge derer niemand geschädigt wird an Körper, Besitz oder Freiheit der Willensentschließung.

Artikel 4
Vertragsbruch

Wer entgegen den Verpflichtungen aus diesem Vertrag handelt, kann keine Unterstützung nach den Vorschriften dieses Vertrages von anderen verlangen. Ein Aggressor gegen andere wird aus der Vereinigung ausgeschlossen.

Artikel 5
Verständigungen in Versammlungen

§ 1 Arten von Versammlungen

Benachbarte sich Vertragende schließen sich in Gruppen bis zu jeweils 150[30] Mitgliedern zusammen (Nachbarschaftsversammlungen). Die Nachbarschaftsversammlungen bestimmen einen Vertreter für eine Ortsversammlung, die aus bis zu 150 Mitgliedern besteht. Die Ortsversammlungen bestimmen einen Vertreter für die Regionalversammlung, die aus bis zu 150 Mitgliedern besteht. Die Regionalversammlungen bestimmen aus ihrer Mitte einen Vertreter für die Kontinentalversammlung, die aus bis zu 150 Mitgliedern besteht. Und so fort.

§ 2 Überschreiten die jeweiligen Versammlungen die Größe von 150 Mitgliedern, so spalten sie sich in zwei etwa ähnlich große Versammlungen auf.

§ 3 Über die örtliche Nähe hinaus können sich Versammlungen auch im Hinblick auf gemeinsame Interessen oder Überzeugungen bilden.

Artikel 6
Austritt und Kündigung

Jeder Unterzeichner kann diesen Vertrag kündigen oder austreten. In diesem Falle hat er keinerlei Rechte aus diesem Vertrag.

Artikel 7
Zuständigkeit der kleinsten Versammlung

§ 1 Für Konflikte zwischen den Mitgliedern ist stets die kleinste Versammlung zuständig, zunächst also die Nachbarschaftsversammlung. Bei Konflikten zwischen Mitgliedern oder Gruppen von Nachbarschaftsversammlungen ist die jeweils nächste Vertreter-Versammlung anzurufen.

§ 2 Wird Aggression gegen die in diesem Vertrag sich Vereinigenden ausgeübt, sind diejenigen Versammlungen zuständig, die notwendig sind, um die Aggression abzuwehren, Wiedergutmachung zu erlangen oder Vergeltung zu üben.

Artikel 8
Haushalt

Die Haushalte der in den Versammlungen vereinigten Mitglieder bestimmten diese selbst. Sie bestimmen auch, in welchem Umfang sie Mittel den nächstgrößeren Versammlungen zur Verfügung stellen.

Artikel 9
Entscheidungen in Vereinigungen

§ 1 Einvernehmen

Alle Maßnahmen werden im Einvernehmen durchgeführt. Ein Zählen von Köpfen in Abstimmungen zur Rechtfertigung feindlichen Handelns ist nicht zulässig.

Abstimmungen sind nur dann verbindlich, wenn alle Betroffenen vorher gewählt haben, über eine bestimmte Frage durch Abstimmung zu entscheiden.

§ 2 Koalition der Willigen

Wollen Mehrheiten oder Minderheiten eine Maßnahme durchführen, die friedlich oder freundlich durchführbar ist, steht ihnen das frei.

Ist eine Mehrheit oder Minderheit der Meinung, dass die Zufügung von Leid zur Verteidigung, Wiedergutmachung oder Vergeltung notwendig ist, weil eine Aggression nachgewiesen wurde und keine Streitbeilegung oder Schlichtung erfolgen konnte, so ergreift sie die notwendigen Maßnahmen. Sofern keine Gefahr in Verzug ist, wird sie dem oder den Betroffenen die Möglichkeit geben, eine größere Versammlung anzurufen und seine Einwendungen gegen die Maßnahme vorzutragen. Auch in den größeren Versammlungen (Vertreter-Versammlungen) gelten die Prinzipien des Einvernehmens und der Koalition der Willigen.

§ 3 De Minimis-Regel (Kleinigkeiten-Regel)

Um über Bagatellen und kleinere Streitigkeiten zu entscheiden, können die Versammlungen Friedensrichter bestimmen. Die Friedensrichter sollen auf eine Einigung und einen friedlichen Ausgleich der Konfliktparteien hinwirken. Die Betroffenen, die sich gegen die Zuständigkeit des Friedensrichters wenden, werden nur mit dem Einwand gehört, dass es sich bei dem zu entscheidenden Konflikt nicht um eine Kleinigkeit handelt.

Artikel 10
Tagungen

Die Versammlungen tagen in regelmäßigen Abständen und bei Bedarf.

Artikel 11
Maßnahmen bei Konflikten zwischen Einzelnen und Gruppen

§ 1 Einzelne oder Gruppen sollen stets versuchen, ihre Konflikte durch Einigung, Schlichtung, Vergleich im wechselseitigen Nachgeben und dergleichen zu lösen. Kann keine Einigung erzielt werden, sollen sie sich an die kleinste Versammlung wenden, deren Mitglied sie beide sind.

§ 2 Bevor Drohung, Zwang oder Gewalt gegen ein Mitglied angewendet wird, ist dies dem Mitglied anzudrohen; dies gilt nicht bei Gefahr im Verzug, also wenn ein Angriff gerade stattfindet oder unmittelbar bevorsteht. Außerdem kann vorher ein Boykott des Mitglieds beschlossen werden. Im Falle eines Boykotts verpflichten sich alle Unterzeichner, keine Verträge mit dem Ausgeschlossenen einzugehen. Gewalt ist stets das letzte Mittel.

§ 3 In dem Falle, dass ein Angriff bereits beendet ist, seine negativen Folgen aber weiterhin bestehen, kommt Vergeltung nur in Betracht, falls Wiedergutmachung scheitert.

§ 4 Im Falle der Verteidigung und Vergeltung gilt das Verhältnismäßigkeitsprinzip. Eine Verteidigung oder Vergeltung, die in keinem Verhältnis zum vorangehenden Angriff steht, ist selbst ein aggressiver Akt.

Artikel 12
Mittel der Verteidigung und Vergeltung

Die Versammlungen bereiten sich in ihrer Ausrüstung und ihrem persönlichen Aufwand auf die Abwehr solcher Angriffe und die Durchführung solcher Vergeltungsmaßnahmen vor, die ihrer Größe entspricht. Auf die Verteidigung und Vergeltung gegen größere oder gefährlichere Gruppen bereiten sich die jeweils größeren Versammlungen vor. Die Mittel hierzu werden von den kleineren Versammlungen zur Verfügung gestellt.

Bei Gefahr in Verzug haben die Versammlungen jeder Größe eine ausreichende Abwehrmöglichkeit bereitzuhalten.

Artikel 13
Keine Einschränkung der Freiheit zur Selbstverteidigung

Nichts, was in diesem Vertrag geregelt ist, schränkt die Freiheit der Unterzeichner ein, sich selbst alleine oder gemeinsam gegen einen Angriff auf ihr Leben, ihren Körper, ihren Besitz oder ihre Sicherheit zu verteidigen, wenn eine vorherige Anrufung der kleinsten Versammlung, die für den Konflikt zuständig ist, nicht möglich ist oder den Erfolg der Verteidigung gefährden würde. Solche Maßnahmen sind der zuständigen Versammlung mitzuteilen.

Artikel 14
Werbung für friedliches und freundliches Zusammenleben

§ 1 Die Unterzeichner wollen ein friedliches und freundliches Zusammenleben aller Menschen bewerben und aufklären über die Subjektivität des Wertes, die Zunahme des Wohlstandes bei Arbeitsteilung, Spezialisierung und Kapitalbildung bei freundlichem Austausch und über die notwendige Verschlechterung der Lebenssituation eines der Beteiligten, wenn ein Austausch durch Täuschung, Drohung, Zwang oder Gewalt erzwungen wird.

§ 2 Die Unterzeichner wollen darüber aufklären, dass eine Regel nur dann universalisierbar ist, wenn sie für alle Menschen unterschiedslos angewandt wird, und dass eine Regel nicht universell angewendet wird, wenn sie für eine bestimmte Gruppe von Menschen nicht gilt. Da es keine von vornherein höherstehenden Menschen gibt, schuldet der Einzelne einer Gruppe von Menschen oder anderen Einzelnen nichts.

Artikel 15
Besitz

§ 1 Jeder Handelnde besitzt unbeschränkt seinen Körper und er besitzt seine Sachen. Seine Sachen sind solche Sachen, die er in seiner Gewalt hat, so weit und so lange er sie in seiner Gewalt hat.

§ 2 Wer den Besitz eines anderen durch Täuschung, Drohung, Zwang oder Gewalt erlangt, handelt feindlich. Die Unterzeichner verpflichten sich, das zu unterlassen und sich wechselseitig bei der Erhaltung ihres Besitzes zu unterstützen.

Artikel 15a
Wege

§ 1 Die Unterzeichner werden einander nicht den Weg abschneiden, weder an Land, zu Wasser oder in der Luft.

§ 2 Wer einen Weg neu errichtet, den es vorher noch nicht gab, kann die Benutzung des Weges davon abhängig machen, dass ihm die Nutzer ein Entgelt hierfür entrichten.

§ 3 Wer einen bestehenden Weg wesentlich verbessert (aus seiner Sicht) oder ausbaut, kann ein Entgelt nur verlangen, wenn es einen Ausweich-Weg gibt, der nahezu dieselbe Funktion erfüllt wie der ausgebaute Weg, oder er einen solchen Ausweich-Weg schafft oder die vorherigen Nutzer des Weges identifizierbar sind und entsprechend entschädigt werden.

§ 4 Die Unterzeichner errichten und unterhalten Wege, damit sie zu anderen gelangen und andere zu ihnen gelangen können, um sich freundlich mit anderen auszutauschen. Niemand darf gezwungen werden, einen Weg zu unterhalten oder zu errichten. Es bilden sich Koalitionen von Willigen.

Artikel 15b
Grund und Boden

Menschen können etwas besitzen, das sich konkret auf der Erdoberfläche befindet. Sie besitzen zudem den Raum, den sie zuerst einnehmen, ob zu Lande, zu Wasser oder in der Luft.

Artikel 16
Regeln

Die Unterzeichner können Regeln vereinbaren, wie sie im Luft- und Schiffsverkehr und dergleichen miteinander umgehen wollen. Solche Regeln erlangen Verbindlichkeit nur für jene, die ihnen zustimmen. Sie können auch bestehende Regeln übernehmen. Verbindlich ist für jedermann die Regel »Zuallererst füge kein Leid zu«, also dass er sich so verhält bei der Betätigung seiner Freiheiten, dass andere nicht Schaden nehmen an Leben, Gesundheit oder ihrem Besitz.

Artikel 16a
Finanzielle und sonstige Verpflichtungen

Aus diesem Vertrag folgen keine finanziellen Verpflichtungen. Konkrete Maßnahmen werden in Versammlungen beschlossen und binden all jene, die zugestimmt haben.

Artikel 17
Inkrafttreten, Hinzutreten

§ 1 Dieser Vertrag tritt in Kraft, sobald er von 20.000[31] Menschen unterzeichnet wurde.

§ 2 Jedermann kann diesem Vertrag hinzutreten, der gewillt und befähigt ist, die in ihm niedergelegten Verpflichtungen einzugehen.

Anmerkungen zum Anhang

1 Zur Großschreibung siehe das P.S.
2 Abgewandelt und umgeformt, basierend auf Stirner, 2016, S. 317.
3 Abgewandelt und umgeformt, basierend auf Wolf & Merkle, 32. Auflage 2016, S. 170.
4 Abgewandelt und umgeformt, basierend auf Wolf & Merkle, 32. Auflage 2016, S. 70, 83, 88, 141.
5 Abgewandelt und umgeformt, basierend auf Herbert, 1987, e-Book, »Fear is the Mind-Killer«.
6 Abgewandelt und umgeformt, basierend auf Wolf & Merkle, 32. Auflage 2016, S. 104.
7 Abgewandelt und umgeformt, basierend auf Wolf & Merkle, 32. Auflage 2016, S. 183.
8 Nach Publilius Syrus, Latein: Hominem experiri multa paupertas iubet. Englisch etwa: Poverty makes experiences.
9 Abgewandelt und umgeformt, basierend auf Wolf & Merkle, 32. Auflage 2016, S. 140.
10 Dieses Zitat wird mehreren »Urhebern« zugeordnet, unter anderem dem Dalai Lama, Haruki Murakami und M. Kathleen Casey.
11 Inspiriert durch Wolf & Merkle, 32. Auflage 2016, S. 70, 109.
12 Abgewandelt und umgeformt, basierend auf Stirner, 2016, S. 299, 305.
13 Abgewandelt und umgeformt, basierend auf Stirner, 2016, S. 130.
14 Abgewandelt und umgeformt, basierend auf Stirner, 2016, S. 132, 280, 292.
15 Inspiriert durch Wolf & Merkle, 32. Auflage 2016, S. 33 f., 70, 130.
16 Abgewandelt und umgeformt, basierend auf Stirner, 2016, S. 143.
17 Siehe Ames und Hall, 2003, S. 134: To allow one's conditions to become transparent for one's enemy invites desaster.
18 Von *citta* = Geist, Emotion, Gedanke.
19 Maharaj, 2017, S. 214
20 Ames und Hall, 2003, S. 45.
21 Lorenz, 1983, S. 83 f.
22 Lorenz, 1983, S. 83 f.
23 Ames und Hall, 2003, S. 48.
24 Stirner, 2016, S. 299.
25 Stirner, 2016, S. 305.
26 Wer sich selbst einen Eindruck verschaffen möchte, der lese Teslas Autobiografie *My Inventions*.
27 Wilhelm Reich, The Murder of Christ, 2013, E-Book, »The Trap«.
28 Den Begriff des »zombifizierten Lebens« habe ich, wie erwähnt, von dem Autor Norbert Lennartz übernommen.
29 Tesla und Laotse wählten wohl ein Leben in weitgehender Zurückgezogenheit, also kein Herumtanzen vor der Falle.
30 Die Zahl 150 wurde hier gewählt in Anlehnung an Robin I. M. Dunbar, 1993, S. 681–735.
31 Diese Zahl ist willkürlich gewählt. Sie entspricht etwa 133 Versammlungen zu je 150 Mitgliedern.

LITERATURVERZEICHNIS

Ames, R. T., und Hall, D. L. (2003). *Dao De Jing – Making This Life Significant.*

Arendt, H. (1963). *Eichmann in Jerusalem. A Report on the Banality of Evil.*

Block, W. (2010). *Contra Watermelons.* https://mises.org/library/contra-watermelons

Breitfeld, A., und Panek, M. (o. J.). *Zwei Zimmer, 550 Euro warm, 1.749 Interessenten.* https://www.rbb24.de/panorama/beitrag/2019/11/wohnung-besichtigung-berlin-schoeneberg-massen-miete.html

D'Amato, A. (2010). The Coerciveness of International Law. *Faculty paper Northwestern School of Law.*

Die Sorgen der Deutschen: Mehrheit fürchtet den Klimawandel (2017). https://www.n-tv.de/politik/Mehrheit-fuerchtet-den-Klimawandel-article19962552.html

Dostojewski, F. M. (1880). *Die Brüder Karamasow.*

Dunbar, R. I. (1993). Coevolution of neocortical size, group size and language in humans. *Behavioral and Brain Sciences 16.*

Durrenberger, J. (1981). *Turnpikes: A Study of the Toll Road Movement in the Middle Atlantic States and Maryland.* Valdosta, GA.

Eibl-Eibesfeldt, I. (5. Auflage 2004). *Die Biologie des menschlichen Verhaltens – Grundriß der Humanethologie.*

Epstein, A. (o. J.). *›97Prozent Of Climate Scientists Agree‹ Is 100Prozent Wrong.* https://www.forbes.com/sites/alexepstein/2015/01/06/97-of-climate-scientists-agree-is-100-wrong/#

Frankl, V. (5. Auflage 2014). *Ärztliche Seelsorge, Grundlagen der Logotherapie und Existenzanalyse.*

Goethe, J. W. (o. J.). *Gesamtausgabe der Werke in 22 Bänden.* Stuttgart.

Goodrich, C. (1984). »Public Spirit and American Improvements«. *Proceedings of the American Philosophical Society*, 92, S. 305–309.

Hazlett, T. W. (1997). *reason.com.* Looking for Results: An Interview with Ronald Coase: https://reason.com/1997/01/01/looking-for-results/

Heinsohn, G., und Steiger, O. (2008). *Eigentumsökonomik.*

Hoppe, H.-H. (2003). *Demokratie. Der Gott, der keiner ist.*

Hülsmann, G. (2007). *Mises, The Last Knight of Liberalism.*

Jasay, A. de (1997). *Against Politics.*

Jasay, A. de (2004). *Against Politics, E-Book.*

Kahneman, D. (2011). *Thinking, Fast and Slow.*

Kant, I. (o. J. [1797]). *Die Metaphysik der Sitten. Kein Konsens über den Klimakonsens.* (2013).https://www.nzz.ch/wissen/wissenschaft/kein-konsens-ueber-den-klimakonsens-1.18084810

Kiely, W. (2012). *The Letters of J.R.R. Tolkien – From a letter to Christopher Tolkien [from his father J.R.R. Tolkien] 29 November 1943.* Peace Requires Anarchy: https://peacerequiresanarchy.wordpress.com/2012/09/21/the-letters-of-jrr-tolkien/

Klein, D. B., und Majewski, J. (2008). *Turnpikes and Toll Roads in Nineteenth-Century America.* EH.net: https://eh.net/encyclopedia/turnpikes-and-toll-roads-in-nineteenth-century-america/

Krishnamurti, J. (1981). Chapter 1 – 1st Public Talk, Saanen. https://jkrishnamurti.org/content/chapter-1-1st-public-talk-saanen-12th-july-1981

Leeson, P. T. (2017). *An Economic Tour of the Weird – WTF?!*

Lennartz, N. (2016). *Praxeologie für Ordnung und Sezession – Eine Ergänzung zu Human Action.*

Locke, J. (2015). *Das Ende des Bösen.*

Lorenz, K. (1983). *Abbau der Menschlichkeit.*

Maharaj, S. N. (2017). *Ich bin.*

Maturana, H. (1985). *Erkennen: Die Organisation und Verkörperung von Wirklichkeit.*

Maturana, H., und Varela, F. (2015). *Der Baum der Erkenntnis.*

Mises, L. v. (1927). *Liberalismus.*

Mises, L. v. (1932). *Die Gemeinwirtschaft.*

Mises, L. v. (1949). *Human Action.*

Mises, L. v. (2007). *Theory and History.*

Mises, L. v. (2016). *Letztbegründung der Ökonomik.*

Mises, L. v. (3. Auflage, 2013). *Die Bürokratie.*

Oppenheimer, F. (1929). *Der Staat.* Literarische Anstalt, Rütten & Loening, Frankfurt a. M.

Reich, W. (2013). *The Murder of Christ.*

Rose, L. (o. J.). »I'm not scared of the Maos and the Stalins and the Hitlers.« https://www.quotes.wiki/im-not-scared-of-the-maos-and-the-stalins-and/

Ross, H. (2017). *So können Schüler nur marktskeptisch werden.* https://www.faz.net/aktuell/wirtschaft/wirtschaftswissen/uni-siegen-schulbuecher-kritisieren-haeufig-globalisierung-15007918.html

Rothbard, M. (1982). *The Ethics of Liberty.* New York University Press, New York und London.

Rothbard, M. (2006). *Law, Property Rights, and Air Pollution.* https://mises.org/library/law-property-rights-and-air-pollution

Sechrest, L. J. (2014). *mises.org.* Public Goods and Private Solutions in Maritime History: https://mises.org/library/public-goods-and-private-solutions-maritime-history-0

Siems, D. (2017). *Sieben Billionen Euro Schulden.* https://www.welt.de/print/die_welt/wirtschaft/article166590887/Sieben-Billionen-Euro-Schulden.html

Stadtmüller, G. (2010). *Einstellung und Schicksal.*

Steinlein, C., & Kleine, L. (2015). *www.focus.de. Das Waldsterben ist nicht eingetreten. Das Ozonloch soll bis 2050 Geschichte sein. Waren die Ängste der Vergangenheit also unbegründet? Und können wir auch in Sachen Klimawandel bald Entwarnunggeben?* https://www.focus.de/wissen/klima/klimaprognosen/panikmache-und-schreckensszenarien-waldsterben-ozonloch-klimawandel-waren-diese-aengste-alle-unbegruendet_id_4078281.html

Stirner, M. (2016). *Der Einzige und sein Eigentum.*

Szasz, T. S. (1961). *The Myth of Mental Illness.*

Taghizadegan, R. (2011). *Wirtschaft wirklich verstehen.*

Taghizadegan, R. (2016). *Gewalt.* Scholarium GmbH, Wien.

Taghizadegan, R. (2016). *Helden, Schurken, Visionäre.*

Taghizadegan, R. (o. J.). *Ben spricht – Podcast #127 Rahim Taghizadegan* (Ben, Interviewer). https://www.youtube.com/watch?v=syertpl5qpI

Taghizadegan, R. (o. J.). *Demokratie. Eine Analyse des Instituts für Wertewirtschaft.* Scholarium GmbH, Wien.

Tesla, N. (1919). *My Inventions.*

Tiedtke, A. (2018). *Misesde.org.* »Politik zwischen Wirklichkeit und Utopie«. Der Konferenzbericht: https://www.misesde.org/2018/09/politik-zwischen-wirklichkeit-und-utopie-der-konferenzbericht/

Tiedtke, A. (2017). *Der Nachweis eines menschengemachten Klimawandels ist nicht erbracht. Eine erkenntnistheoretische Kritik.* https://www.misesde.org/2017/11/der-nachweis-eines-menschengemachten-klimawandels-ist-nicht-erbracht-eine-erkenntnistheoretische-kritik

Tiedtke, A. (2017). *Die Österreichische Schule der Nationalökonomie – Gegenpol zur Hauptstrom-Volkswirtschaftslehre.* https://www.misesde.org/2017/03/die-osterreichische-schule-der-nationalokonomie-gegenpol-zur-hauptstrom-volkswirtschaftslehre

Tiedtke, A. (2019). *»Logik versus Emotion. Warum die Welt so ist, wie sie ist«. Der Konferenzbericht.* https://www.misesde.org/2019/10/logik-versus-emotion-warum-die-welt-so-ist-wie-sie-ist-der-konferenzbericht

Tocqueville, A. (1994). *Democracy in America.* (J. P. Mayer, Hrsg., & G. Lawrance, Übers.)

Ward, V. (2017). *Prince William warns that there are too many people in the world* . https://www.telegraph.co.uk/news/2017/11/02/prince-william-warns-many-people-world

Wikipedia. (26. Januar 2021). *Waldsterben:* https://de.wikipedia.org/wiki/Waldsterben

Wolf, D., und Merkle, R. (32. Auflage 2016). *Gefühle verstehen, Probleme bewältigen.*

Zellmer, N. (o. J.). *Scheinkorrelationen - Schöner Schein: Kein Ding ist so, wie es scheint.* https://scheinkorrelation.jimdofree.com

PERSONEN- UND STICHWORTVERZEICHNIS

F

G

H

L

M

N

T

U

V

W

Y

Z

DANKSAGUNGEN

Mein ganz besonderer Dank gilt Andreas Marquart, dem Vorstand des Ludwig von Mises Instituts Deutschland, der mir stets Rückmeldung gab und auch das Erstlektorat dieses Buches durchführte. Mein besonderer Dank gilt Peter Taschler, Dr. Titus Gebel, Oliver Heuler, Norbert Lennartz, Christian Pensch, Peter Claas, Joachim Lindenmann, Gerd Roggenhausen, Dr. Thomas Rogoz, Professor Dr. Thorsten Polleit, Professor Dr. Jörg Guido Hülsmann, Professor Dr. David Dürr, Professor Dr. Philipp Bagus, Professor Dr. Rolf W. Puster, Raymond Unger, Rahim Taghizadegan, Prof. Dr. Hans-Hermann Hoppe und Dr. Predrag Vlajic, die mich auf unterschiedliche Art und Weise bei der Erstellung des Buches unterstützt haben, sei es durch Korrekturen, durch inspirierende Vorträge oder in Gesprächen.